荒井勝彦 著

現代の労働経済学
The Contemporary Labor Economics

The Contemporary Labor Economics

梓出版社

はしがき

　労働経済学は，歴史の短い比較的新しい学問といわれてきた。とはいえ21世紀を迎えた現在，誕生して以来，1世紀近い歴史になろうとしている。遅れて出発した学問であったが，その後，着実に研究成果を増やしてきた。とくに1960年代以降，労働経済学は，理論・実証の両面にわたって，いくたびも経済学の先頭を走ってきたのである。本書は，現代の労働経済学の主要な領域について，労働経済の理論的発展とその変遷を研究するとともに，わが国社会における労働経済の実態とその特徴を各種の統計資料を利用して明らかにしたものである。

　数年前から原稿を書き溜めてきたものの，大学や外部の仕事に追われ，執筆はなかなか進まなかった。その矢先，一昨年の4月末に脳梗塞で倒れ，リハビリをかねて3か月にわたる長期入院を余儀なくされた。この間，講義・演習を行うことができず，経済学部の教授会をはじめ，学部学生や大学院生に大変ご迷惑をおかけした。7月末に退院したものの，右足と右手に後遺症がのこり，握力が弱く，文章を書くのに時間がかかるといったハンディを背負った。これから満足に仕事ができないと諦めていたが，パソコンがこの難儀を助けてくれた。

　9月を迎え，2012年度中に刊行するとの決意を新たに，早速，執筆作業に入った。残された時間をいかに有効に使うが最大の問題であった。以前に書き上げた原稿の確認や統計表に新しいデータを追加することに追われた。また未稿の節・項を書き加えなければならない状態がつづき，大幅に時間を消費した。そのうえ，いくつかの章はまったく手づかずの状態であった。執筆作業を早めようとしたが，新しい理論の理解と吸収に手間取った。出版の計画は非常に遅れたが，ようやく昨年10月初めに脱稿することができた。

本書は。熊本学園大学付属産業経営研究所の出版助成の交付を受けて刊行されたものである。出版助成にご尽力いただいた熊本学園大学および同学術文化部の関係者の方々に厚くお礼申し上げたい。執筆にあたって，多くの方々から数多くのことを学んだ。先輩や友人一人ひとりの名前を書き記すことはできないが，感謝申し上げる。数多く図表の作成をはじめ，索引や参考文献の作成には経済学部経済学科の田中比呂美さんに大変お世話になった。本書の出版にあたり，原稿・図表の差し替え，校正等の編集にご迷惑をおかけしながらも，短期間で刊行していただいた梓出版社の本谷貴志氏に心から感謝申し上げる。

最後に，まったく私事であるが，一昨年4月末に脳梗塞で倒れ，3か月に及ぶ長期の入院を余儀なくされたとき，家庭の諸事を顧みず，毎日，介護の苦労をかけた妻久代に，この場を借りて感謝の意を表したい。

2013年3月

荒 井 勝 彦

目　次

はしがき ………………………………………………………………………… i

序　章　労働経済学と本書の構成 ……………………………………………… 3
　　1．労働問題への接近 ………………………………………………………… 3
　　2．労働問題分析の方法 ……………………………………………………… 4
　　3．本書の構成 ………………………………………………………………… 6

第1章　人口と労働力の供給 …………………………………………………… 8
　　1-1　人口の推移と構造 …………………………………………………… 8
　　　1.1.1　人口の推移　8
　　　1.1.2　人口転換と少子化の進行　12
　　　1.1.3　高齢化の進行　14
　　1-2　労働力の構造と変動 ………………………………………………… 16
　　　1.2.1　労働力の概念　16
　　　1.2.2　労働力率の長期的変動　18
　　　1.2.3　年齢別にみた労働力率の変動　20
　　1-3　労働時間の推移 ……………………………………………………… 27
　　　1.3.1　戦後の労働時間の推移　27
　　　1.3.2　労働時間短縮への取組み　30
　　　1.3.3　労働時間変動の要因分析　31
　　1-4　労働供給の決定 ……………………………………………………… 33
　　　1.4.1　無差別曲線と制約条件　33
　　　1.4.2　最適労働時間の決定　36
　　　1.4.3　賃金率の変化と労働供給　39

1-5　労働市場への参入と妻の就業諾否 ………………………………… 41
　　1.5.1　ダグラス＝有澤の法則　41
　　1.5.2　妻の就業諾否のメカニズム　42
　　1.5.3　余暇選好者と所得選好者　45
　　1.5.4　家計の労働供給行動　47

第2章　労働力に対する需要 ………………………………………………… 62

2-1　生産関数と労働の限界生産物 ………………………………………… 62
　　2.1.1　生産関数　62
　　2.1.2　等量曲線　64
　　2.1.3　労働の限界生産物と規模に関する収穫法則　66

2-2　個別企業における雇用量の決定 ……………………………………… 69
　　2.2.1　完全競争の仮定　69
　　2.2.2　短期の労働需要曲線　70
　　2.2.3　均衡条件と図形による説明　71

2-3　長期の労働需要 ………………………………………………………… 75
　　2.3.1　投入量の最適結合　75
　　2.3.2　賃金率の変動効果　78
　　2.3.3　短期と長期の労働需要　79

2-4　不況下の雇用調整 ……………………………………………………… 80
　　2.4.1　不況と合理化による雇用調整　80
　　2.4.2　労働投入量の変動と雇用調整の状況　83
　　2.4.3　一時帰休を含む雇用調整モデル　88
　　2.4.4　一時帰休の雇用調整効果　91

2-5　労働需要の構造変化 …………………………………………………… 93
　　2.5.1　産業構造の変化からみた労働需要の長期的推移　93
　　2.5.2　求人・求職からみた労働力の需給変動　95
　　2.5.3　雇用形態からみた労働需要の構造変化　96

第3章 人的資本の理論 …………………………………………… 102

3-1 人的資本の概念と種類 …………………………………… 103
3.1.1 人的資本の概念 103
3.1.2 教育・訓練機関 105
3.1.3 職業訓練・能力開発の変遷 107

3-2 教育投資の決定 …………………………………………… 109
3.2.1 教育の経済学略史 109
3.2.2 教育投資の費用と収益 111
3.2.3 現在価値法による教育投資の決定 115
3.2.4 内部収益率法による教育投資の決定 119
3.2.5 大学教育の収益率 121

3-3 学歴とシグナル …………………………………………… 122
3.3.1 大学教育の機能と情報の非対称性 122
3.3.2 教育水準の選択 124
3.3.3 シグナリング均衡の性質 128

3-4 職場訓練の理論 …………………………………………… 130
3.4.1 2つの職場訓練 130
3.4.2 職場訓練と均衡条件 132
3.4.3 費用と収益の関係——一般訓練の場合 134
3.4.4 特殊訓練の場合 137
3.4.5 職場訓練と労働異動 139

第4章 労働市場の構造と情報の不完全性 ……………………… 149

4-1 労働市場の類型 …………………………………………… 150
4.1.1 カーの分類——賃金市場と雇用市場 150
4.1.2 ダンロップの分類——価格づけからみた5つの市場 154
4.1.3 ヒックスの分類——労働契約の違いによる2つの市場 156
4.1.4 構造的市場と非構造的市場 158

4-2　内部労働市場 …………………………………………………… 161
　　4.2.1　内部労働市場研究の略史　161
　　4.2.2　内部労働市場の概念　163
　　4.2.3　内部労働市場の構造　166
　　4.2.4　内部労働市場の形成　168
　　4.2.5　わが国における内部労働市場研究　170
　4-3　情報の不完全性と労働市場 …………………………………… 173
　　4.3.1　職探しの基本モデル　173
　　4.3.2　留保賃金の決定　176
　　4.3.3　労働市場の情報ネットワーク　180
　　4.3.4　レモン市場と市場の不成立　183

第5章　賃金水準の決定 ………………………………………………… 193
　5-1　労働市場と賃金水準の決定 …………………………………… 193
　　5.1.1　2つの接近方法と完全競争市場の概念　193
　　5.1.2　労働市場の需要・供給と均衡への調整過程　195
　　5.1.3　市場均衡の安定と不安定　198
　　5.1.4　社会的厚生と労働市場への適用　201
　　5.1.5　需給の調整過程と蜘蛛の巣の定理　203
　　5.1.6　レントと労働供給　205
　5-2　賃金調整とフィリップス曲線 ………………………………… 207
　　5.2.1　フィリップス曲線の理論（1）　207
　　5.2.2　フィリップス曲線の理論（2）　210
　　5.2.3　インフレーションとフィリップス曲線　215
　5-3　フィリップス曲線への批判 …………………………………… 218
　　5.3.1　フィリップス曲線への批判と自然失業率仮説（1）　218
　　5.3.2　フィリップス曲線への批判と自然失業率仮説（2）　221
　　5.3.3　合理的期待形成仮説　224

第6章 労働組合と団体交渉 …………………………………… 229

6-1 労働組合の誕生と発展 …………………………………… 229
6.1.1 労働組合の概念と組合の発生　229
6.1.2 戦後における労働組合運動の変遷　232
6.1.3 労働組合の組織状態　241

6-2 労働組合の機能と組織構造 …………………………………… 243
6.2.1 労働組合の機能　243
6.2.2 労働組合の組織形態　244
6.2.3 企業別労働組合の特徴とその実態　247

6-3 団体交渉下の賃金決定（1） …………………………………… 252
6.3.1 団体交渉モデルの系譜　252
6.3.2 交渉モデルの展開（1）——需要変動下の団体交渉　255
6.3.3 交渉モデルの展開（2）
　　　——マクドナルド＝ソロー・モデル　259
6.3.4 交渉モデルの展開（3）——組合独占モデル　265

6-4 団体交渉下の賃金決定（2） …………………………………… 268
6.4.1 交渉過程の行動科学的アプローチ　268
6.4.2 ヒックスの労働争議モデル　271
6.4.3 団体交渉と囚人のジレンマ　275

第7章 賃金制度・賃金構造と賃金の硬直性 …………………………………… 290

7-1 賃金の多面性と賃金制度 …………………………………… 290
7.1.1 賃金の多面性　290
7.1.2 賃金の概念と賃金体系　293
7.1.3 賃金形態　296
7.1.4 諸手当と退職金　297
7.1.5 賃金構成の実態と基本給の決め方　299

7-2 賃金の硬直性とニュー・ケインジアン …………………………………… 307
7.2.1 ニュー・ケインジアンの経済学　307

7.2.2 暗黙の契約理論　308
7.2.3 効率賃金仮説　314
7.2.4 インサイダー・アウトサイダー仮説　319
7.2.5 メニュー・コスト理論　323

7-3 賃金構造の種類と賃金格差の理論 ……………………………… 325
7.3.1 賃金構造の概念　325
7.3.2 市場均衡と均等化格差　327
7.3.3 賃金格差の実態　328
7.3.4 賃金格差の要因　334
7.3.5 賃金格差の理論　336

7-4 ヘドニック賃金格差仮説 …………………………………………… 340
7.4.1 無差別曲線と等利潤曲線　340
7.4.2 労働者と企業とのマッチング　343

第8章　労働市場と失業 …………………………………………………… 353

8-1 失業の類型と理論 ……………………………………………………… 354
8.1.1 失業の分類　354
8.1.2 摩擦的失業の理論　358
8.1.3 隠蔽失業の理論　362
8.1.4 偽装失業の理論　365

8-2 ケインズ体系と雇用量の決定 ……………………………………… 367
8.2.1 ケインズ体系と総需要曲線　367
8.2.2 総供給曲線　371
8.2.3 完全雇用への道とその障害　372

8-3 労働市場のストック・フロー関係とUV分析 ………………… 378
8.3.1 労働市場のストック＝フローの相互関係　378
8.3.2 失業・欠員曲線（UV曲線）　384
8.3.3 均衡失業率とUV曲線　387
8.3.4 失業統計と失業の推移　393

　　　　8.3.5　労働力のフローデータによる分析　398

第9章　労働移動と資源配分 …………………………………………… 417
　9-1　労働力資源の最適配分 ………………………………………… 418
　　9.1.1　労働移動の理論展望　418
　　9.1.2　労働移動の賃金格差説とそのメカニズム　420
　　9.1.3　賃金格差説による労働移動の動学的調整　424
　9-2　無制限労働供給と就業機会 …………………………………… 426
　　9.2.1　無制限労働供給モデル　426
　　9.2.2　労働移動の就業機会説　428
　　9.2.3　就業機会説による労働移動の動学的調整　430
　9-3　労働移動の総合仮説 …………………………………………… 431
　　9.3.1　2つの仮説と総合仮説　431
　　9.3.2　総合仮説による労働移動の動学的調整　434
　9-4　人口・労働移動の実態 ………………………………………… 435
　　9.4.1　人口移動のOD表　435
　　9.4.2　人口の不均等化と地域間人口移動　439
　　9.4.3　変容した産業間移動　445

第10章　所得分配と所得分布の不平等度 …………………………… 452
　10-1　所得の機能的分配と人的分配 ……………………………… 452
　　10.1.1　資本主義社会の分配機構　452
　　10.1.2　巨視的分配理論の展望　454
　　10.1.3　長期均衡とパシネッティ定理　464
　　10.1.4　所得分配の総合理論　468
　10-2　労働分配率の推移 …………………………………………… 470
　　10.2.1　雇用者所得を用いた労働分配率の計測　470
　　10.2.2　個人業主所得の帰属と労働分配率の推計　472
　10-3　所得分布の不平等度 ………………………………………… 476

　　　　10.3.1　所得分布の不平等度に関する測度　476

　　　　10.3.2　ローレンツ曲線とジニ係数　481

　　　　10.3.3　所得分布を特定化した不平等の測度　483

　　　　10.3.4　ジニ係数の変化と所得格差の拡大・縮小　485

第11章　差別と労働市場 …………………………………………… 498

　　11-1　差別の種類 ………………………………………………… 499

　　　　11.1.1　差別の概念　499

　　　　11.1.2　市場差別と非市場差別　500

　　　　11.1.3　その他の差別　501

　　11-2　差別の経済理論 …………………………………………… 502

　　　　11.2.1　差別嗜好の理論　502

　　　　11.2.2　需要独占的差別理論　505

　　　　11.2.3　混雑仮説（詰め込み仮説）　508

　　　　11.2.4　二重労働市場論　510

　　　　11.2.5　統計的差別理論　511

　　11-3　男女差別と男女雇用機会均等法 ………………………… 513

　　　　11.3.1　欧米諸国の男女同一賃金原則と性差別禁止法制　513

　　　　11.3.2　雇用機会均等法と改正後の状況　519

　　　　11.3.3　1999年法の主な改正点　524

　　　　11.3.4　2007年法の改正のポイント　526

　　　　11.3.5　個別紛争解決の援助　530

　　　　11.3.6　均等法の施行状況　532

第12章　労働市場と労働法制 ……………………………………… 543

　　12-1　労働基準法と労働時間 …………………………………… 543

　　　　12.1.1　時間外労働の経済学　543

　　　　12.1.2　労働基準法の改正　546

　　　　12.1.3　賃金不払残業額とサービス残業時間の推計　550

12-2 最低賃金法と労働市場 …………………………………………… 556
　12.2.1 最低賃金の経済学　556
　12.2.2 最低賃金の雇用・賃金に与える影響　561
　12.2.3 最低賃金法の成立と沿革　564
12-3 雇用保険法と労働市場 …………………………………………… 569
　12.3.1 雇用保険の経済学　569
　12.3.2 雇用保険法の概要　571
　12.3.3 失業等給付と雇用保険制度　573
12-4 雇用対策法と年齢制限の禁止 …………………………………… 576
　12.4.1 欧米諸国における年齢差別禁止　576
　12.4.2 日本における高年齢者雇用への取組み状況　578
　12.4.3 年齢制限の是正と雇用対策法　580
12-5 労働者派遣法と派遣労働 ………………………………………… 582
　12.5.1 労働者派遣法の成立と沿革　582
　12.5.2 ３つの雇用形態　585
　12.5.3 規制緩和から規制強化への流れ　587

参考文献 ……………………………………………………………………… 599
人名索引 ……………………………………………………………………… 623
事項索引 ……………………………………………………………………… 630

現代の労働経済学

序　章　労働経済学と本書の構成

1. 労働問題への接近

　労働経済学（Labor Economics）とは，労働市場に生起するさまざまな現象や出来事に焦点をあてて研究しようという学問であって，応用経済学の一つである。労働市場における現象や出来事にはどのようなものがあるだろうか。たとえば，失業はなぜ発生するのだろうか。賃金格差はどのようなメカニズムのもとで発生し，拡大または縮小するのだろうか。また，なぜ労働者は地方から都市へと移動するのだろうか，などをあげることができる。これら労働市場に生起する現象や出来事，いわゆる労働問題（labor problems）をどのような方法でアプローチするのかといえば，それは，近代経済学の分析道具，主としてマクロ経済学やミクロ経済学の理論を用いて分析するのである。

　応用経済学の一つとしての労働経済学は，第2次世界大戦の戦前から戦後にかけて，アメリカで行われてきた労働市場に関する実証研究のなかから経済学の理論と結びついて生まれてきた学問で，戦後，学界の市民権をえた比較的新しい学問といえる。しかし，労働市場に生起する現象や出来事は経済学のアプローチだけで決して解明されるわけではない。個々の労働問題が取り扱いにくいとか，取り扱いがむずかしいといわれるのは，一つには労働市場に供給される労働サービスと，これを提供する労働者とが不可分な一体的関係にあるからである。労働者が働くという場合，たいてい彼（彼女）自身が職場まで足を運ばなければならない。たとえば，株式市場を取り上げると，株主は，本人が証券取引所に足を運ばなくても株式をいくらでも取引（あるいは転売）することができる。しかし，労働者が会社を転職するとき，彼（彼女）自身もそこに出

向かなければならない。労働者と労働サービスが不可分の関係にあるところに，労働経済学は経済理論のアプローチとは異なったアプローチが必要となり不可欠となる。その分析とは，経済の諸制度や諸慣行の動きに注目して，労働市場の出来事を動態的・歴史的に把握する制度学派（institutional school）などの他のアプローチが必要とされる所以である。

いかなる国の労働市場においても，さまざまな制度や慣行というものが存在している。たとえば，わが国の代表的な雇用慣行といえば日本的雇用慣行とよばれる，この慣行は終身雇用制や年功賃金制を柱として形成されている。アメリカにおいては，組合員に与えられる先任権（seniority）がそれである。同じ労働組合といっても，わが国では労働組合の組織がほとんど企業別組合であるのに対して，欧米諸国では産業別組合や職業別組合が支配的な組織形態となっている。また，転職する場合にしばしば直面するのが学歴，年齢，性や人種などに対する差別的取扱いであって，これが障壁となって，円滑な労働移動は阻害されている。このように，労働市場に生起する現象や出来事は，こうした制度や慣行，さらに差別的取扱いなどと密接に関係している。労働問題は経済理論のアプローチだけでは分析できないのである。

2．労働問題分析の方法

現実に生起するさまざまな労働問題を分析するためには，各種の賃金や雇用に関する理論や労働統計を利用しなければならない。本書で利用される主たる分析道具として，無差別曲線を用いた所得－余暇の選好図式，生産関数と労働の限界生産力理論，そして完結したケインズ体系としてのマクロ経済モデルなどがある。そのなかでも最も基本的な分析用具は，ミクロ経済学の理論それであって，とりわけ最も頻繁に登場するのが労働需要－労働供給の図式にほかならない。周知のように労働の需要－供給図式においては，右下がりの労働需要曲線と右上がりの労働供給曲線との交点で，賃金水準と雇用量の均衡値が決定される。この図式は曲線それぞれの変形を含みながらも，さまざまな現象の分析に適応され，労働問題の大部分を説明することができるほど，その応用範囲

は実に幅広いのである。

　本書においても，第5章の賃金水準の決定をはじめ，第1章から第4章における労働市場の基礎理論，さらに第9章の労働移動と資源配分などで，労働の需給図式を用いて分析するであろう。

　労働経済学は，労働市場に関するさまざまな現象や出来事を分析・解明する経済学で応用経済学の一分野であり，その分野の分析には近代経済学の分析道具を利用することはもちろんのこと，現実の姿を明らかにするうえで，統計資料の活用が不可欠である。統計資料を利用することによって，労働経済という現実の複雑な姿を正しく模写・分析するだけでなく，これを理論的に説明する仮説の妥当性を統計的に検証するうえでも，統計資料はきわめて重要な役割を果たしている。労働経済に関する統計資料は数多く，一つひとつを列挙することはむずかしい。ここでは主要なものだけを取り上げておこう。

　人口・労働力統計では，5年ごとに実施される総務省「国勢調査」，毎月調査される同省「労働力調査」，出生・死亡など人口動態統計については厚生労働省「人口動態調査」などがある。賃金統計では厚生労働省「毎月勤労統計調査」が最も代表的であり，賃金水準のほかに，労働時間・労働異動などを時系的・動態的に把握できる毎月の調査である。毎勤が時系列データとして利用することができるのに対して，賃金構造の実態や賃金格差の大きさを把握するには，厚生労働省「賃金構造基本統計調査」があり，毎年6月時点で調査されている。同調査は賃金構造を多面的・横断的に把握するうえで不可欠な統計である。賃金制度，労働時間制度，労働費用・福祉施設制度，定年制などの項目をローティション方式によって，毎年1月に調査するものに「就労条件総合調査」（1999年度までは「賃金労働時間制度等総合調査」であったが，2000年度より名称変更）がある。入職・離職など労働異動を年2回調査するのに厚生労働省「雇用動向調査」などがある。また，統計法にもとづく統計ではないが，業務統計として，労働市場の需給状態を表す有効求人倍率など月別のデータを時系列的に発表するものに厚生労働省「職業安定業務統計」がある。文部科学省「学校基本調査」は新規学卒者の進学，卒業後の進路を明らかにするために，毎年5月に実施されている。労働組合の組織状態，組合員数，組合活動，

さらに争議・状況など労働関係に関する調査として，厚生労働省「労働組合基礎調査」，「労働争議統計調査」などがある。

労働経済の実態を知るには，上記したような各種の統計資料が必要となる。しかし，こうした膨大な統計を利用しやすいようにコンパクトにまとめ編集したものとして，厚生労働省『労働経済白書』，同省『労働統計要覧』『労働統計年報』，日本生産性本部・生産性労働情報センター『活用労働統計』などがある。なお，女性労働に関する詳細な資料に厚生労働省『働く女性の実情（女性労働白書）』がある。

3. 本書の構成

本書は，全部で12章から構成されている。このうち第1章から第5章までは，労働市場を対象にその基礎理論にスポットをあてて説明するもので，第1章は，人口の構造と労働力の供給を取り扱い，労働時間の変動，労働供給の決定とともに，妻の就業諾否など労働市場の参入についても併せて考察する。第2章では，労働力に対する需要が扱われ，個別企業における雇用量の決定を説明するとともに，バブル経済の崩壊とともに急増している雇用調整についても言及する。第3章は，人的資本の理論を概説するが，とくに大学への進学を例に教育投資の決定を分析するとともに，人的資本理論に対立する理論としてシグナリング理論を取り上げる。また人的資本のタイプによって職場訓練における費用と収益の関係が異なることを考察する。第4章は，労働市場の類型と構造を解説する。ここでは，まず労働市場のいくつかの類型を概説し，次に市場の階層性を踏まえ，内部労働市場の構造を説明する。また情報が不完全である労働市場のもとでの職探し行動を明らかにする。第5章は，労働力の需要・供給に関する基礎的な理論を前提に，賃金決定のメカニズムについて説明する。また動学的な賃金調整メカニズムについて言及し，さらにフィリップス曲線とそれを批判する自然失業率仮説や合理的期待仮説に触れる。

第1章から第5章までは，競争的な労働市場を前提に賃金決定の基礎理論について分析しているが，多くの先進諸国では，労働者は自らを組織し労働者の

組織的行動によって労働条件の決定に関与している。そこで，第6章では，組織化された労働市場を対象に，労働組合の機能と組織構造を解説し，さらに団体交渉下の賃金決定を取り上げる。第7章は，賃金の下方硬直性と賃金構造を考察する。とくに賃金の硬直性を説明するニュー・ケインジアンのいくつかの仮説——たとえば，暗黙の契約理論，効率賃金仮説，インサイダー・アウトサイダー仮説などを取り上げて説明する。賃金構造は企業内賃金構造と企業間賃金構造に大別され，主に前者を中心に年功賃金体系との関係において説明する。さらに補償賃金格差の理論を分析する。第8章は前半では失業の類型と理論を考察し，マクロ経済学で講義される完結したケインズ体系，いわゆる総需要曲線と総供給曲線を用いて，経済全体としての雇用水準の決定を明らかにする。後半では労働市場のストック・フローの相互関係を説明するとともに，動学的賃金調整メカニズムのなかで開発されたUV分析の説明によって失業の新しいアプローチを分析する。第9章は，労働力資源の最適配分を労働移動の観点から解説する。はじめに労働移動メカニズムを経済発展論で取り上げられる無制限労働供給モデルによって説明し，次に賃金格差説と就業機会説を統合する移動モデルについて考察する。第10章は，所得分配の問題を取り上げる。まず巨視的分配理論を展望する。次にいくつかの指標によって労働分配率の推移を観察し，さらに所得や資産の不平等度の測度を概説し，不平等の度合いを統計資料によって明らかにする。第11章は，労働市場にみられる差別を考察する。さまざまな差別を踏まえ，差別の経済理論を概説する。また，わが国における男女差別やポジティブ・アクションなどの問題を男女雇用機会均等法によって説明する。最後の第12章は，労働市場にみられるいくつかの労働法制——労働基準法，雇用対策法，最低賃金法，雇用保険法，そして労働者派遣法を取り上げ，これら法律の経済学的意味を検討する。

第1章　人口と労働力の供給

わが国経済が，明治以降，飛躍的な発展を遂げたことは周知のところである。経済資源（economic resources）が少ないわが国において，経済発展の原動力の一つは，豊富な労働力と人びとの勤勉な働きであった。人口の少子高齢化が急速に進行している現在，労働力の供給を確保し，生産活動を効率的に支えていかなければならない。そのため，労働力の構造を明らかにし，労働力率や労働時間が長期的にどのように推移してきたかを考察することが必要である。ところで，労働経済学の発展に関する研究の軌跡をみると，1つは，労働者や家計の労働供給行動に関する研究である。近年，ミクロ経済学における消費者選択の理論を適用した家計の労働供給分析については大きな成果をあげている。研究の関心は，労働者個人を労働供給の意思決定単位として考えるよりも，夫婦2人を意思決定単位として分析する点にある。

本章では，まず人口と労働力の構造，労働力率の変動を明らかにする。労働投入量の動向を知るうえで，労働時間の動きも重要である。とくに経済成長とともに，労働時間は大幅に短縮していった。最後に，労働者個人や家計の働き手が効用極大化の行動をとっていると仮定して，労働供給の決定メカニズムを説明する。

1-1　人口の推移と構造

1.1.1　人口の推移

高度に分業化した現代の経済社会においては，家計や企業の経済主体が交換を媒介として網の目のように複雑に絡み合いながら，社会全体の経済活動が間断なく営まれている。企業は，家計の所有する生産要素（factors of production) の用役を購入し，これを生産過程に投入して各種の生産物（products）を産出し，さらにこれら生産物を家計や他の企業に販売するという経済活動を通じて人びとの日々の生活を支えている。われわれが分析の対象とする労働用役（労働サービス　labor services）は，生産要素の一つであり，資本や土地とともに基本的生産要素（primary production factors）といわれている。

　生産要素の１つである労働力の母胎であるのが人口（population）である。人口の大きさは，労働力を量的に規定するだけではなく，質の高い労働力を供給する源泉であるという質的な面からも重要な意味をもっている。

　人口増加から減少へ　労働用役の集合体である労働力（labor force）について説明する前に，まずわが国人口の推移と構造を概観することにしよう。**表1-1**に示すように，明治期の人口をみると，1872（明治５）年には3,481万人にすぎなかった人口は，1900年4,385万人，そして10年には4,918万人に達し，明治の約40年間で1,400万人強も増加した。大正期にはいると，総務省（旧総務庁）「国勢調査」が実施され，20（大正９）年の第１回調査では5,596万人であった人口は，第２次世界大戦直後の一時期には人口の減少をみたが，戦後復興の50（昭和25）年には8,412万人に増加し，70年には１億人を突破する１億467万人を数えた。その後，人口は95（平成７）年には１億2,557万人，2000年には１億2,693万人，第18回調査にあたる05年には１億2,777万人に達し，第１回から85年間に2.28倍にも増加した。

　しかし，10年調査によると，１億2,806万人とわずか30万人の人口増にとどまり，わが国社会もまもなく「人口減少社会」を迎えるであろう。国勢調査によると，わが国人口は10年にピークに達し，国立社会保障・人口問題研究所の「日本の将来推計人口」（12年１月推計の出生・死亡中位推計値）によれば，その後，ゆるやかに減少をつづけ，20年１億2,410万人，25年１億2,066万人，30年１億1,662万人になると推計されている[1]。

　人口の大きさは，自然増加（natural increases）と社会増加（social increases）によって規定され，自然増加は出生と死亡の差，社会増加は転入と転出の差によって示される。

　　　人口増加＝自然増加＋社会増加＝（出生－死亡）＋（転入－転出）

表1-1 人口の推移

年次[1]	人口 (千人)	増加率 (%)	年次	人口 (千人)	増加率 (%)
1872	34,806	――	1955	90,077	7.1
1875[2]	35,316	1.5	1960	94,302	4.7
1880	36,649	3.8	1965	99,209	5.2
1885	38,313	4.5	1970	104,665	5.5
1890	39,902	4.1	1975	111,940	7.0
1895	41,557	4.1	1980	117,060	4.6
1900	43,847	5.5	1985	121,049	3.4
1905	46,620	6.3	1990	123,611	2.1
1910	49,184	5.5	1995	125,570	1.6
1915	52,572	7.3	2000	126,926	1.1
1920	55,963	6.1	2005	127,768	0.7
1925	59,737	6.7	2010	128,057	0.2
1930	64,450	7.9	2015	126,597	△1.1
1935	69,254	7.5	2020	124,100	△2.0
1940	73,114	5.6	2025	120,659	△2.8
1945[3]	71,998	−0.7	2030	116,618	△3.3
1950[4]	84,115	15.6	2035	112,124	△3.9

(出所) 1915年以前は内閣統計局『明治5年以降我が国の人口』(調査資料第3集, 1930年) による各年1月1日の推計人口である。1920〜2010年は総務省「国勢調査」による。15年以降の推計人口は国立社会保障・人口問題研究所「日本の将来推計人口(平成24年1月推計)」による。

(注) 1) 1915年以前は各年1月1日の推計人口, 20年以降は各年10月1日, ただし, 45年は11月1日である。
2) 3年間の増加率で, それ以外は5年間の増加率である。
3) 沖縄県を除く。
4) トカラ列島の人口を除く。
5) 2015〜35年は将来推計人口で, 中位推計値(出生中位・死亡中位)による推計。増加率は5年間の増加率である。

　上式が人口学の基本方程式といわれるものである。一国全体については, 移民や帰化, 難民などによる社会増減はそれほど多くないけれども, 都道府県レベルで考えると, 高度成長期における人口のドラスティックな地域間移動にみるように, 人口の転出入は相当に多いであろう。この転出入を別にすると, 人口の大きさは基本的には出生と死亡によって規定される。

　出生率と死亡率の推移　わが国の人口増加は, 主に出生と死亡との差である自然増加によってもたらされたもので, 図1-1によって出生率 (birth rate)

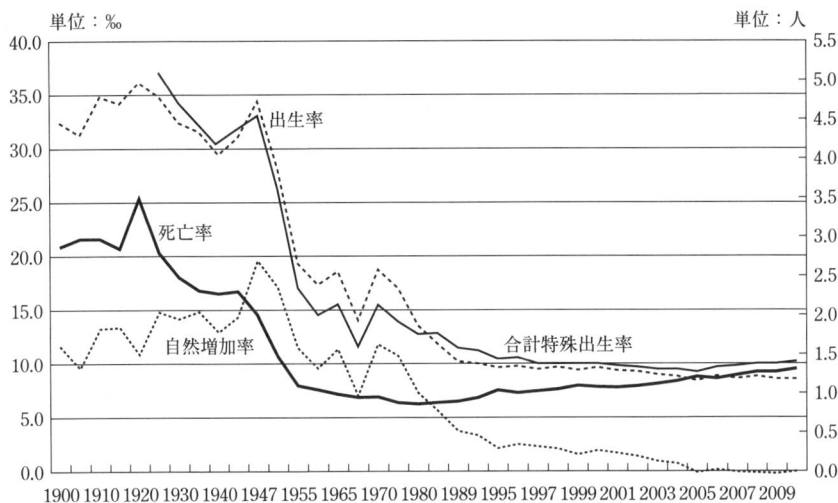

(出所) 厚生労働省「人口動態統計」
(注) 1) 1947～70年は沖縄県を含まない。
    2) 1925, 30, 40年の合計特殊出生率は総務省『日本統計年鑑(第49回)』(平成12年1月)による。
    3) 2010年の合計特殊出生率は推計値である。

図1-1 出生率・死亡率の推移

と死亡率(death rate)の推移をみると[2]，明治期，大正期，そして戦前の昭和期における出生率は，数か年をのぞき相当に高く30‰(人口1,000人あたり出生数が30人をいい，この単位をパーミルという)をこえ[3]，1920年には36.2‰と最も高い出生率を記録した[4]。他方，死亡率は，明治期から大正期にかけて20.0‰を上回っていたが，昭和期にはいると，乳児死亡率や新生児死亡率が医療技術の発達を反映して低下したため20.0‰を下回り，41年には16.0‰と戦前の最低を記録した[5]。人口動態の推移から，出生率と死亡率との差である自然増加率は，明治期，大正期とも平均11.9‰であったが，昭和期になると，出生率の低下(戦争による死亡や軍人・軍属等の海外流出にともなう低下)よりも，死亡率の低下が大きくなった結果，自然増加率は反転して13.4‰に上昇した。

第2次世界大戦の混乱期をへて，47年から49年における第1次ベビーブーム

期には，出生率は33.6‰と大正や昭和初期の水準まで上昇し，高い出生率をつづけた。しかし，50年代になると，出生率は急速に低下し，その前半は23.7‰，後半から60年代にかけて17～18‰（15年間の平均で17.7‰）と比較的安定した水準で推移した。そのなかでも「丙午(ヒノエウマ)」の66年には13.7‰と大幅に低下した（「丙午」の66年をのぞく14年間で18.0‰）。70年代にはいると，第2次ベビーブーム期（70～74年）を迎え19.0‰台に反転したものの，73の19.4‰をピークに，その後一貫して低下をつづけ，70年代後半から80年代前半は平均して14.3‰まで落ち込んだ。80年は13.6‰とさらに下がり，66年の「丙午」の水準を下回った。80年代後半においても低下をつづけており，91年は10‰を割る9.9‰，95年には9.6‰まで低下したが，その後，9.5‰前後で推移し，2003年には8.9‰と9‰を下回り，10年には8.5‰まで低下している。

これに対して，死亡率は戦後直後から10年間ほど比較的高かったものの，1950年代後半は6～7‰台で推移し，80年には6.2‰と過去最低を記録した。その後，人口の高齢化にともなって，死亡率は徐々に高まり，03年には8‰に上昇し，その後も上昇をつづけて10年には9.5‰と50年当時の水準に戻っている。その結果，時期別にみた自然増加率の推移も第2次ベビーブーム期の12.4‰をのぞき，第1次ベビーブーム期の20.9‰をピークに低下をつづけた。80年代以降，出生率の低下に対応して（2000年代にはいると，死亡率は反転しているが），自然増加率も低下をつづけた。05年以降，死亡率が出生率をわずかに上回り，自然増加率もプラスからマイナスに転じ，わが国人口は減少過程にはいったのである。

1.1.2 人口転換と少子化の進行

人口動態の変化をみると，わが国人口も先進工業諸国で観察されているように，多産多死の状態から多産少死をへて少産少死の状態へと移行していった。この移行過程は，人口転換（demographic transition）とよばれている。転換の開始時期は国々によって異なっているものの，世界で最初の人口転換を経験したイギリスは，その開始が18世紀中葉であって，1750年頃から低下した死亡率に対して，出生率の低下がはじまったのは1880年頃といわれている。

わが国の場合はどうだろうか。長期的な人口動態を観察すると、人口転換がはじまったのは死亡率が低下しはじめた明治の中期以降であり、多産多死の状態に代わって多産少死の状態がつづいた。死亡率の低下に遅れて、出生率が1920年代半ばになって緩やかに低下しはじめたが、50年代半ば以降、急速に低下し、少産少死へと移行していった。60年代半ばに人口転換が完了し、わが国も人口面において近代化を達成したのである。

ここで取り上げた出生率は普通出生率（または粗出生率）といわれ、出生力を表す最も一般的な指標である。図1-1に示すように、出生率の低下と同様に、女性が一生涯に生む平均子ども数を意味する合計特殊出生率（total fertility rate）もまた低下していった[6]。わが国では類をみないスピードで少子高齢化が進行しており、合計特殊出生率は第1次ベビーブーム期においては4.4前後と高かったが、その後、急激に低下して52年には3を割り、50年代後半から70年代半ばの高度成長期には「丙午」の66年の1.58をのぞき、ほぼ2の水準で安定していた。70年代後半においても、2を下回ってさらに低下傾向をたどり、89年には「丙午」の1.58を下回る「1.57ショック」をへて、95年は1.42を記録した。合計特殊出生率はその後も低下をつづけ、2002年には1.32、05年には史上最低の1.26まで落ち込んだ。その後、反転して10年には1.39まで回復している。

これは、現在の人口水準を長期的に維持するのに必要な高さ、人口置換水準である2.07を大幅に割り込んでいる。合計特殊出生率の低下にともなって、出生数も減少をつづけている。第1次ベビーブーム期には260万人をこえ、とくに1949年は269.7万人と戦前戦後を通じて最大の出生数となった。その後、減少の傾向をたどり150万人近くまで落ち込んだが、60年を境に、ふたたび増加に転じた。この増加基調のなかで、「丙午」の年には、合計特殊出生率の急激な低下を反映して136.1万人と大幅な減少をみた。73年は第2次ベビーブーム期のピークにあたり、209.2万人と200万人台を回復したが、その後、一貫して減少しており、2002年は115.6万人、05年には106.3万人と戦後最低を数え、10年は107.0万人を記録している。

1.1.3 高齢化の進行

わが国においては、少子化と同様に、人口の高齢化も急速な勢いで進行している。出生率と死亡率の推移は人口増加率に影響を与えるだけでなく、現在および将来にわたる人口の年齢構造を決定する主要な要因でもある。国によって年齢区分に多少の違いはあるが、わが国人口の年齢構造は3つに分けられている。それは、15歳未満の年少人口、15〜64歳までの生産年齢人口、そして65歳以上の老年人口である。一般に、生産年齢人口は一国の経済活動を担う人口であり、年少人口と老年人口を合わせた人口を従属負担人口（dependent population)、つまり生産年齢人口に扶養される人口をいう。とくに戦後わが国のように、出生率が長期にわたって持続的に低下すると、人口は急速に高齢化していくであろう。出生率の低下が人口の年齢構造を変化させるのであり、これが人口の高齢化（aging of population）をもたらす主要な要因なのである。

何歳以上の人を「老人」とよぶかは時代により、また国によって異なっているが、平均寿命の伸長とともに、今後、70歳、いや75歳を境に考える時代がくるかもしれない。現在、わが国では65歳で線を引き、65歳以上を老年人口とよんでいる。人口の高齢化を表す指標として、総人口に占める老年人口の割合、つまり老年人口係数を用い、老年人口の割合が増大していく状態をとらえて、人口の高齢化とよんでいる。図1-2に図示するように、この老年人口係数は、1920年から55年まで5％前後で安定的に推移し、老年人口係数が高まるにはいたらなかったが、70年には7.1％に上昇した。その後も、老年人口係数は上昇をつづけ、90年の12.1％をへて、95年には70年のほぼ2倍の14.5％に達し、2005年には20.1％と、人口5人のうち1人が65歳以上の高齢者なのである。

老年人口を絶対数でみると、戦前には300万人台であったのが、1950年に416万人に増え、80年に1,000万人をこえる1,065万人を数え、95年は1,826万人に達した。97年にはわが国の人口史上はじめて老年人口（1,964.3万人）が年少人口（1,963.9万人）を上回り、2005年には2,567万人と、この55年間で老年人口は6.2倍に増加した。07年以降、第1次ベビーブーム期の「団塊世代」が65歳以上の老年人口に順次移行していくため、将来推計人口（12年1月推計　中位推計値）によれば、13年には3,197万人と増加し、17年には3,464万人、20年

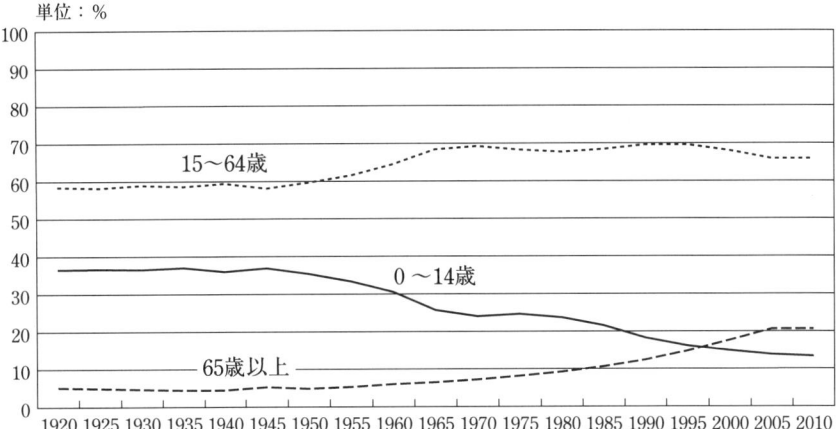

(出所) 総務省「国勢調査」
(注) 1) 1950年以降，総数に年齢不詳を含む。
    2) 沖縄県を除く。

図1-2　人口の年齢構造

3,612万人と3,600万人を突破すると予想されている。老年人口係数も上昇をつづけ，14年26.1％，20年には29.1％に達し，10人に3人が65歳以上の高年齢者になると予想されている。わが国人口の高齢化は，欧米先進諸国が経験したことのない速いスピードで進行している点で際立った特徴がある。65歳以上人口の比率が7％から14％に倍増するに要した期間は，フランスが115年，スウェーデンが85年，イギリスが45年であったのに対して，わが国ではわずか25年間にすぎなかったのである[7]。

　人口の年齢構造の変化は，視覚的にとらえる人口ピラミッド（population pyramid）によっても観察することができる。戦前から戦後の1950年にかけては，幼若年層が多く年齢の上昇とともに人口が少なくなる，いわゆる裾野の広い「富士山型」を呈していた。しかし，出生数の急激な減少にともない，幼若年層と中高年層との比重がほぼ同じになる「つりがね型」に移り，さらに中高年層の比重が一段と大きくなる「つぼ型」に近づいていった。その後，第2次ベビーブーム期には出生数が増加したことにより，裾野がふたたび広がって「星型」に変化するが，出生数の減少にともない，現在の人口ピラミッドは幼

年層と壮年層でくぼみのある「ひょうたん型」へと変形している。

1-2　労働力の構造と変動

1.2.1　労働力の概念

　労働用役（または労働サービス）は，資本用役や土地用役とともに生産要素の一つであり，これらを生産過程に投入することによって，生産物が産出されるのである。労働用役を提供する主体は労働者であって，一国の労働者を集計したものが労働力人口（労働力　labor force）にほかならない。労働力人口は，一般に働く意思と能力をもった人びとによって提供される労働用役（または労働サービス）の総体をいい，経済全体としての労働供給の大きさを表している。具体的には15歳以上人口のうち経済活動に従事する，また従事している人口が労働力人口である。この大きさは，基本的には人口規模，人口の性別・年齢別構成，さらに労働市場に参加する労働力人口の程度，すなわち労働力率（労働力参加率　labor force participation rate）によって決定されるであろう。

　国によって義務教育の修了年齢が違うため，就業可能な年齢は異なっており，また15歳以上人口のすべてが働く意思と能力をもっている人口ではない。たとえば，専業主婦や引退した高年齢者のように働く能力をもっていても働く意思がない人びともいる。逆に働く意思をもっていても，病気のために働くことができない人びとも数多くいる。それでは，労働力人口の大きさは，どのようにして決定されるのであろうか。

　労働力人口をはかる統計には，総務省が行う「国勢調査」と「労働力調査」がある[8]。国勢調査は，1920年の第1回調査以来，5年ごとに実施されている悉皆調査（census）である。同調査はわが国の人口・世帯・労働力などの状況を明らかにし，政策の立案全般にわたって不可欠な基本資料であって，47年には統計法にもとづき「指定統計第1号」に指定され，2010年10月1日の国勢調査は第19回目にあたる[9]。戦前は，普段の状態（usual status）――「有業者方式」（gainful worker approach）によって，収入をともなう仕事に従事して

いる者を調べ，経済活動に従事する有業者を把握していた。

　これに対して，「労働力調査」は，1946年の開始以来，60数年の歴史を数えており，わが国の就業および不就業の状態を毎月明らかにし，経済政策や雇用政策などの基礎資料をえることを目的に実施されている標本調査（sample survey）である。労働力調査や戦後の国勢調査は，有業者方式と違い，調査期間中に実際に少しでも収入をともなう仕事に従事しているか否かの実際の状態（actual status）──「労働力方式」（labor force approach）によって，就業者を把握する調査を行っている。

　労働力人口のうち，就業者でない者は完全失業者（unemployed）とよばれる。完全失業者とは，調査期間中に少しも仕事をしなかった者のうち，就業が可能でこれを希望し，かつ求職活動をしていた者，および仕事があればすぐに就業できる状態で，過去に行った求職活動の結果を待っている者をいう。完全失業者が労働力人口に含まれるのは，就業していないけれども，働く意思と能力をもっているとの理由からである。

　15歳以上人口のうち，労働力人口に属さない者は非労働力人口（not in labor force）とよばれ，家事・通学などを行っている者をいう。以上に説明したように，15歳以上人口は調査期間中の活動状態にもとづいて区分されている[10]。「労働力調査」によると，労働力人口のほとんどは主に仕事しているか，または家事・通学のかたわら仕事している従業者（at work）である。定義によると，従業者とは，調査期間中に収入をともなう仕事に1時間以上従事した者をいい，家族従業者は無給であっても仕事をしている者と分類されている。従業者であっても，病気・治療やストライキ，休暇などで仕事を休んでいる者を休業者（not at work）といい，これと従業者を合わせたものを就業者（employed）という。さらに就業者は，従業上の違いによって個人経営の事業を営む自営業主（self-employed workers），自営業主の家族で，自営業主の営む事業に従事している家族従業者（family workers），そして会社，団体や官公庁などの事業所に雇われて，給料や賃金をえている雇用者（employees）に分けられる。

1.2.2 労働力率の長期的変動

労働力人口または労働力率の動きを分析する方法には2つの方法がある。1つは，時系列分析（タイムシリーズ・アナリシス　time series analysis）とよばれる方法，他の1つは，横断面分析（クロスセクション・アナリシス　cross section analysis）による方法である。時系列分析は，時間の経過にともなって労働力人口や労働力率がどのように変化していったかを分析するのに対して，横断面分析は，任意の時点における労働力率が年齢や性などによってどのように相違しているのかを分析するものである。図1-3（1）によって，男女計の労働力率の推移を1953年から2010年の58年間について観察すると，1955年の70.9％をピークに，労働力率は循環的な変動を繰り返しながら趨勢的には低下しており，75年，76年には63.0％に落ち込み，その後，63％台のほぼ横ばいの状態をつづけた。87年，88年は62.6％と過去最低を記録し，その後，63％台に回復したものの，99年は62.9％と63％をふたたび下回り，2003年は60.8％，09年は60％を割って59.9％に落ち込んでいる。このように長期的にみる

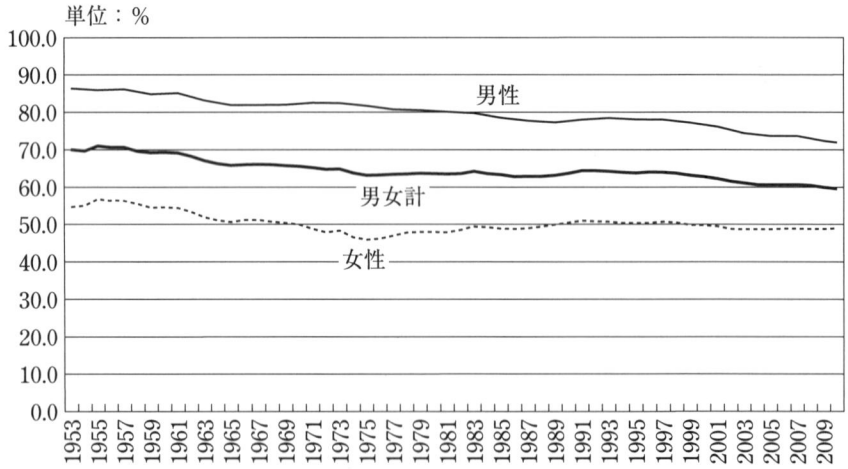

（出所）総務省「労働力調査」
（注）1）15歳以上人口には年齢不詳を含む。
　　　2）1972年以前は沖縄県を含まない。

図1-3（1）　労働力率の推移

と，1975年頃を転換点として，前半の20年間はやや速度を高めて低下をたどり，後半の30数年間は横ばいで推移しながらも徐々に低下していったという特徴が観察される。

こうした特徴的な動きは性別によっても観察されるのであろうか。労働力率は，男女とも70年代半ばまではやや大幅に低下をつづけ，それが主因となって経済全体としての労働力率を長期的に引き下げていった。53年から75年までの23年間における最高から最低への落差をみると，女性労働力率の落差は男性の5.0ポイントよりも大きく11.1ポイントと2倍以上であった[11]。男性は75年以降も引きつづき下降しており，89年には75年の81.4％にくらべて4.4ポイント減の77.0％を記録した。その後も77％台後半の横ばいをつづけ，99年には76.9％と77％を下回り，2004年は73.4％，そして10年は71.6％と過去最低を記録した。1953年から2010年までの58年間に，男性の労働力率は実に14ポイント以上も下落したのである。これと対照的なのが女性の労働力率である。女性は石油危機後の不況の影響を受け1975年には45.7％まで落ち込み，その後，これをボトムに反転して，わずかな上下を繰り返しながら基調的には上昇つづけた。81年の男女雇用機会均等法の施行や女性の大幅な社会進出にともなって徐々に上昇し，女性の労働力率は90年代になると50％台に回復したが，社会進出が増える一方，女性の高学歴化が進み，2000年代は48％台で推移している。

以上から明らかなように，1975年以降，男女を合わせた労働力率の総体は63％台でほぼ安定的に推移しながらも，ゆるやかに低下をつづけ60％まで落ち込んでいる。その動きは，低下する男性労働力率と上昇から微減している女性労働力率によって中和された結果であることがわかるであろう。

それでは，労働力率の長期的な低下をもたらしたのはどのような要因が作用したからであろうか。その主要な要因の1つは，若年層（15～19歳と20～24歳）における大学・短大等への進学率の上昇である。現在，中学校を卒業した後，ほぼ100％の生徒が高等学校に進学している。さらにその7割以上が大学・短期大学など高等教育機関に進学，また専門学校や各種学校に入学し，卒業後，労働市場に参加している[12]。このように，若年層は男女とも義務教育を終えた後，直ちに労働市場に参加するのではなく，教育市場で就学してから，

その後，労働市場に参加する。進学率の趨勢的な上昇が若年層の労働力率を大幅に低下させたのである。2つは，農林水産業に従事する高年齢層（60歳以上）の労働力率の低下である。産業構造の高度化とともに第1次産業の比重は低下していった。この比重低下にともなって，第1次産業に自営業主として従事する割合の高い高年齢層が，年齢とともに労働市場から引退していった。第1次産業の比重低下のほかに，年金制度の普及や若い世代による扶養力の増大などもあげることができる（もっとも近年，定年後も65歳の年金支給年齢まで就業する者が増加してるため，労働力率は徐々に上昇している）。

また70年代中葉以降，女性の労働力率が上昇しつづけた背景には，どのような要因を考えることができるであろうか。これについては，若干指摘したが詳しくは年齢別労働力率の構造変化のなかで説明することにしよう。

1.2.3 年齢別にみた労働力率の変動

2つのタイプの労働力　労働力人口は，基本的には次の2つのタイプに大別することができる。1つは，恒常労働力あるいは第1次労働力（primary labor force）とよばれるタイプ，もう1つは，縁辺労働力あるいは第2次労働力（secondary labor force）とよばれるタイプの労働力である[13]。恒常労働力とは，学校を卒業して新規に就職した後，定年退職にいたるまで，あるいは定年後再就職しても高齢になるにつれて最終的に労働市場から引退するまで，ほぼ一生涯継続して労働市場にとどまる労働力をいう。このタイプに属するのは，主に25～59歳の壮年男性，つまり家計の主な稼ぎ手といわれる年齢層で，家計においては安定した核的労働力となっている。これに対して，縁辺労働力というのは，労働市場に恒常的・規則的にとどまるのではなく，家計の経済的状況，家族の構成や景気の動向などによって，労働市場と家計の間を断続的・不規則的に往来するタイプの労働力であって，女性や若年層，高年層がこれに属している。たとえば，女性に多くみられるように，就職しても結婚や出産・育児のため退職するが，子育てが終わると，ふたたび働きにでるとか，景気が悪化して失職すると，職探しを早晩あきらめて非労働力化し，景気が回復して就業機会が増えると，ふたたび職探しを行うなど，こうした行動をとるタイプ

の労働力が縁辺労働力にほかならない。

　労働者のタイプが2つに大別されることから，労働市場と家計との間，いいかえれば，労働力と非労働力との間で行われる労働力移動の規模や方向もまた相違している。恒常労働力は学校卒業とともに労働市場に参入し，失業しても非労働力化することなく，定年や高齢とともに労働市場から離脱することから，その移動はライフサイクル型移動とよばれている。他方，労働市場と家計の間を断続的に往来する縁辺労働力の移動は，エコノミックサイクル型移動といわれる。その移動は，1つには経済全体の景気の動きや労働市場の需給動向に左右され，2つには家計のさまざまな経済的・社会的要因にも大きな影響を受け，入職・離職を繰り返すのである。出産・育児・介護のため離職して一時的に非労働力化するとか，景気の悪化による夫の収入の減少を補うために，また住宅ローンや教育ローンを返済するために就職するなど，さまざまな理由によって，家計と労働市場との間を移動している。このように，縁辺労働力は，その性質からして労働力の短期的な変化——労働力率の循環的な変動に重要な役割を果たしているのである。

男性の年齢別労働力率　図1-3 (2)・(3) は，男女それぞれの年齢別労働力率の変化を図示したものである。まずはじめに，年齢別にみた男性労働力率の推移を1959年から2010年の52年間について説明する。一見してわかるように，労働力率の変化が最も顕著なグループは，縁辺労働力として分類される15～19歳の若年層と65歳以上の高年齢層である。15～19歳の男性労働力率は，高校・大学等への進学率の上昇を反映し1959年の53.6％から20年後の80年には17.4％と3分の1まで急減し，若年男性6人のうち1人が労働市場に参加しているにすぎない。その後も18％前後で推移したが，教育市場への一層の参加に加え，就職も進学もしないニートといわれる若年無業者の増加によって，若年労働力率は2000年代にはいってさらに低下し，10年には最低の14.5％を記録している。20～24歳男性の労働力率もまた，大学や大学院への進学率の上昇にともなって1960年の87.8％から80年には69.6％と20年間に20ポイント近く低下した。その後は71％前後で安定的に推移しているが，90年代はフリーター・ニートの増加や進学率の高止まりを反映し，男性労働力率はふたたび74％から75％に高

単位：％

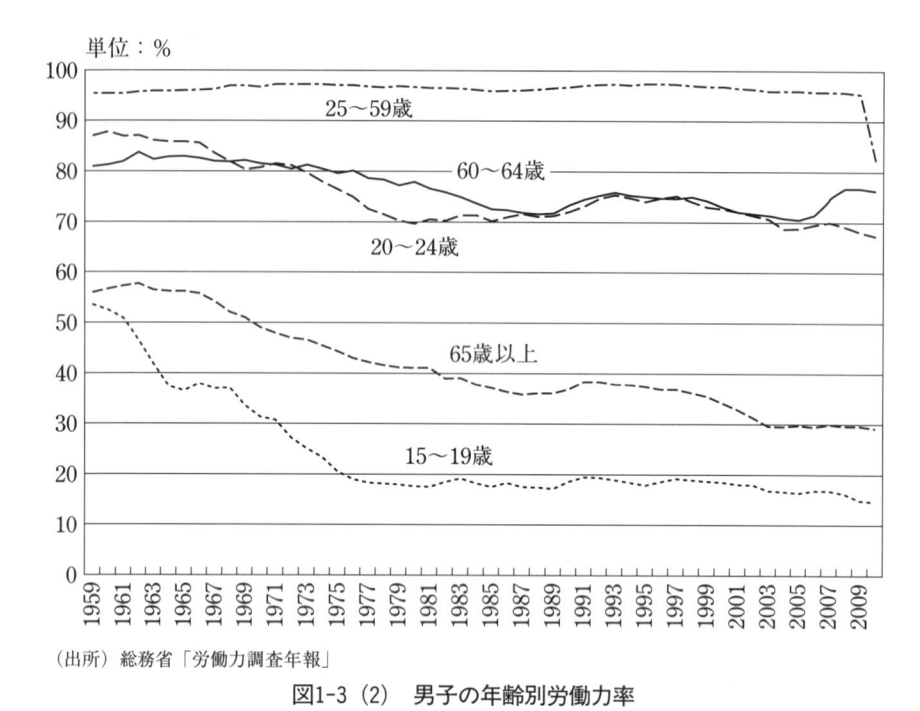

(出所) 総務省「労働力調査年報」
図1-3（2）　男子の年齢別労働力率

まった。ここ数年，71％を下回り，2010年は67.1％と過去最低を記録している。

　65歳以上の高年齢層もまた，第1次産業の比重低下による産業構造の高度化をはじめ，高齢者世帯の所得水準の上昇や社会保障の充実にともない，労働市場からの引退が進み，この52年間で労働力率のピークである1962年の57.9％から30ポイント近くも低下して，2010年には28.8％まで落ち込んでいる。

　それでは，恒常労働力とよばれている25～59歳層の男性労働力率はどのように推移しているのであろうか。25～59歳層はこの52年間95％以上と非常に高く，かつほとんど変化することなく安定的に推移している。この年齢層が家計の中心的な担い手であることがわかるであろう。ところで，60～64歳男性は，この間，どのような変化をたどっていったであろうか。この半世紀，労働力率は1965年のピーク82.8％から2005年のボトム70.3％の間を推移しているが，その変動幅は13ポイント弱と全体として小幅であることがわかる。65歳以上の男

第1章 人口と労働力の供給　23

単位：％

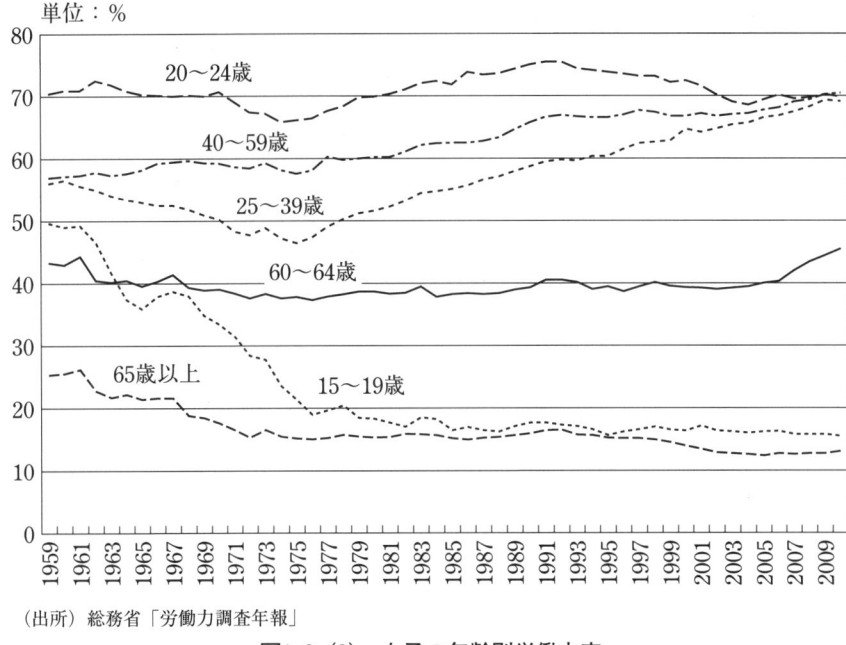

（出所）総務省「労働力調査年報」

図1-3（3）　女子の年齢別労働力率

性と同様に，年齢の上昇とともに第1次産業からの就業引退と55歳定年による雇用者の引退や社会保障の充実などが相乗した結果，労働力率は1980年代末まで低下をつづけた。その後，60歳定年制への移行[14]，定年後の高い就業意欲が労働市場からの早期離脱をとどめたため，労働力率はふたたび74～75％台に上昇したが，バブル経済の崩壊後，不況による早期退職や失業の増大，再就職の難しさから非労働力化が進んだ結果，70％まで低下している。以上において，男性労働力率の動きを半世紀にわたって観察したが，要約すると，若年層と高年齢層の労働力率は下落の速度に違いがあるものの，一貫して低下している。これに対して，25～59歳の青壮年層はほぼ100％に近い高位安定的に推移している。

女性の年齢別労働力率　これに対して，女性の年齢別労働力率はどのように変化したであろうか。男性と同様に，女性も15～19歳層の変化が最も大きく，1959年の49.6％から75年には21.7％に低下し，その後も漸減しながら95年には

16.0%に落ち込み，その後，16%台とほぼ横ばいで推移し，2010年には15.9%と過去最低を記録した。65歳以上の高年齢層は，1959年の25.3%から74年の15.7%に低下し，20世紀の終わりまで15～16%と安定的に推移していたが，その後，さらに低下して2009年は13.1%となっている。20～24歳女性の労働力率は65～75%の範囲——ほぼ10ポイントの幅で変動しており，比較的安定した動きを示している。なぜ，長期にわたって安定的に推移しているのであろうか。1970年代半ばまでは主に4年制大学への進学率の上昇にともなって，労働力率は低下した。その後，バブル期の90年代初期までは，高学歴化とともに就業意欲が高まり，労働力率は上昇傾向をたどったのであろう。しかし，90年代半ば以降，労働力率が低下から横ばいに推移しているのは景気低迷による進学率の頭打ちに加え，厳しい就職戦線のため就職しない非労働力の若年女性が増加したからであろう。

60～64歳女性の労働力率も20～24歳の動きと同様な動きを示しており，38～45%の8ポイントほどの範囲で推移し，この半世紀，ほぼ安定した動きをたどっている。長期にわたって安定的なのは，第1次産業等に従事する家族従業者の高齢化にともなう就業引退や55歳定年による雇用者としての引退が労働力率を引き下げた一方，定年後も再就職する高年齢女性の増大や家族補助的に就業する既婚女性の増大が労働力率を引き上げ，これら2つの力が互いに相殺し合った結果ではないだろうか。

これらの労働力率と対照的な動きを示しているのが25～39歳女性と40～59歳女性の労働力率である。いずれの年齢層も第1次石油危機後の75年まで低下，または上昇から低下を画いているが，注意すべき点はこれを境に上昇に転じた点である。25～39歳女性の上昇幅はとくに大きく，75年の46.4%をボトムに上昇をつづけ，2009年には69.5%と実に23ポイントも高くなった。40～59歳女性も1975年の57.7%をボトムに上昇に転じ，2010年には12ポイント以上も上昇して70.6%となっている。それでは，これら年齢層が1970年代半ばを境に上昇傾向をたどったのはどのような理由によるものであろうか。これについては後述する。

以上観察したように，半世紀にわたる女性労働力率の長期的変動を要約する

と，3つのタイプに分けることができる。第1は長期低落傾向にある15～19歳と65歳以上のタイプ，第2は20～24歳と60～64歳の比較的安定傾向にあるタイプ，第3は75年を境とする長期上昇傾向にある25～39歳と40～59歳のタイプである。

年齢階層別にみた労働力率　最後に，国調データを用いて年齢階層別に男女の労働力率を観察すると，**図1-4**に図示するように，男性労働力率は各年次に関係なく逆U字型（馬蹄型）の曲線を画いている。家計の主たる稼ぎ手であるプライムエイジの25～59歳の労働力率は，1995年頃までは97％前後と非常に高く，かつ経年的にも非常に安定していた。しかし，その高い位置も，その後，バブル崩壊につづく景気低迷によってわずかに低下している。この年齢層においても，失業者は増加したが，雇用機会の大幅な減少，需給ミスマッチの増大，さらに非正規雇用の増加により，失業者の多くは労働市場にとどまらず非労働力化していったため，労働力率は90％前半まで落ち込んだのである[15]。

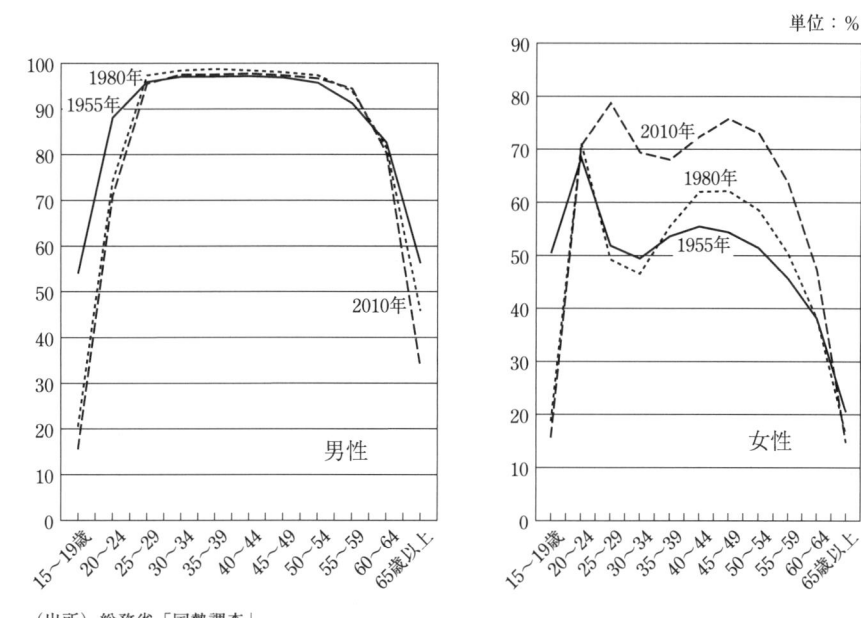

（出所）総務省「国勢調査」

図1-4　年齢階層別労働力率

女性労働力率の軌跡をライフサイクルという女性の一生涯からみると，周知のように，学校を卒業するとともに就職し，その後，結婚→出産→育児の過程で労働市場から離脱して，子育てが終わるとふたたび労働力化するという2つの山をもつ年齢階層別曲線——いわゆる，女性特有のライフステージを反映してM字型（双峰型）の曲線を画いている。各年次ほぼ共通して20～24歳層が最も高いピークを形成し，45～49歳層でもう1つのピークを迎えている。学校を卒業して労働力化する20～24歳層でピークをへた後，25歳から34歳にかけては結婚→出産→育児などのために労働市場から離脱する者が多く，労働力率は低下してボトムとなっている。30歳代後半になると育児から解放され，労働力率はふたたび高くなり，45～49歳層で第2のピークに達した後，年齢とともに徐々に低下するという曲線を画いている。

　ここで注目すべき点は，女性のM字型曲線が時間の経過とともに大きく変化している点である。第1の点は，すでに観察したように若年層と高年齢層をのぞき，いずれの年齢層の労働力率も上昇した。M字型曲線のピークもボトムも全体として上方にシフトしたのである。第2に，95年頃までは学校を卒業した後，労働力化する20～24歳層が第1のピークを形成していたが，2005年には第1のピークが25～29歳層に移行した。1975年の高さと比較すると，労働力率は30ポイント近くも上昇している。第3は，ボトムの高さである。この50年間，ほぼ30～34歳層がボトムを形成していたが[16]，2005年は1975年にくらべて15ポイントほど上昇し，ボトムも次第に浅くなっている。第4は，これまでは25～29歳層の労働力率が第1のピークを形成し最も高かったが，2005年には45～49歳層の労働力率が最高となり，ピークの年齢層が移行した点である。わが国女性の年齢階層別曲線は，諸外国のそれに比較して，まだM字型曲線を画いているものの，近年，ピークとボトムの高低差は縮まり，M字型は崩壊の過程にあることがわかる。

　このパターンが1970年代半ばを境に変化しはじめたのはどのような理由によるものであろうか。1つには，男女雇用機会均等法（86年施行），育児休業法（92年施行），その後の育児・介護休業法（99年施行）やパートタイム労働法（93年施行）など，女性を取り巻く労働法制が相次いで成立し，これにともな

って女性の社会進出が一段と進み，労働市場への参加・定着が進んだ点である。第2に，高い生活水準への強い意欲をはじめ，子弟の教育費の確保や住宅・自動車など大型商品などのローン返済など，フルタイム労働だけでなくパートタイムや嘱託の形でも女性の就業化が一段と進んだ。これに拍車をかけたのが70年半ば以降の低成長やその後の不況局面（79年の第2次石油危機の不況，85年の円高不況，91年以降の平成不況など）である。このため世帯主所得の伸び悩み，またボーナスの落ち込みを補完するために，既婚女性の労働力化は急速に進んでいった。

1-3 労働時間の推移

1.3.1 戦後の労働時間の推移

終戦直後のわが国は壊滅状態にあり，生産活動は戦前水準（1934～36年）の3割弱というきわめて低水準に落ち込んだ。経済の低迷やエネルギー不足を受け，労働時間は戦前にくらべ1日あたり2時間ほど短かった[17]。47年に労働基準法が制定，1日8時間・週48時間の原則が確立され，週休1日制，年次有給休暇制度なども盛り込まれた[18]。

図1-5は，産業計の労働時間の推移を50年から60年間について図示したものである。月間総実労働時間は，50年の189.4時間から55年には194.8時間，その後も増加をつづけ，60年には202.7時間とピークを記録した。労働時間の増加をみた戦後期を第1期とよぶならば，60年以降の高度成長期から石油危機後の75年にいたる第2期は，労働時間の短縮期であった。所得水準の上昇による余暇意識の向上，また若年労働力の不足に対処するため，企業は労働条件の改善に迫られ，時短が進みはじめた。65年には不況の影響があったものの，総実労働時間は192.9時間と60年にくらべ9.8時間短縮した。60年代後半の「いざなぎ景気」には所定内労働時間はさらに短縮したが，所定外労働時間が好況の影響を受け増加したため，時短の効果は相殺され，月間総実労働時間は短縮することなくほぼ横ばいで推移した。

月間総実労働時間は70年には186.6時間とはじめて190時間を下回った。その

単位：時間　　　　　　　　　　　　　　　　単位：日

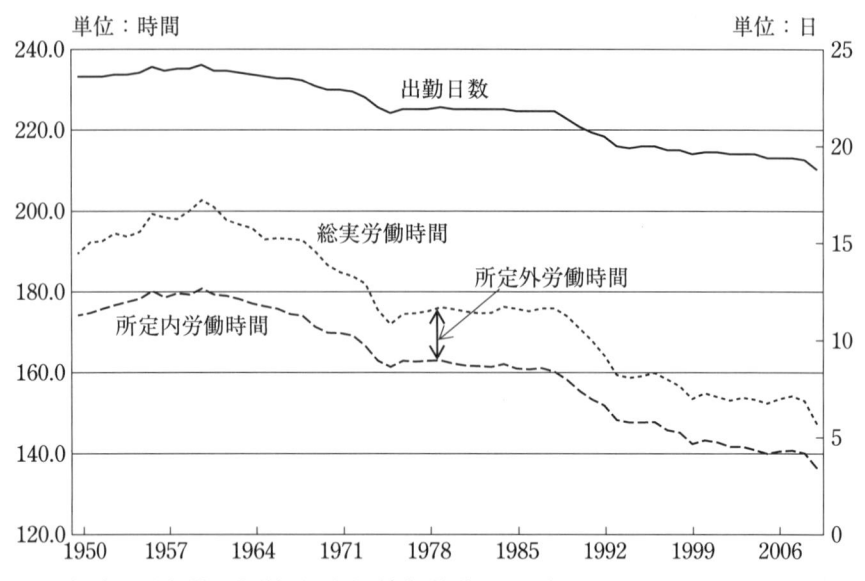

(出所) 厚生労働省「毎月勤労統計調査」（事業所規模30人以上）
(注) 1) 1969年以前の数値はサービス業を除く調査産業計である。
　　 2) 1970年以降，労働者は一般・パートである。
　　 3) 1950～54年の数値は労働省「労働統計年報」による。

図1-5　労働時間の推移（産業計・規模計）

後，わが国経済はニクソン・ショックをへて経済調整期にはいったが，時短や週休2日制の問題が大きな社会問題として論議されはじめた。こうした動きとともに，73年秋の石油危機とそれにつづく構造不況を反映して，労働時間の短縮は一気に進み，75年には172.0時間と過去最低を記録した。第2期は，高度成長の成果配分による時短の進行であった[19]。

経済は，石油危機後の不況をへて高度成長から安定成長への軌道に移り，景気も徐々に回復していった。労働時間の短縮問題は新たな段階を迎えた。というのは，所定外労働時間はふたたび増加しはじめ，週休2日制の普及も伸び悩むなど，80年代の総実労働時間は175時間前後の水準で推移した。この時期における総実労働時間の増加は所定外労働時間の増加によるところが大きかった。労働時間の短縮はほとんど進まず足踏みをつづけた70年代半ばから80年代末は第3期といえるであろう。

80年代にはいって，わが国社会は60歳定年制への移行，男女の雇用機会均等，地域雇用開発の促進などの雇用問題の解決に迫られたが，その１つの大きな課題が依然なお労働時間の短縮であった。時短が社会的に喫緊の課題となっていった背景として，次の４つをあげることができる[20]。第１は，戦後他に類をみないほどの高度成長をつづけた結果，所得水準の面では欧米先進諸国と並んでトップグループに位置したが，その成果を労働時間の面にも配分し，「豊かでゆとりのある生活」を実現することが重要課題となってきた。第２に，わが国は，強い国際競争力を背景に経常収支の黒字をつづけ，欧米諸国との間で貿易摩擦を引き起こしてきた。国際競争力の強さが長時間労働にあると厳しい批判を受け，労働時間の短縮が大きな課題となった。国勢協調の観点から，先進国としての責任を果す必要に迫られた。第３に，人びとの価値観や意識の変化，人口の高齢化，経済のサービス化の進展にともなって，わが国はモノの生産というハード社会からサービス・情報に価値をおくソフト社会へと移行していった。また余暇社会の到来と相俟って，人びとのライフスタイルも猛烈に働く仕事中心のワーカホリック（workaholic）な生活から，心の豊かさやゆとりを大切にしたり，レジャーや趣味など能動的な活動に重きをおくというスタイルに変わっていった。第４は，70年代半ばから不況のたびに論議されてきたワークシェアリング（work sharing）の問題である。これは労働時間を短縮して仕事を分かち合うことで雇用拡大を図るというもので，ワークシェアリングの政策論議が時短問題を俎上にのせたのである。

　80年代における労働時間の短縮は一進一退の足踏み状態をつづけたが，総実労働時間は88年の175.9時間からふたたび減少に転じ，99年には153.5時間と過去最低を記録した。2000年代は154時間前後で推移し，09年にはさらに147.3時間と150時間を下回り，所定内労働時間136.4時間，所定外労働時間10.9時間となっている。改正労働基準法が施行された1988年４月以降，総実労働時間の短縮がふたたびはじまったが，法律改正による時短の効果は大きかった。90年代以降は時短の第４期であって，労働時間は着実に短縮していった。しかし，長期的にみると，総実労働時間の短縮は週休２日制の普及による出勤日数や所定内労働時間の減少によるところが大きい。

1.3.2 労働時間短縮への取組み

わが国における労働時間短縮への取組みは1970年代にはじまった[21]。経済は70年代に世界有数の水準に達したが、それに相応しい豊かでゆとりある生活水準の実現には多くの課題を抱えていた。こうした状況のもとで労働時間の短縮は大きな政策課題の一つとして位置づけられた。

86年に前川レポートは「欧米先進諸国なみの年間総労働時間の実現と週休2日制の早期完全実現」を図るとした[22]。ところで、わが国の法定労働時間は、47年に労働基準法が制定されて以来、週48時間とされてきたが、87年の労働基準法改正（88年4月施行）により、法定労働時間が週40時間とすることが明記され、その実現に向けて法定労働時間を段階的に短縮することになった。時短政策の出発点となった前川レポートにつづき、87年に新前川レポートが発表され、「2000年に向けてできるだけ早期に、現在のアメリカ、イギリスの水準を下回る1800時間をめざす」とし、政府ははじめて年間総実労働時間1,800時間の目標設定を行った[23]。このような潮流のなかで、労働省（現厚生労働省）は87年6月に「労働時間短縮推進計画」、また政府は「世界とともに生きる日本——経済運営5ヵ年計画——（88～92年度）」（竹下内閣）を88年5月に策定、92年までに週40時間を実現し、年間総実労働時間を1,800時間程度にできるかぎり短縮するとした[24]。92年6月に、政府は「生活大国5ヵ年計画」（宮沢内閣）を閣議決定し、生活大国への前進を図るため労働時間の短縮を最重要課題と位置づけた。と同時に92年に時限立法として「労働時間の短縮の促進に関する臨時措置法（時短促進法）」が制定された。これにもとづき「労働時間短縮推進計画」を策定し、時短を進めることになった[25]。93年の労働基準法改正により、法定労働時間を94年4月から、一部の規模・業種の事業場をのぞき、原則として週40時間とした[26]。だが、97年4月から2年間は、週40時間への円滑な移行・定着を図るため、法定労働時間に違反があっても、罰則のみによって強制的に移行させるのではなく、懇切丁寧な指導・援助を行っていく「指導期間」と位置づけたのである[27]。また95年12月に決定された「構造改革のための経済社会計画」（村山内閣）では、年間総実労働時間1,800時間を達成するため、年次有給休暇の取得促進、完全週休2日制の普及促進、所定外労働の削減

を柱とした取組みを進めることになった。さらに99年7月に閣議決定された「経済社会のあるべき姿と経済新生の政策方針」(小渕内閣)では,少子化への対応として1,800時間の達成・定着を重要な政策方針として掲げた。

政府は,時短促進法を2001年3月に廃止する予定でいたが,これを06年3月まで延長し,引きつづき時短施策を推進することになった。これにもとづく時短推進計画で目標(年間総実労働時間1,800時間)を掲げ,労働者の時短を一律に進めることになった。また労働時間の短縮を促進するだけではなく,労働者の健康と生活に配慮するとともに,多様な働き方に対応したものへ改善するために,05年11月に「時短促進法」を「労働時間等の設定の改善に関する特別措置法(労働時間等設定改善法)」に改正し,06年4月から施行することになった。同法にもとづき,労使が労働時間等の設定の改善について適切に対処するために,「労働時間等見直しガイドライン(労働時間等設定改善指針)」を策定し,また07年12月に「仕事と生活の調和(ワーク・ライフ・バランス)憲章」および「仕事と生活の調和推進のための行動指針」を踏まえ,同ガイドラインを08年3月に全面改正して4月から適用することになった。さらに10年4月に労働基準法を改正し,1か月60時間をこえる時間外労働に割増賃金率を50％以上に引き上げることになった。

1.3.3 労働時間変動の要因分析

次に,1950年から2000年における年間総実労働時間の短縮に所定内労働時間,所定外労働時間,あるいは出勤日数のいずれが大きく寄与したかを明らかにする[28]。いま,年間総実労働時間を H,1日あたりの所定内労働時間を h,1日あたりの所定外労働時間を k,そして年間出勤日数を D とすると,年間総実労働時間 H は,次のように表される。

$$H = (h+k)D \qquad (1.1)$$
$$= \left(\frac{h+k}{h}\right)hD$$

ここで,$(h+k)/h = \alpha$ とする。$(h+k)$ は1日あたりの総実労働時間で,α は所定外労働時間の割合を表す指標を意味している。(1.1) は

$$H = \alpha h D \tag{1.2}$$

と変形され，(1.2) の両辺を微分して変化率の形で表現すれば，次の近似式 (1.3) をえる。

$$\frac{\triangle H}{H} = \frac{\triangle \alpha}{\alpha} + \frac{\triangle h}{h} + \frac{\triangle D}{D} \tag{1.3}$$

ここで，産業計の年間総実労働時間の変動率と変動寄与率を期間ごとに計算した[29]。表1-2 に示すように，期間ごとに計算すると，復興期から高度成長の初期にかけて（1950～60年），年間総実労働時間は大幅に増加したが，その増加は50年代前半には所定内労働時間の増加によるところが大きかった。50年代全体をとおして観察すると，所定外労働時間だけでなく，休日出勤など出勤日数の増加が大きく寄与したことがわかる。

60年を境に，これまで増加をつづけてきた年間総実労働時間は長期趨勢的には減少傾向をたどり，60～65年の高度成長期には，年間総実労働時間の減少は顕著であったにもかかわらず，1日あたりの所定内労働時間の短縮はきわめて

表1-2　年間労働時間の変動率と変動寄与率（産業計）

期　間	年間総実労働時間	1日あたりの所定内労働時間	1日あたりの所定外労働時間	年間出勤日数	年間総実労働時間	1日あたりの所定内労働時間	1日あたりの所定外労働時間	年間出勤日数
	$\triangle H/H$	$\triangle h/h$	$\triangle \alpha/\alpha$	$\triangle D/D$	$\triangle H/H$	$\triangle h/h$	$\triangle \alpha/\alpha$	$\triangle D/D$
	変動率（％）				変動寄与率（％）			
1950～55	2.85	1.50	0.55	0.85	100.0	52.6	19.3	29.8
1955～60	4.06	-0.28	2.56	1.68	100.0	-6.9	63.1	41.4
1960～65	-4.83	0.05	-2.41	-2.48	100.0	-1.0	49.9	51.4
1965～70	-3.27	-0.75	0.37	-2.97	100.0	22.9	-11.3	90.8
1970～75	-7.82	0.26	-2.91	-5.24	100.0	-3.3	37.2	67.0
1975～80	2.15	-0.43	1.59	0.92	100.0	-20.0	74.0	42.8
1980～85	0.06	-0.28	0.83	-0.46	100.0	-466.7	1383.3	-766.7
1985～90	-2.73	0.27	0.73	-3.67	100.0	-9.9	-26.7	134.4
1990～95	-6.96	-0.27	-2.09	-4.76	100.0	3.9	30.0	68.4
1995～00	-2.64	-1.50	0.37	-1.50	100.0	56.8	-14.0	56.8

(注)　1）変動率の計算に要した統計資料は厚生労働省「毎月勤労統計調査」による。
　　　2）$\triangle \alpha/\alpha$ は1日あたりの所定外労働時間変動を表す指標である。本文の (1.1) より，$\alpha=(h+k)/h$ は1日あたりの総実労働時間 ($h+k$) を1日あたりの所定内労働時間 h で除したものであるが，この α を1日あたりの所定外労働時間の変動を表す指標とみなして取り扱う。
　　　3）変動寄与率の計は正確には100.0％とならない。

小さく，所定外労働時間と出勤日数の減少寄与率はともに5割と大きかった。さらに，高度成長をつづけた65～70年においても，60年代前半に引きつづき出勤日数が減少した。これに加えて，所定内労働時間も短縮したけれども，所定外労働時間が伸長したため，年間総実労働時間の減少のテンポはスローダウンした。しかし，第1次石油危機とその後の構造不況を経験した70年代前半になると，総実労働時間の短縮が大幅に進むが，これは所定外労働時間と出勤日数の短縮によるもので，とくに出勤日数の減少の寄与率が大きかった。70年代後半から80年代前半にかけての安定成長期には，企業の減量経営の影響と相俟って，労働投入量の増加を雇用者の増加よりも労働時間の増加，とりわけ所定外労働時間で対応したため，総実労働時間はかえって増加する傾向にあり，長期的な減少トレンドはここしばらく足踏みの状態をつづけたのである。80年代半ば以降，労働時間の短縮は，喫緊の社会問題として大きくクローズアップされ，週休2日制の普及など出勤日数の減少という形で進んでいった。バブル経済の崩壊後も，所定内労働時間と出勤日数は減少する傾向をたどっているものの，所定外労働時間の増加により，総実労働時間はやや増加に転じている。

この50年間について時短の寄与率を要約すると，製造業も産業計もともに年間出勤日数と1日あたりの所定外労働時間の寄与率が大きかったと結論することができる。

1-4 労働供給の決定

1.4.1 無差別曲線と制約条件

次に，働きたいと考えている任意の個人は労働市場にどれだけの労働時間を提供しようとするか，いいかえれば，提供される労働供給はどのように決定されるかを，所得－余暇の選好図式によって説明しよう。周知のように，この選好図式はミクロ経済学で学習した消費者選択の理論を応用したものである。個人の労働供給の問題は，一般に労働供給の決定に関する問題と，賃金率の変化が労働供給に与える問題の2つに大別される。

ところで，任意の個人の労働供給の理論を最初に打ち立てたのは，ドイツの

ゴッセン（H. H. Gossen）[1854]であった。それは限界革命前夜の1854年であった。ゴッセンに17年遅れて，限界革命のトリオの一人，イギリスのジェヴォンズ（W. S. Jevons）[1871]がつづいた。彼らは，限界概念の立場から労働の効用と不効用を用いて，個人がどこまで働くのかを明らかにした[30]。このゴッセン＝ジェヴォンズ流の考えは，伝統的な経済学のなかで個人の労働供給理論として継承されていった。賃金率が上昇すると，一般に個人が提供する労働供給量も増加すると考えられていたが，マーシャル（A. Marshall）[1890]は，労働供給曲線が右上がりにも右下がりにもなる可能性を指摘した。これに対して，ピグー（A. C. Pigou）やナイト（F. H. Knight）は，賃金率が上昇すると，労働供給量はかえって減少する，すなわち労働供給曲線は右下がりになるであろうと主張した。しかし，当時の経済学は，個人の労働供給曲線がいずれの形を画くかについては明確な解答を与えることができなかった。その後，ロビンズ（L. Robbins）[1930]は，ピグーやナイトの考えを批判し，労働供給曲線の形が「努力で表した所得に対する需要の弾力性（the elasticity of demand for income in terms of effort）」に依存し，右上がりになるか否かが定まらず不確定になることを指摘した[31]。この論争に終止符を打ったのが消費者選択の理論を樹立したヒックス（J. R. Hicks）[1939]であった。労働供給の理論は消費者選択の理論のアナロジー（相似 analogy）として適用でき，曲線の形が所得効果と代替効果との大小関係によって決まることを明らかにした。

次に，所得−余暇の選好図式を用いて，任意の個人が1日あたりどれだけの労働供給（すなわち労働時間）を労働市場に提供するのが最も望ましいと考えているのかを説明しよう。一個人が目標とするのは，2つの財，すなわち「余暇（leisure）」と「所得（または集合された消費財）」の組み合わせからえられる「効用（utility）」を最大化することである。ここで，個人は余暇から満足（または正の効用）をえるが，反対に労働によって苦痛（または負の効用）を感じるであろう。

図1-6において，横軸に彼の所有する時間資源をとり，OO'の大きさは1日あたりの利用可能な総時間（すなわち24時間）である。原点Oから右に余

図1-6 個人の無差別曲線

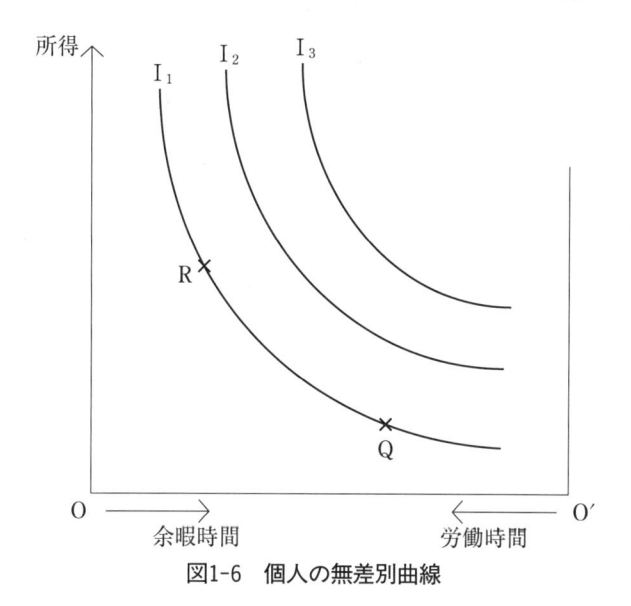

暇時間，逆に点 O' から左に労働時間をはかるとしよう。単純化のために，労働以外の時間すべてを余暇時間にあてるとしよう。縦軸を所得または集合された消費財とすると，一定の効用水準を与えるような余暇と所得との組み合わせは無数に存在し，これらの点を連ねた軌跡が無差別曲線（indifference curve）であって，原点に対して凸かつ右下がりの曲線として画かれている。たとえば，I_1 の無差別曲線を取り上げると，点 R（少ない余暇と高い所得の組み合わせ）と同じ効用を与える組み合わせは，点 Q（多い余暇と低い所得の組み合わせ）の組み合わせである。点 R から点 Q への移動は，所得の減少によって生じた効用の減少をちょうど相殺するところの余暇の増加による効用の増加を表し，点 Q は点 R と同じ効用を与える組み合わせである。効用水準が高くなるにつれて，無差別曲線は I_1 から I_2，さらに I_3 へと順次右上方にシフトすることになるであろう。

　個人は，効用水準を最大化するように，無差別曲線群 I_1, I_2, I_3, ……から余暇と所得の最適な組み合わせを選択するが，それを制約する条件として2つの条件がある。制約条件があるため，効用水準を無制限に最大化することはできない。制約条件の1つは，時間制約（time constraint）である。それは個

図1-7 予算制約線（市場機会線）

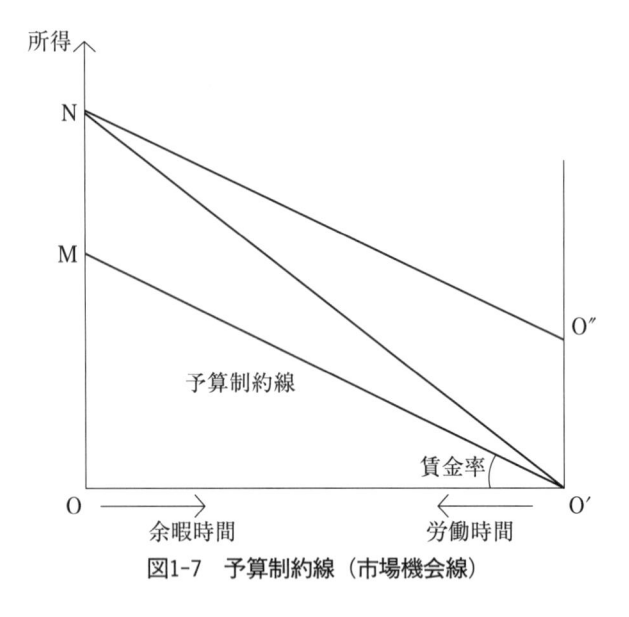

人の所有する時間資源 OO' の大きさ（たとえば24時間）で与えられる。いうまでもなく，OO' の時間をこえて働くことはできない，また OO' の時間をこえて余暇を享受できない。制約条件のもう1つは，賃金率の高さで表される予算制約（budget constraint）である。図1-7に示すように，それは右下がりの予算制約線（budget line）または市場機会線（opportunity line）$O'M$ として与えられる。その傾きは時間あたりの市場賃金率を示し，この $O'M$ 線に沿ってある長さの労働時間を働くと，労働時間と賃金率の積である大きさが個人の受け取る労働所得にほかならない。時間あたりの賃金率が高くなると，予算制約線は時計の針と同じ方向に回転し，その傾きはますます険しくなるであろう。なお，労働所得以外に配当や利子などの非労働所得（たとえば $O'O''$ の大きさ）を考慮すると，予算制約線は非労働所得の大きさだけ上方にシフトし，$O'M$ 線に平行な $O''N$ 線と示される。

1.4.2 最適労働時間の決定

個人は，この市場賃金率のもとで，効用を極大化するように余暇と所得の最

図1-8 最適労働時間の決定とその変化

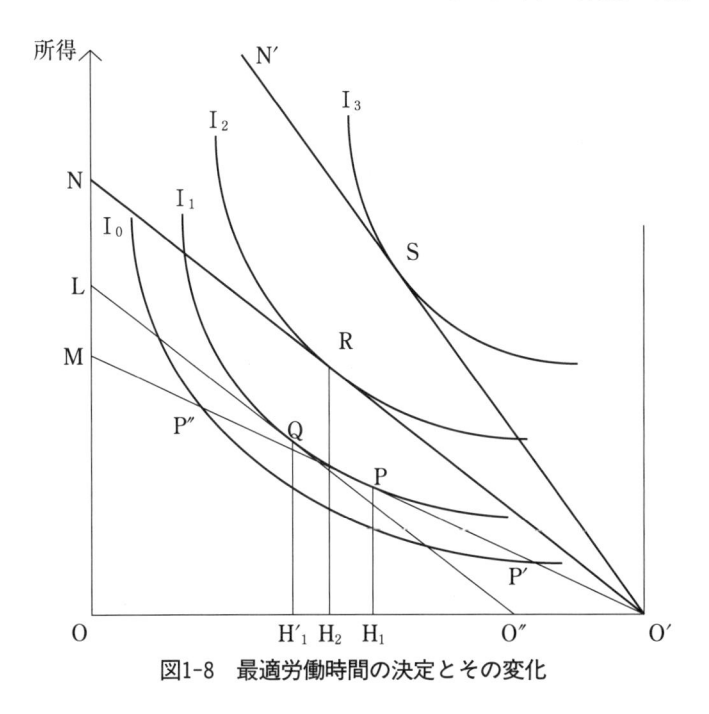

適な組み合わせを選択するのであるが，これは図1-6に図1-7を重ね合わせた図1-8によって説明することができる。結論を先にいうと，効用の極大化をもたらすところの主体的均衡点は，無差別曲線 I_1 が $O'M$ の予算線に接する点 P にほかならない。なぜ，点 P が効用極大点になるのだろうか。いま，無差別曲線 I_0 が点 P' と点 P'' の2点で予算制約である $O'M$ 線と交わっているとしよう。個人はいずれの組み合わせも選択することができるが，点 P' または点 P'' の組み合わせからえられる効用水準は曲線 I_1 の効用水準より低いであろう。そのうえ，予算線 $O'M$ 上において，無差別曲線 I_1 の効用水準を上回る無差別曲線とは接点をもたない。効用水準が最大となる点は，無差別曲線 I_1 と予算線 $O'M$ との接点で与えられる点 P 以外には存在しないのである。かくして，個人は，点 P において $O'H_1$ の労働時間を労働市場に供給（したがって OH_1 の余暇時間を留保需要）し，PH_1 の労働所得を受け取るであろう。

ところで，接点 P の図形的な意味は，点 P における無差別曲線 I_1 の勾配が予算線 $O'M$ の勾配に等しいということである。予算制約線 $O'M$ の勾配は時間賃金率の高さを表しているが，点 P における無差別曲線 I_1 の勾配とはなんであろうか。この勾配とは，点 P における余暇の所得に対する限界代替率 MRS (marginal rate of substitution) とよばれ，余暇の限界的な増加分に対して，これを償って個人を一定の効用水準にとどめるために必要とされる所得の限界的な減少分の比（の絶対値）を表している[32]。いいかえれば，余暇の所得に対する限界代替率は余暇と所得の限界効用の比にほかならない。以上から，効用極大をもたらす主体的均衡条件は，点 P において限界代替率 MRS が賃金率に等しいということ，これである。

以上の説明を数式で表現すると，次のようになる。効用を U，余暇を L，所得を Y とすると，効用関数（utility function）は

$$U = f(L, Y) \tag{1.4}$$

となる。ここで，余暇の限界効用 $\partial U/\partial L$ を L に関する偏微分 f_L，また所得の限界効用 $\partial U/\partial Y$ を Y に関する偏微分 f_Y として定義することができる。$\partial U/\partial L = \partial f/\partial L = f_L$ は余暇の限界効用，$\partial U/\partial Y = \partial f/\partial Y = f_Y$ は所得の限界効用を表し，ともに正であると仮定する。また利用可能な総時間を T，労働時間を H，賃金率を w とすると，労働所得は wH となり，2つの制約条件は

$$T = L + H \tag{1.5}$$
$$Y = wH \tag{1.6}$$

と表される。(1.5)は時間制約式，(1.6)は予算制約式とよばれ，この2つの制約条件は次のように1つの式に統合される。

$$Y = w(T - L) \tag{1.7}$$

ここで，T と w は一定である。

個人は，(1.7)の制約条件のもとで(1.4)の効用水準 U を極大化するように，総時間を最適に配分し，市場に供給する労働時間を決定するであろう。いいかえれば，個人は予算制約付きの効用最大化問題を解かなければならない。これを解くと，効用水準の極大化をもたらす主体的均衡条件は，次のようにな

る[33]。

$$\frac{f_L}{f_Y}(=MRS)=w \tag{1.8}$$

(1.8) において，左辺は余暇と所得の限界効用の比 (f_L/f_Y)，これは限界代替率 MRS ($=-dY/dL$) に等しく，右辺は賃金率 w を表している。限界代替率と賃金率が等しくなる点で，個人の主体的均衡が実現される。

1.4.3 賃金率の変化と労働供給

個人が労働市場に提供する労働時間，すなわち労働供給 (supply of labor) の大きさは，所得−余暇の選好状態と賃金率の高さに依存して決まるが，いま，市場賃金率が上昇すると，市場に供給される労働時間は増加するのか，それとも減少するのであろうか。図 1-8 において，賃金率が上昇して，予算制約線が $O'M$ から $O'N$ へと上方にシフトすると，効用極大の均衡点は点 P から移行し，予算制約線 $O'N$ が効用水準のより高い無差別曲線 I_2 と接する点 R に定まるであろう。点 R は点 P にくらべて，所得が増加して余暇時間が減少しているから，最適な労働時間は $O'H_1$ から $O'H_2$ へと増加するであろう。これは，個人が余暇の増加よりも，むしろ長時間労働による所得の増加を選択した結果にほかならない。つまり，賃金率の上昇が労働供給に与える効果は正となるであろう。賃金率がさらに上昇して，予算線が $O'N$ から $O'N'$ にシフトすると，均衡点は点 R から点 S に移動し，労働時間は逆に減少するであろう。この場合，賃金上昇の効果は負となるであろう。

個人のこうした選択行動は，ミクロ経済学で学習した消費者選択の理論を応用して説明することできる。図 1-8 において，新しい賃金率に対応する予算制約線 $O'N$ に平行で，かつ無差別曲線 I_1 に接するように補助線を引き，これを $O''L$ 線とし，いま，曲線 I_1 との接点を点 Q とする[34]。賃金率の上昇にともなう均衡点の移動（点 P から点 R への移動）を 2 つに分解すると，この移動は点 P から点 Q への移動と点 Q から点 R への移動に分けることができる。点 P から点 Q への移動は，同じ無差別曲線 I_1 上の動きであって，賃金率が上昇したのにともない，それの変化前と同じ効用水準にとどまるように補整したも

ので，余暇に対する需要（demand for leisure）を減らし，労働の供給を増やすであろう。表現を変えれば，賃金率が上昇した結果，それに等しい余暇の機会費用（あるいは余暇の価格）も上昇するから，個人は高価となった余暇に対する需要に代わって，相対的に安価となった消費財一般を代表する貨幣所得の獲得に時間を振り向けるから，労働の供給が増加するであろう。このように，相対価格の変化にもとづく均衡点の移動を代替効果（substitution effect）といい，原点に凸である無差別曲線の形からして，労働供給に対してはつねに正の効果をもっている。

次に，点 Q から点 R への移動は，賃金率の上昇が実質所得の増加を意味していることから，それにともなって引き起こされる余暇に対する需要の変化を表したものである。上記したように，賃金変化後の点 R における限界代替率は変化前の点 Q のそれに等しい。この移動による効果を賃金変化の所得効果（income effect）という。所得効果と代替効果を合わせると，賃金変化の総効果となる。代替効果に関しては，一般の消費財と同様に，賃金率の上昇，したがって余暇価格の上昇は必ず余暇に対する需要を減少させ，労働の供給を増加させるであろう。これに対して，所得効果については，賃金率の上昇は実質所得の増加を意味しているから，余暇という財が下級財（inferior goods）でないかぎり，余暇需要を増加させ，労働供給を減少させるであろう。

このように，賃金率が上昇すると，労働供給は代替効果によって $O'H_1$ から $O'H'_1$ に増加し，反対に所得効果によって $O'H'_1$ から $O'H_2$ に減少する。賃金変化による代替効果は労働供給に対してプラスとなり，所得効果はマイナスとなるであろう。余暇需要に対しては逆になる。かくして，正の代替効果が（絶対値で）負の所得効果を上回るならば（図1-8の点 P から点 R への移動），労働供給は増加し，余暇需要は減少するであろう。逆に代替効果が所得効果を下回るならば，労働供給は減少し，余暇需要は増加するであろう。しかし，総効果がプラスになるかマイナスになるかは，この相反する2つの効果の大きさに依存するから，その変化の方向をアプリオリには確定することはできない[35]。以上をまとめると，図1-9のように整理することができる。

	代替効果	所得効果	総効果
労働供給	プラス	マイナス	プラスまたはマイナス
余暇需要	マイナス	プラス	プラスまたはマイナス
(参考) 価格変化の消費財に与える効果			
消費財需要	マイナス	マイナス	マイナス

1) たとえば，プラスは賃金上昇が労働供給を増加させ，マイナスは労働供給を減少させることを意味する。
2) ただし，余暇は下級財ではないとする。

図1-9 賃金変化の労働供給（または余暇需要）に与える効果

1-5 労働市場への参入と妻の就業諾否

1.5.1 ダグラス＝有澤の法則

　女性の労働供給に関する本格的，かつ詳細な実証分析の研究は，歴史的にはダグラス（P. H. Douglas）の大著『賃金の理論』[1934]に求めることができる。同著において最も注目される1つの理論は，コブ＝ダグラス生産関数（Cobb-Douglas production function）であり，学界に与えた衝撃は大きかった。もう1つの注目は，労働供給の理論であった。同書の各章で詳細な実証分析を行ったダグラスは，1919年のアメリカにおける41都市の製造業の従業員1人あたりの男女別・年齢別の平均賃金率と有業率の関係を観察した。それによると，①成人男性の有業率は賃金率と無相関であること，②既婚女性の有業率は夫の賃金率と負の関係にあること，を発見した[36]。

　この観察事実により，ダグラスは，妻の就業が夫の賃金所得に依存していることを明らかにした。いいかえれば，妻の労働供給は，妻自身ではなく家計を単位として行われていることを示唆した。その後，この結論を補強したのはロング（C. D. Long）[1958]であった。ロングは，国際比較を交えながら1890年から1950年までの時系列データを用いて，アメリカの女子や高齢者の就業行動をさまざまな角度から明らかにするとともに，45年と50年の国勢調査を用い

て，ダグラスに示唆された関係をより厳密に検討し，世帯主所得と妻の有業率との間に強い負の関係があることを検証したのである[37]。

わが国においても，戦後間もない50年代半ばに，有澤廣已の実証研究が発表された。有澤は，労働供給サイドから家計調査の資料を基礎にして，この負の関係を独自に発見し，ダグラスの結論を追認した。これら2つの研究結果を合わせ，以下の3つにまとめたのが，「ダグラス＝有澤の法則」としてよばれている経験法則である[38]。

(1) 世帯主の収入が低い家計ほど，家計の他の世帯員の有業率は高くなる。
(2) 世帯主の収入を一定とすると，他の世帯員の賃金率が高いほど，その世帯員の有業率は高くなる傾向にある。
(3) 世帯主の有業率は，世帯主の賃金率に対して非感応的である。

ダグラスや有澤の実証研究は，労働供給の視点に立って，この法則を発見したところに最大の貢献がある。家計世帯員の労働供給行動が，他の世帯員の供給行動と相互依存的である，したがって，分析概念としての労働供給の単位が個人ではなく家計を意思決定の単位としてとらえた点，この点こそまさに，現代の労働供給研究の出発点を与えた。家計を単位とすることは，家計の主たる稼ぎ手と他の世帯員との間で，働くかそれとも働かないかを含め，両者の労働供給行動が本質的に異なっていることを意味している。

1.5.2 妻の就業諾否のメカニズム

近年，女性の労働市場参加が増えるにともなって，Ｍ字型行動は徐々に崩れ，結婚・出産後も働きつづける女性が増えている。しかし，妻が働くか働かないかの意思決定は，妻自身の決意だけでなく家計のおかれた状況にも左右されるであろう。妻が就業するにしても，フルタイマーのように正社員として働くのか，それともパートタイマーのように短時間就業するのかは，世帯主である夫の年収をはじめ，子どもの数・年齢，さらに両親の扶養の有無など家計全体の経済的・社会的状況によっても異なるであろう。その意味で，妻の労働供給行動は2段階の意思決定からなっていると考えられる。第1段階は就業するか否かの意思決定である。第2段階は就業するにしてもどれだけの時間働くの

か——フルタイマーとして働くのか，それともパートタイマーとして働くのか，である。

　したがって，妻の労働供給行動を分析するには，労働力の供給（就業するのか否か）と労働時間の供給（どれだけ長く働くのか）を統合する理論モデルを構築しなければならない。ミンサー（J. Mincer）［1962］をはじめ，ハンター（L. C. Hunter）［1970］や小尾恵一郎［1969］［1971］は，労働時間の決定というミクロ理論を利用して，労働力の供給と労働時間の供給を融合する理論を展開した。

　そのなかでも興味ある理論モデルを提示したのは小尾であった。小尾は，企業の提示する賃金率と指定労働時間をセットとする雇用機会を，労働時間の決定に用いられる所得-余暇の選好図式に組み込み，労働者のタームで表示されるダグラス＝有澤の法則，したがって妻の就業諾否のメカニズムを実に巧妙に説明したのである。もし家計の稼ぎ手である世帯主（＝夫）が，企業の提示する雇用機会（雇用機会とは賃金率と労働時間の組み合わせからなる）を拒否するならば，その仕事に就くことができず，所得獲得の機会を逃すであろう。しかし，世帯主である夫は家計の主たる稼ぎ手であるゆえに，仕事に就かず労働市場から離脱して非労働力化するわけにはいかない。これに対して，家計補助的な性格を強くもつ妻は，家計の経済的・社会的状況とくに夫の所得水準に依存し，提示された雇用機会を必ずしも受諾するとはかぎらない。またこれを受諾しなければ，妻の多くは市場にとどまって職探しするよりもむしろ非労働力化するであろう。

　以上のことから理解されるように，妻が労働者として労働市場に参加するのか，それとも就業せずに家計にとどまるかの選択は，家計の状況に応じて雇用機会を受諾するか否かの問題に還元されるであろう。それでは，就業諾否の選択を左右する主要な要素とはなんだろうか。それは，賃金率と労働時間の組み合わせを表す雇用機会の性質，世帯主である夫の所得水準の高さ，そして家計における所得-余暇の選好状態を表す無差別曲線の形状である。話を単純化するために，いま，家計は夫と妻の2人からなり，また妻が企業の提示する雇用機会を受諾すれば，直ちに採用されるものとする。図1-10において，$O'Y_1$の

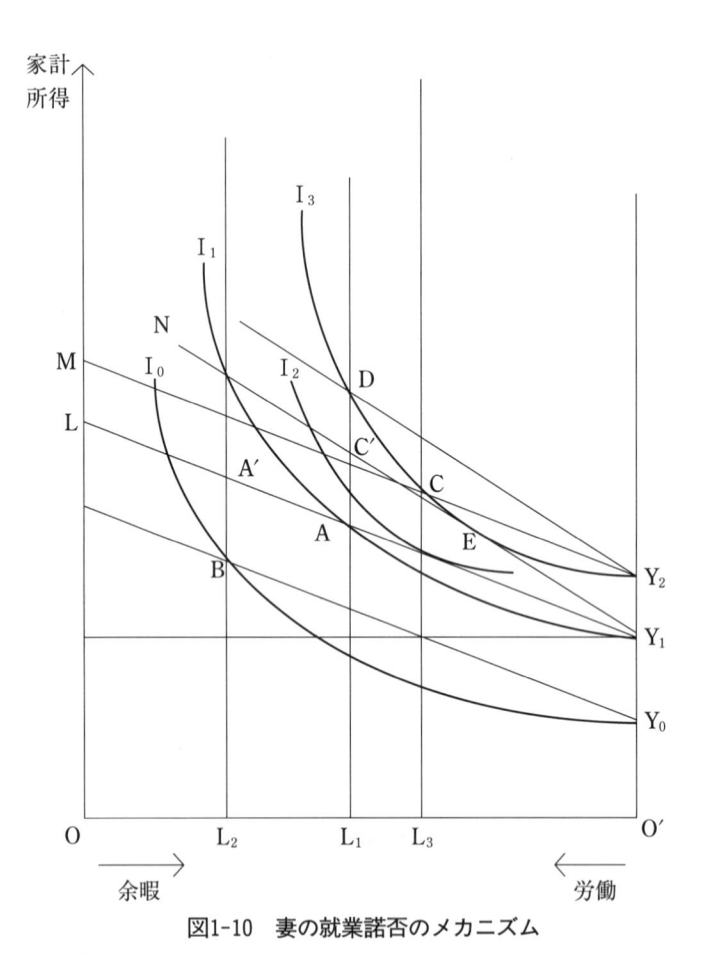

図1-10 妻の就業諾否のメカニズム

　世帯主所得をもつ家計の妻に対して，企業は予算線 Y_1L の傾きで表される賃金率と $O'L_1$ の指定労働時間からなる労働条件を提示したと仮定しよう。この労働条件をもつ雇用機会は予算制約線 Y_1L と無差別曲線 I_1 との交点 A で表示されるとする。この点 A の雇用機会を受諾すれば，妻はこれに対応する効用水準を享受するであろう。しかし，この点 A の効用水準は，就業しない状態を表すところの曲線 I_1 上の点 Y_1 の効用水準と同じなのである。いいかえれば，妻は，この雇用機会を受諾すれば点 A に位置し，これを拒否すれば点 Y_1 に位置するであろう。したがって，この所得水準と雇用機会のもとでは，点

A における妻の就業は点 Y_1 における非就業とは無差別になるであろう。

このように，就業するか否かが無差別となるような $O'Y_1$ の所得水準を，小尾は臨界核所得とよんだ。この臨界核所得は，就業諾否の選択メカニズムにおける最も基本的な概念である。点 A の雇用機会が提示されるとき，世帯主所得が $O'Y_1$ の臨界核所得よりも低い水準に位置していれば，妻はこの雇用機会を受諾し，反対に臨界核所得よりも高ければ，妻は雇用機会を拒否するであろう[39]。この臨界核所得は，雇用機会の性質と家計における所得－余暇の選好状態に依存して上昇または低下するであろう。

他の事情にして等しければ，この雇用機会の指定労働時間が $O'L_1$ から $O'L_2$ へと長くなると，臨界核所得は $O'Y_0$ に下落し，$O'Y_1$ の世帯主所得を下回る結果，妻は労働時間の長い雇用機会 B を拒否するであろう（就業の点 B と非就業の点 Y_0 とは無差別の関係にある）。逆に指定労働時間が $O'L_3$ に短縮されると，それにともなって臨界核所得も $O'Y_2$ に上昇し，世帯主所得 $O'Y_1$ を上回ることから，主体的均衡を実現していないとしても，妻はこの雇用機会 C を受諾して就業するであろう[40]。また賃金率と労働時間が提示された労働条件（点 A）のもとで，世帯主所得が $O'Y_1$ から $O'Y_2$ に上昇すると，それが $O'Y_1$ の臨界核所得よりも高くなるから，妻は就業しないであろう。世帯主の所得が高くなるほど，それが臨界核所得を上回る可能性が大きくなり，労働力化しない確率は高くなるであろう。このようにしてダグラス＝有澤の法則（1）が導出される。

これに対して，点 A の雇用機会において指定労働時間は変わらないが，妻に提示された賃金率が上昇すると——予算線が Y_1L から Y_1N にシフトすると（雇用機会は点 C' となる），世帯主所得 $O'Y_1$ は $O'Y_2$ の臨界核所得よりも低くなる結果[41]，妻が就業する蓋然性は以前よりも高くなるであろう。これが法則（2）の意味する点である。

1.5.3　余暇選好者と所得選好者

すでに説明したように，働く労働時間を自由に調整することができるならば，労働者は主体的均衡を満足するところの労働時間で働くであろう。しか

し，現実にはある賃金率で働く労働者の労働時間は，その賃金率に対応する最適な労働時間に一致しているとは必ずしもかぎらない。現代社会においては，企業などに雇用されている労働者のほとんどは，就業規則や労使協約で定められた所定労働時間のもとで働いている。いま，図1-10において点Aの雇用機会を受諾するならば，労働者は$O'L_1$の指定労働時間を働くであろう。しかし，指定労働時間$O'L_1$は主体的均衡（点E）を満足するところの最適な労働時間ではない。効用極大化をめざしている労働者は，$O'L_3$以上には働く気がないにもかかわらず，$O'L_1$の労働時間を働かざるをえないから，この労働時間のもとで働くことに不満を感じるであろう。

パールマン（R. Perlman）[1969]は，指定労働時間$O'L_1$が最適労働時間$O'L_3$を上回る時間L_1L_3を「過剰就業時間（overemployed hours）」といい，このタイプの労働者を「過剰就業者（overemployed worker）」とよんでいる。モーゼス（L. M. Moses）[1962]は，所得よりも余暇を強く選好する点を強調して「余暇選好者（leisure preferrer）」と名付けた[42]。余暇選好者とは，点Aをとおる無差別曲線I_1が均衡点Eをとおる曲線I_2よりも低位にあり，しかも点Aにおける限界代替率が賃金率よりも大きい特性をもつ労働者と定義することができる。分り易くいえば，点Aが均衡点Eよりも右側にある労働者ということができるであろう。反対に，図1-11に示すように，指定労働時間$O'L_1$が最適な労働時間$O'L_2$（均衡点E）より短く，これを下回るならば，この下回った時間の長さL_2L_1を「過少就業時間（underemployed hours）」という。このタイプの労働者を「過少就業者（underemployed worker）」，また余暇よりも所得を強く選好する点をとらえて「所得選好者（income preferrer）」ともいう。所得選好者とは，点Aをとおる無差別曲線I_1が均衡点Eをとおる曲線I_2よりも低位にあり，しかも点Aにおける限界代替率が賃金率よりも小さい特性をもつ労働者といわれる。いいかえれば，点Aが均衡点Eよりも左側にある労働者ということができる。労働者が所得選好者または余暇選好者のいずれに属するかは，所得−余暇の選好場，すなわち無差別曲線の形状によって異なるであろう。

図1-10に図示された就業諾否の選択図式は，余暇選好者を前提にして画か

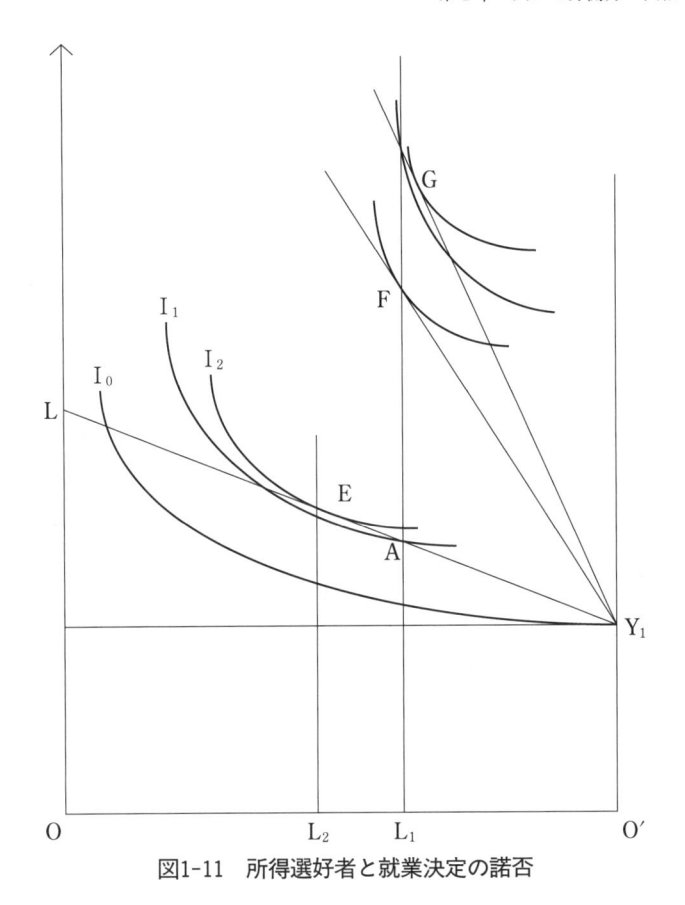

図1-11 所得選好者と就業決定の諾否

れているが，所得選好者の場合にもこの選択メカニズムが妥当するのであろうか。図1-11に図示するように，予算線 Y_1L の傾きをもつ賃金率と $O'L_1$ の指定労働時間をセットとする雇用機会（点 A）に対して，所得選好的である労働者は必ず点 A の雇用機会を受諾するであろう。というのは，所得選好者の場合には，就業の状態を表す点 A をとおる無差別曲線 I_1 が非就業の状態を表す点 Y_1 をとおる無差別曲線 I_0 よりもつねに上位に位置しているのである[43]。

1.5.4 家計の労働供給行動

新古典派の家計労働供給モデル　労働供給の理論は，伝統的には「個人」を

労働供給の主体と想定してきたが[44]，妻や子どもからなる「家計 (household)」を労働供給の意思決定単位とすべきであるといわれてきた。これまでの実証研究によると，妻の労働供給行動は，子どもの有無，就業機会の多寡などに依存し，とくに夫の所得水準との間には強い負の関係にあることが証明されている。労働供給の決定に関する妻の意思決定が夫のそれと相互依存的であるとの考えは，古くはダグラス（P. H. Douglas）[1934] の先駆的研究にみることができる。ロング（C. D. Long）[1958]，ミンサー（J. Mincer）[1962]，ボーエン（W. G. Bowen）＝フラナガン（T. A. Finegan）[1965] は，アメリカにおける既婚女性の労働力率の変動をさまざまな角度から実証的に分析した。時系列分析は，夫の所得上昇とともに妻の労働力率が高くなる傾向を明らかにし，また横断面分析によると，所得の上昇にともなう電気製品，冷凍食品や外食の利用・普及が非市場労働としての家事労働の負担を軽減する。この負担の軽減が女性を余暇よりも市場労働に振り向けさせた結果であると説明し，労働－余暇の伝統的な二分法を批判した。1960年代以降，妻の労働供給行動や「家計」を単位とする労働供給分析に関する研究については，夥しい数の論文や著書が発表され，現在，われわれは膨大な財産をもっている。

　家計の労働供給（family labor supply or household labor supply）全般を体系的に分析することはできないが，次に，新古典派の立場から家計の労働供給モデルの枠組みを説明しよう[45]。家計の労働供給は，唯一人の世帯員に関わる行為ではなく，世帯員相互の意思に依存して決定されるであろう。しかし，家計の意思決定をいかに最適にモデル化するかについては，まだまだ合意はできていない。問題は，家計において極大化されるものがなにかをまず解決しなれ ばならない。1つのアプローチは，家計が夫婦共通・共有の効用関数（common or joint utility function）を極大化すると想定する考え方である[46]。

　いま，家計は一組みの共働き夫婦からなり，夫 M と妻 F は家計の効用（household utility）U の極大化をめざしており，家計の効用 U は，一組みの消費財・サービス X（合成財で表した家計の消費），夫の余暇時間 L_M と妻の余暇時間 L_F からなっていると仮定する。

　　　夫婦2人に共有した家計効用関数　　$U = U(L_M, L_F, X)$　(1.9)

家計は，効用の極大化をめざすにあたって，次のような夫婦2人に共通した予算制約式に制約されるであろう。

　　　家計の予算制約式　$X = W_M H_M + W_F H_F + V$ 　　　(1.10)

W_M と W_F は夫と妻の賃金率，H_M と H_F は夫と妻の労働時間，V は家計の非労働所得である。ただし，$H_M = T - L_M$，$H_F = T - L_F$ である。家計は，予算制約式 (1.10) のもとで効用関数 (1.9) を極大化する。これが新古典派アプローチによって定式化された家計の労働供給モデルである[47]。

夫に絶対的に従う供給モデル　キリングスワース (M. R. Killingsworth) [1983] によると，「家計」と労働供給との関係に関するモデルは，3つのタイプに大別されるという[48]。第1のタイプは，「夫に絶対的に従う供給モデル」(the male chauvinist model) とよばれるモデルである。この分析においては，家計の妻は労働供給の決定にあたって夫の所得を一つの資産所得 (property income) と考え，これを所与とみなして行動する。その意味で，妻は，夫を一種の所得創出的資産 (income-producing assets) と考えている。このもとで夫に絶対的に従う妻は，自身の効用を最大化するように労働供給を決定する。これに対して，夫は，妻の意思決定に関係なく，夫に対する市場賃金率と家計の資産所得の大きさにもとづいて彼自身の効用が最大になるように労働供給を決定するのである。キリングスワースは，このモデルを用いた研究として，バース (P. S. Barth)，ボーエン＝フラナガン，パーカー (J. E. Parker) ＝ショウ (L. B. Shaw)，テラ (A. Tella)，テラ (D. Tella) ＝グリーン (C. Green) をあげている[49]。

　小尾 [1969] [1971] が提唱した，「臨界核所得」をキー概念とする就業諾否のモデルも，またこのタイプに属するであろう。小尾は，企業の提示する雇用機会（提示賃金率と指定労働時間の組み合わせ）を所得－余暇の選好図式に導入し，どのような条件であれば，妻がこれを受諾して労働力化するかを明らかにした。「臨界核所得」とは妻の就業諾否が無差別となるような所得水準であって，この高さは企業の提示条件と妻の無差別曲線によって決定される。もし夫の所得水準が臨界核所得を下回れば，妻は企業の提示する雇用機会を受諾し，逆にこれを上回れば就業を拒否するであろう。

家計の効用-家計の予算制約式による供給モデル　第2のタイプは,「家計の効用-家計の予算制約式による供給モデル」(the fmaily utility - family budget constraint model) とよばれるものである。これをはじめて定式化したコスターズ (M. Kosters) [1966] は,このモデルが家計の労働供給行動を最も容易に取り扱うことができることを明らかにした。その後,70年代にはいって,アシェンフェルター (O. Ashenfelter) ＝ヘックマン (J. J. Heckman) [1974],グラム (W. L. Gramm) [1975],アボット (M. Abbott) ＝アシェンフェルター [1976],ケニスナー (T. J. Kniesner) [1976],オルソン (R. J. Olsen) [1977] など多くの研究者が,モデルの拡張と精緻化を図っていった。

妻の効用を極大化する第1のタイプに対して,第2のタイプで極大化されるのは家計全員の効用 (total family utility) というか,家計効用 U である。家計効用 U は,家計の総消費 C と各世帯員の余暇時間 L_i ($i=1, 2, \ldots\ldots, n$, i は第 i 番目の世帯員をいう) に依存し,家計の効用関数 $U=U(L_1, L_2, \ldots\ldots, L_n, C)$ として定式化されるであろう。家計の総所得は, W_i を世帯員 i の賃金率, H_i を世帯員 i の労働時間とすると,資産所得 V と各世帯員の所得の合計 $\sum W_i H_i$ からなるであろう。家計は,家計の行動を制約する所得制約式 $PC=\sum W_i H_i + V = \sum W_i(T_i - L_i) + V$ ($T_i = H_i + L_i$, T_i は世帯員 i の利用可能な総時間である) のもとで,家計の効用関数 $U=U(L_1, L_2, \ldots\ldots, L_n, C)$ を極大化するであろう[50]。ただし, P は消費財の価格である。

このタイプのモデルが家計の労働供給行動を表す最も一般的なモデルであるといわれるのは,個人を対象とする労働供給モデルと同様に,スルツキー＝ヒックスの消費者選択理論をほとんど修正することなく適用できるからである。ただ,次の点で所得-余暇の選好図式で示される個人の労働供給モデルは修正される。その修正とは,ある世帯員の労働供給に関係する代替効果 (substitution effect) は,1つでなく2つという存在する点である[51]。1つは,世帯員 i の賃金上昇がその世帯員 i の労働供給に与える代替効果——自己代替効果 (own-substitution effect) である。もう1つは,ある世帯員 i の所得補償的な賃金上昇が他の世帯員 j ($\neq i$) の労働供給に与える効果——交差代替効果 (cross-substitution effect) である。所得補償とは,他の世帯員の賃金上昇と

結びつくと，家族を同一の効用水準にとどめるところの資産所得の変化をいう。世帯員 i と世帯員 j との余暇が補完財 (complement) であるならば，労働供給に与える交差代替効果の符号は負となり，i の賃金上昇は j の余暇を減少させるであろう。逆に i と j の余暇が代替財 (substitute) であるならば，交差代替効果の符号は正となり，i の賃金上昇は j の余暇を増加させるであろう。このモデルは，符号の正負にかかわらず，これら交差代替効果が常に等しくなるといった構造なのである[52]。アシェンフェルター＝ヘックマン [1974] が指摘しているように，これは「妻の賃金率の所得補償的な変化が夫の労苦 (work effort) に与えると同様に，夫の賃金率の所得補償的な変化は妻の労苦に同じ効果を与える」ことを意味している[53]。しかし，世帯員 i の賃金上昇が世帯員 j の労働供給に与える総効果は，世帯員 j の賃金上昇が世帯員 i の労働供給に与える総効果に必ずしも等しくなる必要はない。というのは，2人の世帯員における所得効果が等しくなる必要はないからである。もし交差代替効果がすべての世帯員でゼロであるならば，ある世帯員の賃金上昇が他の世帯員の労働供給に与える唯一の効果は純粋に所得効果だけである。

個人の効用−家計の予算制約式による供給モデル　第3のタイプは，個人の効用−家計の予算制約式による供給モデル (the individual utility-family budget constraint model) とよばれるタイプである。しかし，これらモデルに共通した特徴は，重要な意思決定者として「家族」よりも「個人」を強調する点である。第2のモデルに代わって，この個人効用アプローチ (individual utility approach) を最初に提示したのはルーソルド (J. H. Leuthold) [1968] であって，これにつづいたのがアシュワース (J. S. Ashworth) ＝ウルファ (D. T. Ulph) [1981] であった。このアプローチとは，夫婦それぞれは別々に分離された効用関数をもっており，夫または妻の提供する労働時間を所与として，共通した家計の予算制約式のもとで自身の効用関数——その効用は家計の消費と自身の余暇からなる——を極大化するように，予算制約式の範囲内で余暇，したがって労働供給を決定するというものである。家計は共同で消費を行うが，強調すべき点は，夫（または妻）は妻（または夫）の行動を所与として本人自身の効用を極大化するという点である[54]。ところで，夫が提供する労働供

図1-12 夫と妻の反応曲線

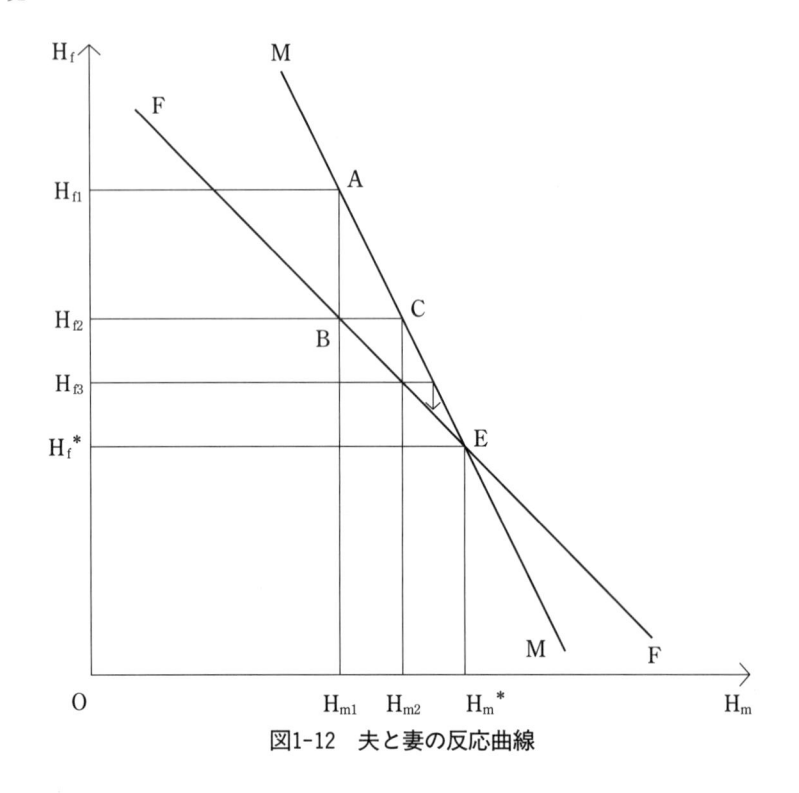

給の大きさは，妻に満足を与え，家計に安定をもたらすという保証がどこにあるだろうか。いいかえれば，夫にとって妻が行う労働供給が最適でないならば，夫は効用が極大化するように自身の労働供給 H_m を妻の労働供給の決定とは独自に決定するであろう。妻もまた，夫の労働供給が最適ではないために，自身の労働供給 H_f を夫の決定とは関係なく独自に決定するであろう。夫または妻は各々自身の労働供給を相手の意思に関係なく決定するという意味で，夫婦の意思決定は非協力的（inconsistent）といわれる[55]。

　キリングスワースによると，均衡解への収束という問題は，形式的には複占（duopoly）モデルで説明される「反応曲線（reaction curve）」のそれと非常に類似している。そこで，夫と妻を労働供給の複占者と仮定して，図1-12にそれぞれの反応曲線 MM，曲線 FF を画いている。曲線 MM は夫の反応曲線，曲線 FF は妻の反応曲線である[56]。2つの反応曲線が交わる点 E は，夫

婦の行動が一致する唯一の点である。点 E 以外の曲線上の各点は，夫婦それぞれの反応が一致しておらず，均衡にはない。いま，妻の労働供給が H_{f1} にあったとすれば，夫の労働供給は反応曲線 MM の点 A に対応する H_{m1} となる。これに対して，妻は労働供給を反応曲線 FF 上の点 B に対応する H_{f2} まで減少させる。次に，夫は労働供給を曲線 MM 上の点 C に対応する H_{m2} まで増加させるであろう。以下，同様な反応過程がつづき，夫婦2人の労働供給の組み合わせは A，B，C，……をたどりながら，最終的には点 E にいたって収束し，均衡が成立する。$H_m H_f$ の平面において，夫の反応曲線 MM の傾きが妻の反応曲線 FF の傾きよりも大きいならば，この反応過程は安定的で均衡に収斂するが，逆の場合には不安定となり，均衡は発散するであろう。

キリングスワースによると，こうしたモデルからの含意は，第2のタイプのそれとは異なっている[57]。夫婦に共通した家計の効用関数にもつ後者のモデルにおいては，世帯員 i の賃金変化が他の世帯員 j の労働供給に与える交差代替効果は存在するけれども，前者においては家計内部の交差代替効果といったものは存在しない。これに代わって間接所得効果 (indirect income effect) とよばれる効果が発生するであろう。間接所得効果が現れるのは，夫または妻といった個人の効用が極大化されるにもかかわらず，家計の消費がプールされて共同で行われるからである。たとえば，夫の賃金が上昇すると，夫に対する通常の所得効果と自己代替効果が生じる。家計の所得が増加するから，妻に対する所得効果もまた起こるであろう。しかし同時に，夫の賃金が上昇すれば，これにもとづく妻の労働供給に対する間接所得効果も発生する。というのは，夫の自己代替効果によって，夫への労働誘因は強まり，家計の所得はさらに増加するからである。もし妻も自身の余暇を正常財とみなすならば，家計所得の増加は妻の余暇を増加させ，労働供給を減少させる。伝統的なモデルにおいては，夫の自己代替効果によって生じる妻に対する第2の効果は交差代替効果とよばれる。ここで取り上げた効用関数は，一人家計の効用関数 (single family utility function) ではないのだから，これを間接所得効果とよぶことには異論がないだろう。

家計の労働供給に関する第3のモデルはまた，交渉モデル (bargaining

model) ともよばれ，夫または妻の交渉力（bargaining power）を重視するものである[58]。こうした分析として，ホルナイ（M. J. Horney）＝マケルロイ（M. B. McElroy）[1978]，マンセル（M. Manser）＝ブラウン（M. Brown）[1979][1980]，マケルロイ＝ホルナイ[1981]の論文がある。その主たる着眼は，夫と妻が対峙する交渉過程を通じて，労働供給と消費支出についての意思決定にいたるというものである。カウフマン（B. E. Kaufman）[1989]によると，第3のタイプは，夫妻の労働供給決定において，夫婦それぞれの交渉力と社会規範（social norms）の役割を強調する[59]。家計の労働供給モデルは，伝統的な枠組みのなかで，市場労働と家事労働に対する夫婦それぞれの生産性や報酬の相違を理にかなった返答として，役割分担としての分業（division of labor）を説明してきた。しかし，ブラウン[1985]などの経済学者は，社会規範や家族における女性の不平等な交渉力が，女性の市場労働への関わりを弱くさせた重要な原因であると説明してきた。その背景に，1つは女性の社会進出を阻む慣習や伝統，第2は教育制度をはじめ，雇用主や労働組合における性差別，第3は男性よりも女性に対する法律上・経済上の不平等な取扱い，などが指摘することができる。

[注]
1) 国立社会保障・人口問題研究所編『日本の将来推計人口　平成24年1月推計』を参照。将来人口の推計には，合計特殊出生率の仮定の違いに対応して高位推計，中位推計，低位推計の3つを設定している。
2) 人口の出生水準（fertility）を表す出生率とは，1年間に発生した出生数を年央の総人口（10月1日現在の総人口）で割った割合であって，人口1000人あたりの割合（‰　パーミルとよぶ）で示される。この出生率は普通出生率または粗出生率（crude birth rate）ともいわれる。人口の死亡水準（mortality）を表す死亡率とは，1年間に発生した死亡数を年央の総人口（10月1日現在の総人口）で割った割合をいい，人口1000人あたりの割合（‰）で示される。この死亡率は普通死亡率または粗死亡率（crude death rate）ともいわれる。
3) 厚生労働省「人口動態統計」によると，戦前に出生率が30‰を下回ったのは1906（明治39）年の「丙午」29.6‰，34（昭和9）年29.9‰，38年27.2‰，39年26.6‰，40年29.4‰の5回にすぎない。38年以降の3年間は日中事変による出生減が大きく影響している。

4) 各期の平均出生率は，明治期33.1‰，大正期34.2‰，戦前の昭和期31.3‰である。
5) 各期の平均死亡率は，明治期21.2‰，大正期22.3‰，戦前の昭和期17.9‰である。
6) 合計特殊出生率とは，15歳から49歳までにおける女性の年齢別出生数をそれぞれの年齢別女性人口で割った年齢別出生率（age-specific birth rate）を15歳から49歳まで合計したものをいい，1947年以降，合計特殊出生率は計算・公表されている。合計特殊出生率を発展させたのが粗再生産率（gross reproduction rate）で，産まれた子どものうち女子だけを考慮したもので，女性が一生涯に出産した平均女児数を意味している。なお，産まれた子どもが出産可能な年齢を終わるまでに死亡によって減少することを考慮に入れると，粗再生産率に生存率を加味して純再生産率（net reproduction rate）が計算される。つまり，合計特殊出生率から粗再生産率，そして純再生産率に移るにしたがって，ある世代の人口が次の世代の人口をどれだけ再生産するかという割合がより精密化されるのである。熊谷尚夫・篠原三代平編［1980］『経済学大辞典』760頁 東洋経済新報社を参照。

　　90年には合計特殊出生率が1.54，粗再生産率が0.75，純再生産率が0.74となっている。これは，一世代のうちに人口が26％減少するという縮小再生産を意味している。
7) 厚生労働省職業安定局高齢・障害者対策部編［1995］『長寿社会と雇用（改訂版）』8～12頁　近代労働経済研究会を参照。人口問題審議会編［1984］『日本の人口・日本の社会——高齢化社会の未来図』31頁　東洋経済新報社を参照。
8) 労働力統計に「国勢調査」や「労働力調査」以外に総務省「就業構造基本調査」がある。
9) 統計法（昭和22年法律第18号）は，統計法（平成19年法律第53号）によって全部改正された。改正の前後を区別するために，前者を旧統計法，後者を新統計法とよぶこともある。新統計法は2009年4月1日から施行されている。
10) 「就業構造基本調査」は，有業者方式によって15歳以上人口の活動状態を区分する。
11) 男性労働力率の下落幅5.0ポイントは，労働力率のピーク（1953年）86.4％とボトム（75年）81.4％との開差である。これに対して，女性の下落幅11.1ポイントはピーク（55年）56.8％とボトム（75年）45.7％との開差である。
12) 大学・短期大学など高等教育機関への進学率（浪人を含む）は，男女計で1955年の10.1％から75年38.4％，そして2002年48.6％，10年56.8％と上昇しており，専門学校や各種学校への入学を加えると，高卒者の7割以上が卒業後も教育市場にとどまっている勘定になる。
13) ウィルコックは，労働力としての継続性・規則性の有無，家計所得に対する

貢献度の大きさ，労働市場情況に対する感応度の強弱などによって，労働力を第1次労働力と第2次労働力に分類している。梅村又次もこれとほぼ同じ考えにもとづき労働力を分類して，第1次労働力を恒常労働力，第2次労働力を縁辺労働力とよんでいる。
 R. C. Wilcock [1957]，梅村又次 [1971] 23～24頁を参照。
14) 定年延長については，1986年10月から施行された高年齢者雇用安定法で60歳定年の努力義務となったが，98年4月からは義務化されることになった。
15) 1975年と2005年の労働力率を比較すると，05年は40～59歳層で平均して3.7ポイント低いが，25～39歳層になると，2倍にあたる7.5ポイントも低い。
16) 「国勢調査」によると，1960年，65年，70年では25～29歳層がボトムとなっている。
17) 終戦直後の1947年から49年頃までの月間の総実労働時間は180時間を若干上回る水準であった。浜口恵俊他 [1980] 39～43頁を参照。
18) これに合わせて1948年に国家公務員法，49年に労働組合法が改正され，所定内労働時間の引き上げや36協定による残業の裁量範囲の拡大などがみられた。
19) 1975年には172.0時間と総実労働時間が50年以降最短であったが，所定内労働時間も161.4時間，所定外労働時間も10.6時間と最も短かった。
20) 浜口恵俊他 [1980] 32～38頁を参照。
21) 1969年に労働大臣（現厚生労働大臣）の私的諮問機関として「労働基準法研究会」が発足，71年に「労働時間・休日・休暇に関する報告」を行った。同年に労働大臣の私的諮問機関として「労働者生活ビジョン懇談会」が発足，翌72年に「週休2日制普及促進の考え方と推進策について」と題する報告を発表した。この2つの報告が契機となり，政府は，週休2日制の普及を中心に，労働関係法の改正に向けて労働時間短縮対策への積極的な取組みを開始した。また79年の「新経済社会7ヵ年計画」（大平内閣）や「第4次雇用対策基本計画」では，85年に週末2日制を含め労働時間の水準が先進欧米諸国なみに近づくとした。
22) 前川レポートとは1986年4月に報告された「国際協調のための経済構造調整研究会報告書」を通称したもので，経済の国際協調を実現する一環として内需拡大を掲げ，その一つとして労働時間の短縮を図ることを目標設定した。
23) 1987年5月に新前川レポートとよばれる「経済審議会経済構造調整特別部会報告書」，いわゆる「経済審議会建議――構造調整の指針」が発表された。新前川レポートで初めて1,800時間が目標として掲げられた。
24) 法定労働時間の短縮について，1991年3月までは週46時間であったが，施行後3年を目途に政令改正により，91年4月から週44時間とし，さらに90年代前半までに週40時間とすることになった。
25) 週40時間労働制は法的には5年前から明記されていたが，対外公約の1,800労

働時間が未達成であることから,時短を促進するための環境整備を図るため,この時限立法を制定した。
26) 中小企業等について3年間の猶予措置を講じたが,その猶予措置も1997年3月をもって終了し,4月から10人未満の事業場(特例措置対象事業場)を除き,全面的に週40時間労働制が適用されることになった。
27) 特例措置対象事業場においても,2001年4月から週44時間に移行した。
28) 労働時間短縮の要因分析に関しては,労働省『昭和47年版 労働白書』付属統計表(第123表)554頁で推計された方法を参照して推計した。
29) 変動率の計算に用いた統計資料は労働省「毎月勤労統計調査」である。毎勤統計から $H, h, (h+k), D$ を次のようにして求めた。
  年間総実労働時間 H =月間総実労働時間×12か月
  1日あたりの所定内労働時間 h =月間所定内労働時間/月間出勤日数
  1日あたりの所定外労働時間 $(h+k)$ =月間所定外労働時間/月間出勤日数
  年間出勤日数 D =月間出勤日数×12か月
30) ゴッセン,ジェヴォンズは,消費財の限界効用理論に対称する理論として「労働の限界不効用理論」を提示した。個人の労働供給量は労働の限界不効用と生産された財の限界効用が均等する点で決定され,ゴッセンは,限界効用も限界不効用も一定の速度で変化していくと仮定したのに対して,ジェヴォンズの画いた限界苦痛曲線は,労働の継続時間にともなって変化する曲線であった。荒井勝彦[1988]14〜17頁を参照。
31) 荒井勝彦[1988]27〜32頁を参照。L. Robbins[1930], F. Gillert=R. W. Pfouts[1958]も併せて参照。
32) 無差別曲線が原点に対して凸であるという性質は,余暇の増加にともなって余暇と所得の限界効用の比,つまり余暇の所得に対する限界代替率 MRS が小さくなることを意味している。
33) この問題は条件付き最大化問題とよばれ,ラグランジュの未定乗数法を用いて解くことができる。次のラグランジュ関数(Lagrangian function) Z
$$Z = f(L, Y) + \lambda [w(T-L) - Y] \tag{F1}$$
より,これを L, Y とラグランジュ乗数(Lagrangian multiplier) λ について最大化する。最大化のための一階の条件は,
$$\left. \begin{array}{l} \dfrac{\partial Z}{\partial L} = \dfrac{\partial f}{\partial L} - \lambda w = f_L - \lambda w = 0 \\ \dfrac{\partial Z}{\partial Y} = \dfrac{\partial f}{\partial Y} - \lambda = f_Y - \lambda = 0 \\ \dfrac{\partial Z}{\partial \lambda} = w(T-L) - Y = 0 \end{array} \right\} \tag{F2}$$
(F2)における最後の式は統合された予算制約式そのものであり,L と Y は予算制約式を満足しなければならないことを示している。(F2)より $\lambda > 0$ であ

る。最初の2式より λ を消去することによって，(1.8)と同じ式が

$$\frac{f_L}{f_Y} = w \tag{F3}$$

えられる。これは，余暇と所得の限界代替率 MRS（$=-dY/dL$）が賃金率 w に等しくなければならないことを示している。

　ところで，予算制約は一般には不等号で与えられる。余暇や所得の限界効用を正と仮定すると，(1.7) の制約条件は常に等号で満たされる。したがって，(1.7) の制約条件付きの効用最大化問題は，等号制約付き最大化問題として最適解を求めることになる。

34) $O''L$ 線の勾配（の絶対値）は $O'N$ 線のそれに等しく，それはまた上昇後の賃金率に等しいから，点 Q における所得の余暇に対する限界代替率は点 R のそれに等しく，かつ上昇後の賃金率に等しくなる。また点 Q における余暇と所得との組み合わせは点 P と無差別な点であるので，$O'N$ 線は $O''L$ 線とちょうど非労働所得を一定額だけ増加したときと同じ予算制約線にほかならない。

35) 次に，賃金変化の労働供給に与える効果を 1.4.2 で定式化された労働供給モデルを用いて説明する。(F2) を賃金率 w で偏微分して整理すると，以下のような方程式をえる。

$$\left. \begin{array}{l} f_{LL}\dfrac{\partial L}{\partial w} + f_{LY}\dfrac{\partial Y}{\partial w} - w\dfrac{\partial \lambda}{\partial w} = \lambda \\[4pt] f_{YL}\dfrac{\partial L}{\partial w} + f_{YY}\dfrac{\partial Y}{\partial w} - \dfrac{\partial \lambda}{\partial w} = 0 \\[4pt] -w\dfrac{\partial L}{\partial w} - \dfrac{\partial Y}{\partial w} \quad\quad\;\; = -(T-L) \end{array} \right\} \tag{F4}$$

$f_{XX} = \dfrac{\partial}{\partial X}\left(\dfrac{\partial f}{\partial X}\right) = \dfrac{\partial^2 f}{\partial X^2}$ は $f_X = \dfrac{\partial f}{\partial X}$ をもう1回偏微分したもので，効用関数 f（・）の2階の偏微分を表し，また $f_{LY} = f_{YL}$ である。ここで，効用極大のための2階の条件は一階の条件 (F2) を満足し，(F4) の左辺の各係数からなる行列式，すなわち縁付きヘッセ行列式 D が正となることである。

$$D = \begin{vmatrix} f_{LL} & f_{LY} & -w \\ f_{YL} & f_{YY} & -1 \\ -w & -1 & 0 \end{vmatrix} = 2wf_{LY} - w^2 f_{YY} - f_{LL} > 0 \tag{F5}$$

なお，L と Y について限界効用の逓減を前提とすると，$f_{YY}<0$，$f_{LL}<0$，また余暇と所得が下級財でないならば，$f_{LY}>0$ となる。もし下級財であれば，$f_{LY}<0$，独立財であれば，$f_{LY}=0$ となる。

　(F4) の方程式を行列表示すると，次のようになる。

$$\begin{pmatrix} f_{LL} & f_{LY} & -w \\ f_{YL} & f_{YY} & -1 \\ -w & -1 & 0 \end{pmatrix} \begin{pmatrix} \partial L/\partial w \\ \partial Y/\partial w \\ \partial \lambda/\partial w \end{pmatrix} = \begin{pmatrix} \lambda \\ 0 \\ -(T-L) \end{pmatrix} \tag{F6}$$

(F6) の行列から，クラメール（Crammer）の公式を用いると，賃金率の変動効果は次のようになる。

$$\frac{\partial L}{\partial w} = \lambda \frac{D_{11}}{D} - (T-L)\frac{D_{31}}{D} \tag{F7}$$

となる。なお，D_{ij} は行列式 D の第 i 行第 j 列の要素の余因子である。(F7) はいわゆる労働供給のスルツキー方程式を表し，右辺の第 1 項は代替項といい，$\lambda > 0$，$D_{11} < 0$ より負となる（$D_{11} = (-1)$）。第 2 項は所得項といい，余暇と所得が下級財でないかぎり，$D_{31} < 0$ より正となる（$D_{31} = -f_{LY} + wf_{YY} < 0$）。かくして，余暇に対する負の代替項と正の所得項により，(F7) の余暇需要に関する総効果――いいかえれば，労働に対する正の代替項と負の所得項により，労働供給に対する総効果――は，代替効果と所得効果の大小に応じて，次のようになる。

$$\frac{\partial L}{\partial w} \gtreqless 0 \longleftrightarrow \frac{\partial H}{\partial w} \lesseqgtr 0 \tag{F8}$$

ただし，$H = T - L$ である。

36) P. H. Douglas [1934]，辻村江太郎・続幸子訳 [2000] 第11章294～321頁を参照。
37) C. D. Long, [1958]，高梨昌・花見忠監修 [2000] 671～676頁を参照。
38) 辻村江太郎・佐々木孝男・中村厚史 [1959] はこの関係を「ダグラス＝有澤の法則」と名付けた。また辻村江太郎・続幸子訳 [2000] 773頁を参照。
　　ロングも同様の法則性を確認したことから，「ダグラス＝ロング＝有澤の法則」ともよばれる。C. D. Long [1958]，川口章 [2002]，樋口美雄 [1991] を参照。
39) 点 Y_1 と無差別になる点 A に対応する $O'L_1$ の労働時間は，就業しようとする妻の立場からすれば，供給できる最大の労働時間をいい，これを臨界供給時間とよぶことができる。この概念を用いて表現すると，臨界供給時間を上回る指定労働時間 $O'L_2$ が提示されるならば，点 A' の雇用機会をとおる無差別曲線が曲線 I_1 よりも下位に位置するから，妻は点 A' の雇用機会を拒否するであろう。
40) いいかえると，臨界供給時間 $O'L_1$ が指定労働時間 $O'L_3$ を上回っているから，妻は雇用機会 C を受諾するであろう。
41) 点 Y_2 と点 D を結ぶ直線 Y_2D は賃金上昇後の予算線 Y_1N に平行となるから，$O'Y_2$ の高さはこの雇用機会 D における臨界核所得にほかならない。
42) R. Perlman [1969] pp. 238～242, L. M. Moses [1962] pp. 322～330を参照。
43) 所得選好者の場合，均衡点の軌跡を画いた労働オファー曲線が Y_1EF の領域に位置するので，臨界核所得はえられない。
44) キリングスワース（M. R. Killingsworth）の *Labor Supply* [1983] は，静学

モデルをベースに，モデルの拡張と実証的研究の成果，モデルの動学化，租税・移転給付と労働供給など広範にわたって文献を渉猟・分析した大著である。

45) スミスは家計の労働供給行動を所得-余暇の選好図式によって分かりやすく解説している。S, W. Smith [1994] pp. 13-18, P. Fallon＝D. Verry [1988] pp. 6〜9を参照。

46) このアプローチはコスターズ [1966] やアシェンフェルター＝ヘックマン [1974] によって展開された。

47) 家計は，効用関数 (1.9) を予算制約式 (1.10) のもとで極大化する。ラグランジュ関数 $Z=U(L_M, L_F, X)+\lambda[W_M(T-L_M)+W_F(T-L_F)+V-X]$ から，上式を L_M, L_F, X, λ で偏微分すると，効用極大の1階の条件をえる。さらに，1階の条件から，賃金率 W_M, W_F と非労働所得 V の変化が夫と妻の余暇需要 L_M と L_F ——したがって，夫と妻の労働時間 H_M と H_F ——に与える効果，いわゆる余暇需要のスルツキー方程式 (Slutsky's equation) がえられる。P. Fallon＝D. Verry [1988] pp. 6〜9を参照。

48) 以下の説明は，キリングスワース [1983] と荒井勝彦 [1992] による。

49) M. R. Killingsworth [1983] pp. 29〜30を参照。

50) 家計の一般的な効用関数 (family utility function) は $U=U(L_1, \ldots, L_m, C_1, \ldots, C_n)$ と定式化されるであろう。C_i は消費財 i に関する家計の消費 ($i=1, 2, \ldots, n$)，L_j は世帯員 j の余暇時間 ($j=1, 2, \ldots, m$) である。これに対して，家計の所得制約式は，$\sum P_i C_i = \sum W_j H_j + V$ である。ここで，H_j は世帯員 j の労働供給である。

51) これについてはアボット＝アシェンフェルター [1976] やアシェンフェルター＝ヘックマン [1974] の展開がある。P. Fallon＝D. Verry [1988] pp. 6〜9を参照。

52) これは，世帯員 i の賃金上昇が世帯員 j の余暇に与える交差代替効果が，世帯員 i の余暇の変化に関する，世帯員 j の余暇の限界効用の変化に比例する（そして同じ符号をもっている）からである。家計の一般的な効用関数で表現すると，これは $\partial^2 u / \partial L_i \partial L_j$ となる。さらに，効用関数が well-behaved で，連続2回微分可能であるならば，$\partial^2 u / \partial L_i \partial L_j = \partial^2 u / \partial L_j \partial L_i$ となる。これは，これら交差代替効果が相等しいことを意味している。

　定義によって，世帯員 i の賃金が上昇する（i の余暇は減少する）と，交差代替効果は世帯員 j の余暇を必ず増加させ，かつ世帯員 j の余暇と世帯員 i の余暇は代替的であるといわれる。逆に，世帯員 i の賃金上昇による交差代替効果が世帯員 j の余暇を減少させるならば，i と j の余暇は補完的といわれる。

53) M. R. Killingsworth [1983] p. 75を参照。

54) 新古典派モデルに代わる家計の意思決定モデルは，ルーソルド [1968] によって最初に提示された。共働きの家計において，夫と妻それぞれに分離した効

用関数を次のように定式化する。各々の効用関数は，共通の消費と自身の余暇からなると定義される。

$$U_M = U_M(L_M, X) \qquad (A1)$$
$$U_F = U_F(L_F, X) \qquad (A2)$$

ここで，効用関数を拡張する手立てとして，それぞれ相手の余暇を導入する。このことは，夫婦2人の余暇活動が補完的であると仮定することにほかならない。

$$U_M = U_M(L_M, L_F, X) \qquad (B1)$$
$$U_F = U_F(L_M, L_F, X) \qquad (B2)$$

夫は，妻の余暇 L_F を所与として共通した家計の予算制約式 (1.10) のもとで

$$X = W_M H_M + W_F H_F + V \qquad (1.10)$$

効用関数のうち第1の関数 (B1) U_M を極大化する。他方，妻は，夫の余暇時間 L_M を所与として共通の予選制約式 (1.10) のもとで第2の関数 (B2) U_F を極大化する。これら分離された極大化にもとづいて，短期の余暇需要関数，したがって短期の労働供給関数がえられる。

$$H_M = H_M(W_M, W_F, L_F, V) \qquad (C1)$$
$$HF = H_F(W_M, W_F, L_M, V) \qquad (C2)$$

これについての数学的展開はアシュワース＝ウルファ［1981］を参照せよ。

55) M. R. Killingsworth [1983] p. 34を参照。
56) 夫の反応曲線 MM は，妻の労働供給量 H_f を所与として，夫の効用を極大化するように夫自身の労働供給量 H_m を画いたものである。これに対して，妻の反応曲線 FF は，夫の労働供給量 H_m を所与として，妻の効用を極大化するように妻自身の労働供給量 H_f を画いたものである。M. R. Killingsworth [1983] pp. 34～35を参照。
57) M. R. Killingsworth [1983] pp. 36～37を参照。
58) 夫婦それぞれの交渉力を強調するモデルはまた，制度的モデル (institional model) ともいわれる。C. Brown [1985], M. R. Killingsworth [1983] pp. 36～37, B. E. Kaufman [1987] pp. 132～136を参照。
59) B. E. Kaufman [1987] pp. 132～136を参照。

第2章 労働力に対する需要

　この章では，企業個々における労働需要の決定を中心に説明する。企業は，さまざまな財・サービスを生産するため，生産要素の1つとして労働用役のサービスまたは労働サービスを需要する，具体的には労働者を雇い入れるのである。企業の労働サービスに対する需要は，派生需要（derived demand）とよばれ，消費財に対する需要とは性格が異なっている。というのは，消費者が欲望を直接充足するために消費財を購入することを財に対する需要といい，この最終需要（final demand）を満たすために，企業は労働者を雇い入れ，原材料を投入して生産を行うのである。こうした財に対する需要から派生したところの需要が労働に対する需要にほかならない。

　以下では，企業は利潤水準を極大化する行動をとっていると仮定して，労働需要の決定メカニズムを説明する。その理論とは，新古典派理論の支柱となっている限界生産力理論（marginal productivity theory）である。まずはじめに，その基礎となっている生産関数について説明する。

2-1　生産関数と労働の限界生産物

2.1.1　生産関数

　企業は，労働や資本，土地などといった生産要素（factors of production）を生産過程（production process）に投入して，さまざまな財・サービスを生産している。これら生産要素の投入量（inputs）と財・サービスの生産量（outputs）との間を技術的に結びつけたところの関係，すなわち技術的関係を生産関数（production function）とよんでいる。この関係は，与えられた投入量のもとで産出される生産量が最大となるような最も効率的な投入・産出の

関係を示したものである．いま，任意の財の生産量を X，労働投入量を L，資本投入量を K とすると，生産関数は，次のように

$$X = f(K, L) \tag{2.1}$$

と示される．(2.1) で表示される生産関数は，資本と労働が無限にかつ連続的に代替可能な関数であって，最も頻繁に利用されている生産関数である．この関数は新古典派生産関数ともよばれる．

ここで注意すべき点は，生産関数の各変数がストック（stock）量でなくフロー（flow）量として測定されている点である．任意の一時点に存在する数量がストックであるのに対して，フローとは一定の期間を単位として測定される数量である．したがって，生産関数を厳密に表現すれば，フローとしての生産量をフローとしての投入量で関係づけて定式化したものである．たとえば，在籍する労働者の数や設置されている機械の台数がたとえ同じでも，労働者の働く労働時間や機械の稼働する時間が異なれば，生産される数量もまた異なるであろう．したがって，労働投入量はマン・アワー（man-hour　労働者数×1人あたりの労働時間），資本投入量はマシン・アワー（machine-hour　機械・設備の台数×1台あたりの稼働時間）で測定されなければならない[1]．

(2.1) は資本と労働が無限に代替可能な非線型の生産関数を表している．同じ生産量を産出することができる労働と資本の組み合わせがいくつも存在する場合，生産関数は代替可能（substitutable）という．代替可能な生産関数はこれ以外にもいくつもある．たとえば，次のような線型関数も

$$X = aL + bK \tag{2.2}$$

一つである．a，b はそれぞれ技術的に与えられた正の定数である．(2.1) と同様に非線型の関数で，実証分析などにしばしば利用されるのが次に示すコブ（C. W. Cobb）＝ダグラス（P. H. Douglas）の生産関数である．

$$X = AL^{\alpha} K^{\beta} \tag{2.3}$$

ここで，A，α，β は正の定数で，α と β は偏弾力性（partial elasticity）ともいわれる．同じ非線型の代替的な関数に CES 生産関数という関数がある．CES とは代替の弾力性一定（constant elasticity of substitution）の略で，資本と労働が連続して代替的であるが，代替の弾力性が一定である生産関数をい

う[2]。

$$X = [\alpha L^{1-\beta} + (1-\alpha) K^\beta]^{-1/\beta} \tag{2.4}$$

α と β は上記のものと同様に正の定数である。

これらの各関数は労働と資本が代替的な生産関数であるが，生産関数のなかには代替できない生産関数もある。たとえば，

$$X = \min(L/a, K/b) \tag{2.5}$$

のように，労働と資本の生産要素のうち最小の要素に制約を受けて生産量が規定される生産関数である。この生産関数はレオンチェフ（W. Leontief）の生産関数とよばれている[3]。この生産関数は生産プロセスがただ１つと技術的に制約されており，生産係数（production coefficient）あるいは資本・労働比率（capital-labor ratio）が一定であることを意味している。技術的に定められた資本・労働比率と現実にみられる資本・労働比率とが一致しない場合には，余分に存在する生産要素は未利用の状態におかれるであろう。

2.1.2 等量曲線

次に，(2.1) の代替可能な生産関数を用いて，いくつかの基本概念を説明する。企業は，労働と資本の生産要素をさまざまに組み合わせることによって，同一の生産量を産出することができる。いま，図2-1において，横軸に労働投入量 L，縦軸に資本投入量 K をはかると，曲線 X_1 は，同一の生産量（すなわち $X = X_1$）を産出するのに投入される労働投入量 L と資本投入量 K との無数の組み合わせを示した軌跡にほかならない。この曲線は等量曲線（isoquant）とか等産出量曲線（equal product curve），あるいは生産無差別曲線（production indifference curve）とよばれる。

等量曲線は，消費財の無差別曲線とまったく同じ性質をもっている。その性質とは，①右下がりで原点に凸な曲線である。②生産量が X_1 から X_2 へと増加すると，曲線は右上方にシフトし原点から遠ざかる。③２本の等量曲線は交わることはない，などである。また無差別曲線上のある点における接線の勾配は，余暇の所得に対する限界代替率 MRS を表していると説明したが，等量曲線上のある点における接線の勾配もまた，その点における２要素間の技術的限

図2-1　等量曲線

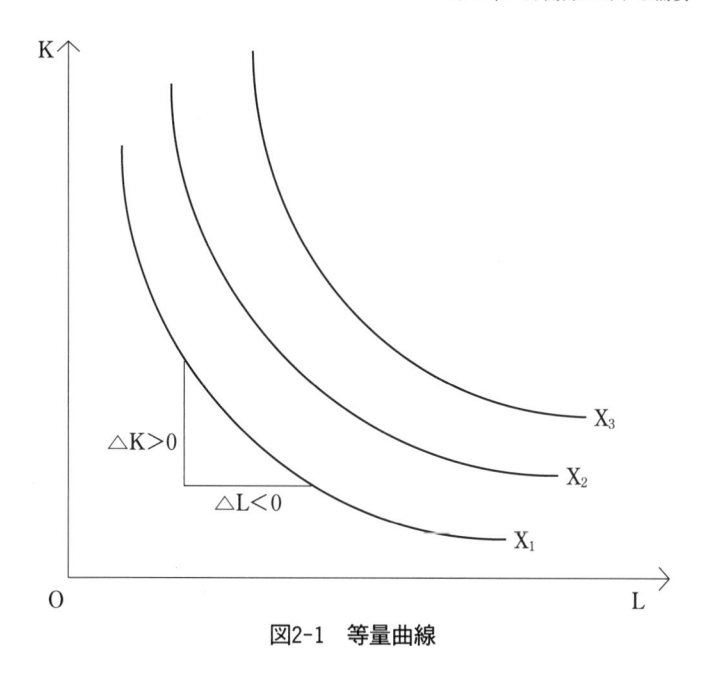

界代替率 MRTS (marginal rate of technical substitution) といわれる。MRTS とは，労働投入量を限界的に1単位減少させるとき（$\triangle L<0$）に，生産量 $X=X_1$ を変えることなく増加しなければならない資本投入量（$\triangle K>0$）の割合を表したものである（$MRTS=-\triangle K/\triangle L$）。等量曲線が右下がりでかつ原点に凸であるから，労働投入量 L が順次増加していくにつれて，等量曲線の（負の値をもつ）傾きは次第に小さくなっていく，これを技術的限界代替率の逓減という。

　固定的な生産係数をもつ (2.5) の生産関数を想定すると，等量曲線は図2-2のようになる。図上の点 a は労働投入量が L_1 単位，資本投入量が K_1 単位を使用して，X_1 の生産量が生産されることを示している。点 a は原点 O から K_1/L_1 の傾きをもって引かれた直線上に位置している。生産量を $2X_1$ と2倍に増加するためには，資本・労働比率を K_1/L_1 を一定にしたまま，各投入量を同時に2倍にしなければならない。したがって，労働投入量が L_1 の大きさに与えられているかぎり，資本投入量がたとえ K_1 から $2K_1$ に増加したとして

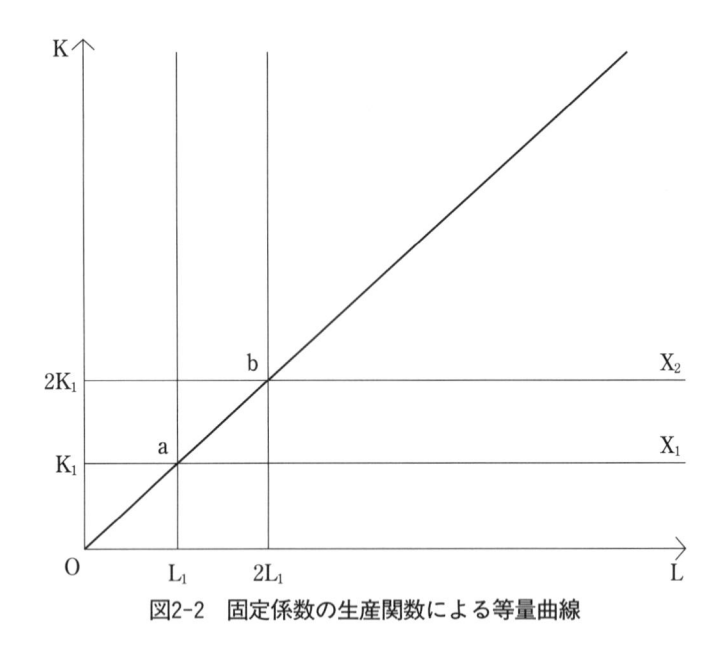

図2-2　固定係数の生産関数による等量曲線

も，生産量は X_1 で変わらない。

2.1.3　労働の限界生産物と規模に関する収穫法則

　資本投入量を固定したまま，労働投入量を増加していくと，生産量も増加していくであろう。しかし，その増え方は一様ではなく，ある点までは労働を投入すると，生産は順調に逓増していくが，この点をこえると，生産効率は次第に下がり労働サービスをいくら投入しても，生産の増加幅は次第に小さくなっていくであろう。いま，横軸に労働投入量 L，縦軸に生産量 X をはかる図2-3において，ある点以降の生産量の軌跡は右上がりの曲線として画かれるであろう。これを生産曲線 (productive curve) という。ここで，資本投入量 K を不変として，労働投入量 L を1単位追加したとき $(\triangle L)$，生産物の増加分 $(\triangle X)$ との比，すなわち $\triangle X / \triangle L$ を労働の物的限界生産物 MPP (marginal physical product of labor) といい[4]，その大きさは曲線上の任意の点（たとえば，点 A）上の接線 DE の傾きによって与えられる。労働の限界生産物は労働の限界生産力 (marginal productivity of labor) ともいうが，本章で

図2-3 生産曲線

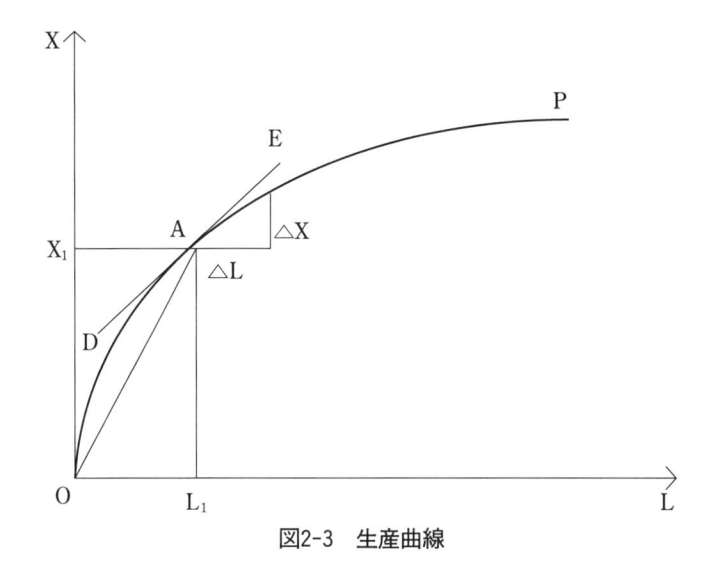

は原則として限界生産物という名称を用いる。

労働の物的限界生産物に対応するもう1つの概念は，労働の物的平均生産物 APP (average physical product of labor) である。点 A における労働の平均生産物は生産量 X_1 の労働投入量 L_1 に対応する比 $(X_1／L_1)$ で，原点 O と曲線上の点 A を結ぶ線分 OA の傾きとして表される。直線 OA の傾きは直線 DE のそれにくらべて険しいので，労働の平均生産物は労働の限界生産物より大きいといえるであろう。これに加えて，生産曲線の形からして限界生産物も平均生産物も労働投入量の増加とともに減少する。図 2-4 はこの関係を図示したものである。図 2-3 のように，上に凸な生産関数では労働投入量が増加していくにつれて，労働の限界生産物も次第に減少していくであろう。これを労働の限界生産力逓減の法則 (law of decreasing or diminishing marginal productivity of labor)，あるいは労働に関する収穫逓減の法則 (law of decreasing or diminishing returns of labor) という。

労働投入量を増加させるとき，労働の限界生産物が低下するならば，これを労働に関して収穫逓減 (decreasing returns) という。これに対して，労働の限界生産物が不変であるならば，労働に関して収穫不変 (constant returns)

```
         MP
         AP
          ↑
          |＼
          | ＼
          |  ＼
          |   ＼
          |    ＼        労働の
          |     ＼       平均生産物
          |      ＼
          |       ＼
          |  労働の ＼
          |  限界生産物＼
          |         ＼         AP
          |          MP
          O─────────────────────→ L
```

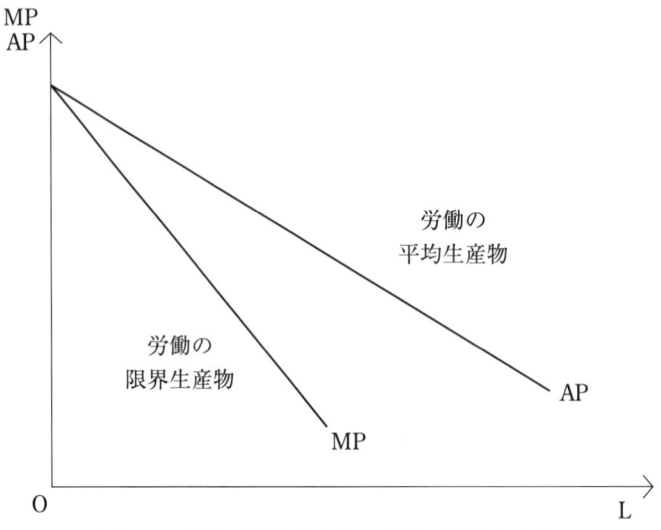

図2-4　労働の限界生産物と労働の平均生産物

といい,逆に労働の限界生産物が増加するならば,労働に関して収穫逓増 (increasing returns) が支配しているという。以上が要素に関する収穫法則 (law of returns to factors of production) である。

　最後に,生産関数に関するもう1つの重要な概念を説明する。それは規模に関する収穫法則 (law of returns to scale) である。労働や資本の投入量を2倍,3倍,……,と増加していくにつれて,生産量も2倍,3倍,……,と増加していくとき,これを規模に関して収穫一定または不変 (constant returns to scale) という。たとえば,(2.2) の生産関数 $X=aL+bK$ を想定すると,各投入量を2倍にすれば,$a(2L)+b(2K)=2(aL+bK)=2X$ となり,規模に関して収穫一定となる。(2.3) のコブ＝ダグラス生産関数についても,$\alpha+\beta=1$ の場合,規模に関して収穫一定となる。このような性質をもつ関数は1次同次関数といわれる。

　(2.1) において,λ を任意の定数として,

$$\lambda^k X = f(\lambda K, \lambda L) \tag{2.6}$$

となるとき,(2.6) は k 次同次関数 (homogeneous function of degree k) という。$k=1$ ならば,(2.6) は1次同次関数,$k>1$ ならば,1次以上同次関

数，$k<1$ ならば，1次以下同次関数という。

これに対して，投入量を2倍，3倍にしても，生産量が2倍以下，3倍以下にしか増加しない場合，これを規模に関して収穫逓減 (decreasing or diminishing returns to scale) といい，1次以下同次 ($k<1$) となる生産関数である。たとえば，$X=AL^{1/3}K^{1/3}$ のように $\alpha+\beta=1/3+1/3<1$ となる場合に，これが妥当する。逆に，生産量が2倍以上，3倍以上に増加する場合，これを規模に関して収穫逓増 (increasing returns to scale) といい，生産関数は1次以上同次 ($k>1$) となる。この3つの法則は規模に関する収穫法則とよばれ，先に説明した生産要素に関する収穫法則と違うのである。

2-2 個別企業における雇用量の決定

2.2.1 完全競争の仮定

企業は，労働や資本など各種の生産要素を投入して，1つまたはいくつかの種類の生産物を産出し，生産物市場にこれらを供給する。しかし，企業が生産物を供給する生産物市場や労働者を雇い入れる労働市場がどのような競争状態にあるかによって，決定される労働需要量，したがって生産プロセスに投入される労働投入量も異なるであろう。

ここで対象とする生産物市場も労働市場も，ともに完全競争 (perfect competition) の状態にあると仮定する。この仮定のもとで，個々の企業がどれだけの労働者を雇用するのであろうか。そこで次に，個々の企業における雇用量の決定，すなわち労働需要量の決定メカニズムを明らかにする。ところで，完全競争にある市場 (perfectly competitive market) とは，簡単にいえば，①財 (生産物・生産要素) の同質性，②多数の取引主体の存在，売り手・買い手の多数性，③市場に関する情報の完全性，④市場への参出入の自由などの条件を備えた市場をいう。

完全競争市場においては，各企業の産出する生産物は同質で製品の差別化がなく，供給される生産要素も同様に同質であって，かつ売り手・買い手がともに生産物や生産要素の性質や価格などについて完全な情報 (perfect imformation）をもっている。このような状態のもとでは，各種の財・サービスの市場において一物一価の法則（law of one price）が成立する。また多数の取引主体が存在するという条件，すなわち売り手や買い手が多数存在することは，企業個々の生産量や要素需要量が産業全体のそれにくらべてわずかにすぎないことを意味している。その結果，個々の経済主体の行動が，各市場で成立している価格（生産物価格や賃金率など）に影響をおよぼすことなく，これらの市場価格を所与（given）または与件（data）として個々の数量（生産量や要素需要量など）を調整するにすぎない。いいかえれば，個々の経済主体は価格受容者（price taker）または数量調節者（quantity adjuster）として行動するのである。

　生産物市場が完全競争にあるとき，個々の企業は価格を所与として生産量を増減するにすぎないため，企業個々に対する生産物の需要曲線は，需要量を示す横軸に平行に画かれるであろう。いうまでもなく，市場全体への需要曲線は通常右下がりの形をとり，価格が上昇すれば，需要量が減少するという関係にある。労働市場においても同様に，企業個々に対する労働の供給曲線は，供給量を示す横軸に平行に画かれ，各企業はこのもとで雇用量を調整するであろう。市場全体への供給曲線については右上がりの形をとり，賃金率が上昇すれば，労働供給量が増加するという関係にある。

2.2.2　短期の労働需要曲線

　次に，個々の企業における労働需要量の決定について説明する。生産物市場と労働市場がともに完全競争にあるとの仮定に，さらに2つの仮定を加える。1つは，企業の行動に関する仮定である。企業は，地域社会への奉仕や貢献など社会的責任を果たすことも重要な役割の一つとなっているが，企業の主たる目標はいうまでもなく私的な利潤の追求であって，ここで利潤の最大化をめざして行動すると仮定しよう。2つは，生産期間に関する短期の仮定である。短期とは，機械・設備などの資本投入量を変更できないような期間をいい，この資本投入量は生産量の多寡に関係なく一定であると仮定する。こうした生産要素を固定的要素，また労働投入量のように増減できる生産要素を可変的要素と

いう。

　短期においては，固定的な資本投入量 K は一定（$K=\overline{K}$）であるから，生産量 X は可変的な要素である労働投入量 L によって増減するであろう。すなわち短期の生産関数は

$$X = f(\overline{K}, L) \tag{2.1}'$$

と表すことができる。ここで生産物価格を p とすると，企業の総収入（total revenue）R は $pX = pf(\overline{K}, L)$ となる。

　他方，生産に要する総費用（total cost）C は2つからなっている。1つは，労働投入量 L に賃金率 w を乗じた賃金費用 wL である。これは可変費用（variable cost）とよばれる。2つは，一定の資本投入量 $\overline{K}$ に投下される費用，つまり固定費用（fixed cost）で，これを F とする。

　企業の獲得する利潤 Π は総収入 R から総費用 C を控除したものであるから，

$$\begin{aligned}\Pi &= R - C \\ &= pX - (wL + F) \\ &= pf(\overline{K}, L) - (wL + F)\end{aligned} \tag{2.7}$$

と与えられる。ここで，p，w，F は一定である。企業の目的は利潤 Π を最大化するように労働投入量 L を決定することである。

2.2.3　均衡条件と図形による説明

　以上のことを図2-5（1）を用いて説明する。縦軸に総収入 R と総費用 C を，横軸に労働投入量 L をはかると，曲線 OPR は総収入 $R = pX = pf(\overline{K}, L)$ を表し，総収入曲線（totoal revenue curve）または価値生産物曲線（value product curve）といわれる。他方，右上がりの直線 AB は $(wL + F)$ の形をもつ総費用線で，切片 OA の高さは固定費用 F の大きさを示している。したがって，総収入曲線 OPR と総費用線 AB との垂直差はそれぞれの労働投入量に対応する利潤の大きさを表し，この開きが最も大きくなる点で，企業は最適な生産量を，したがって最適な労働需要量 L^* を決定するであろう。それでは，最適な労働需要量 L^* はどのようにして決定されるのであろうか。同図

(1) 総収入と総費用でみた場合

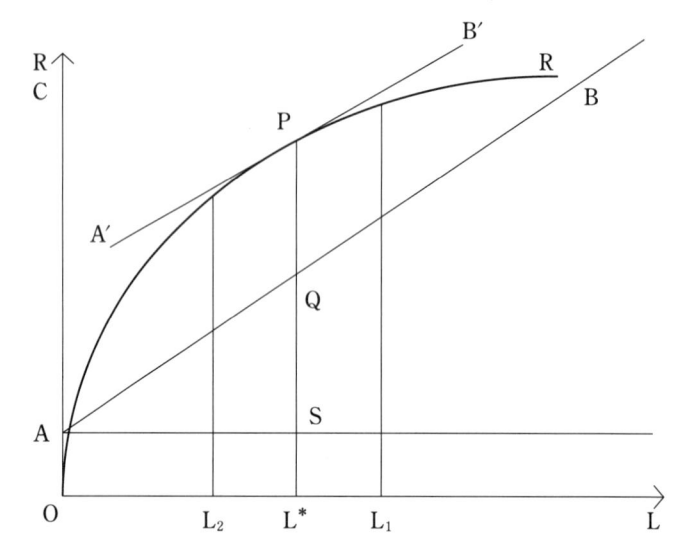

(2) 労働の限界価値生産物と賃金率でみた場合

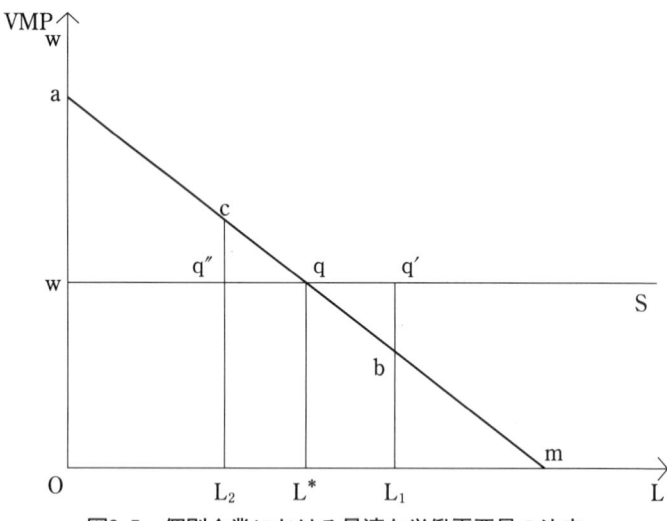

図2-5 個別企業における最適な労働需要量の決定

において，総費用線 AB に平行で，かつ総収入曲線 OPR に接する直線を $A'B'$ とし，その接点を点 P とすると，その点 P に対応する PQ の大きさが最大の利潤となる。つまり，企業の主体的均衡点は，総収入曲線 OPR 上の点 P における接線 $A'B'$ の傾きが総費用線 AB の傾きとちょうど等しくなる点 P で実現される。接線 $A'B'$ の傾きは，労働の物的限界生産物 MP に生産物価格 p を乗じた積で，労働の限界価値生産物（value of marginal product）VMP を表し，また総費用線 AB の傾きは賃金率 w を表すから，利潤を最大化する均衡点においては

$$w = VMP \tag{2.8}$$

が成立しなければならない。この均衡条件を数学的に導出すると，(2.7) を L に関して偏微分しゼロとおくと，利潤極大のための1階の条件がえられる。

$$\frac{\partial \Pi}{\partial L} = p\frac{\partial X}{\partial L} - w$$
$$= pf_L - w \tag{2.9}$$

これを変形すれば，(2.8) の均衡条件が導出される。すなわち，$pf_L =$ 労働の限界価値生産物 VMP である。ただし，f_L は労働の限界生産物（$f_L = \partial X / \partial L = \partial f / \partial L$）である。したがって，(2.8) の均衡条件は次のようになるであろう。

$$pf_L\left(= p\frac{\partial X}{\partial L}\right) = w \tag{2.10}$$

いま，図 2-5 (1) において，労働投入量 L が最適な労働需要量 L^* を上回る L_1 の水準にあるとしよう。L_1 のもとでは労働の限界価値生産物 VMP（$= pf_L$）が賃金率 w を下回っているから（$VMP < w$），労働投入量 L を減少させれば，利潤 Π は増加するであろう。反対に，L が L^* を下回る L_2 にあるときには，$VMP > w$ より L が増加すると，Π も増加するであろう[5]。なお，均衡において，QS の大きさは賃金費用を，SL^* は資本投入による固定費用を表している。

図 2-5 (2) は，労働の限界生産物と賃金率のタームでみた最適な労働需要量の決定を図示したものである。直線 am は労働の限界価値生産物曲線

(marginal value product curve of labor) を表し，収穫逓減の法則にしたがって右下りの曲線として画かれている。横軸に水平の直線 wS は企業個々に対する労働の供給曲線を表し，完全競争の仮定より賃金率 w が所与であるから，それは横軸に水平となる。(2.10) の均衡条件より，利潤極大の均衡点は am 線と wS 線が交わる点 q で実現される。この場合，賃金費用の大きさは矩形 $\square wOL^*q$，利潤（厳密には固定費用を含む粗利潤）は $\triangle awq$ となる[6]。労働投入量 L が最適な労働需要量 L^* を上回る L_1 の水準にある場合，利潤は $\triangle awq$ マイナス $\triangle qbq'$ となり，L^* に対応する最大利潤の大きさ $\triangle awq$ より $\triangle qbq'$ の大きさだけ小さくなる。同様に，L が L^* を下回る L_2 の水準にあるときには，利潤は $\square awq''c$ の大きさとなり，$\triangle awq$ にくらべ $\triangle cq''q$ の大きさだけ小さくなるであろう。

完全競争の条件が満たされ，資本投入量 K が $\overline{K}$ に与えられている短期の場合には，図2-6 に図示するように，賃金率 w が労働の限界価値生産物 VMP に等しくなる点 a の L^* まで，企業が労働投入するならば，利潤は最大となるであろう。(2.10) において，生産物価格 p が所与であるならば，賃金率が w から w' に上昇すると，労働の限界価値生産物も aL^* から bL' に増加する。したがって，需要される労働投入量は L^* から L' に減少しなければならない。すなわち，企業は右下がりの労働の限界価値生産物曲線 dd に沿って行動し，それが賃金率に等しくなるように，労働投入量を決定するのが最も有利となるからである。この右下がりである労働の限界価値生産物曲線 dd が労働の需要曲線にほかならない。

さらに資本投入量が $\overline{K}$ から $\overline{K'}$ に増加すると，図2-5 (1) における総収入曲線が上方にシフトするから，図2-6 の労働の限界価値生産物曲線，すなわち労働の需要曲線も dd から $d'd'$ へと右上方にシフトする。その結果，賃金率が w と変わらなければ，最適な労働需要量は L^* から L'' に増加するであろう。

図2-6 個別企業の労働需要曲線

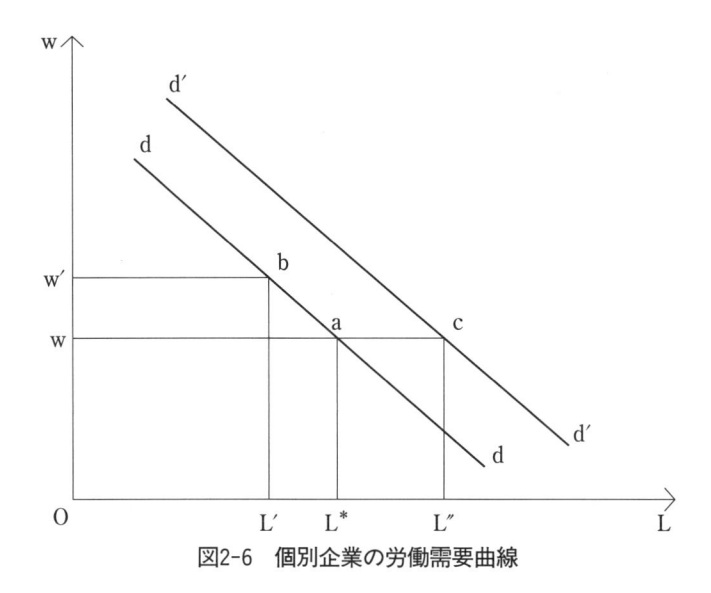

2-3 長期の労働需要

2.3.1 投入量の最適結合

労働需要の決定において取り上げたのは，資本投入量が所与で，労働投入量だけが可変的であるとした短期の問題であった。しかし，機械の稼働時間が日々変化するだけでなく，機械の台数やその他設備の規模も時間の経過とともに変化するであろう。労働投入量の変化だけでなく資本投入量の変化もまた，企業個々に必要とされる労働需要量に影響を与えるのであろう。この問題は，所与の価格体系のもとで企業が労働と資本の最適な組み合わせを選択する長期の問題にほかならない。

いま，企業は，ある一定の生産量を生産するために必要とされる総費用を極小化するように行動すると仮定する[7]。図2-7において，所与の生産量$\overline{X}$を表す等量曲線が曲線XXで与えられているとする。等量曲線は同じ生産量を産出する労働と資本の組み合わせを示したものである。これを生産関数で表すと，

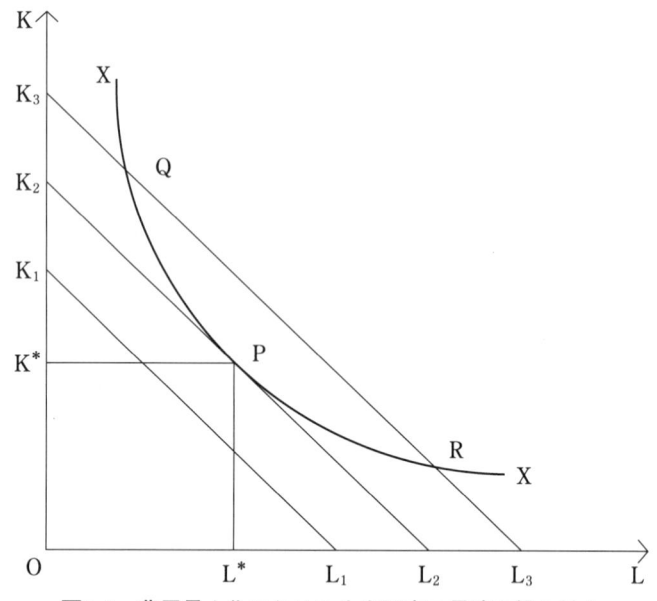

図2-7 費用最小化における生産要素の最適な投入結合

$$\overline{X} = f(K, L) \tag{2.11}$$

これに対して，総費用 C は

$$C = wL + rK \tag{2.12}$$

となる。ここで，w は時間あたりの賃金率，r は資本投入量を1時間利用したことによる時間あたりの資本サービス価格で，ともに一定とする。(2.12)は，K_1L_1，K_2L_2，K_3L_3，………のように右下がりの直線として画かれている。たとえば，任意の直線 K_1L_1 上にある労働投入量 L と資本投入量 K とのいかなる組み合わせも，それぞれ等しい総費用 C を与えるであろう。この直線は等費用線（isocost line）とよばれる。総費用 C が大きくなると，等費用線は K_1L_1 から K_2L_2，さらに K_3L_3 へと右上方に平行シフトするであろう。等費用線の傾きは労働と資本の投入価格比（$-w/r$ 負の勾配をもつことからマイナスを付している）を表している。結論から先にいえば，所与の生産量 $\overline{X}$ を生産するのに最小の総費用を与える労働と資本の最適な組み合わせは，図2-7において等量曲線 XX と等費用線 K_2L_2 とが接する点 P で実現される。

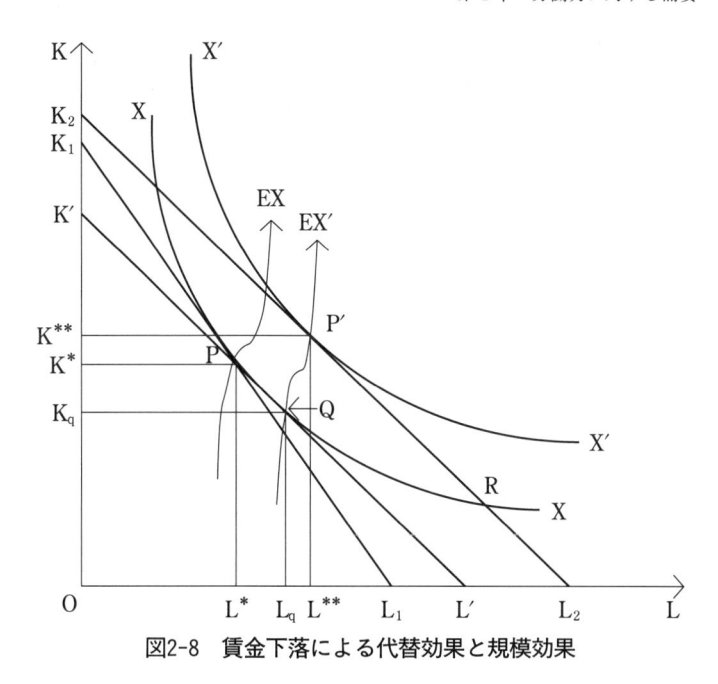

図2-8 賃金下落による代替効果と規模効果

　総費用が最小となる主体的均衡点 P に対応して，投入される各生産要素の均衡量は労働投入量が OL^*，資本投入量が OK^* となるであろう。

　直線 K_1L_1 で表された総費用のもとでは，$\overline{X}$ の生産量は実現できない。なぜならば，この等費用線で生産される K と L のいかなる組み合わせも，生産量 $\overline{X}$ に対応する等量曲線 XX 上に位置していないからである。これに対して，K_3L_3 線上における点 Q や点 R で表される組み合わせにおいては，$\overline{X}$ の生産量を生産することができるが，これらの点は費用最小の均衡点ではない。というのは，企業は，点 Q から点 P へ，あるいは点 R から点 P への移動によって，同一の生産量 $\overline{X}$ をより少ない費用で生産できるからである。均衡点 P において，等量曲線 XX の傾きは等費用線 K_2L_2 の傾きに等しくなければならない。すなわち，労働の資本に対する技術的限界代替率 $MRTS$ は，労働と資本の価格比 w/r に等しくなければならない。

$$MRTS\left(=\frac{f_L}{f_K}\right)=\frac{w}{r} \tag{2.13}$$

となる[8]。ただし，f_L, f_K は労働と資本の限界生産物（$f_L = \partial X / \partial L$, $f_K = \partial X / \partial K$）である。(2.13) を変形すると，

$$\frac{f_L}{w} = \frac{f_K}{r} \tag{2.14}$$

となる。費用最小化の条件は，各生産要素の価格に対する当該の生産要素の限界生産物の比が等しくなるということ，この (2.14) は限界生産力均等の法則 (law of equi-marginal productivity) とよばれる。

2.3.2 賃金率の変動効果

資本サービスの価格 r を一定として，賃金率 w が上昇すると，労働や資本の各投入量はどのように変化するだろうか。いま，図 2-8 において，価格比が変化する前の均衡点は，等量曲線 XX と等費用線 K_1L_1 との接点 P とする。ここで，賃金率が w から w' へと低下すると，等費用線は K_1L_1 から K_2L_2 へと左方にシフトするであろう。この結果，均衡点は，点 P から点 P' へと移動し，これに対応して生産量は等量曲線 $X'X'$ で表される水準に増加するであろう。これにともなって，労働投入量は OL^* から OL^{**} に増加し，資本投入量もまた OK^* から OK^{**} に増加するであろう。

消費者選択の理論が教えるように，任意の財の価格変化にもとづく総効果が代替効果と所得効果に分解されるのと同じように，賃金率の下落が各投入量に与える総効果（点 P から点 P' への均衡点の移動）もまた，2つの効果に分解することができる。1つは，点 P から点 Q への移動で示される代替効果 (substitution effect) である。もう1つは，拡張効果 (expansion effect) または規模効果 (scale effect) とよばれ，点 Q から点 P' への移動で表される。代替効果は移動前の等量曲線 XX に沿った変化，つまり生産量を一定として労働と資本の相対価格の変化にもとづく投入量の変化を表したものである。図 2-8 において，新しい要素価格比に対応する等費用線 K_2L_2 に平行で，等量曲線 XX と点 Q で接する直線 $K'L'$ を画くと，この直線 $K'L'$ は賃金の上昇にもかかわらず，企業が最適な組み合わせを選択したときに，以前と同じ生産水準にとどまるように，総費用の増加によって補整されたところの等費用線であ

る。かくして，点 P から点 Q への移動で示される代替効果によって，労働投入量は OL^* から OL_q に必ず増加し，逆に資本投入量は資本から労働への代替によって OK^* から OK_q に減少するであろう。

これに対して，点 Q から点 P' への移動は拡張効果といわれ，これは要素価格比が一定として，生産水準の変化のみに起因する投入量の変化を表したものである。いいかえれば，この変化は EX' の新しい拡張経路（expansion path）に沿った変化にほかならない（EX は生産水準が変化する前の古い拡張経路である）。点 Q から点 P' への拡張経路は一般に生産量を増加させ，労働投入量を OL_q から OL^{**} に，同様に資本投入量も OK_q から OK^{**} に増加させる[9][10]。賃金率が w から w' へと低下したとき，代替効果も規模効果もともに労働需要量を増加させる。いずれの効果も労働需要に対して正の効果をもっているが，資本需要に関しては代替効果は負の効果を，規模効果は正の効果をもち，規模効果が代替効果より大きければ，企業は賃金率の低下によって資本需要を増加させるであろう。

2.3.3 短期と長期の労働需要

これまで，労働の限界生産力理論に依拠して，労働需要の理論を短期または長期の観点から説明してきた。労働需要の理論にしたがうと，賃金水準の低下は企業が需要する労働投入量を増加させるであろう。任意の労働需要曲線に沿って，労働投入量 L が増加すると，一定の資本投入量 K のもとでは資本–労働比率（capital-labor ratio）K/L は低下するであろう。この資本–労働比率の低下は労働投入量の増加によって，資本投入量の割合が相対的に低下した結果にほかならない。資本–労働比率の変化は一般に生産方法の変更をともなっているが，資本投入量が所与である短期においては，資本設備の操業率を調整することで生産量を増減できるにすぎない。このように，資本と労働の代替可能性が大幅に限られている短期においては，賃金率が低下しても，労働投入量の増加はわずかにすぎないので，短期の労働需要曲線の傾きは険しくなるであろう。

これに対して，長期の労働需要曲線はどのような傾きをもつであろうか。新

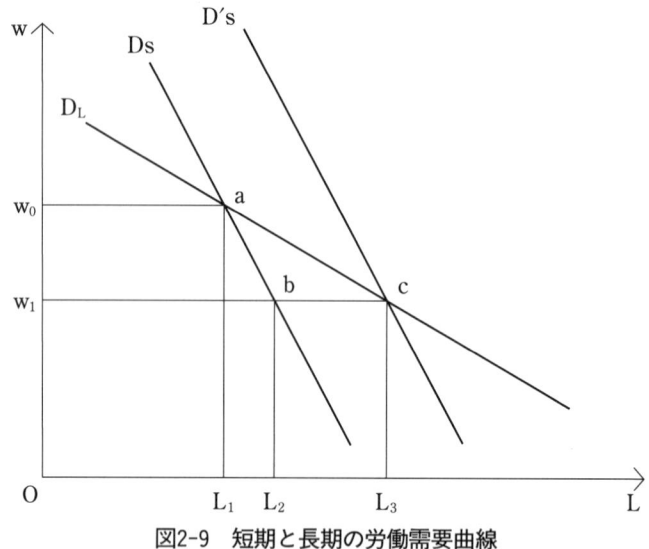

図2-9 短期と長期の労働需要曲線

技術の導入や資本設備の新設など生産方法を変更することができる長期においては，賃金水準が低下すると，労働投入量は大幅に増加するであろう。その結果，図2-9に図示するように，長期の労働需要線 D_L は短期の曲線 D_S よりも傾きがゆるやかになり，賃金率の変化に対してより弾力的になる。いま，点 a の均衡状態にある企業において，賃金率が w_0 から w_1 に低下すると，短期の均衡点は点 a から点 b に移動し，労働投入量は OL_0 から OL_1 へとわずかに増加するにすぎない。しかし，長期になると，企業は資本設備を増やすことができ，均衡点は点 b から点 c に移行し，短期の労需要曲線も D_S から D'_S へと右上方にシフトとする結果，労働投入量は OL_1 から OL_2 へと大幅に増加するであろう。つまり，長期の労働需要曲線は点 a と点 c をとおる曲線 D_L として画かれるが，その傾きは短期の曲線よりゆるやかになるであろう。

2-4 不況下の雇用調整

2.4.1 不況と合理化による雇用調整

景気が悪化すると，企業個々の生産量や売上高は不況の影響を受けて落ち込

むであろう。このような事態に直面した企業は，生産量を調整するため，残業の削減や採用の抑制，さらに従業員の解雇などさまざまな方法で雇用調整を行うであろう。図2-10において[11]，企業の生産関数が曲線 OA で与えられ，任意の資本投入量のもとで OL_0 の労働投入量を投入して，OX_0 の生産量を生産しているとしよう。ここで，経済が不況局面にあると，不況の直撃を受けた企業は生産量を減少せざるをえないであろう。いま，生産量が OX_0 から OX_1 へと減少したとしよう。生産調整は，資本設備の操業度を引き下げることで行われるとしよう。その結果，生産曲線は OA から OB へと下方にシフトするであろう。しかし，資本投入量が減少したとしても，企業が雇用調整を実施しなければ，労働生産性は維持されないであろう。というのは，労働投入量 OL_0 のもとで生産量が OX_0 から OX_1 へと減少すると，労働の平均生産物は OP 線の傾き（$= OX_0 / OL_0$）から OQ 線の傾き（$= OX_1 / OL_0$）に低下するであろう。

しかし，企業が不況が起こる前と同じ労働生産性を維持する一方で，OX_0 から OX_1 への生産量の減少に対応して，雇用調整を行えば——生産曲線 OA が曲線 OB へとシフトすることによって——，労働投入量も OL_0 から OL_1 へ

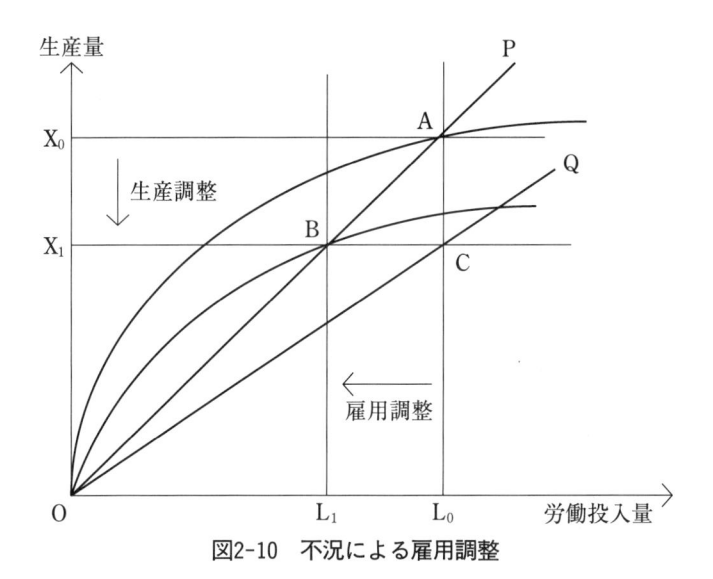

図2-10　不況による雇用調整

と減少しなければならないであろう。

　もっとも雇用調整は不況や景気後退によって行われるとはかぎらない。企業の合理化や新事業への展開，新分野への進出といった事業再構築（restructuring　リストラクチャリング）の取組みによっても[12]，雇用調整は実施されるであろう。このケースを示したのが図2-11である。いま，1つの工場において，生産関数 OA のもとで生産量 OX_0 が OL_0 の労働投入量によって生産されているとしよう。これとまったく同じ規模・技術水準にあるもう1つの工場においても，生産関数 AB のもとで OX_0 と同じ生産量 X_0X_1 が OL_0 と同じ労働投入量 L_0L_1 で生産されている[13]。いうまでもなく，労働の平均生産性は2つの工場において等しいとする。

　ここで，企業が合理化の一環として2つの工場を統合して，1つの新鋭工場を建設して操業したとしよう。この結果，生産曲線は合成された2つの曲線 OAB から曲線 OC へと全体的にシフトし，2つの旧工場を合わせた生産量 OX_1 を生産するのに必要とされる労働投入量は，2つの工場に投入されていた OL_1 ではなく OL_2 となるであろう。生産量は変わらないが，合理化にともなって労働投入量は L_1L_2 の大きさだけ過剰となるであろう。そこで L_1L_2 の

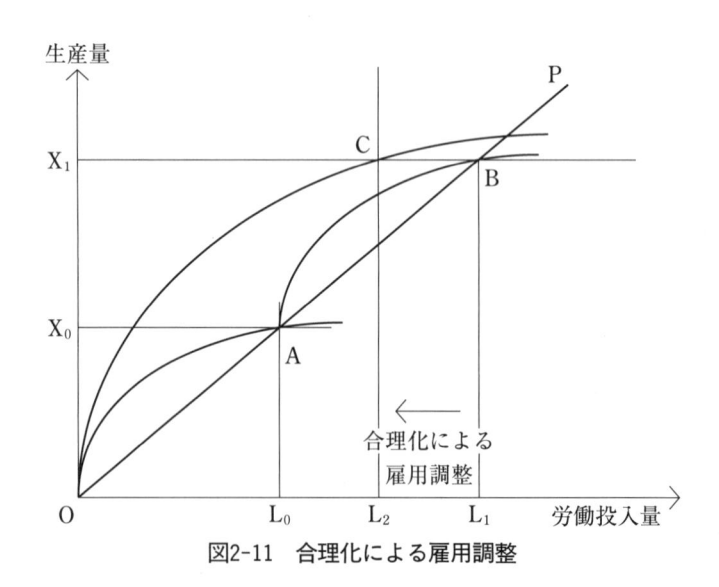

図2-11　合理化による雇用調整

労働投入量を調整して減少させるであろう。生産量が点 C における労働の平均生産性は既設の2つの工場のそれを上回っており，その意味で，新鋭工場は合理化によってより効率的な生産工場となったのである。

2.4.2 労働投入量の変動と雇用調整の状況

次に，1985年以降における製造業の動きを対象に，景気循環のなかで労働投入量がどのように変動しているかを図2-12によって観察すると，労働投入量はおおむね生産の増減に対応して変動している。すなわち，製造業における生産指数の前年同期比は景気後退の局面ではプラスからマイナスに転じ，これにともなって，労働投入量もほぼ同様に増減しながら推移している。バブル期（86年11月～91年2月）には生産の伸びに対応して，労働投入量も増加し高い状態をつづけた。しかし，バブル崩壊後の平成不況（91年2月～93年10月）による生産指数の落ち込みは大きく，92年第4四半期にはマイナス8％を記録している。これを底にマイナス幅が縮小していったが，96年第1四半期になって

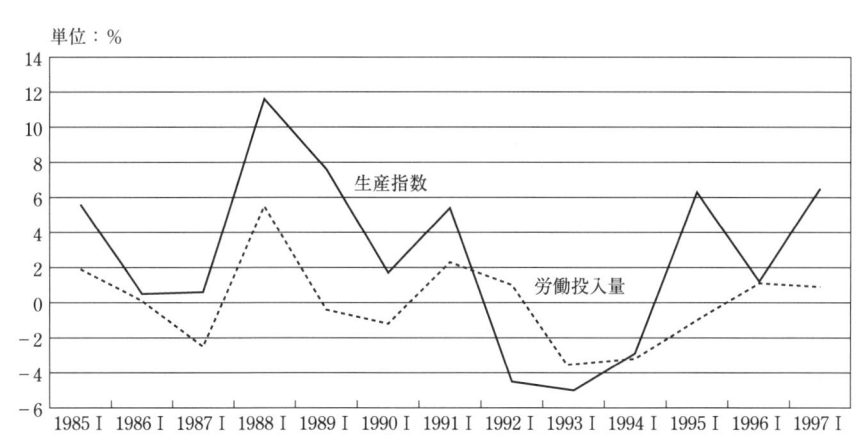

(資料) 労働省編「平成10年版 労働白書」日本労働研究機構（1998年），第17図を参照（本文図表基礎資料）（1985Ⅰ～97Ⅳ），労働省「毎月勤労統計調査」，通商産業省「通産統計」より労働省労働経済課計算による。
(注) 労働投入量＝雇用者数×総実労働時間数
　　（事業所規模30人以上）

図2-12 労働投入量と生産指数の推移（製造業・前年同期比）

プラスに転じた。長引いていたバブル崩壊後の雇用調整はこの時期にほぼ一段落したのではないかと判断できる。生産の変動にともなって，労働投入量も増減していることがわかったが，個々の企業はそれに対応して雇用者や労働時間の増減，いわゆる雇用調整を実施するものの，一般に，雇用者の増減は労働投入量のそれにくらべて相当に小さい。不況期における雇用調整はまず労働時間でもって調整され，次いで人員による調整へと移行していくのである。

こうした景気の好不況の局面において，企業は雇用情勢の過不足感に直面するのであるが，図2-13において，企業の雇用過剰感を常用労働者の過不足判断 DI（＝「不足」と答えた事業所の割合マイナス「過剰」と答えた事業所の割合）でみると，90年第4四半期から91年第1四半期をピークに低下に転じ，

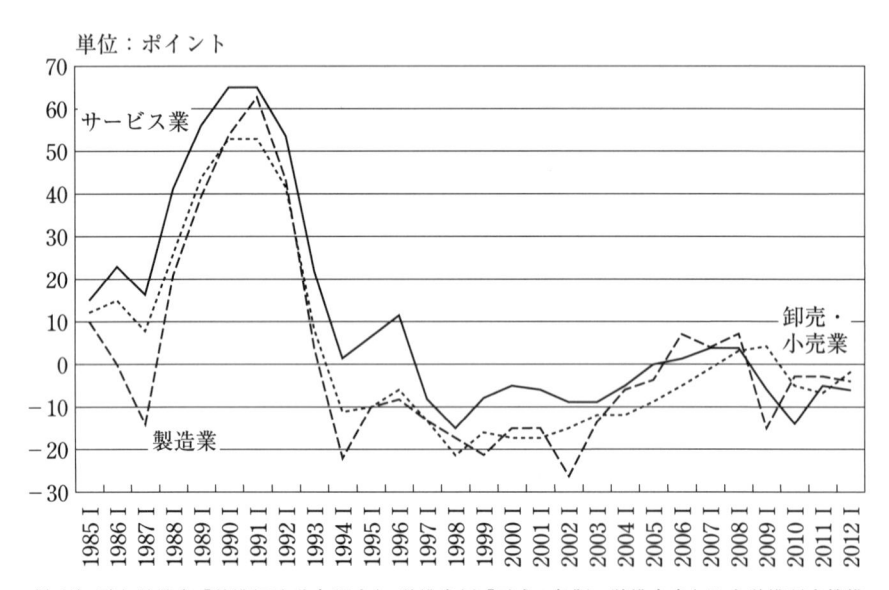

（資料）厚生労働省「労働経済動向調査」，労働省編「平成8年版 労働白書」日本労働研究機構（1996年），第23図を参照（参31頁 本文図表基礎資料）（1985Ⅰ～95Ⅳ），労働省編「平成9年版 労働白書」日本労働研究機構（1997年），第12図を参照（参25頁 本文図表基礎資料）（1993Ⅳ～97Ⅰ），96年第Ⅱ四半期以降は厚生労働省「労働経済動向調査」の平成9年調査以後の各年11月調査を利用（ただし，2012Ⅰは平成24年5月調査を利用）。
（注） 1）季節調整済みの数値で，厳密には接続しないことに注意。
　　　 2）2007年第Ⅰ四半期までは常用雇用，07年第Ⅱ四半期以降は正社員等雇用の数値である。

図2-13　産業別常用労働者の過不足判断 DI の推移

93年第2四半期以降,製造業,卸売・小売業,サービス業の3業種とも雇用の過剰感は高まっていった。経済は景気回復の局面にはいり,94年第4四半期をボトムに,その後,過剰感は縮小していった。サービス業においては雇用の不足感は高まったものの,卸売・小売業や製造業においては依然として過剰感がつづいた。バブル崩壊後,経済は「失われた10年」がつづき,3業種とも雇用の過剰感は高く,DIは長期にわたってマイナスがつづいた。02年から05年にわたる景気回復は不足感へと変化していったが,08年秋のリーマン・ショックによって,ふたたび厳しい過剰感に転じた。

 それでは,景気の変動にともなって,わが国の企業はどのような方法で,またどの程度の規模で雇用調整を行ったのであろうか。図2-14は,1975年以降の製造業における雇用調整を実施した事業所（常用労働者30人以上を雇用する事業所を対象）の割合の推移を示したもので,景気循環の山と谷をもあわせな

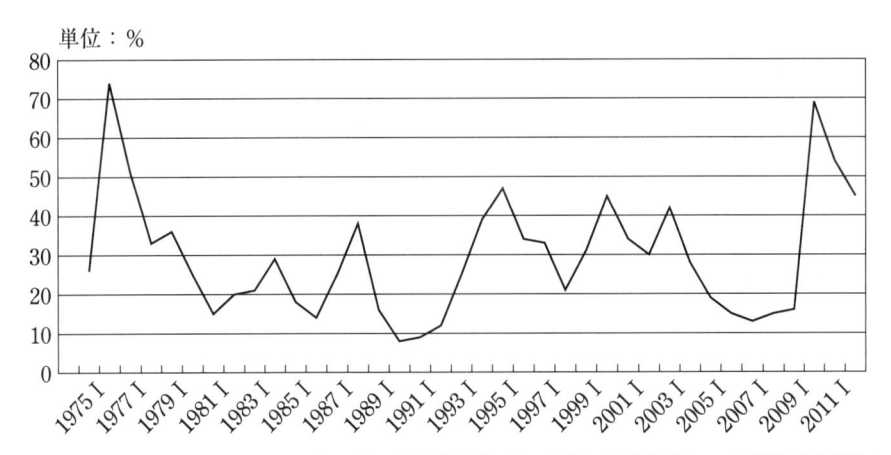

(資料) 厚生労働省「労働経済動向調査」,労働省編「平成8年版 労働白書」日本労働研究機構（1996年）,第25図を参照（参33頁 本文図表基礎資料）(1974Ⅰ・Ⅱ～95Ⅳ),労働省編「平成9年版 労働白書」日本労働研究機構（1997年）,第14図を参照（参27頁 本文図表基礎資料）(1974Ⅲ～96Ⅳ),労働省編「平成12年版 労働白書」日本労働研究機構（2000年）,第19図を参照（参32頁 本文図表基礎資料）(1985Ⅰ～99Ⅳ),厚生労働省編「平成16年版 労働経済白書」ぎょうせい（2004年）,第6図を参照（参6頁 本文図表基礎資料）(2000Ⅰ～03Ⅲ),厚生労働省「平成24年5月 月例労働経済報告」(2001～11Ⅳ)
(注) 日本標準産業分類の改訂により2003年第4四半期以降については,調査対象産業の区分変更となり,厳密には数値の接続ができないことに注意。

図2-14 雇用調整実施事業所割合の推移（製造業）

がら，景気の動向をみると，わが国経済はこの20数年間に5回の景気循環を経験している。第2次石油危機に遭遇した経済は，80年第1四半期の山から83年第1四半期の谷まで戦後最長の36か月の世界同時不況に陥った後，プラザ合意を契機に，85年第2四半期の山から86年第4四半期の谷まで円高不況に直面した。その後，91年第1四半期の山まで51か月におよぶ息の長いバブル景気がつづいたが，これをピークにバブル経済は崩壊し，93年第4四半期の谷まで景気後退をたどった。その後，経済はゆるやかな景気回復を迎えたものの，97年第1四半期には厳しいデフレ・スパイラルをともなったバブル後遺症と深刻な不況に直面し，99年第1四半期までつづいた。追い打ちをかけるように，2000年第4四半期から02年第1四半期まで第3次デフレ不況に陥った。

そこで，雇用調整を実施した事業所の割合をみると，景気が落ち込み谷に近づくにつれて，雇用調整を行う事業所は増え，景気が回復して山に近づくとともに，その割合は低下している。このように，雇用調整を実施する事業所の割合は，景気循環の山と谷にほぼ符合して増減している。第1次石油危機後の雇用調整は厳しく，75年第1四半期の景気の谷においては，4分の3の事業所がなんらかの形で雇用調整を実施し，この20数年間で最も高い割合となっている。その後，好不況のなかで雇用調整を行った事業所の割合はそれほど高くないものの，円高不況の時期には4割まで上昇した。しかし，バブル景気が過熱するにともなって，雇用調整は大幅に減少し，89年から90年にかけてはわずか1割にすぎなかった。バブル経済の崩壊がはじまった91年以降，雇用調整を実施した事業所は急増し，93年末には5割と半数の事業所雇用調整を実施したのである。

景気がゆるやかに回復するにともなって，雇用調整を実施した割合は低下したが，97年にはいり不況が長引くにつれて，約4割の事業所が雇用調整を実施するにいたり，円高不況期（85年6月〜86年11月の17か月）に匹敵する高い割合となった。経済は02年第1四半期を境に景気回復に転じ，雇用調整を実施する事業所の割合は減少したが，08年秋に勃発したリーマン・ショックにより，09年上半期の雇用調整は7割と過去経験したことがない高い割合に達した。

最後に，企業はどのような方法で雇用調整を行っているのであろうか。**表2**

表2-1 雇用調整の方法別実施事業所割合
(製造業・M. A.)

(単位：%)

年・期	第1次石油危機期 1975年1〜3月期	第2次石油危機期 1982年10〜12月期	円高不況期 1986年10〜12月期	バブル崩壊直後 1993年10〜12月期	バブル後遺症期 1998年7〜9月期	同時多発テロ後の不況期 2001年10〜12月期	世界同時不況 2009年4〜6月期	3・11大震災直後期 2011年4〜6月期
雇用調整実施事業所割合	74	31	40	50	38	43	71	48
残業規制	51	19	26	38	25	24	48	25
休日の振替，夏季休暇等の休日・休暇の増加	—	—	4	9	7	8	14	18
臨時・季節パート労働者の再契約停止・解雇	21	5	6	10	4	9	12	3
中途採用の削減・停止	44	14	12	24	10	12	20	6
配置転換・出向	22	9	20	29	21	23	31	19
一時休業（一時帰休）	21	1	3	7	4	7	31	14
希望退職者の募集・解雇	7	1	3	2	3	8	4	1
特別な措置をとらない	26	69	60	50	62	57	29	52

(資料) 労働省「労働経済動向調査」，労働省編『平成12年版　労働白書』日本労働研究機構 (2000年) 369頁，労働省編『平成10年版　労働白書』日本労働研究機構 (1998年) 406頁を参照。

(注) 1) 過去の不況期 (1998年まで) については，「希望退職者の募集・解雇」が最も高くなった時点での数値である。
2) 「休日の振替，夏季休暇等の休日・休暇の増加」については，第1次石油危機期，第2次石油危機期は掲載されていない。
3) 1997年3月〜99年4月は，バブル崩壊後の戦後最大の不況期であるが，ここではバブル後遺症期とよぶことにする。

-1は不況期に実施された雇用調整の方法を示したものである。最も多く実施された雇用調整の方法は，いずれの不況期においても所定外労働時間，つまり残業時間の規制で，その割合は6〜7割に達している。また，雇用調整を実施するとき，まず最初に企業が実施する方法は残業規制であった。さらに休日を

振り替えたり，夏季休暇等の休日・休暇を増やす事業所も15〜18％を数えていた。景気後退期には所定外労働時間の減少だけでなく，所定内労働時間もまた短くなる傾向がある。

このように，わが国企業においては雇用の調整弁として労働時間を積極的に活用するといった特徴がみられる。残業規制や休日の振替といった時間調整についで多いのが中途採用の削減・停止をはじめ，他部門への配置転換や関連会社への出向である。いずれの割合も雇用調整を実施した事業所の3〜6割となっている。不況が厳しくなると，一時帰休（一時休業）や臨時・季節労働者，パート労働者の再契約の停止・解雇，さらに希望退職の募集や退職勧奨などが実施されている。とくに第1次石油危機やバブル崩壊の時期には，希望退職の募集や場合によっては，整理解雇などより厳しい人員整理を行う事業所が増えている。わが国企業の多くは，こうした厳しい雇用調整には消極的なのであろうか。日本的雇用慣行のもとでは，企業は正規従業員を好不況に応じて弾力的に増減するのがむずかしく，新規学卒者の採用手控えや中途採用の抑制によって雇用量を調整しているのである。

2.4.3 一時帰休を含む雇用調整モデル

一般に，景気の不況局面では生産量の減少にともなって雇用調整が行われる。現実に行われている雇用調整は労働投入量のうち労働時間によって行われるか，また，雇用者によって行われるか，あるいは両者同時に実施されるかのいずれかであろう。

これまでの実証研究によると，雇用調整の方法は日米間で差異があり，アメリカにおいては雇用者の調整が際立って大きいけれども，わが国では労働時間による調整が大きいといわれている[14]。この主な原因として，アメリカには先任権制度（seniority system）があり，レイオフ（layoff）が弾力的に行われるので，雇用者による調整が大きくなると考えられている[15]。他方，わが国の時間外労働は総じてアメリカより長く，そのうえ，割増賃金率も低いので，労働時間による調整が大きくなるのであろう。

なお，アメリカで若年層を中心にレイオフによる雇用調整が一般化したの

は，1930年代半ば以降であって，また33年に制定された国家産業復興法（NIRA）で労働時間を週40時間に短縮，労働時間の短縮によるワークシェアリング（work sharing）という考えが浸透していったといわれている[16]。

ところで，わが国にはレイオフ制と違い雇用調整の1つの手段として，一時帰休制（一時休業制）がある。不況などで業績が悪化して，企業が操業を短縮せざるをえない場合，労働者を解雇することなく一定期間休業させることをいう。休業期間中は，一時帰休された労働者に平均賃金の60％以上の休業手当を支給しなければならない（労働基準法第26条）。休業手当を支払うような場合には，公共職業安定所に対して雇用調整助成金の申請を行うことができる（雇用保険法第62条）。50年代の不況期には繊維など各産業で一時帰休がしばしば実施された。とくに73年の第1次石油危機後に，企業が支払う休業手当に関して，国が失業を防止するため，雇用調整給付金制度を設けたこともあって，多くの企業で一時帰休が行われた。

次に，以下のようなモデルを用いて，個々の企業における一時帰休による雇用調整の問題を考えてみよう。いま，企業に雇われている雇用者総数を N とし，このうち不況のために一時帰休させた雇用者の割合を a としよう。したがって，aN は一時帰休する者の数である。これに対して，$(1-a)N = M$ は，不況にもかかわらず一時帰休されなかった雇用者の数である。ここで1日あたりの労働時間を一定と仮定して，雇用者が働く就業日数を H としよう。また，1日あたりの賃金率を w とすると，一時帰休されなかった雇用者 M に支払われる賃金総額は wHM となるであろう。さらに就業日数のうち一時帰休する日数の割合を b とすると，bH は一時帰休の日数となる。企業は一時帰休する労働者に休業日数 bH に応じて休業手当を支払うのであって，賃金率 w のうち休業手当として支払われる割合を θ とすると，一時帰休者 aN に支払われる休業手当の総額は，$\theta w(bH)(aN) = \theta wabNH$ となるであろう。

最後に，企業が負担する労働費用の一つとして，労働者の募集・採用に係わる費用や教育訓練や各種の保険料負担に向けられる費用などを考慮しなければならない。これは労働者を雇用するときに企業が必ず負担しなければならない費用で，雇用者費用（employment cost）といわれている。いま，労働者1人

あたりの雇用者費用を ψ とすると，この総額は ψN となる。かくして，企業が支出する労働費用 C は，次のように定式化されるであろう。

$$C = wHM + \theta wabNH + \psi N \tag{2.15}$$

なお，w, θ, a, b, ψ はいずれも正で，a, b, ψ はともに0と1の間にあるとする。これに対して，労働投入量 L は現に企業で就業している雇用者数 M と就業日数 H の関数として定式化すると，次のようになる。

$$L = F(M, H) \tag{2.16}$$

次に，労働投入量 L を一定とする制約のもとで労働費用 C を最小化するように，企業は現に就業している雇用者数 M と就業日数 H を調整すると仮定しよう。ここで，未定乗数 λ を用いてラグランジュ関数 Z をつくると，

$$Z = [wHM + \theta wabHN + \psi N] + \lambda [F(M, H) - L] \tag{2.17}$$

$$= \left[wH + w\left(\frac{\theta ab}{1-a}\right)H + \left(\frac{\psi}{1-a}\right) \right] M + \lambda [F(M, H) - L]$$

費用最小化のための1階の条件は，次の1階の偏導関数がゼロとなるように与えられる。

$$\left.\begin{array}{l} \dfrac{\partial Z}{\partial M} = \left[wH + w\left(\dfrac{\theta ab}{1-a}\right)H + \left(\dfrac{\psi}{1-a}\right) \right] + \lambda F_M = 0 \\[2mm] \dfrac{\partial Z}{\partial H} = \left[w + w\left(\dfrac{\theta ab}{1-a}\right) \right] M + \lambda F_H = 0 \\[2mm] \dfrac{\partial Z}{\partial \lambda} = F(M, H) - L = 0 \end{array}\right\} \tag{2.18}$$

ただし，$F_M (= \partial F / \partial M > 0)$ は，雇用者 M の労働投入量 L に与える雇用の限界貢献度 (marginal contribution of employment) であり，符号は正である。$F_H (= \partial F / \partial H > 0)$ は，就業日数 H の労働投入量 L に与える時間の限界貢献度で，この符号もまた正と仮定することができる。また，$\lambda < 0$ である。費用最小のための均衡条件は，(2.18) の第3式を満足し，

$$\frac{F_H}{F_M} = \frac{w(1-a)M + \theta abwM}{w(1-a)H + \theta abwH + \psi} \tag{2.19}$$

が成立することである。

なお，条件付き最小値の2階の条件は次のようになる。まずラグランジュ関

数 Z の2階の偏導関数も求め，次いで，その各係数からなる縁付きヘッセ行列式をつくる。これを用いると，条件付き最小値の2階の条件は，この縁付きヘッセ行列式からできる小行列式の符号がすべて負となることである。

$$\begin{vmatrix} \lambda F_{MM} & F_M \\ F_M & 0 \end{vmatrix} < 0$$

$$\triangle = \begin{vmatrix} \lambda F_{MM} & \left[w+w\left(\frac{\theta ab}{1-a}\right)+\lambda F_{MH}\right] & F_M \\ \left[w+w\left(\frac{\theta ab}{1-a}\right)+\lambda F_{MH}\right] & \lambda F_{HH} & F_H \\ F_M & F_H & 0 \end{vmatrix} < 0 \quad (2.20)$$

2.4.4 一時帰休の雇用調整効果

次に，一時帰休率 a や一時帰休日の割合 b の変化が一時帰休されなかった雇用者 M と就業日数 H にどのような影響を与えるかを観察することにしよう。まず (2.18) を一時帰休率 a によって偏微分して M と H に与える効果をみると，

$$\frac{\partial M}{\partial a} = \frac{1}{(1-a)\triangle}\{wF_H(1-\theta b)(MF_M-HF_H)\} \quad (2.21)$$

$$\frac{\partial H}{\partial a} = -\frac{1}{(1-a)\triangle}\{wF_M(1-\theta b)(MF_M-HF_H)\} \quad (2.22)$$

(2.20) より $\triangle<0$ である。よって，(2.21) と (2.22) の両式の分母はともに負となる。また，$wF_H(1-\theta b)>0$，$wF_M(1-\theta b)>0$ より，(2.21)，(2.22) の両式の符号は分子の { } のなかの (MF_M-HF_H) の符号に依存して決まるであろう。そこで，(MF_M-HF_H) の符号の正負をみると，(2.18) の第1式と第2式より，$\psi N = -\lambda(MF_M-HF_H)>0$ であるから，$\lambda<0$ より $-(MF_M-HF_H)<0$ でなければならない。したがって，$(MF_M-HF_H)>0$ で正となることから，(2.21) と (2.22) の両式の分子はともに正となる。かくして，一時帰休率 a が一時帰休されなかった雇用者 M に与える効果——(2.21) は $\partial M/\partial a<0$ である。また，一時帰休率 a が雇用者が働く就業日数 H に与える効果——(2.22) は $\partial H/\partial a>0$ となるであろう。

当然のことであるが，一時帰休率 a が高くなると，一時帰休されず就業をつづける雇用者 M は減少し，逆に雇用者1人あたりの就業日数 H は増えるであろう。一時帰休に関係なく就業をつづける雇用者 M と当初に雇用された労働者総数 N との関係は，$M=(1-a)N$ であるから，一時帰休率 a の変化が N に与える効果は，

$$\frac{\partial N}{\partial a}=\frac{1}{(1-a)}\left[\frac{\partial M}{\partial a}+N\right] \qquad (2.23)$$

となる。(2.23) の右辺 [ ] のうち (2.21) より $\partial M/\partial a<0$ であるが，$N>0$ のほうが圧倒的に大きいから，(2.23) の符号は正と想定できるであろう。この経済的意味は，労働投入量 L を維持するように，企業が費用最小化の行動をとるかぎり，不況に応じて一時帰休することを考慮して，当初に雇用する労働者 N を多めに雇用するということである。

次に，一時帰休の日数 b の変化が雇用者 M や就業日数 H に与える効果をみると，

$$\frac{\partial M}{\partial b}=-\frac{1}{(1-a)\triangle}\{\theta awF_H(MF_M-HF_H)\} \qquad (2.24)$$

$$\frac{\partial H}{\partial b}=\frac{1}{(1-a)\triangle}\{\theta awF_M(MF_M-HF_H)\} \qquad (2.25)$$

(2.24), (2.25) の両式とも (MF_M-HF_H) の正負に依存するが，これが正であるから，(2.24) は $\partial M/\partial b>0$，(2.25) は $\partial H/\partial a<0$ となる。企業が労働投入量 L を一定に維持するように費用最小化の行動をとるかぎり，一時帰休の日数 b が長くなれば，企業は一時帰休を行わず就業をしつづける雇用者 M を増やし，就業日数 H を短くするであろう。

最後に，休業手当率 θ の変化をみると，

$$\frac{\partial M}{\partial \theta}=-\frac{1}{(1-a)\triangle}\{abwF_H(MF_M-HF_H)\} \qquad (2.26)$$

$$\frac{\partial H}{\partial \theta}=\frac{1}{(1-a)\triangle}\{abwF_M(MF_M-HF_H)\} \qquad (2.27)$$

ここでも，θ の変化が M や H に与える効果は (MF_M-HF_H) の正負に依存するが，これが正であるから，(2.26), (2.27) の両式は $\partial M/\partial \theta>0$，$\partial H/$

$\partial\theta<0$ となる。休業手当率 θ が上昇すると，企業が労働投入量 L を一定に維持するかぎり，一時帰休を行わず就業をつづける雇用者 M を増加させ，逆に就業日数 H を短縮させるであろう。

2-5 労働需要の構造変化

2.5.1 産業構造の変化からみた労働需要の長期的推移

これまで労働需要の理論を中心に説明してきたが，本節ではまず産業構造の変化にともなう労働力に対する需要が長期的にどのように推移していったかを考察する。ここで，労働力に対する需要を就業している労働者数としてとらえ，その長期的な推移を就業者の産業別構成比の動きによって観察することにしよう。表2-2は，産業の主要大分類からみた就業者の動きとその構成比の長期的変化を示したものである。農林水産業の第1次産業の就業者は長期にわたって大幅に減少をつづけ，構成比も明治期には6割をこえていた構成比も100年後の2010年には4.2%まで低下している。一方，鉱業・製造業・建設業の第2次産業は明治末期にはおよそ400万人の就業者にすぎなかったが，第二次大戦後の高度経済成長期には重化学工業化が急進，就業者数も1970年には1,800万人と大幅に増加し，構成比も34.0%に最も高まった。70年代以降，就業者の伸びも鈍化し，90年の2,055万人をピークに減少している。構成比も低下に転じ，2010年には25.2%と10ポイント近くも落ち込んでいる。これらの動きとは違って，第3次産業の就業者は増加の一途をたどっており，構成比も明治期の2割強から現在70%をこえている。

わが国経済は，1950年代後半から70年代前半にかけて高度経済成長を達成した。この間，産業構造も大きく変貌した。産業構造の高度化をなしたのは重化学工業の急速な発展であった。その後，第2次産業に代わり第3次産業の構成比が高まり，産業構造の成熟化が進んでいった。このように，就業者数からみた日本の産業構造は，長期的にはペティ＝クラークの法則（Petty-Clark's law）に教えるように変化していた。

産業構造の高度化から成熟化への構造的変化を産業別就業者の推移によって

表 2-2 産業別就業者構成比の長期的変化

年次		就業者数（万人）				構成比（％）		
		総数	第1次産業	第2次産業	第3次産業	第1次産業	第2次産業	第3次産業
1906	M39	2,493	1,539	405	549	61.7	16.2	22.0
1910	43	2,527	1,531	426	570	60.6	16.9	22.5
1920	T09	2,726	1,467	560	646	53.8	20.5	23.7
1930	S05	2,962	1,471	600	884	49.7	20.3	29.8
1940	15	3,248	1,439	844	943	44.3	26.0	29.0
1950	S25	3,602	1,748	784	1,067	48.5	21.8	29.6
1955	30	3,959	1,629	925	1,405	41.1	23.4	35.5
1960	35	4,404	1,439	1,280	1,684	32.7	29.1	38.2
1965	40	4,796	1,186	1,511	2,097	24.7	31.5	43.7
1970	45	5,259	1,015	1,790	2,451	19.3	34.0	46.6
1975	50	5,314	735	1,811	2,752	13.8	34.1	51.8
1980	55	5,581	610	1,874	3,091	10.9	33.6	55.4
1985	60	5,836	541	1,933	3,344	9.3	33.1	57.3
1990	H02	6,168	439	2,055	3,642	7.1	33.3	59.0
1995	07	6,414	382	2,025	3,964	6.0	31.8	61.8
2000	12	6,298	317	1,857	4,048	5.0	29.5	64.3
2005	17	6,153	298	1,596	4,142	4.9	26.4	68.6
2010	22	5,961	238	1,412	3,965	4.2	25.2	70.6

（資料）1906年，10年は梅村又次他［1988］『長期経済統計2——労働力』東洋経済新報社，204〜205頁，20年以降は総務省『国勢調査』，樋口美雄［1996］『労働経済学』東洋経済新報社6頁表1-1を参照。
（注）1）総数には「分類不能の産業」が含まれている。
2）「分類不能の産業」があるため，構成比の合計は100％にならない。
3）2005年，10年は新産業分類によって集計した。

みると，農林漁業に従事する就業者の激減と対照的に，製造業は70年まで倍増した。卸売・小売業とサービス業，そして金融・保険・不動産業は，70年以降も就業者数を増加していった。こうした構造的変化は，職業別就業者の変化を観察しても明らかである。農林漁業関係職業に従事する就業者の激減，生産・運輸関係職業の就業者の頭打ちから微減，これに代わって，販売・サービス関係職業，そして事務・技術・管理関係職業に従事する就業者は増大している。

2.5.2 求人・求職からみた労働力の需給変動

次に，求人・求職の動きから労働力の需給変動をみることにしよう。図2-15は，厚生労働省「職業安定業務統計」によって1952年以降の有効求人・有効求職の動きを図示したものである。戦後復興期から60年代半ばの高度成長期にかけて，有効求人数は急速に増加していったものの，有効求職者数を上回ることはなかった[17]。60年までは，有効求人倍率（＝有効求人数／有効求職者数）は0.50倍を下回るほど，わが国の労働市場は大幅な求職超過の状態にあった。しかし，60年代にはいると，求人・求職の関係は変化しはじめ，62年には労働市場はほぼ需給の均衡を達成した。その後も，「いざなぎ景気」（65年10月～70年7月の57か月）の好況のなかで，労働市場は求人超過の状態をつづけ，わが国は労働力過剰の段階から労働力不足の段階に移行していった。73年の有効求

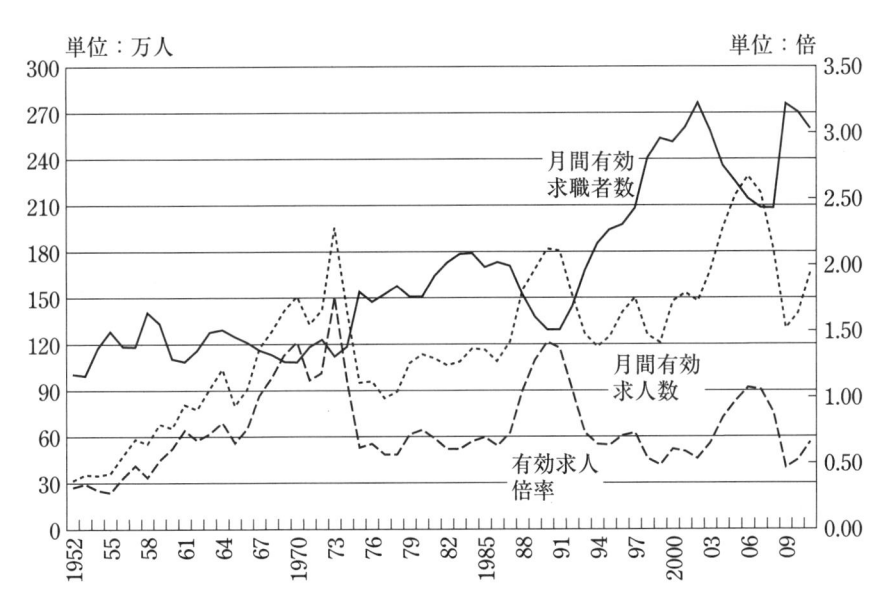

(資料) 厚生労働省『職業安定業務統計』
　　　労働省職業安定局編『史料：戦後の労働市場』日本図書センター。

図2-15　有効求人数・有効求職者数および有効求人倍率の推移

人倍率は実に1.76倍まで上昇したのである。

　しかし，労働市場の需給は73年に勃発した第一次石油危機によって一変した。有効求人数はふたたび有効求職者数を上回った。その後も，わが国経済は79年の第二次石油危機の発生，85年の円高不況に揺れつづけ，「バブル景気」(86年11月〜91年2月)がはじまった87年まで，求職超過の状態はつづいた。製造業における労働需要の落ち込みは比較的大きかったものの，50年代・60年代と違い，経済全体の労働需要は経済のサービス化・IT化の進展により下支えられた結果，有効求人倍率の低下はそれほど大きくなく0.6〜0.7倍にとどまった。バブル景気が本格化した88年には，有効求人数は有効求職者数を大幅に上回り，90年・91年には有効求人倍率は1.40倍に高まった。しかし，求人超過の状態は長くつづかず，バブル経済の崩壊とともに，求職超過の状態に転じた。「失われた10年とか20年」といわれる平成の労働市場は，景気低迷・デフレのなか長期にわたって求職超過の状態をつづけており，有効求人倍率は1.0倍をこえたのは，「いざなみ景気」(2002年2月〜08年2月の73か月)にあった06年・07年の2年間だけなのである。このように，労働市場の需給を示す求人・求職の動向は，経済成長の伸び率や景気循環の強さに影響を受け敏感に増減していることがわかるであろう。

2.5.3　雇用形態からみた労働需要の構造変化

非正規労働者の概念　職場をみると，正社員のほかに，パートタイム労働者や嘱託社員などが多数働き，また外部から派遣された派遣社員や請負社員なども一緒に仕事している。正規社員とともに非正規社員たちが机を並べて仕事している姿は，まさに「働き方の多様化」という時代における職場を物語っている。現在，「働き方の多様化」は，労働力の需給両面から急速な勢いで進行している。

　一般に，労働者は，雇用契約の性格上，正規労働者と非正規労働者に分けられる。正規労働者とは，正社員とか正規社員とよばれ，期間を定めず企業等と雇用契約をむすぶ，本雇いの労働者をいう。これに対して，非正規労働者とは，パートタイマーをはじめ，アルバイト，準社員，嘱託社員，契約社員，期間社

員，登録社員，派遣社員，請負社員，臨時・日雇労働者，季節労働者などの労働者をいう[18]。非正規労働者は，正規労働者と対極する概念の労働者で，期間を定めた雇用契約や雇用期間が不定期で短時間就業の雇用契約をむすぶ労働者をいう。いいかえれば，雇用形態が異なっていても，非正規労働者に共通しているのは基本的には期間を定めて雇用されている点である。

　非正規労働者を把握できる統計資料として，総務省「労働力調査詳細集計」[19]と総務省「就業構造基本調査」がある。「就構調査」は，役員をのぞく雇用者を勤め先の呼称によって，「正規の職員・従業員，パート，アルバイト，嘱託など，人材派遣企業の派遣社員，契約社員，その他」の6つに分類している。「詳細集計」も雇用者を「就構調査」とほぼ同様に分類している。「詳細集計」では非正規労働者の実態を毎年調査し時系列的に把握することができるが，都道府県別には発表されていない。これに対して，「就構調査」は都道府県別に集計されているものの，5年ごとに調査・公表されているにすぎない。

　増加する非正規雇用者　表2-3は，総務省「労働力調査特別調査」と「労働力調査詳細集計」によって雇用形態別雇用者数とその割合を示したものである。男女合わせた非正規の職員・従業員は1985年655万人で，パートタイマーが最も多く360万人，派遣・嘱託・その他が156万人であった。役員をのぞく雇用者に占める非正規雇用者の割合は16.4％と，雇用者6人に1人が非正規雇用者なのである[20]。90年代以降，バブル経済の崩壊とその後の景気低迷にともない，役員をのぞく雇用者の伸びは鈍化し，正規雇用者も95年をピークに減少に転じた。これと対照的に，非正規雇用者は増加の一途をたどり，2010年には1,755万人とこの25年間に1,100万人増，2.7倍に激増した。パートタイマーはこの間2.4倍の847万人に大幅に増加したが，増加幅が最も大きかったのは派遣・嘱託・その他で3.6倍も増え，563万人を数えている。その契機となったのは，04年の「労働者派遣法」の改正で，これにより製造業務の派遣が可能となった[21]。その結果，非正規雇用者の割合は調査ごとに高まり，10年には34.3％に上昇している。現在，雇用者3人に1人が非正規雇用者として働いている。

　ところで，非正規雇用者には女性の非正規雇用者が多い。この25年の間，女性の正規雇用者は1,000万人前後とほとんど増加していないのに，女性の非正

表2-3 雇用形態別雇用者数とその割合

(単位:万人, %)

年次	雇用者	役員をのぞく雇用者	正規の職員・従業員	非正規の職員・従業員	パート・アルバイト	パート	アルバイト	派遣・嘱託・その他	派遣社員
\multicolumn{10}{c}{男女計}

実数
1985	4,259	3,999	3,343	655	499	360	139	156	—
1990	4,690	4,369	3,488	881	710	506	204	171	—
1995	5,169	4,780	3,779	1,001	825	563	262	176	—
2000	5,267	4,903	3,630	1,273	1,078	719	359	195	33
2005	5,407	5,007	3,374	1,633	1,120	780	340	513	106
2010	5,478	5,111	3,355	1,755	1,192	847	345	563	96

割合
1985	—	100.0	83.6	16.4	12.5	9.0	3.5	3.9	—
1990	—	100.0	79.8	20.2	16.3	11.6	4.7	3.9	—
1995	—	100.0	79.1	20.9	17.3	11.8	5.5	3.7	—
2000	—	100.0	74.0	26.0	22.0	14.7	7.3	4.0	0.7
2005	—	100.0	67.4	32.6	22.4	15.6	6.8	10.2	2.1
2010	—	100.0	65.7	34.3	23.3	16.6	6.8	11.0	1.9

女性

実数
1985	1,509	1,463	994	470	417	344	73	53	—
1990	1,765	1,695	1,050	646	584	480	104	62	—
1995	1,994	1,904	1,159	745	675	535	140	70	—
2000	2,087	2,011	1,077	934	846	663	183	89	25
2005	2,243	2,143	1,018	1,125	872	703	169	253	63
2010	2,351	2,263	1,046	1,218	933	760	173	285	61

割合
1985	—	100.0	67.9	32.1	28.5	23.5	5.0	3.6	—
1990	—	100.0	61.9	38.1	34.5	28.3	6.1	3.7	—
1995	—	100.0	60.9	39.1	35.5	28.1	7.4	3.7	—
2000	—	100.0	53.6	46.4	42.1	33.0	9.1	4.4	1.2
2005	—	100.0	47.5	52.5	40.7	32.8	7.9	11.8	2.9
2010	—	100.0	46.2	53.8	41.2	33.6	7.6	12.6	2.7

(注) 1) 2001年以前は総務省「労働力調査特別調査」、02年以降は総務省「労働力調査詳細集計」より作成。なお、「労働力調査特別調査」と「労働力調査詳細集計」とでは、調査方法、調査月などが相違していることから、時系列比較には注意を要する。
2) 2001年以前の数値は各年2月の数値、02年以降の数値は各年とも年平均の数値である。

規雇用者は470万人から1,218万人へと2.6倍に増加し，05年以降は正規雇用者を凌駕している。役員をのぞく雇用者に占める割合も53.8％に上昇し，女性雇用者の2人に1人が非正規雇用者なのである。とくにパートタイマーが多く，その割合は非正規労働者の3分の2から4分の3となっている。また年齢別にみると，非正規雇用者の割合は，学生アルバイトが多い15～19歳をのぞけば，30歳以上の中高年層で高く，とくに既婚女性になると，主婦パートタイマーが増え，その割合は5割をこえている。

非正規労働者増加の背景　この4半世紀の間に，労働者を雇用する企業と仕事を求める労働者の双方それぞれのニーズにより，非正規雇用者は著しく増加している。増加の背景をさぐると，第一に，サービス経済化，情報化・IT化の進展など産業構造の変化をあげることができる。産業構造の変化は生産の需給双方に，したがってまた労働の需給両面に影響を与え，生産・労働量の変動に柔軟に対応できる非正規労働者を生み出した。

　第二に，女性とくに既婚女性の労働市場への参加が少子化・高学歴化とともに大きく促進された。また電気製品の普及，冷凍・レトルト・惣菜食品の普及，コンビニ弁当の普及，外食産業の伸長などによって，家事労働は大幅に軽減され，女性の市場参加にいっそうの拍車をかけた。こうした女性のライフサイクルの変化は労働力率のM字型曲線を底上げしたが，同時に都合のよい時間に働けるとか，勤務時間や勤務日数が少ないとか，また家事や子育てと両立できるとかの理由で，非正規労働者としての働き方が増加している。

　第三に，サービス経済化や情報化・IT化の進展は非正規労働に対する需要を高めていった一方で，仕事の繁閑，業務量の変動に応じて労働力を弾力的に調節することが一段と重要となった。そこで，企業は，こうした仕事の繁閑や業務量の増減に応じて時間単位や期間単位で働く，（そして採用や解雇が容易でかつ人件費の安い）労働者として，正規労働者に代わって非正規労働者を雇用していったのである。

［注］
1)　1人あたりの労働時間や機械・設備1台あたりの稼働時間が一定ならば，生

2) CES生産関数は，アメリカのソロー (R. M. Solow)，ミンハス (B. S. Minhas)，アロー (K. J. Arrow)，チェネリー (H. B. Chenery) の4人が共同開発した関数で，それぞれの頭文字をとってSMAC生産関数ともいわれる。
3) 労働と資本との間に代替関係がない生産関数は制限的生産関数 (limitational production function) ともいう。
4) 物的というのは，労働投入の増加に対する生産量の増加分が物量単位で表示されるからである。米や小麦であればトン数で，またパソコンであれば台数で表示される。
5) 利潤極大を保証するための2階の条件は，(2.10)を満足する L の値に対して，次の式が成立することである。

$$\frac{\partial^2 \Pi}{\partial L^2} = p\frac{\partial^2 X}{\partial L^2} = pf_{LL} < 0$$

つまり，点 P の近傍で $f_{LL}<0$ であれば，総収入曲線は下方に対して凹な曲線となるから——労働の限界生産物が逓減的になるから——，2階の条件はつねに満足される。
6) 図2-5 (1) においては，粗利潤は利潤 PQ プラス固定費用 SL^* となる。
7) 所与の生産量に対して，総費用を最小化する選択問題の代わりに，所与の総費用のもとで生産量を最大化するように，労働と資本の最適な組み合わせを選択する問題としても解くことができる。
8) (2.13) の均衡条件は次のようにして求められる。(2.11) で与えられる所与の生産量 $\overline{X}=f(K, L)$ の制約のもとで，(2.12) の総費用 $C=wL+rK$ を最小化するには，まず乗数 λ を用いてラグランジュ関数 Z をつくる。

$$Z = (wL+rK) - \lambda[f(K, L) - \overline{X}] \tag{A1}$$

1階の偏導関数 (partial derivative) をゼロとおいて，

$$\left.\begin{array}{l}\dfrac{\partial Z}{\partial L} = w - \lambda\dfrac{\partial f}{\partial L} = w - \lambda f_L = 0 \\[4pt] \dfrac{\partial Z}{\partial K} = r - \lambda\dfrac{\partial f}{\partial K} = r - \lambda f_K = 0 \\[4pt] \dfrac{\partial Z}{\partial \lambda} = -\lambda[f(L, K) - \overline{X}] = 0\end{array}\right\} \tag{A2}$$

をえる。(A2) の第1と第2の式により

$$\frac{w}{r} = \frac{f_L}{f_K} (= MRTS) \tag{A3}$$

となる。
9) 図2-8 では，賃金率の下落は生産水準を増加させ，新しい均衡点 P' は古い均衡点 P の右上方に位置するが，点 P' がつねに点 P の右上方に位置するとは

かぎらない．賃金率の下落は拡張経路を EX から EX' にシフトさせるだけでなく，費用関数をも変化させることにより，生産水準を増加させるという保証はない．したがって，拡張経路は必ずしも正の傾きになるとはかぎらない．

10) 図2-8において，費用曲線が変化することから，古い等費用線 K_1L_1 と新しい等費用線 K_2L_2 が縦軸で一致するという保証は必ずしもない．

11) 以下の考えおよび説明は主に西川俊作［1980］に負っている．西川俊作［1980］38〜41頁を参照．

12) リストラクチャリングとは企業の事業再構築をいい，採算性の悪い事業分野を再構築することで経営の効率化や競争力の回復を図るとか，新事業分野に展開・進出するなど，本来，前向きの意味で使う用語である．バルブ経済の崩壊以後，一般に事業の縮小や廃止，人員削減をいう場合をさしており，これをリストラの略称で用いることが多い．

13) 西川俊作［1980］40頁を参照．

14) R. J. Gordon［1982］を参照．

15) 中馬宏之［1995］107頁，中馬宏之・樋口美雄［1997］50〜53頁を参照．なお，レイオフとは，再雇用することを前提に，企業の都合で労働者を一時的に解雇することをいう．レイオフの実施においては，先任権（seniority）の低い労働者からレイオフされる．逆に再雇用する場合にも先任権にもとづいて行われる．

16) 浜口恵俊・野勢伸一・広永哲夫・菊池克彦［1980］37頁を参照．

17) 「月間有効求人数」とは，前月から繰越された有効求人数と当月の「新規求人数」の合計数をいう．また「月間有効求職者数」とは，前月から繰越された有効求職者数と当月の「新規求職申込件数」の合計数をいう．

18) 人によっては，フリーターを非正規雇用者に含めているが，フリーターとは，一般に学校を卒業した後でも定職に就かずアルバイト的・臨時的な仕事に就いて働く若者をいう．働く雇用形態をみれば，フリーターは渡り鳥のように職場を転々とするという意味で非正規雇用者とみなされるが，フリーターそのものは非正規雇用者ではない．フリーターはこのような就職行動をとる若者たちをさしている造語なのである．

19) 非正規労働者を調査する総務省「労働力調査」は，2001年以前までは総務省「労働力調査特別調査」によっていたが，02年1月より，「同特別調査」は「労働力調査」に統合され，総務省「労働力調査詳細集計」として公表されている．「労働力調査」は1984年より非正規雇用者の実態を調査している．なお，「就構調査」による調査は82年より行われている．

20) 「就構調査」によると，非正規雇用者は「労働力調査」とくらべて150万人から200万人ほど上回って推移している．

21) 派遣社員の増加とともに，偽装派遣として問題となった請負社員も増加した．

第3章　人的資本の理論

　日常の生産活動はいうまでもなく，経済発展にとっても，労働者の数だけではなく働き手の資質もまた重要な要因である。そのなかで労働力の資質に影響を与える最も大きな要因はなんだろうか。それは「教育」や「訓練」である。教育・訓練が経済発展の重要な要因であるとの考えは古く，スミスは，『国富論』の第2編第1章において，その重要さを論じている。ところで，経済社会が発展するにつれて，その担い手である技術者や技能工に対する労働需要は大幅に増大していった。技術者や技能工を労働需要の増加に対応して育成していくには，教育・訓練を供給する機会もまた増やし，制度や施設もまた整備されなければならない。

　個人の有する知識や技能などの人的能力は経済活動を支える重要な人的資源である。スミスやマーシャルは人的能力の向上に強い関心を抱いていたが，アメリカにおいて教育を経済学の立場から分析する試みが本格化したのは1960年代にはいってからである。「教育の経済学」は比較的新しい学問である。シュルツやベッカーが開拓・発展させた人的資本理論の基本的な考え方は，教育がそれを受ける一人ひとりの個人の生産能力を高め，能力の向上が高賃金をもたらすというものである。しかし，60年代終わりから70年代初めにかけて，人的資本理論に対する批判が起こった。批判の最も大きな流れは，スペンスが提唱した「シグナリング理論」であった。シグナリング理論は，能力を高めることが教育の機能ではなく，個人がそもそも有している生得的な能力をシグナルとして社会に伝播することが教育の機能であると主張する。

　本章では，まず人的資本を取り上げ，教育・訓練に対する制度・機関を概説し，ついで大学教育への人的投資の決定を考察する。次に，情報の非対称性のもとで，この考えを批判するシグナリング理論を説明する。最後に，一般訓練

と特殊訓練を取り上げ，費用と収益の観点から職場訓練を考察する。

3-1 人的資本の概念と種類

3.1.1 人的資本の概念

　生産活動にとって，それに従事する働き手の数だけではなく，その質もまた重要である。労働力の質に影響を与える最も大きな要因の1つは教育や訓練である。仕事を遂行するうえでの熟練（skill）の形成も，労働力の質に影響を与える重要な要因の1つである。教育水準の向上や熟練養成のための教育（education）や訓練（training）は，労働者の知識や技能を高め，労働生産性の上昇を実現することを目的としたものである。労働者の健康を改善するために行われる支出も高い生産性をもたらすであろう。

　人的投資や人的資本の考えは古く，その歴史はスミス（A. Smith）[1776]までさかのぼる。『国富論』の第2編第1章において，スミスは，「資本の分類について」次のように論じている[1]。「社会の総資財（stock）がそれ自体を3部分に分割する第2のものは固定資本であって，……それは主としてつぎの4つの項目からなっている。第1は，労働を促進したり短縮したりするいっさいの有用な機械や職業上の用具からなりたっている。第2は，……いっさいの有利な建築物，たとえば，店舗・倉庫・仕事場・農舎，およびこれに必要ないっさいの建築物，つまり畜舎・穀倉等々からなりたっている。……第3は，土地の改良，すなわち土地を開拓し，排水し，囲い込み，施肥をして，これを耕作や栽培にもっとも適するような状態にするために，有利に投じられたものからなりたっている。……第4は，社会の全住民または全成員が身につけている有用な能力からなりなっている。」[2] [3] スミスは，社会の固定資本の1つとして「全住民が身につけた有能な能力」を述べ，この能力こそが，今日的なタームでいう「人的資本（human capital）」にほかならない。そして，「このような才能を獲得するには，その習得者は教育・研究または徒弟修業のあいだ扶養されるのであるから，つねに現実の経費がかかるのであって，それは，いわば彼の一身に固定され実現されている資本である。こういう才能は，それがこの人

の財産の一部をなしていると同じように，この人が属している社会の財産の一部をもなしているのである。」と，スミスは述べている[4]。井上毅[1969]も述べているように，人的能力の問題について，「アダム・スミスの省察が卓見であると思われるのは，人間が身につけている能力を社会的な固定資本と考えている点」である[5]。

労働力や人間そのものを資本とみる人的資本の考えは，スミス以来，多くの経済学者が多かれ少なかれ抱いていた考えであるが，経済学のなかにスミスの人的投資論の考えをより積極的に持ち込んだのはマーシャル（A. Marshall）[1890] であった。井上によると，「アルフレッド・マーシャルは，アダム・スミス以後経済学の理論体系のなかに人的能力要因の問題を本格的に持ち込んだ最初の経済学者である。」と評価している[6]。

マーシャルは，『経済学原理』「第4編の生産要因——土地・労働・資本および組織」の説明のなかで「第5章 人間の健康と力」を取り上げ，「この健康と力とは産業上の能率の土台となるものであり，さらに能率は物的富の生産を左右するものであるが，他方また物的富の主要な意義は，有用に活用されれば，………人間の健康と力の増大に役立つという事実のうちに存している。」と述べている[7]。つづいて人間の健康と力を増大させるための諸条件（気候，民族性，食糧，衣料・住居・燃料，休養，希望・自由・変化など）について考察を加え[8]，「第6章 産業上の訓練」で，これによってもたらされる「天性の活気がどんなかたちをとってあらわれるかは主として訓練によってきまる。」と指摘している[9]。産業能率の向上に寄与する人間の健康，そして人的能力の重要性を指摘したマーシャルは，さらに能力の向上に果たす家庭，学校教育，技術教育，徒弟制度などの役割を論じ，「教育が国民的投資（national investment）である。」と結論した[10]。

シュルツ（T. W. Schultz）[1963] もまた，体系的に人的資本理論を展開している。井上によると，シュルツは，人的能力を資本と見立て，人的能力への投資による生産性の上昇が所得水準を引き上げるとの考えを明確に認識していたと指摘している[11]。人的能力を改善する活動として，シュルツは，①健康のための施設とサービス，②職業訓練，③初等・中等・高等各レベルの公式に組

織された教育，④成人の勉学計画（たとえば，公開講座計画を含む），⑤就業機会の変化に適応するための個人，あるいは家族ぐるみの移住，をあげている。このうち①，②，③の問題を中心に人的資本を論じた[12]。シュルツはまた人間の質を問題にするにあたって，人間の質は経済的価値を有しており，これを獲得するにはコストがかかるという意味で，人間の質は希少資源であると考えた[13]。また同書のなかでも子どもの養育・学校教育，健康改善や職場体験といったものに対する投資を取り上げ，それからの成果は時間とともに高まっていくことを説明した[14]。

「人的資本」の概念は，1960年代以降，「教育の経済学（economics of education）」「健康の経済学（economics of health）」の分野において急速に普及していった[15]。資本設備の能力を高めるために支出される費用を「物的投資」とよぶのと同様に，人的能力を増大するために行われる投資を「人的投資（human investment）」という。人的投資によって蓄積された知識や技能，熟練などは「人的資本」といわれる。教育や訓練のための教育投資，さらに健康の維持・向上のための健康投資などは，労働生産性の上昇など将来長期にわたって収穫をもたらすところの投資であって，人的投資の代表例にほかならない。

3.1.2 教育・訓練機関

経済社会が発展し工業が拡大するにつれて，新しい技術や技能が次々と生まれ，また必要とされ，職業教育や訓練に対する需要もますます高まっていくであろう。それに対応して，教育・訓練を供給する機会も拡大され，施設もまた整備されなければならない。経済社会が発展していくうえでの基本的条件の1つは，教育・訓練制度の整備・充実である。今日では，個々人を教育または訓練する制度や機関は数多く存在し，それは次のように区分することができる[16]。①義務教育をはじめとする高等学校・短期大学・大学などの正規の学校教育（school education），学校教育法に定める学校がこれを担っている。②学校教育のなかで工業，商業などの仕事に従事するために必要な職業知識や技能を教授し，職業教育（vocational education）を実践する職業学校（vocational schools), ③公共訓練施設で離転職者のために職業教育をもっぱら教授する職業訓練学校 (training schools), ④徒弟制度または見習養成制度 (apprenticeship system or apprentice system) とよばれる訓練制度, ⑤職場で仕事に従事しながら訓練を受ける, いわゆる企業内で行われる職場訓練 *OJT* (on-the-job training), また職場を離れて行われる座学や研修など, いわゆる職場外訓練 *Off-JT* (off-the-job training) などがある。

　正規の学校教育や職業学校, 職業訓練学校による教育・訓練は, 個々人が労働市場に参入する前に受ける教育・訓練であるのに対して, 徒弟制度や *OJT*, *Off-JT* による教育・訓練は, 一般に労働市場に参入した後に受ける教育・訓練である。学校とは, 生徒や学生, そして親たちに「教育サービスを販売する」産業であって[17], 人的資本の観点からいえば,「人的資本の生産者」としての役割を担い, 教育・訓練サービスを提供するために特殊化された組織体でもある[18]。専門学校のように, 一つの技能だけを教育・訓練する学校もあれば, 大学のように, さまざまな知識や技能を授ける学校もある。

　ところで, 学校を卒業しても, 技能や知識の獲得といった訓練過程の終了を意味しているのではなく, 第1段階の訓練を終えたにすぎない。専門的な知識の獲得や技能・熟練の形成にはより専門化された訓練過程を必要とするが, 多くの場合, 第2段階の訓練は企業に就職した後にはじまるであろう。この段階の訓練は, 一般に職場訓練は *OJT*, または職場外訓練は *Off-JT* によって行われる。職場訓練のパターンや実施の方法は実に多様であるが, 2つの共通した特徴をもっている。1つは, 生産過程またはこれと関連した過程のなかで訓練が行われる。もう1つは, 総じてインフォーマルな形をとって行われる。職場訓練はこのような特徴をもった訓練であるが, その投資効果を評価するのは非常に困難であり, それを測定するのはほとんど不可能である。しかし, 職場訓練は実務上の技能を教え, 熟練の習熟形成を図る最も重要な訓練の一つであって, ミンサー (J. Mincer) [1962] によれば, 訓練費用の大きさからいえば, 正規の学校教育のそれと変わらないほどである[19]。

　技能や熟練の形成は *OJT* や *Off-JT* によって, また学校教育によっても獲得される。技能と熟練の形成については, 企業と学校との間には教育・訓練の

連鎖というか，訓練の補完性がみられると同時に，技能や熟練に対する需要が高まるにつれて，訓練過程のより多くは学校教育や職業教育に委ねられる。このように，企業と学校との間に代替関係が存在するであろう。いいかえれば，学校教育と職場訓練の2つの訓練過程の間には，両者を結ぶ訓練の連鎖や補完性があるだけでなく，同時に代替性もまた存在している。代替可能性の程度は技能の特殊性や技術の内容によって異なるであろう。

3.1.3 職業訓練・能力開発の変遷

個々人の有する知識や技能などの人的能力は社会経済活動を支える人的資源である。人的能力の質を高めるという重要な役割を担っているのが「教育」や「訓練」にほかならない。「教育」は，内容によって「学校教育」と「職業教育」に大別することができる。改正教育基本法（2006年12月に施行）の第1条に掲げているように，「教育」とは，「人格の完成を目指し，………，心身ともに健康な国民の育成に期して行われなければならない。」と定めている。また同法は，第6条第1項に「学校教育」を定め，第2項に「前項の学校（法律に定める学校）においては，………，教育を受ける者の心身の発達に応じて，体系的な教育が組織的に行われなければならない。………」と規定している[20]。このように，学校教育は，人間形成をめざす教育を主たる内容としており，「学校教育法」に定める学校がこれを担っている（第1条）。幼稚園や小学校をのぞき，労働市場と関わりをもつ学校として，中学校，高等学校，高等専門学校，大学などがある。これを広義にとらえると，これらの学校のほかに，学校教育法に定めがある学校として，専修学校や各種学校などをあげることができる。

これに対して，職業教育とは，職業に従事するために必要な知識や技能を習得させるための教育をいい，学校教育もまたその一部を担っているものの，一般に職業訓練制度のもとで行われている。戦後の職業訓練制度の変遷をみると[21]，養成工制度を中心としたわが国の職業訓練体制は，戦後末期から終戦直後にかけて大きく崩壊したが，戦後の復興期をへて高度成長期を迎えた1950年代後半に技術革新の時代にはいり，これに対応する技能労働者の確保が強く要

請されたことにともなって，58年に最初の基本法である「職業訓練法」が制定された。同法の制定は，わが国の職業訓練体制を整備していくこと意味していた。その後，高度成長を背景に，技術革新のさらなる進展，貿易・資本の自由化，産業構造の転換などわが国経済の急激な変化に鑑み，さらに持続的な高度成長を志向するなかで，このような変動にともなう技能の質的変化等に対応できる新しいタイプの技能労働者を育成・確保することが不可欠となってきた。そこで，政府は職業訓練法の抜本的な改正に着手することになり，69年に全面改正して新たに「職業訓練法」を制定した。同法の制定によって，職業訓練の理念を定めるとともに，生涯訓練体系を打ち出すなど，職業訓練体制を改編した。70年代になると，安定成長に移行するなか，職業訓練を取り巻く社会経済状況は変容していった。こうした産業社会の質的転換に対応できるよう職業訓練制度を見直すことが必要となったことから，78年に職業訓練法の一部改正を行った[22]。

　さらに高齢化社会の到来，技術革新の進展などへの対応に迫られ，公共職業訓練および企業内訓練のあり方を中心に，労働者の職業能力の開発および向上が段階的かつ体系的に行われる必要性が高まり，85年に職業訓練法を改正した。その名称も「職業能力開発促進法」に改められた。その後，若年労働力の不足や技術革新・情報化の急速な進展に対応できる職業訓練体制の整備が求められ，こうした課題に適切に対処するために92年に同法の一部改正を行った。さらに産業構造の急激な変化，経済のグローバル化に対応していくためには，高度で多様な職業能力を有する人材の育成が急務であるとの時代認識を踏まえ，97年にも同法を一部改正した。その後，IT化の進展，産業構造の変化，就業意識の多様化等により，企業主導の長期的かつ体系的な能力開発だけでは対応できなくなってきた。このうえに，職業能力のミスマッチの拡大等に的確に対応するためにも，個々人のキャリア形成の支援，適正な職業能力評価の推進などのシステム整備をはじめとした総合的かつ体系的な対応が不可欠であるとの認識から，職業能力開発促進法を2001年4月に改正，同年10月から施行した。

　現在，「職業能力開発促進法」にもとづき，事業主，国および都道府県は，

労働者が多様な職業訓練を受けることにより職業能力の開発・向上を図ることができるよう，「多様な職業能力開発の機会の確保」が行われている（第8条，第15条）[23]。そこで，職業能力の開発支援を大別すると，国および都道府県が行う職業能力開発の促進と事業主等の行う職業能力開発の促進の2つがある。前者は，公共職業訓練の促進をいい[24]，その能力開発施設として，国は，職業能力開発短期大学校，職業能力開発大学校，職業能力開発促進センター，障害者職業能力開発校などを設置し，都道府県は，職業能力開発校を設置している（第15条の6，第16条）[25]。

後者については，その1つは，事業主が雇用する労働者に対して業務遂行の過程内または過程外において，自らまたは共同して行うほか，公共職業能力開発施設等に委託して行うことができる職業訓練である（第9条）。同法は，公共職業能力施設等への委託に加えて，業務を遂行しながら仕事を覚える職業訓練，すなわち OJT についても明確な位置づけを与えた[26]。もう1つは，認定職業訓練の実施である（第13条）。認定職業訓練は，事業主または事業主の団体等が，その雇用する労働者に対して必要な技能およびこれに関する知識を習得させ，または向上させるために行う訓練をいう。

3-2 教育投資の決定

3.2.1 教育の経済学略史

経済学の歴史を振り返ると，スミスやマーシャルは人的能力の向上に強い関心を抱いていたが，アメリカにおいて教育を経済学の立場から分析する試みが本格化したのは1960年代にはいってからである。これを境に，教育と経済学との関係をめぐる著書や論文の数は急速に増えていった。このように，「教育の経済学」は比較的新しい学問であるが，「教育の経済学」の発展に大きな役割を果たしたのは，シュルツ［1963］やベッカー［1962］［1964］であった。彼らが展開した「人的資本理論」の誕生は，経済学説史にとってまさに「人的資本革命」とよばれるべきものであった[27]。

シュルツは，教育への投資，ストックとしての「人的資本」の概念を分析

し，その増大が経済発展にとって重要な指標であると指摘した。とくに著書『教育の経済価値』［1963］は，その後の研究に決定的な方向を与えただけでなく，広く教育の諸分野にも大きな影響を与えた。これに対して，ベッカーは，シュルツによって開発された人的資本理論を継承し，教育を個人の生産における行動選択の一つとしてとらえ，理論的な定式化を試み彫琢したのである。シュルツが指摘しているように，人的資本に関する理論は本質的には2つの方向をもっていた[28]。1つは，教育と経済成長をめぐる理論，2つは，個人の教育と所得（収入）に関する理論である。ベッカーやミンサー［1958］［1974］らのいわゆる「シカゴ学派」を中心に，研究成果を次々と発表したのも第2の領域であった。

人的資本理論の根幹にある基本的な考え方は，教育がそれを受ける一人ひとりの個人の生産能力を高め，能力の向上が個人に高賃金をもたらすというものである。この人的資本理論は教育が個人の生産能力を高めるという考えに立っている。しかし，60年代終わりから70年代初めにかけて，新古典派経済学を基礎に構築された人的資本理論に対する批判が起こった。その1つは，ギンタス（H. Gintas）［1971］らのラディカル・エコノミスト（radical economist）たちによる痛烈な批判であった。ギンタスは新古典派経済学のパラダイムそのものを教育の経済学を介して論難した。

だが，批判の最も大きな流れは，スペンス（M. Spence）［1973］［1974］が提唱した「シグナリング理論」（signaling theory）であった。シグナリング理論は，「情報の非対称性（asymmetry of information）」「非対称情報（asymmetric information）」という概念をもとに理論化されたもので，能力を高めることが教育の機能ではなく，個人がそもそも有している生得的な能力をシグナルとして社会に伝播することが教育の機能であると主張する。教育は，学歴などのシグナルによって個々人を選別する手段なのである[29]。学歴は個人の能力を示すシグナルにほかならない。このように，大学を卒業した者が高卒者にくらべて，なぜ高い所得を獲得できるのであろうかという問題——いわゆる，大学教育の機能に関する問題について，人的資本理論とシグナリング理論は対立・競合している。

70年代になって,「情報の非対称性」という概念を用いて次々と新しい経済理論が誕生していった。代表的な一つは,アカロフ (G. A. Akerlof) [1970]が発表した「レモン市場 (market for lemons) の理論」であり,もう1つは,シグナリング理論であった。シグナリング理論の発表と同時期に,アロー (K. J. Arrow) [1973a] やバーデット (K. Burdett) [1978] は,非対称情報のもと,大学による入学試験や卒業試験がフィルター (filter) の役割をもっているとして,大学教育の「フィルター機能」を強調した。アローは,スペンスと同様に,大学教育が個人の生産能力を高めるものでないと考え,個人の学歴が生産能力に関する情報を企業に伝播するモデルを構成した。これらにやや遅れてスティグリッツ (J. E. Stiglitz) [1975] もまた,「スクリーニング理論 (theory of screening)」を発表し,教育の「スクリーニング(選別)機能」を重視したモデルを構築した。進学するごとに入学試験を受けることから,学歴は個人それぞれの学力(したがって,生産能力)の高さを示すと考えられるであろう[30]。企業は個人を採用するための指標として,この学歴を利用するのである。学歴とは一人ひとりの個人を振り分ける (screening) 基準にほかならない。ライリー (J. Riley) [1976] は,大学教育が個人の生産能力を高めると同時に,シグナルとしての機能をもっているとの考えから,人的資本モデルとシグナリング・モデルを結合するモデルを発表し理論の拡張を図っている。

3.2.2 教育投資の費用と収益

大学・短大への進学率 個々人が人生において最も大きな選択の一つは,「高校を出て大学に進学するか,就職するかという選択」であり,「………おそらく多くの人々にとって,大学進学の決定は,仕事と暮らしに関する選択のうち,「自分」で行う本格的な選択としては最初のもの」であろう[31]。個人が大学に進学することは大学教育のサービスを需要することにほかならず,これは個人にとって2つの意味——大学教育のもつ「投資」という面と「消費」という面をもっている[32]。本節では,大学教育のもつ「投資」という側面に焦点をあて,大学教育投資を取り上げることにしよう。

大学教育投資を理論的に説明する前に,まず短大・大学等の高等教育機関へ

の進学率の推移を観察しておこう[33]。図3-1は，文部科学省「学校基本調査」によって進学率の推移を示したものである[34]。男女計の大学・短大進学率は1955年には10.1％にすぎなかったが，その後，基調的には上昇をつづけ，75年には38.4％に達し，浪人を含め高卒者の4割が進学していた。その後，下降ないしは横ばいの状態で推移したが，90年代にはいって，進学率は上昇に転じ，2004年は49.9％に上昇，05年50％をこえ，11年には56.7％に上昇，高卒者の6割が大学・短大に進学している。男女別にみると，男子の進学率は1955年以降一貫して女子を上回って推移していたが，89年にはじめて女子が男子を上回

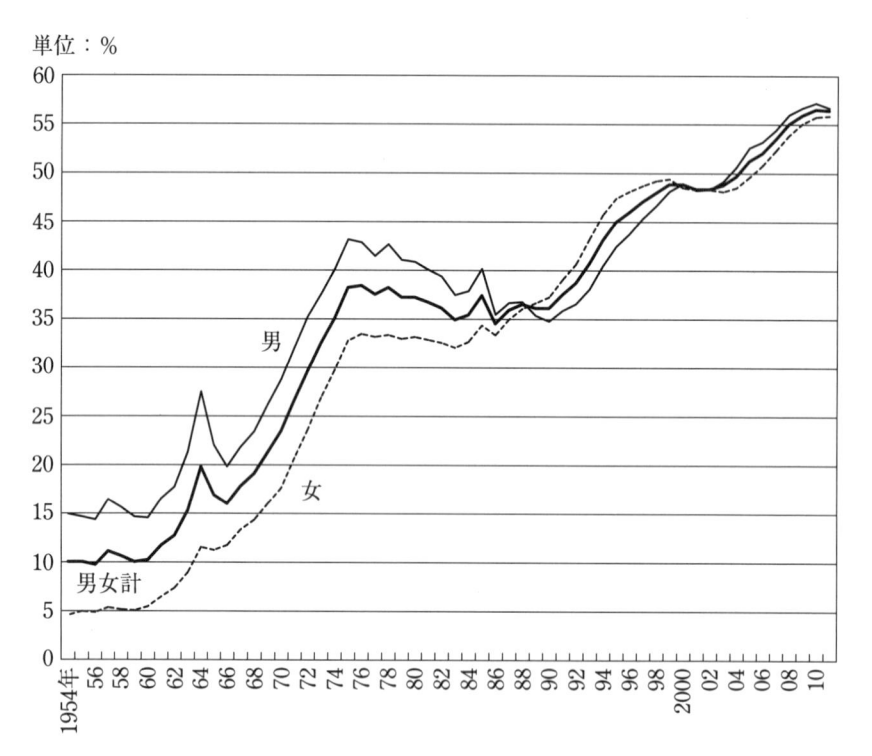

(出所) 文部科学省「学校基本調査」
(注) 大学・短期大学への進学率（過年度高卒者等を含む）とは，大学学部・短期大学本科入学者数（過年度高卒者数を含む）を3年前の中学卒業者および中等教育学校前期課程修了者数で除した比率である。

図3-1　大学・短期大学への進学率の推移

り，この状態は99年までつづいた。2011年，高等教育機関への進学率は男子57.2％，女子56.1％とともにほぼ6割に近い進学となっている。

次に，教育機関別にみると，短大進学率については，男子は1～2％台でわずかなのにくらべて，女子は1970年代半ば以降20％を上回って推移していた。しかし，短大の4年制大学への改組や高校生の4年制大学への進学増加にともない，2000年を境に低下をはじめ，05年には13.0％に低下，11年にはさらに10.4％に低下し，現在，わずか高卒者の1割しか短大に進学していない。次に，4年制大学への進学率をみると，男子は13％台の横ばいで推移し，1960年の13.7％から75年の41.0％まで大きく上昇したが，その後，低下ないし停滞をつづけた。90年には75年以降最低の33.4％まで落ち込んだ。90年代になると，男子の大学進学率はふたたび上昇に転じ，2003年には47.8％に達し，その後も上昇をつづけ，11年には56.0％となっている。他方，女子の大学進学率は，1955年以降，男子を下回っており，60年には2.5％と男子の約5分の1にすぎなかった。女子の進学率は70年代にはいって大きく上昇したものの，70年代半ばから80年代半ばにかけては12％台の横ばいをつづけた。80年代後半からふたたび上昇のピッチを高め，90年15.2％，95年22.9％，2006年38.5％に上昇，そして11年は45.8％達している。

大学進学の経済分析　大学への進学決定を人的投資の一例として投資的側面から考察するためには，大学への進学に要する投資の費用（cost）と，進学によって享受される収益（return）を考え，両者を比較考量しなければならない。人的投資からの収益が投資の費用を上回るかぎり，教育への投資は有利となり，個人は大学に進学するであろう。逆に費用が収益を上回れば，大学進学をあきらめ就職するのが有利となるであろう。それは，設備投資を実行すべきか否かを考えている経営者の立場とまったく同じなのである。

まず，個人が大学教育を受けるために要する費用を説明する。教育投資の費用は，一般に社会的費用（social cost）と私的費用（private cost）からなっている[35]。ここでは，個人の観点からみた教育投資の私的費用を中心に説明する。個人が自分で負担する私的費用は，2つの費用——直接費用（direct cost）と間接費用（indirect cost）または機会費用（opportunity cost）に大

別される。直接費用とは，入学金・授業料などの学校納付金，書籍・文具代や課外活動費といった修学費，通学費などをいい，個人が大学教育を受けるために直接負担する費用である[36]。これよりも金額的にもっと大きな費用は機会費用である。大学に進学することは，4年間就職しないで勉学に専念することになるから，大学に進学しなければえられたであろう4年間の所得（税引後の所得）を放棄したことを意味している。これを放棄所得（または逸失所得 foregone income or foregone earnings）ともいい，機会費用とよばれる1つの費用にほかならない[37]。

次に，投資からの収益について説明する。費用と同様に，収益もまた私的収益 (private return) と社会的収益 (social return) の2つからなっている。社会的収益とは，教育投資を行う個人を含め社会全体に帰属する収益をいう。これに対して，私的収益というのは，個人が学校教育を受けることによって，その教育投資を行った個人に帰属する収益である。子どものとき，親から「自分はもっと勉強したかったが，家が貧しかったので教育を受けられなかった。せめておまえだけでも教育を受けておかなきゃならない。それはおまえ自身のためになるんだから。」との話をよく聞かされた。これは教育投資からの収益が本人に帰属することをいっているわけで，個人が収益の大部分を受け取るのである。

それでは私的収益とは一体なんだろうか。大学教育への投資からえられる最も大きな経済効果は，大学教育を受けることによってえられる収入の増加である。したがって，教育投資からの収益とは，大学教育を受けることによってえられる収入と，大学に進学せず高校卒業後に就職してえられる収入の差，いわゆる所得の開きにほかならない。具体的には大卒者と高卒者の（税引き後の）生涯所得の差をいい，それは将来にわたって期待できる収益であり，これが大学教育への追加的な投資によってえられる経済的収益なのである。

この経済的収益のほかに，個人は，大学教育を受けることによって非金銭的な便益というか，あるいは効用というものをえることができる。たとえば，新しい知識を学び真理を探求することの素晴らしさ，難解な原書を読むことの喜び，高い教養を身につけることの満足，演習やサークル活動における生涯の友

人など，個人は大学教育からさまざまな形をとおして便益をえるであろう。これは大学教育の消費的便益といわれる。また，大学を卒業した者はそうでない者にくらべて，労働条件が比較的好ましい仕事につく可能性も高くなるであろう。それでは個人に帰属する私的収益に対して，社会的収益とはなんだろうか。その1つは，人々が大学教育を受けることによる外部効果である。具体的には人びとが高い教育を受けることによって，社会に対する規範意識や責任が強くなり，モラールも高くなるであろう。こうした教育の外部効果がより良い社会を作り上げていくのである。

3.2.3 現在価値法による教育投資の決定

図による説明 教育投資の私的費用よりも私的収益が大きければ，個人は大学教育投資に支出したほうが有利になるであろう。そこで，この費用と収益の関係を図3-2によって説明しよう。横軸に年齢，縦軸に所得と費用をとると，高校の卒業を間近に控えた個人は，いま原点 O（年齢18歳）に位置しており，大学に進学したほうがよいのか，それとも就職したほうがよいのかの選択に直面しているとしよう。大学に入学し4年後の22歳で卒業・就職するとすれば，大学教育に要した費用のうち，直接費用は同図の面積Iの大きさ，機会費用または間接費用である放棄所得（逸失所得）は面積IIで示されるであろう。

これに対して，曲線 ABA' は，高校卒業後，定年（60歳）まで働くとした場合の高卒者の各年齢における税引後所得を表した所得曲線である。他方，曲線 BB' は，定年まで働く大卒者の税引後所得を表した所得曲線である。単純化のために，大卒者の税引後の初任給は高卒者の入社4年後の賃金（税引後賃金）と同じ額であると仮定しよう[38]。なお，高卒者も大卒者もともに60歳で定年を迎え，その後，働くことはないと仮定する。したがって，定年までの高卒者の税引後の生涯所得は所得曲線 ABA' で囲まれた面積 $AODA'$ であり，また，大卒者の税引後の生涯所得は所得曲線 BB' で囲まれた面積 $BCDB'$ で示される。かくして，曲線 BB' と曲線 BA' とによって囲まれた斜線の面積IIIは，大卒者と高卒者の（税引後の）所得格差を示し，これが大学教育投資からえられる収益にほかならない。

さて，個人はどのような状態になれば，4年間の所得を放棄してまで大学に進学するのであろうか。ここで，大学教育による非金銭的な便益を考えないとすると，教育投資からの収益が費用を上回るならば（図3-2の面積Ⅲ＞面積（Ⅰ＋Ⅱ）），大学教育への投資を実行し，大学に進学するであろう。逆に収益が費用を下回るならば（同図の面積Ⅲ＜面積（Ⅰ＋Ⅱ）），進学を断念し就職するであろう。人的投資の決定も企業が物的投資を決定するのとまったく同じなのである。

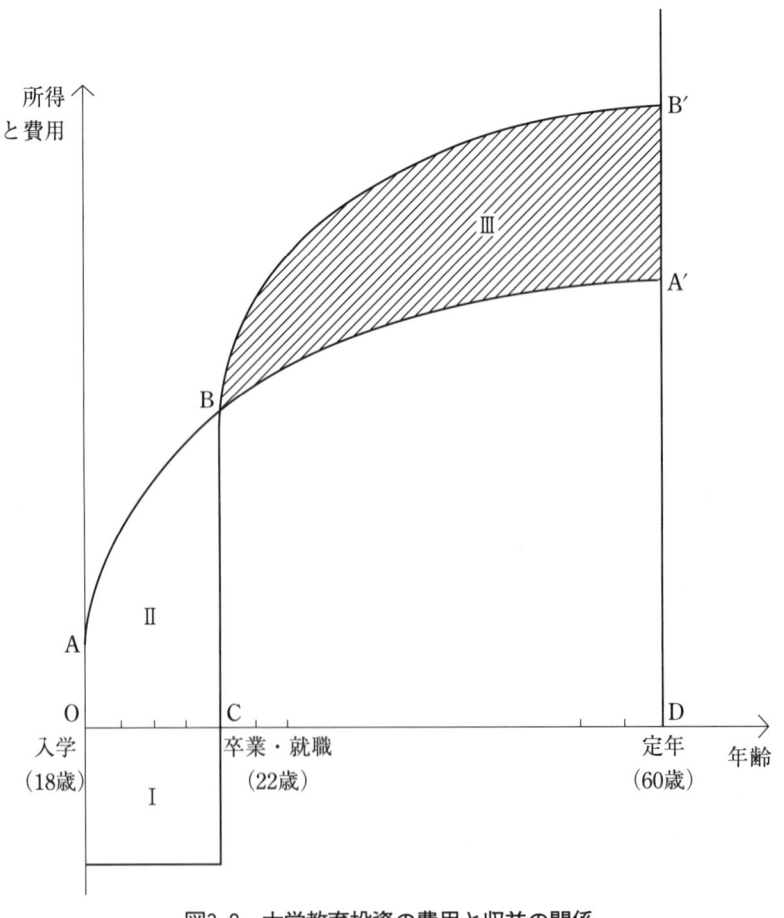

図3-2 大学教育投資の費用と収益の関係

数式による説明 上記では大学教育に投資するか否かの決定を費用と収益の図式によって説明してきたが，以下では数式を用いて，これを説明する。いま，高校を卒業間近の個人は大学に進学するか否かを考え，もし大学に進学すれば，彼は4年間在籍し，卒業とともに直ちに就職して定年まで働くと仮定する。彼が就学，そして就業する期間は，入学年次の第1期からはじまり，定年の第 t 期までの t 期間とする（$i=1, 2, 3, \ldots\ldots, t$）。入学後の第 i 年目の投資費用を C_i（$i=1, 2, 3, 4$），卒業して就職した後にえられる第 j 年目の投資収益を R_j（$j=1, 2, 3, \ldots\ldots, t$，入学から通算すると $R_i = R_j + 4$ である）としよう。したがって，費用の流列は C_1，C_2，C_3，C_4，他方，収益の流列は R_5，R_6，R_7，………，R_{t-1}，R_t となる。C_i や R_i（$=R_j+4$）は現時点においては確定した値ではなく，将来に見込まれる期待費用や期待収益なのである。

それでは，どのような条件が満足されるとき，大学への進学が有利となるだろうか。そのために教育投資の費用も投資からの収益も現在価値（present value）に直して計算されなければならない。市場利子率を r とすると，費用と収益の現在価値は次のようになる。

$$費用の現在価値 = \frac{C_1}{(1+r)} + \frac{C_2}{(1+r)^2} + \frac{C_3}{(1+r)^3} + \frac{C_4}{(1+r)^4}$$

$$= \sum_{i=1}^{4} \frac{C_i}{(1+r)^i} \quad (図3\text{-}2 \text{の面積}(\mathrm{I}+\mathrm{II})) \quad (3.1)$$

$$収益の現在価値 = \frac{R_5}{(1+r)^5} + \frac{R_6}{(1+r)^6} + \frac{R_7}{(1+r)^7} + \cdots\cdots$$

$$\cdots\cdots + \frac{R_{t-1}}{(1+r)^{t-1}} + \frac{R_t}{(1+r)^t}$$

$$= \sum_{i=5}^{t} \frac{R_i}{(1+r)^i} \quad (図3\text{-}2 \text{の面積}\mathrm{III}) \quad (3.2)$$

いま，(3.2) の収益から (3.1) の費用を控除したものを純収益（net return）とすると，現在価値で表した教育投資の純収益，いいかえれば，純現在価値（net present value）V は，

$$純収益の現在価値\ V\ (r) = -\sum_{i=1}^{4} \frac{C_i}{(1+r)^i} + \sum_{i=5}^{t} \frac{R_i}{(1+r)^i} \quad (3.3)$$

となる。(3.3) の純現在価値 V は市場利子率 r に依存する関数 $V(r)$ である。そして，純現在価値 V が正となるか否かによって，個人は大学教育への投資を実行するか否かを判断するであろう。こうした解法を現在価値法 (present-value method) とよんでいる。(3.3) において，もし純現在価値が $V \geq 0$ であるならば，この教育投資を実行するであろう。逆に $V<0$ であると，投資を実行しないであろう[39]。

ところで，現在価値に直すというのはどういう意味なのだろうか。個人は，現在，図3-2の原点 O 位置し，大学に進学するならば，4年間在学し卒業とともに直ちに就職して定年まで働くわけであるから，費用の流列 (C_1, C_2, C_3, C_4) も収益の流列 (R_5, R_6, R_7, ………, R_{t-1}, R_t) もそのまま合計する訳にはいかない。経済学においては，将来の C_i や R_i の価値を現在価値に直す場合，一定の割引率 (discount rate) で将来の C_i や R_i を割り引かなければならない。たとえば，同じ100万円でも，今日の100万円の価値と1年後の100万円の価値は同じではない。今日の100万円のほうが1年後の100万円よりも価値的には大きく，100万円の価値は時間の経過とともに割り引かれていくことになる。そこで，今日の100万円の価値と1年後の100万円の価値とが折り合うためには，どのようにすればよいのだろうか。それは，今日の100万円が1年後の100万円プラス利子の大きさに等しくなければならない。すなわち，100万円を元金として銀行に預金し，1年後に100万円プラス利子の元利合計 $100(1+r)$ 万円（ただし，r は市場利子率である）を受け取ることにほかならない。

以上の説明からもわかるように，1年後の100万円を現在の時点 O に引き戻すためには——現在価値に直すためには，割引率（ここで，利子率 r を用いる）で割り引かなければならない。1年後の100万円の割り引かれた現在価値 (discounted present value) は，$100/(1+r)$ 万円でもって表される。したがって，2年後の100万円の現在価値は $100/(1+r)^2$，3年後の100万円の現在価値は $100/(1+r)^3$，………，となり，n 年後の100万円の現在価値は $100/(1+r)^n$ と示される。

3.2.4 内部収益率法による教育投資の決定

現在価値法とは,市場利子率 r を用いて割り引かれた純現在価値を求める方法である。これと表裏の関係にあるのが,次に述べる内部収益率法 (internal-rate-of-return method) である。この方法によっても大学教育への投資決定を説明することができる。この解法は,現在価値の計算において,割引率に市場利子率を用いるのではなく,内部収益率を用いる方法である。内部収益率とは,各年における教育投資の費用を割り引いて現在価値を計算したとき,この費用の割引現在価値の合計がちょうど各年の投資収益の割引現在価値の合計に等しくするような割引率をいう。

$$\frac{C_1}{(1+\rho)}+\frac{C_2}{(1+\rho)^2}+\frac{C_3}{(1+\rho)^3}+\frac{C_4}{(1+\rho)^4}$$
$$=\frac{R_5}{(1+\rho)^5}+\frac{R_6}{(1+\rho)^6}+\cdots\cdots+\frac{R_t}{(1+\rho)^t}$$

上式より,次の関係をえる。

$$\sum_{i=1}^{4}\frac{C_i}{(1+\rho)^i}=\sum_{i=5}^{t}\frac{R_i}{(1+\rho)^i} \tag{3.4}$$

(3.4) において,投資費用の現在価値を表す左辺と,投資収益の現在価値を表す右辺とをちょうど等しくするような割引率 ρ が内部収益率にほかならない。ところで,(3.3) に市場利子率 r に代わって割引率 ρ を代入すると,教育投資の純現在価値 V はちょうどゼロになる[40]。いいかえれば,内部収益率とは,投資の純現在価値 V をちょうどゼロとするような割引率にほかならない。周知のように,実物投資の決定において,ケインズはこの内部収益率を投資の限界効率 (marginal efficiency of investment) とよんでいる。

いま,教育投資の内部収益率 ρ と市場利子率 r が与えられると,個人は内部収益率 ρ と市場利子率 r を比較して,教育投資を実行するか否かを決定するであろう。もし $\rho \geqq r$ であれば,市場利子率 r で教育投資の資金を銀行から借りても,単位あたりの収益 $(\rho-r)$ をえることができるから,この投資は実行され,逆に $\rho<r$ であれば,実行されないであろう。というのは,個人は学校教育以外のほかの投資機会に投資したほうが有利となるからである。大学教育への投資は,内部収益率 ρ と市場利子率 r それぞれの大きさを比較する

ことによって決定される。以上を整理すると，投資決定の有無は次のようになる。

	投資の純現在価値	内部収益率	市場利子率	投資実行の有無
(1)	$V \geqq 0$	ρ $\geqq$	r	実行する
(2)	$V < 0$	ρ $<$	r	実行しない

(3.3) からわかるように，教育投資の純現在価値 $V(r)$ は市場利子率 r の減少関数である。利子率 r が高くなると，投資費用 C_i も投資収益 R_j （いずれも現在価値）もともに低下するが，C_i にくらべ時間的に遅く発生する R_j のほうがより大きく割り引かれることから，純現在価値 V は利子率 r の上昇にともなって減少するであろう。もし r が十分に大きければ，V の値はマイナスになるであろう。

そこで，縦軸に投資の純現在価値 V を，横軸に市場利子率 r と内部収益率 ρ をとる図3-3において，V と r との関係を表すと，この関係は右下がりの

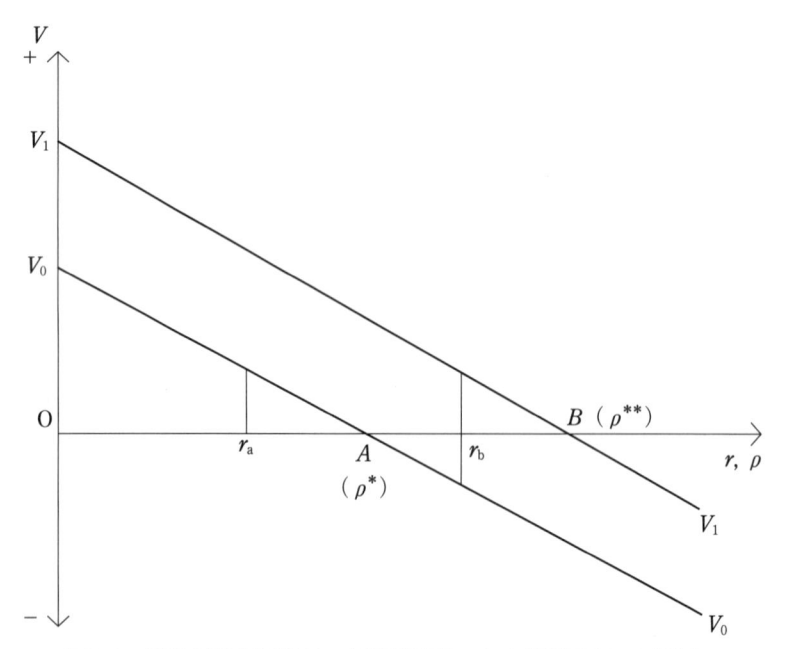

図3-3 投資の現在価値 V，内部収益率 ρ と市場利子率 r の関係

曲線 V_0V_0 と画かれるであろう[41]。この曲線が横軸と交差する点 A は純現在価値 V がゼロとなる点である。これに対応する内部収益率 ρ を ρ^* とすると，市場利子率 r がこの ρ^* よりも低い場合には（同図の $r=r_a<\rho^*$），$V>0$ となるから，教育投資は実行され，逆に r が ρ^* よりも高ければ（同図の $r=r_b>\rho^*$），$V<0$ となり，投資は割に合わず実行されない。

ところで，同じ利子率 r において，各期々々の投資費用 C_i が軽減され，投資収益 R_j が増加するならば，(3.3) から明らかなように，曲線は V_0V_0 から V_1V_1 へと右上方にシフトするであろう。その結果，内部収益率が ρ^* から点 B の ρ^{**} に上昇することから，相当に高い利子率（たとえば r_b）でも，$r_b<\rho^{**}$ となるから，大学への教育投資は引き合うことになるであろう。

3.2.5 大学教育の収益率

1970年代になると，人的資本理論にもとづいて，教育投資の収益率を測定しようとする多くの実証分析は各国で行われたが，そのなかでもしばしば引用されるのが85年に発表されたギリシヤのサカロポウロス（G. Psacharopoulos,）の実証分析である[42]。推計結果をみると，1つはアフリカ，アジアなどの発展途上国における収益率は先進諸国よりも高い，また，発展途上国においては初等教育などの低い水準の教育ほど，収益率は高いというものである。さらに実証分析によると，多くの国々では教育年数の増大にともなって，収益率が低下することを明らかにした。わが国においても，収益率の測定に関するいくつかの実証分析は行われたが，田中敬文 [1998] の分析によると，大学教育の収益率は80年代まで低下の傾向にあったものの，80年代以降は安定的に推移していると指摘した。岩村美智恵 [1996] もまた，首都圏の大学・学部を対象に収益率を測定して興味ある結論をえた。それは社会科学系の学部のほうが理工系のそれよりも収益率が高いという結果である。

収益率の測定に関する実証分析とともに，ミンサー [1974] は，これらとは異なる方法で収益率を測定している[43]。それはミンサー型賃金関数というもので，人的資本理論の実証研究に一つの契機を与えた。ミンサーは，個人の賃金を決定する要因として，個人の学歴（教育年数）と卒業後に就業した経験年数

（勤続年数）を重視した。前者の学歴による効果を推定することで，間接的に収益率を求めるものである。後者の経験年数は *OJT* や *Off-JT* など教育訓練によって蓄積された人的資本量を代替的に表している。ミンサー型の最も単純な賃金関数は，賃金 w の自然対数 $\ln w$ を学歴（教育年数）s，や経験年数 x によって定式化され，次の回帰式を推計することで求められる[44]。

$$\ln w = \alpha + \beta_1 s + \beta_2 x + \beta_3 x^2 \qquad (3.5)$$

ただし，α，β_1，β_2，β_3 はすべて定数で，β_1，$\beta_2 > 0$ である。大学教育の収益率は，学歴，すなわち教育年数にかかる定数 β_1 と考えられる。次の (3.6) にはミンサーによって推計された (3.5) の推定式が示されている[45]。

$$\ln w = 6.20 + 0.107s + 0.081x - 0.0012x^2 \quad R^2 = 0.285 \qquad (3.6)$$
$$\qquad\quad (72.3)\ \ (75.5)\ \ (-55.8)$$

また，小塩隆士［2002］は，厚生労働省『賃金構造基本調査』(2000年）を用いて，(3.5) の賃金関数を男女別に推計した[46]。推計結果によると，男性における大学教育の収益率は6.2％，女性の場合は9.3％で男性より高い数値となっている。

ミンサー型賃金関数については，扱い易さや便利さから実証分析に数多く利用されているが，理論的にも，また推定上の点においてもいくつかの問題をもっている。

3-3 学歴とシグナル

3.3.1 大学教育の機能と情報の非対称性

人的資本理論においては，学校教育の機能は個々人に専門知識を授け，また新しい仕事への適応力を高めることによって，彼らが発揮する労働の限界生産力を引き上げると考えられている。その結果，人的資本によってもたらされる生産力の向上のゆえに，学校教育を受けた個人の賃金水準はそうでない個人の賃金水準より高くなる，と人びとは主張する。しかし，前述したように，大学教育の生産力効果をまったく否定する考え方もある。多くの人びとは大学を卒業した者がそうでない者にくらべて高い生産能力をもって働いていると信じて

いる。しかし，この生産能力の違いは，大学を卒業したことによって生産能力が上昇したからではなく，むしろ大学に入学する前から高い生産能力をもっていたかもしれない。したがって，個人の生産能力がたとえ大学教育を受けた者と同じ高さにあっても，その個人が大学教育を受けなければ，社会はその個人の生産能力が高いとは評価しないかもしれない。大学でなにを勉強したかは問題ではない。そこで，生産能力の高い個人は，その高さを社会全体に認知させるために大学に進学するのである。

この考えによれば，大卒という卒業証書は，個人が大学で獲得した知識や技能を証明するためのものではなく，個人が生来もっている能力がどれだけ高いかという情報を社会一般に伝播するための証書にすぎない。これによって，企業は大学を卒業した個人が能力の高い者であると選別することができ，そうでない者より高い賃金を受け取るから，能力のある者は大学に進学するであろう。このように，大学教育は，個人の生産能力を高めるのではなく，能力のある個人を識別する手段としての役割を果たしているにすぎない。この機能は，教育のシグナリング（信号 signaling）機能とか，スクリーニング（選抜 screening）機能とよばれる[47]。こうした考えは，人的資本論とは対立する立場から大学進学の決定を論じるもので，その代表はスペンス［1973］［1974］のシグナリング理論である[48]。

いま，企業が新たに労働者を採用する場合を考えてみよう。労働者すべてが同質ではなく，その生産能力には相当な散らばりがあるだろう。労働者自身は自分の生産能力をよく知っているけれども，企業は採用しようとする労働者の生産能力がどの程度であるかを知らない，またこれを直接知るのは非常にむずかしいと仮定する。そこで，企業はなんらかの情報をえて生産能力の高さを判断するかしかない。

このように，労働者と企業との間に能力に関する情報量に格差があるとき，「情報の非対称性」が存在するという。労働市場に情報の非対称性が存在するような場合，企業は労働者の生産能力をどのように判断するのであろうか。このような状況にあるとき，企業は生産能力を間接的に表すところの個人の属性——それは直接観察することができる属性でもあるが——をもとに，企業は労

働者の生産能力を推測しなければならない。いいかえれば，ある属性は，個人の生産能力に関する情報を含んでいると考えてよいだろう。スペンスは，個人の属性を表す情報をシグナル（信号 signal）とインデックス（指標 index）に分類している。インデックスとは，身長，性別，人種などで個人の意思や努力によっても人為的に変更できないような属性である。他方，シグナルとは，個人の意思や努力によって変更しようと思えば変更することができるところの属性で，それは学歴や職歴というシグナルである。学歴が能力のシグナルになるというのがシグナリング理論の主張である。

シグナリング理論は，情報の非対称性が存在する市場のもとで，個人がシグナルとしての学歴を通して能力に関する情報をどのように企業に伝達するのか，その結果として，学歴というシグナルをえるために投資される教育年数の長さをどのように決定するのかを明らかにするものである。このように，シグナリング理論の特徴は，個人は自分の生産能力を企業に知らしめるため，大学に進学し学歴をえようとする点にある。

3.3.2 教育水準の選択

いま，仕事を求めている個人（たとえば，求職者）のグループを**表3-1**のように生産能力の違いによって分け，個人それぞれの生産性（厳密にいえば，労働の限界価値生産性）を1と2とする[49]。グループⅠは1の生産性をもっており，グループⅡはグループⅠより生産的で，2の生産性をもっていると仮定する。ここで，企業はこれらの個人を採用する前に，彼（または彼女）がどちらのグループに属しているか知らないが，グループ全体のうち，グループⅠが占める割合は g （$0<g<1$），グループⅡの割合は（$1-g$）であることを知っているとする。さらに個人は大学の卒業証書，つまり学歴によって自分の生産能

表3-1　2つのグループの生産性と教育費用

グループ	生産性	割合	教育費用
グループⅠ	1	g	y
グループⅡ	2	$1-g$	$y/2$

力をシグナルとして発信するのであって，企業はこれを受けて大卒者がそうでない者よりも生産能力が高いと確信していると仮定しよう。

そこで，大学の教育年数の長さ，ないしは教育量の多いさを y で表すと ($y \geqq 0$)，グループⅠの個人は，y の大学教育年数を受けるのに要する教育費用として y，グループⅡの個人は同じ年数を受けるために $y/2$ の費用がかかると仮定する[50]。これより，グループⅡの個人は生産能力が高く勉強も効率的に行うので，教育にかかる費用もグループⅠの個人よりも少なく半分にすぎない。個人によって，教育費用に差があるという仮定，いいかえれば，個人の負担する教育費用——シグナリング費用といわれる——がその個人の生産能力と負の関係にあるという仮定は，スペンス・モデルにおいて決定的に重要な意味をもっている[51]。

はじめに，学歴というシグナルが存在しない場合（大学に進学しない場合）を考える。この場合，企業はすべての個人が同じ生産性をもっていると考えるから，彼らに同じ賃金を一律に支払うであろう。すべての個人に支払われる同じ額の賃金 $\overline{w}$ を計算すると，

$$\overline{w} = 1 \cdot g + 2 \cdot (1-g) = 2 - g \tag{3.7}$$

となる。(3.7) から，グループⅠの個人は賃金 $\overline{w}$ と生産性 1 の差，つまり，$\overline{w} - 1 = (2-g) - 1 = 1-g$ にあたる純利得をえるのに対して，グループⅡの個人は賃金 $\overline{w}$ と生産性 2 の差，つまり，$\overline{w} - 2 = (2-g) - 2 = -g$ となり，逆に損失をこうむるであろう。この結果，企業に採用された後，グループⅡの個人は生産性より低い賃金を受け取ることから，企業を辞めるであろう。このように，企業は，生産性の高低を表すシグナルを無視して一律同じ賃金 $\overline{w}$ を支払うことはできない。かくして，企業は採用する各個人の生産性の高さがどれくらいなのかを，なんらかの方法で判定することが必要となる。そこで，教育水準ないしは学歴がシグナルとして利用されるのである。

いま，図3-4において，大学教育が $\overline{y} > 0$ の水準にあって，個人の教育水準 y が $0 \leqq y < \overline{y}$ であれば，その個人の生産性は 1，また教育水準 y が $y \geqq \overline{y}$ であれば，生産性は 2 になると，企業は確信している。そのうえ，企業は個人に生産性に等しい賃金を支給すると仮定しよう。そこで，企業が支給する賃金の

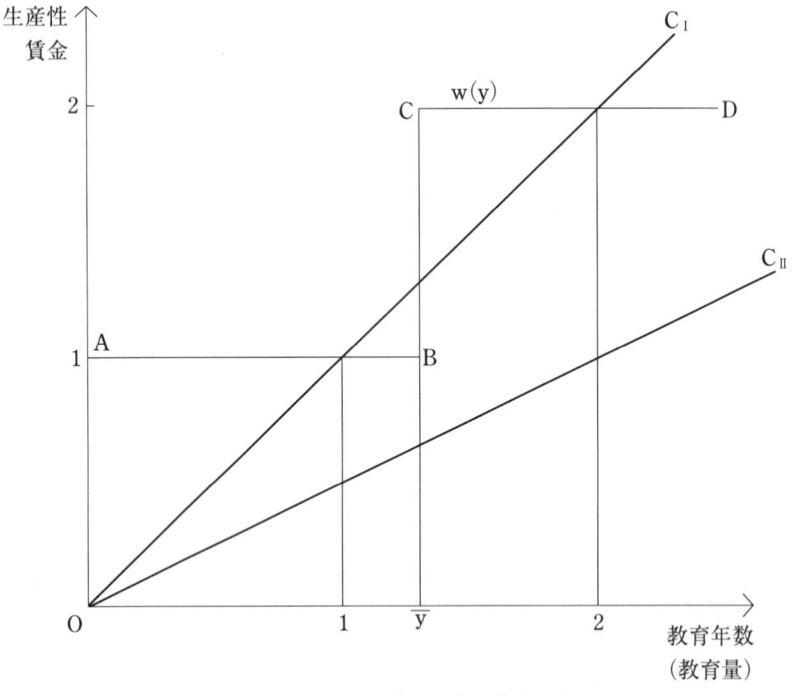

図3-4 各グループの最適な教育水準

水準，つまり学歴の関数としての賃金関数 $w(y)$ を図3-4に画くと，それは曲線 $ABCD$ のように示されるであろう[52]。教育水準 y が $0 \leq y < \bar{y}$ の個人については，企業は1の生産性に対応して1の賃金を支払い，$y \geq \bar{y}$ の個人については，2の生産性に対応して2の賃金を支払うのである。

さて，このような賃金関数 $w(y)$ に直面している各グループの個人は，どれだけの教育水準を選択するのだろうか。このとき，個人は大学に進学するための費用と卒業後に受け取る賃金を比較して教育水準を選択するのであるが，教育水準 y をえるための教育費用は，個人の生産性に反比例して，グループⅠの個人にとっては y，グループⅡの個人にとっては $y/2$ であるとする[53]。そして，各グループの大学教育に要する費用は図3-4に教育費用線 OC_I，OC_II として画かれている。先の仮定から，教育費用線 OC_I の傾きは1，費用線 OC_II の傾きは $1/2$ になっている。ここで，個人は賃金と教育費用との差，

すなわち教育の純利得を最大化するように，教育水準を選択すると仮定する。図式でいえば，個人は賃金曲線と大学教育に要する費用線との間の距離を最大化するように，教育水準 y を選択することである。教育水準が $\bar{y}$ で与えられると，純利得が最大になる点は図3-4に次のように示される。グループⅠの個人は $y=0$ を，グループⅡの個人は $y=\bar{y}$ を選択し，それ以外は選択しないであろう[54]。というのは，これらの2点は，賃金曲線と費用線との差がそれぞれのグループにおいて最大となっているからである。

いま，グループⅠの個人は，教育水準 $y=0$ か $y=\bar{y}$ かのどちらかを選択すると仮定しよう。$y=0$ のときの賃金は1，教育費用はゼロであるから，教育による純利得は1となる。これに対して，$y=\bar{y}$ のときの賃金は2であるが，教育費用が $\bar{y}$ であるから，純利得は $2-\bar{y}$ となる。これは $y=0$ のときの純利得 $1>2-\bar{y}$ より小さくなるであろう。

$$1>2-\bar{y} \tag{3.8}$$

となるから，グループⅠのどの個人も大学に進学しないで，低学歴の $y=0$ を甘んじて選択するであろう[55]。グループⅡの個人についても，どのような基準で学歴を選択するかは，グループⅠの個人の場合とまったく同じである。たとえば，$y=0$ の教育水準を選ぶとき，賃金は1，教育費用はゼロであるから，純利得は1となる。$y=\bar{y}$ のときには，賃金は2，教育費用は $\bar{y}/2$ であるから，純利得は $2-\bar{y}/2$ となる。これは $y=0$ のときの純利得1と比較して，$y=\bar{y}$ のときの純利得 $2-\bar{y}/2$ は1より大きくなる。すなわち $2-\bar{y}/2>1$ となる。

$$2-\bar{y}/2>1 \tag{3.9}$$

となるから，グループⅡの個人は全員が大学に進学し，$y=\bar{y}$ の高学歴を選択するであろう。かくして，(3.8)と(3.9)の2つの不等式より

$$2>\bar{y}>1 \tag{3.10}$$

という条件がえられる。すなわち不等式(3.10)を満足するように，教育水準 $\bar{y}$ が設定されているとき，グループⅠの個人は大学に進学せず，$y=0$ の低学歴を選ぶであろう。また，グループⅡの個人は $y=\bar{y}$ の高学歴を選択する，つまり，全員が大学に進学するであろう。このことは，当初抱いていた企業の

確信が正しかったことを結果的に裏書するものである。したがって，企業は個人の学歴というシグナルをもとに彼らを区別して採用し，異なった賃金を支給するのである。いうまでもなく，これらの個人を採用した後，十分な時間が経ってから，企業はグループごとに分けられた各個人の生産性を正確に知ることになるであろう。

こうした学歴シグナルをもとに把握された生産性の高さ——大学教育を受けた者がそうでない者よりも生産能力が高いという，当初抱いていた確信がひとたび確認されると，企業はその確信を変更しようとはしないであろう。企業の確信に変更がないならば，労働市場は均衡にあるといい，スペンスはこれをシグナリング均衡（signaling equilibrium）とよんだ。以上がシグナリング理論の骨子である。

3.3.3 シグナリング均衡の性質

シグナリング均衡において，グループⅠの純利得は1，グループⅡのそれは $2-\overline{y}/2$ となる。教育水準 $\overline{y}$ が (3.10) の $2>\overline{y}>1$ の範囲内にとどまっているかぎり，異なったシグナリング均衡が成立するであろう。したがって，グループⅡの純利得もまた異なるであろう。すなわち $\overline{y}$ の値が大きくなれば，高学歴グループⅡの純利得は減少し，低学歴グループⅠのそれは相対的に上昇するであろう。それでもなお，シグナリング均衡は成立するのである[56]。

シグナリング・モデルは，教育水準を自由に選択できるとか，教育費用と生産性が反比例しているとか，また採用されたときに支給される賃金が生涯にわたって一定であるなどの仮定はいずれも現実性を欠いた厳しい仮定である。しかし，このモデルは，情報が非対称的である市場において，個人の生産能力がどのような高さにあるかを判定するのに，学歴といったシグナルが生産能力の代理変数として機能することを見事に描き出した点に最大の功績がある。さらにモデルの展開にとって決定的に重要な鍵を握っているのが，個人にとってシグナリング費用に差があるという点である。このような想定のもとで，大学教育，したがって，学歴が個人の生産能力を識別するシグナルとして機能するというのがシグナリング理論の結論なのである。

最後に，シグナリング均衡の性質について若干付け加えておこう[57]。第1に，シグナリング・モデルでは，各個人の生産性は獲得される学歴によって変化することはない。大学教育はそれを受けた個人の生産性にまったく寄与せず，個々人に学歴というレッテルを貼るという役割を果たしているにすぎない。これは人的資本理論と決定的に対立する点であるが，教育投資の効果についてきわめて興味ある分析を示している。

第2に，これに関連して，大学を卒業しても個人の生産能力は上昇しないので，社会全体からみると，大学教育に投資してもなんらの収益を生み出さないであろう。たとえ，個人の教育水準が $y=1$ であっても，社会全体にとっては $y=0$ の場合と同じ生産性しか与えないから，大学教育への投資は資源の浪費であるとの結論に達するであろう。

第3に，このモデルでは，大学教育の内容や中身はまったく問題とされていない。教育費用が関係しているのはこれを負担する個人の生産能力であり，経済学部を卒業したのか，それとも工学部を卒業したのかはまったく関係していない。教育費用が個人の生産能力と負の相関にあるかぎり，大学教育はどのような内容でもよいことになる[58]。

スペンスのシグナリング理論は，人的資本理論と対立する理論として1970年代に現れた経済理論の1つで，教育の経済学に決定的に重要な影響を与えた。その後，ライリー［1976］は，大学教育が個人の生産能力を高めると同時に，シグナルとしての機能をもっているモデル——人的資本モデルとシグナリング・モデルを結合するモデルを発表した。シグナリング・モデルを契機に，大学教育の経済理論のアプローチは一段と進み，その後，数多くの論文が発表された。そのなかでアロー［1973a］もまた，大学教育が個人の生産能力を高めないと仮定し，個人の学歴が生産能力に関する情報を企業に伝達するというモデルを構成した。大学は，数多くの受験者のなかから一部の受験者を入学させ，その一部を卒業させるのである。大学のこうした機能としてのフィルター機能を強調したアローのモデルを数値例として説明したのがバーデット［1978］であった。わが国でも，伊藤隆敏［2003］が人的資本とシグナリング均衡を同時に考察できるモデルを提示し，新たな概念として「プール均衡」を提

示している。

3-4　職場訓練の理論

3.4.1　2つの職場訓練

　わが国企業における労働者の熟練形成のあり方をみると，新規に採用された労働者は技能や熟練の最も低い職務に格付けされ，まずやさしい仕事からはじまって，その後，職場を転々としながら——職場訓練（*OJT* on-the-job training），ときには職場外訓練（*Off-JT* off-the-job training）を受けながら，徐々に技能や熟練を高め，むずかしい作業に移っていく（同時に，配置転換や昇進していく）のである。このように，職務の遍歴を通じて企業内で熟練を形成していくとともに，これに対応して，労働者の受け取る賃金もまた上昇していくであろう[59]。こうした熟練形成は，大量生産方式によって生産・製造する大企業においてしばしば観察されるところである。このような熟練形成によって労働者の技能や熟練を高めるという考えは熟練仮説といわれている。この仮説に立って，年功賃金制の根拠を説明する1つの理論が人的資本理論にほかならない。

　ここで，職場訓練（*OJT*）と職場外訓練（*Off-JT*）を若干説明しておこう。学校教育における職業訓練を別にすれば，職業訓練は，一般に企業内での職場訓練（*OJT*）によって行われている。隅谷三喜男・古賀比呂志編［1978］によると[60]，*OJT* とは，「生産過程の一部としての職場で，ある職務に就いて生産に従事しながら，その職務の知識・技能習得の訓練を与える訓練」と定義されている。また *OJT* は主に実際に遂行されつつある仕事に必要な熟練の形成に限定され，しかも非組織的・非公式的に行われる訓練といえるであろう。さらに *OJT* は一般訓練的な要素をもっているといわれるが，習得する技能レベルからみて特殊訓練の性格をより強くもっていると考えれる。

　このように，生産現場において行われる熟練の形成には，*OJT* と *Off-JT* の2つの方法がある。企業は，「カリキュラムにのせて客観的に教えることの困難な熟練部分に関しては，仕事に就きながらの訓練によって」，これを埋め

ようとするが，この仕事に従事しながらの訓練，いわゆる OJT にほかならない[61]。小池和男は，『仕事の経済学』[1999] の第2章において，豊富な事例をもとに OJT と Off-JT の熟練形成を説明している。熟練を形成する主な手段として「幅広く深い実務訓練」と，それを補う「短い研修コースの訓練」がある。前者を OJT，後者を Off-JT といい，つづけて「OJT とは言葉だけでなく実体もわかりにくい」が，「……実務経験が訓練になること」と述べている[62]。労働者が入社するとほとんど技能や熟練をもたないで，生産現場に配置されるであろう。職場での OJT こそ，熟練形成の主役であって，これを補うのが Off-JT である。Off-JT の役割とは，実務経験を整理して体系化することにあるといえるだろう。1年以上の Off-JT もあるが，たいていの Off-JT は1～2週間程度の短い研修である[63]。職場訓練による熟練形成とそれに見合って上昇する賃金水準との関係は，人的資本理論の立場から説明することができる。労働者が企業で受ける職場訓練を人的資本の視点から理論的に検討し，訓練投資の一般分析として位置づけたのはベッカー［1964］やオイ（W. Y. Oi）[1962] であった。

　ベッカーやオイによれば，職場訓練は2つのタイプに分けることができる[64]。それは一般訓練（general training）と特殊訓練（specific training or firm specific training）である。一般訓練とは，訓練を提供する企業における労働の限界生産物を高めるだけではなく，他の企業における労働の限界生産物をも同等に高めるような訓練といわれる。つまりこの訓練によって獲得された知識や技能がどの企業においても同等に役立つところの訓練が一般訓練にほかならない。義務教育は最も典型的な一般訓練であるが，職場における一般訓練の例として，パソコンなどの訓練，文書作成の方法，機械・設備の操作方法などがある。

　これに対して，特殊訓練とは，訓練を提供する企業における労働の限界生産物を他の企業における限界生産物以上に高めるところの訓練をいう。その極端なケースは完全な特殊訓練（complete specific training）といわれ，訓練を提供する特定の企業にのみ労働の限界生産物を増加させるけれども，その訓練を受けた労働者が他の企業に移っても，なんらの効果も与えないといわれる訓練

である。いいかえれば，完全な特殊訓練とは，それによって獲得された技能や知識が特定の企業にしか役に立たない訓練をいう。たいていの職場訓練は完全に特殊的でもなく，また完全に一般的でもないが，訓練を提供する企業に対して労働の限界生産物をより高めるという意味で，その訓練は特殊的といってもよい。特殊訓練の例として，他の企業で使用されていない特殊な機械・装置の操作方法，集団的なチーム生産やチーム作業における作業手順や仲間との協力関係などをあげることができる。

なお，一般訓練によって獲得された技能や知識などの人的資本は一般人的資本（general human capital）といい，特殊訓練によって獲得された技能や知識などの人的資本は特殊人的資本（specific human capital）とよばれている。

3.4.2 職場訓練と均衡条件

次に，人的資本理論の立場から職場訓練と賃金水準との関係を分析するが，この関係が職場訓練のタイプによって異なることを考察する前に，利潤極大化をめざして行動している企業が，労働者に職場訓練を実施しながら熟練の向上を図っている場合，各期々々に成立する利潤極大化の均衡条件は，職場熟練によってどのような影響を受けるかをまず明らかにしよう。生産物市場と労働市場がともに競争的であって，職場訓練が行われていないならば，任意の期間において（所与である）賃金率 W が労働の限界生産物 MP に等しくなる主体的均衡点（$W = MP$）で，企業は利潤極大を実現するはずである。これが新古典派労働市場モデルの基本命題の1つにほかならない。任意の期間における $W = MP$ の均衡条件は，それ以降の各期間における均衡条件とは独立しているから，各期間 t においても，$W_t = MP_t$ が成立するはずである。しかし，職場訓練が行われると，現在と将来との関係はもはや独立でなくなるから，均衡条件は変化するであろう。この場合，各期間の賃金率と労働の限界生産物は期間の全体を通じて相互に関連しているから，各期間において，賃金率と労働の限界生産物は必ずしも均衡する必要はないのである。成立すべき均衡条件とは，期間全体にわたって収入と支出の現在価値が等しくなること，これである。

ここで，労働者は第0期の期首に入社し，この企業でn期間を働き，第$(n-1)$期の期末に引退するものと仮定する（$t=0, 1, 2, \cdots\cdots, n-2, n-1$）。また，職場訓練は第0期だけ行われると仮定する。企業がn期間にわたって支出する費用は，訓練期間である第0期に投下される訓練費用K，訓練期間に支払われる賃金率W_0，そして訓練が終了してから引退するまでの期間（第1期から第$(n-1)$期）の賃金流列の現在価値（present value of wage stream）$\sum_{t=1}^{n-1}\frac{W_t}{(1+i)^t}$からなっている。ただし，$i$は割引率，$n$は雇用期間である。他方，企業がえる収入とは，訓練期間における労働の限界生産物MP_0と，訓練後に獲得する労働の限界生産物流列の現在価値（present value of marginal product stream of labor）$\sum_{t=1}^{n-1}\frac{MP_t}{(1+i)^t}$である。かくして，均衡条件は収入と支出が等しくなることから，次のようになる[65]。

$$K + W_0 + \sum_{t=1}^{n-1}\frac{W_t}{(1+i)^t} = MP_0 + \sum_{t=1}^{n-1}\frac{MP_t}{(1+i)^t} \tag{3.11}$$

いま，$\sum_{t=1}^{n-1}\frac{MP_t - W_t}{(1+i)^t} = G$とおくと，(3.11)は次のように整理される。

$$K + W_0 = MP_0 + G \tag{3.12}$$

ここで，訓練からの収益Gとは，訓練後における労働の限界生産物と賃金率との差をいい，Gは企業が労働者の訓練からえる収益の現在価値（present value of return from training）を表している。(3.12)をさらに変形すると，次のようになる。

$$K + (W_0 - MP_0) = G \tag{3.13}$$

(3.13)の左辺$[K+(W_0-MP_0)]$は，第0期の訓練期間に負担しなければならない訓練費用Kと，同期間における賃金率マイナス労働の限界生産物の合計(W_0-MP_0)を表し，他方，右辺Gは，訓練収益の現在価値を示している。いいかえれば，訓練収益の現在価値Gは，訓練中の賃金率W_0と訓練費用Kの合計(W_0+K)から訓練中における労働の限界生産物MP_0を控除したものに等しいのである。

ところで，訓練費用Kとは，訓練期間中に生じた生産の遅延や中断のため

に，労働者（訓練生）や指導者（上司や先輩など）によって訓練期間中に放棄された生産物の価値，さらに同期間中に利用した機械・生産設備の使用料や教材費などからなっている。この訓練費用 K は，実際に要した直接費用である。これに対して，訓練中における生産活動の中断や生産物の減少などによって放棄された労働の限界生産物の価値，いわゆる機会費用 C' は，訓練中における労働の限界生産物 MP_0 と，訓練を受けなかった場合に労働者が発揮するであろうところの労働の限界生産物（これを潜在的な労働の限界生産物という）MP'_0 との差にほかならない（$C'=(MP'_0-MP_0)$）。いま，訓練の総費用を C とすると，C は実際の訓練費用 K と機会費用 $C'=(MP'_0-MP_0)$ からなる。

$$C=K+(MP'_0-MP_0)$$
$$=K+C' \qquad (3.14)$$

かくして，(3.14)を利用すると，(3.12)は次のように変形される[66]。

$$C+(W_0-MP'_0)=G \text{ or } (W_0-MP'_0)=(G-C) \qquad (3.15)$$

(3.15)の右辺 $(G-C)$ は訓練収益と機会費用を含んだ訓練費用との差であり，訓練収益 G が訓練費用 C に一致する場合のみ，訓練期間中の賃金率 W_0 は潜在的な労働の限界生産物 MP'_0 に等しくなるであろう。もし $G>C$ ならば $W_0>MP'_0$，逆に $G<C$ ならば $W_0<MP'_0$ となるであろう。

3.4.3 費用と収益の関係——一般訓練の場合

それでは，職場訓練のタイプによって，労働者または企業のいずれが訓練投資の費用を負担し，また誰が投資からの収益を受け取るのであろうか。いいかえれば，訓練のタイプに応じ，労働者が受け取る賃金はどのような経路をたどって変化するのであろうか。

はじめに，一般訓練の場合について説明する。いま，訓練を実施する企業と同様に，他の企業すべてに労働の限界生産物を同等に引き上げるといった完全な一般訓練を想定する。一般に，訓練を行った後，賃金率は労働の限界生産物と同程度に上昇するから，企業は訓練収益をまったく獲得することができないであろう。つまり(3.15)において $G=0$ となる。それでも，企業が一般訓練を提供しようとするのはなぜだろうか。それは，企業が訓練費用をまったく負

担しない場合のみにかぎられる。逆にいえば，労働者が訓練後の賃金引上げを期待して訓練費用を負担するときに，企業は一般訓練を行うのである。(3.15) は $G=0$ より，

$$W_0 = MP'_0 - C \qquad (3.16)$$

となる。(3.16) より明らかなように，訓練中の賃金率 W_0 は，その期間に訓練を受けなかった場合にえられる潜在的な労働の限界生産物 MP'_0 に等しくなるのではなく，訓練費用 C の大きさだけ低くなるであろう[67]。

　費用と収益の関係を図3-5 によって図解すると，いっそう容易に理解できるであろう。同図において，縦軸に賃金率と労働の限界生産物をとり，横軸に労働者が雇用されている期間を表し，その期間は n 期間（$t=0, 1, 2, \cdots\cdots, n-1$）とする。$OU_0$ の高さは労働者が訓練を受けなかった場合の潜在的な労働の

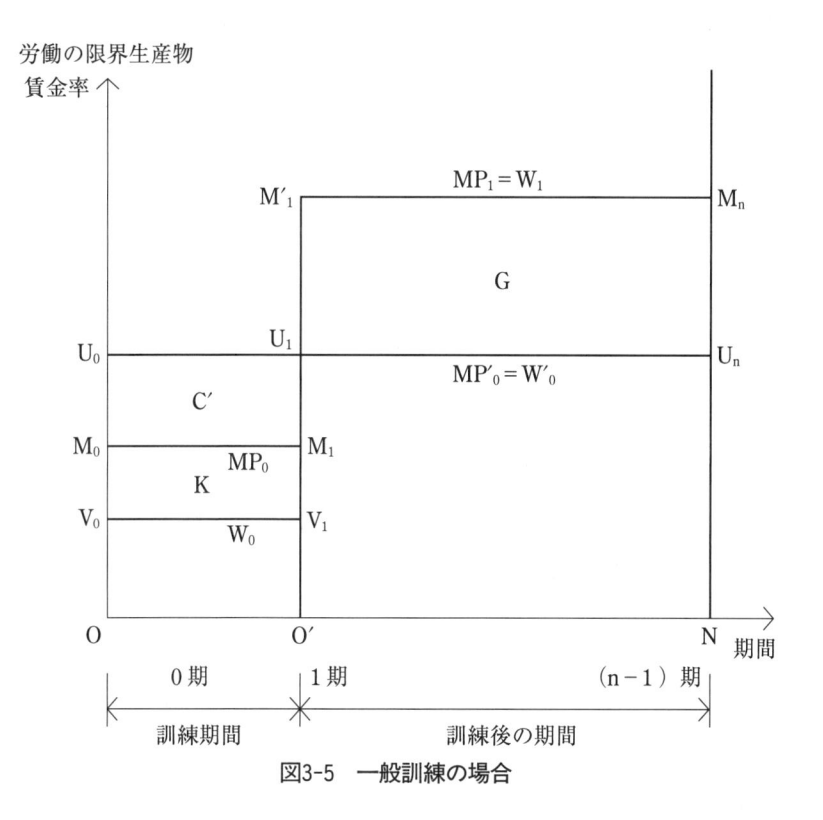

図3-5　一般訓練の場合

限界生産物（MP'_0）を表し，入社から定年までの n 期間，MP'_0 の高さを表す OU_0 は一定で，直線 U_0U_n で表示されていると仮定する。いうまでもなく，競争的な労働市場においては，MP'_0 は訓練を受けなかった場合の賃金率（これを W'_0 する）に等しくなるであろう（$MP'_0 = W'_0$）[68]。つまり，賃金率と労働の限界生産物は期間に関係なく一定であり，かつ等しいと仮定されている。

一般訓練が第 0 期だけ行われると，訓練中に発揮される労働の限界生産物（MP_0）は，訓練中の時間と労力が割かれるために，訓練がない場合の労働の限界生産物 OU_0 にくらべて OM_0 と低い。かくして，□$U_0M_0M_1U_1$（図 3-5 における C' の面積）は訓練によって放棄された労働の限界生産物の価値，いいかえれば，機会費用 C' にほかならない。これに対して，訓練中に労働者が受け取る賃金率 W_0 は，労働者が実際に要した訓練費用 K を負担するために，訓練中における労働の限界生産物 OM_0 より低い OV_0 となるであろう。したがって，訓練にかかる直接費用は，□$M_0V_0V_1M_1$（同図における K の面積）として表される。かくして，訓練期間に要するところの訓練費用の総計 C は □$U_0V_0V_1U_1$（＝機会費用 C' の面積＋直接費用 K の面積＝訓練費用の総計 C の面積）となる。その費用は人的資本のために投下された投資であり，労働者によって負担されるであろう。

第 0 期で訓練を終了した後，訓練投資の効果は第 1 期から第 $(n-1)$ 期の期末に引退するまでつづくと仮定する。すなわち，労働の限界生産物は第 1 期から上昇し，$OU_0(=O'U_1)$ よりも高い $O'M'_1$ となって現れる（同図の MP_1）。労働の限界生産物の軌跡は折線 $M_0M_1M'_1M_n$ として与えられるであろう。労働者が第 $(n-1)$ 期の期末まで働くのだから，訓練後の軌跡は M'_1M_n 線で示される。と同時に，競争的市場においては訓練後に受け取る賃金率もまた，各期とも労働の限界生産物 $O'M'_1$ に等しくなるから，M'_1M_n 線に沿って移動するであろう（同図の W_1）。かくして，賃金率の軌跡は折線 $V_0V_1M'_1M_n$ として与えられるから，労働者がえる訓練収益は □$M'_1U_1U_nM_n$（同図の G の面積）となる。いうまでもなく，企業の受け取る訓練収益 G はゼロとなる[69]。かくして，労働者が獲得する（割引率で割引かれた）訓練収益 □$M'_1U_1U_nM_n$

が（機会費用を斟酌した）訓練費用□$U_0V_0V_1U_1$より大きければ——Gの面積が$(K+C')$の面積よりも大きければ，労働者は進んで一般訓練の費用を負担するはずである。逆に小さくなると，費用の負担を拒否し訓練を受けないであろう。訓練後についても，賃金率と労働の限界生産物との均等（$W_1 = MP_1$）が成立する。訓練中の労働者はW'_0よりも低い賃金率W_0を受け取ることによって訓練費用を負担し，訓練後はW'_0よりも高い賃金W_1を受けることによって，訓練収益を受け取るのである。

3.4.4 特殊訓練の場合

特殊訓練とは，それによって獲得された技能や知識が訓練を行った企業に役立つものの，他の企業にあまり有用でない訓練をいう。たいていの職場訓練は完全に特殊的でも完全に一般的でもないが，訓練を提供する企業に対して労働の限界生産物をいっそう高めるという意味で，この訓練は企業特殊的訓練といわれる。

ところで，一般訓練と違って，特殊訓練においては訓練を終了した労働者の技能は他の企業に通用しないから，労働者は特殊訓練の費用を負担することはないだろう。他方，企業は訓練費用を負担してまでも訓練を提供する動機がある。というのは，企業は上昇した労働の限界生産物の結果として訓練からの収益を確保することができるからである。したがって，訓練収益の現在価値が訓練費用のそれを上回っているかぎり，企業は費用を負担してでも特殊訓練を提供しようとする。以上のことを (3.15) の均衡条件は

$$MP'_0 + G = W_0 + C \qquad (3.17)$$

によって説明すると，(3.17) が成立するから，（企業に帰属する）訓練からの収益の現在価値は$\sum_{t=1}^{n-1}\frac{(MP_t - W_t)}{(1+i)^t} = G > 0$となるであろう。というのは，競争的な労働市場のもとで完全な特殊訓練が行われている場合には，訓練期間中に受け取る賃金率W_0は，他の企業で働いたならば受け取る賃金率W'_0に等しいであろう（$W_0 = W'_0$）。同様に，訓練を受けなかったときの労働の限界生産物MP'_0は，他の企業で発揮される労働の限界生産物に等しいであろう。した

がって，競争的な市場において，他の企業でえられる賃金率 W'_0 と他の企業で発揮される労働の限界生産物 MP'_0 が一致することから，$W_0(=W'_0)=MP'_0$ が成立するであろう。

ところで，訓練中における労働の限界生産物 MP_0 は訓練を受けなかったときの労働の限界生産物 MP'_0 より低くなるであろう（$MP_0<MP'_0$）。$W_0=MP'_0(>MP_0)$ の関係より，企業は訓練中における労働の限界生産物 MP_0 より高い賃金率 W_0 を労働者に支給するのである。しかし，訓練後にえられる賃金率 W_1 は，他の企業でえられるはずの賃金率 $W'_0(=MP'_0)$ と同じ高さであるから，この賃金率は訓練後に発揮される労働の限界生産物 MP_1 より低くなる。その差が企業に帰属する訓練収益にほかならない。

以上の内容を図3-6によって説明すると，次のようになる。ここで，完全に

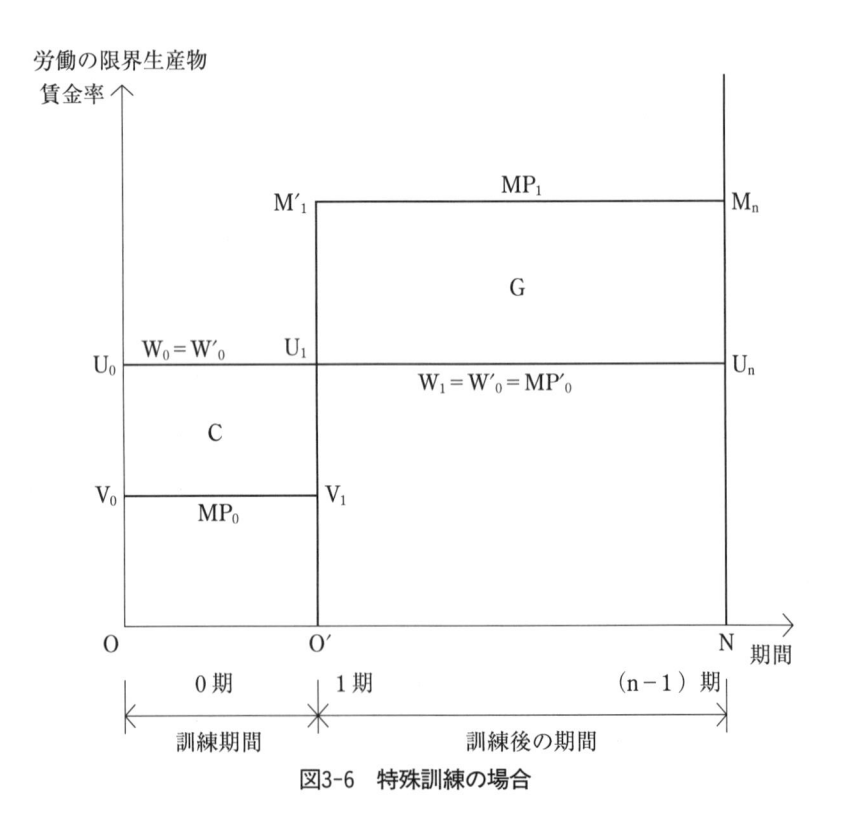

図3-6　特殊訓練の場合

特殊訓練を受けている場合，訓練中における労働の限界生産物 MP_0 は OV_0 の高さとなり，訓練後には $O'M'_1$ へと上昇する（図3-6の MP_1）。つまり，労働の限界生産物の高さを表す軌跡をみると，それは折線 $V_0V_1M'_1M_n$ 上を動くことになる。これに対して，訓練中に受け取る賃金率 W_0 は訓練を受けなかったときの労働の限界生産物 MP'_0，したがって競争的な賃金率 W'_0 に等しくなければならない（$W_0=W'_0=MP'_0$）。それは U_0U_1 線上に位置する。完全に特殊な訓練は訓練を受けた労働者が他の企業に転職しても，労働の限界生産物をまったく高めないから，訓練後に受け取る賃金率 W_1 は競争的な賃金率 W'_0 より高くなることはない（$W_1=W'_0$）。それは M'_1M_n 線上に位置する労働の限界生産物 MP_1 より低い U_1U_n 線で表示されるであろう。したがって，労働者の受け取る賃金率の軌跡は $U_0U_1U_n$ 線上に位置することになるであろう。

かくして，企業が負担する（機会費用を斟酌した）訓練費用の総計は，□$U_0V_0V_1U_1$（同図の総費用は C の面積）となる。これに対して，訓練後に発揮される労働の限界生産物 MP_1 と訓練後に受け取る賃金率 $W_1(=W'_0)$ との差□$M'_1U_1U_nM_n$ は，企業に帰属するところの訓練収益の現在価値 G にほかならない。企業は訓練収益の現在価値——（割引率で割引かれた）□$M'_1U_1U_nM_n$ が訓練費用□$U_0V_0V_1U_1$ を上回るかぎり，特殊訓練を行うことが有利になるであろう。以上の分析からの帰結は，企業が訓練費用を全額負担し，訓練収益をすべて回収する点に求められる。このように，訓練中において労働の限界生産物以上の賃金率（$W_0=W'_0>MP_0$）を支払うことによって訓練費用 C を負担し，訓練後には労働の限界生産物よりも低い賃金率（$W_1=W'_0<MP_1$）を支払うことによって，訓練収益 G のすべてを受け取るのである。

3.4.5 職場訓練と労働異動

職場訓練が行われなければ，新古典派の競争的な労働市場理論が教えるように，労働の限界生産物に一致する賃金率は企業すべてにおいて等しくなるはずである。たとえ労働者が離職して他の企業に就職しても同じ労働条件をえることができ，また企業も損失をこうむることなく同質の労働者を雇い入れること

ができるであろう。職場訓練が行われていない場合には，労使とも労働異動に注意を払う必要はない。しかし，職場訓練が行われると，職場訓練は任意退職や解雇など労働異動にどのような影響を与えるであろうか。一般訓練については，企業は訓練からの収益を確保できないから，訓練費用を負担することはない。それゆえ，企業は労働者を定着させようとするインセンティブをもたないであろう。それでは，特殊訓練の場合にはどのようになるのであろうか。

　企業は訓練費用を負担しても，訓練後に労働者が任意退職すれば，訓練収益を全額回収できなくなるために損失をこうむるであろう。逆に，（たとえ訓練費用を負担するとしても）労働者が訓練後に離職すれば，訓練収益を確保できないだけでなく，他の企業において高い労働の限界生産物を発揮する職場をも見い出せないであろう。このように，特殊人的資本のフレームに労働異動の要素を導入することは，企業と労働者の結びつきを一段と強めるであろう。労働異動の役割は，伝統的な経済理論においてほとんど無視されてきたけれども，人的資本理論のなかではきわめて重要な役割を演じている。

　ところで，労働異動が起こるか否かは，労使のいずれが特殊訓練の費用を負担するのか，またどのように分担するのかだけでなく，訓練後に受け取る訓練収益（それはまた労働者に支払う賃金率の高さといってもよい）にも依存している。企業は他の企業で支払われるよりも高い賃金を訓練後の労働者に支払うことで，労働異動を極力減らそうとする。いいかえれば，訓練費用を負担する企業は，訓練後に訓練収益を確保すると同時に，離職からの損失をミニマムに抑えるために労働者に高賃金を支払うのである。企業は，労働異動の可能性を斟酌して，訓練後に受け取る訓練収益の一部を労働者に分け与えるとともに，訓練費用の一部を労働者に肩代わりさせるであろう。逆に労働者からすれば，訓練費用の一部を負担してでも，それ以上の訓練収益を確保できるならば，この特殊訓練を受けるであろう。以上みたように，特殊訓練においては，労使が訓練からの収益とそれを負担する費用を分ち合うのは労働異動の問題と密接に結びついているからである。訓練を受けた労働者は，訓練後には訓練収益の一部を享受しうるので，そうでない労働者にくらべて任意退職の可能性はそれだけ小さくなる。また企業も訓練を受けた労働者をできるだけ定着させようとす

る。労働異動の程度は特殊訓練を受けた労働者ほど低くなるであろう。

以上の考察を図3-7によって説明しよう。特殊訓練のもとで企業が支払う賃金率は，訓練中は競争的な賃金率 W'_0 より少し下回る W_0 に設定し，訓練後は W'_0 を少し上回る W_1 に定めるであろう。訓練費用 $\square U_0V_0V_1U_1$ のうち，$\square U_0L_0L_1U_1$（(W'_0-W_0) の差に対応する面積）は労働者の負担する費用（図3-7の C_L の面積）であり，また，$\square L_0V_0V_1L_1$（(W_0-MP_0) の差に対応する面積）は企業の負担する費用（図3-7の C_E の面積）となる。訓練収益についても，$\square M'_1U_1U_nM_n$ のうち企業に帰属する収益は，$\square M'_1N_1N_nM_n$（(MP_1-W_1) の差に対応する面積（同図の G_E の面積））であり，また，$\square N_1U_1U_nN_n$（$(W_1-W'_0)$ の差に対応する面積（同図の G_L の面積））は，労働者の受け取る収益となる。

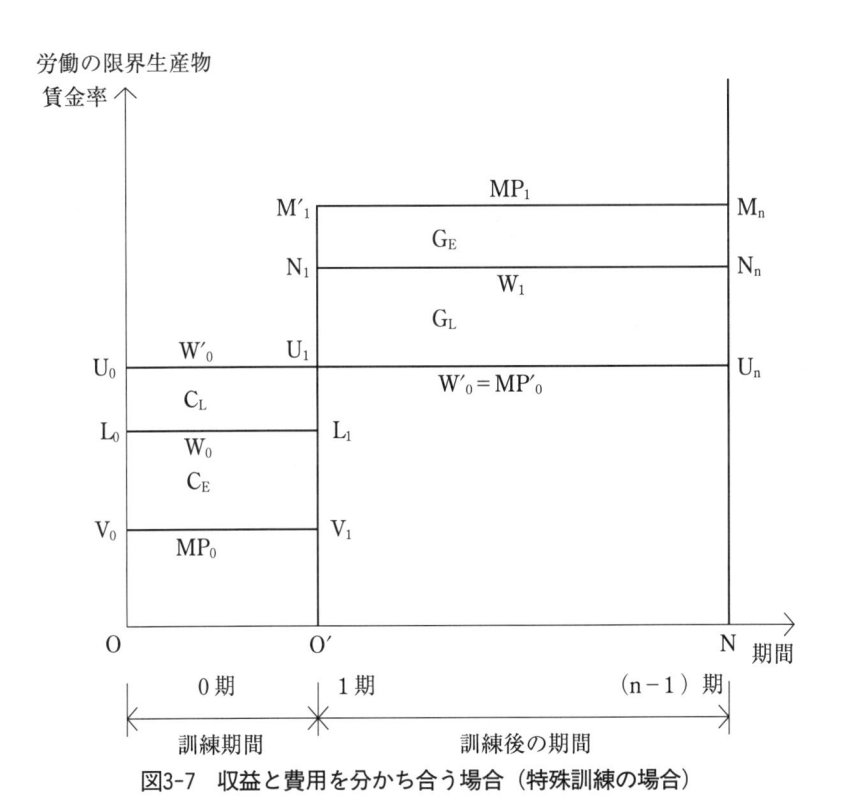

図3-7 収益と費用を分かち合う場合（特殊訓練の場合）

最後に,景気の循環的変動に対して,企業は雇用調整をどのように考えるのであろうか。いま,訓練後に企業が不況に直面したとしよう。職場訓練が行われていない場合,競争的な労働市場においては労働の限界生産物と賃金率が等しいから,企業は労働需要の減少によって下落した労働の限界生産物が賃金率を下回らないように,両者が等しくなるまで労働者を解雇するであろう。これに対して,特殊訓練を受けた労働者の場合にはどのようになるのだろうか。訓練後に発揮される労働の限界生産物は賃金率より高くなるけれども,労働需要が減少した結果,労働の限界生産物もまた低下するであろう。しかし,それが賃金率を下回るほど低下しないかぎり,企業は労働者をレイオフするインセンティブをもたないであろう。したがって,労働需要が減少しても,特殊訓練を受けた労働者が解雇される確率は相対的に小さくなるであろう。それでは,労働の限界生産物が賃金率を下回るほど下落するならば,低下した労働の限界生産物が賃金率に一致する点まで,企業は労働者をレイオフするであろうか。

　不況が厳しく長くつづくと予想されるならば,特殊訓練を受けた労働者といえども解雇されるであろう。不況が一時的であるのに,労働者をレイオフすると,企業は景気回復後に受け取ることになる訓練収益を確保できなくなるであろう。それゆえに,労働の限界生産物が一時的に賃金率を下回ったとしても,企業は特殊訓練を受けた労働者を直ちにはレイオフしないであろう。特殊人的資本の理論にしたがうと,特殊訓練を受けた労働者が任意退職する確率は,訓練を受けなかった労働者や一般訓練を受けた労働者にくらべて低く,また,企業が不況局面で彼らを解雇するインセンティブは相当に小さいであろう。

[注]
1) 　同書の第2編は「資財の性質・蓄積および用途について」を論じており,また,第1章は「資財の分類について」を記述している。スミスは,ある国,または社会の総資財それ自体を3部分に分割して説明している。その第1は直接の消費のために留保される部分である。第2のものは固定資本である。第3のものは流動資本である。この第2のもの,すなわち固定資本が本文で説明されている。なお,資財とは,蓄積されている財貨の一定量のことで,今日の言葉でいえば,実体資本にほかならない。A. Smith [1776] 訳書第2分冊239〜243

頁，第 5 分冊105頁を参照．
2) A. Smith［1776］訳書第 2 分冊241〜242頁から引用．
3) わが国では，人的資本論の研究は1960年代になってシカゴ学派のベッカーやシュルツなどの業績を中心に発展していった．とくにシュルツの教育経済学を紹介するとともに，経済成長のなかで人間自身の能力がきわめて重要な要因であるとの観点から，人的投資の重要性を分析したのは井上毅［1969］であった．井上の研究は60年代末における先駆的な業績の 1 つであった．同書の第 1 部・第 3 章「人間能力問題に関する先駆的理論」のなかで，スミス，マーシャル，ピグーなどの考えを展望している．

井上は，経済学における人的能力要因へのアプローチが「アダム・スミス以前にはなく，そして実にアダム・スミスにおいてすでにそのスタートを切っている．」と指摘している．井上毅［1969］51頁を参照．
4) A. Smith［1776］訳書第 2 分冊242頁から引用．
5) 井上毅［1969］51頁を参照．
6) 井上毅［1969］59頁を参照．
7) A. Marshall［1890］訳書第 2 分冊155頁を参照．
8) A. Marshall［1890］訳書第 2 分冊157〜169頁を参照．
9) A. Marshall［1890］訳書第 2 分冊170頁を参照．
10) A. Marshall［1890］訳書第 2 分冊170〜183頁を参照．
11) 井上毅［1969］118頁を参照．
12) 井上毅［1969］124〜125頁を参照．
13) T. W. Schultz［1963］訳書24〜34頁を参照．
14) T. W. Schultz［1963］訳書35〜63頁を参照．
15) 井上毅の研究にみるように，人的資本理論の紹介は，わが国においては1960年代後半になってやっとはじまったのであるが，その後，島田晴雄は，『労働経済学のフロンティア』［1977］の「第 2 章 人的資本理論革命」において，60年代中期からアメリカ労働経済学界で生起している潮流の変化——制度派労働経済学から人的資本理論への「革命」の状況をいきいきと描いている．「……，1960年代中期から様相は一変した．人的資本概念が労働経済学の領域にも導入されるや，なかば見捨てられていた新古典派労働市場理論の枯井戸から，汲めども尽きぬ黄金の泉が湧き出したように想われたのである．」と述べている．島田晴雄［1977］31〜50頁を参照．脚注の文章は37頁から引用．
16) R, B. Freeman［1972］訳書61〜68頁を参照．
17) R, B. Freeman［1972］訳書61頁を参照．
18) G, S. Becker［1964］訳書40頁を参照．
19) J. Mincer［1962］，小池和男［1999］を参照．
20) 「法律で定める学校」とは，学校教育法に定める学校をいう．学校教育法

（1947年4月に施行）の第1条に定められている「学校」をいい，1条学校または1条校という。1条学校ではないが，学校教育法に定めがある学校として専修学校や各種学校がある。47年3月に施行された教育基本法は，2006年12月にこれを全面改正して新たに施行した。同法は教育についての基本原則を定めた法律である。これに対して，学校教育法も47年4月に施行された法律であるが，教育基本法の制定を受けて学校教育の制度を具体的に定めたものである。

21) 以下の職業訓練制度および法制の変遷等の説明については，隅谷三喜男・古賀比呂志編［1978］第2章・第3章および厚生労働省職業能力開発局編［2002］「新訂版　はしがき」「序論」に負っている。隅谷が中心となって古賀，芳村明，桐木逸朗とともに，わが国の職業訓練の発達・変遷史——職業訓練発達の制度史 (institutional history) を『日本職業訓練発達史（上・下）』［1970］［1971］としてまとめた。同書は，時代区分を行いながら，幕末から終戦までの職業訓練の発達史を「戦前編」として叙述したものである。上巻は，伝習生制度をはじめ，職人徒弟制，工場徒弟制などの成立・形成，そして変容をとおして，明治期における資本主義の発展にともなって西欧先進技術の土着化がどのように進んだかの過程を可能なかぎり資料を蒐集し，精力的にこれらの制度を分析し，下巻では，明治から終戦までの戦前期における日本的養成制度の成立・定着・崩壊といった職業訓練の変遷過程を追究したものである。

また隅谷は，古賀とともに，「戦後編」として『日本職業訓練発展史』［1978］を刊行した。同書は，戦後の職業訓練の変遷史を取り上げたもので，第1部では戦後における職業訓練体制の再編と展開の過程を1950年代半ば以降の技術革新と対応させてまとめたものである。第2部においては，アメリカで現れた2つの理論——人的資本論と内部労働市場論——を踏まえ，技能労働者の養成訓練，とくに企業内訓練に関して理論的に考察したものである。最後に，隅谷らは「序言」のなかでこの3巻の刊行をもって，幕末から60年代中期までの，わが国における技能労働者の養成訓練の歴史的考察を完了したと結んでいる。隅谷三喜男・古賀比呂志編［1978］vii頁を参照。

なお，これらの業績とともにまとめられたのが石原孝一の『日本技術教育史論』［1962］と産業訓練白書編集委員会編の『産業訓練百年史』［1971］であった。

22) 改正された「職業訓練法」にもとづいて，1979年7月に中央職業能力開発協会が，また同年9月に地方の産業都市を中心に，多種多様な教育訓練を行う施設として「地域職業訓練センター」が設置された。

23) 「職業能力開発促進法」には職業訓練についての特別の定義規定はない。一般に，「職業訓練」とは，「労働者に対し職業に必要な技能およびこれに関する知識を習得させることによって，労働者としての能力を開発し，向上させるために行う訓練」と解されている。厚生労働省職業能力開発局編［2002］108頁を参

照。
24) 公共職業訓練とは，公共職業能力開発施設の行う普通職業訓練または高度職業訓練をいう（第20条）。
25) 同法第16条の第1項では，公共職業能力開発施設の設置について，国と都道府県の役割分担の原則を定めている。第2項および第3項では，公共職業能力開発施設の設置を希望する都道府県および市町村の要請に応える措置を示している。国が設置する公共職業能力開発施設のうち，職業能力開発短期大学校，職業能力開発大学校および職業能力開発促進センターについては，現実には国に代わって雇用・能力開発機構（2011年10月組織廃止）が設置・運営するものである。なお，雇用・能力開発機構は11年10月から高齢・障害・求職者雇用支援機構に改組された。
26) 同法第10条において，職業能力の開発および向上を促進するための措置として，第9条の職業訓練以外に，専修学校，各種学校等の行う教育訓練を受けさせること等を例示している。
27) T. W. Schultz [1963] 訳書143頁，また島田晴雄 [1977] 第2章を参照。『経済セミナー』[2003] の2003年10月号は「教育の経済学」の特集を行っている。最近における教育の経済学を展望するうえでわかりやすい。なお，伊藤隆敏 [2003] は同誌の03年9・10月号において教育の経済理論――人的資本理論，シグナリング理論，両理論を含む同時モデルを説明・解説している。
28) T. W. Schultz [1963] 訳書146頁を参照。
29) 大卒の学歴をもつ個人の有する生産能力に関する情報量と，この個人を採用しようとする企業の能力に関する情報量に差があるとき，情報の非対称性が存在するという。情報の非対称性が存在し，個人の生産能力を直接知ることができないとき，学歴などのシグナルが使用される。
30) 2001年のノーベル経済学賞は非対称情報の行動についての研究業績が評価され，アカロフ，スペンス，スティグリッツの3名の経済学者に与えられた。
31) 島田晴雄・清家篤 [1992] 1頁を参照。
32) 大学教育のもつ「投資」「消費」側面についての説明は島田晴雄・清家篤 [1992] 3頁，小塩隆士 [2002] 第3章，同 [2003] 第2章を参照。
33) 荒井一博 [2002] 3～5頁を参照。
34) 本文で用いる進学率は大学（学部），短期大学（本科）への進学率（浪人を含む）である。大学（学部），短期大学（本科）への進学率（浪人を含む）とは，大学学部・短期大学本科入学者数（浪人を含む）を3年前の中学校卒業者数で除した比率をいう。これに対して，大学・短期大学等への現役進学率とは，各年3月の高等学校および中等教育学校後期課程本科卒業者のうち，大学の学部・通信教育部・別科，短期大学の本科・通信教育部・別科および高等学校等の専攻科に進学した者（就職進学した者を含む）の占める比率をいう。文部科

学省「学校基本調査」を参照。

35) 教育投資の社会的費用とは，個々人が大学教育を受けるための教育投資の私的費用を含め，社会全体が負担する費用をいう。社会的費用として，私的費用のほかに大学教育を授けるための学校施設に要する経費，教員などの給与や研究費，学校教育に対する公的な助成金・補助金などがある。

36) このほかに，食費や光熱費，被服費，場合によるとアパート・マンションなどの家賃などもかかる。しかし，これらの費用は大学教育投資の私的費用ではない。というのは，大学に進学しなくても働けば，これらの費用はかかるであろう。

37) 大学4年間にアルバイトしている場合には，放棄所得からアルバイト収入を差し引いた所得がネットの形での放棄所得になる。

38) 一般に，大卒者の初任給は高卒者の入社4年後の賃金より低いであろう。したがって，曲線 BB' の起点は点 B より下に位置するであろう。

39) 上記の説明では，図3-2に図示するように，個人が就学，そして，就業する時点を年齢でなく期間（時点）で表示していた。たとえば，入学した時点を第1期（$i=1$），卒業した時点を第4期（$i=4$）とし，また，卒業後の就職した時点を第5期（$i=5$），したがって，60歳の定年における時点は第 t 期（$i=t$）であった。

いま，i を第 i 期でなく第 i 歳として，費用と収益の現在価値を計算すると，(3.1) と (3.2) はどのように変更されるであろうか。19歳で大学に入学し，22歳で卒業して23歳から60歳の定年まで働くとすると，純収益の現在価値は次のようになる。

$$\text{純収益の現在価値 } V(r) = -\sum_{i=19}^{22}\frac{C_i}{(1+r)^{i-18}} + \sum_{i=23}^{60}\frac{R_i}{(1+r)^{i-18}} \quad (3.1)'$$

40) 教育の費用と収益を直接比較する現在価値法とは別に，注39)のように，i を期間でなく年齢を表すとした場合の内部収益率法によると，

$$\sum_{i=19}^{22}\frac{C_i}{(1+\rho)^{i-18}} = \sum_{i=23}^{60}\frac{R_i}{(1+\rho)^{i-18}} \quad (3.2)'$$

ただし，ρ は内部収益率である。

41) 荒井一博［1989］44～46頁（大橋勇雄他［1989］に所収），荒井一博［1991］24～26頁を参照。

42) 小塩隆士［2002］47～49頁，荒井一博［1995］49～53頁を参照。

43) ミンサー型賃金関数の説明については，中馬宏之［1995］第3章のうち112～128頁，小塩隆士［2002］40～48頁，荒井一博［1995］43～47頁に負っている。

44) 小塩隆士［2002］46頁，小塩隆士・妹尾渉［2003］9頁を参照。

45) 推定式はミンサー［1974］のTable5.1（p.92）から引用した。

46) 小塩隆士［2002］46～47頁，とくに表1-1（47頁）を参照。

47) この機能はまた，教育のフィルタリング（濾過　filtering）機能とかソーティング（選別　sorting）機能ともいわれる。
48) シグナリング理論を説明した邦文の文献は多いが，ここでは林敏彦［1989］，荒井一博［1995］［2002］，小塩隆士［2002］，伊藤隆敏［2003］の文献を示しておく。
49) 表3-1 の仮設的なモデルにおける生産性，教育費用，そして，賃金率は大学に進学する時点の現在価値に変換されていると仮定する。M. Spence［1973］を参照。
50) ここで，教育量 y が大きくなれば，それにともなって教育費用もまた大きくなると仮定する。教育費用には金銭的費用のほかに時間的費用をも含んでいる。
51) 個人の負担する教育費用はシグナリング費用といわれる。というのは，大学に入学し卒業するまでに要する費用は，大学という学歴シグナルによって自分の生産能力に関する情報を企業に発するための費用であるから，シグナリング費用といわれる。生産能力に個人差があるにもかかわらず，教育費用に差がなければ，大学での教育は生産能力の違いによって個人を識別できず，大学教育によるシグナリングは機能しない。
52) このモデルでは，個人を採用するときに賃金を決定するが，一定と仮定されている。
53) 生産能力の高い個人にとっては，ある高さの教育水準，すなわち学歴 y を手に入れるための費用は小さいのに対して，生産能力の低い個人が同じ教育水準を入手しようとすれば，大きな費用を要すると仮定する。
54) y がゼロの水準は高校を卒業して大学に進学しない教育水準を表している。
55) 教育水準が $y=1$ のときはどうだろうか。賃金は $y=0$ のときと同じ1なので（教育費用も1となる），大学教育を受けても，純利得はなんら変わらなくゼロとなる。
56) 異なる均衡の社会的優劣を比較すると，図3-4 からも明らかなように，教育水準 $\overline{y}$ が高いほど，社会全体として多くの教育費用が必要になるにもかかわらず，大学教育は個人の生産能力をまったく高めないから，$\overline{y}$ が1に近く，かつその右側に均衡があるほど社会的にみて望ましいということになる。
57) 林敏彦［1989］98〜101頁，荒井一博［2002］84〜86頁を参照。
58) 大学への進学は個人に受験勉強という負荷を与え，入学試験に合格し勉強した者に（実際には在学中の成績よりも入試の合否のみがシグナルとなっている），高い生産能力であるという卒業証書を授けている。個人は他の受験生に打ち勝つために過度の努力（過酷な受験勉強）に耐えなければならない。荒井一博は，これをとらえてシグナリング理論における教育は「がまん競争」であると述べ，アカロフはこのような競争をラットレース（rat race）とよんでいる。G. A. Akerlof［1976］，荒井一博［2002］86頁を参照。

59) 熟練形成を重視する考えは小池和男が主張する立場で，熟練仮説といわれている。小池和男 [1966] 第 2 章第 2 節の I ～ III（68～80頁），第 3 章第 2 節の I・II（122～131頁），同 [1999] 25頁，小野旭 [1994] 148頁を参照。
60) 隅谷三喜男・古賀比呂志編 [1978] 339頁を参照。
61) 小野旭 [1994] 21頁を参照。
62) 小池和男 [1999] 25頁を参照。
63) 小池和男 [1999] 28～34頁を参照。
64) G. S. Becker [1964] 訳書11～19頁を参照。
65) ここで企業が労働者を募集・採用することに要する雇い入れ費用がないと仮定する。
66) (3.14) の $C = K + (MP'_0 - MP_0)$ に (3.12) の $K = G - (W_0 - MP_0)$ を代入し整理すると，(3.15) をえる。
67) (3.12) を用いて表現すると，
$$W_0 = MP_0 - K$$
となる。労働者は訓練を受けたときの労働の限界生産物 MP_0 以下の賃金率 W_0 を受けることによって，一般訓練に対する実際に要した訓練費用 K を負担するのである。
68) この賃金率 W'_0 は他の企業で働いたならばえられるはずの競争的な賃金率でもある。
69) n 期間にわたって労働者が受け取る賃金率の推移は折線 $V_0 V_1 M'_1 M_n$ で示され，また，訓練投資の結果，労働の限界生産物の推移は折線 $M_0 M_1 M'_1 M_n$ で示される。

第4章　労働市場の構造と情報の不完全性

　労働経済学は，1950年代後半から60年代にかけて，新古典派の立場から理論化を進め，また，フィリップス曲線の登場によって60年代に急速に理論的発展を遂げた。その一方で，統計資料の整備とコンピュータの発達にともなって，計量的・実証的研究の成果も大幅に蓄積されていった。ところで，30年代後半から50年代初期にかけて，アメリカを中心に労働市場に関する数多くの実態調査が行われた。この草創期に行われた実証研究が労働経済学の理論的発展に果たした役割は実に大きかった。労働市場研究はアメリカの大都市や地方都市の地域労働市場を対象に，労働者の就職行動をはじめ，職探しの方法，入職経路，解雇制度や離転職の動き，失業の実態など，さまざまな観点から実証的に観察・調査することによって労働市場の構造的・制度的特徴を明らかにしていった。その1つの成果が「労働市場構造 (labor market structure)」を解明する実証研究，それであった。

　70年代にはいると，新古典派経済学に対する批判として，内部労働市場論，二重労働市場論，ラディカル派市場論，多層市場論などの制度学派の流れをくむ労働市場の構造論に関する成果が次から次に発表された[1]。これらの労働市場論は，完全競争を前提とする新古典派競争市場モデルを批判する立場から出発したものであった。

　本章では，まず第1に，現実に観察されるさまざまな労働市場を類型化して，労働市場の構造がきわめて多様でかつ複雑に絡み合っていることを明らかにする。第2に，内部労働市場を取り上げ，その市場構造，労働力配分のメカニズム，そして外部労働市場との関係などを考察する。70年代にはいって，非対称情報の考えが経済学に導入されたこともまた，労働経済学の発展に大きく貢献した。最後に，情報不完全な労働市場のもとで展開される「職探し理論」

や「レモンの理論」を取り上げて説明する。

4-1 労働市場の類型[2]

4.1.1 カーの分類――賃金市場と雇用市場

われわれが日常生活を営む交換経済は，いくつもの市場網をつうじて複雑に絡み合って機能している。網の目のように複雑に張りめぐらされた市場網の1つに労働市場（labor market）がある。労働市場とは，労働用役または労働サービスの取引をめぐって売り手と買い手との間で行われる交換の場をいい，そこにおいて労働用役または労働サービスの取引量とその価格が決まるであろう。しかし，現実に観察される各種の労働市場は，縦断的また横断的に複雑に重なり錯綜した状態にある。実際，労働市場は，企業や職種，地域に分断され，さしづめ小国が数多く分立した状態にあるといってもよい。カー（C. Kerr）[1954] は，アメリカの労働市場がとくに企業ごとに分断されている点をとらえて，「労働市場のバルカン化（The Balkanization of Labor Markets）」と称したのである。一見，無秩序に散在しているかのようにみえるさまざまな労働市場を，いかなる視点から類型化することができるだろうか。この作業は労働市場の分析にとっての第1歩であり，必要不可欠な作業なのである。どのような視点から市場を形態的に類型化するのが効果的かつ適切な方法であろうか。以下では，これまで提示された代表的な分類の方法を取り上げ，さまざまなタイプの労働市場を観察する。

労働力の需要と供給を調整する場としての労働市場は，賃金水準の決定と労働力の配分という2つの機能をもっている。賃金率と雇用量が同時に決定されるのか，それとも別々に決定されるのかは，この2つの機能が労働力の需給調整にどれだけ効果的に作用しているのか否かに依存している。図4-1に示すように，この2つの機能に注目して，カーは労働市場を「賃金市場（wage market）」と「雇用市場（job market）」に分類した。賃金市場とは，賃金率を決め平準化するところの場であって，1つの賃金率が設定されるような仕事（work）や職務（job）の集まりからなっている市場をいう。つまり，賃金市

（1）カーの分類
　A．労働市場の機能による分類　　　　　B．市場機能の重なりの程度による分類
　　　┌ 雇用市場　　　　　　　　　　　　　　┌ 完全市場
　　　│　　　　　　　　　　　　　　　　　　│ 新古典派市場
　　　│　　　　　　　　　　　　　　　　　　│ 自然市場
　　　│　　　　　　　　　　　　　　　　　　│ 制度的市場
　　　└ 賃金市場　　　　　　　　　　　　　　└ 管理市場

（2）ダンロップの分類——価格づけにおける手続きの違いによる分類
　　　┌ 取引所
　　　│ 封鎖的入札価格制
　　　│ 競売価格制
　　　│ 相場価格制
　　　└ 交渉価格制

（3）ヒックスの分類——契約の反復性の有無による分類
　　　┌ 規則的労働市場
　　　│
　　　└ 自由労務市場

（4）フェルプス，ブルーム＝ノースラップの分類——市場の「構造」の有無による分類
　　　┌ 非構造的市場（構造化されていない労働市場）
　　　│
　　　└ 構造的市場（構造化された労働市場）

図4-1　労働市場のさまざまなタイプ

場は賃金率の高さを決めたり，さまざまな仕事や職務の賃金率を相互に平準化する働きを担っている。これに対して，雇用市場とは，労働力を適正に配分する場であって，仕事の熟練度・職種・産業などそれぞれの範囲内で，労働者が仕事や職務の間を比較的容易に移動（入職・離職）することができるような市場をいう。この市場では必ずしも1つの賃金率が決まるとはかぎらない。賃金水準の決定と労働移動の2つの機能が結びついて一体的に作用するならば，賃金市場と雇用市場は重なりエリア的には一致するであろう。2つの機能の相互一体的な関係が弱まるにつれて，賃金市場と雇用市場は次第に離反していくが，ときには1つの雇用市場にいくつもの賃金市場を含むこともある。

　カーは，2つの市場機能がどれだけ相互関連しているか，相互関連の強弱に応じて労働市場を5つのタイプに分類している。さらにその重なりの程度に応

賃金市場と職務市場の重なりの程度		
市場は完全に重なる	市場は重なるが完全でない	市場は重ならず分離する
完全市場		
	新古典派市場	自然市場
	管理市場	制度的市場

図4-2　労働市場の5つの類型——カーの分類——

じて，図4-2に図示するように，労働市場を5つのタイプ——完全市場（perfect market），新古典派市場（neo-classical market），自然市場（natural market），制度的市場（institutional market），管理市場（managed market）に分類している[3]。

完全市場とは，賃金市場と雇用市場の各エリアが完全に重なっている市場をいう。賃金変動と労働移動は相互一体的に機能しているから，そこにはただ1つの賃金率が成立し，労働力は最適に配分されるであろう。新古典派市場とは，労働力の供給側において熟練度や技能など質的に差異があるような市場であって，雇用市場にはいくつかの賃金市場が含まれているゆえに，質的な差異に応じて賃金格差が発生するであろう。賃金格差の存在は労働移動を引き起こし，均衡化格差が成立するように労働力を適正に配分するであろう。しかし，労働力の異質性のために，賃金市場と雇用市場の結びつきは完全市場のそれにくらべて弱くなるであろう。

ところで，同一の職務の集まりからなる労働市場においても，現実にはただ1つの賃金率が成立するのではなく，いくつもの賃金率が存在しており，そこには賃金率の相当な散らばりが観察される。賃金の散らばりが観察されるのは，労働力の質的な差異に起因しているというよりも，市場の情報が不完全なゆえに，労働市場に関する労働者の見方が近視眼的でかつ主観的となっているからであろう。いいかえれば，労働者が考える労働市場とは，彼の目にとどまる主観的な範囲というか小域的な空間にほかならない。カーは労働者が仕事や職務の間を比較的容易に移動することができる範囲を雇用市場と名づけたが，

労働者は彼（また彼女）の知っている企業の仕事や知人・親戚から紹介された仕事，さらに求人誌からえる仕事など，彼の目の届く範囲からなる仕事や職務の集合体として，雇用市場を主観的にとらえ，そのなかから職探しを行うのである。カーはこのような市場を自然市場とよんだ。雇用市場が主観的に把握されているために，賃金市場はいくつもの雇用市場を含むことになるであろう。この結果，賃金市場には労働の需要曲線と供給曲線がそれそれ複数存在し，そのため労働移動の役割は賃金水準を決定するのではなく，その「上限と下限」の範囲を定めるにすぎないであろう。

　制度的市場とは，企業を一つの非競争集団（non-competing group）とみなして，採用・格付け，昇格・配置転換や解雇，また賃金の支払い・昇給などを詳細に規定した「制度的な取り決め（制度的なルール　institutional rules）」——具体的には就業規則や賃金規程など——が支配する労働市場である。企業の人事管理や労使協定によって定められた制度的な取り決めは，企業ごとに雇用市場を分断することによって，労働者の自由な移動を阻止するから，賃金市場と雇用市場とは分離することになるであろう。制度的市場における雇用市場の機能とは，賃金率の上限と下限の範囲を確定するのではなく，むしろそれを拡大する傾向を強めるかもしれない。賃金率は，市場の需給調節ではなく交渉範囲のなかで労使の力関係によって決定されるので，必ずしも競争的水準の近傍に成立するとはかぎらないであろう。ところで，労働組合の勢力が増大し，組合主導によって規定された制度的な取り決めが支配する制度的市場が広範囲に浸透するにおよんで，賃金変動と労働移動の２つの機能はますます乖離していくであろう。こうした競争からの乖離をことごとく排除するために工夫された労働市場が，政府によって統制された管理市場または計画的労働市場（planned labor market）とよばれる市場である。労働組合に抵抗する行動主体として，労働市場に積極的に介入するのが政府である。市場機構という「見えざる手（invisible hand）」に代わって「政府の手」によって労働の需給を均等化し，このもとで賃金水準を決定する。また政府は，職業安定所の機能を強化して組織的に労働移動を促進し，さらに差別的な組合行動や労使の共謀行為を禁止したりする。いずれにしても，政府が企業や組合の介入的な活動を制御

することによって，市場の競争性を強め，賃金率を競争的水準に近づけ，労働力を効率的に配分しようとする点に，管理市場の狙いがある。

図4-2に要約しているように，完全市場は，賃金市場と雇用市場が完全に重なり，賃金決定と労働移動の両機能が完全に相互依存するところの市場である。これに対して，新古典派市場は市場諸力によって，また管理市場は政府の介入によって，完全市場ほどではないにしても，賃金決定と労働力配分の両機能は相当程度に連動して作用するであろう。しかし，自然市場と制度的市場については，賃金市場と雇用市場とは分離しており，2つの機能は別々に作用するのである。

4.1.2 ダンロップの分類——価格づけからみた5つの市場

伝統的な経済学は，労働市場を単一の市場としてとらえ，この単一の市場を対象に，その競争的な運行（working）に多くの関心を寄せて分析してきた。売り手と買い手の数や市場への参加の条件，製品標準化の程度は市場の需給や価格水準に影響をおよぼすのであるが，市場の技術機構は影響をあまり受けないと仮定されてきた。しかし，ダンロップ（J. T. Dunlop）[1944]は，労働市場の性格を明らかにするために，市場の競争性を前提とする従来の考えとは異なり，価格づけ（pricing）に関する市場の技術機構（technical organization of markets）——市場の技術機構とは，市場における取引商品の価格づけにおいて，売り手と買い手とが互いに合意に達して契約する場合の手続き（procedure）をいう——を取り上げ，この手続きの違いによって，市場を5つに分類した。5つの市場タイプとは，取引所（bourse），封鎖的入札価格制（closed bids system），競売価格制（auction system），相場価格制（quoted price system），そして交渉価格制（negotiated price system）である[4]。

取引所においては，売り手と買い手はほぼ同数であり，市場の参加者はだれでも付け値（price offered）や売り値（asked price）といった取引条件を知っており，また参加者の市場への出入りも自由である。そのうえ，取引条件が標準化されており，さらに参加者は言い値を変えることができるから，いわゆる一物一価の法則（law of one price）が成立するであろう。封鎖的入札制度

においても，取引の対象となる商品の量と質は示されているが，各々の売り手である入札者はただ1つの入札価格 (bid price) しか許されていない。また個々の入札者は他の入札者の入札価格を知らないなど，その状況のもとで，入札価格の下限が設けられているから，可変費用よりも低い価格で入札することはできないであろう。しかし，こうした市場形態は他の入札者から出される予想入札価格についての情報を増大するので，落札価格は可変費用に近い最低の入札価格に落ち着く傾向をもつであろう。封鎖的入札価格を特徴とする市場は，競争に直面している売り手の間に取引量を配分するために，割当制度その他の方法を発達させるであろう。買い手の数と市場への参加者に関する情報の程度の違いにより，取引所にくらべ異なった結果をもたらすであろう。競売価格制は，封鎖的入札価格制とは反対に，ただ1人の買い手の代わりにただ1人の売り手からなっている。さらに封鎖的入札価格制ではできないが，競売（オークション auction）では付け値を訂正することができ，一般に取引対象の商品を最高または最低の付け値で売買することができるであろう。

　これに対して，しばしば観察される市場の形態は，相場価格制における市場，つまり取引条件に「応ずるか，さもなくばやめるか」の市場である。そこでは，買い手または売り手のいずれかが完全な取引ができる条件を発表するが，他の当事者はただこれを認めるか，さもなければ，これを拒絶するかの二者択一しか許されていないのである。取引所では，付け値と情報が都合よく伝播できるように，売り手と買い手とがほぼ同数であった。しかし，相場価格制では1人の売り手に対して買い手の数が増えると，1人の売り手が買い手の1人ずつと個別に取引する時間的余裕というものがなくなり，市場をばらばらに分裂させてしまうであろう。逆の場合もまた同様である。いずれにしても付け値についての機構的な問題が生じ，そこでは相場価格制という技術的調整が必要となってくるであろう。

　ダンロップによると，労働市場は，取引所とか競売所とも違い，また封鎖的入札価格制の形態とも異なっている，という。労働市場とは，非常に多数の労働者がそれよりもはるかに数少ない企業に労働用役を販売する場であるから，分類すれば，こうした市場形態は相場価格をもった市場の技術機構に属するで

あろう。労働市場に労働組合が存在しない場合には，労働用役の買い手である企業が賃金率を決定する。しかし，企業それぞれがはじめに多少異なった賃金率（付け値）をつけ，時間の経過にともなって，他の企業の買い値とその市場的反応に照らして，次第に修正しながら決定していくであろう。売り手と買い手の数が減少して1人ずつになると，市場機構はもう1つの形態である交渉価格制の市場，いわゆる双方独占的な市場へと移行するであろう。この市場形態を理念型として確認するにしても，実際には相場価格制とは明確に区別できないことから，交渉価格制は相場価格制の発展形態なのである。これまでのところ，労働組合は勢力を強めることによって，労働用役の価格づけを企業が有利な立場にある相場価格市場から，交渉価格市場または組合が優位となる相場価格市場へと，市場の形態を変えようと努めてきたのである。

以上説明したように，市場の技術機構の代表的な形態には，封鎖的入札価格制や競売価格制による取引があるが，ダンロップによると，労働市場は明らかに相場価格をもった市場の技術機構に属しているという。団体交渉が発達するにつれて，労働市場は次第に相場価格市場から交渉価格市場へと移行していくと述べている[5]。

4.1.3 ヒックスの分類──労働契約の違いによる2つの市場

カーやダンロップの分類とは違った視点から，労働市場を分類するのがヒックス（J. R. Hicks）[1963]である。その著『賃金の理論』は透徹した深い洞察に加え，含蓄のある巧みな表現でもって労働問題の諸局面を解き明かした古典の書であるが，ヒックスはまずはじめに自由市場における賃金決定の理論を取り上げる。理論的に単純化された労働市場モデルを現実の労働市場にあてはめると，労働供給の分析のむずかしさや労働市場の特質のゆえに誤った結論に導くことになると指摘した。同書第3編コメンタリーの「市場の運行（第2～4章）」のなかで，「労働市場が………非常に特別な種類の市場であること，すなわち純粋に経済的側面と並んで「社会的」側面を展開させる傾向をもった市場」である，これが生まれる条件とは，①労働者が自由に雇い主を変えうること，②雇用は規則的であること，であるとヒックスは述べている。これらの条

件が満たされると，雇い主と労働者との関係は継続的な関係となり，労働市場に「社会的」諸特質が発現するであろう[6]。このように，ヒックスは，雇い主と労働者との継続的な関係をもとに，労働市場の特質を巧みに描き出したのである。

そこで，賃金の均衡理論を分析するのに労働市場の動学的要素，いわゆる予見（foresight）に対する経済的調整や予見の事実が斟酌される必要がある，とヒックスは指摘し，これが雇い主と労働者が締結する労働契約（labour contracts）の反復性の有無をもたらし，この反復性の違いをもとに労働市場を分類している[7]。ある職業に従事する労働者がその職業に継続して従事しつづけるという継続的労働市場（continuous labour market）において契約の反復性を考えると，反復的契約（repeated contracts）のタイプは2つに分かれるであろう。図4-1に示すように，1つは，雇い主との契約が満了したとき，労働者が同じ雇い主にふたたび雇用されることを期待して行われる反復的契約である。このように，その職業が反復的・継続的で，その都度，同種の契約が取り決められるとき，予見は雇い主と労働者の双方にとって重要性をもつであろう。もう1つは，労働者が反復を期待しない契約である。この場合，いずれの側における予見も契約の条件に影響をおよぼすことはないだろう。このように，労働契約が反復されない場合には，雇い主また労働者いずれの側における予見も契約の条件に影響をおよぼすことはない。しかし，ある仕事が反復的・継続的で，その都度，同種の契約が取り決められると，予見が重要性をもちはじめるであろう。

契約の反復性をもとに労働市場を分類すると，1つのタイプは，反復的契約にもとづく雇用，いわゆる規則的雇用（regular labour）──労働者が雇い主を変えようとしない雇用──からなる労働市場をいい，これは規則的労働市場（regular labour market）とよばれる。規則的雇用にともなって発生する利益は労使双方にもたらすであろう。ある特定の雇い主のために継続的（continuously）に働くことによる利益は，たとえば雇い主にその労働者が優秀な人物であると認めさせることである。そして責任が重く熟練を要する業務に従事すればするほど，継続的な雇用からの利益は一層大きくなるであろう。雇用の規

則性はまた，賃金の変動を弱め硬直性を強めるであろう。このこともまた，労使双方に大きな利益を与えるであろう。いったん賃金率が定まると，それは需要ならびに供給の小さな波動には頑強に抵抗するであろう。

　もう1つのタイプは，反復を期待しない契約にもとづく市場の雇用である。このうち最も広義な契約は自由労務（casual labour）の契約であって，これにもとづく市場は自由労務市場（casual labour market）といわれる。ヒックスは，自由労務市場を労働需要の規則性と継続性の観点から，さらに3つのタイプに細分している[8]。第一のタイプは，雇い主の求める仕事はある特殊な職業を専門としているが，労働者は仕事をやり遂げてしまうと，その職業から去っていくという意味で，その雇用は専門化されていないのである。この市場においては，労働需要は規則的でも継続的でもない。雇用関係もただ一回かぎりなのである。第二のタイプは，かなり規則的に労働需要が存在しているが，その需要は同じ雇い主から継続的に創り出されるわけではない。労働者がその職業を専門とするに値するほど，需要は十分に規則的であるけれども，特定の雇い主のために継続して働きつづけることはないであろう。そのため雇い主と労働者との雇用関係は希薄なのである。第三のタイプは本来の自由労務市場であって，雇い主と労働者はその職業をとおして継続的に結びついている点で，これまでのタイプとは区別されるであろう。ある職業に対する雇い主の労働需要は継続的に生起しているけれども，雇い主の雇用する労働者の数が絶え間なく増減するという意味で，その雇用は規則的ではないのである。それゆえに，このタイプの市場は，契約期間が満了したときに，自由労務的職業に従事する労働者の大部分がふたたび同じ雇い主に雇用されるとは必ずしもかぎらないといった市場，いわゆる労働者の雇用が継続的に特定されない市場なのである。その本来の性質からして，自由労務市場は高度に競争的な市場なのである。というのは，職場の間を移動する労働者に対して，移動費用は移動の障壁とはならないからである。

4.1.4　構造的市場と非構造的市場

　賃金支払の基準や方法・昇給や採用・昇進・配置転換や解雇・定年などを定

めたところの人事管理上の制度的なルール (institutional rules) や慣行 (practices) の存在は, 企業内における賃金決定機構や労働力の配分機構を制度化するであろう。この制度的ルールの存在は, 労働市場と企業との間に差し込むところの「構造 (structure)」という制度的装置にほかならない。この結果, 外部の労働市場と内部なる企業との関係を分断し, 企業それぞれが1つの非競争集団としての性質を有することになるであろう。

ここで, 労働市場の「構造」とは, 一組みのフォーマルな制度的な取り決め (または慣行を含む制度的なルールをいう) を意味し, こうした取り決めは労働関係の法律をはじめ, 労働契約, 労使協定, 雇用上の慣行, または人事管理政策などによって取り決められるであろう。こうして取り決められた制度的なルールの基本的な機能は, 労働力を適正に配分したり, 労働者の能力や業務を公正に評価・処遇する点にある。現実の労働市場は, 制度的ルールが完全に支配する, 高度に構造化された市場から, 取り決められた制度的ルールもなく, ほとんど構造化されていない市場, いわゆる非構造的な市場までさまざまな形態で分布している[9]。フィッシャー (L. H. Fisher) [1951], カー [1954], フェルプス (O. W. Phelps) [1957] [1967], ブルーム (G. F. Bloom.) = ノースラップ (H. R. Northrup) [1977] らは, こうした「構造」の有無によって, 労働市場を構造的労働市場 (構造化された労働市場 structured labor market) と非構造的労働市場 (構造化されていない労働市場 structureless or unstructured labor market) に分類し, さらに労働市場の構造性の程度によって, 構造的市場を部分的に構造化された労働市場 (partly structured labor market) と完全に構造化された労働市場 (fully structured labor market) に区分している[10]。このように, 制度的ルールが支配する労働市場は, いわゆる構造化された労働市場であって, カーのいう制度的市場にほかならない。

完全に構造化された市場の典型的な1つは, 国家公務員や地方公務員などの人びとからなる公務労働市場 (public labor market) である。政府や地方自治体など行政組織を単位とする公務労働市場においては, 職員の採用から定年退職までの労働力配分や昇進・昇格などの職員の処遇は, 国家公務員法や地方公務員法などの法律や行政機関によって規定された人事規則や就業規則などの

諸規則によって完全に統制されている。労働者と組織単位との雇用関係は属人的・個人的ではない。職務構造も非常に階層化されており，各々の職務はそれぞれ専門化されているが，そこでは組織単位による自由裁量や差別化はなく，一連の制度的なルールにもとづいて昇進や配置転換が行われている。

完全に構造化された市場のもう1つの形態は，労働組合によって組織化された労働市場 (organized labor market) である。組合が組合員に安定した雇用関係を確保するために，労働協約 (labor agreement) や組合による職場上の規則 (work rules) によって労働力の配分を決定する市場である。このタイプの市場は，組合の組織形態によって，さらに2つに分けられる。それはクラフト・ユニオン型労働市場 (craft-union labor market) とインダストリアル・ユニオン型労働市場 (industrial-union labor market) である。大企業で働く組織労働者や未組織労働者はインダストリアル・ユニオン型労働市場に含まれ，またクラフト・ユニオンによって組織化された熟練工や技能工など，主に中小企業の組織労働者などはクラフト・ユニオン型労働市場に含まれるであろう。これに対して，部分的に構造化された市場とは，主として大企業の未組織労働者や大企業の組織単位以外で働く労働者に観察され，労働力の配分機構が企業の人事政策 (personnel policy) によって行われる市場をいう。

構造化されていない非構造的市場とは，最低賃金や差別の撤廃を定めた法律をのぞいて，雇用関係を支配する制度的な取り決めがほとんど設けられていない市場である。この労働市場においては，労働者と雇い主との雇用関係は賃金率を媒介にして結びついているにすぎない。労働者の多くは未熟練労働者であって，一般に賃金の支払は定額給よりも出来高給によって，また時間給や日給によって支払われている。労働時間が長く賃金も低い，また雇用も不安定であるなど劣位な労働条件のもとにさらされている。また，企業の資本設備は少なく，生産方法も労働集約的である。このように，非構造的市場は離転職などの労働異動をはばむ障害がほとんどない競争的な市場であって，たとえば，農場労働者や家庭の奉公人や使用人，大学・病院・博物館など公的施設の雑務などに従事する雇用者 (institutional work)，また医師・弁護士・会計士などの事務所で働く非正規の雇用者，さらに小企業で働く未組織労働者などはこの市場

```
┌─ 非構造的市場
│        制度的ルールのない構造的市場
└─ 構造的市場
         制度的ルールのある構造的市場
              ┌─ 部分的に構造化された市場 ─┬─ 未組織の大企業労働市場
              │                              ├─ 公務労働市場
              └─ 完全に構造化された市場 ───── 組織化された労働市場
                                                    ┌─ クラフト・ユニオン型労働市場
                                                    └─ インダストリアル・ユニオン型労働市場
```

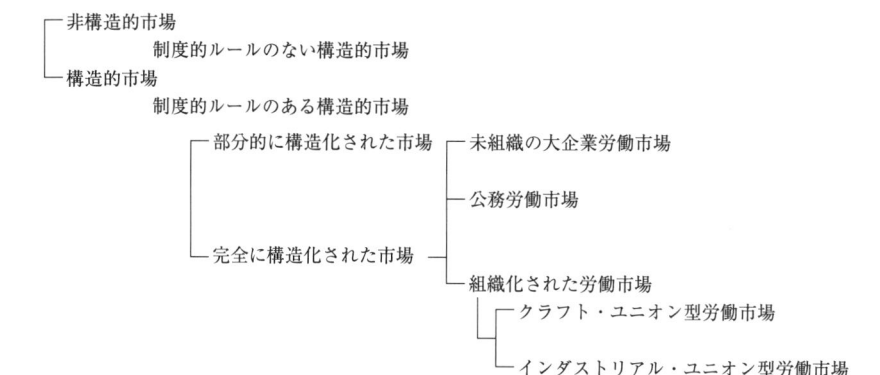

図4-3 構造的・非構造的労働市場のタイプ

に属するであろう。図4-3は、フェルプスとブルーム＝ノースラップにしたがって分類した構造的市場の各類型を掲げている。

4-2 内部労働市場

4.2.1 内部労働市場研究の略史

周知のように、1930年代後半以降、アメリカにおいて地域労働市場（local labor market）をさまざまな角度から実態調査を行い、これによってえられた成果は労働経済学の発展に大きく貢献したことはよく知られたところである。その1つが労働市場構造に関する研究にほかならない。伝統的な経済学においては、労働市場とは、労働の需要・供給の調整メカニズムが機能する単一の市場と想定され、労働の供給と需要によって労働力の配分と賃金率が一体的に決定される「場」として説明されてきた。しかし、伝統的な労働市場論への批判をとおして、第2次世界大戦後、カーやダンロップなど労働経済学者を中心に、新しい理論が展開された。この理論とは、60年代後半にはいって誕生した「内部労働市場論」にほかならない。内部労働市場論に関するアプローチは、アメリカ制度学派（institutional school）の系譜に属し、新古典派経済学が前提とした伝統的な労働市場論と対立するものであった。

小池和男［1966］［1982］によると、内部労働市場の起源は、1897年に出版さ

れたウエッブ夫妻の古典『産業民主制論』までさかのぼる。高い熟練を身につけるための徒弟制（apprenticeship system）が次第に崩れ，労働者は経験やOJTによって熟練を高め企業内で昇進していく。これが内部昇進制（system of internal promotion）であり，内部労働市場の形成への第1歩であったと述べている[11]。時代は19世紀末から1950年代前半に一気に進み，舞台はイギリスからアメリカに移った。50年代初期には，レイノルズ［1951］によって労働市場の内部化が指摘されていたが[12]，内部労働市場論の研究に大きな足跡を残したのはカーであった。カーは，論文「労働市場のバルカン化」［1954］において，現実の労働市場が企業ごとに分断化され，まさにヨーロッパ南東部のバルカン半島における多数の小国分立のように錯綜した状態にあると比喩したのである[13]。分断化された労働市場を分析するうえで，もう1つの重要な概念は，《port of entry》という概念であった。《port of entry》とは，本来，「関税手続をする港（通関港）」または「輸入港」のことであるが，大海のなかの島国のように，入国する港はかぎられており，企業が外部から労働者を採用する「雇い入れ口」——雇い入れ口に対応する職務を雇い入れ職務という——も少なくかぎられているという意味で，カーはこれを《port of entry》とよんだ。これによって，企業ごとに内部労働市場が成立していることを明らかにしたのである。

　ダンロップ［1957］もまた，内部労働市場のキー概念の1つである《job cluster》という概念を提唱した[14]。clusterとは，ブドウやサクランボの房をいい，《job cluster》は「職務群」とか「仕事群」と訳されている。大企業の数多くの職務を観察すると，ブドウの粒が集まって1つの房をつくっているように，一つひとつの職務は独立しているのではなく職務内容の関連が深いものが集まって，職務の房を形成しているのだと説明した。この房は昇進が可能な職務の序列を示すところの職務のつながりにほかならない。職務群には広義と狭義の2つの概念がある。それは広義の職務群（broad job cluster）と狭義の職務群（narrow job cluster）である。

　《port of entry》や《job cluster》の概念は，労働経済学界の一部で注目を引いたものの，仮説の提示にとどまり，概念の存在は検証されることはなかっ

た。検証作業が急務となったが，内部労働市場の存在を検証するための本格的な実証研究はまだ行われなかったのである。1960年代後半になって，制度学派の流れをくんだドーリンジャー＝ピオレは，企業への聞き取り調査を精力的に行い，その研究の成果をまとめ，ドーリンジャーがまず論文［1967］を発表し，次いで共著として単行本を刊行した。この単行本が *Internal Labor Market and Manpower Analysis* ［1971］（第2版［1985］）であった[15]。これによって内部労働市場の実態は明らかになり，研究は大きく前進することになった[16]。

4.2.2 内部労働市場の概念

現実に活動する諸々の企業をみると，労働者個々に支払われる賃金の決定をはじめ，昇進や配置転換など労働者を職場に配置するさまざまな管理上のルールが定められており，それが企業と労働者との結びつきを強めている。このような一群の管理上のルールを「制度的な取り決め（または制度的なルール）」とか「人事・賃金管理上の諸規則（administrative rules）」という。一群の管理上のルールとは，具体的には労働者の募集・採用，賃金の支払・昇給，職場訓練，配置転換・昇進・降格・出向・転籍・解雇・定年などの人事管理や賃金管理に関するさまざまなの取り決めをさしている[17]。これらは労働協約や就業規則・賃金規程，さらに雇用慣行などフォーマルまたはインフォーマルな形をとって定められている。

伝統的な理論によると，個々の企業は業務の遂行に必要な労働力を外部から調達する一方で，企業を取り巻く労働市場は労働力を企業に供給するものとして想定されてきた。しかし，こうした制度的なルールの存在によって，企業は1つの「非競争集団」とみなされ，企業の「内部」と「外部」に分け隔てられ，企業の外部にある労働市場とは，別個な労働市場として——相互に連結しているが——企業の内部に形成されるようになった。制度的なルールは，労働者の企業内部（いいかえれば，企業内部の労働市場）への参入を遮断することによって，労働市場の「分断化」を図り，企業で働く労働者に雇用上の安定と保障を，また，経営者には労働力の最適な配分による利益を与えるのであ

る[18]。

　このように，企業内の人的資源を各部門に効率的に配分するうえで，人事・賃金管理上の制度的なルールによって統治される市場が「内部労働市場 (internal labor market)」である[19]。ドーリンジャー＝ピオレによると，内部労働市場とは，「それは労働の価格づけと配分が一組の人事・賃金管理上の諸規則と手続きによって運営される管理単位 (an administrative unit, ………, within which the pricing and allocation of labor is governed by a set of administrative rules and procedures.)」と定義されている[20]。これに対して，企業の外の労働市場は「外部労働市場 (external labor market)」とよばれるが，これは経済理論が従来から想定してきた競争的な労働市場にほかならない。人事・賃金管理上の諸規則によって運営される内部労働市場は，経済理論にもとづく外部労働市場と区別されるが，これら2つの市場は《port of entry and exit（輸入港と輸出港)》で結びついている。

　賃金率の決定や入職・離職・昇進・配置転換など労働異動に影響を与える管理上の制度的なルールは，労働市場（いわゆる，外部労働市場）と企業との間を遮断するところの「構造」を打ち込み，「構造」はまた，企業で働く労働者と雇用主との継続的な雇用関係を内部労働市場のなかで強めていくという役割をもっている。フェルプス [1967]，そしてフェルプスが掲げた表を引用するドーリンジャー＝ピオレは，「構造」が存在する有無によって，労働市場の基本タイプを構造的 (structured) な市場と非構造的 (unstructured) な市場に分類する[21]。ドーリンジャー＝ピオレは，構造的市場であるところの内部労働市場——構造化された内部労働市場をさらに2つの基本的なタイプに分類している[22]。1つは，企業内部の労働市場，いわゆる企業型内部労働市場 (enterprise internal labor market)，もう1つは，クラフト型（職業型）内部労働市場 (craft internal labor market) である。前者の企業型内部労働市場は主に製造業の大企業にみられる市場であるに対し，後者のクラフト型内部労働市場は職業別組合によって組織化されている内部労働市場をいう。

　構造的市場はこうした2つのタイプの内部労働市場を含み，ドーリンジャー＝ピオレは「雇用者全体の約80％が内部労働市場で働いている」という[23]。大

企業で働く組織労働者や組合をもたない未組織労働者，公営企業で働く労働者，兵役（military services）にある者，病院・学校など公共施設で働く雑務などを行う労働者，さらに中小企業で働く労働者などからなる労働市場は企業型に属している。またクラフト・ユニオンの組織労働者からなる労働市場はクラフト型に属している。これらの市場に対して，非構造的市場に分類されるのは農業や自営業の個人業主や家族従業者などからなる労働市場をいう。労働市場論に関するドーリンジャー＝ピオレの研究は，内部労働市場にとどまらず，さらに完全競争市場に対する1つの批判として，二重労働市場（dual labor market）あるいは労働市場の二重構造の仮説を紹介し，その分析を進めている[24]。労働市場は第一次部門（primary sector）と第二次部門（secondary sector），または第一次労働市場（primary labor market）と第二次労働市場（secondary labor market）の2つの相異なる部門からなっているという。

　第一次市場においては，相対的に高い賃金水準で良好な労働条件，安定した雇用などの恩恵を受け，職場訓練や昇進の機会が十分に与えられている労働者（こうした労働者を advantaged worker という）からなる市場で，さらに業務上の作業ルールについての管理が公正で妥当な手続（equity and due process in the administration of work rules）によって行われるような仕事が存在するところの市場である。労働組合の活動をはじめ，雇用差別や賃金差別，職場訓練などによって，労働市場は部門ごとに分断化され，それぞれの部門に所属する労働者の就業上の違いが結果として現れるのである。内部労働市場として論じてきたものはこの第一次市場にほかならない。これと対照的に，第二次市場とは，主として都市の貧困労働者からなる市場で，職場訓練がほとんどなく昇進機会も相当にかぎられており（こうした労働者を disadvantaged worker という），しかも賃金が低く労働条件も劣り，労働異動も激しいうえに，公正な人事管理が行われないなど，第一次市場の仕事内容にくらべて，すべての点で劣位にある市場である。

　第二次市場もまた，雇用状況の違いにより3つのタイプの市場に分けられる[25]。その1つは，組織化されておらず，またいかなる内部労働市場にもまったく属さない第二次市場である。この市場における仕事は内部労働市場の仕事

と対極にある。建設業の臨時現場作業者，家事労働やレストランで皿洗いなどで働く労働者がこれである。2つは，「第二次」内部労働市場（"secondary" internal labor market）といわれる市場である。形のうえでは内部構造を有しているが，数多くの雇い入れ口をもち，昇進できる移動範囲も狭い市場である。この典型的な市場は鋳物業（foundries）の工場労働者，アパレル産業の縫い取り（stitching）やプレス作業に従事する労働者など，主に中小企業で働く労働者からなる市場である。第3に，内部労働市場を有する企業において，制度的ルールの管理下にある仕事以外に，昇進や異動があっても，その範囲は狭い仕事からなっている市場である。このように，第二次市場においても，「第二次」内部労働市場が存在する。ドーリンジャー＝ピオレによれば，第二次市場は，都市貧民街の黒人などマイノリティにもっともよくあてはまる都市貧困層の労働市場であるという。労働市場の分断と二重構造の概念は，内部労働市場論の副産物として誕生したものであるが，労働市場の二重構造を確認するとともに，第一次市場に包含される内部労働市場まで，労働市場の全体構造を統一的に分析しようとしたところに，ドーリンジャー＝ピオレの最大の貢献があるといえるであろう。

4.2.3 内部労働市場の構造

人事・賃金管理上の制度的なルールが統治する内部労働市場，とくに企業内労働市場における労働力の配分構造は，一般に次の3つの要素によって規定されるであろう。それは，①外部労働市場に対する開放性の程度（degree of openness），すなわち「雇い入れ口」の数と所在[26]，②職務の下位から上位へと内部移動（internal mobility）できる内部労働市場の範囲（scope）と構造（structure），③内部移動の優先順位（priorities）を決める諸規則，いわゆる労働力配分のルールである[27]。

伝統的な労働市場論によれば，どのような企業も職種・職務ごとに外部の労働市場と結びついていると想定してきた。しかし，企業が内部労働市場として制度化されるにともなって，雇い入れ口数は少なくなり，外部労働市場に対する開放性はそれだけ弱くなるであろう。雇い入れ口のいくつが外部労働市場に

開放されているかによって，内部労働市場のタイプは2つの対極的なタイプ——閉鎖型と開放型に分類されるであろう[28]。

閉鎖型内部市場（closed internal market）においては，雇い入れ口はただ1つで，これに対応する職務のみが雇い入れ職務（hiring-in job or entry job）であって，他の職務すべてに従事する労働者は，雇い入れ職務や下位の職務からの昇進によって埋められていく。この閉鎖型市場においては，雇い入れ職務は一般に移動経路の最も下位にある職務であり，技能的には熟練の最も低い未熟練職務である。外部労働市場から採用される労働者はまず未熟練の職務に張り付けられ，OJTなど職場訓練によって熟練を身につけ，上位の職務が空席になると内部昇進によって充足されるのである。これと対極する市場は開放型内部市場（open internal market）である。すべての職務が雇い入れ口をもち，空席になると，内部昇進だけでなく，外部労働市場からも労働者を雇い入れるタイプの市場である。したがって，このような内部労働市場では職場訓練はほとんどなく，また企業内の内部移動も一般に短く狭いであろう。

現実の内部労働市場は，完全に開放的でも完全に閉鎖的でもない。ドーリンジャー＝ピオレによると，衣類産業や製靴産業などの市場は開放的な特徴をもっており，クラフト型内部労働市場はこのタイプに属するであろう。他方，鉄鋼産業，石油産業，化学産業などの大規模製造業の生産・保全部門をみると，その内部労働市場は閉鎖型に近く，雇い入れ職務はほんの一部にすぎず，ほとんどの職務は内部移動によって埋められている[29]。

内部労働市場の構造を特徴づける第2の構成要素は，内部移動または内部昇進の範囲である。内部労働市場には労働者が下位から上位への職務に昇進することができる複数の職務の集まり，いいかえれば「移動可能な職群（mobility clusters）」が存在している[30]。移動可能な職群とは，内部移動や内部昇進が可能な職務の序列からなるところの職務階梯（job ladder）であって，これはダンロップが提唱した「職務群」にほかならない。1つの雇い入れ口はまさに1つの移動職群につながっており，そのなかで労働者の昇格，降格，配置転換，レイオフなどの労働異動が日常的に行われている。企業においては，移動可能な職群の範囲は，昇格，レイオフ，横滑りなど労働異動のタイプによって

異なっており，下向移動よりも上向移動のほうが狭くなる傾向がある。そして移動可能な職群は，垂直的（vertical）と水平的（horizontal）な 2 つの方向をもっている。垂直的な移動職群は各職務の技能内容の高さ・複雑さによって，また水平的な移動職群は職務の特殊性（specialization）や多様性（diversity）の程度によって，それぞれの範囲が決まるであろう。一般に，各職務が相当特殊な作業を要する場合には，職務階梯は切断され，移動職群の領域も狭くなり，移動の範囲もまた相当に小さく狭くなるであろう。

　第 3 の要素は，労働者が移動職群内を移動するときの優先順位（priorites）や等級づけ（ranking）を決めるルールである。それは能力（ability）や年功・先任権（seniority）などの基準に依存している。たいていの企業にみる内部労働市場においては，内部移動の順位を決める基準として年功・先任権または能力のいずれか 1 つではなく，2 つの基準を組み合わせて決めている。ドーリンジャー＝ピオレによると，大企業や中企業の生産・保全部門では，レイオフを決めるさいには主に先任権が用いられている。これに対して，昇格や横滑りについては先任権とともに能力によっても決定されるであろう。

4.2.4　内部労働市場の形成

　ドーリンジャー＝ピオレは，内部労働市場の構造を形成するうえで決定的な要因として，伝統的な経済理論で重視されなかった 3 つの要因を指摘している[31]。①熟練の特殊性（skill specificity），すなわち企業特殊的熟練（enterprise specific skill），②仕事に就きながらの職場訓練（*OJT*），③職場の慣行（custom）である。これらの要因は一つの要因だけで作用するものではなく，複合的にかつ需給の経済的諸力と結びついて作用するであろう。

　ベッカーの用語を引用すれば，職場での訓練は仕事に要する技能のタイプによって多かれ少なかれ特殊的であるが，企業特殊的熟練は内部労働市場の形成にとって非常に重要な役割を担っている。熟練が企業特殊的になればなるほど，企業が負担する訓練費用の割合も，その絶対的な額も大きくなる。また熟練が企業特殊的になるにつれて，労働者が他の企業でこの熟練を利用するのはますますむずかしくなるであろう。この結果，企業はこうした訓練投資へのイ

ンセンティブを強め，訓練費用の相対的または絶対的な増大は，企業に労働異動を減少させる効果をもつであろう。訓練費用だけでなく，募集費用（recruitment cost）や選抜費用（screening cost）もまた，企業特殊的熟練によって影響される労働費用である。労働異動を減らそうとする企業特殊的熟練は，企業にこうした費用の増加を刺激するであろう。熟練が企業特殊的になればなるほど，外部の労働市場への労働異動は減少し，労働力の配分機構も硬直化していくであろう。

内部労働市場の形成にとって決定的な第2の要因は，仕事に就きながらの訓練（OJT）である。OJTは企業特殊的熟練を身につけるためには不可欠な職場訓練であり，正規の訓練教育よりも効率的でかつ経済的といわれている。OJT とは，仕事に就きながら作業過程で実践される訓練である。ほとんどのブルーカラーや一部のホワイトカラーの職務において，熟練や技能は仕事をとおして習得されていくであろう。労働者に新しい生産技術を適応させる訓練方法の1つとして，とくにOJTによる訓練は重要な役割を果たしている。また保全や修理のように熟練や技能の比較的低い仕事では，訓練を受ける初心者（novice）は職工長（foreman）や隣にいる先輩の技師（operetors）からの指導や助言を受けて，自分ひとりで仕事に取りかかり熟練や技能を習得していくのである。もっと複雑な仕事になると，初心者は経験を積んだ先輩の助手として働くであろう。初心者は生産工程における隣の仕事を観察するとか，昼休み中に道具や装置を使って練習するなどしながら，ほかの仕事の技能を習得していくのである。下位の職務に従事する労働者が上位の職務に必要な熟練や技能を身につけていくという意味で，OJTによる訓練は昇進階梯に沿って行われるであろう。このように，OJTの訓練過程は，現場でゆっくり訓練されるので「知らず知らず身につく（osmosis）」とか，機械に「直に触れる（exposure）」とか，「経験する（experience）」とか，あるいは「昇進をとおして仕事を覚える（working one's way up through promotion）」などと説明され，その特質はインフォーマルな性格をもっている点にある[32]。

OJTの全体像を正確に言い表すのは非常にむずかしいけれども，第1に，訓練は作業過程のなかで見よう見まねで試行錯誤しながらインフォーマルに行

われる。第2に，指導や助言が必要になると，訓練中の初心者は経験を積んだ現場の労働者や隣にいる先輩によって教授されるであろう。経験を積んだ現場の労働者は，生産過程においては部下の初心者には監督者とか指導教官として，学習課程では履修生である部下にはインストラクターとしての二重の役割を担っている。このように，OJT が企業内の労働力に必要な熟練訓練を教授することで，訓練過程はますます内部化され，外部労働市場の労働需給に敏感に反応しなくなるであろう。

　内部労働市場の形成にとって第3の要因は，職場における慣行である。職場における慣行とは，過去の慣習や先例など成文化されていない一組みの取り決め（ルール）である。こうした慣行は，労働者に規律（discipline）から報酬（compensation）にいたるまで，いわゆる人事管理を効果的に行うために適用されるのである。慣行が存在するのは内部労働市場における雇用の安定が保障されている結果であり，雇用の安定は労使にとって好ましく，そして高い価値を与えるであろう。雇用を安定化しようとする欲求もまた，内部労働市場を形成するうえで重要である。雇用が安定すると，同じ労働者が企業に規則的・反復的に就業し，企業への帰属意識も高まるであろう。この結果，内部労働市場内に1つの社会集団が形成されるであろう。こうした社会集団のもとで，従業員（インサイダー）の行為やこれらインサイダーとアウトサイダーとの関係を規定する，ここに成文化されないが，一組みの取り決めが成立するであろう。このような慣行が内部労働市場における労働力の配分構造を支配する制度的なルールを構成するのである。

4.2.5　わが国における内部労働市場研究

　わが国において年功制を日本的特殊的熟練という関係でとらえ，これをもとに年功的な賃金体系を論じたのは，1953年に論文「大工場労働者の性格」を著した氏原正治郎であった[33]。一方，わが国における内部労働市場論の研究を追ってみると，その原点はドーリンジャーの論文［1967］を契機に，同年に発表された井上詔三の論文［1967］にはじまるであろう。内部労働市場の研究を決定づけたのはドーリンジャー＝ピオレであったが，同時に，わが国でのインキ

ュベーダー（孵卵器）の役割を果たしたのは荒井勝彦［1972］, そして荒井と片山邦雄の各論文［1974］であった。彼らは内海洋一編『労働経済の理論』［1974］において労働市場の構造や企業内労働市場を取り上げ, 井上とともに, 研究の先陣を切った[34]。他方, 初期における内部労働市場論研究の1つの到達点をなしたのは, 同じ年に発表された隅谷三喜男［1974］の論文（これを収録したのが著書［1976］）であった。隅谷は, ドーリンジャー＝ピオレの研究と, 終身雇用制や年功制を基礎におく日本的労働市場論との類似性を指摘し, 年功制が日本独自の特殊なものではなく, 経済発展が進むにつれて, いずれの国においても普遍的に成立する慣行であると主張した。このように, アメリカの内部労働市場がわが国の年功制を説明するとともに, 年功制が日本特殊的であるという通説が誤った通説であると結論づけた。

　隅谷の見解を厳しく批判したのは舟橋尚道［1975］であった[35]。2つの点で批判した。1つは, 企業における継続的な雇用関係を内部労働市場と規定できるのか。2つは, アメリカにおける内部昇進制度が日本の年功的昇進であり, これに対応して年功賃金が存在するのかどうかについて批判した。舟橋は, 日米の比較をとおして, 内部労働市場が外部労働市場とは根本的に異なった性格をもち, 労働市場論では外部労働市場の分析がなによりも重要であるとしたうえで, その枠組みを前提に企業内の労働異動を分析すべきと指摘し, 内部労働市場は労働市場とよばれるべきものではないと批判した。これに加え第1の点に関して, 日米の昇進制度には質的差異があり類似性がないと主張した。第2の点についても, アメリカの内部昇進制度と日本の年功的昇進との相違を指摘し, 内部昇進制が年功的昇進や年功賃金を生み出すものではないと批判した。

　70年代半ば以降, 隅谷＝舟橋論争に加わったのは島田晴雄［1975］, 井上詔三［1976］, そして浅沼萬里［1977］であった。島田は, ドーリンジャー＝ピオレの内部労働市場論の理論構成を全面的に受け入れ, これを踏まえて年功制論の再構成を試みた。これに対して, 舟橋は, その理論構成にも年功制の日米比較にも批判する見解を示した。しかし, 島田は, 両氏の分析に明確な判定を下さず, 隅谷を支持する立場に立った。これに対して, 井上は, 隅谷, 舟橋, そして島田ともに, ドーリンジャー＝ピオレの内部労働市場論を正確に把握して

いないと批判し，その理論構造の整理を行ったが，隅谷の年功制論を内部労働市場論との関係で十分な検討を加えなかった。

　他方，内部労働市場論の展開には経済的必然性があったにちがいないと主張する隅谷の考えは，日米の内部労働市場論を綿密に比較検討した小池和男に継承された。70年代後期の研究成果の一つの頂点は，小池が刊行した『職場の労働組合と参加』[1977]であった。本書において，日米における実証研究をもとに，キャリアの概念を用いて内部昇進制の実態や先任権の適用を分析した。その研究は隅谷の内部労働市場論を実証したものと位置づけられ，その後の研究を前進させるうえで大きな役割を果たした。その後，今井賢一他が刊行した『内部組織の経済学』[1982]において，小池はドーリンジャー＝ピオレの研究をベースに，わが国における内部労働市場論の研究を整理した。80年代になると，内部労働市場の概念は労働経済学の共有財産となり，労働経済学のテキストだけでなく経済学辞典にも登場するようなった。わが国の内部労働市場論の研究を絶えずリードしてきた小池は，これを集大成するものとして『仕事の経済学』[1991]を発表した。

　ところで，野村正實は，ドーリンジャー＝ピオレの内部労働市場論は隅谷や小池などが解釈した内部労働市場論とは基本的に異なり，とくに隅谷がドーリンジャー＝ピオレの理論を著しく歪めたと痛烈に非難した。野村は，『日本の労働研究――その負の遺産』[2003]の序章1頁で「……今日の日本に流布しているこうした内部労働市場論は，アメリカにおいて発達した内部労働市場論とは基本的に異なっている。」と批判した。筆者はこの批判には組みしないが，その批判とは，「日本的内部労働市場論の出発点となった文献は，隅谷三喜男[1974]「日本的労使関係論の再検討」である。隅谷論文は，Doeringer/Piore[1971]を紹介するという形をとりながら，Doeringer/Piore[1971]を正確に紹介しなかった。」と指摘し，そのうえで「隅谷論文は，Doeringer/Piore[1971]の内部労働市場論はアメリカにおいて年功制が成立していることを実証している，と主張した。そして，アメリカにおいて年功制が成立している以上，年功制が日本特殊的であるという通説は誤っている，と結論づけた。」と厳しく非難した[36]。さらにその批判の鉾先は，小池の著書『職場の労働組合と

参加』[1977] にも向けられた。野村によれば，同書は「有意味な実証的命題を何ひとつ提出していない。……　それにもかかわらず………。『職場の労働組合と参加』は隅谷内部労働市場論を詳細に実証したものと受け取られた。」と批判した。つづけて，野村は，「隅谷「日本的労使関係論の再検討」からはじまり，小池『職場の労働組合と参加』をへて小池 [1991]『仕事の経済学』にいたる労働研究の通説は，巨大な負の遺産である。この負の遺産は，日本の労働研究を，さらには日本の社会科学を歪めている。」と総括した。「……しかし，このような内部労働市場の理解は，日本的な理解である。本書の課題は，日本的内部労働市場の成立を明らかにすることにある。」として，第Ⅰ部「日本的内部労働市場論の成立と展開」において負の遺産の解読を進めるのである。

4-3　情報の不完全性と労働市場

4.3.1　職探しの基本モデル

周知のように，ほとんどの経済理論は，これまで将来の出来事に対する確実性や情報の完全性を仮定して経済事象を取り扱ってきた。しかし，現実にみられる市場は完全市場ではない。一般に，市場においては将来の出来事についての不確実性（uncertainty）や情報の不完全性（imperfection）が存在し，こうした不確実性や不完全性を解消するために，市場の動きに関する情報を収集しなければならないが，市場情報の獲得に関する費用がゼロでないことを特徴とする典型的な市場の一つが労働市場である。

情報の不完全性を想定した典型的な経済事象の1つは労働者の職探し行動である。職探し（ジョブ・サーチ　job search）とは，就職を希望する労働者が高い賃金など良好な労働条件を提示する仕事を求めてを探索するところの行動をいう。ジョブ・サーチ理論あるいは職探し理論（theory of job search）とよばれる理論の誕生の背景には，失業率と貨幣賃金の上昇率との逆相関的な関係を表したフィリップス曲線のミクロ的基礎の解明があった。その原型を形づくったのは1960年代初期に発表されたスティグラー（G. T. Stigler）[1961]

[1962] の先駆的業績であった[37]。スティグラーの関心は，現実の市場に観察される価格にはバラツキ（散らばり）があるが，そのバラツキがなぜ起こるのか，また，そのバラツキを決めるのはどのような要因なのかを明らかにすることにあった。

ところで，価格情報が不完全な市場において，個人が価格に関する情報を探索するためにとる方法には，2つの方法がある[38]。1つの方法は，スティグラーが取り上げたケースである。これはあらかじめ情報を収集しようとする企業の数，したがって探索する回数を前もって決めておき，探索した結果のなかから最も高い賃金をオファーした企業を選択するという方法である。この方法は固定標本数探索（fixed-sample-size search）といわれている。もう1つの方法は，マッコール（J. J. McCall）[1970]が職探しモデルにおいて用いた逐次探索（sequential search）とよばれる方法である。職探しの過程において，求職者がこの賃金率であれば，仕事に就いてもよいと考える最低の賃金，つまりある一定の受諾賃金（acceptance wage）または留保賃金（reservation wage）を設定し，企業が提示する賃金がこれより高いかそれとも低いかによって，職探しを継続するか，それとも停止するかを決めるもので，最適停止ルール（optimal stopping rule）ともいわれている。

個人がいずれの探索方法を選択するのかは，情報が陳腐化する速度が早いか否か，それとも個人が真の賃金分布を知っているか否かによって異なるであろう。一般に，職探しの理論は後者のタイプを中心に展開されてきた。そこで次に，職探しの基本モデルを説明する。はじめに，モデルの枠組みに関する基本的な仮定をいくつか述べておこう。

（1）失業中の個人は仕事を求めて職探しに専念する[39]。

（2）1期間ごとに，失業中の個人に1つの雇用機会が企業から提示（オファー）される。つまり1つの賃金提示（wage offer）が行われるとする。

（3）企業の賃金を知るために職探しをするが，1期間ごとに一定の費用 C がかかるとする。

（4）個人は市場全体における賃金提示の確率分布（probability distribu-

図4-4 賃金の確率密度関数

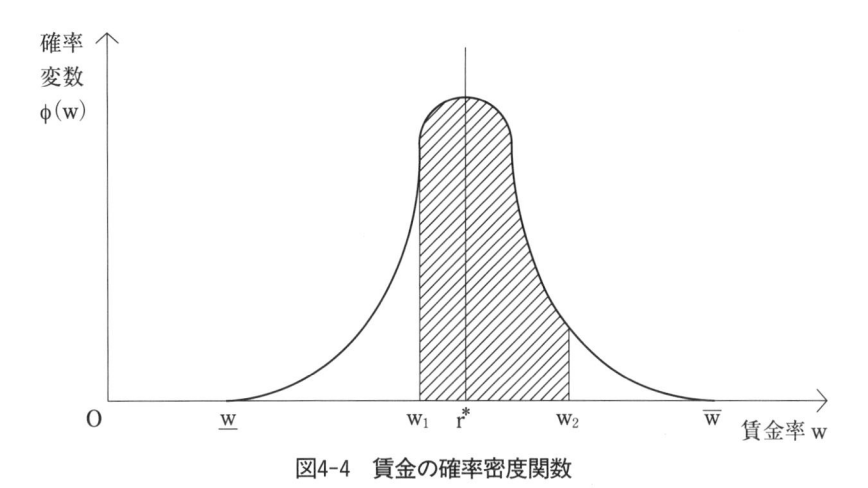

tion of wage offers) を知っているが，職探しの前には企業がいかなる賃金をオファーするかを知らない。職探しを行ってはじめて，この企業が提示する賃金の高さを知るものとする。
（5）職探しにある個人は期待純収益（expected net return）を最大化するように行動する。
（6）個人は何回でも職探しを行うことができるが，ある賃金提示をいったん受諾すると，その後は職探しを停止しなければならない。

仮定（4）より，個人は各企業の提示する賃金分布が図4-4に示される分布であると知っている。このような関数は確率密度関数（probability density function）とよばれ，賃金の散らばりの程度を表している。図4-4において，確率密度関数と横軸とに囲まれた面積は1になっている。職探しを行うことで，この個人に提示された賃金 w（w は確率変数）は，賃金の上限 $\overline{w}$ と下限 $\underline{w}$ を両端とする変域内に集まっていると仮定しよう。したがって，賃金 w が任意の区間内の値をとる確率は，全体の面積の割合によって与えられる。たとえば，w_1 と w_2 との間にある確率は，確率密度関数と横軸で囲まれた面積のうち，w_1 と w_2 との間の斜線を施した部分の面積の割合によって表される[40]。このように，賃金 w が任意の区間の値についてある確率をとるとき，この賃金を確率変数という。この賃金分布の確率密度関数は $f(w)$ で与えられる。確

率変数 w が与えられる区間のすべての値をとりうる連続型であるとき，w の期待値 $E(w)$ は

$$E(w) = \int_{\underline{w}}^{\overline{w}} w f(w) \, dw \qquad (4.1)$$

と与えられる。職探しを行う個人は，仮定（4）に掲げたように，職探しをはじめる前，企業がオファーした賃金 w は知らないが，オファーされた賃金の確率密度関数は知っており，また職探しの間にこの確率密度関数は修正されることはないと仮定する。

4.3.2 留保賃金の決定

ここで，失業中の個人は企業を無作為に選んで職探しを行うのであるが，職探しすることによって，企業の提示する賃金に出会う。ここで職探しの回数を増やせば，より高い賃金に出会う確率は大きくなるけれども，職探しに要する費用，すなわちサーチ費用（search cost）もかかるであろう。このように，職探しは個人にとって費用のかかる活動なのである。職探しを追加的に1回行うごとに，職探しの限界費用（marginal cost of job search）を MC だけ負担するものとする。職探しの費用は取引費用（transaction cost）とよばれる費用の1つで，直接費用と機会費用からなっている。交通費や通信費などの直接費用とともに，職探しに費やされる時間費用，いわゆる時間の機会費用（opportunity cost）や職探しにともなう精神的苦痛などからなっている。提示される賃金が高いほど，この仕事を拒否することに生じる機会費用も大きくなる。したがって，職探しの限界費用 MC は賃金水準 w の上昇とともに増加するであろう。ここで，職探しのために企業に訪問するごとに要する追加的な時間を t，企業が提示する賃金を w とすると，wt はこの賃金提示を拒否することによる機会費用（したがって，放棄所得）といわれる。追加的な直接費用を Cd，追加的な機会費用を wt とすると，職探しの限界費用 MC は次のようになる[41]。

$$MC = Cd + wt = C(w) \qquad C'(w) = dC/dw > 0 \qquad (4.2)$$

職探しに費用がかかることから，職探しを繰り返して行うことはあまり得策

ではなく,どこかの時点で打ち切ることになるであろう。職探しは逐次探索とよばれる方法で行われる。個人は,一度に複数の企業を探索するのではなく,1回の探索ごとに,その都度,企業が提示する賃金を受け入れて就職するのか,あるいはこれを拒否してさらに職探しをつづけるのかを決めるのである。もし個人が企業からの賃金提示を拒否して,さらにもう1回職探しをつづけると,新たに期待される収益はどのようになるだろうか。個人がもう1回職探しを行うことによって,より高い賃金の提示を受けたとしよう。職探しを行えば,さらに高い賃金の仕事に遭遇する機会はあるが,これによって追加的にえられる期待の収益は次第に小さくなるであろう。すなわち提示される賃金水準 w が高くなるほど,職探しから期待される限界収益(expected marginal returns of job search) MR は低くなるであろう。いま,図4-5に図示するように,企業から提示された賃金を w とし,これを拒否してさらに職探しを行い,w より高い賃金提示を新たに受けたとしよう。w より高い平均賃金を r とすると,$(r-w)$ はもう1回職探しすることによってえられる追加的な収

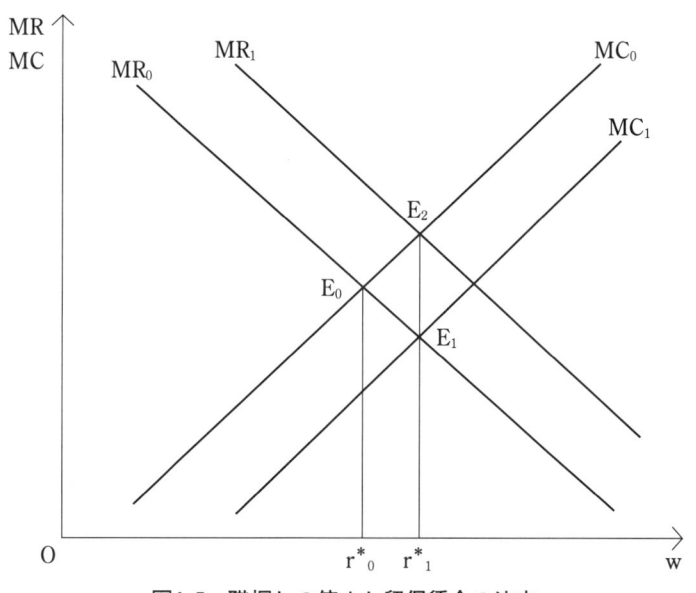

図4-5 職探しの停止と留保賃金の決定

益である。また，この高い賃金に出会う確率を p （この確率 p は図4-4の r^* より右側の斜線で示した面積である），さらに個人はこの企業で今後 h 期間働くとすると，追加的に期待される限界収益 MR は

$$MR = p(r-w)h = R(w) \qquad R'(w) = dR/dw < 0 \qquad (4.3)$$

となる[42]。これが w の賃金提示を拒否したときにえられる期待限界収益にほかならない。なお，単純化のため時間割引率は考慮されていない。

このもとで，仕事を求めている個人は，職探しからえられる純収益の期待値 (expected value of net returns) が最大になるように行動すると仮定しよう。ここで，純収益とは期待収益マイナス探索費用である。かくして，個人は，期待限界収益 MR と限界費用 MC が等しくなる点まで，職探しをつづけ，提示賃金 w を受諾するであろう。この賃金を留保賃金 r^* という。職探し過程において重要な役割を演じるのが留保賃金 r^* とよばれる賃金である。いま，縦軸に期待限界収益 MR と限界費用 MC，横軸に賃金率をとる図4-5において，留保賃金 r_0^* は，職探しの純収益の期待値が最大となる点 E_0 で，いいかえれば右下がりの期待限界収益曲線 MR と右上がりの限界費用曲線 MC が交差する点で決定される。逆にいえば，留保賃金 r_0^* は限界収益と限界費用が等しくなるところの賃金率にほかならない。留保賃金はある臨界的な水準の賃金であって，職探しを行う個人は，提示された賃金 w が留保賃金 r_0^* を上回るならば（$w \geq r_0^*$），この点で職探しを停止し，この賃金を受諾するであろう。逆に提示された賃金 w が留保賃金 r_0^* を下回るならば（$w < r_0^*$），この賃金を拒否し，さらに職探しを行うであろう。これが逐次探索による最適停止ルールの職探しにほかならない[43]。

職探しによって期待される収益や費用が変化すれば，それにともなって留保賃金 r_0^* の高さも変化する。図4-5から期待収益や探索費用の変化が留保賃金 r^* に与える効果を明らかにすることで，次のような含意をえるであろう。
(1) いま失業保険が支給されると，職探しの費用はそれだけ減少する。したがって，職探しの限界費用曲線は MC_0 から MC_1 へと右下方にシフトし（均衡点は E_0 から E_1 へ移動する），留保賃金は r_0^* から r_1^* に上昇する。その結果，高い賃金がオファーされなければ，個人はその仕事を受諾しないから，失

業期間は長くなるであろう。（２）賃金分布の分散度が一定でも，その平均値が高くなると，他の事情にして等しいかぎり，職探しの限界収益曲線は MR_0 から MR_1 へと右上方にシフトする結果，留保賃金は r_0^* から r_1^* に上昇し，職探しの期間も長くなるであろう。このように，留保賃金 r^* の高さ，職探しの期間は，労働市場にオファーされている賃金分布 $f(w)$ の形状と，職探しに要する探索費用 C に依存するであろう[44]。

図4-6において，留保賃金 r_0^* は右下がりの期待限界収益曲線 $R(r^*)$ と横軸に水平の限界費用曲線 C との交点 E_0 で決定される。労働者が失業中にえる期待収益 M として，失業保険や公的扶助などがある。この期待収益 M が r_0^* に相当する大きさと仮定すると，限界費用 C' が C より大きければ，留保賃金 r_1^* は r_0^* よりも小さくなり，失業者はまったく職探しを行わないであろう。というのは，留保賃金 r_1^* は失業中の期待収益 M を下回るからである。マッコールによると，この失業者は就業意欲を喪失して労働市場からドロップアウトする。これに対して，希望する留保賃金 r_0^* をこえるオファーを

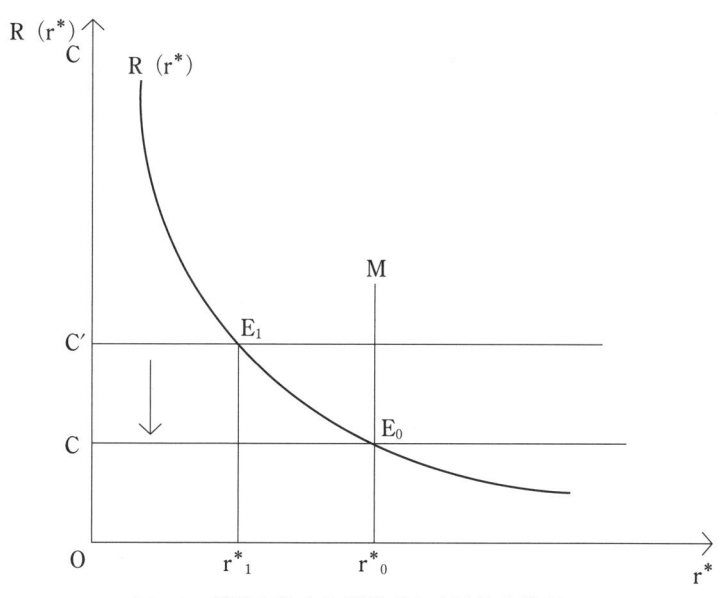

図4-6 就業意欲喪失労働者か摩擦的失業者か

受けるまで職探しをつづける失業者を摩擦的失業というが，失業者は，現実の限界費用が失業中の期待収益 M に対応する限界費用と比較して，ドロップアウトするか，摩擦的失業者として職探しをつづけるかを決定するであろう。

4.3.3 労働市場の情報ネットワーク

以上において，情報不完全な労働市場のもとで求職活動を行っている労働者の職探しモデルを説明してきた。それでは，労働者はどのような方法を用いて雇用機会を見出し，留保賃金以上の賃金オファーを受けるのであろうか。職探しの過程において，求人と求職を円滑に調整する情報の媒介手段が労働市場の情報網や情報ネットワーク (information network in labor market) にほかならない。市場情報が効果的に利用されるならば，労働者が職探しに要する費用と時間を軽くすることができ，ひいては失業期間をも短縮することができるであろう。

労働市場の情報ネットワークは，2つに大別することができる[45]。1つは，フォーマルな情報ネットワーク (formal network) で，市場の情報が制度化された経路をつうじて求職者に伝播されるところの情報ネットワークである。公共職業安定所（ハローワーク）をはじめ，新聞・テレビ等の求人広告，求人情報誌，民営職業紹介（インターネットを含む）のうち有料職業紹介，学校（大学・高等学校・各種学校等）・労働組合・職業訓練機関等における無料職業紹介などがこれに属する[46]。もう1つは，インフォーマルな情報ネットワーク (informal network) で，市場の情報が制度化された経路を経由しないで，求職者に伝播されるところの情報である。これには職場の同僚・友人や親戚など縁故による求人紹介，会社の玄関にみられる門前募集の掲示や直接募集，さらに自社のホームページによる求人募集などがある。

表4-1によると，完全失業者が利用する主な求職方法をみると（単数回答），「公共職業安定所に申込み」が4～4.5割，次いで「求人広告・求人情報誌」が3割強となっている。この2つが主な求職網となっている。完全失業者はまず失業保険の給付を受けるため，まず職安に申し込むので，求職方法として最も多くなっている。しかし，複数回答による求職方法をみると，逆転して「求人

表4-1 求職方法別にみた完全失業者数とその割合

	年次	総数	公共職業安定所に申込み	民間職業紹介所など申込み	労働者派遣事業所に登録	求人広告・求人情報誌	学校・知人等に紹介依頼	事業所求人に直接応募	その他
					実　数（万人）				
主な求職方法	2005	294	121	5	8	94	22	12	30
	2006	275	110	4	9	88	21	11	31
	2007	257	99	5	9	85	18	11	27
	2008	265	98	6	11	89	18	11	31
	2009	336	148	8	11	97	22	13	32
	2010	317	135	8	10	99	20	13	30
	2011	284	120	7	9	87	20	10	28
					割　合（%）				
	2005	100.0	41.4	1.7	2.7	32.2	7.5	4.1	10.2
	2006	100.0	40.1	1.5	3.3	32.1	7.7	4.0	11.4
	2007	100.0	39.0	2.0	3.5	33.5	7.1	4.3	10.6
	2008	100.0	37.1	2.3	4.2	33.7	6.8	4.2	11.7
	2009	100.0	44.7	2.4	3.3	29.3	6.6	3.9	9.7
	2010	100.0	42.9	2.5	3.2	31.4	6.3	4.1	9.6
	2011	100.0	42.7	2.5	3.2	31.0	7.1	3.6	10.0
					実　数（万人）				
複数回答	2005	—	155	19	23	182	61	44	53
	2006	—	140	19	24	165	56	37	50
	2007	—	130	17	22	155	47	36	46
	2008	—	131	18	28	158	49	36	52
	2009	—	193	27	33	197	64	49	57
	2010	—	179	26	30	190	58	47	50
	2011	—	158	21	26	165	55	43	48
					割　合（%）				
	2005	—	53.1	6.5	7.9	62.3	20.9	15.1	18.1
	2006	—	51.1	6.9	8.8	60.2	20.4	13.5	18.2
	2007	—	51.2	6.7	8.7	61.0	18.5	14.2	18.1
	2008	—	49.6	6.8	10.6	59.8	18.6	13.6	19.7
	2009	—	58.3	8.2	10.0	59.5	19.3	14.8	17.2
	2010	—	56.8	8.3	9.5	60.3	18.4	14.9	15.9
	2011	—	56.2	7.5	9.3	58.7	19.6	15.3	17.1

（出所）総務省統計局「労働力調査（詳細集計）」
（注）1）複数回答は、求職方法として当てはまる回答すべてを集計したものである。
　　　2）2010年と11年の実数および割合は、岩手県、宮城県および福島県を除く全国の結果である。

広告・求人情報誌」が第1位となり，完全失業者の6割はこの求職網を利用している。「公共職業安定所に申込み」のほかに「学校・知人等に紹介依頼」，いわゆる「縁故」，そして「事業所求人に直接応募」となっており，「民間職業紹介所など申込み」は非常に少ない。完全失業者は雇用保険の給付を受けるために職安に足しげく通い，求職の申し込みを行うといわれているが，うわさ通り，実際に就職して仕事をえるのは職安の求人票からではなく，「求人広告・求人情報誌」や「学校・知人の紹介」であって，職安の利用は非常に少ない。

労働市場の情報をえるために，労働者はさまざまな情報ネットワークを利用して市場探索を行っているが，これには2つのタイプの探索——外延的サーチ (extensive search) と内包的サーチ (intensive search) がある。求職者はいくつもの企業からすでに賃金・労働時間，従業者数などの求人情報をえているが，さらにほかの企業からもよりよい賃金・その他の労働条件の求人情報を求めてサーチするのを外延的サーチという。外延的な情報はだれでも客観的に入手することができる情報である。求職者はいくつもの企業から賃金・その他の労働条件に関する数多くの求人情報を十分にサーチすることができるが，仕事の内容をはじめ，求められる技能・熟練度・能力，職場の雰囲気や人間関係，企業のミッション・社風，企業の社会的評価など，より詳しい求人の中身に関する市場情報を獲得するためにサーチするのを内包的サーチという。職場内部や事業主に関する情報が内包的な情報である。求職者からみて企業側の内包的サーチを述べてきたが，企業からみても求職している労働者についての内包的サーチが重要である。求職者個々の間では技能や能力，資格，さらに性格・性質や職歴（キャリア）などが相当に異なっており，企業がこうした情報を正確に知らないのが普通である。労働市場においては，株式市場と違い，外延的サーチよりもむしろ内包的サーチが非常に重要な役割を果たしている[47]。

このように，外延的サーチは，職探しモデルにみられる賃金サーチのように市場情報の拡大といった量的なサーチをさしている。これに対して，内包的サーチは，獲得された市場情報の内容をさらに詳しく知るために探索するもので，いわゆる質的なサーチといえるであろう。株式市場や金商品の市場は高度に標準化された市場であって，そこでは株式や金の取引は等価的に行われてい

る。このような市場においては，市場情報に関する内包的探索は事実上必要がなくなり，外延的サーチを増やすことが重要となるであろう。株式市場や金商品の市場とはまったく異なっているのが労働市場である。

4.3.4 レモン市場と市場の不成立

　商品を購入するさいには，買い手はその商品の品質をなんらかの方法で判断する必要があるが，品質の良否がよくわからない場合，どのような方法で品質の良否を判断するのであろうか。その1つの方法は高価のほうが優れた品質であるという考えである。もし買い手が商品を購入するにしても，品質はよくない商品であり，そのため重大な損失が予想される商品（住宅や自動車など高額の商品）や高価ではないが顔や肌など身体に大きな損傷を負わせる商品（化粧品や医薬品などの商品）では，価格の高低で品質を判断する場合が多い。また生鮮食料品などのように，新鮮さが品質の良否を決める場合もある。このように，価格の高低で品質を判断するのは，買い手と売り手がある商品の品質について有する情報に違いがあるからである。つまり商品に関して情報の非対称性があるとき，しばしば起こる現象である。この場合，買い手は必ずしも品質のよい商品を手にいれるとはかぎらず，質の悪い不良品をつかむこともある[48]。近年，情報の非対称性に関する研究は急速に進んでいるが，これの発端となった論文がアカロフの「レモン市場（market for lemons）」[1970]である。

　「レモン（lemon）」とは，「品質のよくない不良品」，とくにアカロフの論文では「品質のよくない中古車」「欠陥車」を意味した隠語である[49]。アカロフの「レモンの原理」は，レモン（欠陥車のこと）を例えに市場経済の脆弱性を明らかにしたもので，取引される商品に情報の非対称性があるかぎり，効率的な取引は成立しないという。

　新車を購入するとき，一般に買い手はどのような行動をとるだろうか。まずディーラーから希望するメーカーのカタログを取り寄せ，購入したい車種や形式・デザインをあらかじめ決めて（当然，車の排気量，燃費，走行性など性能をよく調べて）から，店頭におもむき，ショールームにある新車それぞれを見比べながら，車の色，内装の施し具合，エアコンやカーナビの形など細かな点

を決めて購入するはずである。これに対して，中古車を購入する場合はどうだろうか。中古車の売り手は，自分が売ろうとする中古の自動車の品質があまり良くないことを知っており，また，調子の悪い箇所や欠陥のある箇所（たとえば，エンジン音，ブレーキの甘さ，ハンドルのぶれなど）があっても，これを隠して売ろうとするであろう。買い手のほうはどうかといえば，購入しようとする中古車の品質についてはなにも知らない。買い手の運がよければ，品質のよい中古車を手に入れることができるけれども，たとえ価格が同じでも，逆に運が悪ければ，品質のよくない中古車，すなわち「レモン」を握ってしまうことになる。このように，中古車の品質情報に関して，買い手は取引される車について完全な情報をもっていないのである。それでは，中古車の買い手はどうするのだろうか。買い手の多くはディーラーに努めている友人や知り合いに連絡をとり，車の選び方や欠陥箇所の見つけ方を教わって中古車を選ぶであろう。さらに道路沿いに何十台も並んでいる中古車ディーラーを何軒も時間をかけて回り，1台1台丁寧に調べるなどして，車を選ぶであろう。ここで注意深く詳しく調べるのは内装やワックスの磨き具合ではない。エンジンの調子，ブレーキの利き具合，ギアの入れ具合，ペダルの踏み具合，オイル漏れの有無など，いわゆる品質に関するさまざまな情報，前述した言葉を使用すれば，内包的サーチが重要となるであろう。買い手は購入したい中古車の情報や知識をほとんど有していない。このように，買い手と売り手との間で有する情報量や知識が異なっている状態を「情報の非対称性（asymmetry of information）」という[50]。

　情報が非対称的であるような市場は，中古車市場だけでなく金融市場，保険市場や一般の財市場においても観察される。ここで「レモン」を含んだ労働市場を取り上げ，その市場の需給決定について説明することにしよう[51]。労働市場においては，労働サービスの買い手である企業は，労働サービスの売り手である求職者の性格や資質（たとえば，知識の程度，能力・技能の高さ，仕事への段取りの仕方・取り組み態度，勤務態度，協調性など）を判断したうえで採用するか否かを決めるのであって，求職活動している労働者がいるからといって，直ちに雇い入れるとはかぎらない。いま，労働市場には「能力の優れた求

図4-7　レモンを含んだ労働市場

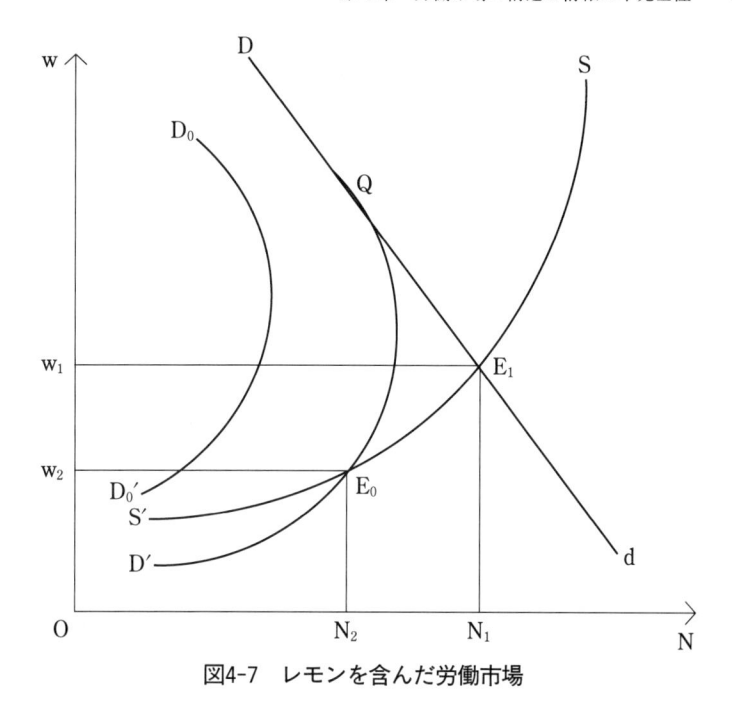

職者」と「能力の劣った求職者」——いわゆる，「ピーチ」と「レモン」が混在しており，それぞれが職探しを行っているとする。この市場においては労働サービスの売り手である求職者それぞれは，自分の能力を知っているのに対して，労働サービスの買い手である企業は求職者がどの程度の高さの能力をもっているか知らないと仮定しよう。

図4-7において，横軸に雇用量 N，縦軸に賃金率 w をとると，求職者の行動を表す労働供給曲線は右上がりの曲線 SS' として画かれるであろう[52]。賃金率 w が高くなるにつれて，市場に供給される求職者の数が増えていくのは通常の供給曲線の性質と同じである。賃金率がかなり低いと，高い能力をもっている求職者は，その労働サービスを市場に供給するのを減らすであろう。逆にいえば，低い賃金率のもとで供給される求職者の資質はいっそう悪くなるだろう。賃金率が高くなると，能力の高い求職者も労働市場に参加する意欲が高まり，労働供給量も増加するであろう。したがって，労働供給曲線が右上がりで

あるというのは，賃金率が低い状態において，労働市場に供給される求職者のほとんどが資質の悪いレモンだということになる。

次に，求職者に対する企業の労働需要曲線 DD' を説明する。労働需要曲線の形状は労働供給曲線と違いやや特殊である。賃金率が高い領域では，通常の労働需要曲線と同様に右下がりとなっている。というのは，賃金率が高いと，能力の劣った求職者を雇い入れようとする企業は少なくなるからである。逆に，賃金率が低い領域においては，労働需要曲線は右上がりとなる。右上がりになるのは，賃金率があまりにも低い領域では，労働サービスの買い手である企業は，労働市場に供給される労働者のほとんどが能力の劣っていることを知っているからである。いいかえれば，賃金率が低いときには，企業は求職者の質が悪いと考えあまり雇い入れないであろう。つまり賃金率が低下するにしたがって，能力の劣った求職者の割合が増えるので，企業の労働に対する需要量は少なくなるであろう。このような理由から，企業の労働に対する需要曲線は，ある賃金率の水準で後方に屈曲した曲線（backward bending curve）となるであろう。レモン市場の労働需要曲線について留意すべき点は，求職者に対する需要量が賃金率のみに依存するのではなく，各々の賃金率に対応した資質の高さにも依存している点である。この点は賃金率にのみ依存する通常の労働需要曲線と相違している。

以上に説明した労働供給曲線と労働需要曲線を用いて，レモンを含む労働市場の需給関係をみると，需給の均衡は供給曲線 SS' と需要曲線 DD' とが交わった点 E_0 で決定される。もし市場の情報が完全で，レモンが存在しなければ，需要曲線は右下がりの曲線 DQd のように右下がりとなるから，均衡点は供給曲線 SS 上の点 E_1 に位置するであろう。これは通常の市場メカニズムの場合とまったく同じである。求職していた労働者 N_1 は N_0 にくらべてより多く雇用され，賃金率 w_1 は w_0 よりも高くなるであろう。

これに対して，レモンを含む労働市場の均衡点 E_0 においては，賃金率が w_0 と低いので，市場に供給される求職者の資質もかなり劣ったものといえるだろう。すなわち，低い賃金率で供給されるのは，能力の劣った求職者，いわゆるレモンだけになってしまう。レモンである求職者であっても，低い賃金率なら

ば採用してもよいと考える企業のみがこの求職者を採用することになる。このように，情報の非対称性が存在すると，ピーチである「能力の高い求職者」の採用が起こらないという意味で，市場は効率的な資源配分に失敗するのである。これは「悪貨が良貨を駆逐する」というグレシャムの法則（Gresham's Law）という現象と同じである。つまり「レモン」が存在するために，「ピーチ」が労働市場から排除される状態がここに生じるのである。

　ところで，レモンが存在する労働市場において，図4-7に図示するように，労働需要曲線が DQD' ではなく $D_0D'_0$ のように縦軸に近接している場合を考えると，この労働需要曲線 $D_0D'_0$ は労働供給曲線 SS' とは交わることはない。したがって，均衡点は存在せず，求職者の雇い入れはまったく行われない。いま，ある水準の賃金 w_0 における需給の状態をみると，供給が需要を上回っているので，労働の超過供給が存在し，賃金は下落するであろう。能力の高い労働者は求職を差し控え，労働供給をさらに減らすので，労働市場に供給される労働者の質は全体として低下し，労働需要もまた減少するであろう。このようなプロセスが際限なくつづき，その結果，市場そのものが成立せず消滅するであろう。図4-7に図示する後方屈折型の需要曲線はヴェブレン効果（Veblen's effect）を想起させる。ヴェブレン効果とは，ヴェブレン（T. B. Veblen）が1899年に出版した『有閑階級の理論』のなかで主張した考えで，通常，財に対する需要は価格の上昇にともなって減少するのであるが，衒示的消費（ostentatious consumption）などの財の場合，価格が上昇すると，逆に需要も増加することをいう[53]。ヴェブレン効果のもつ需要曲線の特異性と市場の不成立をアカロフのレモン原理に結びつけたのは，林敏彦［1980］［1989］であった[54]。情報の非対称性から，この問題をアプローチしたアカロフは，中古車市場の例を取り上げて市場の不成立の可能性を説明する[55]。いま，市場に供給される自動車の平均的な品質を μ とし，μ が中古車の価格 p の増加関数 $\mu=\mu(p)$ であるとした。需要関数は価格 p のほかに平均的な品質 μ にも依存するので，$D=D(p, \mu)$ となるであろう。これに対して，供給関数は $S=S(p)$ と表すことができる。市場の均衡条件は

$$S(p)=D(p, \mu(p)) \tag{4.4}$$

となるが，(4.4) を満たすような価格 p^* が存在すれば，この価格 p^* のもとで市場は均衡しているといえる。問題は，均衡価格 p^* が存在するかどうかである。アカロフは，均衡を満たすような p^* が存在しないことを明らかにしたのである[56]。

情報の非対称性が存在する労働市場では，レモンの原理が働き，能力の優れた求職者の採用が行われることはなく，労働市場から「悪貨は良貨を駆逐する」という現象，いわゆる逆選択（adverse selection）が起こる。労働市場だけでなく財・サービス市場においても，情報の非対称性が存在するとき，レモンの原理が起こるであろう。財・サービスの品質に関して，情報の非対称性を解消する方法として，実際，さまざまな方法や制度がとられている[57]。たとえば，①自動車・カメラ・家電製品・パソコンなどの製品にみられる品質保証制度，品質を保証するために，これらの製品には一定期間無料の修理サービスが保証されている。保証付きの製品を販売するのが品質保証制度である。②紳士服やポロシャツ，関サバなどのブランド商標制度，どのような品質の製品であるかを表示するために，ブランド商標をつけて販売する制度である。③鉄道や航空などの運輸サービスや医薬品などを許認可する許認可制度，これらの運輸サービスや医薬品の販売は政府の許認可を受けなければ，品質を保証して営業・販売したりすることができない。④弁護士，会計士，医師，看護師，教師，調理師などを許可する免許制度，これら職種の専門サービスの質を一定以上に維持・保証するために免許が必要なのである。⑤企業の資金を調達するために債券の信用度を格付けする格付け会社，企業が債券の発行によって資金を調達しようとするとき，格付け会社が債券の信用度の格付けを行っている。周知のように，2011年8月5日にスタンダード・アンド・プアーズ（S&P）が米国債をAAA（トリプルA）から史上初めて一段階引き下げ，世界同時株安の引き金となった。このように，レモンの原理が働くのを防ぐ，さまざまな方法や制度がある。

［注］
1) 石原孝一［1981］第1章1～21頁を参照。

2)　荒井勝彦 [1974a] 67〜93頁を参照。
3)　荒井勝彦 [1972] 92〜100頁を参照。
4)　J. T. Dunlop [1944] 訳書解題256頁を参照。
5)　J. T. Dunlop [1944] pp. 9〜12（訳書10〜15頁）を参照。
6)　J. R. Hicks [1963] p. 317（訳書282頁）を参照。
7)　J. R. Hicks [1963] pp. 58〜74（訳書52〜66頁）を参照。
8)　J. R. Hicks [1963] pp. 63〜66（訳書56〜59頁）を参照。
9)　このように，労働市場の制度化は労働市場を構造化するとともに，外部の労働市場と内部の市場である企業を分断する。後述するように，ドーリンジャー＝ピオレは構造市場の内部化の違いによって，内部労働市場のタイプを2つに分類する。1つは，企業型内部労働市場，もう1つは，クラフト型内部労働市場である。P. B. Doeringer＝M. J. Piore [1971] pp. 2〜3（訳書2〜3頁），pp. 49〜52（訳書58〜64頁）を参照。
10)　労働市場に制度的ルールが組み込まれると，労働市場は構造化するが，制度的ルールと違って，熟練度の差異や情報の不完全などによってもまた，労働市場は構造化するであろう。カーは，前者のタイプを制度的ルールが作用する構造的市場，後者を制度的ルールが介在しない構造的市場とよんでいる。C. Kerr [1954] pp. 95〜96を参照。
11)　小池和男 [1966] 第2章・第3節70〜74頁，今井賢一他 [1982] 87〜88頁を参照。
12)　小池和男 [1977] 9頁，L. G. Reynolds [1951] 第5章を参照。
13)　荒井勝彦 [1974a] 68〜74頁，小池和男 [1982] 87〜91頁を参照。
14)　ダンロップによって提起された職務群は，リバーナッシュにおいても，内部賃金構造を説明する1つの重要な概念として取り上げられている。
　　　E. R. Livernash [1957] を参照。
15)　1971年に出版された *Internal Labor Market and Manpower Analysis* は，企業や労働組合，政府関係，学生から研究者にいたるまで幅広く読まれ，労働経済学界に大きな波紋をよんだ。本書の最大の成果は「そもそも労働市場には制度的な枠組みが存在し，それが内部市場および外部市場それぞれの取り決めのきわめて明確な違いとして現れている。」と主張した点にある。その後，85年に第2版 *Internal Labor Market and Manpower Analysis: With a New Introduction* を出版した。第2版は，第1版に「……その後の各国における研究成果を反映させ，また筆者らの分析的視点を盛り込んだ新たな序章を書き加えることにより，1985年に再度世に問うたものである。」2007年には1985年出版の第2版を全訳して日本語版が出版された。P. B. Doeringer＝M. J. Piore [1985] 訳書2頁および263頁を参照。
16)　ドーリンジャー＝ピオレはまた，内部労働市場の存在を明らかにしたほかに，

二重労働市場の構造についても分析を行った。P. B. Doeringer＝M. J. Piore［1985］pp. 163～183（訳書202～229頁）を参照。

17) P. B. Doeringer＝M. J. Piore［1985］pp. 1～2（訳書第1章1頁）を参照。
18) P. B. Doeringer＝M. J. Piore［1985］pp. 1～2（訳書第1章1頁）を参照。
19) O. W. Phelps［1967］p. 48, P. B. Doeringer＝M. J. Piore［1985］p. 42（訳書52頁），野村正實［2003］29頁を参照。
20) P. B. Doeringer＝M. J. Piore［1985］p. 1（訳書1頁）を参照。
21) P. B. Doeringer＝M. J. Piore［1985］p. 42（訳書52頁）を参照。
22) P. B. Doeringer＝M. J. Piore［1985］pp. 41～63（訳書51～78頁）を参照。
23) P. B. Doeringer＝M. J. Piore［1985］p. 41（訳書51頁）を参照。
24) 隅谷三喜男［1974］8頁を参照。
25) P. B. Doeringer＝M. J. Piore［1985］pp. 167～169（訳書206～208頁）を参照。
26) ドーリンジャー＝ピオレは，内部労働市場の開放性の程度を決める要素として雇い入れ口のほかに，雇い入れを支配する選抜基準（selection criteria）と退出口を説明している。選抜基準は学業成績（educational attainment），適性検査（aptitude test scores），個人面接（personal interviews），実務経験（work experience），健康状態（physical fitness）などで示され，外部労働者における労働者の資質を認定するために用いられる。P. B. Doeringer＝M. J. Piore［1985］pp. 47～48（訳書56～57頁）を参照。

なお，「雇い入れ口」という言葉はカーによって最初に使用された。雇い入れ口とは対照的に，外部労働市場に退出していくところの出口，すなわち，「退出口（ports of exit）」も開口している。C. Kerr［1954］を参照。
27) P. B. Doeringer＝M. J. Piore［1985］pp. 49～53（訳書58～61頁），荒井勝彦［1974a］75～77頁を参照。
28) P. B. Doeringer［1967］pp. 208～209, P. B. Doeringer＝M. J. Piore［1985］pp. 43～47（訳書52～56頁）を参照。
29) 一般に事務労働者の内部労働市場は，工場労働者のそれよりも開放的であろう。
30) P. B. Doeringer＝M. J. Piore［1985］p. 50（訳書59頁）を参照。
31) P. B. Doeringer＝M. J. Piore［1985］pp. 13～27（訳書15～30頁）を参照。
32) P. B. Doeringer＝M. J. Piore［1985］p. 18（訳書20頁）を参照。
33) 氏原正治郎は，論文「わが国における大工場労働者の性格」において年功制を特殊的熟練によって説明した。この論文は年功制論の出発点をなすものであった。
34) 荒井は，第1版発表の2年前にドーリンジャーの論文［1967］をベースに内部労働市場を取り上げ紹介した。荒井勝彦［1972］を参照。

35) 野村正實［2003］45～52頁，舟橋尚道［1975］2～12頁を参照。
36) 以下，野村正實［2003］2～15頁を参照。
37) スティグラーは，「探索またはサーチ」を次のように表現している。商品それぞれの価格は，安い・高いなどさまざまな頻度で分布しており，そのため，商品の買い手はその売り手が提示するすべての価格を知らない。そこで，買い手は自分にとって望ましい価格を知るために，価格がどのような高さにあるかを探さなければならない。スティグラーは，こうした情報をえるための行動を「探索またはサーチ」とよんだ。こうした市場情報には2つある。1つは，職探しのような希望する賃金率をサーチする価格情報，もう1つは，品質に関する品質情報である。G. J. Stigler ［1961］p. 213を参照。
38) 大橋勇雄［1978］132頁（佐野陽子他［1978］に所収），荒井一博［1997］287～288頁を参照。
39) これに対して，転職のために行う「働きながらの職探し (on-the-job search)」もある。
40) w が $\overline{w}$ と $\underline{w}$ との間の値をとる確率は1である。
41) 樋口美雄［1996］124～127頁を参照。
42) w より高い賃金提示に出会えなかったときには，w を拒否してふたたび職探しする。期待される収益はいうまでもなくゼロとなる。樋口美雄［1996］124～127頁を参照。
43) w が r_0^* を下回るならば，賃金 w は拒否され，限界的な期待収益はゼロとなる。
44) マッコールは，職探しモデルによって労働者のドロップアウト現象――失業中であるが，職探しを行わない就業意欲喪失労働者 (discouraged worker) の存在を説明し，ドロップアウトする失業者と摩擦的失業者との区別を明らかにした。
J. J. McCall ［1970］，大橋勇雄［1978］142～150頁（佐野陽子他［1978］に所収）を参照。
45) A. Rees ［1966］，荒井勝彦［1974a］第4章を参照。
46) 民営職業紹介事業は，「職業安定法」の規定により，厚生労働大臣の許可を受け，または届け出を行った事業所だけに認められている。民営職業紹介事業は，公共職業安定所による職業紹介と相俟って，労働市場における労働力の需給調整を担っており，紹介事業には有料職業紹介事業と無料職業紹介事業の2つがある。有料職業紹介事業とは，職業紹介に関し求人者などから手数料または報酬を受けて行う職業紹介事業（同法第30条）をいい，現在，港湾運送業務や建設業務に就く職業以外の職業について行う職業紹介をいう。これに対して，無料職業紹介事業とは，職業紹介に関して，いかなる名義でも手数料または報酬を受けないで行う職業紹介事業（同法第33条）をいう。

職業安定法では，当初，有料職業紹介を行うことができる職業を11職業に限定していたが，その後，取扱職業の範囲は29職業に増えた。1995年3月，政府は「有料職業紹介事業について取扱職業の範囲及び紹介手数料の在り方を検討する」等の「規制緩和計画」を閣議決定した。これを受け，同年12月，行政改革委員会は規制緩和の立場から29職業に限定されていた有料職業紹介事業の原則自由化を決定した。これを踏まえ，97年4月に職業安定法施行規則の改正を行い，ポジティブ・リスト方式から有料職業紹介を行うことができない職業を限定するネガティブ・リスト方式に変え，職業の範囲を一挙に拡大した。現在，取扱職業の範囲を港湾運送と建設の職業以外の職業へと拡大するようにさらに自由化を進めた。なお，厳しい雇用情勢や働き方の多様化等に対応するため，2004年3月から改正職業安定法が施行され，商工会議所・商工会・農協などの一定の法人が構成員のために行う無料職業紹介事業について，届出制にするなどの規制緩和が行われた。

47) 労働市場におけるミスマッチ原因の一つは，求人・求職各々が探索する外延的サーチの量的・内容的な差異よりも，双方が入手する内包的サーチ――質的情報の違いにあると考えられる。

48) 商品の品質に関する情報の非対称性については，倉澤資成［1988］，岩田規久男［1993］，荒井一博［1997］を参照。

49) 「レモン」に対して，「品質のよい車」や「品質のよい商品」を「ピーチ (peach)」とか「プラム (plum)」という。岩田規久男［1993］475頁を参照。

50) 新古典派理論においては，個々の経済主体は取引される財の価格だけでなく，その質についても完全な情報をもっていると仮定され，このもとで完全競争市場における最適な資源配分の実現が追求されてきた。

51) 以下の説明は佐々木宏夫［1991］123～131頁（第7章補論），荒井一博［1997］289～292頁，倉澤資成［1988］288～293頁，岩田規久男［1993］475～477頁を参照。これらの文献をもとに，これをレモンを含む労働市場に応用したものである。なお，本文中の図4-7は荒井一博［1997］270頁の図10-6から引用した。

52) 荒井一博［1997］289～292頁を参照。

53) 財・サービスが本来もつ性質だけのために行われるのでなく，自分の地位・名誉を誇示するために，また，他人に見せびらかすために行われる消費を衒示的消費といい，誇示的消費や見せびらかすための消費 (ostentatious consumption) ともいわれる。

54) 林敏彦［1980］108～109頁，佐々木宏夫［1991］123～129頁を参照。

55) G. A. Akerlof［1970］を参照。

56) G. A. Akerlof［1970］を参照。

57) 岩田規久男［1993］476～482頁を参照。

第5章　賃金水準の決定

　これまで，われわれは，労働力の供給（第1章）と労働力に対する需要（第2章）を説明し，さらに第4章において，内部労働市場を中心とする労働市場の構造および非対称的な情報のもとにある労働市場の性質を明らかにしてきた。本章では，まず第1に，これらの分析を踏まえ，競争的な労働市場における需要・供給の調整メカニズムにもとづく賃金水準の決定を説明する。いま，企業の求人，いわゆる雇用機会が市場に提示されると，求職者はフォーマルまたはインフォーマルな情報ネットワークを仲介に職探し（ジョブ・サーチ）を行い，そのなかから一つの求人を見い出し，企業の求める雇い入れ基準（hiring standard）を満たすならば，彼（または彼女）は採用されるであろう。もし市場全体の求人が増えれば，個々の企業は賃金水準を引き上げるなどして労働力の確保に努めるであろう。逆に不況のため求人が大幅に落ち込み，雇い入れ基準が高まると，就職は難しくなるであろう。賃金水準も伸びないかもしれない。このように，賃金水準は労働力に対する需要と供給の関係によって変化する。これが労働の需給調整にもとづく賃金決定のメカニズムにほかならない。

　本章で取り上げる第2は，需給不均衡のもとでの賃金の動学的調整，いわゆるフィリップス曲線をはじめ，インフレーション問題への応用，それを批判する自然失業率仮説などを取り上げて説明する。

5-1　労働市場と賃金水準の決定

5.1.1　2つの接近方法と完全競争市場の概念

　財市場や労働市場における需給メカニズムの分析にあたって，最初に均衡分

析の接近方法と完全競争市場の概念について簡単に説明しておこう。市場の需給均衡を分析する方法には2つの接近方法がある。1つの方法は，すべての財やサービスの価格・生産量を対象に，相互依存関係をもつすべての市場の需給均衡を同時に分析する一般均衡分析（general equilibrium analysis）である。もう1つは，部分均衡分析（partial equilibrium analysis）とよばれる接近法である。分析の対象となる特定の財またはサービスの市場に注目して，他の財やサービスの価格・生産量を一定にしたうえで，その特定の財またはサービスの価格と生産量のみを変数として分析する方法である。現実の経済においては，ある特定の市場は他の多数の市場と相互に結びついているから，すべての市場を同時に分析することは理論的には正しいが，分析の複雑さ・数学的操作の難解さから一般均衡分析のアプローチに代わって，しばしば部分均衡分析のアプローチが用いられる。このように，一般均衡分析の複雑化を捨象して，「他の事情にして等しければ（*ceteris paribus*）」の仮定のもとで，ある特定の市場のみを対象に考察する部分均衡分析はきわめて有益な分析方法なのである[1]。

経済学においては，完全競争市場（perfectly competitive market）という概念は非常に重要な概念である[2]。完全競争市場とは，完全競争が行われる市場で，どのような条件を満たした市場なのであろうか。論者によっては，列挙する条件は異なっているが，一般に次のような条件——（1）情報の完全性（perfect information），（2）ゼロの取引費用（transaction cost），（3）財の同質性（homogeneity of goods），（4）多数の取引主体の存在，を備えた市場と定義できるであろう[3]。情報の完全性という条件とは，市場に参加する経済主体（売り手と買い手）が，取引される財・サービスの価格や品質について完全な情報をもっているという条件である。ある財を取引するさいに価格以外に負担しなければならない費用すべてを取引費用といい，たとえば株式の売買における手数料や仲介料，さらに取引に要する時間の機会費用や交通費などをいう。ゼロの取引費用という条件とは，売買にこうした取引費用がかからないという条件である。完全競争市場は取引費用がいっさい存在しない市場で，取引費用ゼロという仮定は，すべての主体が同一の価格に直面していることを意味している[4]。多数の取引主体の存在という条件とは，同質の財・サービスの

買い手と売り手の数がきわめて多く，各々の買い手または売り手が取引する数量が市場全体の数量にくらべてきわめて少ないことをいう。この結果，完全競争市場では，個々の経済主体（売り手も買い手も）は市場価格に対してなんら影響を与えず，市場価格を所与として需要量または供給量を決定する市場ということができる。このことは，個々の経済主体が価格受容者として行動することを意味している。

5.1.2 労働市場の需要・供給と均衡への調整過程

次に，部分均衡分析の立場から，労働市場の需給メカニズムを考察する。第1章1-4で説明した労働供給の理論によれば，個々の労働者が労働市場に提供する労働供給量を個々人すべてについて集計することによって，市場の（あるいは集計的な）労働供給曲線を導出することができる。これを定式化したのが労働供給関数（labor supply function）である。集計された労働供給量 S は，

$$S = S(w ; \alpha) \qquad dS/dw = S'(w) > 0 \qquad (5.1)$$

で，市場賃金率 w の増加関数として与えられる。α は人口規模など与件を示すパラメータである。これに対して，第2章2-2で説明した労働需要の理論によると，個々の企業は，労働の限界価値生産物が市場賃金率に等しくなる点まで労働投入量を需要するならば，企業の利潤は最大となる。こうした個々の企業行動を市場全体について集計する方法は，労働供給曲線の場合と同じである。集計された市場の（あるいは集計的な）労働需要曲線を定式化したのが労働需要関数（labor demand function）である。

$$D = D(w ; \beta) \qquad dD/dw = D'(w) < 0 \qquad (5.2)$$

集計された労働需要量 D は，市場賃金率 w の減少関数として定式化され，β は資本投入量や技術革新など与件を表すパラメータである。

労働者や企業の各経済主体は個々別々に意思決定を行うから，任意の市場賃金率に対して，各労働者はそれぞれにとって最適な労働供給量を，また各企業はそれぞれにとって最適な労働需要量を決定するであろう。主体的均衡（subjective equilibrium）のもとで決定された個々の労働供給量や労働需要量を主体全体について集計し，集計された労働供給量と労働需要量が一致すれば，す

べての主体が満足した状態を実現することになる。このような状態を市場均衡 (market equilibrium) とよんでいる。しかし, 集計された労働供給量と労働需要量がつねに一致するとの保証はどこにもない。需要と供給が一致しないならば, すべての主体にとって満足すべき状態を実現することはできないであろう。その結果, 労働の超過需要 (excess demand) (または超過供給 (excess supply)) が発生し, 超過需要（または超過供給）の大きさに応じて, 賃金率は上昇（または低下）するであろう。賃金率の変化に対応して, 各経済主体は超過需要（または超過供給）が解消するまで, 労働供給量または労働需要量を調整するであろう。こうした市場の需給調整によって, 労働市場の均衡がふたたび実現するのである。

ところで, 問題は,「均衡への調整」が迅速に行われるか否かである。生鮮食料品の市場をはじめ, 株式市場や為替市場などにおいては, たとえ需要と供給が一致しなかったとしても, 価格（株式市場では株価, 為替市場では円／ドル・レート）はかなりの速度で変化し, 需給は迅速に調整されるであろう。しかし, 舞台を労働市場に転ずると, 継続的な雇用関係や賃金の下方硬直性のために, 労働の需給に不均衡があっても, 均衡への調整は迅速に行われず相当に緩慢であろう。しかし, 以下では, 新古典派的な立場から均衡への調整が迅速に行われると想定して, 労働市場の均衡分析を説明することにしよう。いま, 労働需給の均衡条件を次のように

$$D = S \tag{5.3}$$

与えると, (5.1) の労働供給関数と (5.2) の労働需要関数より, 均衡賃金率 w^* と均衡雇用量 L^* は次のように決定される。

$$w^* = w(\alpha, \beta), \quad L^* = L(\alpha, \beta) \tag{5.4}$$

均衡賃金率 w^* と均衡雇用量 L^* はパラメータ α と β の関数として与えられる。

いま, 縦軸に貨幣賃金率 w, 横軸に労働需要量 D と労働供給量 S をはかると, (5.1) の労働供給関数は賃金率 w を内生変数とする増加関数で, 図5-1には右上がりの労働供給曲線 S_0S_0 として, 同様に, (5.2) の労働需要関数は w を変数とする減少関数で, 右下がりの労働需要曲線 D_0D_0 として画かれてい

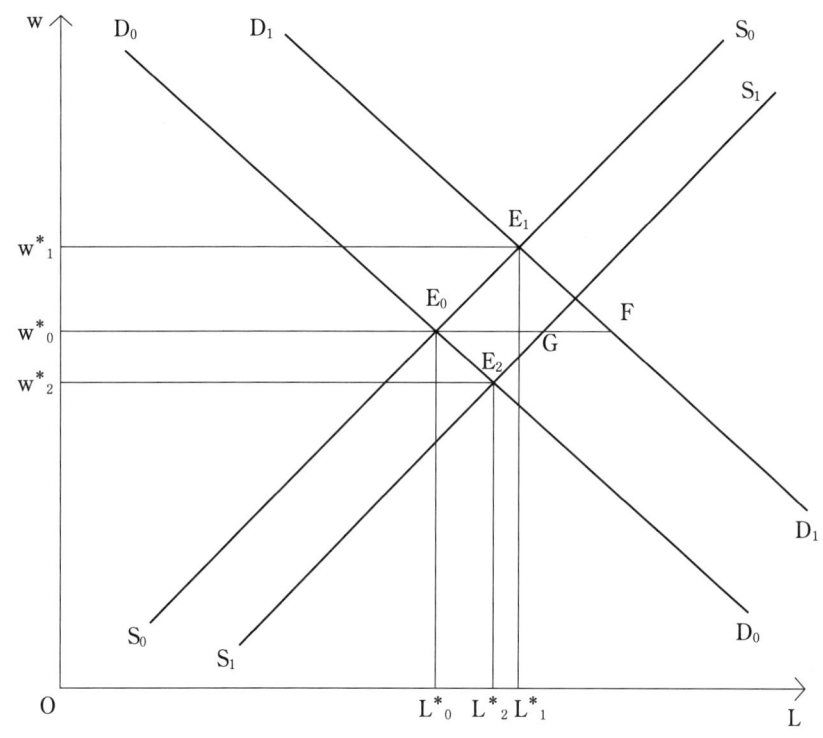

図5-1 労働の需要・供給曲線と賃金率の決定

る。この両曲線が交わる点 E_0 は労働の需要と供給が一致する均衡点であって、これに対応して、均衡賃金率 w^*_0 と均衡雇用量 L^*_0 が決まるであろう。ここで、新技術の開発などによって新たな設備投資が行われ、資本ストック K が増大したと仮定しよう。これは、労働需要関数を構成するパラメータ β の変化を意味し、労働需要曲線は D_0D_0 から D_1D_1 へと上方に平行シフトするであろう。この結果、w^*_0 の賃金率において E_0F の超過需要が発生する。均衡への調整過程が迅速に行われるかぎり、この超過需要をクリアするように、賃金率は新たな均衡点 E_1 に到達するまで上昇するであろう。かくして、均衡賃金率は w^*_0 から w^*_1 へと上昇する。

他方、D_0D_0 の労働需要曲線のもとで、高等教育機関の創設、進学率の上昇などにともなって大学等への進学者が増え、数年後、新規学卒者が労働市場に

大量に登場したと仮定しよう。これは労働供給関数のパラメータ α の変化を意味し、労働供給曲線は S_0S_0 から S_1S_1 へと下方に平行シフトするであろう。労働需要曲線が右上方にシフトしなければ、w^*_0 の賃金率において、E_0G の超過供給が発生するから、賃金率は新たな均衡点 E_2 に到達するまで下落をつづけるであろう。労働市場の需給調整が円滑に働くかぎり、E_0G の超過供給を解消するように、賃金率は w^*_0 から w^*_2 へと下落する。

5.1.3 市場均衡の安定と不安定

図5-1は、右上がりの労働供給曲線と右下がりの労働需要曲線といった最も標準的なケースを画いたものである。たとえ賃金率が均衡水準から乖離したとしても、時間の経過とともにふたたび均衡水準へ回帰しようと調整されるであろう。この調整過程をワルラス的調整過程（Walrasian adjustment process）とよび、このような均衡は安定的（stable）といわれる[5]。ワルラス的調整過程とは、価格を媒介にして労働の需要量と供給量を調整し、その結果として超過需要量の大きさに反応して、価格が変動していく調整過程をいう。

第2章で学んだように、労働の限界生産物が逓減的であるとの仮定から、労働需要曲線はつねに右下がりとなるが、第1章において、個人の行動を表す労働供給曲線が一部右下がりの部分を含む後方反転型の形状をもつ可能性を明らかにした。集計された労働供給曲線に関しても、右下がりの部分をもつと考え、図5-2に図示するように、労働供給曲線の傾き（の絶対値）SS が同じ右下がりの労働需要曲線の傾き（の絶対値）DD より小さいと想定しよう。この場合、労働需給の均衡は不安定（unstable）となるであろう。

いま、労働需給の状態が均衡点 E にあるのではなく、労働供給曲線 SS 上の点 b に位置しているとしよう。労働市場には ab の超過供給が存在し、需給の調整過程が働くと、賃金率は時間の経過にともなって次第に低下していく。その結果、市場の状態は、点 b から労働需要曲線 DD 上の点 c に移動する。しかし、点 c においても依然として ab より大きい cd の超過供給が存在する。賃金率は、ふたたび労働供給曲線上の点 d から点 e に下落する。以下、同様に繰り返され、その軌跡は $a \to b \to c \to d \to e \to f \to \cdots\cdots$ となり、賃金率は

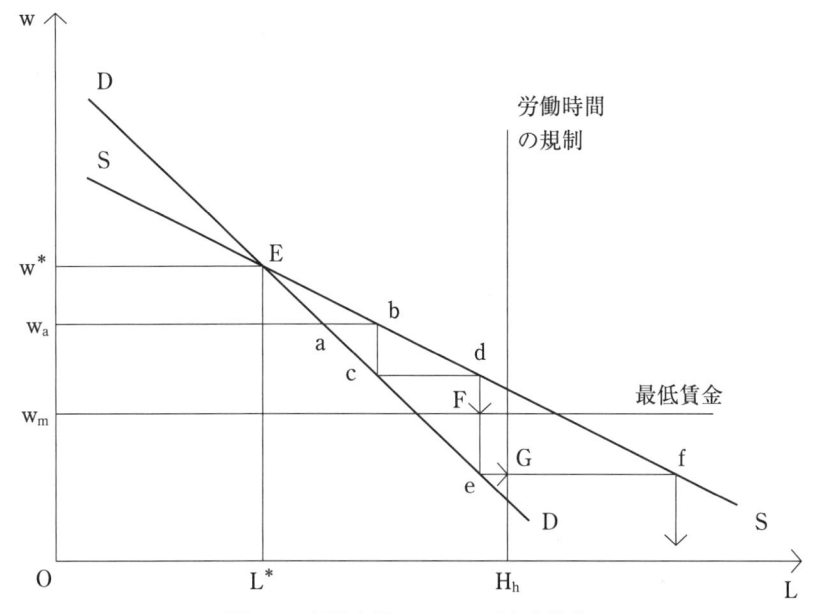

図5-2 労働市場における不安定均衡

とめどもなく下方に向かって下落していくであろう。

ところで，市場に提供される労働供給が右下がりの経路を画いて逐次的に調整されていくのは，個人や家計にとってきわめて重要な意味をもっている[6]。というのは，いまなんらかの理由で賃金率が下落し，労働市場における需給の均衡が崩れると，賃金率はかぎりなく下落（また労働時間も際限なく増加）しつづけるであろう。図5-2に図示するように，賃金率が均衡賃金率 w^* から w_a に低下した場合，労働の超過供給 ab の存在が賃金率を押し下げ，それがまた労働時間の延長を誘発するといった循環を繰り返し，賃金率はさらに下落するであろう。このように右下がりの労働供給曲線のもとでは，労働市場はきわめて不安定な性質をもっている。労働市場の均衡がこのような不安定な性質をもっているならば，賃金率がかぎりなく下落しつづける体系を食い止めるためには，なんらかの措置が必要となる。賃金率の下限 w_m を定める最低賃金法や労働時間の上限 H_h を規制する労働基準法は，労働の需給が発散する体系を食い止める労働市場の法制としての役割を果たしている。最低賃金の設定は点

F で，また労働時間の規制は点 G で，均衡からの際限なき下落や時間の延長を食い止めることができる。このように，労働者を保護する労働法制の存在意義は，まさに不安定な労働市場の制度的枠組みを形成することにある。

以上に述べたワルラス的調整過程を数式を用いて説明すると，次のようになる[7]。いま，労働の超過需要を $E=D-S$ とすると，賃金変化率は労働の超過需要の大きさに依存するから，(5.1) と (5.2) より

$$\frac{dw}{dt}=E(w;\alpha, \beta)=D(w;\beta)-S(w;\alpha) \tag{5.5}$$

と表される。t は時間である。以下では単純化のために，(5.1) と (5.2) の各パラメータ α, β を省略する。図5-3は賃金変化率と労働の超過需要との関係を図示したもので，右下がりの曲線 EE は労働の超過需要曲線（excess demand curve）である。$w=w^*$ の賃金率において，超過需要は $E(w^*)=0$ となる，これに対応する賃金率が均衡賃金率 w^* にほかならない。いうまでもなく，賃金変化率は $dw^*/dt=0$ となる。しかし，賃金率が横軸と曲線 EE

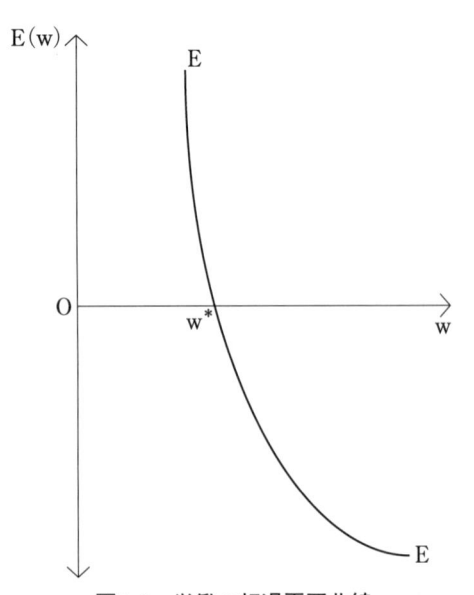

図5-3 労働の超過需要曲線

との交点で示される均衡賃金率 w^* の左側に位置しているとき，超過需要はプラスの領域にある——$E(w)>0$ となるから，調整へのプロセスが作用するかぎり，賃金率は時間とともに上昇するであろう（$dw/dt>0$）。逆に，賃金率が均衡賃金率 w^* の右側にあるとき，超過需要はマイナスの領域にある——$E(w)<0$ となるから，賃金率は低下する（$dw/dt<0$）。つまり，労働の超過需要曲線 EE が右下がりになるとき，市場均衡は安定的になるであろう。(5.5) の超過需要関数を賃金率 w で微分すると，均衡が安定的であるためには

$$\frac{dE}{dw}=\frac{dD}{dw}-\frac{dS}{dw}<0 \tag{5.6}$$

でなければならない。これを書き直すと，

$$\frac{dD}{dw}<\frac{dS}{dw} \tag{5.7}$$

労働の需要・供給曲線が図 5-1 のように最も一般的な場合には，$dD/dw<0$，$dS/dw>0$ となるから，均衡はつねに安定的である。逆に，

$$\frac{dE}{dw}>0 \text{ あるいは } 0>\frac{dD}{dw}>\frac{dS}{dw} \tag{5.8}$$

$$0<\left|\frac{dD}{dw}\right|<\left|\frac{dS}{dw}\right|$$

であるとき，均衡は不安定となるであろう。

5.1.4 社会的厚生と労働市場への適用

労働市場においても，余剰（surplus）の概念を用いて社会的厚生（social welfare）を考えることができる。図 5-4 において，曲線 DD' は労働需要曲線，曲線 SS' は労働供給曲線とする。労働需要曲線 DD' とは，企業が雇用する労働者の各単位に支払ってもよいと考える最高の賃金率を示した曲線と考えることができる[8]。いま，雇用する労働者が L^* のとき，企業が支払ってもよいとする最大の賃金総額は□DEL^*O の面積となるであろう。実際，企業は各労働者に w^* の賃金率を支払えばよいから，支払われる賃金総額は□w^*EL^*O の面積となる。したがって，企業が受け取る余剰——生産物市場の企業と同様に，これを生産者余剰（producers' surplus）とよぼう——は，支払って

図5-4 市場均衡と社会的厚生

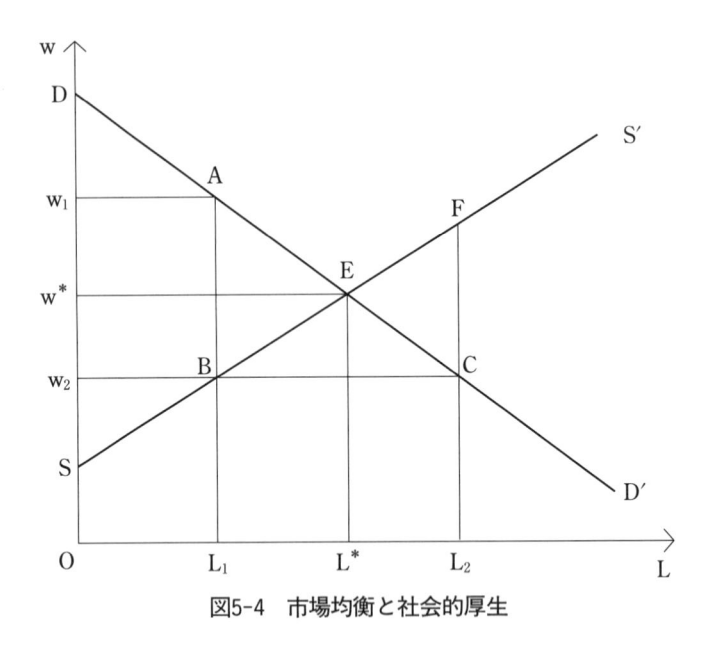

よいとする最大の賃金総額□DEL^*O の面積から，実際に支払われる賃金総額□w^*EL^*O の面積を差し引いた△DEw^* の面積となる。労働市場の生産者余剰とは，企業が支払ってもよいとする最大の賃金総額と実際に支払う賃金総額との差額にほかならない。

これに対して，労働供給曲線 SS' とは，労働者が働いてもよいとする最低の賃金率を表した曲線とみなすことができる。L^* 人の労働者が働いてもよいとする最低の賃金総額は□SEL^*O の面積である。実際の賃金率は w^* であるから，労働者が実際に受け取る賃金総額は□w^*EL^*O の面積となる。したがって，労働者が受け取る余剰——これを労働者余剰（workers' surplus）とよぼう——は，労働者が実際に受け取る賃金総額□w^*EL^*O の面積から，労働者が働いてもよいとする最低の賃金総額□SEL^*O の面積を差し引いた△w^*ES の面積となる。このように，労働者余剰とは，労働者が働いてもよいとする最低の賃金総額を労働者が実際に受け取る賃金総額から差し引いた差額なのである。

かくして，点 E の市場均衡において，生産者余剰は△DEw^* と，労働者余

剰は△w^*ES と示される。生産者余剰と労働者余剰を合わせた総余剰は△DES となる。この△DES は市場に参加するすべての労働者と生産者の総余剰であるから，この大きさは社会的厚生を表し，市場均衡における社会的厚生は他のいかなる雇用量のもとでの社会的厚生よりも大きい。このように，完全競争市場のもとでの社会的厚生は最大となるであろう[9]。

5.1.5 需給の調整過程と蜘蛛の巣の定理

　これまで需要と供給とが一致していなくても，均衡に向けての調整は迅速に行われるものと仮定してきた。しかし，現実には需要は供給にくらべて瞬時的に調整されるのに，供給は需要に対して時間的遅れがあり，直ちに調整されないといった財は数多くみられる。その典型的な例は農産物や畜産物で，これらの価格が循環的に変動するといった現象がしばしば観察される。この循環的な価格変動を説明するのが「蜘蛛の巣の定理（cobweb theorem）」である。労働市場においても，医師・看護師，また技術者，プログラマー・SE などの職業が代表的で，これらの人材供給は需要の変化には直ちに対応できない，時間的に遅れのある供給である。

　いま，医師の労働市場が図 5-5 のように垂直な労働供給曲線 S_SL_0 と右下がりの労働需要曲線 D_0D_0 が交差する点 E_0 で，医師の需給が均衡しているとする。ここで，医療需要の拡大にともなって，医師に対する需要が大幅に増加したとしよう。ところで，医師に対する需要が急速に増加しても，医師の養成には数年から10年という期間がかかるため，しばらくの間，医師の供給は OL_0 の水準に固定されるであろう。短期的には労働供給曲線は供給 OL_0 で S_SL_0 のように垂直となる。この短期の労働供給曲線のもとで，医師に対する需要が急増し，労働需要曲線が D_0D_0 から D_1D_1 へと右方にシフトすると，医師に対する報酬は，w_0 から w_1 へと大きく上昇するであろう（均衡点は E_0 から E_1 へ）。医師に対する需要の増加がしばらくつづくと予想されると，医学部への進学も増え，その後，国家試験に合格し医師の資格をとって市場に参入してくれば，医師の供給は OL_0 から OL_1 に増加するであろう。労働供給曲線は短期的にはふたたび OL_1 で垂直となるであろう。しかし，医師の超過供給が発生

図5-5 蜘蛛の巣の定理

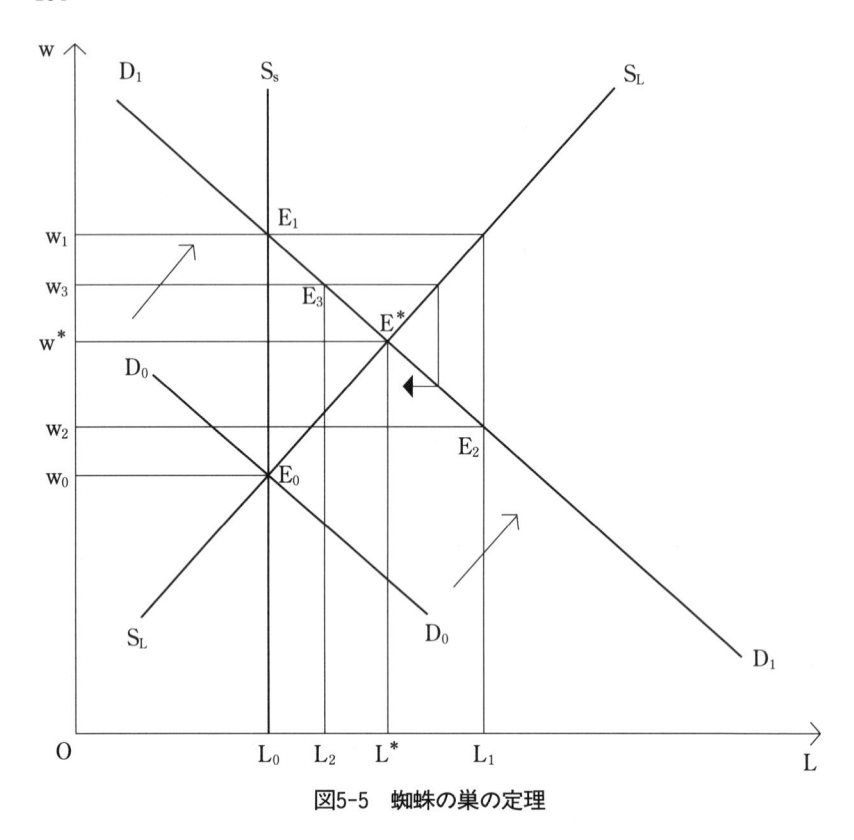

するため，賃金は w_2 に低下するであろう（均衡点は E_2 へ）。次に，賃金が低下すると，医師になるものが減少し，労働供給は OL_1 から OL_2 に減少するであろう。この局面では，医師不足が起こり，賃金はふたたび w_3 まで上昇するであろう（均衡点は E_3 へ）。こうした需給の調整過程がさらに繰り返され，最終的には長期の労働供給曲線 $S_L S_L$ と労働需要曲線 $D_1 D_1$ とが交わる点 E^* で均衡するまでつづくであろう[10]。このように，医師など高度の技術や技能を要する職業では，供給に相当な遅れがある労働市場においては，需給の調整速度は遅いものの，賃金率は循環的な上下変動を繰り返しながら，新しい均衡点に到達するであろう。このような賃金の循環的振動を蜘蛛が巣をはる過程になぞらえて，蜘蛛の巣循環（cobweb cycle）という。

5.1.6 レントと労働供給

医師，高度技術者やプログラマーなどの養成には相当な時間がかかり，その労働供給は短期的には一定であるが，土地の供給もまた固定的な生産要素の最も代表的なケースである。一般に，土地サービスの利用に対して支払われる対価は，地代といわれ，英語でレント (rent) という。土地の供給が固定的であるため，土地の価格が上昇しても，土地の供給は増加せず，逆に価格が低下しても，土地の供給は減少しないから，土地の供給曲線は垂直となるであろう。いま，固定的な土地の供給ケースを図5-6でみると，土地のレントは土地サービスが受け取る収入であって，垂直である土地の供給曲線 SL^* と需要曲線 DD との交点 E_0 に対応する大きさ，つまり□$w_0OL^*E_0$ の面積で示される。土地サービスに対する需要が増加し，需要曲線が DD から $D'D'$ へと右方にシフトすると，土地の価格は w_0 から w_1 に上昇するので，レントは□$w_1w_0E_0E_1$ の面積だけ増加する。この増加はまた，土地サービスが受け取る収入となるであろう。

レントという概念は，供給が固定的な土地以外の生産要素にも広く使われる概念でもある。そこで次に，生産要素を土地から労働に代えてレントを考察しよう。いま，労働供給曲線が短期的には垂直となる労働サービスを仮定しよう。こうした労働サービスを供給するのはどのような職業の人びとだろうか。医師や高度技術者の供給は固定的であったが，ピアニストや声楽家など音楽家，画家，野球やサッカーなどプロスポーツの選手といった職業の人びとが頭に浮かぶであろう。ごくかぎられているが，このなかには飛びぬ抜けた才能の持ち主で，年俸が何億円や契約金額を何十億円ととるスーパースターや偉大な芸術家がいる。彼（または彼女）らの才能は他の人たちが努力してもまったく真似できない才能であり，他の人たちに代替できない才能なのである。こうした才能の持ち主が提供する労働供給曲線は，図5-6に示すように垂直な直線 SL^* となるであろう。

たしかに努力しても真似できない才能の持ち主の場合には，長期にわたって労働サービスの供給は増えないから，こうした労働サービスは固定的な生産要素とみなされる。しかし，並外れた才能の持ち主ではないが，同じ職業に就い

図5-6 労働供給とレント

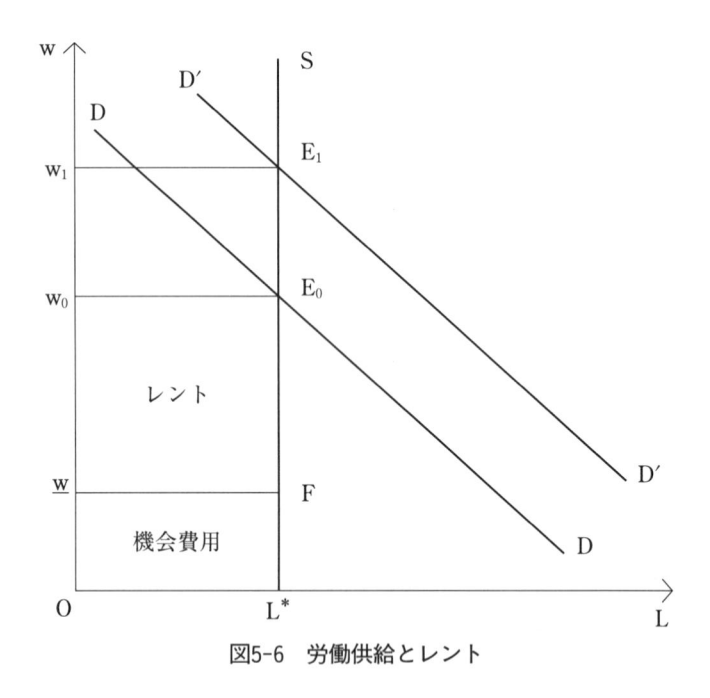

ている野球選手やサッカー選手もまた数多くいる。彼らは大きなレントをめざして絶えず研鑽しているものの，日の目をみなければ，他の職業に転職するかもしれない。

このような生産要素は短期的には固定的な性格を強くもっているが，同時に代替的な用途をもつ生産要素でもある。このケースを図5-6を用いて説明しよう。この場合，労働供給曲線は垂直な曲線ではなく，点Fに対応する報酬$\underline{w}$以下では，労働サービスの供給量はゼロとなるような曲線である。たとえば，野球選手を考えると，$\underline{w}$は野球選手の労働サービスに対する最低限の報酬である。この単位あたりの報酬（たとえば1年間の年俸）$\underline{w}$は，スーパースターにとってみればきわめて低く，並みの選手でも$\underline{w}$以下の報酬では野球選手をやめるから，選手の供給量はゼロとなる。選手が受け取る報酬がこの下限である$\underline{w}$を下回るならば，この選手は野球をやめてサラリーマンなどに転職するであろう。このように，野球選手になることによって，他の職業に従事することからえる収入を放棄することから，この収入を機会費用（opportunity cost) という。

　このような状況のもとで，レントはどのように定義されるのだろうか。労働サービスに対する最低限の報酬 $\underline{w}$ をこえる報酬が（単位あたりの）レントにほかならない。レントの高さは垂直な労働供給曲線 SF と労働需要曲線 DD が交わる点 E_0 で決まるから，$(w_0 - \underline{w})$ が単位あたりのレント，$\underline{w}$ が単位あたりの機会費用となるであろう[11]。かくして，機会費用は□$\underline{w}OL^*F$ の面積，レントは□$w_0\underline{w}FE_0$ の面積となる。いいかえれば，野球選手が受け取る総収入，すなわち□$w_0OL^*E_0$ の面積から機会費用□$\underline{w}OL^*F$ の面積を差し引いた大きさがレントと定義される。このように，レントとは，ある生産要素が受け取る収入から機会費用を差し引いた部分をいう。いうまでもなく，このレントは野球選手という才能によるところのものである。

5-2　賃金調整とフィリップス曲線

5.2.1　フィリップス曲線の理論（1）

　1958年にフィリップス（A. W. Phillips）の衝撃的な論文［1958］が発表された。フィリップスは，約100年間のイギリスのデータを用いて，貨幣賃金の変化率 $\triangle w/w$ と失業率 u との関係が図5-7のように右下がりの曲線になることを統計的に明らかにした。この曲線をフィリップス曲線（Phillips curve）とよんでいる。フィリップス曲線によれば，労働市場の需給状態を表す失業率 u が高ければ，賃金上昇率 $\triangle w/w$ は低く，さらに u が高くなると $\triangle w/w$ はマイナスになる（賃金水準は下落する）が，逆に失業率 u が低下して，点 A で賃金上昇率 $\triangle w/w$ はゼロとなり，さらに低下して原点に近づけば，賃金上昇率 $\triangle w/w$ は需給の逼迫を反映して一層高くなるであろう。フィリップス曲線の発見は，現代経済学において理論的にも政策的にも非常に大きな意義をもち，その後の現代経済学の研究に一石を投ずることになった。

　はじめに，フィリップス曲線がどのように導出されるのかを理論的に説明する[12]。フィリップスの着想は，賃金水準が需給の均衡状態にあると静学的にとらえるのではなく，不均衡から均衡に向かう動学的な調整過程にあるものと仮

図5-7 フィリップス曲線

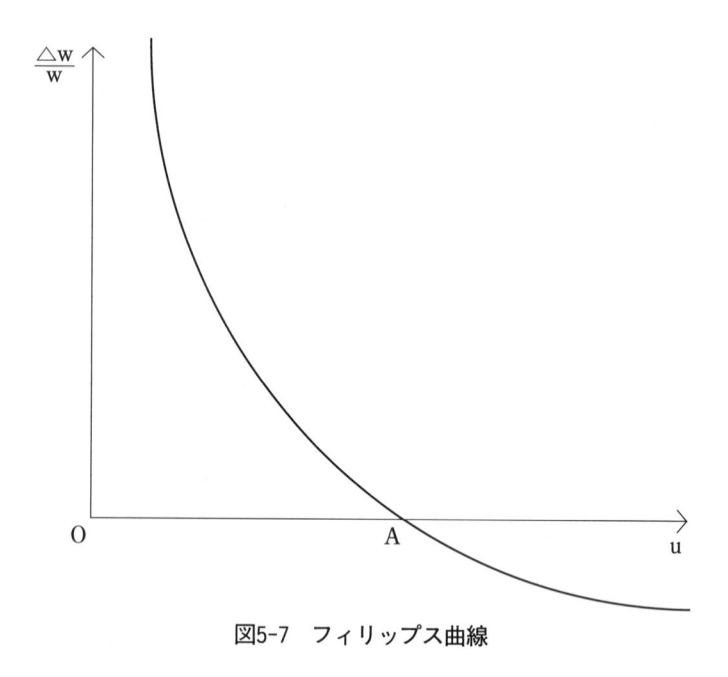

定した点にある。不均衡の状態にある賃金率は労働の超過需要の大きさに対してどのくらいの速度で調整されるのであろうか。フィリップスが採用した仮説とは，労働の超過需要が大きければ大きいほど，労働力の不足がいっそう大きくなるから，賃金上昇率がより高くなるとの仮説である。図5-8の競争的な労働市場において，いま，均衡にある w^* の賃金率がなんらかの理由で均衡から乖離して w_1 の賃金率に下落すると，ab の超過需要が発生し，競争的メカニズムが働くかぎり，賃金率は均衡に向かって上昇するであろう。その上昇の速度は超過需要が hi のときよりも ab のほうが速いだろう。逆に賃金率が w^* の均衡賃金率を離れて w_2 に上昇したときも，超過供給 ed が発生し，賃金率が低下する。その速度も超過供給の大きさに応じて速くなるであろう。そして，フィリップスはこうした貨幣賃金上昇率と労働の超過需要率との正の関係が線型であると仮定した。

いま，賃金上昇率を $\triangle w/w$，労働需要を N_D，労働供給を N_S，そして反応速度を α（ただし，α は正の定数）とすると，両者の関係は次の反応関数

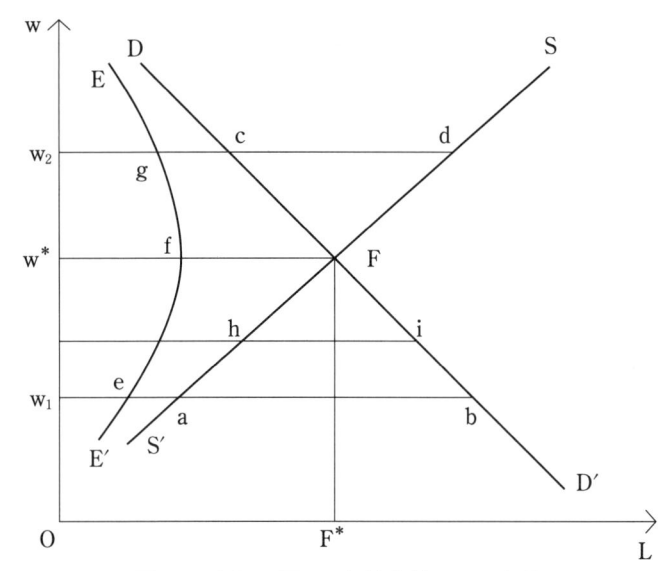

図5-8　労働の需要・供給曲線と雇用曲線

$$\frac{\triangle w}{w} = \alpha \left(\frac{N_\mathrm{D} - N_\mathrm{S}}{N_\mathrm{S}} \right) \qquad (5.9)$$

として定式化される。図5-9に示すように，労働の超過需要率 $ED = (N_\mathrm{D} - N_\mathrm{S})/N_\mathrm{S}$ が ED_1 であれば，賃金率の変化は $(\triangle w/w)_1$ と大きさで，超過需要率が ED_2 であれば，賃金率は $(\triangle w/w)_2$ の大きさで上昇するであろう。ある一定の反応期間が経過した後に，賃金率は均衡水準に収束し，賃金上昇率はゼロとなるであろう。

　ところで，問題は，労働の超過需要と賃金上昇率との理論式を実証的に検証するためには，計測可能な形にいかに変換することができるかである。フィリップスは，需給の不均衡を示す労働の超過需要率 ED の大きさそのものを直接表すところの指標がないことから，その代理指標を失業率 u に求めた。高い超過需要率は低い失業率に，逆に低い超過需要率は高い失業率に対応することから，(5.9) を次の (5.10) のように定式化した。

$$\frac{\triangle w}{w} = f(u) \qquad f' < 0 \qquad (5.10)$$

図5-9　賃金変化の反応関数

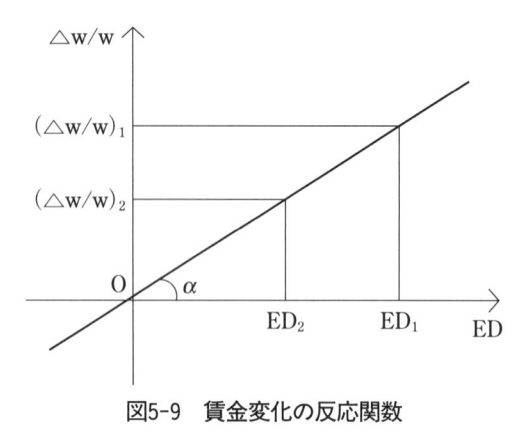

この (5.10) によって原点に凸な右下がりの曲線を統計的・実証的に確認した。これがフィリップス曲線にほかならない。

5.2.2　フィリップス曲線の理論（2）

　フィリップス曲線の理論に関しては，フィリップスのほかにリプシー（R. G. Lipsey）[1960]，ホルト（C. C. Holt）[1970] などによって説明されたが，次に，(5.10) のフィリップス曲線を違った角度から導くことにしよう。図5-8において曲線 DD' を労働需要曲線，曲線 SS' を労働供給曲線とすると，均衡点 F の賃金率 w^* より低い賃金水準 w_1 においては，労働需要の大きさは $w_1 b$ である。この場合，就職を希望する $w_1 a$ の労働者すべては，賃金率 w_1 で仕事に就くことができ，そこには失業者はひとりも存在せず，ab の超過需要は充足されないまま残るであろう。この ab は充足されない求人であって，未充足求人（unfilled job vacancies）とか欠員（vacancies）といわれる。同様に，均衡点 F より高い賃金水準 w_2 において，労働供給が $w_2 d$ 存在するのに対して，就業を希望する者のうち仕事に就くことができる労働者は $w_2 c$ にすぎず，cd は労働の超過供給であって，失業（unemployed）として数えられる。すなわち賃金率が均衡賃金率 w^* より低ければ，現実の雇用水準は労働供給曲線上の FS' 線の部分，つまり労働供給の大きさに，また賃金率が均衡賃金率 w^* より高ければ，労働需要曲線上の DF 線の部分，つまり労働需要

の大きさに一致するであろう。したがって，前者においては超過需要の大きさが欠員数に，また後者では超過供給の大きさが失業者数に等しくなるであろう。均衡においてのみ，失業も欠員も存在しないのである。

ここで想定されている労働市場は，労働者が同質的で摩擦のない労働市場 (frictionalless and homogeneous labor market)，いわゆる競争的な市場である。しかし，現実の労働市場をみると，求職・求人についての情報が不完全であるだけでなく，労働力も同質ではない。このような摩擦（friction）のある労働市場のもとでは，どのような需給局面においても，労働者を求める欠員と仕事を求める失業者とが並存することになる。その結果，実際の雇用水準は，労働需要曲線 DD' や労働供給曲線 SS' のうえで決まるのでなく，図5-8に図示するように曲線 EE' 上に位置する。ハンセン (B. Hansen) [1970] は，この曲線を雇用曲線 (employment curve) とよんでいる。たとえば，均衡賃金率 w^* よりも低い賃金率が w_1 であるとき，市場の摩擦のために実際の雇用量は $w_1 a$ ではなく $w_1 e$ となる。そこでは ab の超過需要が存在するが，摩擦による欠員が存在するため，欠員の総数は ab より多い eb となる。そして超過需要が存在するにもかかわらず，摩擦的な原因による失業者が ea 存在し，失業と欠員が共存することになる[13]。逆に賃金率が均衡賃金率よりも高い w_2 であるとき，市場の摩擦のために，実際の雇用量は $w_2 c$ ではなく $w_2 g$ となる。このもとでは，gc の欠員が存在する一方で，直ちに就職できない摩擦的失業も gc 存在するので，失業全体は gd となる[14]。たとえ均衡点 F で労働の需給が一致したとしても，市場の摩擦のため $w^* f$ の欠員と同じ失業（逆にいえば，$w^* f$ の失業と同じ欠員）が存在する。このため，実際の雇用量は $w^* F$ ではなく $w^* f$ となるであろう。労働市場の需給調整機能を阻害する摩擦が大きければ大きいほど，雇用曲線 EE' の位置は労働の需要曲線または供給曲線からより一層左方に離れていくであろう。

したがって，労働需要 N_D と労働供給 N_S は

労働需要 (N_D) ＝企業が雇用した者の数 (N_F) ＋欠員数 (V)

労働供給 (N_S) ＝企業に雇われた者の数 (N_E) ＋失業者数 (U)

と示される。いうまでもなく，企業が雇用した労働者の数と企業に雇われた労

働者の数が等しいから（$N_F = N_E$），労働の需給関係は上記の式より
$$N_D - N_S = V - U > 0 \tag{5.11}$$
となり，需給が一致する均衡点（$N_D = N_S$）において
$$U = V \tag{5.12}$$
が成立する。労働の超過需要（$N_D - N_S$）が大きくなるにともなって，欠員 V が増加し，失業者 U が減少するであろう。逆に労働の超過供給（$N_S - N_D$）が大きくなると，欠員 V が減少し，失業者 U が増加するであろう。なお，これらの関係から失業・欠員曲線が導出されるが，失業・欠員曲線（UV 曲線またはベバリッジ曲線ともいう）については，第8章の8-3で説明する。

(5.9) に (5.11) を代入すると，
$$\frac{\triangle w}{w} = \alpha \left(\frac{V - U}{N_S} \right) \tag{5.13}$$

いま，$V/N_S = v$ を欠員率，$U/N_S = u$ を失業率として，u と v の関係が負の関係——$v = g(u)$，$g' < 0$ ——にあると仮定すると[15]，(5.13) は次のように変形される。

$$\begin{aligned}\frac{\triangle w}{w} &= \alpha(v - u) \\ &= \alpha[g(u) - u] \\ &= f(u) \qquad f' < 0 \end{aligned} \tag{5.14}$$

このような方法によっても，(5.10) と同じ関係式がえられる。(5.14) から，右下がりでかつ原点に凸な形をもつ曲線を導出することができる。これがもう1つのフィリップス曲線の理論的導出にほかならない。

フィリップスは，失業率と賃金変化率との関係が理論的には (5.10) の ($\triangle w/w) = f(u)$ の非線型であると考えたが，同時に，同じ失業率の水準においても労働需要が増加し失業率が低下しつつある景気の上昇局面と，逆に労働需要が減退し失業率が上昇しつつある景気の下降局面では，賃金上昇率に与える影響が異なるであろう。この点に着目したフィリップスは，期待の概念を用いて，失業率が低下しつつある局面では，賃金変化率はその失業率から予想されるよりも高く，失業率が上昇しつつある局面では，賃金変化率はその失業率か

ら予想されるよりも低くなると指摘している。このことは，賃金変化率（$\triangle w/w$）が失業率 u だけでなく失業変化率（$\triangle u/u$）にも影響を受けることを意味している。すなわち，賃金調整関数を次のように定式化した。

$$\frac{\triangle w}{w} = g\left(u, \frac{\triangle u}{u}\right) \tag{5.15}$$

この関係は，図5-10に図示するように，フィリップス曲線を挟んで時計の針と反対に回る「ループ（loops）」として描かれる[16]。リプシー［1960］は，この「ループ」の現象を失業率が不均等に分布するミクロ労働市場間の関係をその市場間の平均であるマクロ関係によって説明した。クスカ（E. A. Kuska）［1966］もまた，定常状態を仮定して，景気循環の局面における失業率と賃金上昇率との関係が時計の針と逆の方向に回転することを理論的に明らかにした[17]。このように，景気循環との関係でみると，フィリップス曲線は時計と反対の方向に回転する「ループ」を描くであろう。同じ失業率であっても，景気が下降局面にあるのにくらべて，上昇局面にある場合の賃金上昇率は高くなるであろう。

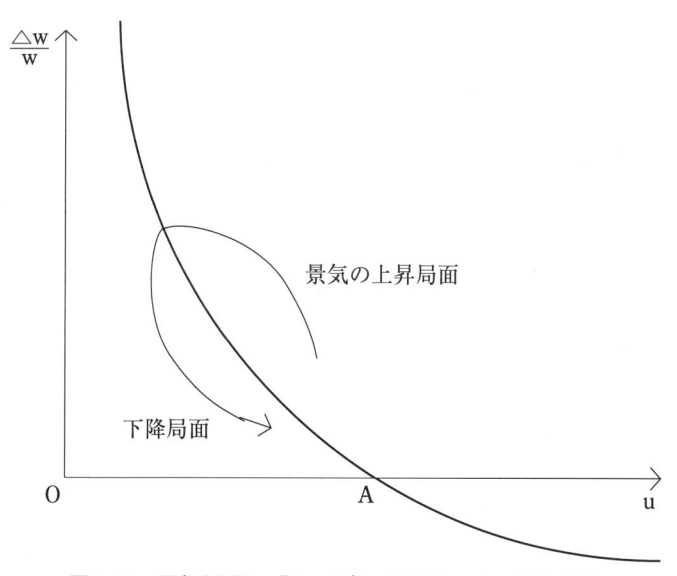

図5-10 景気循環と「ループ」するフィリップス曲線

図 5-7（または図 5-10）に図示するフィリップス曲線は，失業率の高さを表す横軸を点 A で横切っている。点 A の位置は，第 1 に，労働の需給が一致している状態を表しており，賃金率が上昇も下降もしない点である。労働の需給が一致しているという意味で，この点は完全雇用状態にあるといってよいだろう。賃金上昇率と失業率の組み合わせが点 A から離れ，左側に位置すればするほど，賃金上昇率は加速度的に上昇するであろう。逆に点 A の右側においては，労働市場はより大きな超過供給の状態にあり，高い失業率が賃金上昇率を抑え賃金率を低下させるものの，賃金率が下方に硬直的であるため，フィリップス曲線はフラットな形になるであろう。

第 2 に，労働の需給が一致している完全雇用の状態にある点 A においても，OA の失業が存在している。この OA の失業は完全雇用と両立するところの失業という意味で，完全雇用失業（または摩擦的失業）とよばれ，この大きさの失業率を完全雇用失業率という。第 3 に，フィリップス曲線の位置は，労働市場の構造変化をはじめ，市場の需給効率性，労働法制の整備による制度的改革や雇用慣行の変化，さらに組合の交渉力などさまざまな要因に影響を受けて上方または右方にシフトするであろう。

論文が発表されて以来，各国でフィリップス曲線の検証が行われ，わが国においてもさまざまな計測が試みられた。これら実証的研究の多くは，右下がりでかつ原点に凸な曲線の存在を確認している。図 5-11 は，1953 年から 2010 年までの 58 年間における賃金上昇率と失業率との組み合わせをプロットしたものである。プロットの状態をみると，右下がりのフィリップス曲線を確認することができる。1950 年代半ばから 60 年代にかけての高度成長期には，フィリップス曲線は原点に近く位置し，70 年代半ばの石油危機後，組み合わせの軌跡は垂直的に上昇し，80 年代・90 年代になると，低い賃金上昇率がつづき，フィリップス曲線は高い失業率の領域でフラットとなっている。90 年代終わりから 2000 年代にかけては 4〜5％の高い失業率と賃金率の下落というデフレ的局面を呈している。

第5章 賃金水準の決定　215

単位：%

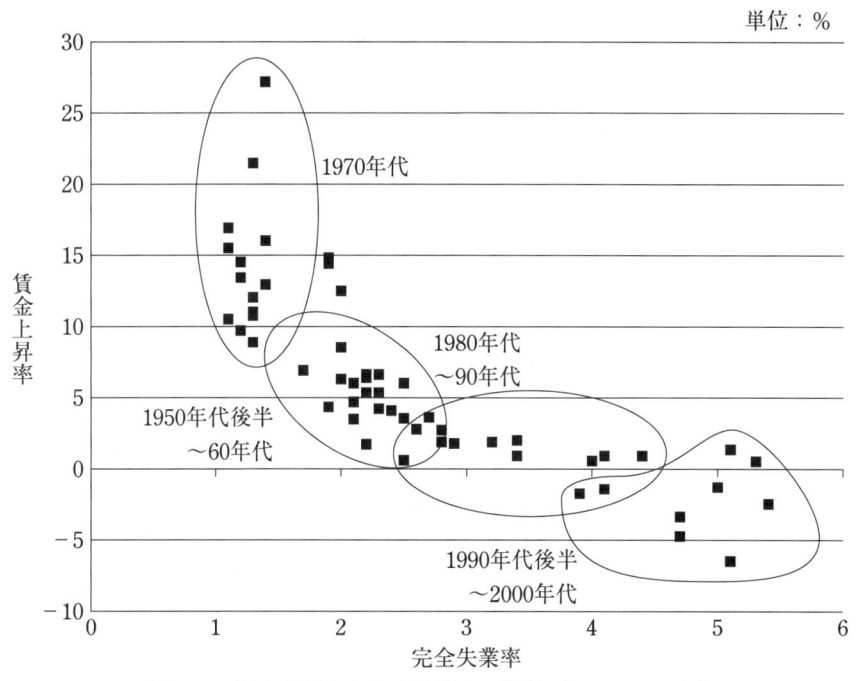

図5-11　賃金上昇率と完全失業率の関係（1953～2010年）

5.2.3　インフレーションとフィリップス曲線

　フィリップスの論文が発表される否や，先進諸国が直ちに注目したのは，1つにはフィリップス曲線の検証をめぐって行われた統計的な実証研究であった[18]。2つにはその当時の最大の政策課題であったインフレーションの問題にフィリップス曲線が適用できるかどうかの関心であった。

　いま，国民所得に占める労働所得の割合である労働分配率を一定とすると，物価上昇率 $\triangle p/p$ は，貨幣賃金上昇率 $\triangle w/w$ と労働生産性の上昇率 $\triangle y/y$ との差に等しいというマクロ的な関係をえる[19]。

$$\frac{\triangle p}{p} = \frac{\triangle w}{w} - \frac{\triangle y}{y} \qquad (5.16)$$

上式より明らかなように，賃金上昇率が生産性上昇率を上回らないかぎり，賃金上昇率は物価上昇率に跳ね返らないであろう。この式を（5.10）または（5.

14) に代入すると，

$$\frac{\triangle p}{p} = f(u) - \frac{\triangle y}{y} \qquad (5.17)$$

(5.10)の賃金-失業のフィリップス関係は，(5.17)にみるように物価-失業の関係に変換される。賃金-失業の逆相関関係をフィリップス曲線というのに対して，サムエルソン（P. A. Samuelson）＝ソロー（R. M. Solow）[1960]は，物価-失業の逆相関関係を修正フィリップス曲線とよんだ。この曲線はまた，物価上昇率と失業率との二律背反の関係を表していることから，トレード・オフ曲線（trade-off curve）ともいわれる[20]。それでは，政府は，トレード・オフ曲線のもとで「完全雇用と両立する物価安定」を実現するためには，どのような組み合わせを選択すればよいのであろうか。

図5-12にフィリップス曲線（それはまたトレード・オフ曲線でもある）PPが画かれている[21]。前述したように，点Aの位置は，労働の需給が一致して

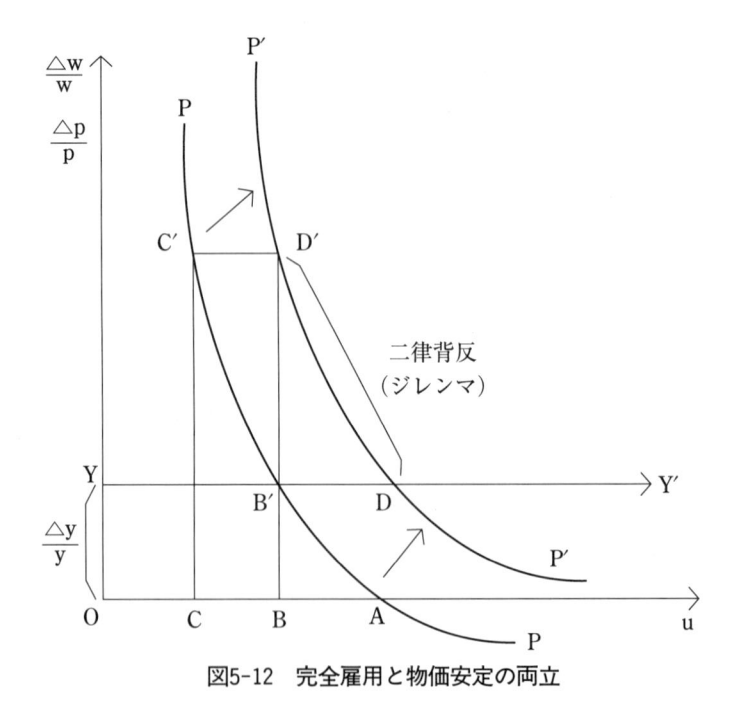

図5-12　完全雇用と物価安定の両立

いる（したがって，賃金上昇率はゼロである）という意味で完全雇用の状態にある。OA の失業率は完全雇用と両立するところの失業率であって，完全雇用失業率とか摩擦的失業率といわれる。もし物価上昇率もゼロであるならば，点 A は物価安定と両立する完全雇用の状態にあるといえるだろう。

いま，政策当局が完全雇用失業率 OA よりもより低い OB の失業率を目標に掲げ，拡張的な財政金融政策によって総需要を拡大するならば，経済はフィリップス曲線上を左上に動き，BB' の賃金上昇率に直面するであろう。生産性上昇率がゼロで経済成長のない経済であれば，(5.17) にみるように，賃金上昇率は物価上昇率にストレートに跳ね返り，物価は BB' だけ上昇することになる[22]。しかし，生産性上昇率が YO の高さであるならば，賃金上昇によってコストアップした分は労働生産性に吸収され，それゆえ物価上昇は起こらないであろう。物価安定はより低い失業率の完全雇用と両立することになる。もし政策当局が OB よりさらに低い水準の失業率 OC を追求するならば，賃金上昇率は YO の生産性上昇率を上回る CC' となるから，物価上昇は避けられないであろう。

ところで，労働市場の構造変化によって，フィリップス曲線が PP 曲線から $P'P'$ 曲線へと上方にシフトすると，当初，物価安定と完全雇用が両立していた——失業率は OB である——としても（点 B'），賃金上昇率は BB' から BD' に上昇し，生産性上昇率 YO を大きく上回るため，物価上昇は避けられず $B'D'$ となるであろう。ここで，物価安定を追求するならば，国民はより高い失業率 YD を代償として支払わなければならないであろう。この失業率は，労働需給が均衡しているという意味で完全雇用とよばれる失業率 OA をも上回っている。もし点 B' の完全雇用 $YB'(=OB)$ を維持しようとすれば，国民はその代価として $B'D'$ の大幅な物価上昇率を甘受しなければならない。

トレード・オフ曲線 $P'P'$ のもとでは，完全雇用を実現しようとすれば，物価安定は達成されず，反対に物価安定を実現しようとすれば，完全雇用は達成されないであろう。このように，曲線上 DD' の領域において，いかなる組み合わせを選択しても，「完全雇用と物価安定の同時両立」は実現できないのである。

以上のように，フィリップス曲線のインフレ問題への適用は，フィリップス曲線，したがってトレード・オフ曲線の形と位置が比較的安定していると想定されてきたが，なんらかの政策手段によって，曲線自体の位置を $P'P'$ から PP へと下方にシフトすることができるならば，政府は物価安定と完全雇用の両立可能な組み合わせを選択することができるであろう。このように，トレード・オフ曲線の下方シフトを意図したのが所得政策（incomes policy）とか，ガイド・ポスト政策（guidepost policy）とよばれる政策である。わが国においても，経済企画庁総合計画局編［1968］［1972］に所収の熊谷レポートや隈谷レポートで，その是非が検討されたことはよく知られたところである。このように，トレード・オフ曲線はマクロ政策手段として重要な意味をもったのである。　隈谷レポートによると，所得政策は，物価の安定を主要な目的におき，「実質生産量の伸びを上回る名目分配所得の伸びを抑制することを意図して，生産要素報酬率に直接影響を与える政策」と定義されている[23]。その目的を達成するために実施される手段も，一義的なものではなくかなりの幅をもっている。それは，市場支配力をもつ企業や労働組合などに，賃金や物価の上昇を自制するように説得と誘導を図るという間接的かつソフトな手段から，賃金や物価の公的規制や凍結を図るという直接的かつハードな手段にいたるまで多様な手段からなっている。教育・訓練など人的能力向上をめざしたマンパワー政策や労働市場の需給効率性を高める構造政策もまた，トレード・オフ曲線を下方にシフトさせるであろう。

5-3　フィリップス曲線への批判

5.3.1　フィリップス曲線への批判と自然失業率仮説（1）

　フィリップス曲線は，貨幣賃金上昇率が失業率に依存するという形で定式化され，失業−賃金（または物価）の関係は短期的にも長期的にもかなり安定した関係にあると考えられてきた。しかし，フリードマン（M. Friedman）［1968］［1977］らのマネタリストは，労働市場において，労働の需要・供給が決定するのは貨幣賃金率ではなく実質賃金率であるといい，この指摘はフィリ

ップス曲線の安定性に重大な問題を提起したのである。というのは，雇用水準が実質賃金との間になんらかの関係があるとしても，貨幣賃金との間に安定的な関係があると想定できないからである。フリードマンやフェルプス（E. S. Phelps）[1970] は，フィリップス曲線を短期と長期に分け，物価上昇の過程において「予想または期待（expectation）」の概念を導入するならば，政府が自然失業率（natural rate of unemployment）以外の失業率を維持しようとする場合には，フィリップス曲線は，時間の経過にともなって上方あるいは下方へと慢性的に移行していくと指摘した。その結果，フィリップス曲線は，長期的には賃金や物価の変化とは関係なく自然失業率の水準で垂直になるといい，右下がりの安定的なフィリップス曲線の存在を否定した。この仮説を「自然失業率仮説（natural rate of unemployment hypothesis）」という。

　フリードマンによると，自然失業率は賃金や物価の変化とは関係なく一定の水準にあると説明する。人によっては自然失業率と完全雇用失業率を区別しているが，労働市場の制度や慣行を所与として労働の需要・供給が均衡している状態での失業率，すなわち完全雇用に対応する失業率を自然失業率という[24]。フリードマンの指摘は，経済政策にとって重大な意味をもっている。というのは，自然失業率仮説が正しいとするならば，インフレと失業との組み合わせを選択しようとする政府のいかなる自由度もまったく存在しないからである。図5-13において，経済が賃金，物価が安定している自然失業率 E_0 にあると想定しよう（生産性上昇率はゼロと仮定）。そこで，政府が現在の失業率を自然失業率 E_0 以下の点 E_1 に引き下げるために，財政金融政策によって有効需要を拡大したとすると，労働の超過需要が発生し，貨幣賃金率は年率 a ％で上昇しはじめるであろう。労働者は，当初，物価水準の上昇を認識していないから，実質賃金も毎年 a ％で上昇すると考えるであろう。その結果，経済はフィリップス曲線 S_0S_0 上を点 E_0 から点 F へと移動し，雇用量が増大して，失業率も点 E_1 の水準に低下するはずである。他方，企業はまだ物価水準の上昇に気づいていないから，有効需要の増大とともに個別商品の価格が上昇し，ひいては実質賃金が低下したと考え，それゆえ雇用量を増大させるであろう。

　ところで，失業率が点 E_1 の水準に維持されているかぎり，毎年，賃金上昇

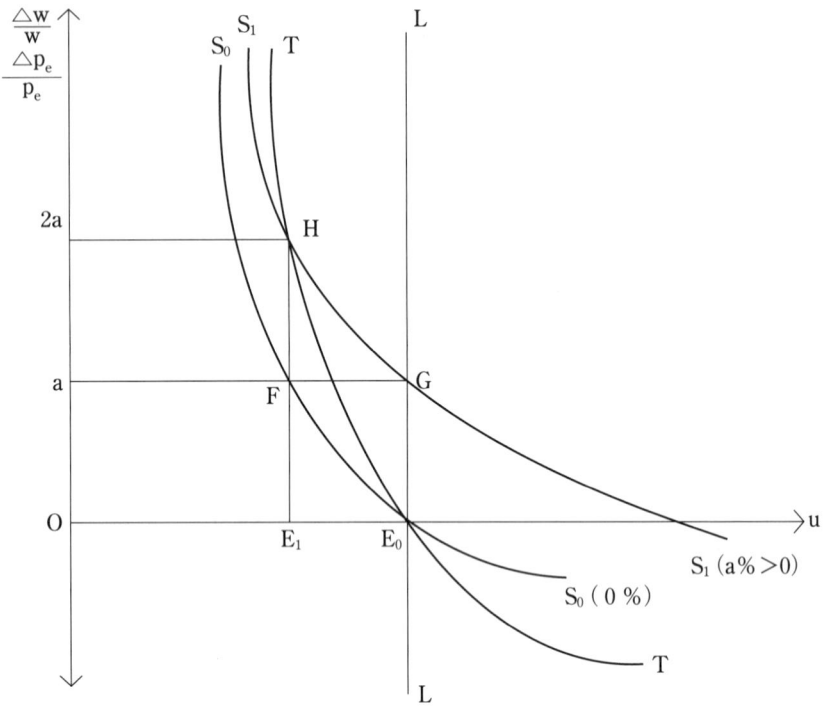

図5-13 フィリップス曲線と自然失業率

率，したがって物価上昇率もa％で上昇しつづける結果，企業も労働者も一般的な物価水準の上昇に気づくであろう。貨幣錯覚（money illusion）にあった労働者は実質賃金の低下に気づき，貨幣賃金の引き上げを要求するであろう。そこで，賃上げが行われると，企業の労働需要は減少して，雇用量は点E_0の水準に戻るであろう。失業率は点E_1から点E_0へと上昇する。こうした状況が労使双方の予想に組み込まれるならば，フィリップス曲線S_0S_0のもとで，労使それぞれが予想する期待インフレ率（expected rate of inflation）はこれまでは０％にあったけれども，a％に上昇するであろう。貨幣錯覚がないならば[25]，期待インフレは賃金契約のなかに反映されるであろう。その結果，短期のフィリップス曲線は，期待インフレ率（a％＞０）の大きさだけ上方にシフトし，賃金上昇率も超過需要による上昇分（a％）と合わせて$2a$％にな

るであろう。失業率が点 E_1 にとどまっているかぎり，賃金は加速度的に上昇し，物価上昇もまた加速化するであろう。賃金調整を図ることによって物価上昇の加速化を止めることができるが，そのためには失業率を自然失業率 E_0 への水準に戻さなければならない。経済は点 F から右方に移動し，期待インフレ率 a ％の曲線 S_1S_1 上の点 G に位置するであろう。

フィリップス曲線への「期待」の導入は，政府にとって非常にショッキングな出来事であった。というのは，失業率を自然失業率 E_0 の水準より引き下げようとすれば，必ずや激しいインフレーションに直面することを覚悟しなければならないからである。右下がりのフィリップス曲線は短期的には存在するものの，政府が自然失業率 E_0 を下回る失業率を維持するかぎり，年々，期待インフレ率が上昇しつづけるであろう。フリードマンによれば，フィリップス曲線は絶え間なく上方にシフトしつづけ，長期的には点 E_0 の自然失業率で垂直の直線 LL となると説明する。

5.3.2 フィリップス曲線への批判と自然失業率仮説（2）

フィリップス曲線は，(5.10) または (5.14) に示すように，労働市場の需給関係を表す失業率 u が貨幣賃金の上昇率 ($\triangle w/w$) を説明する変数として適用されたが，フリードマンによれば，失業率が結びつくのは貨幣賃金率 w ではなく実質賃金率 (w/p) なのである。いま，p_e を期待された物価水準とすると，フィリップス曲線——ドーンブッシュ (R. Dornbusch) ＝フィッシャー (S. Fischer) [1981] はこれを「期待を考慮したフィリップス曲線 (expectations-augmented Phillips curve)」とよんでいる[26]——は，以下のように定式化されるであろう。

$$\frac{\triangle(w/p_e)}{(w/p_e)} = f(u) \tag{5.18}$$

より，近似値的には $\triangle(w/p_e)/(w/p_e) = (\triangle w/w) - (\triangle p_e/p_e)$ と表されるから[27]，(5.18) は

$$\frac{\triangle w}{w} = \frac{\triangle p_e}{p_e} + f(u) \tag{5.19}$$

となる。(5.19) は期待インフレ率を含むフィリップス曲線である。ただし，$(\triangle p_e/p_e)$ は期待された物価上昇率あるいは期待インフレ率（または予想インフレ率（expected rate of inflation））である。(5.19) から明らかなように，貨幣賃金の上昇率（$\triangle w/w$）は失業率 u と期待インフレ率（$\triangle p_e/p_e$）に依存し，期待インフレ率の係数は 1 である。いいかえれば，貨幣賃金の上昇率（$\triangle w/w$）は期待インフレ率（$\triangle p_e/p_e$）をベースにして，失業率 u の高さに応じて上下するであろう[28]。

いま，単純化のため，労働生産性 y を一定とすると（$\triangle y/y=0$），(5.16)より，

$$\frac{\triangle w}{w} = \frac{\triangle p}{p} \tag{5.20}$$

となる。この (5.20) を (5.19) に代入すると，次のようになる。

$$\frac{\triangle p}{p} = \frac{\triangle p_e}{p_e} + f(u) \tag{5.21}$$

(5.21) を整理すれば，この自然失業率仮説はより明確になるであろう。

$$\left(\frac{\triangle p}{p} - \frac{\triangle p_e}{p_e}\right) = f(u) \tag{5.22}$$

(5.22) によれば，失業率 u と逆相関関係にあるのは，実際の物価上昇率（$\triangle p/p$）ではなく，実際の物価上昇率と期待インフレ率との差（$(\triangle p/p)-(\triangle p_e/p_e)$）である。実際の物価上昇率と期待インフレ率が一致する長期均衡においては，失業率 u は物価上昇率とは無関係となり，両者の間の逆相関関係は失われると説明する[29]。長期均衡の状態においては $(\triangle p/p)=(\triangle p_e/p_e)$ となるから，(5.22) により $f(u)=0$ となる。失業率は，この方程式 $f(u)=0$ の解として $u=u^*$ をえる。この失業率 u^* を自然失業率という。逆にいえば，失業率 u が自然失業率 u^* に一致していれば，物価上昇率（$\triangle p/p$）は期待インフレ率（$\triangle p_e/p_e$）に等しくなる。

自然失業率仮説によれば，(5.19) または (5.21) に含まれる期待インフレ率（$\triangle p_e/p_e$）の係数 λ は $\lambda=1$ である。逆にいえば，仮説の主張が正しいとすれば，期待インフレ率の係数が 1 ないしそれに近い値でなくてはならない[30]。これに対して，フィリップス曲線を支持するトービン（J. Tobin）

[1968] などケインズ派は，期待インフレ率の係数 λ が $\lambda=1$ より小さいことを主張する。期待インフレ率の係数を λ とすると $(0<\lambda<1)$，(5.21) は次のように変形される。

$$\frac{\triangle p}{p} = \lambda \frac{\triangle p_e}{p_e} + f(u) \tag{5.23}$$

この係数 λ が 1 より小さいと立証されるならば，非垂直的なフィリップス曲線（またはトレード・オフ曲線）が存在すると主張することができる。ここで，インフレが完全に予見されるならば，$(\triangle p/p)=(\triangle p_e/p_e)$ は等しくなる。したがって，(5.23) より

$$\frac{\triangle p}{p} = \frac{1}{1-\lambda} f(u) \tag{5.24}$$

となる[31]。(5.24) からわかるように——図5-13に図示する曲線 TT のように，物価上昇率と失業率との関係は逆相関的な右下がりのフィリップス曲線を画くであろう。自然失業仮説が成立するならば，期待インフレ率の係数 λ は $\lambda=1$ となり，物価上昇率，したがって賃金上昇率は期待インフレ率とともに慢性的に上昇するであろう。自然失業率仮説を支持するマネタリストによれば，フィリップス曲線は短期的にも安定的ではなく，期待インフレ率が高まればその分だけ上方にシフトし，賃金と物価のスパイラルにより，フィリップス曲線は，時間の経過とともに上方にシフトしていき，長期的には自然失業率の点で垂直になるであろう。これに対して，フィリップス曲線の考えを支持するケインズ派は，長期的には曲線 TT のように短期的な場合よりも傾きの大きな曲線になると主張する。いいかえれば，(5.23) の係数 λ は $\lambda<1$ であり，曲線 TT のような非垂直的な関係がえられるという。いま，現実の物価上昇率が完全に予想されるならば，$(\triangle p/p)$ は $(\triangle p_e/p_e)$ に等しくなるから，(5.23) から (5.24) の $(\triangle p/p)=f(u)/(1-\lambda)$ をえるであろう。点 H でインフレ期待が満たされ，物価上昇率，よって賃金上昇率は点 E_1 の失業率で HE_1 に収束するであろう。

5.3.3 合理的期待形成仮説

　自然失業率仮説によれば，フィリップス曲線は期待インフレ率の大きさだけ上下にシフトする。ところで，人びとは物価上昇に対してどのように期待を形成するのだろうか。自然失業率仮説で想定されたのは，今期の期待インフレ率が前期に生じた実際の物価上昇率，つまり前期のインフレ率に等しいという期待形成，いわゆる静学的期待形成（static expectation formation）であった。

　ところで，合理的な個人であれば，入手可能なあらゆる情報を効率よく利用して，経済の実態的構造に即して合理的な期待形成を行うはずである。こうした期待形成は，合理的期待形成（rational expectation formation）といわれ，個人が合理的な期待形成を行えば，それは平均的には正しいものとなり，正しい予想を下すことができるという理論仮説が1970年代末に主張された。この仮説を合理的期待仮説（rational expectation hypothesis）といい，70年代後半から80年代初めにかけて，ルーカス（R. E. Lucas）[1972]，サージェント（T. J. Sargent）＝ウォーレス（N. Wallace）[1975] らによって提唱された。

　それでは，物価上昇に対する個々人の期待はどのように形成されるのだろうか。期待形成にはいくつかのタイプがある。すでに説明したように，①静学的期待形成（static expectation formation）とは，今期の期待インフレ率（$\triangle p_e / p_e)_t$ は前期に実現した物価上昇率（$\triangle p / p)_{t-1}$ に等しいという期待形成である。これは近視眼的期待（myopic expectation）ともいわれる。②適合的期待形成（adaptive expectation formation）とは，過去何か年間かの物価上昇率を加重平均することで期待インフレ率を形成するというものである。③もう1つの期待形成は合理的期待形成である。静学的期待や適応的期待が「過去の物価上昇率から今期の期待インフレ率を形成する」のに対して，合理的期待形成（rational expectation formation）とは，「予想される将来の物価上昇率から今期のインフレ率を形成する」というものである。この将来の物価上昇率を予想するために，インフレ率に影響を与えそうなすべての情報を活用して予測をする方法である[32]。

　個人が合理的期待形成を行い，将来を完全に予見できる場合には，フィリップス曲線の意味はどのように変更されるのであろうか。合理的な個々人が入手

可能な情報を効率的に利用すると，政策当局が裁量的な総需要政策を実施したとしても，個々人が政策の結果を正しく予想して行動することから，その政策は無効になると主張した。マネタリストは右下がりの短期的なフィリップス関係を認めるが，右下がりの長期的な関係を否定する。期待が合理的に形成されるかぎり，短期的にもフィリップス関係は成立しないと主張する。合理的期待形成によれば，フィリップス曲線は短期・長期とも垂直になるという。この合理的期待仮説がマクロ経済学に与えた衝撃は大きく，裁量的な総需要管理政策に重きをおくケインズ経済学の有効性を否定するものであった。

[注]
1) 熊谷尚夫［1983］101頁を参照。
2) 奥口孝二他［1978］154～157頁，西村和雄［1986］195～196頁，倉澤資成［1988］172～173頁，岩田規久男［1993］133～135頁，荒井一博［1997］140～143頁を参照。
3) 論者によっては，この4つの条件以外に，市場への参入・退出の自由を条件にあげている。岩田規久男［1993］133頁，荒井一博［1997］141頁を参照。
4) 荒井一博［1997］141頁を参照。
5) 市場の調整過程にはワルラス的調整過程のほかに，マーシャル的調整過程 (Marshallian adjustment process) がある。数量を媒介とする調整への過程を言及するのがマーシャル的調整過程である。財の供給量の調整速度が需要価格と供給価格との差（すなわち超過需要価格）に依存するというかたちで調整過程を説明する。いま，ある数量に対応する需要価格が供給価格を上回って，超過需要価格が正となれば，供給量を増加させ，逆に超過需要価格が負となれば，供給量を減少させる。この場合，市場均衡はマーシャルの意味で安定的であるという。
6) 市場均衡が不安定なため，賃金率の下方への低下がつづくとき，この低下した賃金率のもとで，労働者は普通の商品のように労働サービスを売り惜しみすることも，賃金をダンピングして労働サービスを処分することもできない。最低限の生活ができる賃金が必要である。
7) ワルラス的調整過程の説明については，荒井一博［1997］152～156頁，奥口孝二他［1978］189～195頁，熊谷尚夫［1983］104～107頁がわかりやすい。
8) 荒井一博［1997］第3章3の「消費者余剰」67～75頁を参照。
9) 完全競争的な市場でないと，社会的厚生は最大にならない。このとき，市場は失敗したという。市場の失敗 (market failure) を余剰の概念を用いて説明

すると，図5-4において，労働供給がL_1であるとする．労働者は競争的な均衡賃金率w^*よりも高い賃金率w_1で雇用され，また企業もより高い賃金率w_1で労働者を雇用することになる．このため，生産者余剰は$\triangle DAw_1$の面積となり，市場均衡のもとでの余剰$\triangle DEw^*$よりも小さくなる．同様に，労働供給がL_1に制限されると，労働者余剰は$\square w_1ABS$の面積となる．この結果，2つの余剰の和である社会的厚生は$\square DABS$の面積となり，市場均衡のもとでの社会的厚生$\triangle DES$と比較すると，$\triangle AEB$の面積だけ小さくなる．

逆に，労働供給が均衡供給量L^*をこえるL_2の場合にも，同様に考えることができる．賃金率は，労働需要曲線DD'上の点Cの高さに対応してw_2の水準に決まるので，生産者余剰は$\triangle DCw_2$の面積となる．これに対して，労働者余剰は$\triangle w_2BS$マイナス$\triangle BFC$となるから，2つの余剰の和である社会的厚生は$\triangle DCw_2$プラス（$\triangle w_2BS$マイナス$\triangle BFC$）＝$\triangle DES$マイナス$\triangle EFC$となる．これは競争的な市場均衡における社会的厚生$\triangle DES$より小さくなる．

10) 図5-5において，労働供給曲線S_LS_Lの傾きの絶対値が労働需要曲線D_LD_Lの傾きの絶対値より大きいから，蜘蛛の巣過程で賃金率は均衡点の周囲を循環的に振動しながら，次第に均衡水準へと収束していき，均衡は安定的である．需要曲線の傾きの絶対値が大きい場合には，賃金率は次第に均衡から発散していき，均衡は不安定的となる．

11) 労働供給曲線が完全に垂直となるような場合，機会費用はゼロとなる．

12) フィリップス曲線の理論的基礎は，リプシィをはじめ，ホルト，トレヴィシック＝ミュルヴェ，さらに内田光穂，小野旭など多くの経済学者によって説明されてきた．理論的基礎について，1960年代初頭の最も重要な試みはリプシィによってなされた．リプシィはミクロ労働市場における需給調整による賃金率の反応を検討することから理論的分析をはじめた．R. G. Lipsey [1960]，C. C. Holt [1970]，J. A. Trevithick＝C. Mulvey [1975]，内田光穂 [1968]（飯田経夫他 [1968] に所収），小野旭 [1994] を参照．

13) 市場全体における欠員の総数はebとなるが，これは需要超過による欠員abと市場の摩擦による欠員eaからなっている．

14) 失業の総数はgdであるが，これは需要不足による失業cdと摩擦的な原因による失業gcからなっている．

15) 賃金率を変化させたときにえられる失業Uと欠員Vとの関係をUV平面上に図示したのが，第8章で説明するUV曲線である．

16) 内田光穂 [1968] 85〜86頁（飯田経夫他 [1968] に所収），足立英之他 [1979] 311頁を参照．

17) R. G. Lipsey [1960]，E. A. Kuska [1966]，J. A. Trevithick＝C. Mulvey [1975] 訳書56〜59頁，内田光穂 [1968] 86〜88頁（飯田経夫他 [1968] に所収）を参照．

18) わが国におけるフィリップス曲線の計測結果によると，失業率が1％下落すると，賃金上昇率が5.1％と大幅に上昇する。新保生二編［1991］415～430頁を参照。
19) 物価，賃金，そして生産性のマクロ的な関係 (5.16) は，次のようにえられる。いま，実質国民所得を X，雇用量を N，物価水準を p，賃金率を w とすると，労働分配率 θ は

$$\theta = \frac{wN}{pX} \tag{A5.1}$$

と示される。$X/N = y$ を労働生産性とすると，(A5.1) は次のように変形される。

$$\theta = \frac{w}{py} \tag{A5.2}$$

(A5.2) を $w = \theta py$ と変形して全微分すると，

$$\triangle w = py\triangle\theta + p\theta\triangle y + y\theta\triangle p \tag{A5.3}$$

となる。この (A5.3) の両辺を $w = \theta py$ で除し，さらに労働分配率 θ を一定とすると $(\triangle\theta/\theta = 0)$，

$$\frac{\triangle p}{p} = \frac{\triangle w}{w} - \frac{\triangle y}{y} \tag{5.16}$$

のように，(5.16) の関係式をえる。
20) P. A. Samuelson ＝ R. M. Solow［1960］，飯田経夫他［1968］，経済企画庁総合計画局編［1968］，同編［1972］を参照。
21) 混乱を避けるために，フィリップス曲線を用いるとき，縦軸に賃金上昇率をはかり，トレード・オフ曲線として使用するとき，縦軸は物価上昇率とする。
22) 「完全雇用と物価安定の両立」に関する政策的考察については，飯田経夫他［1968］45～77頁，小野旭［1994］59～62頁，中谷巌［2000］262～266頁を参照。
23) 経済企画庁総合計画局編［1972］150頁を参照。
24) フリードマンは，自然失業率を「労働市場の有効性，競争または独占の程度，各種の職業で働くことに対する障害，またはその円滑さなどの実質的要因——貨幣的要因に対立するもの——に依存して生じる失業率」，または「労働市場の現存する実質的条件に応じて生じる失業率」と定義している。

　要するに，自然失業率とは本文でも述べたように，労働の需要・供給が一致している状態，つまり完全雇用に対応する失業率である。完全雇用の状態において存在する失業とはまた，情報の不完全性などによる需給ミスマッチのために生じる摩擦的失業でもある。M. Friedman［1977］訳書17頁，64頁を参照。
25) 労働者の貨幣錯覚を経済体系に導入することをはじめて強調したのは，フリードマンであった。M. Friedman［1968］，同［1977］訳書17頁，また S. Salop［1979］を参照。

26) R. Dornbusch＝S. Fischer ［1981］p. 429を参照。
27) (5.18) の左辺を以下のように展開すると，近似値的には
$$\triangle(w/p_e)/(w/p_e)$$
$$=[(p_e\triangle w-w\triangle p_e)/(p_e)^2]/(w/p_e)$$
$$=(\triangle w/p_e-w\triangle p_e/p^2{}_e)(p_e/w)$$
$$=(\triangle w/p_e)(p_e/w)-(w\triangle p_e/p^2{}_e)(p_e/w)$$
$$=(\triangle w/w)-(\triangle p_e/p_e)$$
$$\triangle(w/p_e)/(w/p_e)=(\triangle w/w)-(\triangle p_e/p_e)\text{ となる}。$$
28) 小野旭 ［1994］62頁，熊谷尚夫 ［1983］257頁，J. A. Trevithick＝C. Mulvey ［1975］訳書第7章 (127～147頁) を参照。
29) 小野旭 ［1994］62～63頁，熊谷尚夫 ［1983］256～259頁，J. A. Trevithick＝C. Mulvey ［1975］訳書128～133頁を参照。
30) J. A. Trevithick＝C. Mulvey ［1975］訳書133頁を参照。
31) J. A. Trevithick＝C. Mulvey ［1975］訳書133～134頁を参照。
32) 中谷巌 ［2000］270～271頁を参照。

第6章　労働組合と団体交渉

　これまで，労働サービスを供給する主体である労働者とこれを需要する主体である使用者が，競争的な市場において相対し，このもとで賃金率と労働サービス量を決定するものとして，各々の経済主体の行動を取り扱ってきた。ところで，労働者は，よりよい労働条件を求めてさまざまな事項を使用者に要求するにしても，個々別々に行動していたのでは要求を勝ち取ることはむずかしいであろう。そこで，立場の弱い労働者は，使用者に対抗するために，自らを組織し集団的行動によって対抗することが必要となる。こうして結成されたのが「労働組合」(trade uion or labor union) である。すべての労働者が組織化されているわけではないが，現実の労働市場に果たす労働組合の役割は大きく，組合の存在を無視してさまざまな労働問題を語ることはできない。

　本章では，まずはじめに組合の誕生と発展の略史を鳥瞰し，次いで，組合の機能や組織形態を概説する。さらに団体交渉下の賃金決定を交渉力モデルについて考察し，最後に労働争議と紛争処理について説明する。

6-1　労働組合の誕生と発展

6.1.1　労働組合の概念と組合の発生

労働組合の概念と起源　労働組合とは，どのような組織からなる団体であろうか。イギリス・フェビアン社会主義 (Fabian socialism) を標榜するウェッブ夫妻 (S. J. & B. P. Webb) [1894] の古典的定義によれば，「労働組合とは，賃金労働者がその労働者の諸条件を維持・拡大するために組織する恒常的な団体」と規定されている[1]。1945年に制定されたわが国の旧労働組合法（49年6月に全面改正・施行されたのが現行法）もウェッブ夫妻の定義にしたがって労

働組合を規定しており，現行法第2条によると，「労働組合」とは，「労働者が主体となって自主的に労働条件の維持改善その他経済的地位の向上を図ることを主たる目的として組織する団体又はその連合団体という。」と定義している。

この定義からも明らかなように，「労働組合」とは，まず第1に，賃金労働者によって組織された団体であること，第2に，労働条件の維持・改善を図ることを目的として設立された団体であること，第3に，労働者によって自主的に運営される団体であること，の3つの条件を満足していなければならない[2]。これら3つの条件のうち，1つでも欠けると，労働組合と認められないのである。

労働組合の起源や発展の歴史を最初に研究したのは，ドイツ歴史学派のブレンターノ（L. Brentano）であった。ブレンターノは，1870年代に出版された『ギルドの歴史・発展と労働組合の起源』の第5章で労働組合の発生・起源を論じた[3]。ブレンターノは労働組合の発生を1814年に廃止された徒弟規制法との関係でとらえ[4]，この徒弟規制法の撤廃により，労働組合がさまざまな職業で発生したという。徒弟規制法の撤廃によって生じた労働組合生成の過程は中世のギルド形成過程と「類似している」と論じた[5]。つづけて，ブレンターノは「……かつて旧自由民が中世の権力者の専制に抗して保護ギルドをつくったように，また自由な手工業者が旧市民の権利侵害に抗してツンフト（Zunft 手工業者ギルド）をつくったように，労働者たちは当時生成しつつあった工業王（Industriebarone）の弾圧に抗して労働組合を結成する。……」と説明し，「イギリスの労働組合は古いギルドの継承者である。」といい[6]，ヨーロッパ中世における手工業者の仲間組織である手工業者ギルド（クラフト・ギルド craft guild）と近代の労働組合との間になんらかの関係があると指摘した。「……とはいえイギリスでは，古いギルドの後継者が労働組合の姿をとって成長し，そのなかで労働者は，最初のギルドにおける旧自由民さながらに，強者のつねとして弱者を犠牲にして互いに競争する大資本家に対していたるところで結束したのであった。」[7]。ブレンターノは，労働組合と中世のギルドとの間には直接つながっていると主張したわけでないが，労働組合は古いギルドの継承者であると表現したことによって，その後，ブレンターノの考えは他の学者

によって非常に誤解されるところとなった[8]。

ウェッブ夫妻の批判　ブレンターノの見解を批判したのはウェッブ夫妻であった。イギリスの組合組織の起源は，『労働組合運動の歴史』[1894] の第１章で研究されている[9]。同訳書の訳書解題のなかで，ウェッブ夫妻は，「第１章は，労働組合の起源をめぐるブレンターノおよびその理論的後継者というべきハウエル (G. Howell) に対する挑戦ないし論争の形をとって，イギリスにおける労働組合の起源を明らかにするという。」理論的前提から出発・展開している（訳書922頁）。通説的にはウェッブ夫妻は，「……イギリスでは，古いギルドの後継者が労働組合の姿をとって成長し，……」と説明するものの，近代の労働組合が中世のギルドの相続者であるとするブレンターノの所説を否定し，その歴史的な系譜関係や因果関係を豊富な文献の渉猟をもとに実証的に論証した（訳書923～924頁）。しかし，ウェッブ夫婦が批判したのは，ブレンターノの研究そのものではなく，ブレンターノの研究を俗流化したハウエルの見解であった。誤解を与えたのはハウエルだったと断言した[10]。前述したように，ブレンターノは，労働組合の起源が中世のギルドにある——中世のギルドと労働組合との間の直接的関係にあるとは主張しておらず，両者は「類似性」があると述べたにすぎないのである[11]。

ウェッブ夫妻の考えによると，中世のギルドと労働組合との間に連続性がなく，資本主義の発展は，封建社会の親方 (master; Meister)・職人 (journeyman; Geselle) [12] を中心とするギルドを２つの階級——一方に生産手段の所有者である資本家階級に，他方に無産の労働者階級に分裂させていった。一生働いても親方になれない労働者としての職人層，いわゆる熟練職人の発生，いいかえれば資本家と労働者との階級分裂の発生こそが，労働組合を発生させた根本的な原因であると主張した[13]。このように，労働組合の発生は資本主義の成立にともなって形成された近代社会の産物であると説明した。

フランダース (A. Flanders) [1952] もまた，「労働組合が中世の手工業ギルドからでたという見解を支持するいかなる証拠も存在しない。……ギルドから独立の職人の団体が生まれた事例は存在しないのである。特定の職業における労働者の団結の勃興は，なんらかの「特殊な組織」からではなく，「同一職

業の（多くの職業の熟練職人である）賃金労働者が一緒に会合するあらゆる機会」から起こった。」のであると指摘した（同書の訳書15頁）。

　アメリカにおける労働組合の一つの主流は，ウェッブ夫妻の『労働組合運動の歴史』の流れに沿ったコモンズ（J. R. Commons），パールマン（S. Perlman）の系譜，いわゆるウィスコンシン学派（Wisconsin School）である。ヨーロッパ諸国にみられないアメリカ労働組合運動の特殊性を研究した制度学派の労働経済学者コモンズは，ブレンターノやウェッブ夫妻の理論とは異なる独自の理論を打ち立てた。労働組合の起源を研究したコモンズは，生産様式の変化によって引き起こされた階級分裂こそが労働組合を発生させたと考え，市場競争の発展や市場の拡大が生産様式に変化をおよぼし，こうした観点から労働組合の発展過程を歴史的に明らかにしようとした。その理論は「市場拡大の理論」とよばれている[14]。

　さらに，その弟子である労働経済学者パールマンは，『労働運動の理論』[1928] において，1917年11月のロシア革命の分析を踏まえ，非マルクス主義に立った労働組合運動の本質を明らかにするとともに[15]，恩師であるコモンズの理論を一般化しアメリカ労働運動の理論を樹立した。パールマンは，労働組合を結成するにいたった根源的な動機として，労働者が資本家からの解放を切望する階級意識（class consciousness）よりも雇用意識（job consciousness）あるいは雇用機会の希少性意識の自覚に求めた[16]。パールマンによると，労働組合運動とは組合による雇用機会のコントロールにほかならない。この理論によって，アメリカの労働組合運動の運動様式といわれる「ビジネスとしての組合運動」，また「ビジネス・ユニオニズム（business unionism）」の起源と形成を説明したのである[17]。

6.1.2　戦後における労働組合運動の変遷

組合組織の勢力拡大　1945年8月に終戦を迎え，労働組合運動に新たな時代が到来した。GHQの民主化改革の一環として同年12月に公布された労働組合法によって，労働運動が公認され，労働組合は急速に組織化された。図6-1にみるように，46年には17,266組合，492.6万人であったが，49年には34,688組

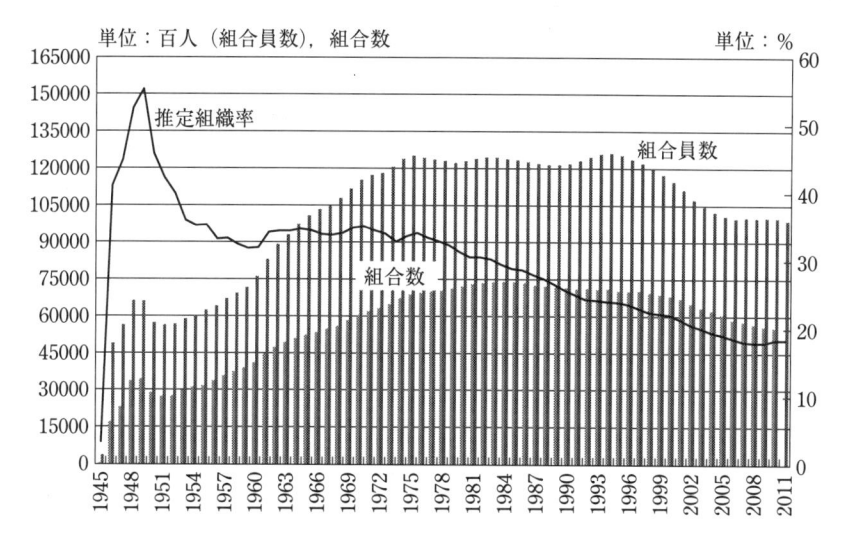

第6章 労働組合と団体交渉　233

単位：百人（組合員数），組合数　　　　　　　　　　　　　　　単位：％

[図：1945年から2011年までの労働組合数・労働組合員数および推定組織率の推移を示すグラフ。縦軸左は組合員数・組合数（百人・組合数単位）、縦軸右は％、横軸は年次。推定組織率、組合員数、組合数の3本の線・棒グラフが描かれている。]

(出所) 厚生労働省「労働組合基礎調査」

(注) 1) 1945～46年は厚生省労政局調べによる。47年は「労働組合調査」，48～82年は「労働組合基本調査」，83年以降は「労働組合基礎調査」による。
2) 労働組合員数は52年までは単位労働組合の組合員数，53年以降は単一労働組合の組合員数で，組合数も組合員数もともに45～46年は年末現在数である。
3) 労働組合数は単位労働組合の組合数である。
4) 推定組織率は，組合員数を総務庁統計局「労働力調査」の各年6月分（ただし，47年について7月分）の雇用者数で除して算出したものである。
5) 73年以降は沖縄県を含む。
6) 2011年の推定組織率は，計算に用いる「労働力調査」（平成23年6月分）が東日本大震災の影響により，岩手県，宮城県および福島県を除いた結果であるため算出れていない。参考値として，これら3県を除いた推定組織率を掲載している。

図6-1　労働組合数・労働組合員数および推定組織率

合，665.5万人へと，組合も組合員も大幅に増加した。組合組織率も48年には53.0％と半数をこえ，49年には最高の55.8％を記録した。46年9月に労働争議の公正な調整や予防・解決を目的とする労使関係調整法，また47年4月に労働者の生存権と使用者が遵守すべき労働条件の最低基準を定めた労働基準法を制定した。憲法第28条は労働者に団結権・団体交渉権・団体行動権（争議権）の労働三権を保障したが，同28条にもとづいて労働組合法を49年6月に全面改正し，勤労権と合わせて労働基本権を保障するための労働三法が整った[18]。

わが国における組合組織の特徴の1つは，ブルーカラーだけでなくホワイト

カラーも参加する，いわゆる工職一本の組合として出発した点である。2つは，急激な組織化や日本的雇用慣行の存在，労働者の帰属意識と相俟って，企業別労働組合が支配的な組織形態となった。46年8月に日本労働組合総同盟（総同盟）と全日本産業別労働組合会議（産別会議）が相次いで結成されたが，党派的な相克のために分裂した状態で誕生した。旧総同盟（21年結成の日本労働総同盟）の松岡駒吉らが結成した総同盟は，戦後初期の労働戦線における右派のナショナル・センター（全国中央組織）として，1,699組合，86万人，全組織労働者の22％を結集し勢力を誇った。これに対抗して，左派のナショナル・センターとしての産別会議は，156万人の勢力，全組織労働者の40％強を占め，右派の総同盟より一段大きな組織として労働界をリードした。同年10月にはいずれの組織にも加わらない組合が中立組合を結集し，日本労働組合会議（日労会議）を結成した[19]。戦後の経済混乱のなかで労働者の苦しい生活と激しいインフレーションがつづき，労働争議が頻発した。図6-2にみられるように，45年には256件（参加人員17万人）にすぎなかった争議件数は，46年には920件（同272万人）に急増，48年には戦後復興期として最多の1,517件（同672万人）を記録した[20]。この間の労働争議の特徴は，戦時中の抑圧された労働運動の裏返しとして，職場占拠や生産管理などの争議行為を中心に反抗闘争の性格を強くもっていた[21]。

産別会議の盛衰と労働政策の転換　産別会議の主導のもとで47年2月1日，2・1ゼネストが計画されたが，その前日，GHQの中止命令によって中止された。その後も闘争と攻勢がつづいたが，労働戦線を統一しナショナル・センターを結成する第一歩として，同年3月に総同盟，産別会議，日労会議の3つの全国組織が全国労働組合連絡協議会（全労連）を結成した。他方，アメリカの対日極東政策の転換や官公労組の争議に対するスト禁止通告などにより，GHQの労働政策も変化していった。政府は，48年7月マッカーサー書簡にもとづき，公務員の団体交渉権・争議権を制限・禁止する政令201号を発した。こうした政策転換のなかで，GHQは48年12月にインフレ終息のために経済安定9原則を発表，翌年3月にドッジ・ラインを実施するにいたった。その結果，日本経済は厳しい不況に突入するとともに，企業の倒産，大量の人員整理

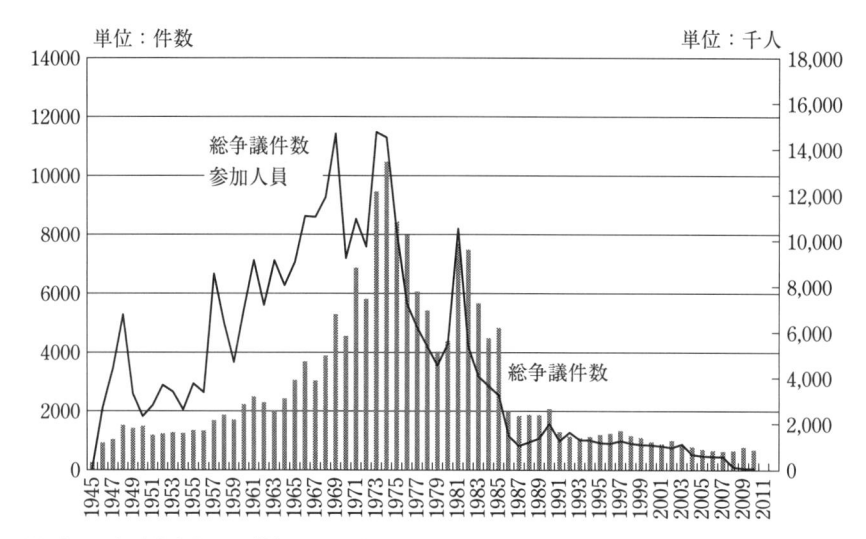

(出所) 日本統計協会「日本長期統計総覧」（監修　総務庁統計局），労働省「労働組合基本調査30年史」，厚生労働省「労働争議統計調査」

(注) 1) 1956年までは前年以前に争議行為または第3者関与があったが，当該期間中には争議行為がなかった繰り越し分は含まれていない。
2) 56年以前は，「争議行為をともなう争議」が指定スト，部分ストであって争議行為に不参加者がいる場合，これを「争議行為をともなわない争議」として扱っている。
3) 「争議行為をともなう争議」で，2つ以上の行為形態をともなう争議はそれぞれの形態で集計してあるので，内訳の計とは一致しない。
4) 62年以前は「半日未満の同盟罷業」は「怠業」に含まれている。

図6-2　労働争議件数・行為参加人員

を生み出すことになった。

　戦後の労働運動は発足から頂点をたどり，50年代になって転換と再編成の時代を迎えた。ゼネスト中止後，産別会議は指導力を弱め内部批判をへて49年12月に独自の全国組織として，32万人の組織を誇る左派の全国産業別労働組合連合（新産別）を発足させた。産別会議に代わって勢力を強めてきた総同盟も50年5月に解体し戦線統一を図る方針を決定したが，左派は同年7月に日本労働組合総評議会（総評）を結成した。総評は，産別会議と総同盟に代わるナショナル・センターとして発足し，その運動方針は企業レベルの団体交渉を機軸に産業別統一闘争にまで活動を広げていくことになった。

総評の左右分裂と春闘の誕生　朝鮮戦争が50年6月に勃発，わが国は特需ブ

ームによって息を吹き返した。これを機に，日本経済は自立化への道を歩みはじめた一方，組合運動の性格も変貌していった。経営者側も組合運動に直接対決する全国組織として，48年4月に日本経営者団体連盟（日経連）を結成した。米ソ冷戦体制のもとで，自由にして民主的な労働組合を標榜するアメリカ占領軍は，50年8月に団体等規正令によって全労連に解散を命令した[22]。左右対決の激化を深めていた総評は，52年末に右派の4単産が指導方針を批判する声明を機に，右派は離反傾向を強め，労働戦線の再編に新たな波紋を引き起こし左右分裂にいたった。総評左派が戦闘的な性格を強めていくなかで，右派は内部の組織改革を断念し51年6月に総同盟を再建したが，その勢力は旧総同盟の3分の1程度にすぎなかった。さらに54年4月，総評とは対照的な路線を選択する全日本労働組合会議（全労会議）を結成，労働戦線を二分することになった。戦後の労働運動もまた，戦前からの悲しき伝統を引き継ぎ分裂と対立の歴史を繰り返すことになったのである。

　日本経済は戦後復興期を終え高度成長時代を迎えた。労働戦線が揺れ動くなかで，労働運動は「春闘」という新しいページを開いた。その序曲となったのが54年12月に設置された5単産共闘会議であった。総評はこれを引き継ぎ，55年1月に春季賃上げ共闘会議（民間8単産共闘会議）を正式に発足させ，春に集中して賃上げ闘争に取り組む，いわゆる55年春闘を展開した。経営者側も春闘の発足に合わせ対抗措置を取った。その1つは，経済4団体（経団連，日経連，日商，経済同友会）が同年2月に日本生産性本部を設置した[23]。2つは，日経連の春闘批判で，55年春闘を目前に「当面の賃金問題に対する見解」を発表し，これ以降，毎年，春闘を批判するようになった。

　労働4団体の誕生　労働運動も高度成長下の成果配分をめぐる経済闘争に向けられた一方，各単産は思想的・政党的対立を抱えながらも全国組織へと再編されていった。新産別の発足後，総評と全労（全労会議）の対立が激化するなかで，中立組合が結集し労働戦線統一の橋渡しをめざして，56年9月にこれを改称して中間派の全国中立労働組合連絡会議（中立労連）が発足した。総評を脱退した3つの単産で結成された全労は，組織の矛盾を抱えながらナショナル・センターとしての性格を強めると同時に，55年10月には左右社会党の統

一，11月には保守合同，いわゆる55年体制がここに成立した。こうした動きに符合するかのように，労働戦線統一が１つの課題となったものの，遅々として進まなかった。２大勢力である総評と全労の間には思想的な対立だけでなく，戦線統一のあり方や労働運動の方針でも対立した。戦前からの労働運動の継承者としての全労は，62年４月に全日本労働総同盟組合会議（同盟会議）を結成，２年間の過渡的期間をへて64年11月に147万人の全日本労働総同盟（同盟）の結成を図った。70年代以降の労働運動を主導した総評・同盟・中立労連・新産別，いわゆる「労働４団体」がここに誕生した。

労働戦線統一への道　戦後もまた，労働戦線の分裂と抗争がつづき，わが国労働運動の宿命ともいえる歴史を繰り返していった。総評の結成以後，分裂を克服して一つにまとめようという試みがいくたびも行われたが，いずれも成功することはなかった。「労働４団体」を１つに統合しようとする労働戦線統一運動の動きは，全逓委員長であった宝樹論文の発表からはじまった[24]。

70年１月に労働再編をめざし，民間労組を中心に全国民間労働組合委員長懇話会（全民懇）を結成，11月に民間６産別で戦線統一世話人会が発足した。翌年２月，世話人会に５産別を加えて発足したのが拡大統一世話人会であった。この世話人会は，統一路線試案として〈実践的労働組合主義の基調〉を発表し組合結集をよびかけた。72年２月に拡大統一世話人会11単産と総評・中立労連６単産による労働戦線統一民間単産連絡会議が結成された。会合を重ねていくなかで，電機労連の清田委員長から戦線統一問題についての試案（清田メモ）が同年10月に提出された。これを受け，大木総評事務局長は清田メモを土台に民間単産連絡会議に官公労を加える譲歩案（大木メモ）を提案したが，同盟は譲歩にならないと批判した。意見対立が決定的となり，連絡会議は73年７月に解散，11月に10単産からなる民間労組共同行動会議が発足した。これと並行して，総評や同盟を批判し全民主勢力の統一のための組織として，同年11月に統一促進労働組合懇談会（統一促進懇）が結成され，さらに74年12月に階級的ナショナル・センターの確立をめざして，統一戦線促進労働組合懇談会（統一労組懇）に改組された。

その後，民間労組共同行動会議の発足を受け，76年10月に政策推進労組会議

（政推会議）が発足した。同会議は労働4団体の枠にとらわれない政策・制度要求の運動主体と位置づけ，同時に労働戦線の統一という役割をも担っていた。連絡会議の動きを継承した同盟は，労働戦線統一の条件に民間先行と労働組合主義に国際自由労連（ICFTU International Confederation of Free Trade Unions）の加盟を盛り込んだ運動方針を78年1月に提示した。同盟・JC系の単産でもこの方針に賛同，新しい戦線統一の動きが浮上した。総評もまた，79年7月の大会で労働戦線の統一について民間先行統一の方向で承認した。79年3月に中立労連と新産別は労働戦線統一の触媒的役割を果すため合体して，全国労働組合総連合（総連合）を結成した。総連合は，「ゆるやかな連合」として労働戦線統一の触媒的役割を担って活動をはじめた。総連合は総評と同盟との間でブリッジ方式の会談を重ね，80年9月に民間6単産代表による労働戦線統一推進会を結成した。この統一推進会が81年5月に発表した〈民間先行による労働戦線統一の基本構想〉は，統一労組懇には毅然として対応する方針を明示するとともに，その後の流れを決定づけたのである。

民間連合の誕生 80年代にはいって労働戦線統一の機運は高まり，民間先行による労働戦線統一への道は明確になった。81年12月に総評5単産，同盟10単産，中立労連7単産を含む39単産，380万人が結集し，労働戦線統一準備会が発足した。その後，統一準備会は協議会への移行に向けて本格的な討議をはじめた。1年後の82年12月14日には41単産，423万人が結集して民間先行の労働戦線統一を唱え，緩やかな協議体として結成されたのが全日本民間労働組合協議会（全民労協）であった。全民労協の結成は，労働4団体の枠をこえる民間単産の協議会で分裂する労働戦線をまず民間組合から統一し，将来，官公労を含めた統一をめざすための第1段階であった。他方，統一労組懇は，82年8月，総評の再生が期待できないとして新しいナショナル・センター結成への基盤づくりの必要性を打ち出し，83年8月，階級的ナショナル・センターの確立をめざして全民労協に批判の態度をとる組合の結集を図った。

連合体への移行についての論議は85年にはいると一段と活発となり，移行を検討してきた全民労協は，85年5月に新連合体の構想を明らかにし，同年11月に連合組織への移行を確認した。その声は労働戦線統一への大合唱となり，87

年11月20日に全日本民間労働組合連合会（連合）が結成された。全民労協を母体に民間労組だけで結成された連合は，自由にして民主的な労働運動を強化・拡大，労働界全体の統一の実現を基本目標に，国際自由労連への一括加盟を決定した。その勢力は55単産，組織人員540万人と日本最大のナショナル・センターとなった。

連合の誕生　民間連合の発足にともない，その前日の11月19日に同盟と中立労連は解散した。70年代末以降，同盟は民間先行による労働戦線統一に力を入れ連合の発足におおきな役割を終え，中立労連もまた労働界全体の統一を果たしたとして解散した。全民労協結成の推進母体となった政推会議はその結成後も存続してきたが，民間連合に引き継がれ87年11月に解散した。これにつづき，6万人の組織ながら最長の歴史を誇っていた新産別も88年10月に解散を決定，労働4団体時代の終焉と総評解散に向けた動きを決定的にした。

88年にはいると，新連合結成に向けての動きが具体化するとともに，これを批判する勢力の動きも本格化していった。全民労協への参加拒否を掲げて総評系左派によって結成された労働運動研究センターは，同年6月に総評の解体が不可避となり，連合に反対するすべての労働組合の結集をめざして，全国労働組合連絡協議会（全労協）の結成をよびかけた。また統一労組懇も同年8月に総評の解散前後に階級的ナショナル・センターを結成する方針を決めた。労働戦線統一運動の最後の仕上げとして，89年11月21日に日本労働組合総連合会（連合）が誕生した。民間連合は，連合と官公労組の統一により新連合へと移行した。連合は，78単産（民間労組が62単産，官公労組が16単産），798万人からなり，組織労働者の3分の2を占める史上最大のナショナル・センターとなった。これは，アメリカのAFL（アメリカ労働総同盟）＝CIO（産業別組合会議），イギリスのTUC（労働組合会議　Trades Union Congress）に次ぐ3番目の巨大組織であった。新連合の発足にともない，戦後の労働運動をリードしてきた総評は，新連合への移行と同じ日に39年間の歴史に幕を閉じた。

こうした動きに強く反発して統一労組懇に結集していた組合は，連合結成と同じ21日に27単産，112万人の階級的ナショナル・センターを標榜する全国労働組合総連合（全労連）を結成した。これにともなって，右翼再編と批判し

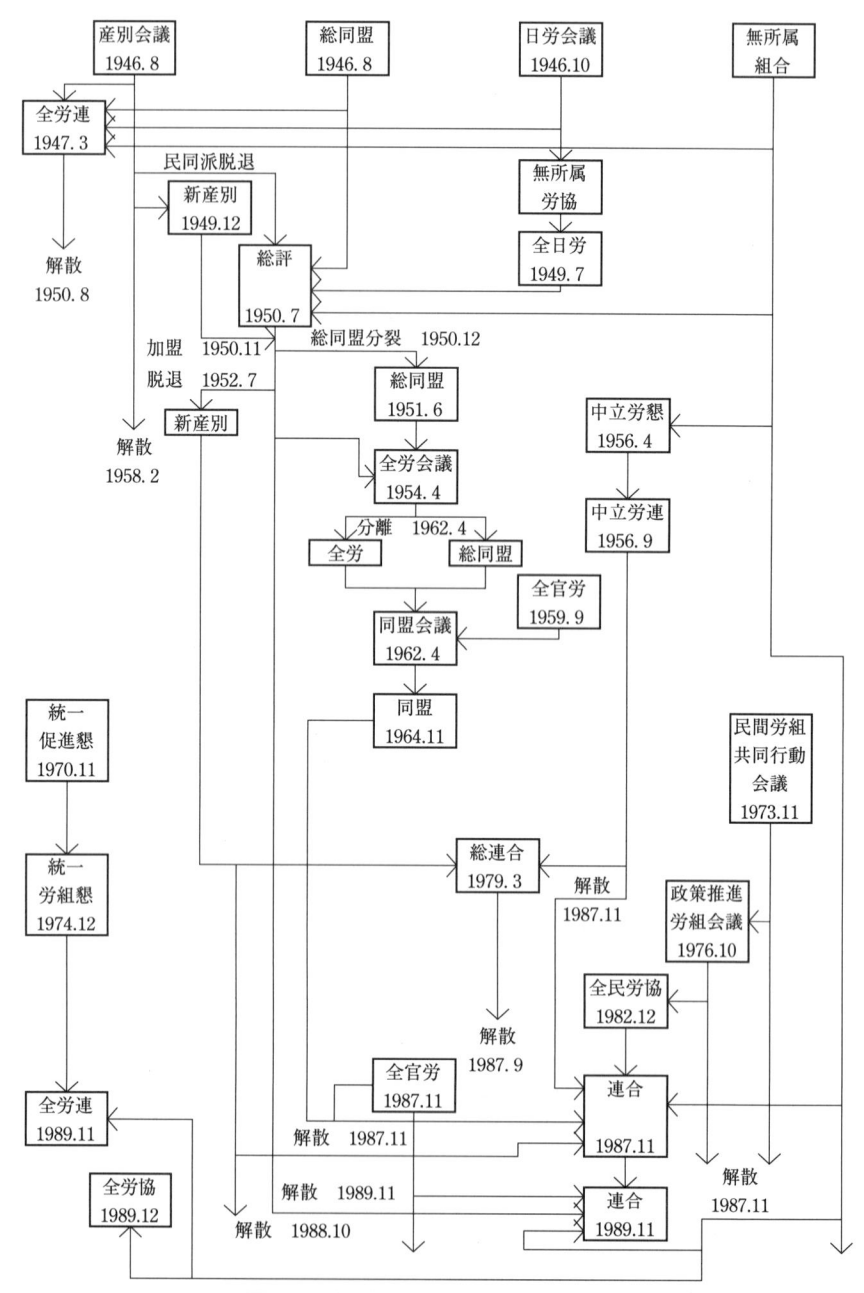

図6-3 労働組合の組織変遷（戦後編）

てきた統一労組懇は全労連の発足にともない解散した。また労働運動研究センターの呼び掛けに合わせて，連合参加に反対，全労連にも参加しない総評系左派が結集して，89年12月9日にナショナル・センターではなく連絡・共闘組織である全国労働組合連絡協議会（全労協）を結成した。労働界は連合を中心とする新たな時代にはいった。以上みたように歴史的展望を行ったが，**図6-3**に戦後における労働組合・協議会の組織変遷をまとめている。

6.1.3 労働組合の組織状態

長期趨勢的に低下する組織率　労働組合の推定組織率を図6-1でみると，第二次世界大戦後の1949年には55.8％と6割近い労働者が組合に加入していたものの，年々，組織率は低下し，55年には35.6％と20ポイントも下落した。その後，50年代後半から60年代，70年代半ばにかけ，組織率は35％程度と比較的安定していたが，80年代半ばには30％を下回り，平成にはいってもとまらず，90年25.2％，2000年21.5％，10年18.5％まで低下している[25]。いまや，わが国の労働組合は労働者全体の5分の1しか代表しない存在に落ち込んだ。また組合員数の推移をみると，長期趨勢的に低落傾向にある組織率とは対照的に，高度成長期には雇用者の増大にともなって増加の傾向をたどり，55年の628.6万人から75年には1,259.0万人とピークに達した。その後，1,250.0万人をやや下回まわって推移したものの，93年から95年の3年間1,260.0万人と過去最高を記録した。これをピークに減少の一途をたどり，2010年は1,005.4万人まで減少している。

ところで，2割を切ったわが国の組織率は，欧米諸国と比較して低いのだろうか。スウェーデン，デンマーク，フィンランドの北欧3か国の組織率は7割と高く[26]，これに次いでイギリスとドイツが2～3割とつづき，アメリカ，フランスは1割前後と非常に低い。アメリカの組織率は1945年35.5％と比較的高かったが，85年には18.0％と半減した。その後，1割台で低迷している。太平洋諸国であるオーストラリアの組織率は2割をやや下回り，韓国は1割と非常に低い。一言でいえば，主要な欧米諸国の組織率は低落傾向にあるが，これと比較すると，わが国の組織率は相対的に低いといえるであろう。

組織率低下の要因　わが国では，ユニオン・ショップ制を採用する企業が多く，労働者は企業に雇用されると，同時に（本人の意思に関わりなく）組合に加入することから，組織拡大に都合のよい制度である。それにもかかわらず，なぜ組織率は低下しているのだろうか。根本的な要因は産業構造の変化である[27]。産業構造の変化は，2つのルートをつうじて雇用構造に影響を与え，それが組織率低下に作用している。1つは，組織化しやすい製造業のウエイトが低下し，第3次産業の比重が上昇した点である。経済のサービス化・ソフト化・IT化の進展は雇用者を大幅に拡大したが，これによってパートタイム労働者や嘱託社員，期間社員，派遣社員など組織化の進めにくい非正規雇用者が増大した。その一方で，ブルーカラーを中心に正社員が減量するなかで，組合加入がむずかしいホワイトカラーの割合が高まったことである。2つは，第2次産業に加えて第3次産業の伸長は女性雇用者を急速に増加させていった。とくに女性のパートタイム労働者の増加は顕著である。厚生労働省「労働組合基礎調査」によると，組合員数に占める女性の割合は，62年には27.0％，71年には28.0％と高度成長期をつうじて上昇したが，その後，現在まで28.0％前後で推移している。雇用者全体に占める女性の割合は4割をこえている点を考えると，女性雇用者の組織化がいかに遅れているかがわかる[28]。

このほかにも，組織率低下の要因をあげることができる。わが国経済の発展は労働者の雇用を拡大したが，同時に新規企業を次々と創設した。しかし，組合を結成しない未組織企業も増えていった。いわゆる新規組織率の低下である。また長期にわたる景気の低迷・不況により従業員の人員整理，企業の統廃合が進み，労働組合が衰退または解散していったことも指摘できる。その一方で，企業内に組合のない中小企業等の労働者や非正規労働者の組織化を図る動きも2000年代半ば以降進み，一人で加入できる「地域ユニオン」が相次いで設立している。組織率低下を問題視せざるをえないのは，都留康他［1993］が指摘しているように，「それは，わが国の労働組合の支配的組織形態である企業別組合が，これまで長期的雇用慣行，企業内熟練形成，年功的賃金体系と切り離すことのできない日本企業の制度的支柱のひとつをなしてきており，組織率の低下とはこの支柱の動揺を意味するものにほかならない。」ということであ

る[29]。

6-2　労働組合の機能と組織構造

6.2.1　労働組合の機能

　労働組合は，資本主義の発展段階に応じて，本来の目的を達成するために相互扶助，団体交渉，労使協議や社会的・政治的な活動などさまざまな機能を発揮してきた。労働組合の担っている機能は，組合の組織形態によっても大きな影響を受け，形態が変化するにともなって，組合が重視する機能もまた変化していった。労働組合の機能を大別すると，共済的機能，経済的機能，そして政治的機能の3つをあげることができる。その最も中心的な機能は経済的機能で，これは組合の賃金・労働時間など労働条件といった基本的な課題を解決するための基本的な機能である。この経済的機能を補完する副次的な機能として，共済的機能と政治的機能がある[30]。

　共済的機能　共済的機能は，組合員の労働組合に対する忠誠心を高め，団結力の強さ維持強化することを目的としている。具体的な活動として，組合員とその家族の疾病・災害・老齢・死亡・失業などの事態に備え，組合員からあらかじめ徴収された組合基金をもとに，必要に応じて組合員に共済金その他の給付を支給し相互扶助する活動をいい，それは組合員を対象にしているという意味で対内的機能といわれる。これによって組合員の提供する労働力の窮迫販売を防止し，良好な労働条件を維持しようとした。組合の共済活動は，社会保障制度がまだ成立していない資本主義の確立期において重視された活動であって，その典型は19世紀後半におけるイギリスの職業別組合にみることができる。

　しかし，手工業的な生産から機械化への進展や大量生産体制の拡大にともなって，熟練技能をもつ多能工は次第に単能工に代替され，また職種の職務への分解による労働の単純化（simplification）・標準化（standardization）・専門化（specialization）――労働の3S化によって，未熟練工に対する需要は大幅に増加した。こうした職種の分解と単能工への代替，未熟練工に対する需要の

高まりとともに，組織形態の流れも職業別組合から産業別組合に移るにつれて，共済的機能の役割も相対的に低下していった。

経済的・政治的機能　産業別組合の勢力拡大にともない，組合が使用者と対等の関係に立つにおよんで，活動の重点も共済的機能に代わって，組合員の労働条件の維持向上を図ることを目的とする経済的機能に移っていった。経済的機能とは，組合が使用者を直接相手とする団体交渉（collective bargaining）や労使協議（labor-management consulation）[31]，または労働争議（labor dispute）によって労働条件を維持・改善するところの機能をいい，組合本来の機能といえる。この機能は団体交渉機能ともいわれ，組合は使用者から有利な条件を獲得するために，交渉力を背景に団体交渉や労働争議などの手段を行使するのであるが，こうした手段は経済的機能を効果的に実現するための重要な手段となっている。

　経済的機能が個々の労働問題を直接対象としているのに対し，政治的機能は，労働者保護のための立法の制定や政策の実施により，労働者の生活向上を目的として，政府や行政機関を相手に政治的・立法的な活動に係わる諸問題を対象に活動する組合の機能である。いうまでもなく，政治的機能は，労働条件の維持・改善を主たる内容とする経済的機能を補完する役割を担っている。労働組合が労働条件の向上をめざして使用者と交渉するにしても，その背後に失業中の労働者が大量に存在していると，使用者から有利な労働条件を勝ち取ることができないであろう。組合が団体交渉によって労働条件を改善していくには経済的機能だけでは効果的に実現できず，政治的機能と強く結びつかざるをえない。したがって，個々の労使交渉で獲得した成果を多数の未組織労働者や劣位にある低賃金労働者に一律的に拡充し全国的に影響を与えていくには，組合としては，労働時間の制限や最低賃金制，育児休業制度などの制定といった立法的活動が中心となるであろう。

6.2.2　労働組合の組織形態

　労働組合は，資本主義の発展段階に対応して，また従業員に対する企業の労務管理政策に対応して，組合の掲げる目的や目標を効果的に実現し勢力を継続

的に拡大していくために，さまざまな組織形態をとって発展してきた。その組織形態は，大別して職業別労働組合（または職能別労働組合 craft union），一般労働組合（general union），産業別労働組合（industrial union）に分けられる[32]。

職業別労働組合　職業別組合は沿革的には組合の歴史とともに古く，1840年代半ばから50年代にかけて，機械工など熟練工の職業別組合が相次いで誕生した。その先駆は，51年にイギリスで結成された旋盤工，鍛冶工，鋳物工などからなる合同機械工組合（ASE Amalgamated Society of Engineers）に求められる。職業別組合は，熟練工が所属する産業や企業に関係なく職種ごとに横断的に組織された組合——同一の熟練職種の労働者によって組織された組合で，労働運動の初期にみられた支配的な形態である。この形態が支配的であったのは，資本主義の確立期には工場制工業がまだ十分に発達せず，手工業的な熟練工に依存する生産体制が中心で，これに対応して組織化されてきたからにほかならない。

　この組合の特徴は，各々の職種に従事する熟練工の利益を守るために，かなり高い入会金と組合費を払い，徒弟制度をつうじて熟練職種への未熟練工の組合加入を制限し，組合員資格を徒弟修業を終えた熟練工に限定した排他的な組織であった。未熟練工の組合加入を規制することによって，組合は使用者に圧力を加え標準賃金率など高い労働条件を確保し，雇用機会の維持・拡大に努めた。しかし，19世紀末葉になると，機械化の進展や生産工程の技術革新によって，熟練技能を要する職種がより未熟練な技能の職務に分解されていくにつれて，熟練工は半熟練工や未熟練工——同時に多能工から単能工に代替されていった。この結果，熟練工を供給独占するという組合の統制力は次第に失われ，職業別組合のもつ特権的地位は崩れていった。

産業別労働組合と一般労働組合　産業別組合とは，職種や企業を問わずに同じ産業に従事する労働者すべてを一つの組合に横断的に組織したもので，産業資本が確立する70～90年代における組合組織の主流であった。熟練工を主体とする職業別組合が重化学工業の進展や大企業の出現によって弱体化していった一方で，機械制生産による大量生産方式の発達にともなって登場した膨大な半

熟練工や未熟練工の労働条件を標準化・均一化していくためには，職種の違いをこえて同一産業の労働者を1つの組合に組織化することは効果的であった。これが産業別組合であった。産業別組合は同一産業に従事する労働者の労働条件の均一化を求め，また企業個々の労務管理政策に対抗するために団体交渉など経済的機能を重視した。産業別組合にはアメリカの全米自動車労働組合（UAW　United Automobile Workers）や全米鉄鋼労働組合（USWA United Steelworkers of America），ドイツの金属産業労働組合（IGM Industriegewerkschaft Metall）のように巨大な組織が多いが，保守的な職業別組合にくらべて階級的な性格を強くもち，労働立法などの要求についても積極的に政治行動をとることが強かった。

　一般組合とは，いくつかの産業や職業にまたがる労働者——主に屋外労働（交通・運輸・港湾・配給・建設など）に従事する労働者を同じ組合に組織化したもので，イギリスの運輸一般労働組合（TGWU Transport and General Workers' Union）やトラック運転手を主体とするアメリカのティームスターズ（国際トラック運転手労働組合　International Brotherhood of Teamsters, Chauffeurs, Warehousemen and Helpers of America）など組合員規模の大きな組合が多い。70～90年代を中心に結成された産業別組合に対して，一般組合は組織化が比較的困難であった屋外労働者を対象としていたゆえに，90年代にはいって誕生した組合である。賃金が低く失業の可能性の高い不安定な未熟練労働者が主体であるため，高い組合費を徴収するのも共済的な活動を行うのも困難であった。そこで，組合費を安くして，できるだけ多数の労働者を組合員として加入させ，これを背景に団体交渉や労働争議を行い，また労働立法の制定などに重点をおいた点に大きな特徴がある。

　わが国では大企業の多くは企業別組合を単位組合とする産業別連合体を組織しているが，産業別連合体を組織しにくい中小企業の企業別組合は合同労組と称される合同労働組合，一般労働組合を結成している場合が多い。また最近，パートや日雇い派遣労働者など非正規労働者で組織するコミュニティ・ユニオンとよばれる地域合同労組が注目されている。コミュニティ・ユニオンとは，所属する職場や雇用形態に関係なく，また職場に組合がなく一人でも加入でき

る労働組合をいう。全国組織である全国コミニュティ・ユニオン連合会は，コミニュティ・ユニオン全国ネットワークを母体に2002年11月に結成された合同労働組合で，ユニオンの組合員数は08年約15,000人を数えている。それぞれが独立した組合であるから，活動も一様ではないが，労働紛争の解決が共通した主な活動である。

6.2.3　企業別労働組合の特徴とその実態

企業別組合の成立　わが国労働組合は欧米諸国のそれにくらべて顕著な特徴をもっており，それがまた労働運動や組合の交渉力に大きな影響を与えている。わが国にも欧米型の組合組織も存在しているが，もっとも支配的な形態は，特定の企業またはその事業所を組織単位とする企業別労働組合（enterprise union）で，事務職・技能職の職種を問わず，従業員を一括して組織する組合である。企業別組合は，一般に「単位組合（これを単組という）」とよばれ，これは上部団体に加入していると否とを問わず，上部団体を構成すべき単位組織となる労働組合をさしている[33]。「単位組合」は労働組合法第5条2項3号に規定されている「単位労働組合」をいい，連合団体である労働組合以外の組合で，個人加入を建前として労働者個人を構成員としている。

「企業連」とは，企業内の労働組合連合体，つまり単位組合の連合体を略称したものをいい，複数の事業所（工場，支社など）をもつ民間大企業や官公庁において，事業所ごとに組織化されている単位組合が構成する連合体をさしている。事業所ごとに単位組合が組織されていても，共通の利害や労働条件のもとで働く同一企業の労働者であることから，これら単位組合の連合体として組織化することは容易で，この単位組合の連合体を企業連という。一般に，民間大企業や官公庁の企業別組合の多くは企業連の形をとっている。このように，企業別組合のほかに企業連も数多くあるが，**表6-1**に示すように，組合数の9割以上は企業別組合であり，その割合は長期にわたってほとんど変化していない。

ところで，「企業別組合」とはどのような組織形態の組合をいうのだろうか。それは，「特定の企業ないしその事業所ごとに，その企業の本雇いの従業員と

表6-1　組織形態別単一労働組合数および組合員数

(単位：千人, ％)

区分	単一労働組合 組合数	単一労働組合 組合員数	構成比 組合数	構成比 組合員数
1975年				
企業別組織	31,295	10,382	93.6	82.5
職業別組織	451	141	1.3	1.1
産業別組織	1,107	1,664	3.3	13.2
その他	571	404	1.7	3.2
合計	33,424	12,590	100.0	100.0
1988年				
企業別組織	32,027	10,467	94.9	85.6
職業別組織	680	387	2.0	3.2
産業別組織	544	1,085	1.6	8.9
その他	499	287	1.5	2.3
合計	33,750	12,227	100.0	100.0
1997年				
企業別組織	30,008	10,553	95.8	85.9
職業別組織	358	383	1.1	3.1
産業別組織	551	1,024	1.8	8.3
その他	419	324	1.3	2.6
合計	31,336	12,285	100.0	100.0

(出所)　厚生労働省「労働組合基礎調査」
(注)　単一労働組合とは支部や分会をもたない組合（単位組織合）および支部・分会などの下部組織をもつ単一組織の組合をいう。

いう身分資格をもつ者のみを組合員として成立する労働組合」で，その成立根拠は日本的雇用慣行を基礎として組織化された形態であると説明されている[34]。わが国の大企業や公務部門は，外部労働市場というよりも，企業個々に成立する内部労働市場としての性質を強くもっている。内部労働市場を基底に，日本的雇用慣行とか年功的労使関係とよばれる慣行が成立している。雇用形態の特質として定年まで長期にわたって勤続する終身雇用制があり，入社から定年までの間に企業内訓練や昇進・配置転換などによって年功的習熟形成のもとに成立しているのが企業別組合である。このように，内部労働市場をベースに日本的雇用慣行が成立するならば，共通の利害関係をもった労働者を相互に結びつける労働組合は，特定の企業に成立する組織形態が最も望ましい形態

となるであろう。

企業別組合の特徴　それでは，企業別組合とはどのような特徴をもった組織であろうか[35]。第1に，組合員は，原則として特定の企業で働く正規の従業員資格をもった労働者にかぎられている。また組合員資格の決め方に特徴がある[36]。正規の従業員でない臨時工や社外工，パート，派遣社員，契約社員などは原則として組合員と認められない。一般に，労使の間でユニオン・ショップ (union shop) 協定を結んでいる場合が多く，入社した従業員は自動的にその企業における組合の組合員として加入する[37]。組合加入への積極的な意思も必要なく，また組合意識がなくても，従業員は組合に加入し，入社月の給与袋から組合費が自動的に天引き (check-off) される。たとえ組合員であっても，定年，転職，解雇などの事由で従業員の身分を失うと，従業員の意思に関係なく組合員の資格も自動的に失うが，欧米の職業別組合や産業別組合では，同じ職業や産業で働く労働者を組合員とすることから，転職しても失業しても，必ずしも組合員資格を失うことはない。

第2に，欧米の労働組合は，一般にブルーカラー労働者を組合員として共通の利害関係のうえに立って組織化されている。しかし，わが国の企業別組合は，組合員が同じ企業の正規の従業員を対象に，職種の違いを問わずホワイトカラーもブルーカラーも一括して組織される，いわゆる工職一本の形態をとっている[38]。しかし，従事する職種の違いから，組合員の意識や考え，行動を一本化することは非常にむずかしく，そのため組合内部で利害が対立する可能性は大きい。また労使が対立し組合活動が激しくなると，第2組合が結成され分裂にいたる危険性をつねにはらんでいる。

第3に，組合役員は，原則として従業員資格をもつ組合員から選出される。企業に籍をおいたまま組合の仕事を行うことから，組合役員を在籍役員という。また組合役員が企業の仕事を離れて組合に専念する場合には，とくに在籍専従役員という。組合役員が企業の籍を保持したままであるのは，その企業の企業別組合だけでなく，その上部団体である産業別連合体（単産），さらにその上部にある全国中央組織の役員になった場合でも同様である。いつでも職場に復帰できる安心感から，また所属する企業や業種の方針に左右されることも

多いなど，わが国の組合指導者には組合運動に生涯をかけた職業的なユニオン・リーダーが育ちにくいといわれている。

　第4に，組合の主権と財政に関しても，企業別組合には大きな特色がみられる。組合の活動や組合費の額をはじめ，徴収や支出の仕方にあたって，組合はその権限を完全に握っており，上部団体の支配や統制を受けることも，従属することもなく決定することができる[39]。企業別組合は財政権が独立した，完全な主権をもった組織である。組合の規約についても独自で作成できるなど，役員人事も組合が完全に握っており，組合の自治権も完全に独立している。このように，組合財政が企業別組合を基盤としているがゆえに，組合員が組合との間に直接の権利・義務の関係が生じるのは企業別組合の段階までで，その上部団体である産業別連合体は組合の組合にすぎないから，組合員個々との間には，こうした権利・義務の関係は生じない[40]。この点，欧米諸国の組合員が産業別・職業別などの全国組織である労働組合と直接の権利・義務の関係にあるのとは対照的である。

　組合の組織構造　労働組合の組織構造を下部から上部にかけてみていくと，単組である企業別組合や企業連が結集して産業別連合体（単産）を組織し，また単産が集まって全国中央組織（ナショナル・センター）を構成するという構造になっている。しかし，全国中央組織は単一の組織として成立しておらず，かつては総評，同盟，新産別，中立労連の労働4団体があった。現在でも連合，全労連，全労協の労働3団体が存在しているが，どの団体にも加盟しない独立の上部組合も多数存在している。特定の企業・事業所を単位とする企業別組合（単組）・企業連──産業別連合体（単産）──全国中央組織（ナショナル・センター）となっている。これを縦糸とすると，横糸は地方の組織構造で，企業別組合──産業別連合体の地域組織──全国組織の地方組織となっている。連合が結成される以前，総評系の地方組織として県評・地評，また同盟系には地方同盟があった。市町村段階では地区労，地区同盟とよばれた。これらの地方組織は未組織労働者の組織化をはじめ，春闘などの賃上げ闘争や時短闘争，労働法制化への取組み，さらにメーデー，選挙や政治的なデモへ参加などいろいろな活動を行っている。また連合にも地方組織が制度化されており，

都道府県単位に日本労働組合総連合○○県連合会（連合○○）が47都道府県すべてに設置されている。地域組織として連合─→地方連合会（○○県連合会）─→地域協議会─→地区協議会となっている。全労連の地方組織として○○県労働組合総連合（○○県労連）がある。いずれにおいても，最も下位にある企業別組合（単組）が重要な役割を担っていることには変わりない。

　民間の大企業や官公庁の企業別組合の多くは企業連の形をとっている。企業連は同一企業内における単位組合を結集したもので，企業別組合の性格を強くもっているが，わが国労働運動を左右するほど大きな影響力をもっている。また企業別組合や企業連の多くは，それぞれの企業が属する産業に沿って産業別連合体を構成している。この産業別連合体を産業別組合とか単産をいい，企業連がそのまま単産扱いを受けている場合も少なくない[41]。欧米の産業別組合は，1つの産業に従事する労働者すべてを熟練度や職種の違いを問わずに1つの組合に組織化しており，「一産業一単産（one industry one union）」を組織原則としている。したがって，単産への加盟も個人加盟となっている。これに対して，わが国においては，1つの産業に2つ以上の単産が併存することもしばしばある。単産への加盟は労働者個人ではなく企業別組合なのであるから，産業別組合というのは企業別組合の連合体，つまり「組合の組合」ということになる。そこでは，産業別組合と組合員個々との間には，直接の権利・義務の関係は生じない。

　もっとも同一産業に属する単組といっても，企業規模の違いによって大企業の労働組合は中小企業のそれとは別に単産を構成している場合が多い。また同一産業に属する大企業の単組でも，組合運動の基本路線やイデオロギーの違いにより同一の単産を結成することはなく，別々に単産を構成する場合が少なくない。かなりの企業別組合はどの単産にも属さず，独立組合としてとどまっている。それぞれの単産が結集してナショナル・センターを構成するが，それぞれの単産が競争的・対立的に存在してきた最大の原因は，組合運動の基本路線やイデオロギーの対立にあった。この対立は，単産レベルだけでなく，さらにナショナル・センターのレベルにおいて拡大し，そのためナショナル・センターのいずれに加盟するかが単産の大きな問題なのである。ナショナル・センタ

一の主な仕事は，加盟する単産の利益を守り，共通の目的を追求するために組合を結集することにある。したがって，ナショナル・センターは唯一の全国中央組織として結成されることが望ましいが，現実には基本路線やイデオロギーとの関係などから，連合が発足する1989年以前には総評，同盟，中立労連，新産別それぞれがナショナル・センターとして存在していた。また労働4団体のいずれにも加盟しない無加盟や4団体以外の上部組合への加盟を合わせると，組合員全体のほぼ4割を数え，60年代から80年代にかけて，圧倒的多数の組織労働者を傘下におさめるナショナル・センターはこの当時存在していなかった。長年にわたる対立を乗りこえて，統一戦線が実り89年11月に連合が組合員全体の6割強を占める一大ナショナル・センターとして誕生した。

6-3　団体交渉下の賃金決定（1）

6.3.1　団体交渉モデルの系譜

　組織化された労働市場における賃金決定とは，労働組合と企業との間で行われる団体交渉にもとづく賃金決定である。団体交渉下の賃金決定に関する研究を振り返ると，その歴史は戦前までさかのぼる。ブロンフェンブレンナー (M. Bronfenbrenner) [1939] は，双方独占 (bilateral monopoly) の図式やエッジワース (F. Y. Edgeworth) の契約曲線 (contract curve) を利用して，労働組合の行動を経済理論の立場から分析した最初の論文を発表した。その後，レオンチェフ (W. Leontief) [1946] も戦後直後に交渉モデルを発表，ダンロップ [1950] は，労働組合が合理的な計算にもとづいて行動する経済主体と考え，この立場からさまざまな目標に応じた組合の経済的モデルを提示し，学界の注目を浴びた。労働組合の機能を経済合理的にとらえて分析するのか，それとも政治的機能を重視して行動する主体ととらえて分析するのか。これをめぐる論争は，周知のようにダンロップ＝ロス (A. M. Ross) 論争として有名であるが[42]，佐藤浩一 [1962] によると，団体交渉下の賃金決定を分析する方法は，2つのアプローチに大別される[43]。1つは，団体交渉下にある労使の対立を双方独占の状態にあると考え，労使が経済合理的に行動するものとして

交渉モデルを展開するアプローチである。1950年代にダンロップをはじめ，フェルナー（W. J. Fellner）[1947][1949]，ヘイリー（B. F. Haley）[1949]，カーター（A. M. Cartter）[1959][1967]が，この立場から団体交渉のモデルを提示した。

このアプローチは，労働組合が経済合理的に行動すると仮定し，労働の限界生産力理論に組合の行動を組み入れて交渉モデルを展開するが，次のようなスキームからなっている。労働組合は，双方独占下にある供給者の費用曲線に代わり，賃金率と雇用量を変数とする無差別曲線——組合の行動を表す選好曲線に沿って行動する。他方，使用者は，労働需要の増減を表すところの労働の限界生産物曲線に沿って行動するものと仮定し，団体交渉下の交渉プロセスを展開するのがこのアプローチである。このアプローチの代表的なモデルはカーターの交渉モデルである。その後こうした交渉モデルは一時後退するものの，70年代にはいって，まずローゼン（S. Rosen）[1970]，ジョンソン（J. Johnson）[1972]，ファバー（H. S. Faber）[1978]，80年代にはいると，マクドナルド（I. M. McDonald）＝ソロー（R. M. Solow）[1981]をはじめ，オズワイルド（A. J. Oswald）[1985]，ファバー[1986]がつづいた。マクドナルド＝ソローは，新しい視点に立って交渉モデルを提示し交渉理論の発展に大きく貢献した。彼らは，組合行動の違いによって交渉モデルを2つのタイプに分類する。

1つのタイプは，「独占組合」モデル（'monopoly union' model）である。組合は，単純独占者（または供給独占者 simple monopolist）として行動し，組合員の期待効用（expected utility）を極大化するように賃金率を決定し，雇用量については企業の自由裁量に委ねるモデルである。フォーレン（P. Fallon）＝ヴェリー（D. Verry）[1988]は，このタイプのモデルを「組合独占」モデル（'union monopoly' model）とよんでいる。スミス（S. W. Smith）[1994]は，経営上の裁量を企業に委ねるという意味で，この交渉モデルを「経営権」モデル（'right to manage' model）という。教科書にしばしば登場する独占組合モデルは，経営権モデルのスペシャル・ケースなのである[44]。組合が供給独占者と想定したモデルの1つは，カーター・モデルである。組合

は，賃金率と雇用量に関する効用関数をもち，企業の労働需要関数を制約条件として効用の極大化を図るというもので，賃金率をめぐって交渉を行うが，企業は組合員を含め雇用量を一方的に決めるであろう。独占組合モデルの解はパレート最適ではない。ほとんどの団体交渉は雇用量の調整については企業に自由裁量を与えている。なぜ，組合は賃金率とともに雇用量も目標に掲げないのだろうか。これは，きわめて興味ある問題である。経営権モデルでは，企業はひとたび賃金率が合意されると，利潤極大を達成するように雇用量を決めるという仮定をおいてきた。しかし，俎上にのぼっているモデルは，組合が企業との間で賃金率と雇用量の双方について交渉し，より効率的な解が実現されると想定するモデルであろう。これがもう1つのタイプである。マクドナルド＝ソロー，スミスは，この交渉モデルを「効率的交渉」モデル ('efficient bargain' model) とよんでいる。

交渉モデルが理論的に進化し，交渉の妥結に向けて現実的な意味合いをもつにいたったのは大きな前進であった。しかし，労使とも経済合理的に行動するとした交渉モデルは，依然として賃金交渉の範囲，いわゆる「上限と下限」を明らかにするにとどまり，交渉過程の妥結点を確定できないという限界をもっていった。そこで登場するのが第2のアプローチである。このアプローチとは，労使が経済合理的に行動するのではなく，団体交渉を非合理的な闘争の場と考え，心理的な接近や行動科学的な接近を図るというものである。いいかえれば，最終的な妥結を求める交渉過程を，労使の駆け引きや脅し，腹の探り合い，面子など心理面を重視した闘争の場ととらえてアプローチするものである。この立場からアプローチするのは，ゲーム理論が誕生する14年前の1930年にゲーム論的なモデルを発表したツォイテン (F. Zeuthen)，その30年後にこれを批判して交渉モデルを展開するペン (J. Pen) [1959]——それは交渉が決裂して闘争にはいる確率を基礎とする交渉モデルをはじめ，シャックル (G. L. S. Shackle) [1957] の「面子のつぶれ」を重視するモデル，チェンバレン (N. W. Chamberlain) [1955] やカーター [1959] のコスト見積もりから交渉態度を計算するモデル，またウォルトン (R. E. Walton) ＝マッカシー (R. B. McKersie) [1965] の行動科学 (behavioral theory) を応用したモデルなどが

次々とつづいた。さらにゲーム理論から交渉モデルを展開するナッシュ (J. F. Nash)［1950］［1953］やビショップ (R. L. Bishop)［1963］，ストライキやロックアウトといった労働争議による損失と闘争にかかる費用から交渉過程を分析するヒックス［1963］もこの立場に属している。交渉過程を解明しようとする試みはこれまでいくつものモデルが提示されてきた。たしかに交渉過程の分析は精緻化されつつあるものの，現実の姿を完全に説明しうるモデルは未だ構築されていない[45]。

6.3.2 交渉モデルの展開（1）——需要変動下の団体交渉

組合の無差別曲線 前述したように，団体交渉下の賃金決定を分析する方法は２つのアプローチに大別される。その１つは，団体交渉下にある労使の対立を双方独占の状態にあると考えて交渉モデルを提示するもので，ダンロップをはじめ，フェルナー，ヘイリー，カーターなどがこのアプローチをとっている。組合の経済合理性を前提に，組合は双方独占下にある供給者の費用曲線に代わって，賃金率と雇用量を変数とする無差別曲線に沿って行動する。他方，使用者は，労働の限界生産力曲線，したがって労働需要曲線に沿って行動すると想定して，団体交渉下の交渉プロセスを展開する。このアプローチの代表はカーター［1959］の交渉モデルである[46]。組合にとって賃金率の引上げと雇用量の増加を同時に実現することは望ましく，これによってより高い効用水準を実現する。しかし大幅な賃上げを行えば，雇用の減少に直面するかもしれない。反対に賃上げが小幅であれば，企業は雇用の拡大を図り利益を拡大するであろう。このように，賃金率と雇用量の関係は代替的であるから，組合は目標として両者の組み合わせからなる効用水準の増大を求めるであろう。そこで図6-4に画くように，組合は，賃金率と雇用量からなる無差別曲線II，I′I′上の任意の点を選択する。これに対して，企業は，労働に対する需要曲線DDに沿って行動すると仮定しよう。このような状況のもと，労使それぞれは，現在，賃金率Ow^*と雇用量ON^*の組み合わせからなる点P——企業の労働需要曲線DDと組合の無差別曲線IIとの接点Pに位置しているとする。

組合と企業の行動 いま，経済は景気上昇の局面にあり，労使ともに労働需

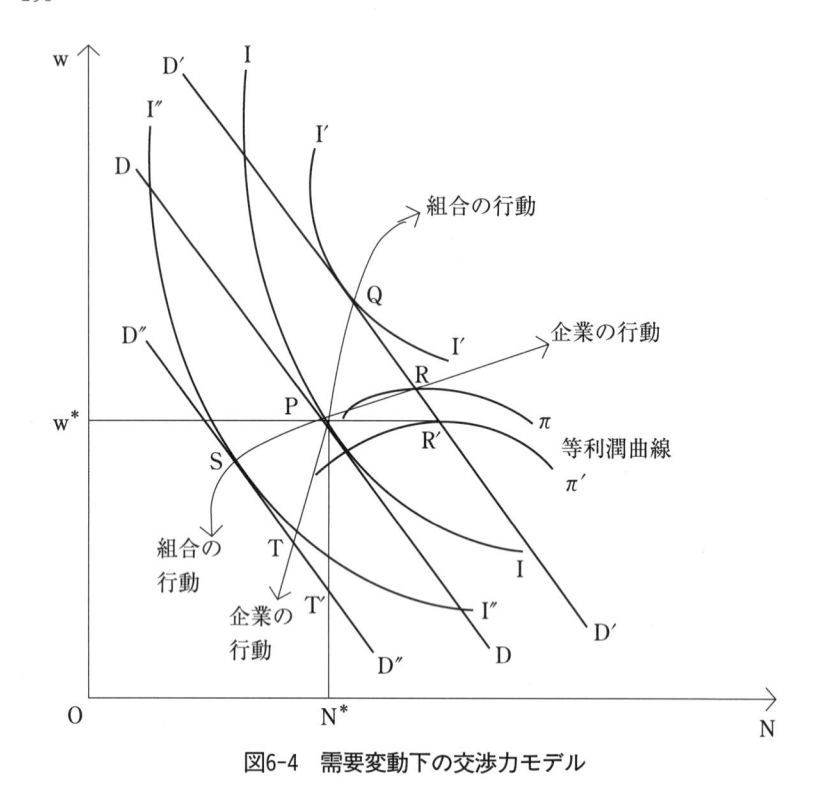

図6-4 需要変動下の交渉力モデル

要の水準が曲線DDから曲線D'D'へと増加すると予想したとしよう。景気の上昇局面においては，労働組合はいかなる行動を選ぶであろうか。組合は，組合員の生活向上を第一の目標に掲げ，企業の業績拡大による成果配分を強く要求し，雇用量の増加よりも賃金水準の引上げに大きな関心を示すであろう。この好況局面において，組合は，労働需要曲線D'D'と無差別曲線I'I'が接する点Qを交渉目標として選択する。景気の上昇による労働需要曲線の上方へのシフトにともなって，組合の選好を表す無差別曲線群は順次接して軌跡を画くであろう。この接点の軌跡PQは，賃金率と雇用量の最適な組み合わせを示した経路にほかならない。カーターはこれを賃金選好経路（wage preference path）とよんでいるが，組合の行動方針を表しているという意味で，行動経路というべきであろう[47]。これに対して，企業はどのような行動をとるであろ

うか．利潤の極大化をめざしているかぎり，企業の最適な行動とは，図6-4に図示するように，現行の賃金率 Ow^* のままで雇用量のみを増大させる点 R' の選択であろう．というのは，同じ労働の需要曲線 $D'D'$ において，点 R' の賃金率に対応する利潤水準は点 R のそれにくらべて高い．それは，点 R' をとおる等利潤曲線（isoprofit curve）π' が点 R をとおる曲線 π よりも高い利潤水準を示しているからである．しかし，企業は，業績向上，世間相場の動向や健全な労使関係の維持など労働者への利益分配を考慮して，現行の水準 Ow^* よりも少し高い賃金率，すなわち点 R を組合に提示するであろう．

点 Q に対応する賃金は組合の要求賃金で，これが交渉範囲の上限を表し，他方，点 R の賃金率は企業の提示賃金で，下限を示している．したがって，労働需要の増加がつづくと，予想される上昇局面においては，労働の需要曲線 $D'D'$ 上の QR が賃金の交渉範囲となるであろう．団体交渉は QR の範囲で行われるが，交渉が妥結すると，範囲 QR 内のある一点に定まるであろう[48]．交渉の妥結は労使それぞれの交渉力（bargaining power）の強さに左右され，組合の交渉力が強ければ，点 Q に近いところで妥結し，逆に企業の交渉力が強い場合には，点 R の近くに落ち着くであろう．

逆に，景気が落ち込み，労働需要が曲線 DD から曲線 $D''D''$ へと低下するような不況局面においては，労使それぞれはどのような行動をとるであろうか．不況局面において，労働組合は，賃金の引下げに極力抵抗するものの，解雇や希望退職などの雇用調整に弾力的に応じると仮定するならば，労働需要曲線 $D''D''$ と無差別曲線 $I''I''$ との接点 S ――現行の賃金率 Ow^* を表す直線 w^*P に近い水準――を目標とするであろう．かくして，組合は点 P から点 S への経路を選好するであろう．他方，企業は，不況下でもできるだけ利潤を確保しようとするであろう．従業員の解雇を行わず賃金のみを点 T' に引き下げることで，以前の利潤水準を維持することができるという意味で，企業にとって最も望ましい選択であろう．しかし，賃金の引下げだけで対応しようとするのはきわめてむずかしく，企業は賃金の引下げ幅を抑え，同時に一部の従業員を解雇する方針で臨むであろう．そこで，企業は点 T を選択するならば，交渉範囲は曲線 $D''D''$ 上の ST に定まり，最終的には ST 内のいずれかの点で妥結する

需要見通しの違いにおける交渉　これまで将来見通しについて労使の違いがなく，その見通しは正しいものと仮定して，交渉下の賃金決定を説明してきた。ところで，締結される賃金協約は突発的な事由がないかぎり，今後1年から数年にわたって効力を有することから，交渉にあたって，労使はともに労働需要の動向を正確に予想しなければならない。しかし，労働に対する需要の正確な見通しは必ずしも容易ではなく，組合は需要の増加を強気に（時には甘く），企業は総じて控え目に予想するであろう。図6-5に示すように，いま，企業は来期の労働需要を控え目に曲線DeDeと予想して，点Rの賃金を提示したとしよう。他方，組合は高賃金を引き出そうと考え，かなり強気の見通しのもとで，労働需要の増加を曲線DuDuと予想し，点Qの賃金を要求したと

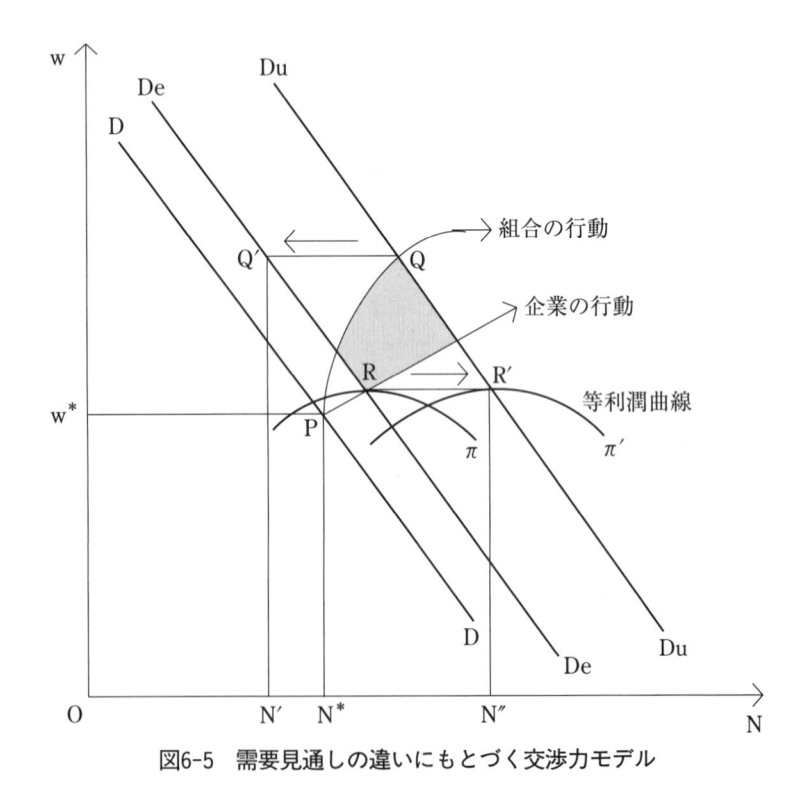

図6-5　需要見通しの違いにもとづく交渉力モデル

しよう。組合の予想する労働需要曲線 DuDu は，企業の予想する曲線 DeDe よりも右側に位置する結果，交渉範囲は曲線上の QR ではなく斜線で示される領域のように広がるであろう。

組合は，この交渉範囲のもと交渉力を最大限に発揮し点 Q の高賃金を獲得したとする。しかし，妥結後に実際に起こる需要増加が組合の予想した DuDu ではなく，企業の予想した DeDe と同じ水準に落ち着くならば，企業は点 Q の賃金と同じ高さの賃金に対応する利潤極大点 Q′ まで，従業員の解雇，希望退職，出向などの雇用調整を実施するであろう。このように，誤った需要見通しによる強引な賃上げは，かえって大幅な雇用減少を招くかもしれない。逆に，企業の交渉力が強く賃金水準が点 R に妥結したとする。もし現実に実現する労働需要が DeDe でなく，DuDu まで増加するならば，やはり組合には好ましくない結果をもたらすであろう。というのは，企業はこの賃金率のもとで点 R′ まで労働者を新規に採用することができ，さらに利潤を増やすことができるからである。

6.3.3 交渉モデルの展開（2）——マクドナルド＝ソロー・モデル

企業の等利潤曲線　交渉モデルの略史で説明したように，ブロンフェンブレンナーは，双方独占や契約曲線を利用して組合の行動を導入した経済理論アプローチを展開した。しかし，組合がいかなる目標のもとに行動するかについての理論的分析は必ずしも数多くない。ダンロップもまた，組合が賃金総額の極大化をめざして行動するとの仮定のもとで組合の理論分析を行った[49]。これが契機となって，交渉モデルに関するアプローチは大きく前進した。マクドナルド＝ソロー［1981］は，組合が組合員の総効用または期待効用を極大化すると仮定して交渉モデルを展開するが，その基本フレームは，前述したように，組合の行動の違いによって2つのタイプに分かれる。1つは，組合は単純独占者として行動し，組合員の期待効用を極大化するように賃金率を決定するというもので，雇用量については企業の自由裁量に委ねる組合独占モデルである[50]。たいていの団体交渉は，雇用量の調整について企業に自由裁量を与えている。もう1つのタイプは，組合と企業が賃金率と雇用量の双方について交渉し，最

適な妥結をめざす効率的交渉モデルである。

　いま，企業の収入 R をその企業で働く雇用者 L の増加関数と仮定すると，収入関数は R (L) で与えられる。生産に要する費用は，雇用者に支払う賃金費用 wL だけとすると，利潤 π は $\pi=R(L)-wL$ となる[51]。w は賃金率である。利潤水準 π を一定とすると，利潤関数は賃金率と雇用量の無差別な組み合わせ (w, L) を与える。この無差別な組み合わせを示した曲線を等利潤曲線といい，利潤に関する無差別曲線にほかならない。図6-6 に示すように，等利潤曲線は横軸に凸な曲線 π_1, π_2, π_3, ………として画かれる。ある組み合わせ (w, L) における等利潤曲線の傾きは $dw/dL=(R_L-w)/L$ である[52]。R_L は限界収入 dR/dL である。任意の雇用者 L に対して，賃金率 w が限界収入 R_L に一致するまでは，等利潤曲線は正の傾きをもち右上がりとなる。w が R_L に等しければ（$w=R_L$），傾きはゼロとなり，等利潤曲線はピークに達し，逆に w が R_L を上回るならば，等利潤曲線は負の傾きをもち右下がりとなる。賃金率 w が低いほど，利潤水準 π は高くなるから，等利潤曲線は π_1 よ

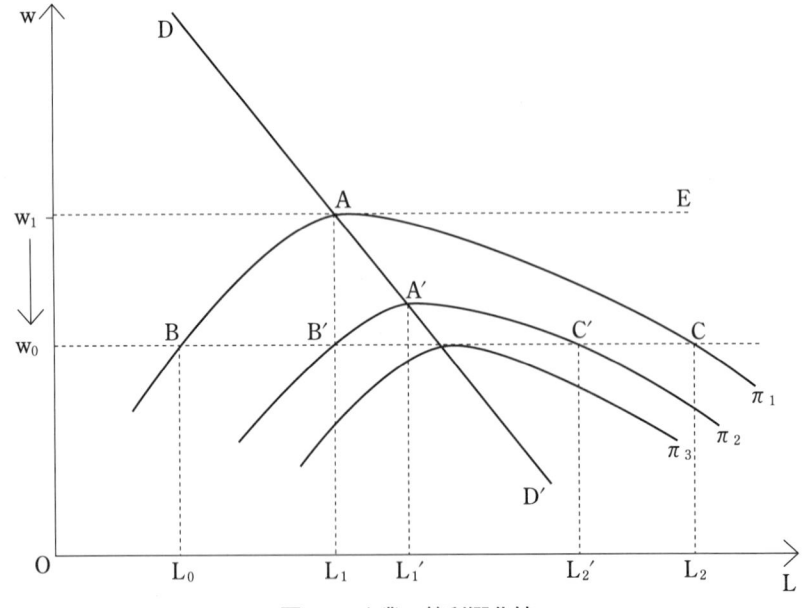

図6-6　企業の等利潤曲線

り π_2, さらに π_3 のように下方に位置するであろう[53]。

いま, 労働組合は団体交渉によって w_1 の賃金率を獲得したとしよう。このとき, w_1 の高さに対応する水平線 w_1E と接する等利潤曲線は曲線 π_1 である。利潤水準を極大化するように, 企業は最適な雇用量を決定する。その点は曲線上の頂点で定まる。いいかえれば $R_L=w$ ――限界収入 R_L が賃金率 w に等しくなる点で, 利潤水準は極大化され, 雇用量は点 L_1 に決定される。なお, 企業の労働需要曲線 DD' はそれぞれの等利潤曲線上の頂点を連ねた軌跡にほかならない。

組合の無差別曲線 それでは, 労働組合はどのような目標をもって行動するのであろうか。マクドナルド＝ソローは, 組合が組合員の期待効用を極大化すると仮定して交渉モデルを構築した。いま, 組合がクローズド・ショップ制をとると仮定し, N 人の組合員から構成されていると仮定する。N 人のうち L 人が企業に雇用され, その雇用確率は L/N, また仕事に従事することからえる効用水準は $[U(w)-D]$ である[54]。D は仕事に就くことによってもたらされる不効用であり一定とする。労働者が企業に雇用されないときの確率は $[1-(L/N)]$ であるが, 雇用されなかったならば, w_m の失業補償給付 (unemployment compensation benefit) が給付され, $U(w_m)$ の効用水準がえられるとする。以上から, 組合員の期待効用は次のようになる。

$$L/N[U(w)-D]+[1-(L/N)]U(w_m) \qquad (6.1)$$

これを書き換えると,

$$U(w_m)+L/N[U(w)-D-U(w_m)] \qquad (6.2)$$

となる。組合員数 N は組合の賃金決定にあたっては所与とみなされる。また組合員が仕事からこうむる不効用 D と失業補償給付 w_m は一定であるから, $[D+U(w_m)]$ の効用水準も一定となり, これを $\overline{U}$ としよう。

組合は, $L[U(w)-\overline{U}]$ の効用水準を極大化するように行動するであろう。$L[U(w)-\overline{U}]$ は雇用されている組合員が獲得する総利得 (menbership's gain aggregate from employment) といわれる。いま, $L[U(w)-\overline{U}]$ を一定とすることで, 組合の無差別曲線を導出することができる。**図6-7** に画くように, $U(w)=\overline{U}$ が等しくなる $w=\overline{w}$ を求め, これに対応する水平線に漸近

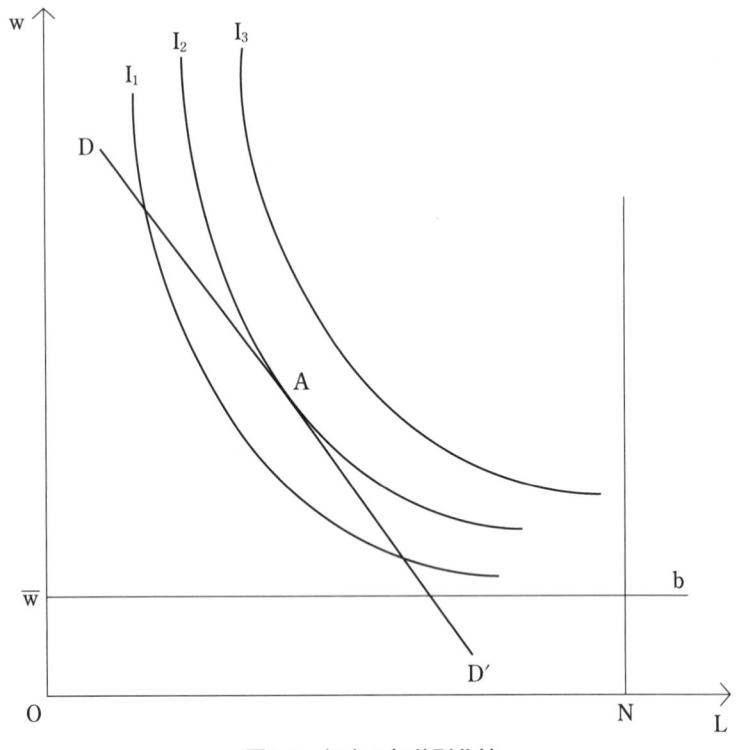

図6-7 組合の無差別曲線

(asymptotic) するように，無差別曲線は原点に凸な右下がりの曲線 I_1, I_2, I_3, ……として画かれるであろう。

組合の最適賃金 以上の状況のもとで，組合にとって最適な賃金率とはどのように決定されるのであろうか。図6-8 に示すように，それは企業の労働需要曲線 DD′ と組合の無差別曲線 I_2 との接点 A において決定される。数学的にいえば，企業の労働需要曲線を表す $R_L(L)-w=0$ の制約条件のもとで ($R_L(L) = \partial R(L)/\partial L$)，組合の無差別曲線を表す $L[U(w)-\overline{U}]$ を w と L に関して極大化することである。均衡条件は，

$$-\frac{[U(w)-\overline{U}]}{LU_w(w)} = R_{LL}(L) \tag{6.3}$$

無差別曲線の傾き (dw／dL=) $-[U(w)-\overline{U}]/LU_w(w)$ が労働需要曲線の傾

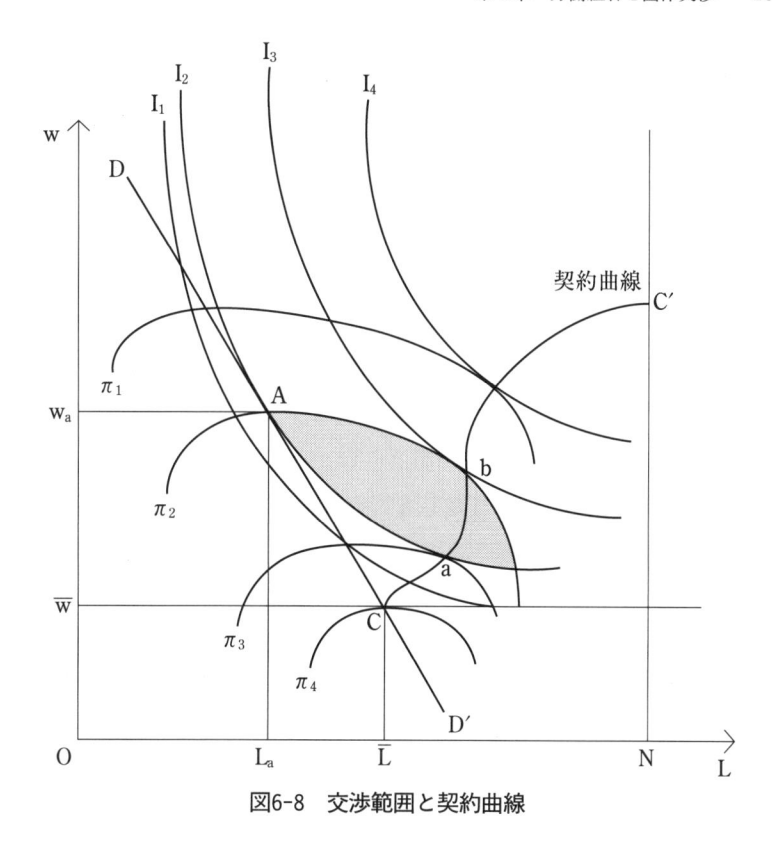

図6-8 交渉範囲と契約曲線

き $R_{LL}(L)$ に等しくなること，これである。ただし，$\partial U(w)/\partial w = U_w(w) > 0$，$\partial^2 R(L)/\partial L^2 = \partial R_L(L)/\partial L = R_{LL}(L) < 0$ である[55]。また (6.3) の両辺を $R_L(L) = w$ で除すると，均衡条件は次のように書き換えることができる。

$$-\frac{LR_{LL}(L)}{R_L(L)} = \frac{(U(w)-\overline{U})}{wU_w(w)} \quad (6.4)$$

(6.4) の左辺は労働需要の賃金弾力性で，$R_L > 0$，$R_{LL}(L) < 0$ より正となる。また，右辺は賃金に関する雇用からの利得の弾力性（elasticity of gain from employment）の逆数である。均衡条件は2つの弾力性が等しくなければならないのである[56]。

効率的な交渉とパレート最適　供給独占者として行動する労働組合は，企業

の労働需要曲線DD′を所与として，この曲線上で効用水準を極大化する点を選択するであろう。図6-8において，組合の選択する点とは，労働需要曲線DD′が組合の無差別曲線I_2に接する点Aである。組合が未組織な場合の雇用量と賃金率の組み合わせを点C($\overline{L}$, $\overline{w}$)とすると，点Aは点Cにくらべて必ず左上方に位置するであろう。効用が極大となる点Aに対応する独占的な組合の賃金水準はあまりにも高く，雇用量はあまりにも少ないであろう。クローズド・ショップ制をとる供給独占的な組合は，組合員の待遇改善をめざして雇用量を$\overline{L}$からL_aに制限することによって，賃金率を$\overline{w}$からw_aに引き上げようとする。これに対して，企業はどうだろうか。等利潤曲線がπ_4からπ_2へと上方に移動するから，点Aの利潤は点Cにくらべて減少するであろう。供給独占的な組合の存在は，組合が存在しない場合の点Cにくらべ，労働者には有利に，企業には不利に働くであろう[57]。

ところで，点Aは組合にとって最適点であろうか。点Aのほかに交渉の余地がないならば，組合にとって最大の効用を与えるのは労働需要曲線DD′と無差別曲線I_2が接する点A以外にはないであろう。しかし，点Aは効率的な状態にはない。というのは，曲線DD′をとおる等利潤曲線π_2は，点Aで右下がりの無差別曲線I_2と交わっているからである。ここで，点A以外にも交渉の余地があるならば，労使ともいっそうベター・オフとなるような賃金-雇用の組み合わせが存在するはずである。それは，等利潤曲線π_2と無差別曲線I_2で囲まれた影のついた領域で，パレート最適（Pareto optimum）の集合を与えるであろう。この領域は，交渉によって労使とも点Aよりも高い効用を与える点を実現するであろう。たとえば点bをみると，点bは企業にとっては，点Aと無差別な等利潤曲線π_2上に位置しているものの，組合には点bの無差別曲線I_3は点Aの曲線I_2よりも上位にあり，高い効用を与えるであろう。したがって，点Aは効用水準も利潤水準もより高くなる余地があるという意味で，パレート最適の点ではないのである。

それでは，労使ともに望ましい結果を与える効率的な交渉とは，一体どのような状態にある交渉をいうか。影のついた領域内のどのような点も点Aにくらべて，組合には高い効用を，企業には大きな利潤を与えるであろう。したが

って，交渉をつづける余地があり，この影のついた領域のいずれかで交渉が妥結すれば，労使にとってより望ましい結果を実現するはずである．しかし，この領域のどの点もパレート最適を実現しているかといえば，必ずしもそうではない．パレート最適の各点は，企業の等利潤曲線 π_1, π_2, π_3, ………と組合の無差別曲線 I_1, I_2, I_3, ………との接点で与えられる．各接点の軌跡はエッジワースのいう契約曲線 CC′ とよばれ，曲線上の各点は等利潤曲線の傾きと無差別曲線の傾きとが等しく，パレート最適の集合からなっている．

パレート最適でない点 A から，パレート最適である契約曲線 CC′ 上の領域 ab に移動することができれば，組合は企業の利潤水準を引き下げることなしに効用水準を高めることができる．同様に，企業は組合の効用水準を引き下げることなく，利潤水準を高めることができる．労使ともに，交渉によってこのような有利なポジションに移動することができる．しかし，契約曲線 CC′ 上の領域 ab のいずれかの点に到達した後は，組合は企業の利潤水準を引き下げることなしには，効用水準を高めることはできない．同様に，企業も組合の効用水準を引き下げることなく，利潤水準を高めることはできないのである．そこで，組合の交渉力が強ければ，組合は交渉範囲のなかで効用水準が最も高くなる領域 ab 上の点 b の付近で妥結額を引き出し，逆に企業の交渉力が強ければ，企業は利潤水準を最も高くなる点 a の付近で決着をつけるであろう．

6.3.4　交渉モデルの展開（3）──組合独占モデル

組合の効用極大点　次に，もう1つのタイプ，組合独占モデルにみる労使交渉を考察しよう[58]．組合は賃金と雇用からなる効用関数をもち，企業の労働需要関数を制約条件として効用最大化をめざして行動する．組合は賃金のみを交渉の対象とし，企業はこれを受けて雇用水準を一方的に決定する．いま，賃金 w と雇用 L に関する組合の効用関数を次のように定式化する．

$$U = U(w, L) \tag{6.5}$$

独占供給者である組合は，企業との交渉がないから，企業の労働需要関数 $L = L(w)$ によって与えられる次の制約式（6.6）のもとで，組合の効用関数（6.5）を極大化する．

$$L=L(w) \qquad dL/dw<0 \qquad (6.6)$$

雇用者 L は賃金率 w の減少関数で，効用極大のための一階の条件は次のようになる[59]。

$$\frac{U_w}{U_L}=-\frac{dL}{dw} \qquad (6.7)$$

$U_w=\partial U/\partial w>0$, $U_L=\partial U/\partial L>0$ は組合の賃金，雇用に関する限界効用である。(6.7)で示される組合の効用極大点は，限界効用の比（U_w/U_L）が賃金一単位の増加のもとで企業が雇用量を削減する大きさ（dL/dw）に等しいところで実現される。組合の無差別曲線 $U(w, L)$ が制約条件である右下がりの労働需要曲線 $L(w)$ に接する点 A で効用は極大となる。これを示したのが図6-9 である。

未組織の市場において，M 人の労働者が w_0 の市場賃金率で雇用されているが，クローズド・ショップ制に組織化され，労働者が w_0 以上の賃金をえるな

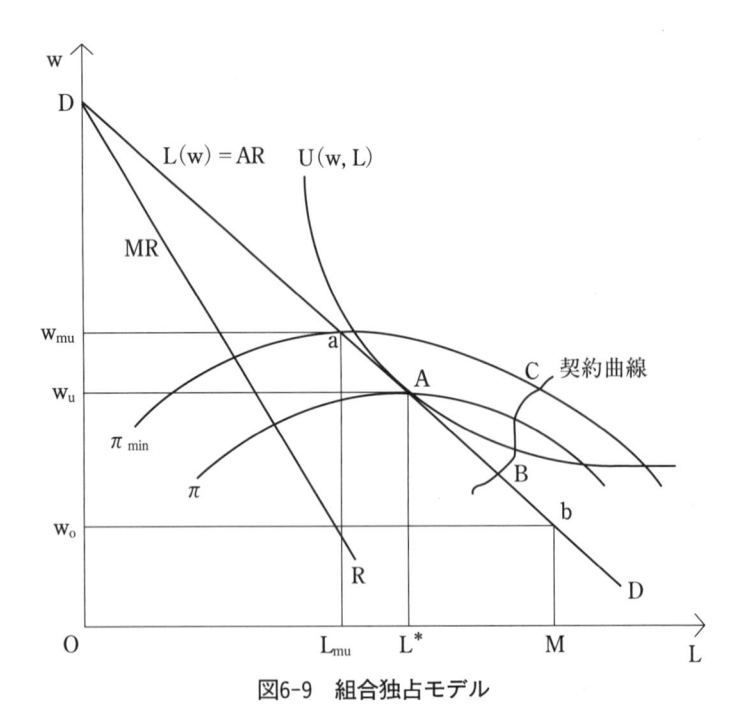

図6-9 組合独占モデル

らば，組合セクターで雇用されるのは M 人以下の雇用者，残りは他の企業で雇用されなければならない（M 人は市場全体で雇用される労働者，うち L 人は独占組合で雇用される労働者）。ここで，組合はこの雇用者 M 人の期待効用を極大化するのであるが，組合セクターに雇用される確率を L/M，非組合セクターの賃金率を w_0 とすると，期待効用関数は次のように定式化される。

$$\frac{L}{M}U(w)+\left(1-\frac{L}{M}\right)U(w_0) \text{ or}$$

$$\frac{L}{M}[U(w)-U(w_0)]+U(w_0) \qquad (6.8)$$

(6.8) の第1項は組合の組織化からえられる効用を，第2項は未組織の場合にえられる効用である。$U(w)$ は組合セクターで雇用される雇用者の効用，$U(w_0)$ は非組合セクターで雇用される雇用者の効用である。以上から，組合は，(6.6) $L=L(w)$ の制約条件のもとで M 人の効用全体を表す (6.9) の効用関数

$$L[U(w)-U(w_0)]+MU(w_0) \qquad (6.9)$$

を極大化する。一階の条件は次の (6.10) で与えられる[60]。

$$\frac{LU_w}{U(w)-U(w_0)}=-\frac{dL}{dw} \qquad (6.10)$$

組合の効用極大点は，限界効用の比 $[LU_w/(U(w)-U(w_0))]$ が賃金一単位の増加による企業の雇用量削減の大きさ (dL/dw) に等しいところで実現される。

失業者の存在と組合の交渉力　組合セクターから押し出された労働者すべては市場賃金率 w_0 で雇用されると仮定してきたが，これはあまりにも非現実的な仮定である。雇用されなかった労働者の多くは失業するかもしれない。いま，組合セクターで雇用されなかった労働者が非組合セクターで仕事を就くことができる確率を z とする。雇用される確率 z は失業率と負の関係にあり，また失業者には w_0 よりも低い給付 B が支給される。したがって，労働者に対する期待効用関数は次のように定式化される。

$$\frac{L}{M}U(w)+\left(1-\frac{L}{M}\right)[(1-z)U(w_0)+zU(B)]$$

先と同様に，上式に M を乗じると，組合に対する期待効用関数は次のようになる。

$$L[U(w)-(1-z)U(w_0)-zU(B)]$$
$$+[(1-z)U(w_0)+zU(B)] \quad (6.11)$$

制約条件 (6.6) のもとで (6.11) を極大化すると，一階の条件は

$$\frac{LU_w}{U(w)-(1-z)U(w_0)-zU(B)}=-\frac{dL}{dw} \quad (6.12)$$

となる[61]。上式の分子は賃金一単位の上昇による組合の限界効用である。分母は雇用一単位の増加による組合の限界効用である。

前述したように，組合独占モデルの基本的特徴は，労使交渉の結果として賃金を決めるのに，企業は妥結された賃金のもとで利潤を最大化するように雇用量を一方的に決定するという点にある。図6-9において，労働需要曲線DDは等利潤曲線 π の頂点で等利潤曲線 π と交差している。独占モデルのもとでは，賃金率 w_u に対して，企業は労働需要曲線DDと両立する雇用水準を決定する。賃金交渉が終了し，協定される組合賃金が w_u に決定されると，企業は労働需要曲線DDから点Aに対応する雇用量 L^* を決定する。ここで，2つの効率交渉解の点B，点Cを比較すると，点Aの組合独占解はより高い賃金とより少ない雇用量をもたらすが，この解は企業の労働需要と両立するところの解なのである。

6-4 団体交渉下の賃金決定（2）

6.4.1 交渉過程の行動科学的アプローチ

交渉過程における労使の行動 交渉モデルが従来の賃金理論にくらべて現実的な意味合いをもつにいたったのは大きな前進であった。しかし，労使とも経済合理的に行動すると仮定した交渉モデルは，賃金の交渉範囲を明らかにするにとどまり，交渉過程の最終的な妥結点を確定できないといった限界をもっていた。交渉過程を経済理論的アプローチが可能な場であるとみるよりも，非合理的な闘争の場ととらえる必要性を強く意識させた。交渉過程の解明はいくた

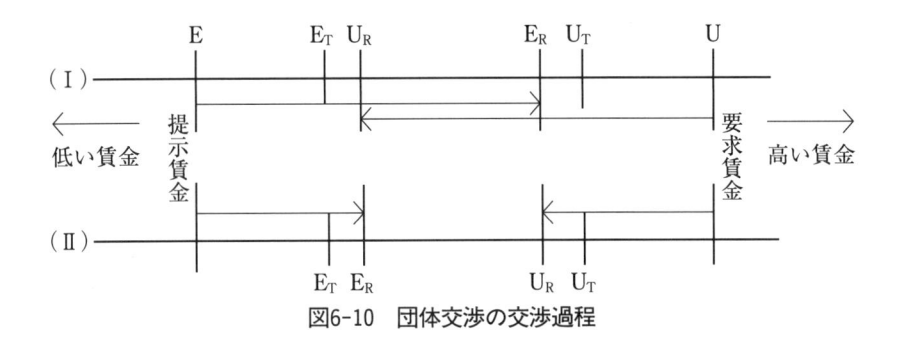

```
(Ⅰ) ←───┬──┬──┬────────┬──┬──┬─→
   低い賃金 E  E_T U_R      E_R U_T  U   高い賃金
          提                        要
          示                        求
          賃                        賃
          金                        金

(Ⅱ)     ├──┬┬────────┬┬──┤
           E_T E_R    U_R U_T
```

図6-10　団体交渉の交渉過程

びも試みられ，面子を重視するモデル，行動科学を応用したモデル，交渉態度をコスト計算するモデル，ゲーム理論を利用したモデルなどがある。これらの交渉モデルのなかでいくつかを取り上げるが，まずはじめに交渉過程の行動科学的アプローチ (behavioral science approach) を説明する。こうした分析を試みたのは，ウォルトン＝マッカシー［1965］であった[62]。**図6-10**において，労働組合は，賃金交渉にあたって企業にUの賃金を要求するのに対して，企業は組合にEの賃金を提示するとしよう。要求賃金Uは賃金交渉の上限，提示賃金Eがその下限を示し，この範囲が交渉範囲にほかならない。組合の賃上げ幅が大きいほど，それを貫徹するためにストライキに突入する可能性は大きくなるであろう。逆に企業にとっては組合が低い提示額で妥結するのが望ましいが，それを実現するには長期のストライキに耐えることを計算に入れなければならない。このように，労使双方はストライキの可能性を比較考量しながら，また駆け引きをめぐらしながら，要求賃金Uまたは提示賃金Eを変化させ，最終的な妥結点を見い出そうとする。その意味で，要求賃金Uや提示賃金Eは労使それぞれにとって「みせかけ」の賃金にほかならず，背後に「本音」の賃金が存在しているはずである。

目標と抵抗点　いま，労使各々からみた実現可能な妥結額を「目標 (target)」とよぶと，企業は提示賃金Eより高い水準に目標E_Tを設定し，組合もまた要求賃金Uを下回る低い水準に目標U_Tを設定するであろう。「目標」とは，労使それぞれがもっとも上手に交渉を行った場合に達成しうる金額である。もちろん，労使双方にとって，これ以上またはこれ以下には譲歩できない

とする限界も存在するはずである。これを「抵抗点 (resistance point)」という。組合の抵抗点は U_R の賃金水準で，組合にとっては U_R 以下の賃金ではこれを妥結する代わりに，ストライキに突入するといった水準を意味している。企業の抵抗点は E_R の賃金水準で，企業にとっては組合が E_R 以上の賃金を要求し妥結するならば，ストライキを受けてもよいとする水準をいう。このように，「抵抗点」は労使が主観的に想定している「譲歩の限界」なのである。労使それぞれは，交渉過程において目標や抵抗点にあたる賃金水準を胸中におさめ，同時に相手の言動に注意を傾けながら，目標や抵抗点の正確な位置を探し求めるであろう[63]。

このような状況のもとで賃金交渉が開始されると，労使双方は，当初「みせかけ」の賃金であるUやEの金額をまず提示し，交渉過程で相手との駆け引きを行い，その反応や態度をうかがいながら，徐々に，場合によっては一気に金額を変更するであろう[64]。この段階で，労使それぞれは相手の目標 E_T または U_T を正確に読み取り，さらに相手の抵抗点が自分たちの目標に近いか否かを推測しなければならないのである。

交渉の妥結と決裂 図6-10は2つの交渉ケースを示している。ケース（Ⅰ）のように，企業の抵抗点にあたる E_R が組合の抵抗点である U_R を上回る場合には，U_R と E_R を交渉の限界とする妥結可能な範囲が存在するであろう。しかし，ケース（Ⅱ）のように，組合の抵抗点 U_R が企業の抵抗点 E_R を上回る場合，妥結可能な交渉範囲はえられず，このままでは交渉は妥結しないであろう。このような局面では，労使双方が交渉内容を再度検討して歩み寄らなければ，交渉は決裂しストライキに突入することになるであろう。ところで，労使双方は，交渉がしばしば同業他社などの世間相場に準拠 (reference) する傾向にあることを知っている。労使は自己の目標または抵抗点を相場並みの賃金水準に近づけようとする。その結果，交渉範囲は大幅に狭まり，妥結が容易になるであろう。また好景気をはじめ，労働力の不足，企業収益の増大，物価水準の上昇などがみられる局面では，交渉は組合側に有利に作用し，目標や抵抗点は高くなるであろう。このような状況では，企業も抵抗よりも譲歩の途を選ぶであろう。また交渉過程において，世間相場や経済情勢だけでなく，交渉当

事者の腕が交渉を左右することもしばしばある。交渉当事者の能力や人格，見識に加えて，説得，威圧，ときには泣き落としなどの戦術がとられ，また面子を保つとか，顔を立てるとか，などの駆け引きが行われるのも，まさにこうした局面である。このように，交渉過程は，労使が双方の条件を冷静に計算しつつ，非合理的な駆け引きの場として展開され，妥結に向けて交渉が進められるであろう。

6.4.2 ヒックスの労働争議モデル

脅しとしてのストライキ 賃金交渉が決裂すると，ストライキやロックアウトなど労働争議が起こり，生産活動は停止するかもしれない。しかし，労働組合は，賃金交渉のなかでストライキを打つとの脅しを使用者に与えることで，有利な回答額を引き出そうと駆け引きを行うであろう。ストライキへの脅威が交渉の駆け引きに影響を与えるという労使それぞれの行動をもとに，交渉過程における賃金決定を分析したのが，ヒックス［1963］の労働争議モデルである[65]。

組合にとってはストライキを行えば，その間，生産活動が停止し組合員には賃金が支払われず，またストライキを耐え抜くにも闘争の資金が必要となるであろう。使用者についても同様で，ストライキが行われると，生産活動が停止し売り上げや利潤が大きく減少するであろう。たとえストライキを拒否して組合の要求に応えれば，高いコストを負担することになるであろう。したがって，賃金交渉にあたっては，組合は長いストライキを耐え抜いてでも賃金の大幅な引き上げを強く要求するのか，それともストライキを行使することなくこれよりも低い賃金で譲歩するのかを比較考量して，いずれが有利であるかを決定しなければならない。同様に，使用者もまた，ストライキによる損失を避けるために組合の要求する賃金を受け入れるのか，反対に高い賃金要求を拒否してでもストライキを覚悟するのか，いずれの損失が少ないかを交渉過程のなかで判断しなければならない。

抵抗曲線と譲歩曲線 組合の要求に抵抗するほうが譲歩するよりも，損失が小さければ，使用者は組合の要求に抵抗するであろう。図6-11は，予想スト

ライキ期間に対応する労使のとるべき行動——組合の抵抗曲線（resistance curve）LL'と使用者の譲歩曲線（concession curve）MM'を画いたものである。組合の抵抗曲線とは，各々の予想ストライキ期間に対応して，組合がストライキに抵抗するよりも受諾してもよいと考える最低の賃金率を表した曲線である。抵抗曲線上の各点においては，ストライキを行使することによる損失コストと，譲歩することによる損失コストがちょうど等しくなっている。最低の賃金率である受諾賃金率より高い賃金率が使用者から提示されるならば，組合はこれを受諾するであろう。逆に提示される賃金率が受諾賃金率より低いならば，組合はこれを拒否してストライキを耐え抜こうとする。したがって，組合の抵抗曲線は右下がりの曲線LL'となるであろう。しかし，組合がストライキを耐え抜くにしても闘争資金などの面で限界があり，抵抗曲線は交渉前の賃

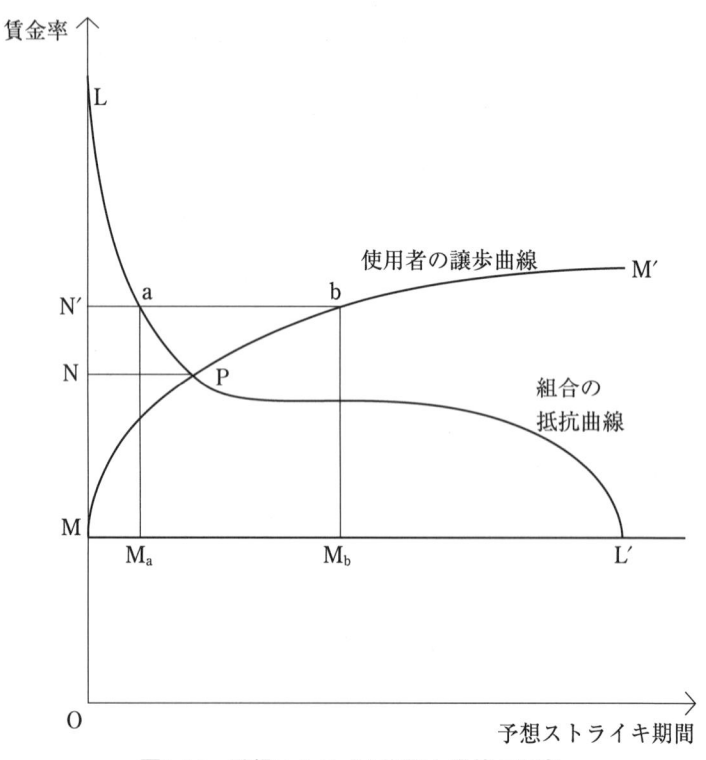

図6-11 予想ストライキ期間と労使の反応

金水準 OM に対応する横軸 ML′ と交わるであろう[66]。他方，使用者の譲歩曲線とは，それぞれの予想ストライキ期間に対して，使用者がそのストライキに抵抗するよりも，それを回避するために支払ってもよいと考える最高の賃金率を対応させた曲線である。曲線上の各点では，ストライキから予想される損失コストと譲歩して高い賃金率を支払うことによる損失コストが等しくなっている。組合の要求する賃金率がこの最高の賃金率より低いならば，使用者は譲歩し，反対に高いならば，ストライキを受けるであろう。予想ストライキ期間が長くなれば，使用者は高い賃金を支払わなければならないから，譲歩曲線は右上がりの曲線 MM′ になるであろう。しかし，それ以上の高い賃金を支払うことのできない限界が必ず存在するから，譲歩曲線はある水準以上にはこえないであろう[67]。

労使双方が抵抗曲線と譲歩曲線を周知していれば，両曲線が交わる点 P で交渉は成立し，ON の賃金率で妥結するであろう。ヒックスによれば，この高さは熟達した組合交渉者が使用者から引き出しうる最高の賃金率である[68]。いま，組合が ON 以上の高い賃金率 ON′ を要求すれば，使用者はこれを拒否するであろう。というのは，使用者は，組合が ON′ の賃金率を獲得するために予想するストライキ期間 OM_a がこれに耐え我慢できると予想する期間 OM_b より短いから，いいかえれば，組合のストライキが長くつづくと予想しないから，要求する賃金率に譲歩するよりもストライキに耐えるほうが損失が小さいであろう[69]。反対に，ON 以下の賃金率では，組合が頑張ろうとするストライキ期間が使用者の予想する期間より長いから，使用者は，ストライキに耐えるよりも譲歩するのが有利となり，この賃金率を応諾するであろう。以上がヒックスの労働争議モデルである。

このモデルは，労使が相手の状況について完全な情報をもっていると仮定している。しかし，労使それぞれが十分な情報をもっていない場合にはどのようになるであろうか。組合が不完全な情報のもとで使用者の譲歩曲線を低く予測するならば，賃金交渉は ON よりも低い水準で妥結するであろう。このような状況においては，熟達した組合指導者でも最高の賃金率 ON を必ずしも獲得できないであろう[70]。1932年に発表されて以来，ヒックス・モデルには多く

の批判が寄せられているが，労使の駆け引きをとおして賃金率が妥結していく理論構図は今日でも広く受け入れられている。

組合のとる争議行為 交渉過程において，労使の交渉はつねに合意されるとはかぎらず，労使双方の利害が対立してしばしば労働争議に発展する。労働関係調整法第6条は，労働争議を「労働関係の当事者間において，労働関係に関する主張が一致しないで，そのために争議行為が発生してゐる状態または発生する虞（おそれ）がある状態」と規定している。また同法第7条に，労働争議を「同盟罷業，怠業，作業所閉鎖その他労働関係の当事者が，その主張を貫徹することを目的として行ふ行為およびこれに対抗する行為であって，業務の正常な運営を阻害するもの」と定めている。

労働争議には，争議行為をともなうものと争議行為をともなわないものがある。労働争議の多くは一定の紛争処理手続によって解決されるが，当事者間で自主的に解決できない場合，争議の調整を労働委員会（中央労働委員会，都道府県労働委員会）に委ねることもある[71]。これには斡旋，調停，仲裁という3つの方法がある[72]。組合のとる争議行為にストライキ（同盟罷業），サボタージュ（怠業），ピケッティング，ボイコット（不買同盟），座り込み，順法闘争，工場占拠，生産管理などがある。またビラ貼り，リボン，ゼッケンなどの戦術もある。ストライキは組合が使用者に対して行う作業停止をいい，争議行為のなかでも最も代表的な手段である。座り込み，サボタージュ，ピケッティング，ボイコットなどはストライキを効果的に行うための補助的な手段である。組合のストライキに対抗する手段として，使用者が行う争議行為にロックアウト（作業所閉鎖）がある。労働争議に突入する前にロックアウトを先制的に行うことは禁止されているが，組合の争議行為に対抗して行う防衛的なロックアウトは適法とされている。労働争議は，一般に団体交渉が決裂した場合にとられる手段と考えられているが，ときには団体交渉に先立って，またそれと並行してストライキが打たれることもある。ここで行われるストライキは，組合が組合員に対して使用者との闘争関係を意図的に強める効果，あるいは交渉を有利に運び高額の妥結をえる手段としての効果を狙ったものである。団体交渉と労働争議とは不可分な関係にあるものの，今日では両者の区別が判然とし

ない場合も多い。

6.4.3　団体交渉と囚人のジレンマ

3つの構成要素　ゲーム理論（theory of games）は，経済学のなかでは比較的新しい分野であるが，今日では多くの分野における先端的な研究はゲーム理論を抜きにして語ることはできない。フォン・ノイマン（J. von Neumann）とモルゲンシュテルン（O. Morgenstern）が1944年に出版した『ゲームの理論と経済行動』は，その後における理論発展の契機となった。ゲーム理論は，経済学のみならず経営学，社会学，法学や政治学などの分野でも広く利用されており，経済主体間の相互依存関係を数学という手法によって発展させたものである。ゲーム理論のなかで有名かつ重要なゲームの1つは，囚人のジレンマ・ゲーム（prisoner's dilemma game）とよばれているゲームである[73]。

いま，ある犯罪の嫌疑で逮捕された共犯者AとBが別々の場所で取り調べを受けているとしよう。2人は共犯者であるが，自白による以外にはこの犯罪を立証できない状況にあるとする。このような状況のもとで，別々に取り調べを受けている容疑者は，共犯であると自白するか，黙秘するかのいずれかを意思決定しなければならない[74]。これに対して，検察は，それぞれのケースについて，次のような刑期を想定したとしよう。①容疑者の一方が自白し，他方の容疑者が黙秘すると，自白者は捜査への協力が認められ，刑期が1年に減刑されるが，黙秘した者は10年の刑に服さなければならない。②両者がともに自白すれば，いずれも6年の刑に服する。③両者がともに黙秘をつづけるならば，いずれも3年の刑に服するとしよう。これらの状況に対して，容疑者AとBはどのような行動をとるのだろうか。AとBの利害をまとめたのが図6-12である。

ゲーム理論におけるゲーム（game）とは，ゲームのルールのことをいい，ルールによって，ゲームの性質が決まるであろう。はじめに，ゲームを構成する3つの基本要素を説明する。第1の要素は，ゲームにおける意思決定主体をプレイヤー（player）といい，容疑者AとBがプレイヤーになっている。各プレイヤーは，自らの利益や効用を最大化しようと目的をもって合理的に行動

する主体である。第2は，戦略（strategy）とよばれる要素である。プレイヤーAもBも，黙秘または自白のいずれの行動（action）も選択することができる。各プレイヤーがとりうる行動の選択肢あるいは計画を戦略といい，プレイヤーは相手の戦略を予想しながら自らの戦略を決定するであろう。このように，各プレイヤーのとる戦略は，それぞれの相手がどのような戦略を選択するかによって決まるので，この関係は相互依存的といわれる。第3は，各プレイヤーの戦略の組み合わせに対応して，各プレイヤーは利益や効用を獲得するが，これを利得（payoff）という。戦略の結果を評価して数値で表したものを利得とよんでいる。図6-12は容疑者AとBの利得を並べた利得行列（payoff matrix）といわれ，刑期はマイナスの利得であるから，この利得行列は刑期にマイナスの符号をつけて表示されている[75]。

黙秘と自白　囚人のジレンマ・ゲームにおいては，各プレイヤーがとる戦略に「協調（cooperation）」と「非協調（non-cooperation あるいは裏切り（defection））」という戦略がある[76]。協調とは，相手に合わせることによって各プレイヤーの利得を高めようとする戦略，非協調（または裏切り）とは，相手を裏切って自分だけ利得を高めようとする戦略をいう。利得行列からもわかるように，容疑者Aの刑期はAのとる戦略だけでは決まらず，容疑者Bのとる戦略にも依存している。だが，2人は別々に取り調べを受けているので，AはBがどのような戦略――黙秘するか，それとも自白するかについて知ることができない。このように，各容疑者の刑期は，各々がどのような戦略をとるか相互依存的に決まるのである。容疑者Bが黙秘する場合を考えると，もう一人の容疑者Aも黙秘すれば，Aの刑期は3年，利得行列でいえば，Aの利

		容疑者B	
		黙　秘	自　白
容疑者A	黙　秘	(A　－3：B　－3)	(A　－10：B　－1)
	自　白	(A　－1：B　－10)	(A　－6：B　－6)

図6-12　囚人のジレンマ・ゲーム

得は−3となる（Bの利得も−3）。もしAが自白すれば，Aの刑期は1年，Aの利得は−1，しかし，容疑者Bが黙秘をつづければ，Bの刑期は10年（Bの利得は−10）となる。この場合，Aは自白したほうが有利となり，刑期は軽くなるだろう。逆に容疑者Bが自白する場合を考えると，容疑者Aが黙秘をつづければ，Aの刑期は最長の10年，Aの利得は−10（Bの利得は−1）となるのに対して，Aが自白すれば，Aの刑期は6年，Aの利得は−6（Bの利得も−6）となる。このときもAは自白したほうが有利となるであろう。

　このゲームは容疑者AとBに関して対称的で，Bについてもまったく同様である。Aが黙秘するか，それとも自白するかのいずれにおいても，Bは自白したほうが有利となる。容疑者AとBともに自白を選択するから，利得もともに−6，つまり6年の刑に服することになる。このことは，AもBも結託して黙秘すれば3年の刑と軽くなったことにくらべ，自白したことが（各々に一見有利に思えたことが）不利な結果となったのである。繰り返していえば，容疑者にとっての最適な選択（自白という裏切り）が全体としての最適な選択にならないこと（刑期6年で黙秘より重い刑）がジレンマといわれる所以なのである。

　次に，ミニ・マックス原理（mini-max principle）を用いて，この結果を確認しよう[77]。ミニ・マックス原理による容疑者Aの戦略は次の利得行列（6.13）で示される。

$$\begin{vmatrix} -3 & -10 \\ -1 & -6 \end{vmatrix} \tag{6.13}$$

　利得行列（6.13）より，各戦略につき最小の戦略の組み合わせ（最も刑期が重いケース）は（−10, −6）となる。最大の戦略（最も刑期が軽い戦略）を選択すると，（−6）であるから，容疑者Aは戦略として刑期6年の自白を選択するであろう。同様に，容疑者Bについての戦略は次のようになる。

$$\begin{vmatrix} -3 & -1 \\ -10 & -6 \end{vmatrix} \tag{6.14}$$

　利得行列（6.14）より，各戦略についての最小の戦略は（−10, −6）で，このうち最大の戦略は（−6）であるから，ここでも，容疑者Bは戦略として

刑期6年の自白を選択するであろう。この囚人のジレンマ・ゲームにおいて，実現した戦略の組み合わせは「非協調−非協調」の組み合わせである。容疑者A，Bともこの戦略の組み合わせをもはや変更しようとしないという意味で均衡状態にある。ゲーム理論では，このような性質をもつ均衡はナッシュ均衡 (Nash equilibrium) とよばれている。各プレイヤーが互いに協力して適切な戦略を選択すれば，各プレイヤーの受け取る利得も大きくなるのに「非協調」の戦略を選択した結果——双方が自己の利益だけを求めた結果，各プレイヤーに実現される利得はかえって小さくなる。

以上からもわかるように，囚人のジレンマ・ゲームにおいては2人の容疑者（プレイヤー）が協調して「黙秘−黙秘」の戦略を選ぶならば，各容疑者の利得（刑期は最短に3年となる）は大きくなる。しかし，各容疑者は協調することができず，各々が裏切って自己の利益のみを求める「自白−自白」の戦略を選んだ結果，2人の容疑者とも小さな利得（6年と長い刑期）しか実現しない。2人の容疑者はともに自白を選択したのである。これをナッシュ均衡という。自白という戦略の組み合わせはナッシュ均衡であっても，容疑者2人の利得が最大化されないから，この組み合わせはパレート最適ではない。囚人のジレンマ・ゲームでは自己の利得を最大化するために，2人の容疑者はともに「裏切り」を選択するのがナッシュ均衡戦略なのである。非協力ゲームを最初に定義したのはナッシュ [1950] であった。非協力ゲームにおける最も重要な解の概念は，このナッシュ均衡点 (Nash equilibrium point) である。

団体交渉への応用　囚人のジレンマとよばれるゲームは，非ゼロサム非協力2人ゲーム (non-zero-sum, non-cooperative, and two person game) とよばれるが，このようなゲームはどこにおいても存在するであろう。複占企業の価格引き上げや軍備競争ゲームもその一例であり，労働経済学の分野においてもこうしたゲームは観察される。その一つは，わが国の労働組合活動にしばしばみられる第1組合と第2組合の対立である。いま，企業に第1組合と第2組合の2つの組合が組織化されており，各組合は企業との間で賃金交渉を行うと想定しよう。プレイヤーの一方は第1組合A，もう一方は第2組合Bである。双方の組合が企業の経営状態や経営者の交渉態度，交渉の進展状況など情報を

提供し合って，一致協力して団体交渉に臨めば，獲得する賃金引き上げ額はいっそう大きく，その結果，双方がえる効用水準も一段と大きくなるであろう。しかし，企業内に2つの組合が存在すると，組合員の獲得をめぐって，また活動方針や政治路線の違いをめぐって，しばしば激しい対立や衝突を起こしている。このような場合，組合が協力して団体交渉に臨むことはとうてい期待できないであろう。

　以下に説明する囚人のジレンマ・ゲームは，1回かぎりの労使交渉だけでゲームが終了する非協力ゲームである。それでは，第1組合Aも第2組合Bもそれぞれどのような戦略を選択するだろう。交渉によって獲得できる賃金引き上げ額は，戦略の選択によって相互依存的に決まるであろう。もしAがBに協調して行動するとき，交渉によって獲得できる賃上げ幅は10,000円とする。同様に，BがAに協調して行動するときにも，10,000円とする。もしBがAに対立の立場を選択するときには3,000円となるとしよう。次に，Aが対立の立場を選ぶならば，賃上げ額はどのようになるだろうか。Bが協調して行動するときには，Aは15,000円の引き上げとなるが，Bが対立の立場をとるときには6,000円にとどまるとする。前述したように，企業に対する組合Aの交渉戦略は，Aのとる戦略だけで決まるのではなく，もう一方の組合Bの選択する戦略にも依存している。組合BについてもAと同様な交渉戦略が示されるであろう。以上説明した組合AとBの賃上げ額を利得という形で並べたのが，図6-13の利得行列である。

　この戦略型ゲームにおいて，組合Aと組合Bはいずれの戦略を選択するのであろうか。組合Bが協調する場合を考えてみると，組合Aも協調して行動するのであれば，Aの利得は10となるが，Aが対立する戦略を選択すれば，Aの利得は15に増える。したがって，AにとってはBと協調するよりも対立を選んだほうが有利となるであろう。反対に，Bが対立する場合を考えると，Aが協調する戦略を選択すれば，Aの利得は3であるのに，Aが対立する戦略を選択すれば，Aの利得は6に増える。この場合も，組合Aの戦略は対立をとったほうが有利となるであろう。このゲームはAとBに関して対称的なゲームであるから，AとBの役割を逆にした場合にも同じ結果をもたらすので

		第2組合 B	
		協　調	対　立
第1組合A	協　調	（A　10：B　10）	（A　3：B　15）
	対　立	（A　15：B　3）	（A　6：B　6）

図6-13　団体交渉の協調と対立

ある。以上説明したように，組合AとBが互いに協調せず別々に自己の利益を最大化するように戦略をとるかぎり，対立の行動をとることが有利になる。しかし，AとB双方が情報を交換するなど一致協力して企業に交渉するならば，達成される利得は10に増加する。この利得は対立戦略をとった場合の利得6よりも大きい。ここにジレンマがある。

[注]
1) S. J. Webb＝B. P. Webb［1894］訳書上巻4頁を参照。
2) 菅谷章［1976］28頁を参照。
3) 以下の説明は，白井泰四郎・花見忠・神代和欣［1986］第1章，また高梨昌・花見忠監修［2000］『事典・労働の世界』第4章「古典を読む」（日本労働研究機構）に多くを負っている。
4) 「職人規制法（徒弟規制法　Statutes of Apprentices）」とは，エリザベスⅠ世時代の1563年に制定された法律で，それ以前の労働者規制法を廃止し，それに代わって制定された産業規制立法である。職人規制法（徒弟規制法）は都市の手工業保護・農業など労働力の確保のため，労働可能で無職の者に労働を義務づけ，雇い主は治安判事（Justice of the peace）の許可なくして解雇ができない，また労働者の賃金を裁定し，すべての産業において徒弟期間を最低7年と定めた法律である。1813年から14年にかけて，エリザベス時代に制定された職人規制法（徒弟規制法）は廃止された。白井泰四郎・花見忠・神代和欣［1986］4～5頁を参照。
5) 高梨昌・花見忠監修［2000］621頁を参照。
6) L. Brentano［1871］訳書111頁，159頁を参照。
7) ブレンターノ［1871］は，序言のなかで「さらに近代のイギリス労働組合については，私はそれが詳しくはまず11世紀のギルド規約から，そしてそれほどには詳しくはないが，すでにイネ王の法典から知られるような，古いギルド制

度の完全に有機的ないっそうの発展以外のなにものでもない，ということを立証した。」と述べている。
L. Brentano［1871］訳書 viii 頁，108〜109頁を参照。
 8）　白井泰四郎・花見忠・神代和欣［1986］16頁を参照。
 9）　ウェッブ夫妻が著した1894年の『労働組合運動の歴史』（*The History of Trade Unionism*），1897年の『産業民主制論』（*Industrial Democracy*）は，労働組合の古典的名著である。
10）　S. J. Webb＝B. P. Webb［1894］pp. 11〜13（訳書15〜16頁）を参照。
11）　白井泰四郎・花見忠・神代和欣［1986］16頁，高梨昌・花見忠監修［2000］622頁を参照。
12）　この職人（journeyman；Geselle）は徒弟を終えた一人前の職人であるが，まだ親方（master；Meister）になっていないのである。
13）　白井泰四郎・花見忠・神代和欣［1986］16頁を参照。
14）　白井泰四郎・花見忠・神代和欣［1986］31〜33頁を参照。
15）　高梨昌・花見忠監修［2000］629頁を参照。
16）　白井泰四郎・花見忠・神代和欣［1986］34〜35頁を参照。
17）　パールマンは，アメリカのクラフト・ユニオン（職能別組合）をモデルとして理論構築を行った。高梨昌・花見忠［2000］632頁を参照。
　　アメリカの労働組合運動を特徴づける「ビジネス・ユニオニズム」は，純粋に経済的組合主義といわれ，ヨーロッパ諸国の組合運動のように独自の労働者政党をもたず，また社会主義も指向せず，組合運動を賃金等の維持改善のためのビジネスをみなして活動しているという意味で，ビジネス・ユニオニズムとよばれる。白井泰四郎・花見忠・神代和欣［1986］29〜30頁を参照。
18）　戦前にも労働組合法制定に向けての努力が行われ，大正中期から昭和初期にいたるまでの間に20近くにのぼる法案が立案されたが，いずれも日の目をみることはなかった。本文にも説明したように，1949年6月に旧労働組合法が全面的に改正され，現行法が成立した。その後も部分的に改正され，現在にいたっている。
19）　総同盟は産業民主主義・労働組合主義の路線をとり，組織方針はアメリカのAFL（American Federation of Labor　労働総同盟）をモデルとしていた。これに対し，産別は理論的には世界労連（WFTU　World Federation of Trade Unions）の考えに添い，マルクス・レーニン主義的な思想が強く，組織方針としてアメリカのCIO（Congress of Industrial Organization　産業別組合会議）の方針を取り入れていた。
20）　戦後直後の主な労働争議に読売争議（第1次1945年10月，第2次46年6月），京成電鉄争議（45年12月），東宝争議（46年3月，48年4月），電産争議（46年10月），私鉄総連の賃金スライド闘争（48年5月），日鉄八幡製鉄所争議（48年

11月）などがある。読売第1次争議は戦後の生産管理闘争の口火を切った争議であった。また電産争議はいわゆる電産型賃金で妥結した。大原社会問題研究所［1995］『新版 社会労働運動大年表』（労働旬報社）394〜496頁を参照。
21) 藤田若雄［1975］115頁参照。
22) 1949年に公布・即日施行された団体等規正令は，左翼・民主団体の取締りを狙って制定されたポツダム政令である。
23) 日本生産性本部は生産性向上運動の推進機関で，アメリカの援助と政府の助成を受けて経済4団体によって設立された。労働組合をも参加させ，労使協調主義の考えを打ち出している。大原社会問題研究所［1995］609頁を参照。
24) 宝樹全逓委員長は1966年12月と70年1月に論文を発表し労働戦線統一を提唱した。
25) 推定組織率とは，厚生労働省「労働組合基礎調査」で把握された労働組合員数を総務省「労働力調査」（毎年6月分）の雇用者数で除した数値である。
26) スウェーデンの組合組織率は1994年91.1％，デンマークは同年80.1％，フィンランドは95年79.3％ときわめて高かった。しかし，2008年になると，スウェーデンは68.8％，デンマークは67.6％，フィンランドは67.5％に低下したが，それでもアメリカやイギリスにくらべて相当に高い。労働政策研究・研修機構［2005］［2006］『データブック国際労働比較2005』『同2006』，厚生労働省［2011］『2009〜2010年 海外情勢白書』，OECD［2011］Economic Policy Reforms 2011: Going for Growth. を参照。
27) 都留康他［1993］，橘木俊詔［1993］を参照。
28) 「労働力調査」によると，雇用者全体に占める女性の割合は1970年33.2％（雇用者総数3,306万人，女性1,096万人），90年39.1％（総数4,679万人，女性1,834万人），2010年は42.6％（総数5,463万人，女性2,329万人）と，雇用者10人のうち4人強が女性雇用者である。
29) 都留康他［1993］2頁を参照。
30) 菅谷章［1976］第1部第4章（78〜89頁），古郡鞆子［1998］188頁を参照。
31) わが国においては，団体交渉とは別に，労働条件の決定や経営問題等を検討するために，労使協議制が広く採用されており，労使は2つのチャンネルをもっている。歴史的には戦後，労働者の経営参加を目的として設立されたといわれている。
32) 菅谷章［1976］第1部第3章（67〜77頁），古郡鞆子［1998］188〜191頁，白井泰四郎・花見忠・神代和欣［1986］89〜103頁を参照。
33) 厚生労働省「労働組合基礎調査」は，労働組合を「単位組織組合」「単一組織組合」および「連合団体」の3つに分けている。「単位組織組合」とは，組織が労働者の個人加入の形式をとり，支部や分会等の下部組織をまったくもたない労働組合，たとえば，1企業1事業所の労働者だけで組織されている労働組合

がそれである。「単一組織組合」とは，組織が労働者の個人加入の形式をとり，その内部に支部等の下部組織をもつ労働組合をいう。この単一組織組合の各組織段階のうち，最上部の組織を本部といい，独自の活動を行いうる支部や分会等の最下層組織を「単位扱組合」という。「連合団体」とは，組織が労働者の個人加入の形式をとらず，単位組織組合や単一組織組合を1単位とした団体加盟の形式をとる労働組合をいう。

　同調査は，「単位労働組合に関する統計表」と「単一労働組合に関する統計表」の2種類の統計表を作成している。ここで「単位労働組合」とは，単位組織組合および単一組織組合の最下部組織である単位扱組合をいい，その統計表は，単位組織組合と単位扱組合をそれぞれ1組合として集計した結果表である。後者の「単一労働組合に関する統計表」とは，単位組織組合および単一組織組合の本部をそれぞれ1組合として集計した結果表で，全体の労働組合員数をみる場合にはこの統計表がある。

34) 白井泰四郎［1996］45〜48頁を参照。
35) 以下の説明については白井泰四郎［1996］37〜45頁，菅谷章［1976］第1部第5章（90〜109頁），白井泰四郎・花見忠・神代和欣［1986］第4章（135〜168頁）を参照。
36) 労働組合を構成する組合員をいかなる資格や範囲，すなわち組合員資格をいかに決めるかによって，組合の組織形態をはじめ，組織化の難易の程度や組合員の利害関係などが決まってくる。しかし，労働組合法第2条第1項によると，「役員，雇入解雇又は異動に関して直接の権限を持つ監督的地位にある労働者，使用者の労働関係についての計画と方針とに関する機密の事項に接し，そのためにその職務上の義務と責任とが当時労働組合の組合員としての誠意と責任とに直接にてい触する監督的地位にある労働者その他使用者の利害を代表する者の参加…………」については認めていない。また同法第5条2項の4は組合の資格要件として組合規約に「何人も，いかなる場合においても，人権，宗教，性別，門地又は身分によって組合員たる資格を奪われない。」という規定を含むことを要求している。
37) ショップ制とは，労働組合の団結を維持し，組合の各機能を強化するために，労働組合法第7条第1項の但し書きで認められている。使用者と組合員の間の基本的関係を定めた労使間協定で，労働協約で明示されるのである。ショップ制は，ユニオン・ショップ以外にクローズド・ショップ（closed shop）やオープン・ショップ（open shop）がある。オープン・ショップとは，従業員の雇い入れや採用後において，組合員資格の有無を問わないといった協定をいう。オープン・ショップでは基本的には組合員と非組合員との労働条件等の処遇の違いはない。またわが国公務員の組合については，国家公務員法でオープン・ショップでなければならないとされている。クローズド・ショップやユニオ

ン・ショップは，労働組合が企業と協定を結び，これによって組合が職場を支配し従業員の組合加入を強制するショップ制である。クローズド・ショップは組合員であることを雇用の前提条件とし，逆に非組合員を一切雇用しないとするショップである。アメリカでは1935年のワグナー法（Wagner Act）で認められていたが，47年6月に制定されたタフト・ハートレー法（Taft-Hartley Act）によって禁止された。これに対して，ユニオン・ショップは企業は組合員でない従業員を自由に採用することができるが，採用された従業員は組合加入が義務づけられ，また労働者が組合に加入しない場合や組合から脱退した場合には，その労働者は解雇されるという協定をいう。わが国では大企業の主な労働組合にみられる。ユニオン・ショップ協定を結ぶことによって，労働組合は特定の企業の従業員を自動的かつ独占的に組織することができる。

　ユニオン・ショップ協定を結んでいる場合でも，組合の組織拡大のために，たとえば「原則として解雇する。ただし，会社が解雇を不適当と認めたときには，労使が協議して決める。」というように，解雇に例外を設けている場合が多くみられる。このようなユニオン・ショップを「尻抜けユニオン」といい，わが国ではほとんどのユニオン・ショップ制が尻抜けユニオンといわれている。
白井泰四郎・花見忠・神代和欣［1986］68〜69頁，91〜94頁を参照。

38) 欧米ではホワイトカラー労働者がたとえ組織化しても，ブルーカラー労働者と同じ組織をつくることはない。

39) 組合費は，個別に徴収されるのではなく従業員個々の給料から天引きされる。いわゆるチェック・オフ制（天引制）がとられている。

40) 白井泰四郎［1996］44頁参照。

41) 白井泰四郎・花見忠・神代和欣［1986］121〜122頁を参照。単産は，全国的規模をもつ同一企業に属する多くの単位組合で全国的な組織をつくるといった，単位産業別組合の略称として使われるか，あるいは企業別労働組合や企業連が産業別に連合体を形成するものをいい，1つの産業別組織をさしている。

42) ロス＝ダンロップ論争の紹介・争点については，赤岡の論文2編［1968］は秀逸である。これに先立って，小池和男［1962］は，労働組合の賃金政策に関してロス＝ダンロップ論争の存在が周知に属するとして紹介している。赤岡の論文を要約すると，第2次大戦後，アメリカではパターン・バーゲニング（pattern bargaining）が大量生産工業で広く行われ，賃金の一斉引き上げが注目を集めた。このパターン・バーゲニングの登場により，ロスは，実際の団体交渉が経済的分析では説明できるとする考えを批判し，制度派労働経済学の立場から政治的賃金論を提起した。これに反論するダンロップは，団体交渉による賃金決定は制度的・歴史的分析には任せられない，近代経済学的な分析が必要であると考え，ここに論争が展開されることになった。ダンロップは，著書［1944］のなかで「労働組合の経済的モデル」化を進めるため，組合の労働供給

曲線として「組合-組合員関数（wage-membershp function）」——各賃金率において組合に加入する労働の総量を示す関数で，この関数は市場の労働供給曲線の左に位置するであろう——を導入する。ダンロップは，組合の目的が賃金総額（wage bill）の極大化と考える。このような組合モデルのもとで，労働市場だけでなく生産物市場も同時に取り上げ，それぞれの市場形態によって賃金率と雇用量が異なることを明らかにした。

　これに対して，ロス［1948］は，「組合の本質が代議政治機関である」（訳書37頁）と考え，組合はなぜわずか2，3セントのためにストライキするのか，なぜ賃金の引き上げ額にこだわるのか，またなぜ均等な賃金率を要求するのかなど，これらの問題は，経済学的な接近では説明できないと批判し，政治的な要因を重視する立場からアプローチした。組合は，本来，労働者の政治的な権力組織であると規定し，そのもとで組合の政治的モデルを画き，団体交渉下の賃金決定が本質的には政治プロセスにほかならないと主張した。赤岡功［1968］とくに第1編の第3章，小池和男［1962］14～15頁，A. M. Ross［1948］を参照。

43) 団体交渉下の賃金決定を理論的・体系的に研究した最初の学術書は，恩師である佐藤浩一教授の『現代賃金論序説』［1962］と考えられる。筆者も修士論文として「現代賃金論をめぐる考察」をまとめ，団体交渉下の賃金決定論を展望した。森田勍［1974］も内海洋一編『労働経済の理論』［1974］のなかで「団体交渉下の賃金決定論」を発表した。

44) P. Fallon＝D. Verry［1988］pp. 178～186，S. W. Smith［1994］pp. 123～129を参照。

45) 交渉モデルを展望した論文として森田勍［1974］を参照。

46) ここでは，カーターの交渉力モデルを一部修正して説明する。なお，カーター・モデルの原型はフェルナー［1949］に求めることができる。労働組合の行動をより特徴的に画いたのはカーターである。A. M. Cartter［1959］Chapter 7～9，荒井勝彦・高田英［1982］第5章第2節を参照。

47) 賃金選好経路については，A. M. Cartter［1959］p. 91を参照。

48) 交渉力とは，一般に一方の交渉当事者が相手方に自己の条件に同意するように誘導するところの能力をいう。交渉力は，労使それぞれにおいて組織の力（団結力，統制力など），交渉当事者の能力・人格・見識など，交渉の形態，経済的な諸条件（企業の業績，労働需給の状況，景気の動向，賃金の世間相場，企業の支払能力，世間の支持など），労働争議発生の可能性などさまざまな要因の影響を受けるであろう。

49) 組合が賃金総額の極大化を目標として正当化できるためには，組合が解雇された組合員に所得を補償する政策をとっていなければならない。大橋勇雄［1993］157頁を参照。

50) カーターの交渉モデルは，組合が賃金率と雇用量の最適な組み合わせを求めて行動することから「効率交渉モデル」と考えられるが，基本的には雇用量よりも賃金率を選好するという意味で「独占組合モデル」に属するであろう。

51) 生産設備が一定で，pを生産物価格，F(L)を雇用者Lを変数とする生産関数，さらに企業が価格受容者として行動すると仮定しよう。収入関数 $R(L)$ は $R(L)=pF(L)$ で，凹 (concave) の関数である。R_L は限界収入，$R_L=dR/dL>0$，$R_{LL}=d^2R/dL^2<0$ とする。F_L は労働の限界生産物で，$F_L=dF/dL>0$ である。よって，限界収入 R_L は労働の限界価値生産物 pF_L に等しくなる。

52) 利潤水準 π を一定とし，$\pi=R(L)-wL$ を全微分すると，$d\pi=R_L dL-w dL-L dw=0$ をえる。これを整理すると，$dw/dL=(R_L-w)/L$ となる。

53) 賃金率 w_1 における利潤極大点を求めると，$pF_L=w_1$ となる点 A で，利潤 π は極大となり，最適な雇用量は $L=L_1$ に定まる。ここで，労働需要曲線 DD′ 上の点 A に対応する利潤水準を曲線 π_1 としよう。次に，賃金率が w_1 から w_0 に低下し，雇用量が L_1 で変わらなければ，点 A は点 B′ へと移行する。点 B′ において限界利潤 $d\pi/dL$ がプラス ($pF_L-w_0>0$) となるから，点 B′ (L_1, w_0) の利潤 π は点 A(L_1, w_1) のそれにくらべて増加するであろう。したがって，π_1 の利潤にとどまるためには，企業は雇用量を L_1 から L_0 まで削減しなければならない。このように，雇用量 L_0 に対応する点 B(L_0, w_0) は点 A と同じ利潤水準 π_1 に位置するであろう。逆に，雇用量を L_2 に増やすことで，増加した利潤を抑え，点 A と同じ利潤水準 π_1 に位置することができる。雇用量 L_2 に対応する点 C(L_2, w_0) は π_1 と同じ利潤水準に対応した点である。かくして，等利潤曲線 π_1 は点 A をピークとする曲線 BAC として画かれるであろう。同様に，等利潤曲線 π_2 も点 A′ をピークとする曲線 B′A′C′ として画かれる。このように，労働需要曲線は等利潤曲線の頂点を結んだ線として示される。そして労働需要曲線 DD′ 上を右下に向かって移動していくほど，利潤水準は増加していくから，等利潤曲線 π_3 は曲線 π_1，π_2 にくらべて下方に位置するであろう。

54) なお，効用関数 U は原点に凹な効用関数 (concave utility function) である。

55) 制約条件 $R_L(L)-w=0$ のもとで，$Z=L[U(w)-\bar{U}]$ を極大化する。$Z=L[U(w)-\bar{U}]$ を全微分し，効用極大化より $Z=0$ とする。
$$dZ=[U(w)-\bar{U}]dL+LU_w(w)dw=0$$
次に，制約条件 $R_L(L)-w=0$ を微分する。
$$R_{LL}(L)dL-dw=0$$
上式からそれぞれ dw/dL を求める。$[U(w)-\bar{U}]dL=-LU_w(w)dw$ より
$$\frac{dw}{dL}=-\frac{[U(w)-\bar{U}]}{LU_w(w)}$$

第6章　労働組合と団体交渉　287

は組合の無差別曲線の傾きを表し，また $R_{LL}(L)dL=dw$ より

$$\frac{dw}{dL}=R_{LL}(L)$$

は企業の労働需要曲線の傾きを示すから，両式から (6.3) がえられる。

56) I. M. McDonald＝R. M. Solow [1981] を参照。
57) 樋口美雄 [1996] 249～250頁を参照。
58) P. Fallon＝D. Verry [1988] pp. 178～183を参照。
59) (6.5) と (6.6) を全微分する。

$$dU=(\partial U/\partial w)dw+(\partial U/\partial L)dL=U_w dw+U_L dL$$
$$dL=(\partial L/\partial w)dw=L_w dw$$

効用極大より $dU=U_w dw+U_L L_w dw=0$，そして $dw\neq 0$ より，$U_w+U_L L_w=0$ と $L_w=dL/dw$ から，(6.7) がえられる。

60) (6.10) は次のようにして導出される。効用を極大化するために，(6.9) を全微分する。

$$[U(w)-U(w_0)]dL+LU_w dw=0$$

また (6.6) の制約式を微分する。

$$dL=L_w dw$$

上式を整理すると，$[U(w)-U(w_0)]L_w dw+LU_w dw=0$
$dw\neq 0$ より，$[U(w)-U(w_0)]L_w+LU_w=0$

61) (6.12) は次のように導出される。効用を極大化するために，(6.11) を全微分する。

$$[U(w)-(1-z)U(w_0)-zU(B)]dL+LU_w dw=0$$

また (6.6) の制約式を微分した $dL=L_w dw$ と上式から，

$$[U(w)-(1-z)U(w_0)-zU(B)]L_w dw+LU_w dw=0$$

$dw\neq 0$ より，$[U(w)-(1-z)U(w_0)-zU(B)]L_w+LU_w=0$

62) 交渉過程における行動科学アプローチに関する文献は，R. E. Walton＝R. B. McKersie [1965] のほかに，これを解説した藤田至孝・石田英夫 [1970]，佐野陽子・小池和男・石田英夫編 [1969]，荒井勝彦・高田英 [1982] などがある。
63) 佐野陽子・小池和男・石田英夫編 [1969] 199頁を参照。
64) 組合が行う賃金要求には2つのタイプがある。1つは，要求賃金を高めに設定し，交渉の進展状態をみながら徐々に引き下げるタイプ，もう1つは，企業から満額の回答をえるために要求賃金をはじめから実現可能な低めに設定し，回答額をその要求水準に近づけるように交渉を重ねていくタイプである。
65) 森田劭 [1974] 第5章 (内海洋一編 [1974] に所収)，小野旭 [1994] 第5章，樋口美雄 [1996] 第9章を参照。
66) ストライキのための闘争資金が増えるとか，組合員の闘争意欲が高まるなら

ば，抵抗曲線は全体として上方にシフトするであろう。
67) 譲歩曲線の上限を画する1つの要因は，企業の支払能力である付加価値生産性であって，それが上昇すれば，譲歩曲線も上方にシフトするであろう。
68) J. R. Hicks [1963] 訳書127頁を参照。
69) 古郡鞆子 [1998] 第11章の193～195頁を参照。
70) ヒックスの交渉モデルが発表されて以来，多くの批判が寄せられた。戦前の論文を除くと，1957年シャックル（G. L. S. Shackle），1952年ペン（J. Pen），1964年フォルデス（L. Foldes）が批判と修正を迫った。森田劭 [1974] 240～248（内海洋一編 [1974] に所収）を参照。
71) 中央労働委員会と都道府県労働委員会は，労働組合法第19条第2項の規定にもとづき設置されている。「労働組合法」は改正され2001年1月から施行されたが，改正の1つに名称を「都道府県地方労働委員会」から「都道府県労働委員会」に変更された。従来，公的な紛争処理制度は集団的紛争に関する都道府県労働委員会による紛争解決にかぎられていたため，個別的紛争に対処することは困難であった。そこで，個別的紛争について簡易・迅速な解決を促進するため，01年10月に「個別労働関係紛争解決促進法」が施行された。都道府県労働委員会は同法第20条第1項の規定を踏まえ，地方自治法第180条の2の規定にもとづき，知事の委員を受けて斡旋等を行うことができる（同法第20条第3項）とした。
72) 斡旋は，労働委員会の会長が指名する斡旋員が労働争議にある当事者双方の間に立って，当事者双方の主張について妥協調整を行うことによって歩み寄りを図る解決の方法である。調停は公益委員，労働者委員，使用者委員からなる調停委員会が，争議にある当事者の間にはいって双方の主張を聞き，これにもとづいて作成した調停案を双方に提示し，その受諾を勧告して争議を解決する方法である。仲裁は公益委員で構成する仲裁委員会が，公正妥当な判断によって当事者を最終的に拘束する仲裁裁定を下して争議を解決する方法である。
73) 囚人のジレンマ・ゲームの詳しい説明については，岡田章 [1996]，荒井一博 [1997] 第13章の351～353頁，武藤滋夫 [2001] 35～37頁を参照。
74) 以下については荒井一博 [1997] 351～353頁，武藤滋夫 [2001] 35～37頁を参照。
75) このように，ゲームの性質は，①プレイヤー，②プレイヤーが選択する戦略，③戦略に対応した利得の3つの要素によって表現され，これら3つの要素の1つが異なれば，ゲームの性質も異なるであろう。
76) ゲーム理論はさまざまなゲームを取り扱うのであるが，2つのタイプ——意思決定主体間の共同行動や結託を許す「協力ゲーム（cooperative game）」と，結託がなく主体がそれぞれ独自に意思決定を行う「非協力ゲーム（non-cooperative game）」に大別される。

77) プレイヤーが各戦略につき最小の値をまず選択し，次にそのなかから最大のものを選択するような意思決定の方法をミニ・マックス原理という。

第7章　賃金制度・賃金構造と賃金の硬直性

　宇宙の銀河系には無数に近い星が散らばっているように，現実の経済社会においても，ただ一つの賃金率があるのではなく，多数の賃金率が存在している。そこには労働者の間で，職種間で，企業間で，また産業間や地域間でさまざまな賃金格差がみられる。しかも，マクロ経済の枠組みからみれば，賃金の決まり方もさまざまで，競争的な市場で決まる賃金から労使の交渉で決まる賃金，さらに審議会方式で決まる最低賃金のように千差万別なのである。それでは，賃金とは，一体，どのようなものであろうか。賃金は労働時間と並んで労働条件の中核をなすものであるが，労働者にとっては所得の源泉であり，企業にとってはコストである。企業経営の立場からしても，賃金は労務管理の重要な要素である。本章では，まず賃金制度の観点から個々の労働者に支給される賃金の決め方や賃金の構成などを説明する。ついで，賃金がなぜ下方に硬直的であるかを，ニュー・ケインジアンの立場から理論的に説明する。最後に，賃金率が複雑に位相する賃金構造を取り上げ，その特徴と格差の原因を考察する。

7-1　賃金の多面性と賃金制度

7.1.1　賃金の多面性
　労働者や企業からみると，賃金（wage）はさまざまな働きや役割を担っている。はじめに，賃金のもつ多様な性質について簡単に説明する。一般に，次の4つの性質をあげることができる。①労働サービスの価格としての賃金，②労働者が受け取る所得としての賃金，③企業が負担する費用（コスト）としての賃金，④労働者が発揮する生産力としての賃金である。図7-1は，労働者，

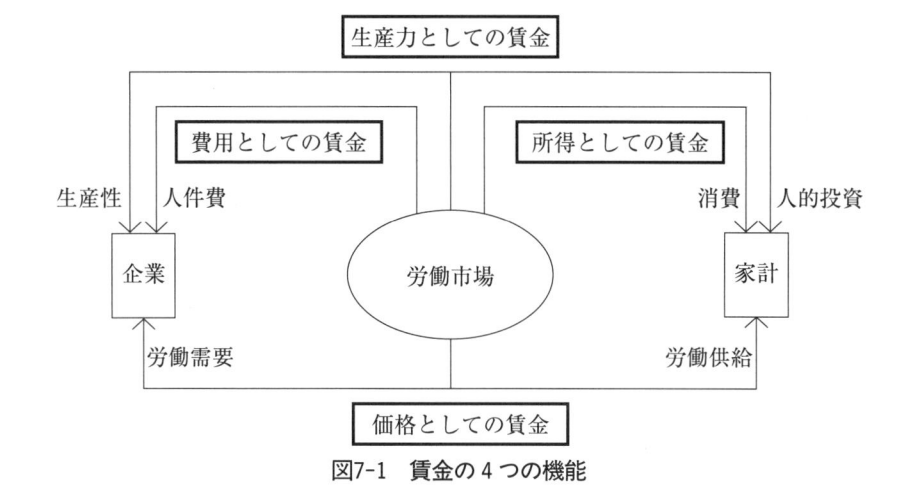

```
          ┌─────────────────────────┐
          │   生産力としての賃金    │
          └─────────────────────────┘
     ┌──────────────────┐  ┌──────────────────┐
     │  費用としての賃金 │  │ 所得としての賃金 │
     └──────────────────┘  └──────────────────┘
生産性   人件費                    消費    人的投資
   ┌──┐                                    ┌──┐
   │企業│         労働市場              │家計│
   └──┘                                    └──┘
      労働需要                        労働供給
          ┌─────────────────────────┐
          │   価格としての賃金      │
          └─────────────────────────┘
```

図7-1　賃金の4つの機能

企業，そして労働市場との関係をもとに，賃金のもっている4つの機能を図示したものである。

①価格としての賃金

賃金率 (wage rate) または賃金水準 (wage level) は，労働市場において労働サービスに対する需要とその供給が等しくなる点で決定される。ある高さの賃金率において，もし労働の需要と供給が均衡していないのであれば，賃金の変動を妨げる要因がないかぎり，労働の超過需要（または超過供給）をクリアーするように，賃金率は労働の需給が一致する点まで上昇（または低下）するであろう。このように，価格としての賃金は，労働の需給を調整する機能，いわゆる価格のパラメーター機能 (parametric function of prices またはバロメーター機能 (barometric function of prices)) をもっている。また地域間や産業間に賃金格差が存在すると，労働移動を阻害する要因がないかぎり，労働者は，賃金の低い地域や産業から賃金の高い地域や産業へと移動するであろう。このように，価格としての賃金はまた，労働者や企業に労働の需給に関する情報を提供するとともに，労働移動を誘引するシグナルとしての役割を果たしている。

②所得としての賃金

個々の労働者は，企業に労働サービスを提供し，その対価として賃金を受け取り，これをもとに日常の生活に必要な財やサービスを購入する。このように，個々の労働者にとっては，受け取る賃金所得は，主要なまたは唯一の収入源となっている。この賃金所得は財・サービスの購入などの消費に支出され，残りは貯蓄に回されるであろう。もう1つは，個々の労働者の観点からではなく，経済全体としての賃金所得の大きさに注目する見方である。労働者の唯一または主要な収入源となる賃金水準が引き上げられると，それは経済全体に集計され消費支出の増加をもたらし，有効需要を増大させるであろう。こうした考えは，不況期の高賃金を正当化する根拠となっている。

③費用（コスト）としての賃金

個々の企業からみれば，労働者に支払われる賃金（諸手当を含めて）は，コストとして生産費の一部を構成している。現金給与のほかに，退職金，福利厚生費，教育訓練費，募集費，その他の労働費用を含めて，一般に人件費とよんでいる[1]。個々の企業は，利潤の増大を求めて売上高の増加を図る一方，労働生産性の向上をとおして生産費の引き下げに努めている。賃金率が労働生産性の上昇を上回って上昇するならば，賃金の引上げは利潤を圧迫し，財の価格に転嫁されるであろう。企業は，賃金と生産性の関係を賃金支払能力の高さをはかる重要な指標の1つとして重視している。また利潤の極大化をめざす企業は，賃金率が労働の限界価値生産物に等しくなる点まで労働者を雇い入れるであろう。したがって，賃金率が上昇すると，企業は雇用する労働者を減らすであろう。

④生産力としての賃金

賃金水準が上昇すると，労働者やその家族は，食料品や耐久消費財など各種の財・サービスの購入をとおして，これまでよりも高い生活水準を享受することができるとともに，栄養価やカロリーの高い食事を摂取することができる。その結果，労働者自身の健康は増進し，病気に罹ったり欠勤したりする頻度も下がり，仕事へのインセンティブも高まるであろう。これによって，生産力は増大するであろう。このような経路をたどって，高賃金は，労働者から高い生産力を引き出すことができる。これが高賃金経済における生産力効果にほかな

らない。また高い賃金を受け取ることによって，労働者自身や彼らの子弟が人的投資を増やし高い教育を受けることができるならば，より高い生産力を発揮するとともに，さらに高い賃金を獲得できるであろう。このように，高賃金の生産力効果は教育投資の増加をつうじても発揮されるであろう。

7.1.2 賃金の概念と賃金体系

賃金は，労働者にとっては生活の原資であり，企業にとってはコストであって労働条件の中核をなしている。それでは，賃金とは具体的にはどのようなものであろうか。労働基準法第11条は，「この法律で賃金とは，賃金，給料，手当，賞与その他名称の如何を問わず，労働の対償として使用者が労働者に支払うすべてのものをいう。」と定義している。雇用保険法や健康保険法，厚生年金法なども賃金を定義している。これら法律に規定された賃金の要件とされるものをまとめると，次のようになる。

①使用者が労働者に支払うもの
②労働の対償であること
③名称の如何を問わないこと

これらの要件は抽象的な表現で具体性に乏しく，賃金の態様が多種多様であるため，実際，なにが賃金であるかの判断を困難にしている場合が少なくない。ここでは，賃金の法律上の解釈をこれ以上追求せず，以下では，多様な形で表現される賃金について説明する[2]。

わが国の賃金制度（wage plan）は，年功賃金体系（seniority order wage system）を特徴としており，終身雇用制（lifetime employment system）とともに労働市場の制度的特質として，日本的経営を支える柱となっている。賃金制度とは，一般に個々の労働者に支給する賃金に関する諸々の制度をいい，賃金体系（wage system），賃金構成（wage constitution）および賃金形態（wage form）を総称したものをさしている。賃金体系とは，個々の労働者に支給する賃金，つまり基本給（basic wages, base pay）をどのような要素によって決めるのか，要するに個々の労働者の賃金決定に関する決め方をいう。賃金構成とは，基本給や諸手当（various allowances）などの賃金項目ごとに金

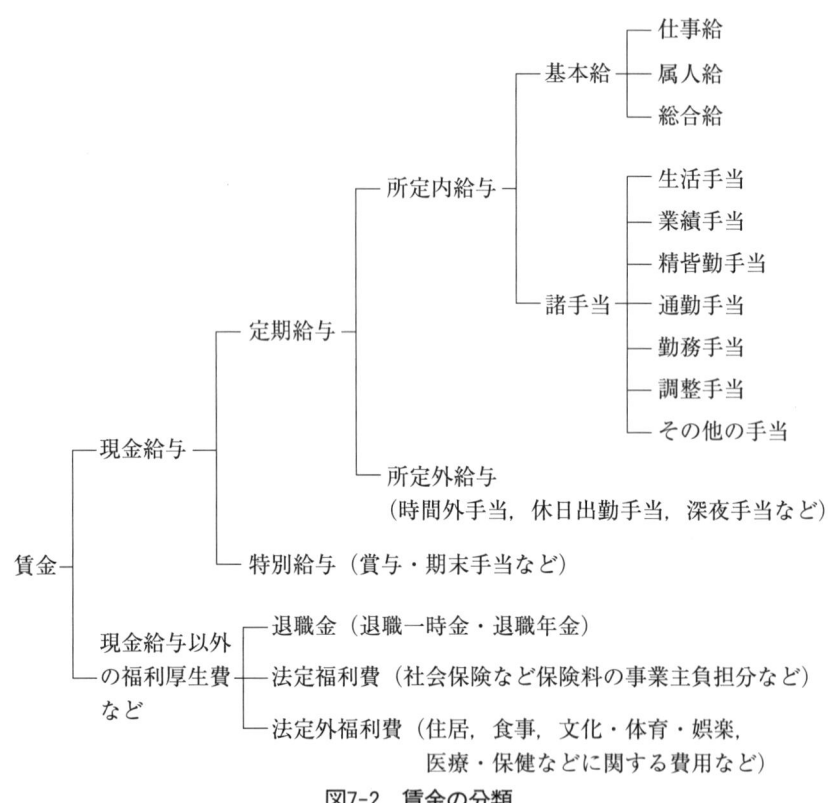

```
                                            ┌─ 仕事給
                                    ┌─ 基本給 ─┼─ 属人給
                                    │        └─ 総合給
                          ┌─ 所定内給与 ─┤
                          │          │        ┌─ 生活手当
                          │          │        ├─ 業績手当
                          │          │        ├─ 精皆勤手当
                          │          └─ 諸手当 ─┼─ 通勤手当
                ┌─ 定期給与 ─┤                   ├─ 勤務手当
                │         │                   ├─ 調整手当
                │         │                   └─ その他の手当
      ┌─ 現金給与 ─┤         └─ 所定外給与
      │         │            （時間外手当，休日出勤手当，深夜手当など）
賃金 ─┤         └─ 特別給与（賞与・期末手当など）
      │
      │          ┌─ 退職金（退職一時金・退職年金）
      └─ 現金給与以外 ─┼─ 法定福利費（社会保険など保険料の事業主負担分など）
         の福利厚生費  └─ 法定外福利費（住居，食事，文化・体育・娯楽，
         など                      医療・保健などに関する費用など）
```

図7-2 賃金の分類

額または構成比で表したものをいう。賃金形態はまた賃金支払形態ともいい，基本給がどのような計算単位で決められているのか，賃金支払の計算方法をさしている。

　わが国の賃金に関する用語はきわめて多様で，利用にあたって多少の混乱を感じてきた人びとも少なくない。図7-2に示すように，賃金の概念は広く，次のように分類されている[3]。賃金は，現金給与（cash earnings）と現金給与以外のものに大別される。現金給与とは，労働者に支払われる給与で，厚生労働省「毎月勤労統計調査」によれば，「賃金，給与，手当，賞与その他名称の如何を問わず，労働の対償として使用者が労働者に通貨で支払うもので，所得税，社会保険料，組合費，購買代金等を差し引く以前の金額である。退職を事

由に労働者に支払われる退職金は含まれない。」と規定されている[4]。現金給与はさらに定期給与と特別給与に区分される。同調査によれば，定期給与は，「きまって支給する給与」をいい，「労働契約，団体協約あるいは事業所の給与規則等によってあらかじめ定められている支給条件，算定方法によって支給される給与であって，超過労働手当を含む。」もので，基本給のほかに家族手当，精皆勤手当，職務手当，超過勤務手当など諸手当を含んでいる。特別給与は，「特別に支払われた給与」をいい，「労働協約，就業規則等によらず，一時的又は突発的理由に基づき労働者に支払われた給与又は労働協約，就業規則によりあらかじめ支給条件，算定方法が定められている給与で，以下に該当するもの。」をいい，①夏冬の賞与，期末手当等の一時金，②支給事由の発生が不定期なもの，③3か月をこえる期間で算定される手当等（6か月分支払われる通勤手当等），④いわゆるベースアップの差額追給分などである。

　定期給与はまた，所定内給与と所定外給与（超過労働給与）に区別される。所定内給与は，「きまって支給する給与」のうち所定外給与以外のものをいい，所定内労働時間に対して支給される給与である。これに対して，所定外給与は，所定の労働時間をこえる労働に対して支給される給与や休日労働，深夜労働に対して支給される給与のことで，時間外手当，早朝出勤手当，休日出勤手当，深夜手当，宿日直手当などがこれである。

　所定内給与は，基本的には基本給と超過労働給与をのぞく諸手当からなっているが，厚生労働省「就労条件総合調査」（2000年以降，「賃金労働時間制度等総合調査」から名称変更）によれば，基本給は，「毎月の賃金の中で最も根本的な部分を占め，年齢，学歴，勤続年数，経験，能力，資格，地位，職務，業績など労働者本人の属性又は労働者の従事する職務に伴う要素によって算定される賃金で，原則として同じ賃金体系が適用される労働者に全員支給されるもの。」をいう。その名称も企業によって異なり，一般に本給，本人給や基本賃金などさまざまな名称でよばれている。基本給が賃金体系の中心であるのは，第1に，それが諸手当，賞与，退職金などを算定する基礎になっている。第2に，労働者の生計を支える最大の賃金項目である。第3に，基本給の高さは企業における労働者の位置や序列を表している。第4に，基本給は昇給・昇進と

ともに上昇する,という点にある。同調査は,決定要素の組み合わせによって基本給を仕事給（職務給,職能給,業績給など），属人給（年齢給,勤続給など）および総合給の3つのタイプに分類している。仕事給は,職務内容や職務遂行能力など仕事的要素のみに対応して決定される基本給をいい,属人給は,年齢・勤続年数・学歴など属人的要素のみに対応して決定される基本給をいう。総合給は,仕事的要素と属人的要素を総合勘案して決定される基本給をいう。これらの組み合わせにより,賃金体系は実に多様な体系となっている。一般に,基本給が1つの賃金項目で構成されている単一型体系と,2つ以上の賃金項目からなる併存型体系に区分されている。たとえば,仕事給と属人給からなる場合などは併存型といわれる。

7.1.3 賃金形態

最後に,賃金形態を説明する。賃金形態とは,賃金支払形態ともいい,個々の労働者に支給される基本給がどのような計算単位（労働時間単位や生産量単位など）で定められているかといった賃金支払の方法をいう。賃金形態は,定額賃金制（time wage rate plan）と出来高賃金制（piece wage rate plan）の2つに大別される。定額賃金制とは,時間賃金制ともいい,一定の労働時間を単位に賃金を支給する最も一般的な賃金形態である。これには時給制,日給制,週給制,日給月給制,完全月給制,年俸制などがある。日給月給制とは,遅刻・早退・欠勤などによる不就業日数（時間）分だけ日割り計算して月給から減額するもので,労働者の出勤奨励を意図した,いわゆるノーワーク・ノーペイの考えにもとづく形態である。完全月給制とは,欠勤等しても差し引きを行わずに支給される月給制,すなわち月間の労働日数および欠勤日数に関係なく固定しているものをいう。年俸制とは,賃金を1年単位で決定するもので,適用者の能力や業績に対する評価で決定する形態をいう。近年,大企業の管理職を中心に導入する企業が増えているが,その狙いは従来の年功賃金体系を成果重視の賃金体系へと再編する点にある。

出来高賃金制とは,労働能率の刺激を目的とした賃金支払の原初的形態で,個々の労働者または労働者の集団によって行われた生産量や作業量など出来高

に直接対応させて賃金を支給する形態で，出来高支払制，請負制，能率制，業績給制，歩合制などの名称でよばれている。出来高賃金制は，出来高給制と時間割増制の2つのタイプに大別される。出来高給制とは，出来高あたりの賃金率を定め生産量を出来高の基準とし，それに応じて賃金を支給するもので，時間割増制とは，出来高に応ずる標準時間を基準に標準時間あたりの出来高と賃金率を定め，これによって賃金を支給するものである。また，出来高賃金制は適応される労働者の数によって個人能率給と集団能率給に区分されている。

7.1.4 諸手当と退職金

諸手当 企業の賃金制度をみると，基本給のほかに実に多種多様な手当を設けている。基本給に付加して支給される賃金を総称して諸手当といい，諸手当は次のような性格をもっている。第1に，諸手当は基本給を補完・付加する。第2に，諸手当は原則として支給条件に該当した者に支給される。第3に，1つの手当は1つの要素（労働者の属性，職種，仕事の内容など）に対応して支給される。第4に，諸手当は原則として賞与・退職金などの算定基礎とはならないなど，である。「就労条件総合調査」は，数多くある諸手当を次の7つのタイプに区分している。

① 生活手当　労働者の生計費を補助する目的で，生活状態，家族構成などを考慮して支給される手当である。家族（扶養）手当，育児支援手当，子女教育手当，地域（勤務地）手当，住宅手当，単身赴任（別居）手当のほかに，寒冷地手当，食事手当があり，社会保険料などの労働者負担分を事業主が負担する社会保険手当もこれに含まれる。

② 業績手当　作業量，作業時間または遂行された業績といった労働の量的成果に対して支給される手当で，労働者個人を単位として支給される手当と，部門・グループを単位として支給される手当からなっている。

③ 精皆勤（出勤）手当　これも業績手当と同様に，労働者の勤労意欲に刺激を与える目的で，出勤日数を基準として支給される手当である。

④ 通勤手当　通勤交通費の全額または一部として支給される手当である。

⑤ 勤務手当　各職務を遂行するうえで要求される資格，技能，作業，勤務状

態，責任などを考慮して支給される手当で，役付手当，特殊作業手当，特殊勤務手当，技能手当，技術（資格）手当などがこれにあたる。

⑥調整手当　企業合併その他の事由により生じた不均衡を調整するために支給される手当で，調整手当，初任給調整手当，出向手当，休日調整手当などがある。

⑦その他の手当　上記のいずれにも分類されない手当をいう。

このほかに，法定手当がある。法定手当とは，労働基準法によってその支給が義務づけられている手当をいい，超過勤務手当，深夜手当，休日出勤手当などがある。

退職金と福利厚生費　現金給与以外のものは，退職金（retirement pay）と福利厚生費（welfare expenses）に分けられる[5]。退職金はまた，退職一時金（retirement allowance or retirement pay）と退職年金（retirement pension or retired pension）に分かれる。退職年金とは，労働者が退職したときに終身または一定の期間にわたり，本人および家族の生活保障のために給付される年金をいい，これは給付の主体や制度運営の違いによって公的年金（public pension）と私的年金（private pension）に区分される[6]。これに対して，退職一時金とは，雇用関係が終了したときに労働協約または就業規則にもとづいて企業から労働者に支払われる一時金をいう。退職一時金は退職手当，退職慰労金，退職功労金などともいわれ，通常，退職金とよばれている。

退職一時金は，わが国の伝統的な福利厚生制度として発達したもので，今日ではほとんどの企業が退職金制度（retirement plan）をもっている。退職金制度は，明治の後期以降，わが国の経済発展にともなって官営企業や一部の大企業に徐々に慣行化され，大正から昭和の初期にかけて確立していった制度である。退職金がどのような性格のものであるかについて，これまでさまざまな考え方が提示されてきた。労使の間でも退職金の性格についての見解や解釈に大きな違いがあるが，代表的な見解には功労・勤続報償説，賃金後払い説，生活保障・生活補助説などがある[7]。

ところで，わが国の日本的経営の特質と相俟って，従来から企業において多様な形をとりながら福利厚生が行われてきた。福利厚生とは，労働者の生活向

上，福祉の増進を図るために企業内に設けられている施設や制度をいう。これは労働者が業務を円滑に遂行するうえで必要不可欠なものであるが，同時に労働者の生活安定・福祉の増進に寄与するだけでなく，企業への帰属意識，モラールや安全衛生の向上をもたらし，さらに労使関係の安定に益するなどの効果をもっている。福利厚生費とは，労働者に直接支給される賃金ではないものの，労働者からみれば，賃金と同様に労働条件を左右するものである。また企業からすれば，賃金とともに労働費用を構成する1つとなっている。福利厚生費は，図7-2に示すように，法律にもとづき支出が義務づけられている法定福利費（legal welfare expenses）と，各企業が労働者の福祉増進などのために任意に支出する法定外福利費（non-legal welfare expenses）に区分される[8]。法定福利費とは，健康保険，厚生年金保険，雇用保険，労働者災害補償保険などの保険料のうち事業主負担分や児童手当拠出金，法定補償費などをいう。法定外福利費とは，事業主独自の施策にもとづく負担分で，住居，食事，医療保健，文化・体育・娯楽，慶弔見舞，理美容，販売店などに関する費用や私的保険制度への拠出金，労災付加給付の費用などをいう。

7.1.5 賃金構成の実態と基本給の決め方[9]

　戦後直後のインフレーション期には，所定内給与に占める基本給の割合は約6割と低く，4割が奨励給や生活補助給などの諸手当で占められ，労働者は基本給よりも諸手当を頼りに生活していた。わが国が高度成長期を迎えた1950年代半ば以降，労働生産性の上昇による賃金水準の上昇，また企業における賃金管理の進展にともなって，諸手当の統廃合が進み，基本給の割合が徐々に高まっていった。

　所定内給与の構成　次に，表7-1によって労働者一人あたりの月間所定内給与の構成比をみると，定期給与に占める所定内給与の割合は好不況とともにわずか増減しているが，全体として90％前後で安定的に推移している。1970年代後半の列島改造ブームや80年代後半のバブル期には，所定外給与もまた好景気を反映して11〜13％に上昇したのに対し，70年代末の石油危機や世界同時不況の時期には超過勤務手当の減少にともない10％以下に落ち込んでいる。2000年

表7-1 定期給与の構成

(単位:円,％)

年次	定期給与		所定内給与		所定内給与＝100		所定外給与	
					基本給	諸手当		
1970	59,563	100.0	52,772	88.6	83.3	16.7	6,791	11.4
75	138,508	100.0	127,099	91.8	84.0	16.0	11,409	8.2
80	206,063	100.0	184,862	89.7	82.1	17.9	21,201	10.3
84	245,307	100.0	213,416	87.0	84.3	15.7	31,891	13.0
87	266,015	100.0	230,749	86.7	84.5	15.5	35,266	13.3
90	306,084	100.0	268,996	87.9	81.2	18.8	37,088	12.1
96	355,625	100.0	318,242	89.5	83.8	16.2	37,383	10.5
99	356,253	100.0	321,859	90.3	83.9	16.1	37,392	9.7
2005	――	100.0	314,577		85.0	15.0	――	
2010	――	100.0	330,199		86.0	14.0	――	

(資料) 1983年までは労働省「労働者福祉施設・制度等調査」、84年より労働省「賃金労働時間制度等総合調査」、2011年からは厚生労働省「就労条件総合調査」。
(注) 1) 賃金構成の調査年次は、1966～84年、86年、87年、89年、90年、96年、99年である。なお、各数値は調査前年の11月分の数値ではある。
2) 各給与は労働者1人当たりの月間給与である。
3) 調査対象は「本社の常用労働者が30人以上の民営企業」である。

以降は、調査資料の関係で定期給与に占める所定内給与の割合はわからないが、不況を反映して諸手当の統廃合、支給要件の引き上げなどにより、所定内給与に占める諸手当はウエイトを下げ、10年は過去最低の14.0％となっている。

基本給は労働者の生活を支える最も重要な原資で、将来の生活設計を画くうえでも、所定内給与に占める基本給の割合が高いほど、またできるだけ安定していることが望ましい。この40数年間、基本給の割合はおおむね85％程度で比較的安定している。また**表7-2**によって所定外給与をのぞく諸手当の構成をみると、労働者の生計費を補助する目的で支給される生活手当の構成比は4～7％と最も大きな比重を占め、1970年代後半には4％強、その後6～7.5％に上昇したものの、近年、不況を反映して4％まで低下している。そのなかでも家族手当が多く、住宅手当と地域手当がこれにつづいている。労働能率を刺激す

表7-2 諸手当の構成比（所定内給与＝100）

(単位：％)

年次	基本給	諸手当(合計)	業績手当	勤務手当	精皆勤手当	通勤手当	生活手当	その他諸手当
1970	83.3	16.7	5.4	3.5	1.2	2.0	4.2	0.4
75	84.0	16.0	2.6	3.9	1.0	2.1	5.8	0.7
80	82.1	17.9	2.0	4.4	0.8	2.8	7.3	0.7
81	81.8	18.2	2.2	4.2	0.8	2.9	7.4	0.7
82	81.9	18.1	2.1	4.3	0.8	2.9	7.4	0.6
83	82.7	17.3	1.7	4.3	0.7	3.0	7.1	0.5
86	85.3	14.7	0.9	3.9	0.6	3.1	5.3	0.8
90	81.2	18.8	2.7	4.5	0.6	2.7	5.8	2.4
96	83.9	16.1	1.7	4.8	0.6	2.7	4.9	1.5

（資料）労働省「賃金労働時間制度等総合調査」
（注）構成比とは労働者1人平均月間所定内給与の構成比をいう。

る目的で支給される業績手当は70年代初めには5％強と比較的高かったが，賃金管理の導入・整備や仕事給への移行にともなって年々低下し2％弱となっている。これに対して，役付手当や技能手当など仕事内容を勘案して支給される勤務手当は，仕事の重要度が増すにつれ，またサービス業務や生産業務が多様化するにつれて3％台後半から4％台後半に上昇している。通勤手当も2％から3％に上昇しているが，精皆勤手当は近年1％以下に低下している。

諸手当と支給額 支給される手当の内容や支給額も業種や職種，仕事内容によって相当に異なっている。各種の手当を支給する企業の割合をみると，通勤手当は90％の企業で支給され最も多く，ついで役付手当が80〜85％，家族・扶養手当が7割前後となっている。この3つの手当は業種，企業規模，職種に関係なく多くの企業で採用されている。また約半数の企業が住宅手当や技能・技術手当を採用しているが，精皆勤・出勤手当は5割強から2010年には3分の1へと大幅に落ち込んだ。精皆勤・出勤手当を支給する割合は規模の小さい企業ほど高く，逆に家族・扶養手当，住宅手当，地域・勤務地手当，単身赴任・別居手当，寒冷地・食事手当など生活手当は，大企業ほど支給する割合が高い。10年調査によって業種別にみると，業績手当は運輸業・郵便業，卸売業・小売

業，金融業・保険業で2〜3割の企業が採用している。勤務手当のうち特殊作業手当については鉱業，電気・ガス・熱供給・水道業，建設業，運輸業・郵便業で2〜3割，また特殊勤務手当は電気・ガス・熱供給・水道業，製造業，鉱業で3〜5割と高い。精皆勤・出勤手当をみると，金融業・保険業では3％ときわめて低いが，全国規模の転勤が多いことから，単身赴任手当や別居手当は4割近い高い割合となっている。

次に，支給される手当の支給額を**表7-3**によってみると[10]，個人別・グループ別を合わせた業績手当が最も多いが，1990年の102,384円（＝68,360＋

表7-3　諸手当の労働者1人あたり支給額

(単位：円)

区　分	1990年	1996年	1999年	2005年	2010年
生活手当					
家族・扶養手当	16,294	18,513	18,713	18,515	18,458
住宅手当	12,599	15,553	16,210	17,047	17,279
地域・勤務地手当	13,914	16,866	14,866	15,613	18,235
単身赴任・別居手当	26,730	34,814	38,045	42,730	41,544
寒冷地・食事手当	6,630	7,250	8,120	7,755	9,659
業績手当					
個人別	68,360	62,103	55,081	61,451	64,936
部門・グループ別	34,024	32,086	28,587		
精皆勤・出勤手当	7,918	9,249	10,015	9,645	10,865
通勤手当	11,179	12,319	11,592	11,689	11,791
勤務手当					
役付手当	33,897	37,130	39,601	39,609	39,826
技能・技術手当	14,832	21,498	18,904	18,901	20,586
特殊勤務手当	34,171	20,903	24,213	28,361	25,701
特殊作業手当	10,992	13,500	12,768	15,234	14,697
調整手当	22,786	22,973	24,953	33,641	24,000
その他諸手当	22,945	20,898	23,387	21,403	32,409

（資料）1999年までは労働省「賃金労働時間制度等総合調査」，2005年より厚生労働省「就労条件総合調査」

（注）平均支給額とは，諸手当の種類別支給対象労働者1人平均支給額をいう。

34,024）から2010年には64,936円と大幅に減少している。家族・扶養手当をはじめ，精皆勤・出勤手当，通勤手当，調整手当，そして特殊作業手当の各支給額は，この20年間ほとんど変化していない。これに対して，生活手当とくに住宅手当，地域・勤務地手当，単身赴任・別居手当は大幅に増え，勤務手当のうち役付手当も増加した。ここで10年調査をみると，業績手当についで単身赴任・別居手当が41,544円，役付手当が39,826円と多い。また企業の多くで支給されている手当のうち，家族・扶養手当は18,458円，住宅手当は17,279円，通勤手当は11,791円，精皆勤・出勤手当は10,865円となっている。

基本給の決定要素　次に，賃金体系をみると，基本給が1つの賃金項目からなる単一型体系を採用する企業は圧倒的に多いが，1980年代の80％台から70％近くに低下し，これに代わって，2つ以上の賃金項目からなる併存型体系は15％前後から30％近くに倍増している。単一型体系のうち，仕事的要素と属人的要素を総合的に評価して決定する総合型を採用する企業は最も多く5～6割を占め，属人給型は数パーセントにすぎない。これに対して，職務内容や職務遂行能力など仕事的要素のみで決定される仕事給型はおおむね15％である。近年，管理職では企業の4分の1が，管理職以外の職では2割の企業が仕事給型を採用しており，仕事給型の導入が徐々に進んでいる。

属人給体系は，わが国賃金制度を特徴づける年功賃金体系そのものであり，総合給型もまた年功的色彩の強い賃金体系といわれている。近年，属人給型や総合給型の割合は低下したものの，年功賃金体系および年功的色彩の強い賃金体系は依然として半数以上を占めている。単一型の仕事給型体系に仕事給との併存型体系を加えると，その割合は2割以上を数え，これを企業規模別にみると，大企業ほど年功賃金体系が崩壊していることがわかる。大企業では単一型の仕事給体系が数パーセントにすぎないのに，仕事給と属人給または総合給との組み合わせからなる併存型体系が4割近くに達している。このように，大企業では年功賃金体系の見直しが仕事給のウエイトを高めているが，中小企業では属人給型または総合給型の単一型体系が5割をこえ，仕事給への移行がまだまだ遅れている。

そして，基本給の決定要素別企業数の割合を示した**表7-4**によると，管理職

表7-4 基本給の決定要素別企業数割合（MA）

(単位：%)

年次	全企業	職務・職種など仕事内容	職務遂行能力	業績・成果	年齢・勤続・学歴など 学歴	年齢・勤続など
管理職（MA）							
1998	100.0	70.1	69.6	55.1	72.6	…	…
2001	100.0	72.8	79.7	64.2	73.9	31.8	72.5
2010	100.0	77.9	69.6	46.9	55.9	16.5	54.9
管理職以外（MA）							
1998	100.0	68.8	69.2	55.3	78.5	…	…
2001	100.0	70.6	77.3	62.3	80.6	34.2	79.0
2010	100.0	72.7	69.3	46.6	65.4	20.9	63.7

(資料) 1984年より労働省「賃金労働時間制度等総合調査」，2001年からは厚生労働省「就労条件総合調査」である。
(注) 1) 1998年調査は12月末日現在，2001年以降の調査は1月1日現在である。
  2) 基本給の基本要素として，上記の要素が1つ以上に回答があった企業を100としている。
  3) 調査対象は「本社の常用労働者が30人以上の民営企業」である。

また管理職以外の職階いずれも，職務・職種など仕事内容を決定要素とする企業の割合は7～8割，職務遂行能力は7～8割，業績・成果は5～6割程度となっている。近年，年齢・勤続・学歴などの割合は低下しているものの，依然として基本給の決定にあたって，これら属人的要素の割合は高く5割強から6割強，管理職以外の職務では8割となっている。

賃金形態と労働費用　表7-5は企業が採用する賃金形態の割合を示している。生産量や作業量など出来高に対応して賃金を支給する出来高払い制を採用する企業の割合は約6％ときわめて少ない。これに対して，100％に近い企業が一定の労働時間を単位に賃金を支給する定額賃金制を採用している。このうち月給制を採用する企業が圧倒的に多く90数％に達している。また7割の企業が欠勤等による差し引きがある日給月給制を，5～6割が差し引きがない完全月給制を採用している。日給制を採用する企業は20～25％に低下しているが，これと反対に，パートタイマー・アルバイトなど非正規労働者の増加にともな

表7-5 賃金形態別採用企業数割合（MA）

年次	合計	定額制 計	時間給	日給	月給 計	差引あり	差引なし	年俸制	出来高払い制 計	定額制＋出来高給	出来高給	その他
1996	100.0	99.4	11.8	26.1	96.3	69.5	56.8	8.6	5.5	4.3	1.3	—
1998	100.0	99.1	13.6	20.7	96.3	68.6	56.2	12.3	6.6	4.0	2.9	0.2
2003	100.0	99.7	20.8	25.4	96.2	66.1	53.3	11.7	6.7	5.1	2.5	0.7
2004	100.0	99.1	24.5	21.1	95.3	67.0	48.2	13.7	6.4	4.5	2.5	1.3
2005	100.0	99.6	24.8	20.9	96.1	66.9	49.7	13.9	5.8	3.4	2.6	0.9
2007	100.0	98.8	22.4	20.5	94.8	70.7	43.7	13.7	6.7	4.9	2.1	0.6
2010	100.0	99.4	22.8	20.0	94.1	68.2	45.6	14.0	6.2	4.0	2.4	0.7

（資料）1984年より労働省「賃金労働時間制度等総合調査」，2001年からは厚生労働省「就労条件総合調査」

（注）1)「定額制」とは「定額制＋出来高給」の労働者で，定額制の割合が50％以上を占める労働者を含む。
　　 2)「差引あり」とは「欠勤等による差引がある」，「差引なし」とは「欠勤等による差引がない」をいう。

って，時間給制は10％強から25％と急増している。年俸制をとる企業も徐々に増え，15％程度と7社に1社が年俸制を採用している。

最後に，現金給与以外の労働費用を表7-6によってみると，労働費用総額に占める割合は1975年の13.6％から95年には17.1％，2011年には18.9％に上昇し，30数年の間に26,968円から82,065円へと3倍に増加している。社会保険，労災保険など保険料の事業主負担分など法定福利費は，現金給与以外の労働費用のほぼ半分を占め，またその伸びも大きい。福利厚生の充実など社会保障費の年々の増大にともなって，労働費用総額に対する割合は，この間，6.1％から10.8％に上昇している。これに対して，法定外福利費は3.0％台から徐々に低下し，1995年2.8％，2011年には2.1％に落ち込んでいる。その支出は，住居，食事，文化・体育・娯楽に関する費用や私的保険制度への拠出金が多い。注目すべき労働費用は退職金等の費用であって，その増加にともない，その他の労働費用の割合も増加する傾向にある。それは労働力の高齢化や企業の人員整理等リストラの理由で退職金への支出が増加しているからであろう。

表7-6 労働費用の推移と構成比

年次	労働費用総額	現金給与総額	現金給与以外の労働費用 計	法定福利費	法定外福利費	その他労働費用
実　額（円）						
1975	198,042	171,073	26,968	12,096	6,225	8,646
1980	294,476	250,699	43,777	20,742	8,317	14,718
1985	361,901	306,080	55,820	27,740	10,022	18,058
1988	398,115	333,638	64,476	31,330	11,048	22,099
1991	459,986	382,564	77,422	38,771	13,340	25,311
1995	483,009	400,649	82,360	42,860	13,682	25,818
1998	502,004	409,485	92,519	46,868	13,481	32,170
2002	449,699	367,453	82,245	41,937	10,312	29,996
2006	462,329	374,591	87,738	46,456	9,555	31,726
2011	434,083	352,018	82,065	46,872	8,933	26,260
構　成　比（％）						
1975	100.0	86.4	13.6	6.1	3.1	4.4
1980	100.0	85.1	14.9	7.0	2.8	5.0
1985	100.0	84.6	15.4	7.7	2.8	5.0
1988	100.0	83.8	16.2	7.9	2.8	5.6
1991	100.0	83.2	16.8	8.4	2.9	5.5
1995	100.0	82.9	17.1	8.9	2.8	5.3
1998	100.0	81.6	18.4	9.3	2.7	6.4
2002	100.0	81.7	18.3	9.3	2.3	6.7
2006	100.0	81.0	19.0	10.0	2.1	6.9
2011	100.0	81.1	18.9	10.8	2.1	6.0

（資料）1983年までは労働省「労働者福祉施設・制度等調査」、84年より労働省「賃金労働時間制度等総合調査」、2001年からは厚生労働省「就労条件総合調査」
（注）1）1998年以前は12月末日現在、2002年以降は1月1日現在の数値である。
　　 2）その他労働費用とは、退職金等の費用、現金給与の費用、教育訓練費、募集費、その他の労働費用をいう。

7-2 賃金の硬直性とニュー・ケインジアン

7.2.1 ニュー・ケインジアンの経済学

　失業者が存在していても,賃金率はなぜ低下しないのであろうか。失業率が高いときには賃金率を引き下げても,働きたいという労働者は多数いるはずである。また企業でもより安い賃金率で失業者を雇用することで,利潤を増やすことができるはずである。それにもかかわらず,労働者も企業もなぜこうした行動をとらないのであろうか。その結果,失業者が多数存在していても,賃金率はほとんど下落しないのである。

　従来,経済学は,賃金の下方硬直性 (downward rigidity of wage) をどのように説明してきたのであろうか[11]。ピグー (A. C. Pigou) などによると,組織化された労働者の集団である労働組合が,不況期においても賃金の引き下げに抵抗するからだと説明している。ケインズは労働者の貨幣錯覚 (money illusion) を強調する。貨幣錯覚のために,労働者は貨幣賃金の切り下げには反対するが,実質賃金の切り下げには強く抵抗しないであろう。しかし,貨幣錯覚といった労働者の非合理的な行動によってのみ,賃金の硬直性は説明することができるであろうか。ピグーやケインズとは違った角度から説明するのがヒックス [1963] である。ヒックスは,仕事を効率的に遂行していくためには,労使の継続的な雇用関係が必要であると指摘し,賃金の硬直性を雇用の継続性 (continuity of employment) という観点から説明した[12]。

　失業者が存在するにもかかわらず,なぜ賃金水準が低下せずに下方に硬直的になるのかという問題に対して,従来の見解は,労働者や企業の合理的な行動の結果として説明するのではなく,労働組合の存在や労働者の貨幣錯覚といった制度的要因や心理的理由にその原因を求めた。しかし,ケインズ以後の伝統的なケインジアンは,賃金がなぜ下方に硬直的なのかを解き明かすことなく,賃金の硬直性を前提にマクロ経済学の体系を構築し分析してきたのである。ところで,「ニュー・ケインジアンの経済学(新ケインズ派の経済学　New Keynesian Economics)」とよばれる人びとは,労働者や企業の合理的な行動

の結果として，賃金が下方に硬直的になることをミクロ的基礎（microfoundation）のもとで説明しようとした[13]。この点にニュー・ケインジアンの大きな特徴がある。これと対極をなしている考えは1970年代に台頭してきたマクロ経済学の学派，合理的期待形成にもとづく「新しい古典派マクロ経済学（ニュー・クラシカル　New Classical Economics）」である。ニュー・クラシカルは，新古典派（ネオ・クラシカル）の枠組みのうえに価格や賃金の伸縮性を基本的な前提として理論的構築を試みている[14]。

　新しい古典派マクロ経済学は，価格の調整速度が速いという前提のもとで，個人の合理的な最適化行動にもとづいてマクロ的変数が決定される，その結果，市場がつねに均衡している（これを連続的市場均衡という）との前提，この2つを特徴としている[15]。この2点を支柱とする新しい古典派マクロ経済学の挑戦に対して，これと根本的に対立するニュー・ケインジアンの経済学は，調整速度がなぜ遅いのか，連続的市場均衡の前提がなぜ非現実的なのかを，個人や企業のミクロ最適化行動を前提とした理論を構築することによって新たな反撃を加えた。調整速度がなぜ遅いのか。これを労働市場に照射したニュー・ケインジアンは，賃金の硬直性をどのように説明するのだろうか。ニュー・ケインジアンは，非自発的失業の存在を賃金の硬直性から説明しようとしたが，逆に賃金の硬直性そのものを説明するさまざまな理論を提示することになった。彼らは，「暗黙の契約理論（implicit contract theory）」，「効率賃金仮説（efficiency wage hypothesis）」，「インサイダー・アウトサイダー仮説（insider-outsider hypothesis）」，「メニュー・コスト理論（menu cost theory）」，「ヒステレシス（履歴効果）理論（hysteresis theory）」などを提唱した。

7.2.2　暗黙の契約理論

　労働市場の命題が教えるように，企業は賃金率が労働の限界生産力に等しくなる点で利潤極大を実現する。しかし，不況になると，労働の限界生産力は低下するから，利潤極大化の行動のもとでは，企業は賃金を同時に引き下げなければならない。しかし，賃金は下方に硬直的（sticky）なのである。これを説

明するのが「暗黙の契約理論」である。「暗黙の契約理論」は，1970年代半ば以降，ベイリー (M. N. Baily) [1974]，ゴードン (D. F. Gordon) [1974] やアザリアディス (C. Azariadis) [1975] によって提唱された理論モデルである。この契約理論は，労働市場における労働需要の不確実性のもとでは，労働者と企業が将来のリスクに対する態度が異なること——企業が危険に対して中立的 (risk neutral) であるが，労働者は危険回避的 (risk aversion) である——に注目する。こうした不確実性のもとで，危険回避的に行動する労働者の観点から，賃金の硬直性を説明する「暗黙の契約理論」を提唱し，労働者が好不況にともなって上下する変動的な賃金よりも，好不況に関係なく安定的な賃金を選好することを明らかにした。

2つの賃金契約と期待賃金 図7-3 において，横軸に賃金 w，縦軸に効用水準 U をはかると，賃金が高くなるほど，労働者は賃金からえる効用水準が逓減的に上昇することから，効用曲線は右上がりの曲線として表される。これを関数で示すと，次のようになる。

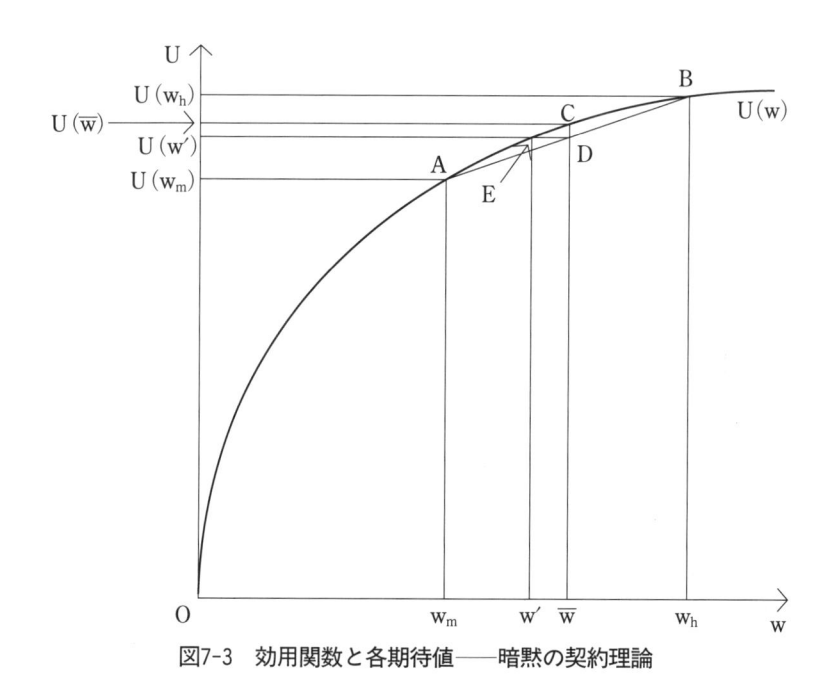

図7-3 効用関数と各期待値——暗黙の契約理論

$$U=U(w) \quad U'=dU/dw>0 \quad U''=d^2U/dw^2<0 \quad (7.1)$$

(7.1) の効用関数においては，限界効用が賃金に関して逓減する（$U'>0$, $U''<0$），いわゆる限界効用逓減の法則が成立すると仮定されている。ここで，企業は，労働者に2つの異なる賃金契約（wage contract）——契約Iと契約IIを提示したとしよう。契約Iは，賃金が好不況に応じて変動し，好況時には w_h，不況時には $w_m (<w_h)$ の賃金を受け取るとしよう。なお単純化のために，好況になる確率 P_h と不況になる確率 P_m は等しく，それぞれ $1/2$ と仮定する（$P_h=P_m=1/2$）。これに対して，契約IIは，好不況に関係なく一定の賃金 $\overline{w}$ が支払われるとする。契約Iについて，企業が支払う賃金の期待値（expected value of wage）あるいは期待賃金（expected wage）を EW_1 とすると，

$$\text{契約I} \quad EW_1 = P_h w_h + P_m w_m = \frac{1}{2}(w_h + w_m) \quad (7.2)$$

同様に，契約IIの期待賃金 EW_2 は，労働者に100%の確率 $P=1$ で支払われるから $\overline{w}$ に等しくなる。

$$\text{契約II} \quad EW_2 = \overline{w} \quad (7.3)$$

契約IIについては，契約Iの期待賃金 $EW_1 = 1/2(w_h+w_m)$ と同じ賃金 $\overline{w}$ を好不況にかかわらず受け取るものと仮定する。したがって，期待賃金は (7.2) と (7.3) よりともに等しくなる（$EW_1=EW_2$）。期待賃金を比較すると，契約Iと契約IIは，労働者にとって無差別となるであろう。以上の点を図7-3によって説明すると，横軸で表示される契約IIの賃金 $\overline{w}$ は，契約Iの賃金 w_h と w_m のちょうど中間に位置する（点Pは線分ABの中点）。

期待効用 ここで取り上げる効用関数は，フォン・ノイマン＝モルゲンシュテルン型効用関数（NM型効用関数 von Neumann-Morgenstern utility function）といわれる効用関数である。この仮定のもとで「期待効用定理（expected utility theorem）」を適用すると，労働者は，賃金がもたらす効用の期待値（expected value of utility）あるいは期待効用 EU がより大きな契約を選択することになる。契約Iにおいては，(7.1) より賃金が w_h のときの効用は $U(w_h)$，w_m のときの効用は $U(w_m)$ である。それぞれが起こる好不況の確率は $P_h=P_m=1/2$ であるから，契約Iの期待効用を EU_1 とすると，

契約 I　　$EU_1 = P_h U(w_h) + P_m U(w_m)$

$$= \frac{1}{2}[U(w_h) + U(w_m)] \qquad (7.4)$$

となる。これに対して、契約IIにおいては確率がつねに$P=1$で、$\overline{w}$の賃金が支払われるから、効用は$U(\overline{w})$となり、契約IIの期待効用をEU_2とすると、

契約II　　$EU_2 = PU(\overline{w}) = U(\overline{w}) \qquad (7.5)$

となる。ここで、限界効用逓減の法則により、

$$EU_2 > EU_1 \text{ あるいは } U(\overline{w}) > \frac{1}{2}[U(w_h) + U(w_m)] \qquad (7.6)$$

が成立する。これを**図7-3**を用いて説明すると、契約Iの期待効用EU_1は垂線$D\overline{w}$の長さとなり、契約IIのEU_2は$C\overline{w}$となる。このことから明らかなように、契約IIの期待効用は契約IにくらべてCDの大きさだけ大きい。この結果、労働者は、好不況に応じて変動する賃金ではなく、好不況に関係なく安定的な賃金を選択するであろう。この結論は効用関数が限界効用逓減の法則にしたがうという仮定から導出される。こうした行動をとるタイプの労働者は、危険回避的な労働者といわれる[16]。

仮設例による説明　次に、危険回避的な労働者が安定的な賃金を選択することを仮設的な数値を用いて明らかにしよう。いま、効用関数を$U = -w^2 + 21w$と想定し、賃金wに関して逓減的である（$U' = dU/dw = -2w + 21$）と仮定する。提示される2つの賃金契約において、契約Iでは好況時に$w_h = 10$万円、不況時に$w_m = 6$万円の賃金が支払われ、好況と不況が1/2の確率で交互に起こるとする。また契約IIは好不況に関係なく、$\overline{w} = 8$万円が支払われると仮定する。以上のもとで、期待賃金$EW_i (i=1, 2)$を計算すると、

契約 I　　$EW_1 = \frac{1}{2}(10+6) = 8$

契約II　　$EW_2 = 8$

となり、いずれの場合でも企業が支払う賃金の期待値は8万円で等しくなるであろう。

これに対して、契約Iにおける賃金の期待効用EU_1を求めると、賃金w_hが10万円のとき、効用は$U(w_h) = 110$、賃金w_mが6万円のとき、$U(w_m) = 90$

となる。好不況の確率が $P_h = P_m = 1/2$ であるから，契約Iの期待効用 EU_1 は，

契約I　　$EU_1 = \frac{1}{2}(110+90) = 100$

同様に，契約IIの期待効用 EU_2 は，100%の確率で8万円の賃金が支払われるから，

契約II　　$EU_2 = 104$

となる。これを図7-4に図示すると，契約Iの期待効用 $EU_1 = 100$ は，不況期の賃金6万円に対応する期待効用（点a）と好況期の賃金10万円に対応する期待効用（点b）を結ぶ直線ab上の中点dからの垂線の長さに等しくなる。他方，契約IIの期待効用 $EU_2 = 104$ は8万円の賃金に対応する効用の高さで，点cからの垂線の長さに等しい。

以上のことから，期待賃金はいずれの契約も同じ8万円となるが，期待効用

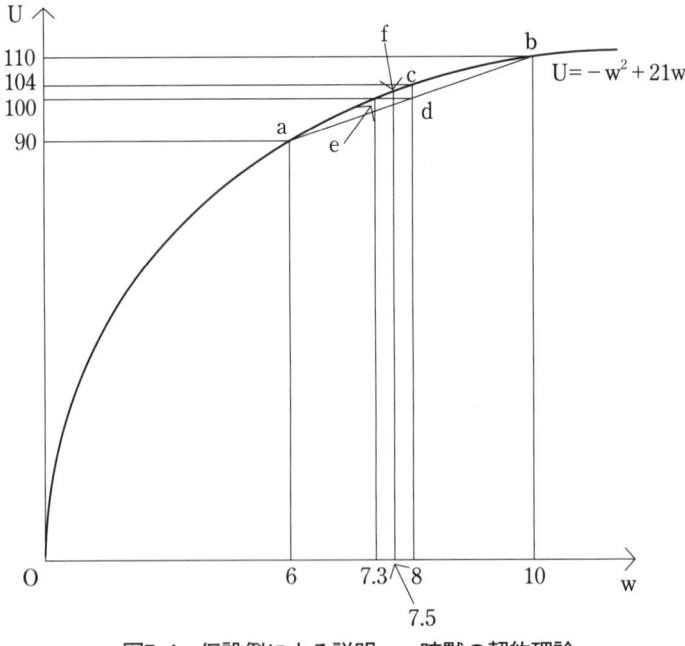

図7-4　仮設例による説明──暗黙の契約理論

については契約IIはEU$_2$=104で,契約IのEU$_1$=100より4だけ大きい。企業にとってみれば,いずれの契約においても労働者に支払う期待賃金が同じであるが,より満足を与える賃金の支払いは契約IIであるから(労働者は効用の増加分4(=104－100)だけ得する),企業はこれを選択するであろう。このように,期待効用が大きいのは契約Iよりも契約IIである。これは危険回避的な労働者の行動を表した効用関数,いいかえれば,賃金の限界効用逓減を前提とする効用関数の結果にほかならない。このように,危険回避的な労働者は,契約Iのような変動賃金ではなく契約IIの安定賃金を選好する。図7-4から明らかなように,契約IIを選好する労働者は,8万円の同じ賃金のもとで効用の増加分4(点cと点dに対応する効用の差104－100＝4)だけ利益をえるのである[17]。

それでは,なぜ安定賃金が法的に拘束力をもつ「書面による契約」ではなく,「暗黙の契約」なのであろうか。いろいろな理由が考えられるが,企業が労働者と書面による契約を取り交わすことは,企業が書面に労働者を継続して雇用するとの条項を盛り込むのと同じことを意味している。ここで,労働者が賃金のより高い他の企業を求めて,いまの企業を離職しようとすれば,企業は書面による契約を盾に労働者の離職を拒否することになるが,実際,離職を拒否することができるだろうか。憲法で保障されている職業選択の自由から,離職を拒否することはできない。たとえ離職を拒否できたとしても,逆に企業が深刻な不況に見舞われ倒産せざるをえない状況のもとでは,書面で契約した賃金の支払いをつづけることができるだろうか。景気の好不況と関係なく,企業が労働者の離職を拒否すれば,離職を阻止された労働者は,仕事に不満をもち労働意欲が大幅に減退するであろう。以上の点を考えると,「書面による契約」によって拘束力をもたせるよりも,「暗黙の契約」のほうが企業にとって都合がよいはずである。「暗黙の契約」によって,企業は労働者から仕事への強いインセンティブをえることができ,また賃金や雇用に関しても調整しうるという裁量権をもつことができるのである。

7.2.3 効率賃金仮説

「暗黙の契約理論」に代わって登場したのが「効率賃金仮説」である。労働の限界生産力説は，労働需要の理論を説明する代表的な理論として，1890年代以降，経済学の最もベーシックな理論としての地位を不動のものとしてきた。しかし，1980年代になって，労働の限界生産力が賃金水準に依存するという考えが注目を集めるようになった。こうした流れに沿って登場したのが効率賃金仮説である。この仮説は，ソロー［1979］，ワイス（A. Weiss）［1980］，アカロフ（G. A. Akerlof）［1982］，イエレン（J. L. Yellen）［1984］，シャピロ（C. Shapiro）＝スティグリッツ（J. E. Stiglitz）［1984］，カッツ（L. Katz）［1986］によって説明された[18]。この考えにしたがうと，たとえ労働市場が超過供給の状態にあったとしても，労働の限界生産力が賃金率に依存しているために，企業は現在就業している労働者の賃金を直ちに引き下げないであろう。その結果，賃金は下方に硬直的になる傾向をもつ。というのは，企業が重視するのは，現在働いている労働者の生産力である。労働力が過剰であることを理由に，企業が賃金を切り下げると，この切り下げは彼らの労働意欲や労働の質に重大な影響を与えるであろう。現行の賃金を切り下げることで，企業は労働意欲の減退や労働力の質の低下，ひいては生産性の低下という事態を招くかもしれない。したがって，現行より安い賃金で働いてもよいという労働者が外部の労働市場に多数存在していたとしても，企業はこの事態を極力回避しようとするために容易には賃金を切り下げないであろう。図7-5において，w*を効率賃金とすると，労働市場にはabの超過供給，つまりUの非自発的失業が存在し，たとえw*またはそれ以下で働きたいという失業者が数多く存在していても，生産性が賃金に依存していることから，賃金は低下せず，失業は解消しないであろう。

この仮説の着想は，労働投入量が労働の効率単位（labor efficiency unit）ではかられ，この効率性を表す労働者一人あたりの労働効率 $\phi(w)$ が賃金率wの関数 $\phi=\phi(w)$ であると想定している点にある。横軸に賃金率w，縦軸に労働効率 $\phi(w)$ をはかる図7-6において，この関数は，効率賃金曲線または努力曲線 $\phi(w)$ とよばれ，曲線 *OPQ* のようにS字型の形で示されるであ

図7-5 効率賃金下の失業の存在

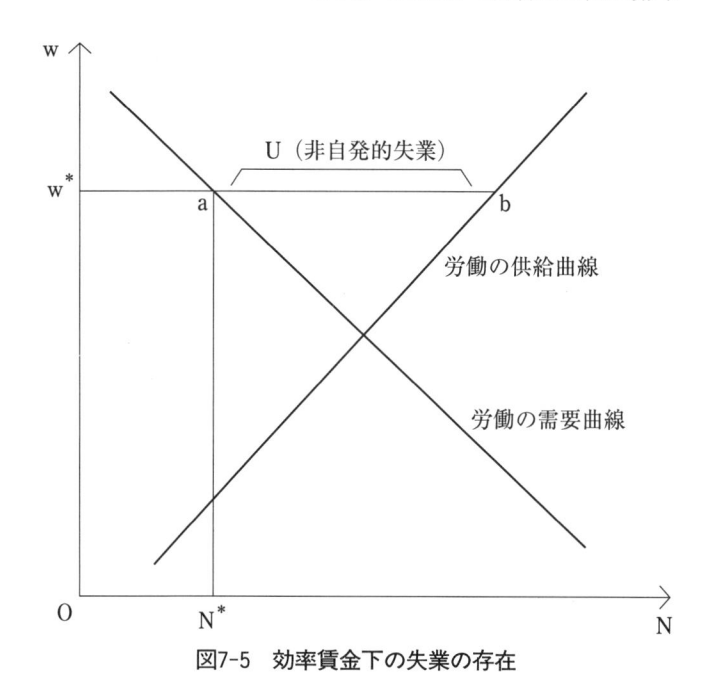

ろう。効率賃金曲線は，賃金率が上昇するにつれて労働者の労働効率がどのように変化していくかを図示したものである。賃金が低いと労働効率は低く，賃金が上昇するとともに労働効率も高まり，それにともなって生産性も上昇するけれども，次第に労働効率は逓減していくであろう。このような効率賃金曲線 OPQ のもとで，曲線上の点と原点を結ぶとき，この直線の傾きが賃金一単位あたりの労働効率にほかならない。企業は利潤極大化の行動をとっているかぎり，賃金一単位あたりの労働効率が最大になるような点を選択するであろう。

いま，任意の企業において実質賃金を w，生産量を Q，マン・アワー単位ではかった労働投入量を L，さらに労働投入量を効率単位ではかるとすると，生産関数は

$$Q = F(\phi L) = F(\phi(w)L) \quad \text{ただし，} \phi = \phi(w) \quad (7.7)$$

という形で表現することができる。$\phi(w)$ は労働投入量の効率性を表す指標で，賃金率 w を変数とする労働効率関数（また努力関数）である。ここで，労働効率 $\phi(w)$ は，賃金率が上昇するとともに，労働者のやる気や意欲は高

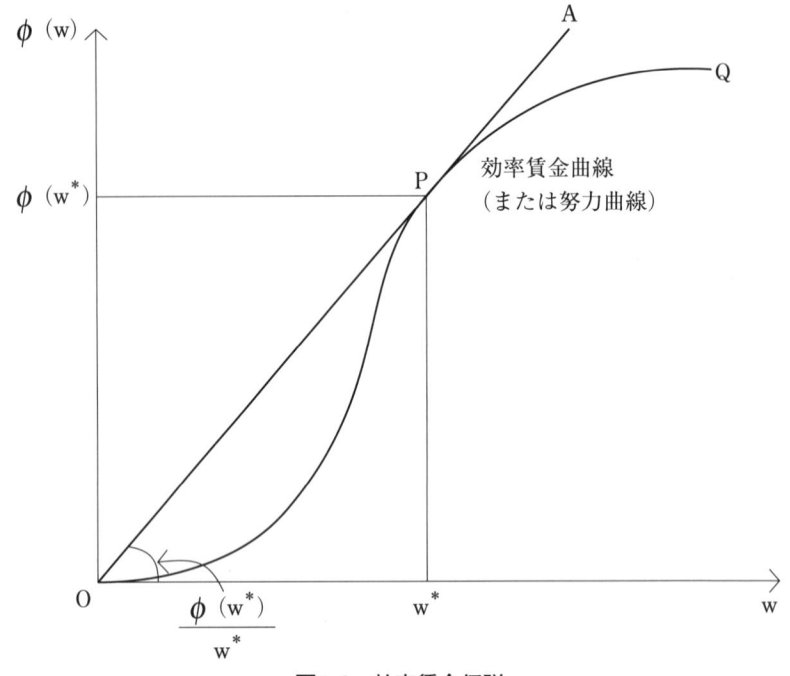

図7-6　効率賃金仮説

まるけれども、次第に労働効率は逓減していくであろう（$\phi' = \partial\phi/\partial w > 0$, $\phi'' = \partial^2\phi/\partial w^2 < 0$）。したがってまた、(7.7) の生産関数について、労働効率を考慮した労働の限界生産力は正で、かつ逓減的であると仮定する（$F' = \partial F/\partial L = F'(\phi(w)L)\phi(w) > 0$, $F'' = \partial^2 F/\partial L^2 = F''(\phi(w)L)\phi(w) < 0$）。

そして、価格でデフレートされた実質利潤 Π は

$$\Pi = F(\phi(w)L) - wL \tag{7.8}$$

である。w と L に関する利潤極大化の一階の条件を求めると、次のようになる。

$$\frac{\partial \Pi}{\partial w} = F'(\phi(w)L)\phi'(w)L - L = 0 \tag{7.9}$$

$$\frac{\partial \Pi}{\partial L} = F'(\phi(w)L)\phi(w) - w = 0 \tag{7.10}$$

(7.9) は，利潤極大において限界収入と限界費用が等しくなる点で，賃金率 w が決まることを意味している．第1項の $F'(\phi(w)L)\phi'(w)L$ は，賃金率の上昇と労働意欲の向上による収入の限界的増加，すなわち限界収入を表し，第2項の L は，賃金引き上げによる費用の限界的増加，つまり限界費用を表している．これに対して，(7.10) は，労働効率を考慮に入れた労働の限界生産力 $F'(\phi(w)L)\phi(w)$ と実質賃金率 w が一致する点で，雇用量が決定されることを意味している．(7.9) と (7.10) より

$$\phi'(w) = \frac{\phi(w)}{w} \tquad (7.11)$$

をえる[19]．(7.11) より利潤極大を与える実質賃金 w は，労働投入量 L とは独立に決定される．(7.11) の意味する点が効率賃金仮説の本質的特徴である．この (7.11) を満足する均衡賃金 w を効率賃金 (efficiency wage) という．あるいは (7.11) を表現を変えていえば，左辺 $\phi'(w)$ は労働の限界効率といい，右辺 $\phi(w)/w$ は労働の平均効率を表し，両者が一致する点で効率賃金 w が決定されるであろう．いま，効率賃金を w* とすると，これは効率関数 $\phi(w)$ の形状に依存する．(7.11) の左辺 $\phi'(w^*)$ は，w* における効率賃金曲線 $\phi(w)$ の傾きを表し，他方，右辺の $\phi(w^*)/w^*$ は，原点 O からの直線 OA の傾きを示している．利潤極大化の条件より，両者が等しくなる接点 P で，賃金率でデフレートされた労働効率，すなわち賃金一単位あたりの労働効率が最大となり，この点 P で効率賃金 w* が決定される[20]．このように，賃金が労働投入量と独立に決定されると，たとえ労働市場に失業が存在していても，w* 以下に切り下げられることはない．それゆえに，賃金は硬直的になると結論する．ところで，(7.11) を変形すると，

$$\phi'(w^*)\frac{w^*}{\phi(w^*)} = \frac{\partial \phi(w^*)}{\partial w^*}\frac{w^*}{\phi(w^*)} = 1 \tquad (7.12)$$

となる．この (7.12) は，利潤極大点において労働効率 $\phi(w^*)$ の賃金 w* に関する弾力性が1であることを意味している．

　企業が重視するのは，労働者の労働意欲や労働の質である．なぜ，これらが労働市場における需給均衡の成立を阻害する要因になるのだろうか．市場で決

定されるよりも高い賃金を支払う根拠は，第1に，高い賃金を支払うことで，質の高い労働者を雇用することができる。不況に直面したからといって，企業が賃金を直ちに引き下げたのでは優秀な労働者が離職するだけでなく，逆に質の悪い労働者を雇用してしまう恐れがある。第2に，賃金を引き下げると，離職率が高くなり，かえって募集や訓練の費用がかさむであろう。第3に，賃金が引き下げられると，労働者の生産性そのものも低下する[21]。このように，労働サービスの品質が賃金の高さに依存するという考えに立つのが効率賃金仮説にほかならない。労働サービスの品質を向上させるには賃金を高める以外に方法がないと考える点に，この仮説の特徴がある。このように，効率賃金仮説は，賃金の硬直性を企業の利潤最大化行動から合理的に説明する理論として非常に説得的である。

　以上に考察した効率賃金仮説の理論的根拠を説明するモデルとして，いくつかのモデルが提示されている[22]。

　①ごまかしモデル（shirking model）[23]　怠業モデルともいわれ，労働者は，仕事の段取りや進め方についてある程度裁量の余地をもっているから，仕事をさぼったり怠けたりすることができる。これを防ぐために，労働者の態度や仕事ぶりを個々に監視し，企業への貢献の程度を正確にはかる必要があるが，これを防止するための費用は非常にかさむことから，こうした対応は事実上不可能である。そこで，企業は市場より高い賃金を支払うことよって，労働者に勤勉に働くように「おどし」をかけ，さぼったり怠けたりすると解雇され，現在の仕事を失い大きな損失を受けることを教えるのである。

　②労働異動モデル（labor turnover model）　一般に賃金を引き下げると，労働者の離職や転職は増え，逆に賃金を引き上げると，離職や転職は減少するであろう。高い賃金を支払い，労働者の離転職を減らすことによって，企業は労働者の募集，採用，訓練などに要する費用を節約することができる。そこで，企業は労働者に高い賃金を支払うことによって，これらの準固定費（quasi-fixed cost）的な労働費用を節約しようとする。企業はこの準固定費的な費用を最小化にするように，賃金水準を決定するであろう[24]。

　③逆選択モデル（adverse selection model）[25]　情報が不完全な場合には，

企業は労働者の質を正確に測定し，それにもとづいて賃金を支払うことはできない。そこで，労働者の質と賃金の高さとの間に正の相関があることを利用して，高い賃金を支払うことによって，能力のある労働者を多数募集し，質の高い労働者を採用しようとする。逆に賃金が低くなると，質の高い労働者は離職するため，企業はこれに代わって質の悪い労働者を雇用せざるをえない。質の劣った労働者を雇用するならば，生産効率の悪化によって生産性の低下に直面するであろう。企業がさらに賃金を引き下げてこれに対応しようとすれば，いっそう質の劣った労働者を雇うことになる。逆選択とよばれる現象がこれである。

④ギフト交換モデル（gift exchange model）[26]　このモデルは，社会学でいう「贈物の交換」を労働者と企業との間で行われる労働力の取引に利用するのものである。これは，企業における労働者の努力水準が作業量の高さに依存するという考えにもとづいて，賃金と生産性の関係を説明する。ここで，企業が労働者にわたす「贈物（ギフト）」は市場賃金を上回る賃金をいい，この高い賃金と引き換えに，労働者は努力水準を一段と高め，企業に標準的な作業量をこえる仕事を「贈物」として与えるのである。

7.2.4　インサイダー・アウトサイダー仮説

効率賃金仮説は企業の経済合理性に説明の力点をおき，賃金と生産性との関係が正の相関にある点に着目して，賃金の下方硬直性や非自発的失業の存在を説明した。ところで，石油危機を契機に増大した失業とくに非自発的失業への対処をめぐって，1980年代半ばにリンドベック（A. Lindbeck）＝スノウァー（D. J. Snower）［1986］［1987］やソロー［1985］によって，ミクロ的基礎にもとづいた「インサイダー・アウトサイダー仮説」（以下I-O仮説という）が提示された。I-O仮説は効率賃金仮説と類似するところが多いが，内部労働市場の機能と労働組合の存在に力点をおいている。

インサイダー（内部労働者）とは，内部労働市場（＝企業）で労働組合によって組織化され，一定の訓練と経験を積んだ企業内の労働者をいう。これに対して，アウトサイダー（外部労働者）とは，外部労働市場にあって組織化され

ておらず，また失業中のため職探しを行っており，低い賃金で採用されても直ちに働こうとする企業外の労働者をいう。I-O 仮説が提起する問題とは，インサイダーすなわち組合員よりも，低い賃金で働こうとするアウトサイダーが多数存在しているにもかかわらず，企業はインサイダーに代わって，なぜアウトサイダーを雇用しようとしないのか，という疑問である。この仮説によると，労働者の「入れ替え」が現実に不可能なことが失業期間を長引かせ，これが高い失業率の原因であると主張する。I-O 仮説は，こうした疑問に対して2つの理由をあげている[27]。第1に，賃金の高いインサイダーを解雇して，賃金の低いアウトサイダーを雇い入れても直ちに企業に役立つと期待できず，かえってコストがかさむであろう。というのは，アウトサイダーはインサイダーにくらべ訓練も経験も乏しいため，入れ替えるためには相当な費用がかかるであろう。企業は，「入れ替え」にまず募集や選抜，採用の費用や教育訓練の費用を負担しなければならない。インサイダーを解雇するときにも，解雇手続をはじめ退職手当，場合によっては訴訟の費用を必要とし，企業にとってかえってコストがかさむであろう。たとえアウトサイダーを雇い入れたとしても，インサイダーは自らの利益を守るために，彼らが共謀してアウトサイダーに圧力をかけるとか，いやがらせやいじめといった敵対的な行動をとるかもしれない。その結果，アウトサイダーは労働意欲を減退させ，生産性は低下するであろう。企業がインサイダーのこうした共謀やいやがらせを監視するのは不可能である。このため，失業が存在する状況のもとでも，インサイダーは賃金の引き下げを回避することができる。

　第2に，企業と直接交渉することができるのは組合員であるインサイダーだけである。労使交渉において，インサイダーはできるだけ有利な労働条件を引き出そうと努力するのに対して，非組合員であるアウトサイダーは交渉それ自体には参加できない。インサイダーを組合員とする組合は，インサイダーの利益を守るために，賃金の引き上げには最大限の力を発揮するけれども，アウトサイダーの失業を減らすための努力をしないだろう。もっともインサイダーは企業と賃金交渉する代わりに，雇用に関しては企業の裁量に委ねると想定している。このように，I-O 仮説の核心は，企業内のインサイダーがアウトサイダ

ーよりも有利な労働条件にあるという点である。

次に,リンドベック＝スノウァーの論文［1987］をもとに I-O 仮説を説明する[28]。いま,L_I をインサイダーである雇用者の数,L_O をアウトサイダーの数とする。w_I と w_O はインサイダーとアウトサイダーそれぞれの賃金である。アウトサイダーの賃金 w_O は労働市場の需給によって決定され,インサイダーの賃金 w_I は団体交渉によって決定されるとする。単純化のために,インサイダーとアウトサイダーとは同じ生産力をもっていると仮定し,企業の生産関数を $Q = F(L_O + L_I)$ と定式化する。なお,労働の限界生産力については,$F' = \partial F / \partial (L_O + L_I) > 0$,$F'' = \partial^2 F / \partial (L_O + L_I)^2 < 0$ である。また企業が雇用する最大可能な労働者の数を M とすると,実際に雇用されているインサイダーの数は L_I であるから,$L_I \leq M$ の制約条件を満足しなければならない。ここで,インサイダーを解雇するのに要する費用を C_I とし,C_I は解雇者 $(M - L_I)$ の増加関数 $C_I(M - L_I)$ と仮定する。$L_I < M$ の領域において,$C'_I = c_I > 0$ とする。c_I は労働の限界解雇費用である。さらにアウトサイダーを雇用するために要する募集,採用,訓練などの準固定的な費用を C_O とし,アウトサイダー L_O の増加関数 $C_O(L_O)$ と仮定する。そして $L_O \geq 0$ に対して,$C'_O = c_O > 0$ とする。c_O は限界採用・訓練費用である。

w_I,w_O,M を所与とすると,企業は,次式 (7.13) の L_I と L_O を操作することによって,利潤 Π を極大化する(なお,生産物価格 p を p=1 と仮定する)。

$$\Pi = pF(L_O + L_I) - [w_I L_I + w_O L_O + C_I(M - L_I) + C_O(L_O)] \quad (7.13)$$

いうまでもなく,L_I と L_O は $L_I \leq M$,$L_O \geq 0$ の制約条件を満足しなければならない。

$$\begin{aligned}\frac{\partial \Pi}{\partial L_I} &= pF'(L_O + L_I) - (w_I - c_I) \\ \frac{\partial \Pi}{\partial L_O} &= pF'(L_O + L_I) - (w_O + c_O)\end{aligned} \quad (7.14)$$

ここで L_I と L_O の最適解が制約条件をどのような形で満足するかによって,極大化のための必要条件はいくつかのケースに分かれるであろう。

企業が $L_I=M$, $L_O=0$ を選択する場合,

$$\text{(ケース 1)} \quad \frac{\partial \Pi}{\partial L_I} \geqq 0 \qquad \frac{\partial \Pi}{\partial L_O} \leqq 0$$

のように, 賃金を設定する。企業は $L_I=M$, $L_O>0$ を選択する場合には,

$$\text{(ケース 2)} \quad \frac{\partial \Pi}{\partial L_I} \geqq 0 \qquad \frac{\partial \Pi}{\partial L_O} = 0$$

また $L_I<M$, $L_O=0$ のケースを選択する場合には,

$$\text{(ケース 3)} \quad \frac{\partial \Pi}{\partial L_I} = 0 \qquad \frac{\partial \Pi}{\partial L_O} \leqq 0$$

さらに $L_I<M$, $L_O>0$ の場合には,

$$\text{(ケース 4)} \quad \frac{\partial \Pi}{\partial L_I} = 0 \qquad \frac{\partial \Pi}{\partial L_O} = 0$$

いま, 組合が組合員であるインサイダーの雇用保障を最優先に考えるならば ($L_I=M$), 企業の選択するケースがケース 1 かケース 2 のいずれかになるように, 企業は賃金を設定するであろう。そこでケース 1 またはケース 2 がインサイダーの賃金 w_I が成立する条件をみると, (7.14) の 2 式より, 以下の不等式が成立するであろう。

$$w_I - w_O \leqq c_I + c_O \tag{7.15}$$

(7.15) の意味は, インサイダーとアウトサイダーの賃金格差 (w_I-w_O) が, インサイダーの解雇にともなう労働の限界解雇費用 c_I とアウトサイダーの雇い入れによる労働の限界採用・訓練費用 c_O の合計 (c_I+c_O) を上回ることができない, これである。I-O 仮説の一つの特徴は, インサイダーの解雇費用, アウトサイダーの採用・訓練費用を重視する点である。企業がこうした準固定費的な費用を考慮するとき, どのような条件が整えば, インサイダーとアウトサイダーの入れ替えが可能となるのであろうか。それは, (7.15) から明らかなように, 賃金格差と費用が等しくなる ($w_I-w_O=c_I+c_O$) こと, あるいは費用を考慮した賃金が均等する ($w_I-c_O=w_O+c_I$) ことである。また $w_I=w_O+c_O+c_I$ からもわかるように, アウトサイダーの賃金 w_O にアウトサイダーの限界採用・訓練費用 c_O とインサイダーの限界解雇費用 c_I を加えたものがインサイダーの賃金 w_I に等しくなるとき, コストの観点からいえば, 企業に

とってはインサイダーとアウトサイダーは無差別となる。よって，$w_I > w_0 + c_I + c_0$ が成立すれば，企業はインサイダーをアウトサイダーに入れ替えるであろう。と同時に（7.14）の第1式より，

$$w_I \leq F' + c_I \tag{7.16}$$

が成立しなければならない[29]。（7.14）の第1式が $F' < w_I - c_I$ になるとき，企業はインサイダーの解雇に踏み切るであろう（$L_I < M$）。

労働組合がインサイダーの雇用量 M を維持しようとするならば，（7.15）あるいは（7.16）のいずれか高い賃金を選択することになるから，組合は2つの不等式のうち w_I の大きい方を最適な賃金として決めるであろう。すなわち

$$w_I = \min[F' + c_I, w_0 + c_I + c_0] \tag{7.17}$$

より，（7.17）の右辺において小さい方を選択することで，インサイダーの賃金 w_I は高くなるであろう。もし $(F' + c_I) < (w_0 + c_I + c_0)$ であれば，インサイダーの賃金 w_I は $(F' + c_I)$ に等しくなる（$w_I = F' + c_I$）。したがって，$w_I < w_0 + c_I + c_0$ となり，制約条件は $L_I = M$，$L_0 = 0$ のケース1に対応するであろう。これに対して，$(F' + c_I) > (w_0 + c_I + c_0)$ となるならば，インサイダーの賃金 w_I は，$(w_0 + c_I + c_0)$ に等しくなる（$w_I = w_0 + c_I + c_0$）。上記と逆に，$w_I < (F' + c_I)$ となると，これは $L_I = M$，$L_0 > 0$ のケース2に対応するであろう。このような状況のもとで，労働組合はインサイダーの雇用量を維持する一方で，賃金をより高くするために，（7.17）の解雇費用 c_I または採用・訓練費用 c_0 をできるだけ大きくしようとする行動をとるであろう。（7.17）にもとづいて賃金が決定される場合，ケース3とケース4について，（7.15）と（7.16）の不等式が満たされないから，ケース3とケース4は成立しない。

7.2.5 メニュー・コスト理論

新古典派は価格が完全に伸縮的であると想定し，ケインズ派は価格が硬直的であると仮定して，経済モデルを構築してきた。賃金の下方硬直性を直接説明するものではないが，価格の硬直性を引き起こす原因として，ニュー・ケインジアンとよばれるマンキュー（N. G. Mankiw）[1985] は，メニュー・コスト（menu cost）の果たす重要性を強調する。

商品の公示価格（posted price）を改訂することは，企業にとって費用が相当にかかることである。価格をたびたび改訂すると，新しいメニューや価格表を印刷したり，改訂された価格を表示したカタログを新たに作成したり，また顧客に新価格を周知するためにカタログを郵送したり，セールス担当者を研修したりするなど，費用が相当にかさむであろう。価格を頻繁に改訂することによって，企業がこうむる費用をマンキューはメニュー・コストとよんでいる。メニュー・コストは価格調整のコストであって，価格調整費用とよばれる。メニュー・コストは個々の企業からみれば，ささいな大きさにすぎないが，このささいなコストが価格の硬直性をもたらすと説明するのがメニュー・コスト理論である。マンキューは，メニュー・コストの存在が価格調整を遅らせるものであれば，たとえメニュー・コスト自体が小さいものであったとしても，大きな影響をおよぼす可能性があることを強調した。均衡価格が変更されても，実際に価格を変更するには，こうした調整費用がかかるため，価格調整を頻繁に行わないのが企業にとって合理的だと説明する[30]。

　なお，自然失業率の上昇を説明する理論として，ブランチャード（O. J. Blanchard）＝サマーズ（I. H. Summers）［1987］［1988］によってヒステリシス理論（hysteresis theory）が提唱されている。1970年代の2度にわたる石油危機が契機となってスタグフレーションが生じ，欧州諸国はインフレの発生と高い失業水準という事態に陥った。物価水準が安定した80年代後半においても，高水準の失業が持続するといった状態がつづいた。こうした現象をヒステリシス（履歴現象）という。石油危機というショックが引き金となった高失業はショックが治まった後も，長期にわたって持続する現象を物理学の用語を借りてヒステリシスとよんでいる。ところで，I-O仮説は，80年代の欧州における持続的な高水準の失業を解き明かすのに適用され，高失業の持続が過去における失業の動きに依存するというヒステリシスを説明する仮説として用いられたのである。

7-3 賃金構造の種類と賃金格差の理論

7.3.1 賃金構造の概念

　労働市場が競争的な状態にあるか否かにかかわらず，賃金率は基本的には労働力の需要と供給によって決定される。しかし，現実にはただ一つの賃金率が存在するのではなく，企業の内外にわたって無数に近い賃金率が存在している[31]。マーシャルもまた，「実際には現代文明においては一般的な賃金率などといったものはありはしない。100もしくはそれ以上をかぞえる労働者グループのどれをとってみても，それぞれ個有の賃金問題をかかえている。」と述べている[32]。現実に観察されるさまざまな賃金率の総体を賃金構造（wage structure）とよんでいる。この賃金率の総体を性・年齢・勤続・学歴など労働者のもつ属性や企業規模・産業・地域など企業の属性といった，さまざまな観点から分類した賃金率の相互関連性または位相性を賃金格差（wage differentials）という。したがって，賃金構造とは，各種の賃金格差の複合体を総称したものといえる。

　賃金構造は，内部賃金構造（internal wage structure）と外部賃金構造（external wage structure）に大別される。内部賃金構造は企業内賃金構造（intra-firm wage structure），外部賃金構造は企業間賃金構造（inter-firm wage structure）ともいわれる。内部賃金構造とは，労働者のもっている，さまざまな属性（性・年齢・学歴・勤続年数・雇用形態・職種など）の観点から賃金格差を把握するもので，個々の企業や事業所において観察される賃金構造である。これに対して，外部賃金構造とは，企業のもつさまざまな属性（企業規模・産業・地域など）の観点から賃金格差を観察するもので，企業の枠をこえて生起するところの賃金構造である。内部賃金構造は，企業に働く個々の労働者に支給される賃金を決めるなど賃金制度とくに賃金体系に深くかかわっており，各企業の賃金管理や人事管理に左右されるところが強い。他方，外部賃金構造は，企業の属性をとおして生産物市場や産業構造などの市場要因に規定される面が強い賃金構造である。この2つの賃金構造は企業を媒介にして密接

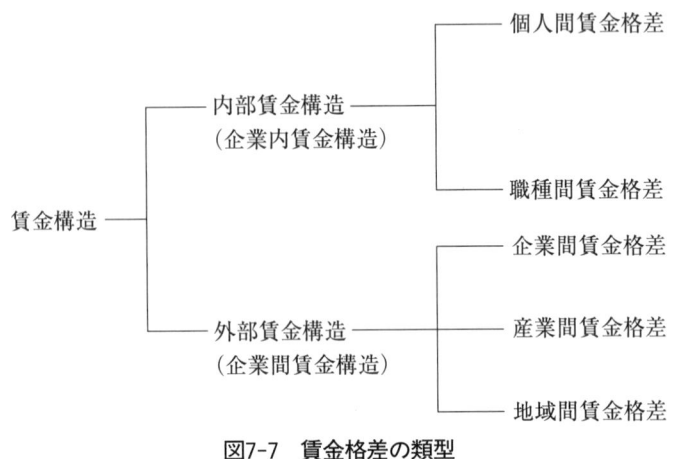

```
賃金構造 ┬ 内部賃金構造 ──┬ 個人間賃金格差
         │ （企業内賃金構造）└ 職種間賃金格差
         └ 外部賃金構造 ──┬ 企業間賃金格差
           （企業間賃金構造）├ 産業間賃金格差
                            └ 地域間賃金格差
```

図7-7　賃金格差の類型

に関連していることは説明するまでもない。図7-7に示すように、賃金格差は基本的には次の5つのタイプに分類される[33]。賃金格差とは、労働者個人あるいは労働者集団の賃金を他の個人や集団の賃金と比較したときの絶対的または相対的な「開き」をいう。内部賃金構造に属する格差に個人間と職種間の賃金格差があり、外部賃金構造に属する格差に企業間、産業間および地域間の賃金格差がある。

　ここで、賃金格差を規定する要因との関連で5つの格差を述べると、3つのタイプに再整理される[34]。第1は、生産物の市場構造、生産物需要の伸びに対する弾力性、技術進歩の増加率、資本市場の階層性、産業構造の変化など構造的要因によって生起するところの賃金格差で、産業間や企業間の賃金格差がこれにあたる。地域間格差も各地域における生産物需要の多寡、産業構造の相違、労働力の需給構造や逼迫度の違いなどによって生ずる賃金格差といえるだろう。第2は、生産物市場や産業構造などの構造的要因よりも、むしろ社会経済に存在する差別的な取扱いや労働市場に存在する慣行や制度などの要因に起因して生起するところの賃金格差で、このタイプには男女別・学歴別・年齢別・勤続年数別などの個人間賃金格差がある。第3は、市場の不完全性や制度的慣行などがないにもかかわらず、労働力の質的差異をはじめ職種や熟練度の違いによって生起するところの賃金格差で、これに属する格差は熟練度間や職

種間などの賃金格差である。欧米諸国の労働市場は，一般に職種または熟練度によって横断的に形成されており，賃金格差といえば，職種や熟練度にもとづく賃金格差をさしている場合が多い。スミス以来，競争的な市場に生起する職種間・熟練度間の賃金格差を中心に分析されてきた賃金格差なのである。

7.3.2 市場均衡と均等化格差

　現実の労働市場にはさまざまな賃金格差が存在していることを説明したが，ヒックス［1963］は，人口の各種の職業間への配分に関して，「均等の能率をもった労働者の賃金が（雇用にともなう他のもろもろの利益また不利益を酌量するとき）各種の職業において均等化するという一般的傾向は，アダム・スミスの時代このかた経済学の自明の理」であると述べている[35]。自明の理とは，スミスのいう「純利益均等化の原理（principle of equal net advantages）」——労働者を各種用途に配分する移動誘因たる純経済的利益が競争的な労働市場において職業間に均等化する傾向——にほかならない。職業間の労働移動を説明する均等利益の原理が教えるように，労働市場がたとえ完全競争の状態にあるにしても，そこにはいくばくかの賃金格差が存在するだけでなく，労働市場の均衡が成立するためにも，ある大きさの賃金格差——非金銭的利益の多寡の大きさを相殺するために，金銭的利益（pecuniary gain）の大きさである賃金の格差——が必要であることを示唆した。市場における競争はすべての職業の「純利益」を均衡化させる傾向をもっているが，これは金銭的利益としての賃金の均衡化だけをさしているわけではない。「純利益」とは，金銭的利益のほかに非金銭的利益を含む利益・不利益の総体を意味している。

　スミスは，『諸国民の富』［1776］第1編第10章のなかで，競争的な市場の均衡と両立するような賃金格差をもたらす非金銭的要因として，次の5つの要因をあげている[36]。①仕事の快適さ（agreeableness）・不快さ（disagreeableness）の程度，②技能・資格を習得するための難易（easiness）の程度や取得に要する費用の多寡，③各種の職業にみる雇用の継続性（constancy）または失業の可能性の度合，④労働者に対する信任の大小（small or great trust），⑤職業個々における成功の見込み（probability or improbablity of success），

これである。スミスが最初に論じたといわれる，労働市場の均衡を成立させるところの賃金格差は，今日的なタームで表現すれば，補償賃金格差 (compensating wage differentials) とか均衡化賃金格差 (equalizing wage differentials) ともよばれている。この賃金格差は次節の7-4で詳しく説明する。

いま，快適な仕事と不快な仕事があるとする。各々の仕事に支払われる賃金が同じであれば，どの労働者も快適な仕事を選択するであろう。したがって，不快な仕事に労働者を従事させ，純利益を均等化させるためには，不快さを補償する高い賃金を提供しなければならない。いいかえれば，快適な仕事と不快な仕事の純利益が均等化していれば，そこには不快さを補償する賃金格差が存在しなければならない。熟練を要する仕事とそうでない仕事の賃金格差についても同様である。熟練度の高い仕事に従事するために，労働者はある期間訓練を受けなければならず，また訓練のための費用も要するであろう。こうした人的投資の結果，熟練労働者の賃金は未熟練労働者のそれよりも高くなければならない。というのは，熟練労働者は訓練後の短くなった雇用期間に人的資本に対する利子をも含め投下された訓練費用を回収しなければ，だれも熟練を要する仕事への人的資本に投資しないであろう。このように，労働市場にたとえ完全競争が存在していても，賃金格差が存在するのである。また労働市場に均衡を保証するためにも賃金格差が必要である。このような賃金格差は，労働市場の均衡を保証するという意味で均等化賃金格差といわれる。

7.3.3 賃金格差の実態

図7-7に示すように，賃金格差の基本タイプは5つに分類されるが，わが国の賃金格差を観察すると，日本経済の二重構造や日本的雇用慣行を反映して，年齢別にみた賃金格差と企業規模別にみた賃金格差が最も代表的な賃金格差といわれている。そこで，本項ではこれら2つの賃金格差を取り上げて，その実態を説明しよう。

年齢別賃金格差　わが国の最も代表的な格差は年齢別とよばれる賃金格差である。この賃金格差は，日本的雇用慣行の1つといわれる年功賃金体系と密接に結びついているところに大きな特徴がある。年功賃金制は，大企業に従事す

る本雇いの労働者を中心に成立しており，定年まで長期勤続するという終身雇用制のもとで，初任給を出発点として，その後，基本給が性，年齢，学歴，勤続年数など労働者の属性に応じて昇給していく賃金体系として理解されている。図7-8は，2010年の年齢別賃金格差を労働者の種類別・企業規模別に図示したものである。各企業規模の賃金は年齢があがるにしたがって上昇しており，50歳代前半から後半でピークに達している。はじめに男子の生産労働者を企業規模別にみると，賃金格差は30歳代前半まではほとんど観察されないが，それ以降，中小企業（企業規模10～99人，100～999人）よりも大企業（1000人以上）のほうが年齢別カーブの勾配は大きく，50～54歳の賃金は，各規模の20～24歳賃金100に対して，大企業190.6，中企業172.6，小企業158.7，また55～59歳は大企業191.9，中企業170.6，小企業156.5となっている。ついで男子の管理・事務・技術労働者についてみると，20～24歳の賃金100に対して，50～54歳の賃金は大企業では実に263.0に達し，中企業が227.6，小企業が193.2，また55～59歳は大企業250.3，中企業233.0，小企業198.5となっている。管理・事務・技術労働者の年齢別カーブの傾きは生産労働者のそれよりも大きく，年齢とともに上昇する賃金カーブを描き，年功賃金体系が支配的な賃金体系であることがわかる。これに対して，生産労働者や小企業で働く労働者においては年功的な慣行はそれほど浸透しておらず，年齢とともにそれほど賃金は上昇していないことがわかる。

　次に，企業規模別にみた年齢別賃金格差がこの30数年間にどのように拡大・縮小したかを，製造業の男子生産労働者について観察すると，図7-9に図示するように，小企業には年齢別賃金の大きな変化がみられないが，大企業ほど年齢別賃金格差は比較的大きな変化を示している。1965年から75年の高度経済成長期にかけて，賃金格差は大きく縮小し，その後やや拡大傾向で推移していった。高度成長期には新規学卒市場において中卒者や高卒者を中心に生じた労働力不足が初任給の大幅な上昇をもたらしたが，人件費増大の負担から中高年の賃金引き上げは小幅にとどまった。その結果，年齢別にみた賃金カーブのピークとボトムの開差は大きく縮小した。75年以降も，年齢別にみた賃金格差は徐々に縮小していったが，労働力の中高年齢化や定年延長への対応などにとも

管理・事務・技術労働者

生産労働者

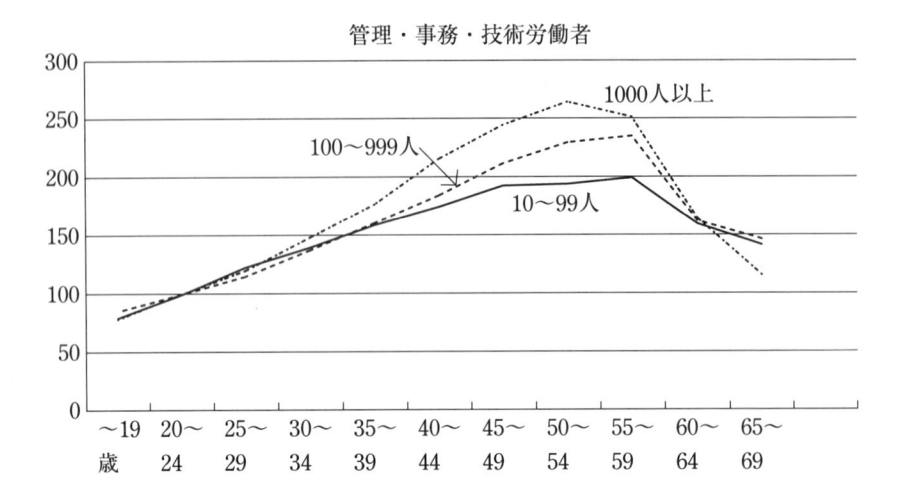

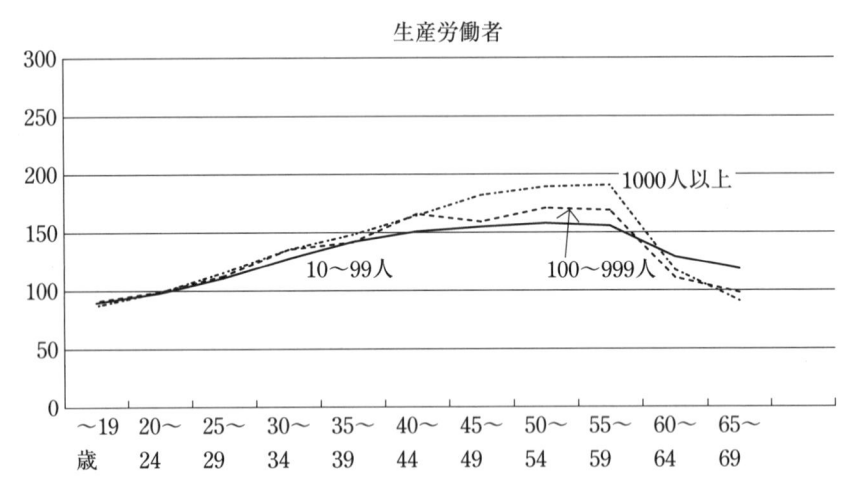

(資料) 厚生労働省「賃金構造基本統計調査」
(注) 各企業規模の20～24歳賃金＝100とする。

図7-8　企業規模別にみた年齢別賃金格差
（製造業・男子・学歴計・2010年）

第7章　賃金制度・賃金構造と賃金の硬直性　331

企業規模1000人以上

企業規模10～99人

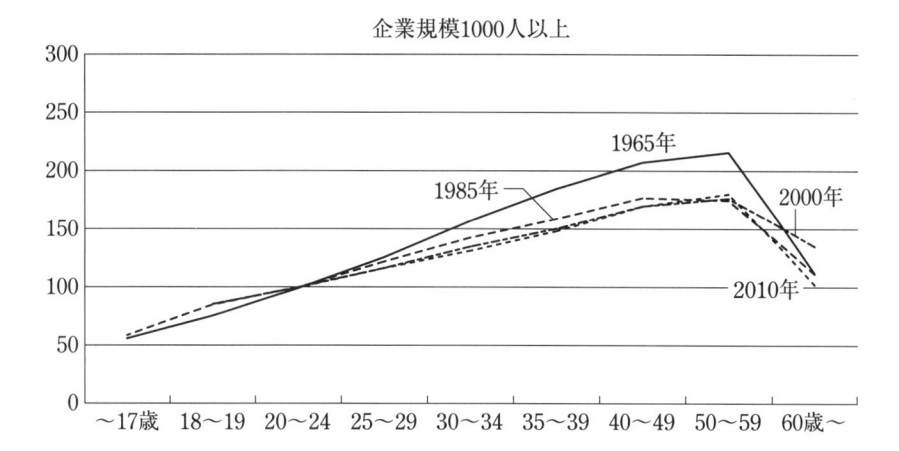

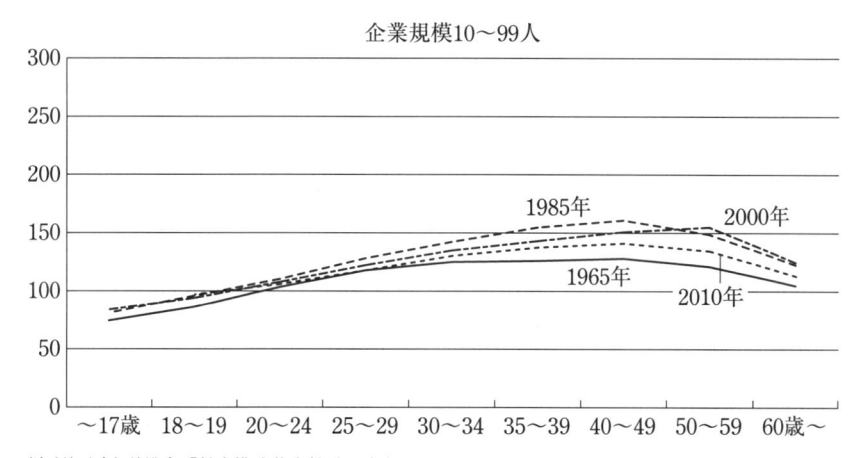

(資料) 厚生労働省「賃金構造基本統計調査」
(注) 1) 1965年は30～99人規模の企業における年齢別賃金である。
2) 85年以降における「40～49歳」の定期給与は，「40～44歳」と「45～49歳」の加重平均による数値で，「50～59歳」および「60歳～」の定期給与も同様にして求めた数値である。
3) 2010年の「18～19歳」は「～19歳」の数値，また「60歳～」は「60～64歳」「65～69歳」および「70歳～」を統合した数値である。
(*) 40～49歳の定期給与＝[40～44歳の賃金×同年齢の労働者数＋45～49歳の賃金×同年齢の労働者数]／40～49歳の労働者数として計算。以下同様。

図7-9　年齢別賃金格差の推移
（製造業・男子生産労働者）

なって，年功賃金制の見直しが叫ばれた。とくにバブル崩壊後の不況を契機に，仕事給体系への移行，近年では年俸制や成果主義の導入が一段と進み，今後さらに格差の縮小がつづくであろう。

賃金と生計費との関係　わが国の賃金体系が生活給体系としての性格を強くもっていることから，しばしば問題となるのが生計費との関係，とくに年齢別にみた賃金と生計費との関係である。家計が生活のために支出する費用を「生計費（cost of living）」という。生計費には，普通，世帯が実際の生活に必要とした生計費を算定した実態生計費と，標準的な生活モデルを想定し，それに要する費用を理論的に算定した生活費である理論生計費（theoretical cost-of-living）の2つがある。理論生計費といえば，人事院が発表している標準生

表7-7　賃金と生計費の関係

(単位：千円)

年齢区分	男子 定期給与	所定内給与 企業規模計	1000人以上	10～99人	年齢区分	標準生計費 (子ども3人)	修正後の標準生計費 (子ども3人)
18～19歳	195.0	171.6	175.8	165.4	19歳	102.5	128.3
20～24	231.0	201.6	210.8	194.8	22	116.3	145.6
25～29	281.4	241.7	258.8	232.5	27	139.2	174.3
30～34	331.2	287.1	316.6	268.4	32	204.2	256.2
35～39	386.9	342.1	390.3	302.6	37	246.1	308.1
40～44	430.4	392.4	458.5	328.4	42	283.4	354.8
45～49	446.9	416.5	500.1	339.5	47	325.0	406.9
50～54	449.8	420.0	509.1	341.6	52	355.0	444.5
55～59	422.6	395.7	481.2	330.5	57	256.7	321.4
60～64	305.5	289.8	350.6	275.0	62	221.1	—

(資料) 厚生労働省「賃金構造基本統計調査」，労務行政研究所「賃金のための物価と生計費資料」(2007年版)

(注)　1) 定期給与は2006年6月の給与で，男子・産業計・企業規模計・学歴計，所定内給与は06年6月で，男子・産業計・学歴計である。
　　　2) 標準生計費は全国・06年4月の数値である。
　　　3) 子ども3人世帯の標準生計費とは，標準世帯を対象に，夫のみが就業する世帯で，27歳までは男性1人の単身世帯，男性28～31歳は結婚して子ども1人の3人世帯，男性31～32歳は子ども2人の4人世帯，そして男性33歳以降は子ども3人の5人世帯として，1歳刻みの年齢別標準生計費を推計している。
　　　4) 修正後の標準生計費とは，税金・社会保障費などの非消費支出を推計加算したもの，いわゆる負担費修正した標準生計費をいう。

計費（standard cost-of-living）がある[37]。**表7-7**は，2006年における男性の賃金と子ども3人世帯の標準生計費との関係を年齢別に図示したものである。定期給与は各年齢層において修正後の標準生計費を7万円ほど上回っているが，超過勤務手当などをのぞいた所定内給与と比較すると，その開きは狭まり，年齢とともにさらに縮まっている。ここで，企業規模1,000人以上の大企業と10〜99人の小企業における男性の年齢別所定内給与を標準生計費と比較すると，大企業の所定内給与は修正後の標準生計費を大きく上回っているけれども，小企業になると，その開きは縮まり，年齢が高くなると逆転して標準生計費を下回っている[38]。

企業規模間賃金格差　もう1つの代表的な賃金格差といえば，企業規模別にみた賃金格差である。この賃金格差は大正末期の1920年代に形成されたといわれており，第二次大戦の前後から現在にいたるまで大きな格差として存在し，二重構造の存在を労働市場面から検証する代表的な指標であった。さらに格差形成の要因をめぐって，労働市場のほかに生産物市場，資本市場の角度から種々論議されてきたことは周知のところである。**図7-10**は，75年以降における企業規模間格差の推移を製造業の男子生産労働者について図示したものであ

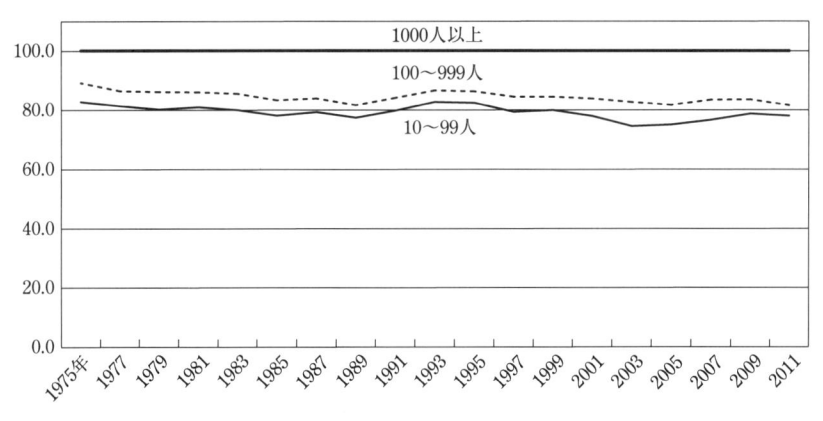

図7-10　企業規模間賃金格差の推移（製造業・男子）

（資料）厚生労働省「賃金構造基本統計調査」
（注）1）生産労働者の定期給与である。
　　　2）企業規模1000人以上の賃金＝100とする。

る。一般に，労働市場の需給が逼迫すると，賃金の低い中小企業は労働力を確保するのがむずかしくなるため，賃金を大幅に引き上げて対応するから，賃金格差は縮小するであろう。反対に労働力の需給が弛緩すると，このメカニズムが逆に作用する結果，格差は拡大するであろう。高度成長期における格差変動の推移をみると，高い労働需要に支えられて，労働力は若年層を中心に不足をもたらした。したがって，中小企業は労働力を確保するためには賃金の大幅な引き上げで対抗せざるをえなかった。その結果，企業間賃金格差は徐々に縮小していった。しかし，70年代半ば以降，石油危機後の景気低迷や安定成長への移行などにともなって，労働市場の需給は緩和に転じ，格差は拡大傾向に転じた。大企業の賃金を100.0とすると，小企業は75年の82.7から89年には77.3まで拡大した。90年代にはいってふたたび縮小の動きをみせ，94年には83.3まで縮小したが，ここ2年ほど不況を反映して拡大の兆しがみられる。中企業の賃金水準は小企業にくらべて数ポイントほど高いが，大企業との格差は小企業の動向とはほとんど変わらず拡大または縮小を繰り返している。

　以上観察したように，企業間賃金格差は労働市場の需給状態や好不況の影響を受けて変動しており，長期的には縮小する傾向にあるとは必ずしも結論できない。

7.3.4　賃金格差の要因

　賃金格差にはさまざまな格差があり，格差を発生させる要因も実にさまざまな要因を考えることができる。一言でいえば，賃金格差は経済的な要因や非経済的な要因が種々複雑に絡み合った結果である。ここでは格差の主要な要因をいくつか取り上げ説明しよう。

　①仕事の内容　仕事には幾千もの種類があり，作業の快不快，疲労の度合，作業の複雑さ，危険の程度，責任度の軽重など仕事内容も実にさまざまである。労働者が従事する仕事の内容の違い——仕事からえられる効用・不効用が異なることから，そこに賃金格差が発生する。こうした格差はすでに指摘したように，労働市場や生産物市場がたとえ完全競争の状態にあっても存在するところの補償的賃金格差にほかならない。

②労働の質　仕事の内容が違うだけでなく，労働者が有する労働の質 (quality of labor) の違いによっても，賃金格差は発生する。労働の質とは，仕事に従事するために要求される能力，獲得された知識や技能を意味し，こうした質に影響する最も決定的な要因は人的投資の大きさである。とくに教育の果たす役割は大きく，教育によって労働者の生産性は向上し，そうでない場合にくらべて個人の収入は増加するであろう。人的資本の違いが労働の質的差異をもたらし，それが賃金格差を発生させるのである。

③労働市場の制度・慣行　賃金格差を発生させる主な要因の一つに労働市場の制度（制度化されたルールや取り決めを含め）や慣行などがある。企業を単位とする内部労働市場においては，労働力の配分（昇進，配置転換など）や賃金の決定について，制度化されたルールや取り決め，慣行などが重要な役割を果たしている。終身雇用制や年功賃金制といった日本的雇用慣行は，戦後の高い経済成長を支えた日本的経営の１つであったと同時に，個人間の賃金格差をもたらした大きな要因といわれている。アメリカの大企業では，先任権の高さに応じて労働者の昇進・解雇・再雇用などの順番が決められているが，この先任権制度（seniority system）も賃金格差に影響を与える制度・慣行の一つである。

④市場の不完全性・階層性　企業間賃金格差の形成・原因をめぐって，1950年代半ばから60年代半ばにかけさまざまな角度から研究されたことは周知のところである。いわゆる二重構造論争がこれである[39]。二重構造の分析において，企業間格差の形成を説明する要因は個々の市場における階層性・分断性にあった。資本市場，労働市場，生産物市場の階層性・分断性が相乗することによって，企業間に賃金支払能力の差異をもたらし，それが企業間格差を発生させたのである。わが国労働市場は大企業市場と中小企業市場に分断され，従来，大企業を中心に閉鎖的な労働市場が形成されてきたといわれている。二重構造的市場の分断性がこれである。この結果，過剰な労働力を背景に，大企業に就職した労働者は日本的雇用慣行のもとで有利な労働条件を享受した一方，中小企業で働く労働者は制度的な障壁によって大企業への移動が阻まれ，賃金の低い仕事や不安定な就業の仕事に押しやられた。資本市場の分断性について

は，資本調達力の違いが新技術の導入・開発など大企業に有利に作用し，それが物的生産性を高めるとともに，生産物市場の不完全性と結びつき，高い付加価値生産性，そして高い賃金支払能力となって現れるのである。

⑤性による差別　賃金格差には合理的に説明のつかない格差が存在する。経済学ではこれを「差別（discrimination）」による格差とよんでいる。差別とは，偏見と同義語であって，個人の能力とは無関係な属性（性・人種・出生・宗教など）によって不当に取り扱われることをいい，その結果，人事や処遇の面で差別を受ける。わが国には，実際，大きな男女間賃金格差が存在している。この格差は，能力・技能など合理的に説明のつく格差のほかに，合理的には説明のつかない，差別にもとづく格差が相当含まれているといわれている。差別の詳しい経済分析については第11章で改めて説明する。

7.3.5　賃金格差の理論

ところで，わが国においては男女間賃金格差の大きさが社会的に注目されているが，第11章で取り上げるように，ベッカーの差別理論など，いくつかの差別理論は男女間賃金格差を説明する有力な理論として提唱されている。第3章で考察した学歴間賃金格差の説明には，教育投資の違いを強調するベッカーの人的資本理論や情報の非対称性の存在から説明するスペンスのシグナリング理論などがある。また雇用形態別（フルタイマーとパートタイマー）や熟練度別の賃金格差を説明する理論として，次節で考察するヘドニック賃金アプローチがある。企業規模間の賃金格差については，前記したように，わが国経済の二重構造のなかで解明されてきた。さらに地域間や産業間とくに農工間の賃金格差の拡大・縮小は，二重構造的な経済発展メカニズムのなかで労働力や人口の移動の動きと密接に結びついて推移しており，賃金格差説の立場から分析されてきた。この問題は第9章において取り上げるが，ルイス［1954］の無制限労働供給（unlimited supply of labor）や大川一司［1955］の偽装均衡（disguised equilibrium）などもまた，農工間の賃金格差を説明する理論として有力である。

格差の発生・変動メカニズム　次に企業間格差を念頭におきながら，格差の

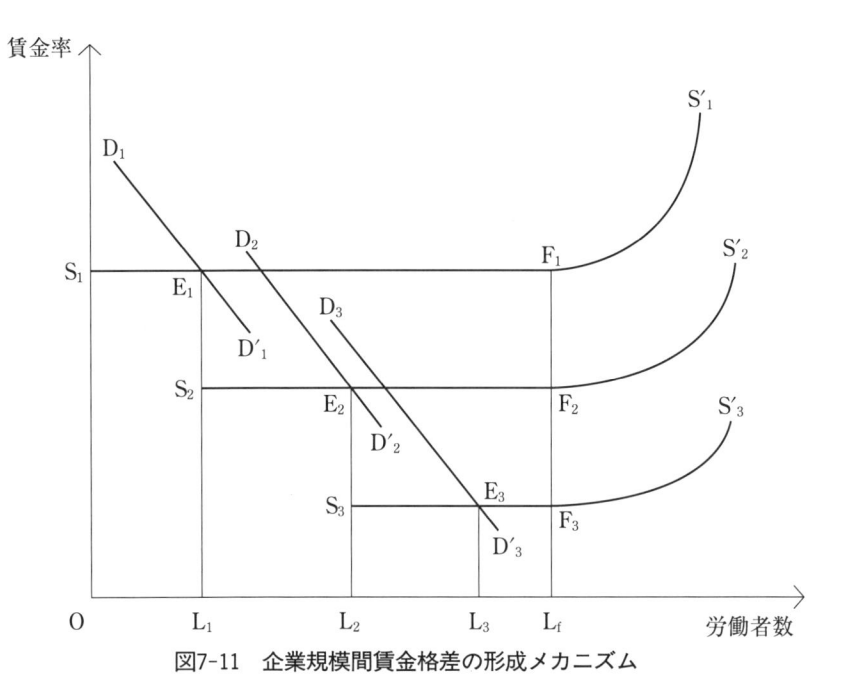

図7-11　企業規模間賃金格差の形成メカニズム

発生・変動メカニズムを考察する。企業間格差の分析に重要な鍵を与えたのは内海洋一［1958］であった[40]。内海は社会学的な視点から賃金ヒエラルキーを展開したが，この独創的な着想は非常に示唆的で学ぶべきところが多い。これをヒントに格差の発生メカニズムを図示したのが図7-11である。説明にあたって，1つは，労働者の能力は同質的である。2つは，大企業の高い資本・技術の違いが労働の限界生産力の格差を生み，その結果，大企業の労働需要曲線は中小企業のそれより高い位置にあると仮定する。いま，労働者の行動を表す労働供給曲線を $S_1S'_1$ としよう。賃金率 S_1O は労働者が仕事を受諾するときの労働の最低供給価格（minimum supply price of labor）で留保賃金ともいわれる。曲線 $S_1S'_1$ 上の S_1F_1 の労働者は，留保賃金 S_1O のもとで雇用を希望し，また $F_1S'_1$ の領域では賃金率の上昇にともなって，雇用を希望する労働者は増加するとしよう。これに対して，S_1F_1 の領域では賃金の硬直性をもち，労働の供給曲線は横軸に水平と仮定する。他方，大企業の労働需要曲線を右下がりの $D_1D'_1$ とすると，$D_1D'_1$ 曲線は労働供給曲線 $S_1S'_1$ と点 E_1 で交差する。

しかし，点 E_1 では大企業への就職を希望する労働者 S_1F_1（$=OL_f$）すべては雇用されず，雇用される労働者は S_1E_1（$=OL_1$）にすぎない。E_1F_1（$=L_1L_f$）の労働者は大企業に就職できなかったのである。

大企業に就職できなかったといって，労働者は直ちに留保賃金 S_1O を引き下げ，より賃金の低い中小企業に就職するだろうか。直ちには就職はしないであろう。しかし，職探しをつづけても仕事がなかなか見つからなければ，留保賃金を引き下げざるをえないであろう。留保賃金を S_1O から S_2L_1 に引き下げた結果，大企業への就職者 S_1E_1 をのぞく $E_1F_1S_1'$ の領域が全域にわたって下方にシフトし，労働供給曲線は領域 $S_2F_2S_2'$ をもつ曲線として画かれる。したがって，原点が点 O から点 L_1 へと右に移行するにともない，XY 平面も移動する。L_1L_f（$=S_2F_2$）の労働者は，S_2L_1 に低下した最低供給価格において，新たに職探しをつづけることになるであろう。いま，D_2D_2' のような労働需要曲線をもつ中企業を想定すると，中企業の労働需給は点 E_2 で均衡する。L_1L_2（$=S_2E_2$）の労働者は，S_2L_1 の賃金率で雇用されるけれども，L_2L_f の労働者はこの賃金水準でも採用されない。さきと同じ理由で，職探しをつづける労働者 L_2L_f の労働供給曲線は時間の経過にともなって S_3S_3' へと下方にシフトする。この曲線もまた点 L_2 を原点とする XY 平面で画かれる。ここで，小企業の労働需要曲線が曲線 D_3D_3' に位置すれば，需給は点 E_3 で均衡し，L_2L_3 の労働者は小企業に S_3L_2 の賃金率で雇用される。かくして，大企業の賃金 S_1O，中企業 S_2L_1，小企業 S_3L_2 として，企業規模別に賃金格差が生まれる。

賃金格差の縮小過程 図 7-12 において，生産物需要の増加が大企業だけに恩恵を与え，派生需要としての労働需要曲線が D_1D_1' から d_1d_1' へと上方にシフトしたとしよう。労働供給曲線の位置が変わらず，中小企業からの移動を妨げる慣行や制度がないならば，大企業は賃金を引き上げることなく，労働者の採用は S_1E_1 から S_1E_1' に増加する。需要増加は中企業の賃金水準を押し上げ，大企業との格差を縮めるのだろうか。結論をいえば，大企業市場の労働需要が増加しても，中企業においては賃金率を引き上げることなく，需給の均衡点が移動するだけである——需要の増加がないにもかかわらず，原点が点 L_1 から点 L_1' に移動するだけである。その結果，中企業に雇用される労働者は変わら

図7-12 賃金格差の縮小過程

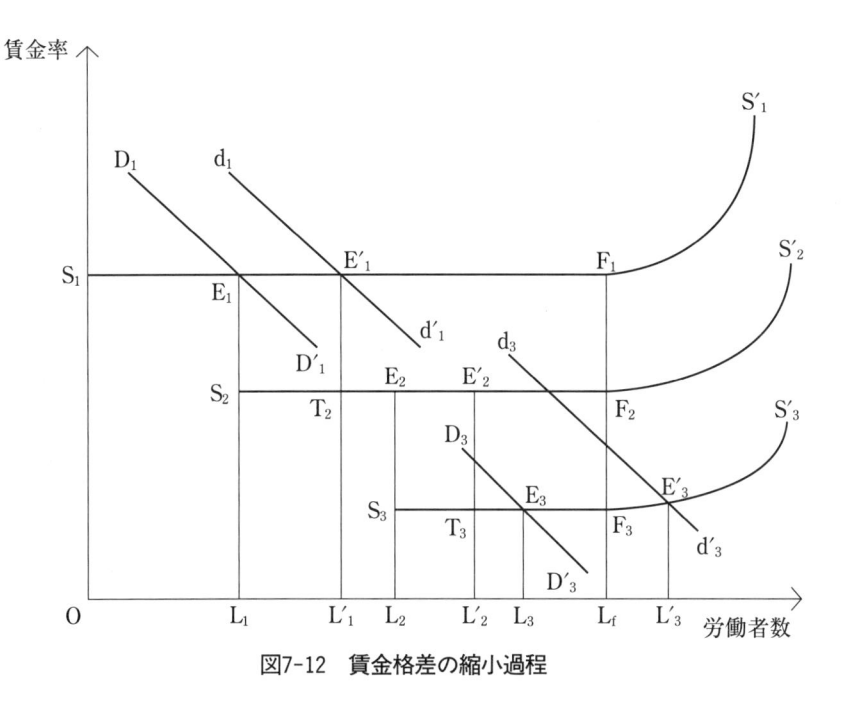

ないだろう。図形のうえでは，これは増加前の $S_2E_2(=L_1L_2)$ と同じ幅をもつ $T_2E'_2(=L'_1L'_2)$ で示される。このように，中企業は賃金を引き上げることなく，大企業に転職した S_2T_2 の労働者を小企業から容易に埋め合わせることができる。中企業は S_2T_2 に等しい $E_2E'_2$ の労働者を小企業から引き抜くのである。

しかし，小企業では事態は異なるであろう。小企業市場の XY 平面もまた，原点 L_2 から点 L'_2 へと右方に移動する。これに対応して，労働需要曲線も $D_3D'_3$ から $d_3d'_3$ へと平行移動するであろう。小企業の労働供給曲線は点 T_3 を起点とするものの，労働者が中企業に移動したため，労働需要曲線 $d_3d'_3$ と交差する均衡点は労働供給曲線が右上がりの領域 $F_3S'_3$ 上の点 E'_3 に位置する。この結果，小企業の賃金は $S_3L_2(=T_3L'_2)$ から $E'_3L'_3$ に上昇し，賃金格差は縮小するであろう。小企業市場における労働力の不足が小企業の賃金を押し上げ，それが規模間格差を縮小させたのである。このプロセスはまた二重構造の解消のプロセスでもあったことは周知のところである。

7-4 ヘドニック賃金格差仮説

7.4.1 無差別曲線と等利潤曲線

　経済学の教科書によれば，労働需要と労働供給が均衡する点で1つの賃金率が定まり，労働者はこの賃金率のもとで企業に雇用される。しかし，企業が実際に労働者を採用するときには，賃金のみならず，労働者の有する属性——学歴，性別，年齢，技能だけでなく，「やる気」といった仕事への姿勢や人柄などについても考慮するであろう。同様に，労働者もまた，仕事を選ぶときには賃金のほかに，その仕事の特性——仕事そのものの快不快，業務の遂行に必要な技能，業務にともなう責任の軽重，雇用の安定性なども重視するはずである。このように考えると，賃金水準というものは生産の効率性だけでなく，仕事の特性や労働者の属性にも強く影響を受けるはずである。スミスは，『諸国民の富』のなかで「仕事自体の特性の違いから生じる賃金格差」を取り上げ，競争的な市場でも賃金格差を発生させる要因として，仕事の快不快の程度をあげている。

　次に，スミスにはじまるとされるヘドニック賃金格差仮説を考察する。この賃金仮説はローゼン（S. Rosen）［1974］によって最初に提示された。労働者が選択しようとする仕事や作業は，賃金率のほかに仕事が快適，清潔，安全，あるいはきつい，汚い，危ないなど作業環境のみが問題になるとし，作業環境の不快さの程度を表す尺度を R としよう。労働者が不快度の高い仕事に従事すれば，企業はそれを補償するためには高い賃金を支払わなければならない。そこで縦軸に賃金率 w，横軸に仕事の不快度 R をはかると，図7-13の無差別曲線 U_1，U_2，U_3 は，賃金率と不快度との関係を図示したものである。労働者の選好態度を表した無差別曲線の傾きは右上がりで横軸に対して凸となっている。各々の無差別曲線は，効用水準を同一に保つように，賃金率 w と不快度 R の組み合わせの軌跡を表し，仕事の不快度 $R=R^*$ に対して，曲線 U_2 上の賃金率のほうが曲線 U_1 のそれよりも高くなるから，曲線 U_1 よりも曲線 U_2 が選好されるであろう。同様に，賃金率 $w=w^*$ に対して，曲線 U_2 上の不快

図7-13　労働者の無差別曲線

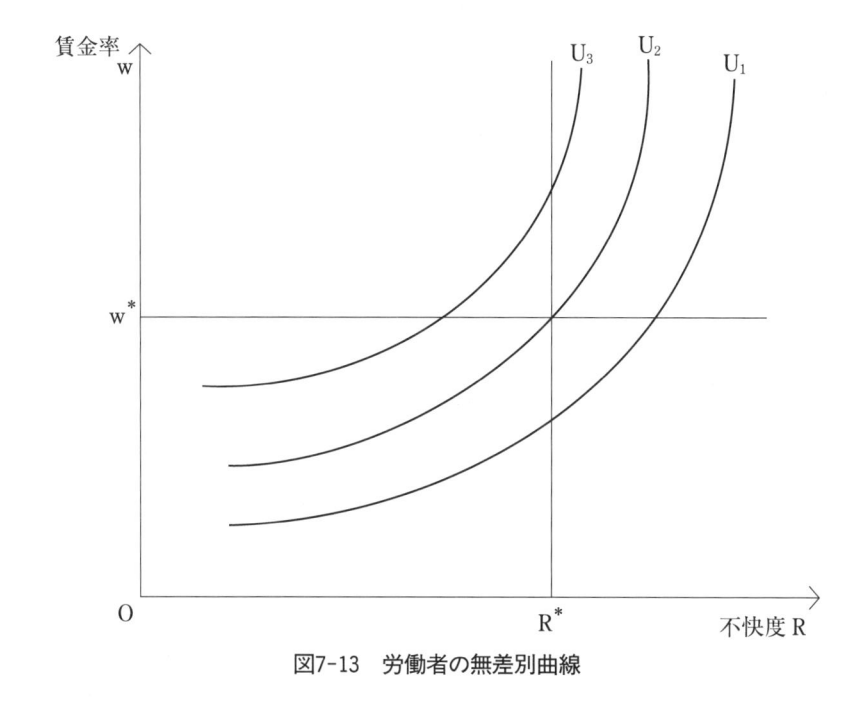

度の程度が曲線 U_1 のそれよりも低くなるから，曲線 U_2 が曲線 U_1 に比較して選好されるであろう。

　一般に，ある高さの不快度 R との引き換えに補償されなければならない賃金 w の引き上げ幅は，労働者個々によって異なるであろう。図7-14の無差別曲線 U_A，U_B は 2 人の労働者 A と B の無差別曲線を示したものである。不快度が同じであっても，労働者の不快度に対する態度は異なり，曲線 U_A の傾きは曲線 U_B のそれにくらべて大きいとする。このことは，労働者 A は不快な仕事を非常に嫌い，労働者 B は不快な仕事をそれほどいとわないことを意味している。たとえば，仕事の不快度 R が点 J から同じ幅だけ高くなったとしよう（R_1 から R_2 への不快度の上昇）。各々の効用水準が変わらないとすれば，労働者 A がより不快回避的であるから，不快度の上昇との引き換えによって補償されなければならない賃金率の上昇も，あまり不快回避的でない労働者 B のそれよりも高くなるであろう（点 L と点 K を比較せよ）。

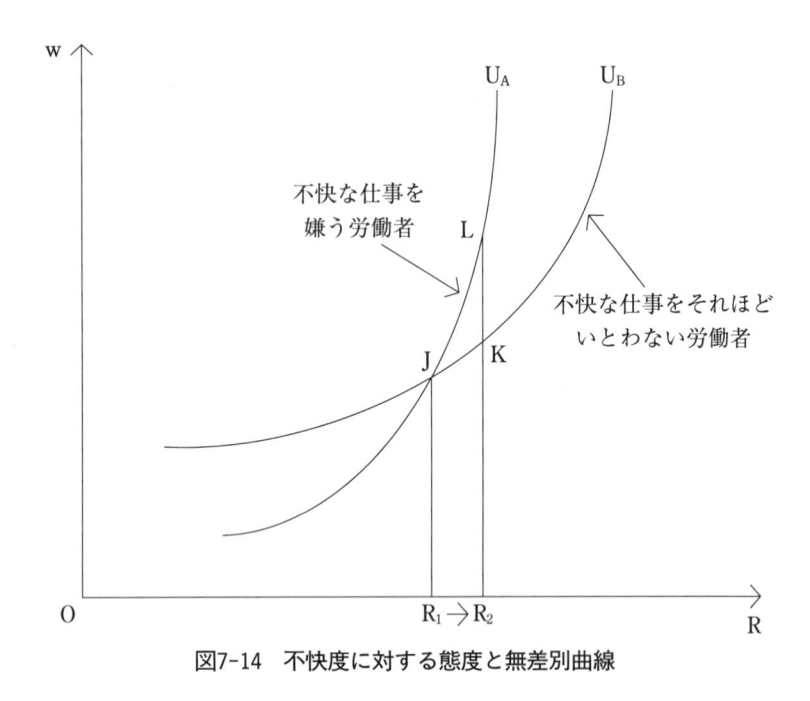

図7-14　不快度に対する態度と無差別曲線

　次に，企業の選好態度について説明する。企業が仕事の不快度 R を引き下げるのに追加的に支出しようとするところの費用が，もし利潤水準を同じ高さに維持しようとすれば，より低い賃金率の支払いによって相殺されなければならない。利潤水準を同一の水準に保つように選択された賃金率 w と不快度 R とのさまざまな組み合わせの軌跡が，図7-15に画く右上がりの等利潤曲線 Π_1，Π_2，Π_3 にほかならない。等利潤曲線は横軸に対して凹の形状となり，曲線が右下方にシフトするほど，利潤水準は高くなる。たとえば，賃金率 w＝w* において，等利潤曲線 Π_3 の不快度 R が曲線 Π_2 のそれよりも高いけれども，作業環境の改善に向けられる費用はそれだけ少ないので，曲線 Π_3 の利潤水準は曲線 Π_2 のそれよりも高くなる。また不快度 R＝R* に対して，曲線 Π_3 の賃金率が曲線 Π_2 のそれよりも低いので，利潤水準は高くなるであろう。

　賃金率 w と仕事の不快度 R との組み合わせは，労働者の選好する態度によって異なるように，不快度を引き下げるのに支出される環境改善費もまた企業

図7-15 企業の等利潤曲線

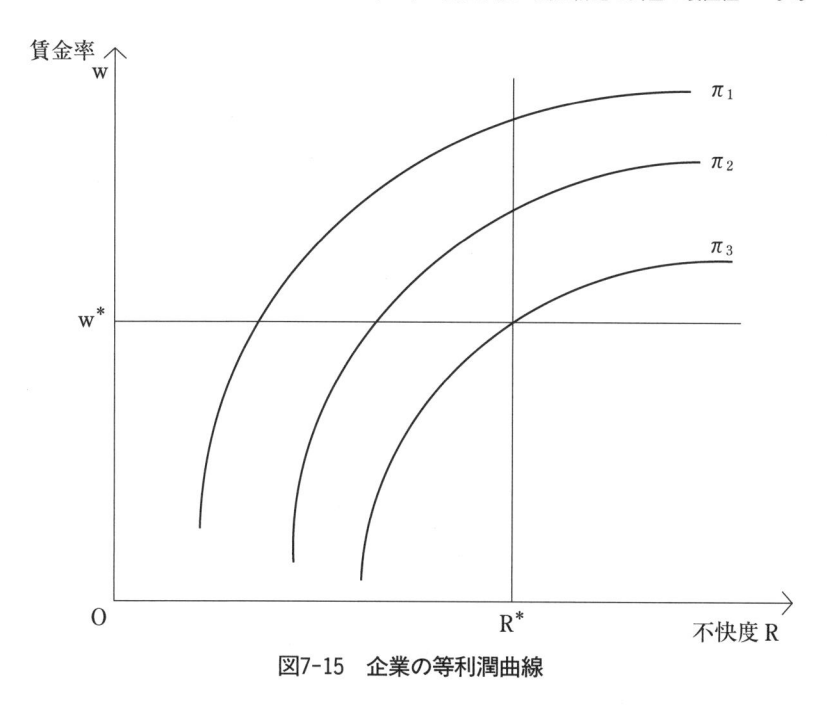

によって相違している。図7-16は2つの企業XとYの等利潤曲線を示したもので，曲線Π_Yの傾きは曲線Π_Xのそれにくらべて大きいとしよう。このことは，企業Yにおいて不快度を引き下げるのに要する環境改善費がかさみ，その限界費用が企業Xのそれよりも大きいことを意味している。いま，2つの企業XとYがともに，点Kから同じ大きさだけ不快度Rを下げたとしよう（R_1からR_3への不快度の低下）。利潤水準が変わらないとすれば，不快度を下げるのに要する企業Yの環境改善費が大きく，その限界費用が企業Xのそれよりも高くなることを反映して，企業Yの賃金率の低下は一層大きくなるであろう（点Mと点Nを比較せよ）。以上の説明が示唆しているように，賃金率wと仕事の不快度Rとは，労働市場においてそれぞれ独立に提供されるのではなく，一組みのパッケージとして提供されるのである。

7.4.2　労働者と企業とのマッチング

　図7-14と図7-16を合わせたのが図7-17である。これによって，2人の労働

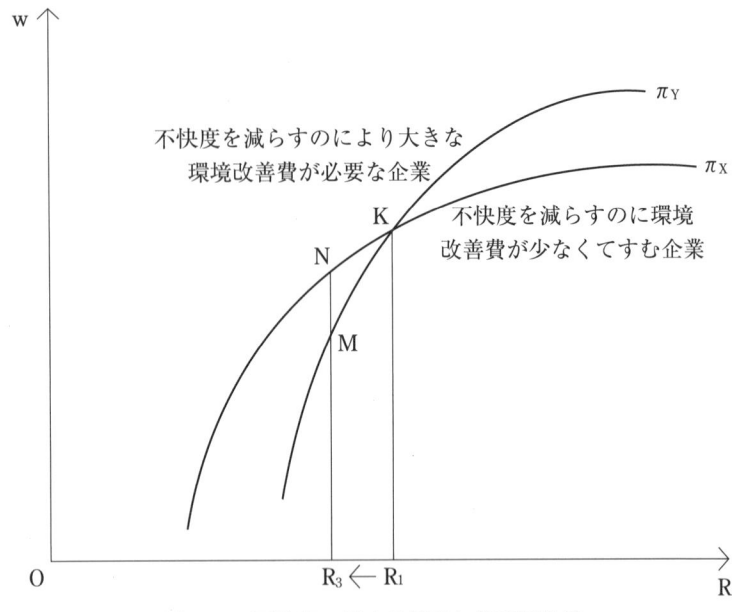

```
                               π_Y

       不快度を減らすのにより大きな
       環境改善費が必要な企業
                           K
                    N           不快度を減らすのに環境
                                改善費が少なくてすむ企業
                        M                    π_X



  O                  R_3 ← R_1              R
```

図7-16 不快度に対する態度と等利潤曲線

者(A, B)がいずれの企業(X, Y)に就職できるか,いいかえれば,いかにうまくマッチングできるかを明らかにしよう。労働者Aは,企業Xにおいて点M(無差別曲線U_Aと等利潤曲線Π_Xとの接点)で就職することによって効用を極大化し,他方,労働者Bは,企業Yにおいて点N(曲線U_Bと曲線Π_Yとの接点)で働くことによって効用を極大化するであろう。その結果,労働者Bに対しては,R_{BY}の高い不快度と引き換えに,w_{BY}の高い賃金が補償されなければならない。いいかえると,労働者Bはw_{BY}の高い賃金が支給される代わりに,不快度R_{BY}の高い仕事に従事するであろう。これと反対に,労働者Aに直面する不快度はR_{AX}と低いから,それを補償する賃金もまた,労働者Bが受け取るw_{BY}よりも低いw_{AX}となるであろう。図7-17に図示するように,労働の需給が適合するマッチングの点は点Mと点Nによって与えられるが,各点は労働者と企業それぞれが異なる選好態度をとった結果にほかならない。このケースにおいては,労働者Aは仕事の不快度に対して,より不快回避的であるのに対して,労働者Bは不快をあまりいとわないと想定され

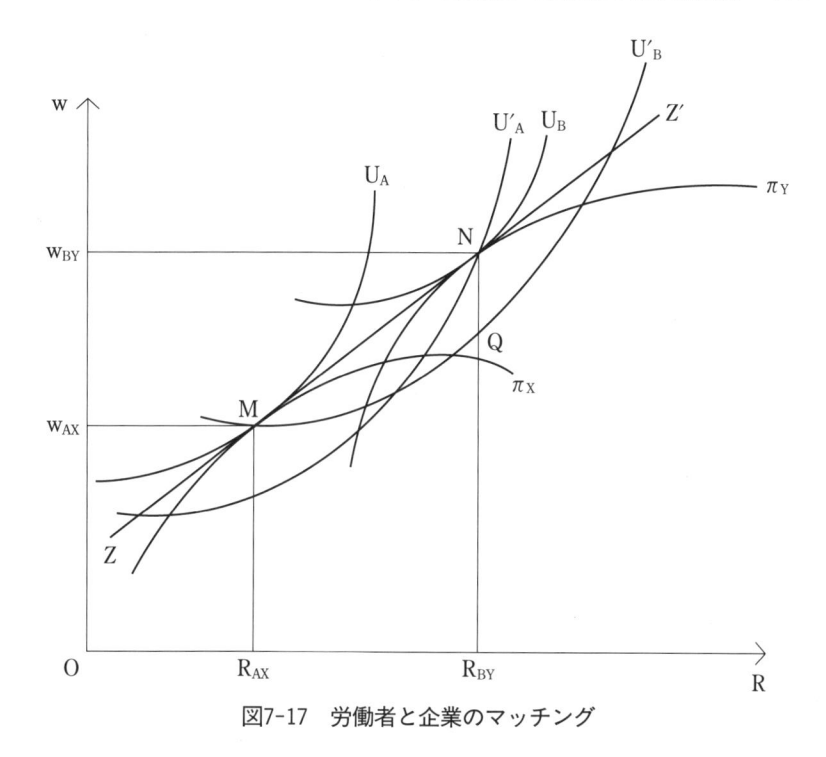

図7-17 労働者と企業のマッチング

ている。他方，企業 X は企業 Y と違って環境改善費をわずかに増やすことで不快度を引き下げることができる。企業 Y によってオッファーされた賃金率と不快度との組み合わせ——企業 Y の点 N (R_{BY}, w_{BY}) は，曲線 U_A より低い無差別曲線 U'_A 上に位置しているから，労働者 A は働くのであれば，企業 Y ではなく企業 X がベターオフであると判断するであろう。同様に，労働者 B にとっては企業 Y の点 N がベターオフとなるであろう。というのは，R_{BY} の不快度において，企業 X によって支払われる賃金率，すなわち無差別曲線 U'_B との交点 Q に対応する賃金率は w_{BY} の賃金率よりも明らかに低いから，労働者 B は企業 X の仕事を受け入れることはないのである。

以上説明したアプローチはヘドニック賃金アプローチとよばれ，その本質は次の3つの仮定によって特徴づけられるであろう[41]。

①個々の労働者は，仕事の属性——仕事の不快度 R に関して異なった選好

をもっている。また個々の企業においても，不快度Rを減らし作業環境を改善するために投入される費用も異なっている。

② 企業は，賃金率wと仕事の不快度Rをそれぞれ別々に提供するのではなく，それを1つのパッケージとして労働者に提供する。労働者もパッケージの形でのみ利用することができると仮定されている。

③ 労働者も企業もともに，こうした賃金率wと不快度Rのパッケージが外生的に与えられたものとして選択するのである。

これらの仮定のもとで他の条件を一定とすると，労働者iの効用水準U_i，および企業jの利潤水準Π_jはそれぞれ次のように表示されるであろう。

$$U_i = U_i(w, R, X_i) \qquad (i=1, 2, \ldots, n) \qquad (7.18)$$
$$\Pi_j = \Pi_j(w, R, Y_j) \qquad (j=1, 2, \ldots, m) \qquad (7.19)$$

X_iは労働者iの個人属性を表す指標，Y_jは企業jの特性を表す指標である。労働者と企業は，(7.18) または (7.19) で示された選好態度をもって，労働市場で相対するのである。ここで労働市場が均衡している状態とは，無差別曲線と等利潤曲線とが接している状態——労働者と企業とがそれぞれ適合してマッチングしている状態をいう。いいかえれば，マッチングしている状態とは，労働者が与えられた条件のもとで効用を最大化している状態をいい，企業もまた利潤を最大化している状態をさしている。

図7-17は労働者と企業それぞれが労働市場で均衡した状態にあるケースを図示したもので，この均衡状態の軌跡を表した関数 $w=F(R)$ ($\partial F/\partial R>0$) はヘドニック賃金関数といい，また無差別曲線U_iと等利潤曲線Π_jとの接点の軌跡である曲線ZZ'はヘドニック賃金曲線 (hedonic wage curve) とよばれ，右上がりの曲線となる[42]。いうまでもなく，右上がりのヘドニック賃金曲線ZZ'上の各点は，労働者が効用を最大化している点，また企業が利潤を最大化している点にほかならない。労働者Aは良好な作業環境を重視することから，より低い不快度R_{AX}とより低い賃金率w_{AX}の組み合わせ（点M）を提供する企業Xを選択するであろう。他方，労働者Bは作業環境についてあまり問題としないため，より高い不快度R_{BY}とより高い賃金率w_{BY}の組み合わせ（点N）を提供する企業Yを選択するであろう。表現を換えていえば，労

働者iは無差別曲線 U_i とヘドニック賃金曲線 ZZ' とが接する点で効用を最大化し，その組み合わせを選択するであろう。他方，企業jは等利潤曲線 Π_j とヘドニック賃金曲線 ZZ' とが接する点で利潤を最大化し，その組み合わせを選択するであろう[43]。このように，労働市場が均衡状態にあるならば——労働者と企業がマッチングしている状態にあるならば，

$$\text{労働者の無差別曲線の接線の傾き} = \text{ヘドニック賃金曲線の接線の傾き}$$
$$= \text{企業の等利潤曲線の接線の傾き} \qquad (7.20)$$

が成立しなければならない。(7.20)からヘドニック賃金曲線は各労働者の均衡点をとる無差別曲線，つまり賃金オッファー曲線の包絡線（envelope curve）となっており，またヘドニック賃金曲線は各企業の均衡点をとる等利潤曲線，つまり賃金付け値曲線の包絡線となっている[44]。以上のように，労働者AとBとがたとえ能力が同じであっても，不快度の程度が労働者AとBで異なっていれば——キリングスワース［1987］はこれを「労働者間の仕事の好みの多様性（heterogeneous preferences）」とよんでいる[45]——，これに応じて各仕事に対する評価，ひいては就職を選択する企業も異なるであろう。ここに不快度を補償する賃金率に格差を発生させるのである。この賃金格差（= $w_{AX} - w_{BY}$）が補償賃金格差にほかならない。

［注］
1) 一般に，人件費とは，企業が労働者を雇用することによって発生するさまざまな労働費用，すなわち労働者に直接・間接を問わずに支払われるすべての費用をいう。
2) 以下の説明については，主に荒井勝彦・高田英［1982］第6章による。なお，賃金制度については日本経済新聞社編［1980］がわかりやすい。
3) 労働基準法第11条に「賃金」とは「名称の如何を問わず」と定めているように，「賃金」という言葉（用語）以外に，「俸給」「給料」「報酬」「給与」などさまざまな用語が用いられている。たとえば，民法は労働の対価として「給料」（第308条）と「報酬」（第623条，第624条など）という2つの用語を用い，ともに「賃金」をさしている。
4) 賃構調査についても現金給与が定義されているが，毎勤調査と同じである。
5) 退職金は，その支給義務や支給基準について法律上の定めがない。しかし労働協約や就業規則上に退職金の定めがなされると，賃金として取り扱われる。

6) 私的年金はさらに企業年金と個人年金に分けられる。
7) 功労・勤続報償説は退職金の発生を資本主義以前の「のれん分け」に由来するとの考えにもとづき，勤続や功労，企業への貢献などに対する恩恵的な給付として支払われるとする説である。賃金後払い説は，労働者の在職中に賃金の全部が支払われず，一部が留保され退職するときに賃金の後払いとして支払われるとする説である。生活保障・生活扶助説は退職した労働者の老後や失業した労働者の生活安定のために生活補助的に給付するとする説である。
8) 現金給与以外のものを労働費用の面からみると，退職金等の費用，法定福利費，法定外福利費のほかに，教育訓練費，募集費，その他の労働費用（作業服の費用，転勤に関する費用，社内報に関する費用，表彰等に関する費用，現物給与の費用など）がある。
9) 荒井勝彦・高田英［1982］第 6 章（138〜166頁）を参照。
10) 1980年以降，労働省「賃金労働時間制度等総合調査」における基本給体系の分類方法が変わったため，以前の数値と連続しないことに注意する必要がある。
11) 小野旭［1994］64〜66頁を参照。
12) J, R. Hicks［1963］pp. 53〜57（訳書47〜51頁）を参照。
13) 1960年代から70年代にかけて，アメリカにおいてケインズ経済学の有効性を否定するフリードマンをはじめとするマネタリスト，合理的期待形成仮説が学界を主導した。これに対抗して，一部の経済学者がケインズ経済学に新しい理論の基礎づけを与えるために努力したのが「ニュー・ケインジアン」であった。ニュー・ケインジアンは，伝統的なケインジアンと違って，価格・賃金の硬直性を新しいミクロ的基礎のもとで説明した。価格・賃金の硬直性のため市場の需給はクリアされず，そのため市場は短期的には均衡しない，とニュー・ケインジアンは主張する。この立場に立つ人びとにアザリアディス（C. Azariadis）をはじめ，アカロフ（G. A. Akerlof），イエレン（J. L. Yellen），マンキュー（N. G. Mankiw），ブランチャード（O. J. Blanchard），サマーズ（I. H. Summers），ローマー（D. Romar），スティグリッツ（J. E. Stiglitz）などがいる。
14) マネタリストは，ケインズ経済学の裁量的な財政・金融政策が無効であるといい，とくに合理的期待形成仮説は，完全情報のもとで個々の経済主体が合理的な期待を形成することにより，ケインズ的な財政・金融政策の有効性を否定した。こうした状況のなかで生まれたのが「ニュー・クラシカル」である。ニュー・クラシカルは，新古典派（ネオ・クラシカル）の枠組みのうえに立ち，個々の経済主体が合理的に行動することを前提にマクロ経済学を構築する。経済全体が価格と賃金の迅速な調整を通じて，つねに市場がクリアするので，完全雇用均衡を達成するという点にニュー・クラシカルの本質がある。この立場に属する人びとにルーカス（R. E. Lucas），バロー（R. J. Barro），サージェント（T. J. Sargent），プレスコット（E. C. Prescott），ウォーレス（N. Wal-

15) 以下の説明は，中谷巌［2000］404～411頁を参照。
16) 危険愛好者（risk lover）の場合には，限界効用逓増の効用関数となり，安定的な賃金より変動的な賃金が選好され，労働者が危険中立的である場合には，安定的な賃金と変動的な賃金とは無差別となるであろう。
17) ここで，企業が契約IIで支払う賃金を8万円に代わって，7.3万円と8万円の間，たとえば7.5万円に設定したとしよう。これによって，企業は契約Iの期待賃金8万円よりも低い賃金7.5万円を支払い，0.5万円得するであろう。7.5万円に対応する期待効用101.25（曲線上の点f）は，契約Iのときの効用（点dにおける期待効用 $EU_1=100$）よりも大きいから，受け取る賃金が8万円から7.5万円に引き下げられても，労働者は契約IIを依然として選好するであろう。

なお，7.3万円は次のように求められる。それは契約Iの点dに対応する効用 $EU_1=100$ と同一の効用水準をもたらす賃金である。これは効用関数 $U=-w^2+21w$ に $U=100$ を代入することによって解くことができる。もう1つの解は $w=13.7$ 万円であるが，これは効用水準そのものが減少する領域にあるから除外される。効用関数 $U=-w^2+21w$ に賃金 $w=7.5$ 万円を代入すると，期待効用 EU_2 は101.25となる。
18) このほかに効率賃金仮説の論文を集めたものに G. A. Akerlof=J. L. Yellen［1986］がある。なお，効率賃金仮説に関する邦文文献として，木下富夫［1990］，中馬宏之［1995］，大橋勇雄・荒井一博・中馬宏之・西島益幸［1989］などがある。
19) ソローは，この問題を与えられた有効需要のもとでの費用極小問題として展開しているが，結論は同じである。生産量Qを所与として，生産関数 $Q=F(\phi(w)L)$ を制約条件に賃金費用 wL を極小化すると，
$$Z=wL-\mu[F(\phi(w)L)-Q] \qquad (1)'$$
より，一階の偏導関数をゼロとおいて一階の条件を求めると，次のようになる。

$$\left.\begin{array}{l}\dfrac{\partial Z}{\partial w}=L-\mu F'(\phi(w)L)\phi'(w)L=0 \\ \dfrac{\partial Z}{\partial L}=w-\mu F'(\phi(w)L)\phi(w)=0 \\ \dfrac{\partial Z}{\partial \mu}=-[F(\phi(w)L)-Q]=0\end{array}\right\} \qquad (2)'$$

(2)'式の第1式と第2式より，本文の(7.11)と同じ結果をえる。なお，μ は効率単位ではかった限界費用である。R. M. Solow［1979］を参照。
20) 上記の注19)で説明した費用極小化の場合においては，(7.11)より効率単位ではかった賃金費用 $w^*/\phi(w^*)$ が最小となる点で効率賃金 w^* が決定される。いいかえれば，効率賃金は効率単位あたりの賃金費用を最小化する賃金にほかならない。

21) 中谷巌 [2000] 367～373頁を参照。
22) 樋口美雄 [1996] 293～295頁，古郡鞆子 [1998] 61～62頁を参照。
23) C. Shapiro=J. E. Stiglitz [1984] を参照。
24) ごまかしモデルについてはS. Salop [1979] を参照。ところで，企業にとっては労働時間を延長する場合にも労働者を増やす場合もともに費用を必要とするが，企業の必要とする費用は異なるであろう。たとえば，労働者を増やす場合には募集，面接などの採用費用や教育訓練費用をはじめ，諸手当（家族手当，通勤手当など），法定福利費，法定外福利費などが必要となる。これらの費用は，労働時間の長さとは直接関連しない費用で，労働時間にともなって変化する変動費用（variable cost）や資本設備などに要する固定費用（fixed cost）と区別する意味で，準固定費用（quasi-fixed cost）といわれる。
25) A. Weiss [1980] を参照。
26) G. A. Akerlof [1982] を参照。
27) 中馬宏之 [1995] 202～204頁，大橋勇雄他 [1989] 156～164頁を参照。
28) 大橋勇雄他 [1989] 160～164頁，足立英之 [1994] 229～236頁を参照。
29) ケース1が$L_1=M$，$L_0=0$，またケース2が$L_1=M$，$L_0>0$を選択することで，インサイダーについて成立する条件をみると，(7.15) と (7.16) の不等式をえる。
30) 足立英之 [1994] 215～217頁を参照。
31) 以下の説明は，佐野陽子他 [1981] 第4章の1（89～95頁），荒井勝彦・高田英 [1982] 130～136頁，高梨昌・花見忠監修 [2000] 164～168頁を参照。
32) A. Marshall [1920] p. 533（訳書第IV巻41頁）を参照。
33) レイノルズ＝タフトは賃金格差を5つのタイプに分類した。L. G. Reynolds=C. H. Taft [1956] pp. 9～10，高梨昌・花見忠監修 [2000] 164頁，佐野陽子他 [1981] 90～91頁を参照。
34) 賃金格差の分析にあたって注意すべき1つの問題は，「純粋な」格差と「見せかけの」格差との区別である。たとえば企業間格差を観察する場合，企業規模をのぞく他のすべての条件（性，年齢，学歴，職種，産業，地域など）を同一にすることなく，これらを込みにした平均賃金によって比較するならば，厳密な比較とはいえない。そこには企業規模の相違にもとづく格差のほかに，労働者の属性や産業・地域など企業の属性といった他の要因による格差も介在しているからである。他の条件を同一にコントロールして観察される賃金格差を「純粋な」格差といい，平均賃金にもとづく「見せかけの」格差とは区別される。いうまでもなく「純粋な」格差は「見せかけの」格差より小さい。
35) J. R. Hicks [1963] p. 3（訳書3頁）を参照。
36) A. Smith [1772] pp. 102～120（訳書292～329頁）を参照。
37) 標準生計費については，夫婦と子どもの世帯で，夫だけが就業している世帯

である標準世帯にかぎって生計費の算定が行われている。ところで，人事院の公表する標準生計費は世帯人員ごとに発表されているが，それに対応する世帯主の年齢は発表されていない。そこで，労務行政研究所は，算定対象となる標準世帯の構成を想定して年齢別の標準生計費を推計している。たとえば，18歳程度の男性1人の単身世帯，夫28歳程度で夫のみ就業する夫婦2人の世帯，夫32歳程度で夫のみ就業し子ども1人の3人世帯，夫36歳程度で夫のみ就業し子ども2人の4人世帯，夫40歳程度で夫のみ就業し子ども3人の5人世帯と想定して，年齢別標準生計費が推計されている。

労務行政研究所［2007］『賃金決定のための物価と生計費資料』を参照。

38) 所定内給与が修正後の標準生計費を下回っているからといって，世帯が直ちに生活できないわけではない。標準生計費は最低生計費ではないので，標準生計費を下回る世帯は実際多い。

39) 二重構造の実証的・構造的分析に関する当時の文献は数多く枚挙にいとまがないが，代表的な文献をいくつか列記すると，篠原三代平［1959］［1961］，長洲一二［1960］，有澤廣巳［1959］，大川一司［1958］，篠原三代平・舟橋尚道編［1961］，川口弘・篠原三代平・長洲一二・宮沢健一・伊東光晴［1962］などがある。

40) 内海洋一は，著書［1958］において賃金の下方硬直性を説明するにあたって，勢力説の考えを労働需給メカニズムの図式のなかに取り入れた。昭和初期に高田保馬は「勢力説」をもとに賃金の下方硬直性がなぜ生ずるのかを問題にしたが，神代和欣［1978］は「この問題に対して，多少とも論理的な説明を企てたものとしては，筆者の知るかぎりでは内海洋一の研究があるにすぎない。」と述べ，さらに，内海洋一の著書は高田保馬の勢力説を継承・発展させたほとんど唯一の研究であろう。」という高い評価を与えている。

神代和欣［1978］8〜11頁，16頁を参照。

41) ヘドニック（hedonic）とは「快楽の」といった意味をいい，ヘドニズム（hedonisum）は快楽主義といわれている。快楽主義は人間行動の動機や目的が快楽の追求にあるとし，これを行動の倫理基準とする考え方であるが，同時に，人間行動は不快を避けて快を求めようとする傾向があるとの考えに立ち，快不快という視点から人間行動をとらえようとする。こうした考えによって賃金が決定される点をとらえて，この賃金格差に「ヘドニック」の形容詞を冠した。ヘドニック賃金格差については，S. Rosen［1974］［1986］，M. Scottinger［1977］，R. G. Ehrenberg＝R. Smith［1982］，M. R. Killingsworth［1987］，木下富夫［1990］，中馬宏之［1995］，樋口美雄［1996］を参照。

42) 中馬宏之［1995］168〜169頁を参照。

43) 均衡点をとおる無差別曲線と等利潤曲線との接点の軌跡はまた，「賃金契約曲線（wage contract curve）」ともいわれる。ローゼンは，均衡点での無差別曲

線を「オッファー曲線 (offer curve)」とよび，木下富夫はローゼンに倣って，以下これを「賃金オッファー曲線」とよんでいる。均衡点をとおる等利潤曲線を「付け値曲線 (bid curve)」とよび木下富夫は，これを「賃金付け値曲線」とよんでいる。木下富夫 [1990] 130〜135頁, 142頁を参照。
44) 木下富夫 [1990] 132頁および136頁を参照。
45) M. R. Killingsworth [1987] pp. 727〜742を参照。

第 8 章 労働市場と失業

　高度成長期にはきわめて低い水準で推移した完全失業率は，石油危機以後，3％近くまで上昇した。バブル経済が崩壊した1990年代，わが国経済は，「失われた10年」といわれ，長期にわたって景気停滞におちいり，完全失業率は上昇をつづけ，2000年代前期には5％台の戦後最悪の状態を記録した。労働力が遊休している状態を「失業」というが，失業の原因や形態の違いを反映して，さまざまなタイプの失業がある。この章では，まず摩擦的失業や隠蔽失業の理論を取り上げ，つづいてマクロ経済体系によって非自発的失業の存在を考察するとともに，完全雇用への障害について説明する。ケインズは，古典派的世界観とは対称的に，資本主義市場経済には潜在的な供給能力に等しい有効需要をつねに保証するような自動調整機能が備わっていない，と主張した。

　話はかわるが，労働経済学の顕著な発展はミクロ経済学的基礎に立って理論化を進めてきた結果である。その1つは，労働市場の需給調整機能をストック＝フローの相互関係としてとらえ，これを失業・欠員分析（UV分析）に発展させた。UV曲線は構造的・摩擦的失業率を計測するさいの有力なツールとされ，実証研究の多くはこの手法を用いて推計している。1990年代以降，フロー・アプローチに立ってUV曲線の理論的背景を追求してきたが，このもとで新しい均衡失業理論が誕生した。ストック＝フロー関係のもう1つの進化は，フローデータを用いた失業分析である。本章では，新しいアプローチである均衡失業理論やフローデータによる失業分析についても考察する。

8-1 失業の類型と理論

8.1.1 失業の分類

わが国の失業情勢　高度経済成長が本格化する1960年以降，完全失業率は1.5%をやや下回るきわめて低い水準で推移していた。石油危機後の70年代後半になると，完全失業率は2.0%を上回り3%近くまで上昇し，完全失業者も150万人前後と大幅に増加した。高失業時代の到来かと危惧されたものの，80年代半ばから90年代初期のバブル経済期には2.1〜2.2%まで落ち込んだ。バブル経済が崩壊した後，わが国経済は厳しい不況に悩まされ，完全失業率は3%から4%，そして5%へと上昇をたどり，2002年平均5.4%，03年の3・4月が5.8%，完全失業者も03年4月には365万人と戦後最悪を記録した。年平均ベースでみると，完全失業者は02年の359万人をピークに，その後，息の長い景気回復にともなって減少をたどり，08年には265万人まで落ち込んだ。08年9月のリーマン・ショックによる金融危機が世界同時不況へと発展，09年には完全失業者は70万人増の336万人を数え，完全失業率も5.1%に上昇した。世界同時不況の危機を脱しはじめた10年には334万人と3年ぶりの減少となった。

ところで，総務省「労働力調査」によると，完全失業者とは，「調査期間中（月末の1週間）に実際に収入をともなう仕事に1時間以上従事しなかった者のうち，就業が可能でこれを希望し，かつ求職活動をした者」と定義されている。簡単にいえば，完全失業者とは，仕事がなくかつ求職活動を行っている者をいうが，わが国統計では標本調査（sample survey）によって，これを捕捉している。アメリカや日本，カナダでは労働力調査（labor force survey）によって失業者を調査しているのに対して（これを標本調査方式という），イギリスやフランス，ドイツでは，かつては失業者の公共職業安定所などへの失業者の登録による業務統計資料によって失業者を捕捉していた（これを職業紹介方式という）。現在，この3か国の失業者把握も職業紹介方式から労働力調査による標本調査方式に変更された。失業者については，ILO（国際労働機関）が国際基準を設定し，各国ともその基準に準拠している。先進主要国では，毎

月，ILO基準にもとづく労働力調査を実施し，この結果から失業者と労働力人口を把握して失業率を算出している[1]。しかし，ILO基準には，定義に幅がある箇所や国情に応じた特例を認めているなど，各国の定義には細かな点で若干の相違がみられる。比較にあたっては，この点を注意しなければならない。

失業（unemployment）とは，就職希望の労働者が提供する労働サービスが所得をえるための経済活動に利用されていない状態をいい，人的資源が遊休している状態を意味している。現実には失業の原因や形態などの違いによって，さまざまな失業が観察されるが，以下では3つのタイプについて説明にしよう。図8-1はこれを整理したものである。

失業の発生原因による分類　まず第1に，失業はその発生原因の違いによって分類される。1つは，完全雇用を維持するのに必要な供給力にくらべて，総需要が不十分なことから生じる需要不足失業（demand-deficient unemploy-

（1）失業の発生原因による分類
```
　　┌─ 需要不足失業 ─── ケインズ的失業
　　│
　　│  需要不足以外の  ┌─ 摩擦的失業
　　└─ 要因による失業 ─┤
                       └─ 構造的失業
```

（2）失業が個人の意思によるか否かによる分類
```
　　┌─ 自発的失業
　　│
　　└─ 非自発的失業
```

（3）失業が顕在的か否かによる分類
```
　　┌─ 顕在失業
　　│
　　│              ┌─ 非労働力のなかの潜在失業（隠蔽失業）
　　└─ 潜在失業 ──┤
                  │                         ┌─ 過剰就業
                  └─ 就業者のなかの潜在失業 ─┼─ ロビンソン型偽装失業
                                            └─ ヌルクセ型偽装失業
```

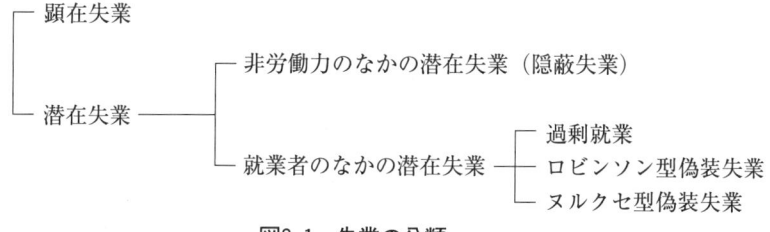

図8-1　失業の分類

ment)である。総需要の不足を原因とする失業は，さらに性格を異にする2つのタイプに分けられる。その1つは，不況において総需要の減少とともに発生する失業で，景気が回復すると失業が減少して完全雇用が達成されるケースで，このタイプの需要不足失業は，循環的失業（cyclical unemployment）とかケインズ的失業とよばれている。他の1つは，長期的な性格をもつ需要不足失業で，一般に労働需要の増大よりも労働供給の拡大のほうが大きく，そのため需給ギャップによって生じる失業である。

　もう1つのタイプは，需要不足以外の要因にもとづいて生起するところの失業で，これはさらに摩擦的失業（frictional unemployment）と構造的失業（structural unemployment）に分類される。摩擦的失業とは，市場の情報不完全性や労働の非可動性のために，労働者が仕事に就くまでにいくばくかの時間を要するが，こうした求人・求職の調整過程における時間的なズレにともなって生じる短期的な失業で，完全雇用と両立する失業とみなされている。今日のように，公共職業紹介だけでなく民営の職業紹介が進み，またインターネットによる求人・求職情報が普及すれば，情報の不完全性による需給調整の時間的ズレも少なくなるであろう。これに対して，構造的失業とは，新技術の導入や生産方法の変化などによって起こる労働需要の構造変化が原因となって，労働者の技術や技能が職種や職務に対応しえないために生じる失業で，ミスマッチ失業ともいわれ，これを解消するには労働者の教育・訓練といったマンパワー政策が不可欠となるであろう。

　個人の意思による分類　第2は，働く労働者の意思によるものか否かによって失業を分類するもので，さらに自発的失業（voluntary unemployment）と非自発的失業（involuntary unemployment）に区分される。ケインズは，『一般理論』[1936]において古典派の2つの公準（postulates）を説明し，この公準と両立する失業として自発的失業と摩擦的失業を取り上げた。雇用機会が十分に存在しているにもかかわらず，これを拒んでよりよい労働条件を求めて職探しを行う場合，労働者は自発的に（voluntary）失業しているといわれる。他方，失業者が現行の賃金率またそれ以下でも就業する意思があるにもかかわらず，雇用機会が不足しているためにやむなく（involuntary）失業している

場合，これを非自発的失業という。リー（A. Rees）[1973] は，後者の失業が需要不足失業に，前者が摩擦的失業に対応するものと指摘している[2]。

失業の顕在性・潜在性による分類　第3は，失業が顕在的か否かによって，顕在失業（actualized or open unemployment）と潜在失業（latent unemployment）に分類する。前者の失業とは，労働者が失職すると，労働市場に顕在化する失業である。これは失業統計にあらわれる失業で，「完全失業者」がこれにあたる。後者の失業とは，労働者は就業しているけれども，実質的に失業者とみなされるものの，労働市場に顕在化せず潜在化した失業で，「不完全就業（underemployment）」ともよばれている[3]。

潜在失業を大別すると，2つのタイプに分けられる。1つは，労働者が失職すると，労働市場から非労働力化して潜在化するところの失業で，それはダーンバーグ（T. F. Dernburg）＝ストライド（K. Strand）[1966] が取り上げた「隠蔽失業（hidden unemployment）」である。総需要が減少すると，これによって失業者が増加する。その多くは積極的に職探しを行うけれども，その一部は職探しすることなく就業意欲を喪失して，早晩，非労働力化するタイプの失業者をいい，景気が好転して雇用機会が増加すれば，ふたたび労働市場に登場して就業する。この失業者はまた，就業意欲喪失労働者（discouraged worker）といわれている。

もう1つの潜在失業は，就業者のなかにみられる潜在失業をいい，これはさらに2つに分けられる。その1つは，ロビンソン（J. Robinson）[1936][1947] が提唱した「偽装失業（disguised unemployment）」である。失業保険などがなかった時代には，総需要の減少によって失職した労働者は，一時的に低賃金の仕事に就職せざるをえず，景気の回復とともに以前の職場に戻るというもので，これは隠蔽失業とともに循環的な潜在失業といわれている。ロビンソンは，これら労働者の限界生産力がゼロまたは低位にあると考え，先進諸国の都市労働者を念頭において偽装失業を唱えたのであるが，ヌルクセ（R. Nurkse）[1953] は，低開発経済の農業に着目し，その不完全な就業状態を同じ偽装失業によって説明した。ヌルクセは，農業部門で働く労働者の労働の限界生産力がゼロであるような就業を偽装失業とみなした。フェイ（J. C. H. Fei）

＝ラニス (G. Ranis) [1961] [1964] もまた，経済発展論において長期構造的な偽装失業を説明しており，労働の限界生産力がゼロにある労働力を「余剰労働力 (redundant labor)」といい，これは偽装失業と同じものである。大川一司 [1955] [1959] も農業部門に着目し潜在失業を展開した。大川によると，農業などの前近代部門における労働の限界生産力が近代工業部門にくらべて構造的に低位にあるとき，この部門の労働者を「過剰就業 (over-employed)」にあるという。

8.1.2 摩擦的失業の理論

摩擦と2つの費用 ケインズ以前には，一定の総需要水準のもとで発生する摩擦的失業の問題に多くの関心があったが，『一般理論』出版後，その焦点は需要不足が原因で生じる失業の問題に移っていった。1960年代になると完全雇用と物価安定のトレード・オフが叫ばれ，需給調整の遅れにもとづく摩擦的失業の問題がふたたび注目されはじめた。しかし，これを理論的に取り上げた研究は皆無に近かった。そのなかで注目されたのはレーダー (M. W. Reder) の論文「摩擦的失業の理論」[1969] であった。本項では，レーダーの所論に依拠し，摩擦的失業の発生を考察することにしよう[4]。

レーダーは，求職・求人の活動に要する費用の観点から「労働市場に存在する摩擦」を明らかにする。新古典派が想定する競争的労働市場は，次の2点──①労使ともに契約の機会について完全な情報をもっている。②再契約には費用を要しないと仮定している。しかし，現実には2つの条件は満たされない。情報の不完全性のため，労働者は求人を求めて，また雇用主は求職者を求めてサーチしなければならない。こうした市場情報を入手するために要する費用を探索費用 (search cost) という。また完全情報のもとでも，契約が切れ次の契約を結ぶまで時間の隔たりが──雇用契約に不連続性が生じる結果，労使とも再契約には費用がかかるであろう。これを待忍費用 (waiting cost) という。レーダーによれば，現実の労働市場には情報の不完全性と契約の不連続性のため，労使双方には探索費用と待忍費用が存在する。この2つのコストが労働市場の摩擦にほかならない[5]。

労働者の求職行動 競争的な労働市場に摩擦が組み込まれると，求職−求人の調整過程は確率的な性質をもつであろう。そこで労働者は期待効用の極大化を，雇用主は期待利潤の極大化をめざして行動すると仮定しよう。また各労働者は予想される失業期間（expected unemployment interval）の各時点で，提示される雇用機会からえられる効用水準の確率分布を，他方，各雇用主は予想欠員期間（expected vacancy interval）の各時点で，求職者からえられる労働の限界生産物の確率分布を知っていると仮定しよう[6]。いま，時点 t_0 で失業した労働者を取り上げると，彼は予想失業期間の時点 t_i において提示される雇用機会を受諾するか，これを拒否して時点 t_j まで職探しするかを決定しなければならない。雇用機会の諾否は，時点 t_i で提示される雇用機会からえられる期待効用が，時点 t_j まで職探しすることによる探索・待忍費用を上回るか否かに依存している。効用の確率分布が与えられると，時点 t_i で雇用機会からえられる期待効用は探索・待忍費用とは反対の動きを示し，また探索・待忍費用は失業期間が長くなるにつれて大きくなるであろう。

労働市場が定常均衡（stationary equilibrium）にあるならば，時点 t_0 で失業プールに流入する失業フロー G_0 は，その期に失業プールから雇用プールに流入する入職フローに等しくなる。$i=0, 1, 2, \ldots\ldots, n$ において，$G_0=G_i$ が成立する。したがって，時点 t_i の G_i は，失業プールに新たに流入する失業者の割合（失業発生率）α に時点 t_i の雇用者数 N に乗じた積に等しくなるであろう。

$$G_i = \alpha N \qquad (0 \leq \alpha \leq 1) \qquad (8.1)$$

U_i を時点 t_i における失業ストックとすると，失業ストック U_i は，定常均衡では時点 t_i に失業プールに流入する失業フロー G_i に予想失業期間 I_e を乗じた積に等しくなる。

$$U_i = I_e G_i \qquad (8.2)$$

失業率を $u_i = U_i/(N+U_i)$ と定義し，(8.1) を (8.2) に代入すると，次式をえる。

$$u_i = \frac{\alpha I_e}{\alpha I_e + 1} \qquad (8.3)$$

α を一定とすると，失業率 u_i は予想失業期間 I_e によって決定される。

雇用主の求人行動　次に，雇用主の求人行動を説明する。時点 t_i に求職者を採用することによってえられる期待効用は，労働の限界生産物の確率分布が与えられると，探索・待忍費用と逆の動きをするであろう。ところで，定常状態では時点 t_i に失業プールに加わる失業フロー G_i は，同時にそれに等しい欠員のフローを発生させるから，時点 t_i における失業フロー G_i は，

$$G_i = \beta N \qquad (0 \leq \beta \leq 1) \tag{8.4}$$

となるであろう。β は新たに発生する欠員の割合，すなわち新規欠員率である。また V_i を時点 t_i における欠員ストックとすると，時点 t_i のフロー G_i に予想される欠員期間 J_e を乗じた積は，定常均衡のもとでは欠員ストック V_i に等しくなるから，

$$V_i = J_e G_i \tag{8.5}$$

となる。欠員率を $v_i = V_i / (N + V_i)$ と定義し，(8.4) を (8.5) に代入すると，

$$v_i = \frac{\beta J_e}{\beta J_e + 1} \tag{8.6}$$

をえる。(8.3) と同様に，(8.6) もまた定常均衡のもとでは，β を一定とすると，欠員率 v_i は予想欠員期間 J_e によって決定される。

摩擦的失業の存在　労働市場が均衡しているならば，経済全体としての期待雇用量 N_e は現実に雇用されている労働者数 N に等しくなるであろう。ここで労働の期待需要曲線は $N_e^d = D_e(w)$ として，また労働の期待供給曲線は $N_e^s = S_e(w)$ として定式化されるが，労働の期待需要曲線 N_e^d は近似的には伝統的な労働の需要曲線 N^d と解釈できるから，次のように与えられる。

$$N^d = D(w) \qquad D'(w) \leq 0 \tag{8.7}$$

w は実質賃金率である。同様に，労働の期待供給曲線 N_e^s も近似的には伝統的な労働の供給曲線 N^s と解釈できるから，次のように与えられる。

$$N^s = S(w) \qquad S'(w) \geq 0 \tag{8.8}$$

図8-2に労働の期待需要曲線を右下がりの，また労働の期待供給曲線を右上がりの曲線として示すと，均衡点 E_1 において均衡賃金率 Ow_e と均衡雇用量

図8-2 摩擦的失業の存在

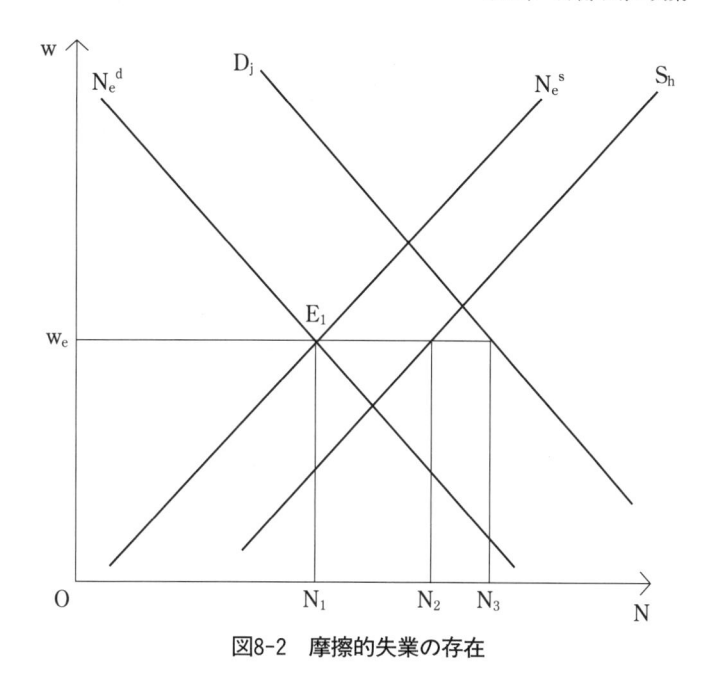

ON_1 が定まる。ところで，ON_1 の完全雇用のもとでも，仕事に就けない労働者がいくばくか存在する。したがって，時点 t_i で ON_1 の労働者が仕事に就くためには，求職者数は（摩擦を考慮すれば）ON_1 より多い ON_2 でなければならない。求職者数は（8.2）と（8.8）から

$$U_i + N^s = I_e G_i + S(w) \tag{8.9}$$

となるであろう。これは曲線 S_h で示され，「求職曲線（application curve）」とよばれる[7]。I_e と G_i を所与とすると，賃金率 Ow_e のもとで ON_1 の求職者は時点 t_i において仕事に就くことができるが，求職者の総数が ON_2 であるから，$ON_2 - ON_1 = U_i (= I_e G_i)$ の失業者は時点 t_i には仕事に就くことができない。この $(ON_2 - ON_1) = U_i$ の失業は摩擦的失業にほかならない。

摩擦的失業と並んで，摩擦的欠員（frictional vacancy）もまた均衡において存在する。雇用主が時点 t_i において ON_1 の労働者を確保するため，ON_1 より多い ON_3 の求人を提示しなければならない。そこで，求人数は（8.5）と（8.7）から次のようなる。

$$V_i + N^d = J_e G_i + D(w) \tag{8.10}$$

これは「求人曲線（job offer curve）」D_j で与えられる。J_e と G_i を所与とすると，$ON_3 - ON_1 = V_i (= J_e G_i)$ は時点 t_i において新規採用によっても充足されない求人なのである。この $(ON_3 - ON_1) = V_i$ は充足されない摩擦的欠員にほかならない。

以上において，新古典派的労働市場のフレームのなかで，摩擦的失業と摩擦的欠員の存在を明らかにしたが，その最も重要な含意は，摩擦的失業の存在が必ずしも労働の超過供給の存在を，また摩擦的欠員の存在が労働の超過需要の存在を意味していないという点である。レーダーは，情報の不完全性と契約の不連続性に起因する市場摩擦のゆえに，均衡賃金率のもとでも完全雇用と両立する摩擦的失業と摩擦的欠員が並存することを明らかにした[8]。レーダーは，これまでほとんど分析されなかった領域にメスを入れ，摩擦的失業を理論的に解明した点はきわめて卓越した洞察であった。その核心は，労働市場の摩擦が労使双方に探索・待忍費用をもたらし，これら費用の存在が完全雇用に対する総需要水準のもとで摩擦的失業の発生を解明した点にあった。

8.1.3 隠蔽失業の理論[9]

隠蔽失業とは，労働者が失職すると，積極的に求職活動することなく，早晩，労働市場から離脱して非労働力化する失業をいう。次に，隠蔽失業の決定をティラー（J. Taylor）[1974] の所説をもとに説明しよう。図8-3において横軸に雇用量 L，縦軸に総需要 D と総供給 S をはかると，垂線 SEL^* は完全雇用 OL^* に対応する経済全体のマクロ労働供給曲線を示し，これは総需要水準に対して短期的には非弾力的であると仮定する。他方，原点 O をとおる直線 OD は経済全体のマクロ労働需要曲線を表し，収益不変（constant retrun to scale）の仮定と簡単なマクロ・モデルから導出される[10]。いま，完全雇用 OL^* に対応する総需要水準は労働供給曲線 SL^* と労働需要曲線 OD との交点 E に対応した OD^* にほかならない。点 E は完全雇用を実現した需給均衡点である。点 E において，総需要の不足による失業はまったく存在せず，非労働力化する隠蔽失業もまた存在していない。

図8-3 隠蔽失業の決定

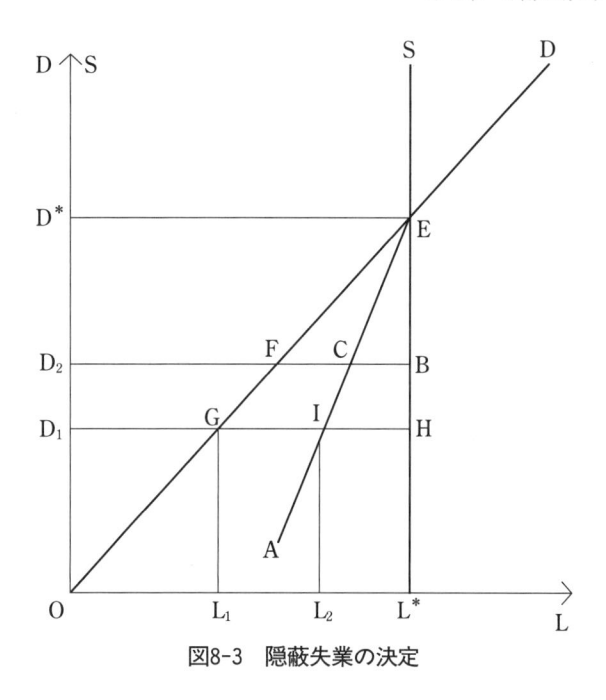

　いま，総需要水準が OD^* から OD_1 に低下すると，OD_1 の総需要に対応して $L_1L^*(=GH)$ の超過供給が発生するであろう。労働力の一部は総需要の減少によって非労働力化するゆえに，現実に観察される労働供給曲線は SEL^* ではなく点 E で屈折する SEA として画かれるであろう。総需要の減少にともなって，労働力が OL_2 に減少したために，労働市場にとどまる顕在失業は L_1L^* ($=GH$) ではなく $L_1L_2(=GI)$ となり，残る $L_2L^*(=IH)$ がいわゆる非労働力化する隠蔽失業にほかならない。景気が好転して，総需要水準が OD_2 まで回復すると，需要不足失業は $GI(=L_1L_2)$ から FC へと減少する。と同時に隠蔽失業もまた $IH(=L_2L^*)$ から CB へと減少するであろう。いいかえれば，非労働力化した IH の一部は，総需要の拡大によって労働市場にふたたび労働力として参入し雇用される。これにともなって，隠蔽失業もまた減少する。
　隠蔽失業は総需要不足失業の1つであるが，非労働力化するため，労働力には含まれない失業である。このように，隠蔽失業は労働力の増減とともに増減するところの失業である。労働力は，経済活動に従事しうる能力と意思をもっ

た個々人が提供する労働供給の総体と定義されているが，ウィルコック（R. C. Wilcock）[1957] によれば，個々人が労働市場といかに結びついているかによって，労働力を第1次労働力（primary labor force）と第2次労働力（secondary labor force）に区分した。梅村又次 [1971] はまた，それぞれの労働力を恒常労働力と縁辺労働力とよんでいる。恒常労働力とは，学校を卒業するとともに労働市場に参加し，壮年期には家計の核的存在として働き，年齢とともに労働市場からリタイアする労働力で，ほぼ一生涯，就業・失業に関係なく労働力状態をつづける労働力である。他方，縁辺労働力とは，雇用機会の増減や家計の経済状態などに応じて，労働市場と家計の間を行き来する浮動層としての特徴をもっており，その動きは労働力率の循環的変動を引き起こす要因の1つとなっている。

　ところで，縁辺労働力が雇用機会の増減に応じて労働市場にどのように関わるかについて，2つの仮説が対立している。1つは，付加的労働者（または追加労働者）仮説（additional worker hypothesis）である。不況によって世帯主が失業し，家計の所得が大幅に低下すると，それを少しでも食い止めるために，妻など縁辺労働力は労働力化して家計補助的に就業するであろう。景気の回復とともに世帯主への雇用機会も増え，職場にふたたび復帰するにともない，縁辺労働力は労働市場から離脱するという。2つは，就業意欲喪失労働者（または求職意思喪失労働者）仮説（discouraged worker hypothesis）とよばれ，不況のため失業した労働者は職探しを行うけれども，雇用機会の減少によって就業の見込みがなくなると，積極的に職探しを行うことをあきらめ，就業意欲を喪失して非労働力化し，景気が回復し働き口が増えると，労働市場にふたたび参加する労働力である。

　これらの仮説からもわかるように，縁辺労働力は労働力と非労働力の双方に含まれる。後者の仮説にたてば，景気が悪化すると，縁辺労働力の減少をつうじて隠蔽失業は増加し，逆に前者の仮説によれば，縁辺労働力の労働力化によって隠蔽失業は減少するであろう。このように，隠蔽失業は労働統計に現れない，いいかえれば非労働力人口に潜在化する失業である。いずれにしても，隠蔽失業は雇用機会の増減に対応して弾力的に労働力化または非労働力化する縁

辺労働力に多いのである。

8.1.4 偽装失業の理論[11]

戦前から戦後のわが国農業を語るとき，忘れてはならないのは大川一司の「過剰就業」であった。これは過剰人口（over population）を就業形態に着目してとらえた概念で，農業など前近代部門に従事する労働者の労働の限界生産力が，近代工業部門のそれにくらべて構造的に低位に釘付けられているとき，この労働力は過剰就業にあるとよんでいる。

現代の経済発展論に大きな影響を与えたのは，ルイス（A. W. Lewis）［1954］［1958］であった。ルイスは，「最低生存費部門（subsistence sector）」と「先進部門（advanced sector）」の2部門からなる理論モデル——無制限労働供給の理論（theory of unlimited supply of labour）を用いて，最低生存費部門（農村部門が対応する）の労働力が一定の低廉な伝統的賃金率で「先進部門」（都市部門が対応する）に無限に供給できることが，経済発展の必要条件であると明らかにした[12]。ルイスによると，最低生存費部門こそが過剰労働力の発生源であって，この部門における労働の限界生産力はゼロまたはそれに近いという。そして農村にも都市にも過剰労働力が存在するが，農村ではそれは偽装失業として，都市では雇用機会の不足による顕在失業として存在すると説明した[13]。

ルイスの無限労働供給の理論を発展させたのがフェイ＝ラニス［1961］［1964］の経済発展論である。フェイ＝ラニスのデュアリズム（dualism）理論は，ルイスの理論の延長線上にあり，この理論を精緻化したものである[14]。フェイ＝ラニスのデュアリズムとは，「最低生存部門（subsistence sector）」と「資本主義的部門（capitalistic sector）」からなり，前者は農業部門に，また後者は工業部門に対応している。農業部門は資本を使用せず，労働と土地を主たる投入要素として生産すると仮定し，農業労働の総生産力曲線は，図8-4に曲線 $OPQS$ として描かれている。農業の生産物曲線は農業労働の投入量が ON_2 を下回っているとき，労働の限界生産力はプラスの大きさであるが，労働投入量が ON_2 をこえると，労働の限界生産力はゼロとなるであろう。フェ

総生産量のグラフ（縦軸：総生産量、横軸：農業労働）。農業の生産物曲線上に点A、P、B、Q、Sが示され、横軸にN₁、N₂、N₃の点がある。N₁〜N₃が「過剰労働力」、N₂〜N₃が「余剰労働（＝偽装失業）」と示されている。

図8-4　フェイ＝ラニスの偽装失業

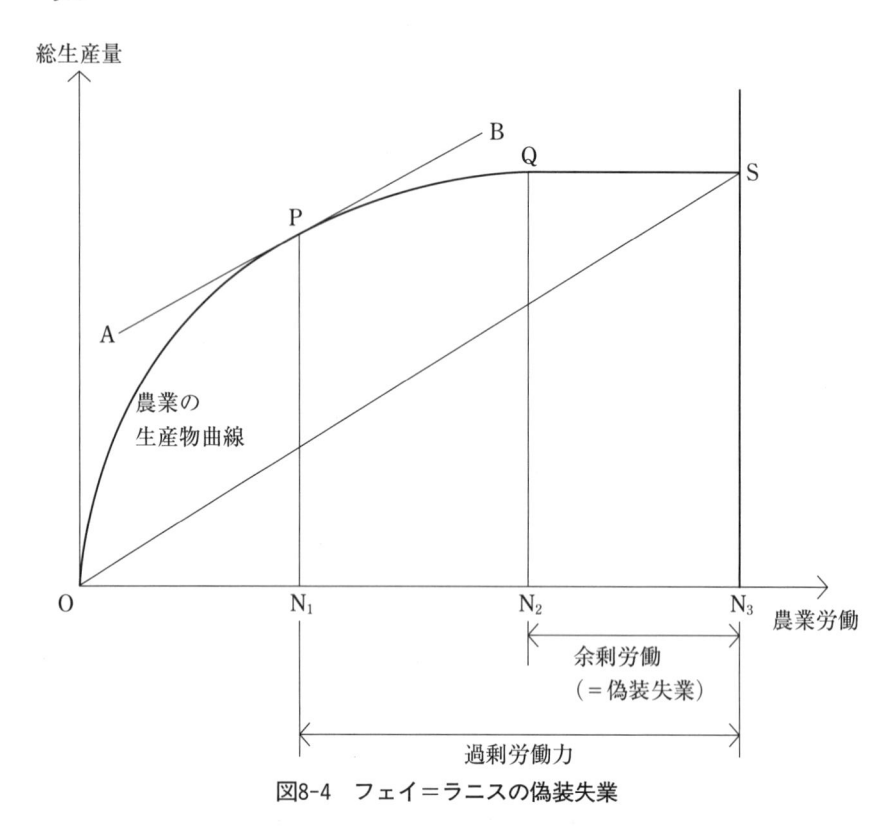

イ＝ラニスは，N_2N_3 に相当する労働者は働いているものの，労働の限界生産力がゼロであり，生産力の増大にはなんら貢献していないという意味で，これを「余剰労働力 (redundant labour)」とよんでいる。この余剰労働力こそ，低開発経済の農業に沈澱する偽装失業にほかならない。

　フェイ＝ラニスは，図8-4の点 N_1 より右側に位置する労働の限界生産力がその平均生産力よりも小さくなる労働力を「過剰労働力 (surplus labour)」とよんでおり，これは労働の限界生産力が極端に低い労働力である。いま，農業に ON_3 の労働力が存在しているとすると，総生産量は $SN_3(=QN_2)$ となるから，一人あたりの農業生産量——労働の平均生産力は SN_3/ON_3 の大きさとなる。フェイ＝ラニスは，SN_3/ON_3 を制度的賃金 (constant institutional wage) といい，生存水準の近傍で制度的に決定される一定の農業賃金をい

う[15]。この制度的賃金はルイスのいう最低生存費と同じものである。ところで，N_2N_3 の余剰労働力は，この制度的賃金において農業から仕事を求めて工業に輩出されていくであろう。余剰労働力が流出しても，農業の労働力が ON_2 に減少するまでは，総生産量は $SN_3=QN_2$ と変わらない。農業の労働力が N_2N_3 だけ工業に流出すると，農業労働の限界生産力はゼロからプラスとなるであろう。したがって，労働の限界生産力は点 P に達するまでは制度的賃金より小さいから，点 P から点 S までは，農業の労働力はこの制度的賃金で無制限的に工業部門に排出されていくであろう。

農業の労働力が ON_3 から ON_2 に減少するまでは，労働の限界生産力がゼロのままで，N_2N_3 の労働力は制度的賃金で工業に排出される。フェイ＝ラニスは，この期間を経済発展の第Ⅰ局面とよんでいる。ON_2 からさらに減少して点 Q をこえると，労働の限界生産力はゼロからプラスになるが，この点を工業部門の食料が不足しはじめるという意味で，食糧不足点 (shortage point) とよんでいる。点 Q で，偽装失業は消滅する。この点 Q をこえて，さらに労働力が工業へと流出すると，労働の限界生産力は徐々に大きくなるものの，点 P に達するまで制度的賃金によって無制限労働供給がつづく，この期間を経済発展の第Ⅱ局面とよび，点 P においては，労働の限界生産力は制度的賃金より大きくなるが，この点を農産物の商品化点 (commercialization point) といい，この点以後を第Ⅲ局面とよんでいる。

8-2　ケインズ体系と雇用量の決定

8.2.1　ケインズ体系と総需要曲線

本節では，ケインズのマクロ経済モデルを用いて需要不足失業の存在を明らかにするとともに，完全雇用への障害について考察する[16]。ところで，資本主義市場経済には経済全体としての供給能力に等しい有効需要をつねに保証するような自動調整機能が備わっているであろうか。古典派世界においては，たとえ有効需要の不足によって失業が発生したとしても，価格や賃金の伸縮性によって完全雇用生産量を吸収するに足るだけの有効需要がつねに創出されるとい

う。というのは，マクロ的な需給の自動調整が比較的速やかに行われ，経済全体はふたたび完全雇用の水準に回復すると主張する。この主張は，「セイの法則」(Say's Law) とよばれる「供給がそれ自体の需要を創り出す (Supply creates its own demand.)」という言葉に集約されている。

しかし，1930年代の大不況を背景に出版されたケインズの『一般理論』[1936] は，大量の失業と資本設備の遊休という事態に直面して，この事態を解決するうえで価格の自動調整機能が作用するという前提を攻撃し，完全雇用均衡 (full employment equilibrium) を唯一の均衡とする古典派理論を批判した。ケインズは，古典派の完全雇用均衡理論に代わる，経済全体としての産出量，したがって雇用量を決定する理論が必要であると主張した。この理論とは，セイの法則とまったく正反対の「需要がそれ自体の供給を創り出す (Demand creates its own supply.)」という「有効需要の原理 (principle of effective demand)」が妥当する世界にほかならない。ケインズは，現実の有効需要が経済全体の供給能力を下回るような状態を取り上げ，こうしたもとで成立する「過少雇用均衡（不完全雇用均衡 underemployment equilibrium)」の概念を明らかにし，新しい雇用理論を打ち立てた。ケインズ経済学は，短期の経済学としての性格をもち，ヒックスが指摘しているように，「不況の経済学 (Economics of Depression)」としての特徴をもっている[17]。

次に，マクロ経済モデルを用いて雇用水準の決定と変動を説明する。このモデルは，財市場と貨幣市場に労働市場を加えた，いわゆる完結したケインズ体系である[18]。

$$
\begin{cases}
①財市場の需給均衡 & Y=C(Y)+I(r) \\
②貨幣市場の需給均衡 & M/p=L(r,Y) \\
③マクロ生産関数 & Y=F(N) \\
④労働需要関数 & w=pF'(N) \\
⑤労働供給関数 & w=\overline{w} \text{ if } N\leq N_F
\end{cases} \quad (8.11)
$$

記号の名称は，次のとおりである。Y は国民所得，C は消費，I は投資，r は利子率，M は名目貨幣供給量，L は貨幣需要，p は物価水準，w は貨幣賃金率，N は雇用量，$F'(N)=\partial F/\partial N$ は労働の限界生産物，N_F は完全雇用

の水準である。M, p, w をのぞき C, I, L, Y, N, r の各変数は実質値である。変数は Y, r, p, w, N の5つである。

(8.11)で示された完結したケインズ体系の各式を説明すると，①と②は $IS-LM$ モデルにほかならない。①は財市場の需給均衡を表し，均衡は $Y=C(Y)+I(r)$ の均衡式によって与えられる。消費 C は国民所得 Y の増加関数（$dC/dY>0$），投資 I は利子率 r の減少関数（$dI/dr<0$）である。①より，財の供給 Y と財に対する需要 $C+I$ とを均等させる国民所得 Y と利子率 r の組み合わせを求めることができる。これを図8-5に図示したのが右下がりの IS 曲線である。

②は貨幣市場の需給均衡を示し，左辺は貨幣当局が決定する名目貨幣供給 M を物価水準 p で割った実質貨幣残高 M/p である。右辺は貨幣に対する需要を表し，それは取引動機と予備的動機にもとづく貨幣需要（以下，取引需要という）と，投機的動機にもとづく貨幣需要（以下，資産需要という）からな

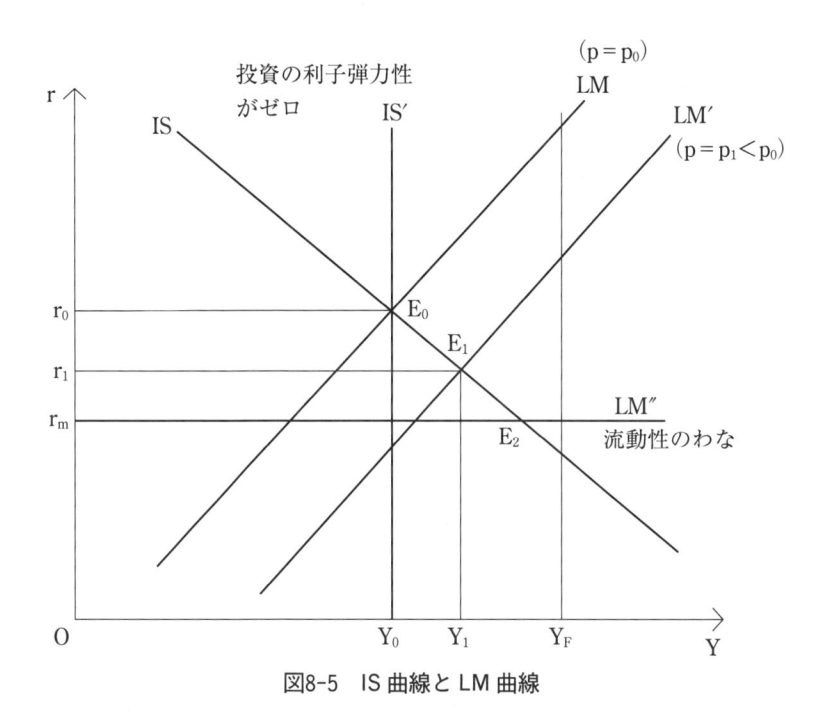

図8-5　IS 曲線と LM 曲線

っている。前者は国民所得 Y の増加関数（$dL/dY>0$），後者は利子率 r の減少関数（$dL/dr<0$）である。任意の大きさに物価水準 p が与えられると（$p=p_0$），貨幣市場の需給を均衡させる国民所得 Y と利子率 r との組み合わせを求めることができる。これを図8-5に図示したのが右上がりの LM 曲線である。

IS 曲線と LM 曲線が交わる均衡点 E_0 において，財市場と貨幣市場は同時均衡を実現し，国民所得 Y_0 と利子率 r_0 が決定される。LM 曲線の位置は物価水準 p の高さに依存してシフトするであろう。いま，物価水準が p_0 から p_1 に低下したと仮定しよう（$p_0>p_1$）。②から，実質貨幣残高 M/p_1 は M/p_0 よりも大きくなるから，図8-5に図示するように，LM 曲線（$p=p_0$）は LM' 曲線（$p=p_1$）へと右下方にシフトする。新しい均衡点は点 E_0 から点 E_1 に移動し，これに対応する均衡国民所得は Y_1 に決定され，物価水準が下落する前の所得水準 Y_0 よりも増加したことがわかる。

次に，$IS-LM$ モデルから導出された国民所得 Y と利子率 r との関係を，国民所得 Y と物価水準 p との関係に変換することにしよう。物価水準 p_0 には国民所得 Y_0 が対応し，物価水準が p_1 に低下すると，国民所得は Y_1 に増加

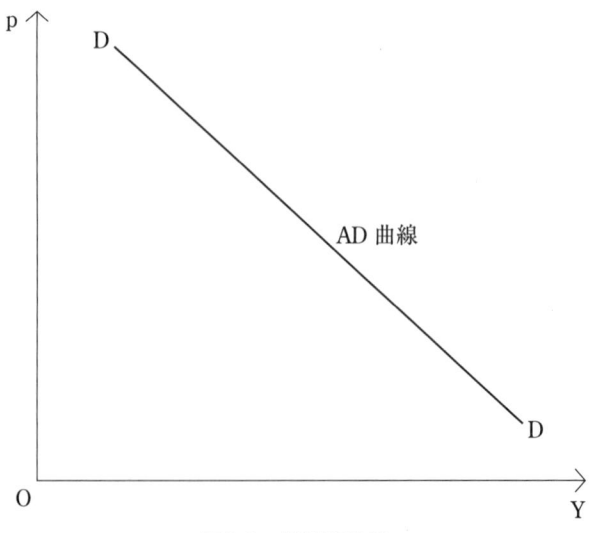

図8-6 総需要曲線

する。この関係を示したのが図8-6の右下がりの曲線 DD で，総需要曲線 (aggregate demand curve) —— AD 曲線とよばれる。これは，財市場と貨幣市場を同時に均衡させる国民所得と物価水準との組み合わせの軌跡を示した曲線である。

8.2.2 総供給曲線

次に，(8.11)式の完結したケインズ体系のうち③，④，⑤の各式から，総供給曲線 (aggregate supply curve) —— AS 曲線を導出することにしよう。③は短期のマクロ生産関数である。個々の企業の生産活動を集合した実質国民所得 Y は，経済全体としての資本ストック K と雇用量 N を投入することによって生産される。この関係はマクロ生産関数とよばれ，$Y=f(K, N)$ と定式化される。しかし，資本ストックの投入量 K を一定とする短期において，生産関数は③の $Y=F(N)$ と表現される。この関数の性質を数学的に表すと，

$$F'(N)=\frac{\partial F}{\partial N}>0, \qquad F''(N)=\frac{\partial^2 F}{\partial N_2}<0 \qquad (8.12)$$

となる。労働の限界生産物は正であるが（$F'(N)>0$），雇用量の増加とともに減少する（$F''(N)<0$）——労働の限界生産物は逓減的であると仮定する。

④は労働需要関数を表している。いま，企業は利潤の極大化を求めて行動し，また財市場と労働市場がともに完全競争にあるとする。両市場において，企業はプライス・テイカーとして行動する——貨幣賃金率 w と生産物価格 p はともに所与であると仮定しよう。よって，④に示すように，労働の限界価値生産物 $pF'(N)$ が労働の限界費用に等しい貨幣賃金率 w に一致する点（$pF'(N)=w$）で，各企業は利潤水準を極大化し労働需要量 N^D を決定する。いいかえれば，実質賃金率 w/p が労働の限界生産物 $F'(N)$ に等しくなる点で，個々の企業は労働需要量 N^D を決定する。労働需要量 N^D は実質賃金率 w/p の上昇にともなって減少する。そして，④の労働需要関数を定式化すると，次のように示される[19]。

$$N^D = N^D\left(\frac{w}{p}\right) \qquad (8.13)$$

次に，労働供給関数⑤に移る。⑤はケインズの想定した労働供給関数である。ケインズは，労働供給量 N^S が実質賃金率 w/p の増加関数であるという古典派的な見解を批判し，労働供給量は完全雇用の水準 N_F に達するまでは，一定の貨幣賃金率 $\overline{w}$ の関数である——労働供給量は一定の貨幣賃金率 $\overline{w}$ のもとで無限弾力的に行われると主張した[20]。そして，古典派的な労働供給関数が妥当するのは，完全雇用をこえる場合のみであると説明した。ケインズの想定した労働供給関数をまとめると，次のようになる。

$$N^D \leqq N_F \text{ ならば,} \quad w = \overline{w}$$
$$N^D > N_F \text{ ならば,} \quad N^S = N^S\left(\frac{w}{p}\right) \tag{8.14}$$

(8.14)については，大量の失業が存在する不完全雇用の状態（$N^D \leqq N_F$）で，しかも貨幣賃金率が下方に硬直的であるような状況のもとでは，貨幣賃金率 w は $\overline{w}$ のように一定になると考えることができる。したがって，決定される労働需要量 N^D——それは労働供給量 N^S を下回っている——は，そのまま実現し実際の雇用量（これを N_0 とする）に一致するであろう（$N_0 = N^D < N^S$）。

かくして，労働市場において $N_0 = N^D < N^S$ が成立するならば，③，④，⑤の各式から，マクロ生産関数 $Y = F(N_0)$ のもとで $p = \overline{w}/F'(N_0)$ が成立する。貨幣賃金率 $\overline{w}$ が一定であるから，労働の限界生産物 $F'(N_0)$ は雇用量 N_0 の増大とともに逓減し，その逆数である $p = \overline{w}/F'(N_0)$ は上昇するであろう。よって，雇用量 N と物価水準 p は同一の方向に動き，また③の生産関数より，実質国民所得 Y もまた雇用量 N と同じ方向に動くから，物価水準 p と実質国民所得 Y との関係は，図8-7のように右上がりの曲線 SS となるであろう。これが総供給曲線——AS 曲線にほかならない[21]。

8.2.3 完全雇用への道とその障害

総需要曲線 DD と総供給曲線 SS を重ね合わせた図8-8において，総需要と総供給は点 E で均衡し，物価水準 p^* と実質国民所得 Y^* が決定される。これがケインズ体系における一般均衡にほかならない。しかし，図8-8に示すよ

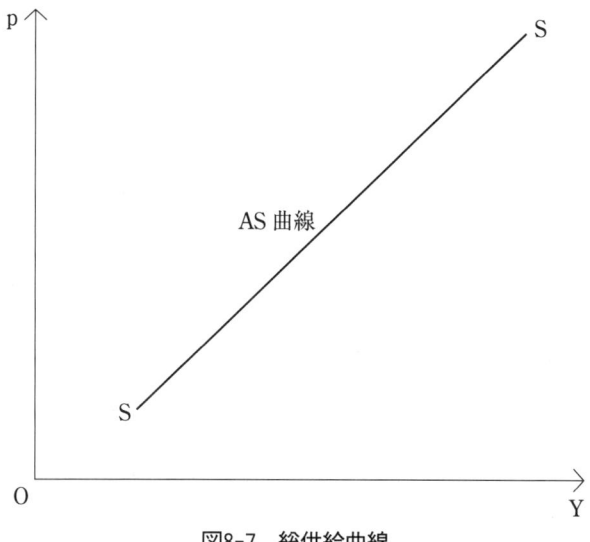

図8-7　総供給曲線

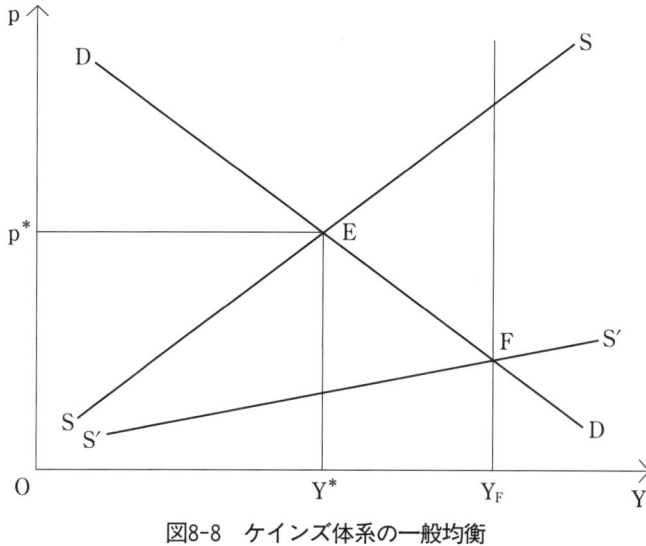

図8-8　ケインズ体系の一般均衡

うに，均衡点 E に対応する国民所得 Y^* は，完全雇用所得水準 Y_F に一致しておらず，これを下回っている。完全雇用所得 Y_F と均衡国民所得 Y^* との差はデフレ・ギャップといわれる。点 E における均衡を「過少雇用均衡（また不完全雇用均衡）」といい，そこには Y^*Y_F に対応する非自発的失業が存在する。それゆえに，古典派が主張するように，ケインズ経済学においては，過少雇用均衡の存在は貨幣賃金率の下方硬直性がもたらした結果にほかならない，と結論することができるのではないだろうか。

完結したケインズ体系においては，均衡所得 Y^* が完全雇用所得水準 Y_F との一致を自動的に保証するようなメカニズムはどこにも存在していない。それでは，完全雇用を実現するためにはどのような方法があるだろうか。それは，古典派経済学が想定したように，貨幣賃金率の伸縮性に期待するものである。Y^*Y_F に対応した非自発的失業が存在するかぎり，貨幣賃金率が伸縮的であるゆえに，まず貨幣賃金率が下落するであろう。この下落をとおして，総供給曲線は SS から $S'S'$ へと右下方にシフトし，均衡点もまた総需要曲線 DD に沿って点 E から点 F へと右方に移動するであろう。失業が存在するかぎり，貨幣賃金率の下落がつづくから，やがて点 F で総需要曲線 DD と総供給曲線 $S'S'$ とが交差し，完全雇用所得水準 Y_F が実現される。このように，貨幣賃金率の伸縮性によって，完全雇用が自動的に達成されるという古典派的命題が成立する。と同時に，注目すべきは完結したケインズ体系がこうしたメカニズムを内包している点である。そのかぎりでは，古典派経済学とケインズ経済学を分け隔てる壁はまったく存在しない。

しかし，たとえ貨幣賃金率の伸縮性を前提したとしても，完全雇用の実現が自動的に保証されないケースが存在する[22]。その1つは，「投資の利子弾力性 (interest elasticity of investment)」が非弾力的なケースである。投資の利子弾力性とは，利子率 r が1％上昇（低下）したとき，投資が何％減少（増加）するかの比率をいい，投資の利子弾力性が非弾力的であれば，利子率の低下が投資の増加を誘発できず，そのため IS 曲線の傾きは垂直に近くなる。投資の利子弾力性がゼロという完全に非弾力的な場合，投資は利子率にまったく反応しないから，IS 曲線は垂直になる。垂直の IS 曲線が完全雇用所得水準 Y_F よ

りも左側で横軸と交わるといったケース（図8-5の垂直な IS' 曲線）では，たとえ貨幣賃金率の低下，したがって物価水準の下落によって，LM 曲線が下方にシフトしたとしても——いいかえれば，利子率がかぎりなくゼロに近づいても，実質国民所得はまったく増加しない。図8-9に画くように，総需要曲線 $D'D'$ もまた垂直となる。このような状態においては，均衡点 E に対応して実質国民所得が Y^* に定まるが，失業の存在によって貨幣賃金率が下落し，総供給曲線がたとえ SS から $S'S'$ へと下方にシフトしても，物価水準が下落するだけで，均衡点が点 E' に示されるように，実質国民所得はまったく増加せず，失業も解消されないのである。

いま，1つは，「流動性のわな（liquidity trap）」とよばれるケインジアンケースである。図8-8の点 E から点 F への均衡点の移行は，物価水準 p が低下すると実質貨幣供給 M/p を増加し，それが利子率 r の低下をもたらすというメカニズムを前提としている。しかし，ケインズの流動性選好理論によると，現行の利子率が相当に低くなると，ほとんどの人びとは，将来，利子率が上昇する（いいかえれば，債券価格が下落する）と予想するであろう。利子率

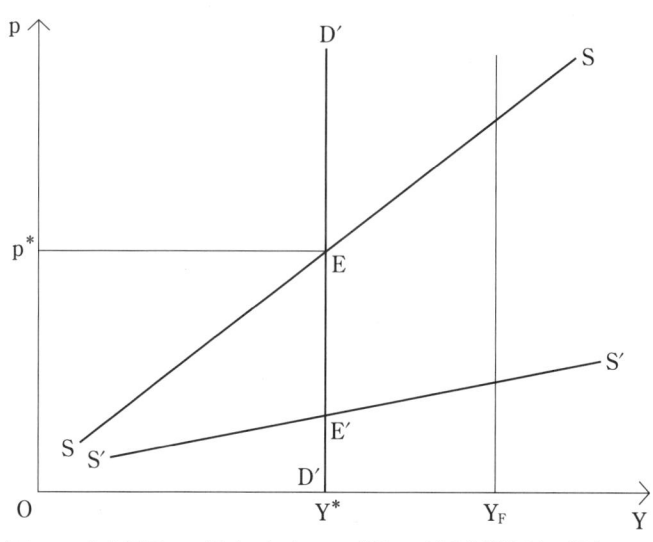

図8-9 完全雇用への障害（1）——投資の利子非弾力性の場合——

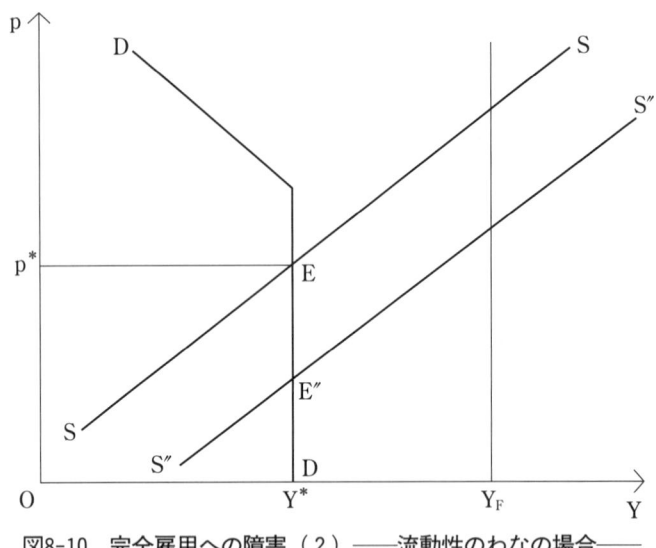

図8-10 完全雇用への障害（2）——流動性のわなの場合——

が将来上昇すると予想されるならば，人びとは債券を手放して資産すべてを貨幣の形で保有しようとする。このような局面に達すると，利子率はもはや低下せず，貨幣に対する資産需要は無限に増加するであろう。貨幣需要の利子弾力性（interest elasticity of demand for money）は無限大となる結果，LM 曲線は最低水準に位置する利子率に対して水平な直線となるであろう（図8-5の利子率 r_m に対応する水平の LM'' 曲線）。このような状態を「流動性のわな」という。

経済が完全雇用を実現する手前で「流動性のわな」に直面するならば，たとえ貨幣賃金率と物価水準が下落し，実質貨幣供給が増加したとしても，利子率はまったく低下しないから，IS 曲線と LM 曲線との交点は変わらない（図8-5の均衡点 E_2）。その結果，図8-10に図示するように，総需要曲線 DD もまた，「流動性のわな」に対応して完全雇用に到達する前に垂直の形をとるであろう。したがって，総供給曲線が SS から $S''S''$ へと下方にシフトし，均衡点が点 E から点 E'' に移動したとしても，実質国民所得はまったく増加しない。これまで説明してきたように，たとえ貨幣賃金率の伸縮性を認めたとしても，経済が「投資の利子非弾力性」や「流動性のわな」におちいるならば，総需要

曲線が垂直となって完全雇用所得水準 Y_F の手前で横軸と交わるため，完全雇用が自動的に達成される保証はどこにもなく，古典派の完全雇用命題は否定されるのである。

ところで，古典派経済学を代表するピグーは，ケインズの批判に応え，別のルートによる完全雇用実現の可能性を明らかにした。そのルートとは，「ピグー効果」(Pigou effect) とよばれるもので，不況時における物価水準の低下は流動資産の実質残高を増やし貯蓄を減少させ，ひいては消費支出の増加をもたらすという効果であった[23]。図 8-11 に示すように，ピグー効果が作用すると，たとえ投資の利子非弾力性や流動性のわなに直面したとしても，総供給曲線は貨幣賃金率の十分な切下げ，したがって物価水準の低下によって SS から $S'S'$ へと右下方にシフトするとともに，総需要曲線もまた DD から $D'D'$ へと右上方にシフトする。かくして，$D'D'$ 曲線と $S'S'$ 曲線との交点 E' で完全雇用を実現し，古典派的命題は成立するはずである。しかし，このピグー効果に大きな重荷をかけることは非常に危険ではないだろうか。まず実質残高の消費支出に及ぼす効果はきわめて小さいかもしれない。そのうえ，将来に対する予想が重要な役割を果たすことを考慮しなければならない。というのは，貨幣

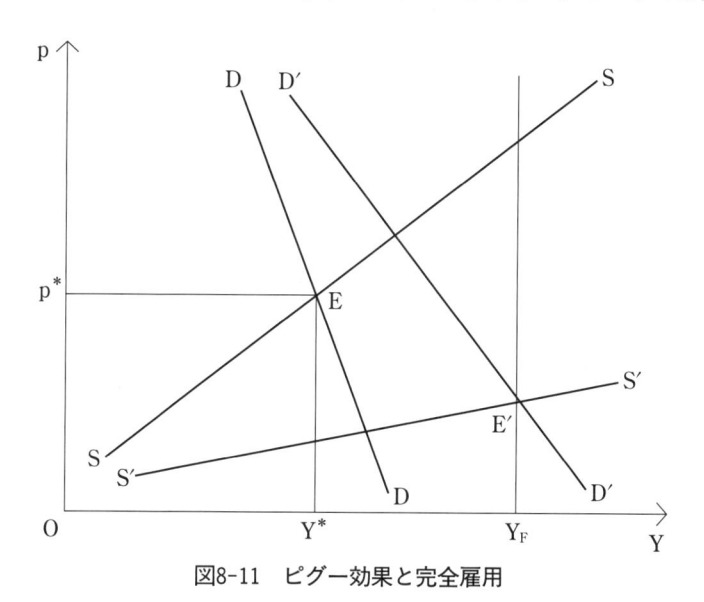

図8-11　ピグー効果と完全雇用

賃金率の切り下げによって生じる物価水準の下落が，将来さらに物価が下落すると予想される場合には，投資の限界効率表は下方にシフトし，企業の投資意欲は大幅に減退するかもしれない。もしそうであれば，投資支出に対する負の効果がピグー効果による消費支出への正の効果を凌駕するため，総需要曲線の右方へのシフトは生じないかもしれない[24]。

以上明らかにしたように，たとえ価格の伸縮性が想定されたとしても，資本主義経済には完全雇用が自動的に達成されるメカニズムは必ずしも保証されていない。ケインズは，価格の完全伸縮性を前提にした古典派雇用理論を打破し，完全雇用を達成するためには，総需要決定のメカニズムが決定的に重要になることの必要性を唱えたのである。

8-3　労働市場のストック・フロー関係とUV分析

8.3.1　労働市場のストック＝フローの相互関係

家計部門と労働市場　労働市場は，賃金水準を決定する場であるとともに，労働力の需給を調整する場でもある。労働力の需給を調整する場としての労働市場は，同時に労働力の労働市場への流入と労働市場からの流出を調整する場でもある。表現をかえると，この流出入は労働市場における変量のストックやその変化を表すフローによる相互調整機能といいかえることができる。いま，労働力に対する需要が増減するならば，それにともなって労働市場に存在する労働力のストック（stock）もまた増減するであろう。これは，企業や家計から労働市場に流入する労働力のインフロー（inflow），または労働市場や企業から家計に流出するアウトフロー（outflow）を経由して増減するであろう。

図8-12は，ホルト（C. C. Holt）＝デイヴィット（M. H. David）［1966］の画いた労働市場構造をストックとフローを用いて模型化したもので[25]，矩形は労働市場におけるストックを，また矢印はこれらストックの大きさを増減させるフローの流れを表している。これを模型化したのが労働市場のストック＝フローの相互関係（stock-flow relationship of labor market）である。以下では，失業（unemployment）と欠員（未充足求人　unfillled job vacancy）と

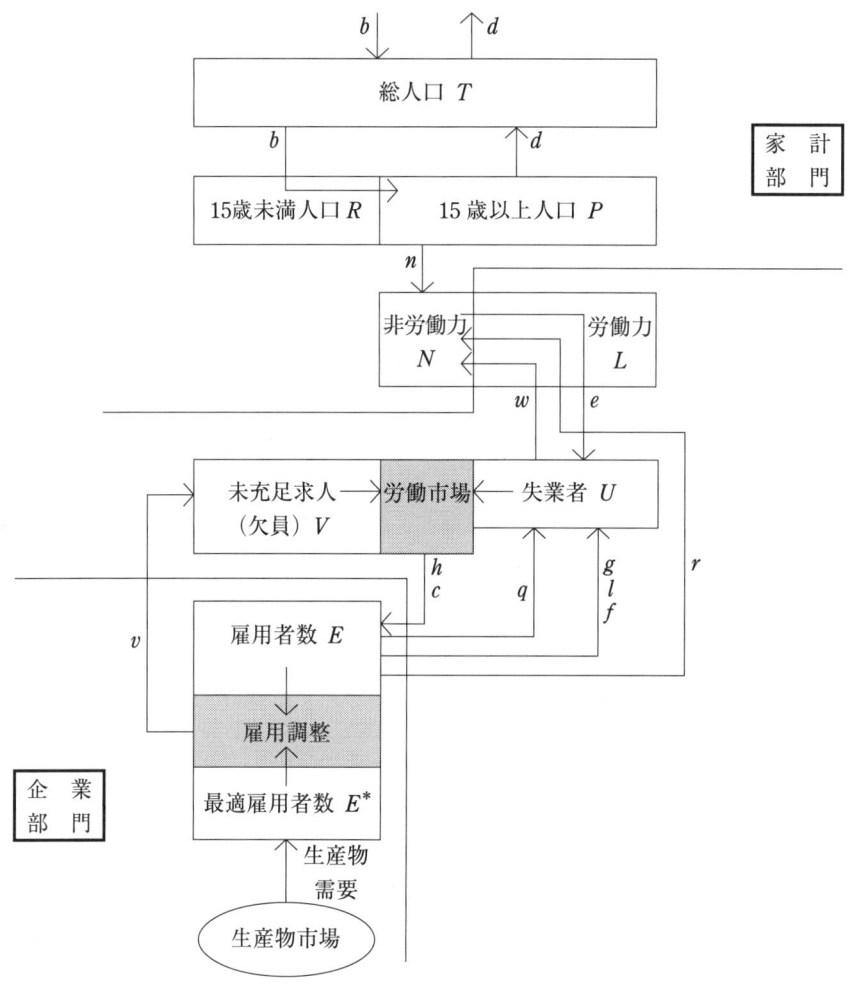

図8-12　労働市場のストック＝フローの相互関係

の関係を中心に説明しよう。

　まず労働供給の側から説明する。経済全体の総人口 T は，外国からの流出入などを別にすると，出生 b と死亡 d との差によって増減するけれども，単純化するため総人口 T を規定する出生 b と死亡 d との差，すなわち人口の自然増加 n のフローはそのまま15歳以上人口 P のストックに加えられると想定

しよう。実際のところ，人口増加の一部は，高校・大学に進学する学生や家事に専念する主婦，さらに定年・病気などで引退した高齢者のように，非労働力人口 N として家計部門にとどまるか，他の一部は労働力人口 L として労働市場に参入するかのいずれかであろう。15歳以上人口 P に加わる人口フロー $n=(b-d)$ は，まず非労働力人口 N のストックに貯められ，次に時間の経過にともなって労働力人口 L として労働市場に流入していくものと想定されている。労働力人口 L の大きさは経済全体としての利用可能な労働供給 (manpower available) にほかならない。いま，家計部門から労働市場に参入する労働力のインフローを e，逆に労働市場から家計部門に退出する労働力のアウトフローを w と r としよう。参入フロー e とは，新規学卒者の就職や主婦・高齢者の就職や再就職などであって，家計部門から労働市場の失業プール U にまず流れ込み，それから働き口を求めて職探しするものとする。反対に，家計部門への退出フロー w については，失業者として労働市場で積極的に職探しすることなく，縁辺労働力のように，早晩，非労働力化するフローである。企業部門から直接家計部門に退出するフロー r はリタイア (retirement) をいい，定年退職や病気，また結婚，出産・育児などのため労働市場から引退して家計部門に戻るフローである。

したがって，非労働力人口 N のプールの水位は，15歳以上人口 P からの人口フロー n と労働市場から非労働力人口へのフロー $(w+r-e)$ によって上下する。これに対して，労働力人口 L は家計部門から労働市場へのフロー e によって増加し，逆に労働市場から家計部門へのフロー $(w+r)$ によって減少する。いうまでもなく，ある時点にストックとして存在する労働力人口 L は，企業に在籍する雇用者 (employed workers) E と失業プールに沈殿する失業者 (unemployed) U の各ストックからなるであろう。

企業部門と労働市場 次に，労働力に対する需要をストックとフローから説明する。ある時点において，企業は生産物に対する需要を賄うために，機械や設備など資本ストックとさまざまな技術・技能をもつ労働者を用いて生産を行っている。生産物に対する需要が増加すると，企業はそれに応じて生産水準を高めようとするが，そのためには資本投入量や労働投入量を増やさなければな

らない．労働投入量の増加に対して，雇用者の時間外労働などによってある程度まで対応できるものの，生産物需要の増加がかなり長期にわたってつづくと予想されるならば，新規採用や中途採用によって労働者を確保しなければならない．生産物需要の大きさをつうじて創出される労働力に対する需要は，企業個々における最適な雇用者数（optimal or desired number of employees）を与えるであろう．これを企業全体に集計したのが最適雇用量を表すストック E^* にほかならない．

　ところで，個々の企業は，最適雇用量に等しい労働者をいつも雇用しているとはかぎらない．労働市場にはこうした未充足の求人が存在する一方，仕事を求めて求職活動している失業者がつねに存在している．失業中の求職者（job applicant）が積極的に職探しするのと同様に，企業もまた労働者を求めて積極的に求人活動を行わなければならない．企業が労働市場に新規の求人を提示したとしても，条件にかなった求職者が直ちに見い出されるわけではない．求職者の職探しについてもまったく同じである．求人（job opening）－求職（job application）とのマッチング——労働力の需給を調整する過程はまさに確率的な調整過程にほかならない．

　このモデルでは，新規求人のフローすべてが直ちに求職者によって充足されるとはかぎらないという意味で，充足されない新規求人は新規欠員（new unfilled job vacancy）のフロー v として取り扱われ，これがまず欠員のストック V にプールされてから充足されていくと仮定されている．この新規欠員のフロー v は，新規学卒者や離転職者の新規採用（new hire）h，レイオフされた労働者のリコール（recall）や定年退職者の再採用（rehire）c などによって充足されるであろう．企業個々への採用フロー（$h+c$）は，企業全体として集計された雇用者のストック E に加えられるが，充足されなかった新規欠員のフロー v は，欠員のストック V にプールされる．逆に，不況のため企業の生産物需要が落ち込み，派生需要としての労働需要，したがって最適な雇用量が企業に在籍する現実の雇用量を下回るほど減少したとしよう．このような局面においては，各企業は雇用調整を実施せざるをえないであろう．景気の後退がそれほど厳しく長くない場合には，パートタイマーや嘱託・日雇いなど非

正規従業員の再契約停止または契約満了（termination）f やレイオフ（layoff）l で対応するであろう。不況が深刻で長期化すると，企業は希望退職者の募集や正社員の解雇（dismissal or discharge）g といったより厳しい雇用調整を実施するであろう。これらの離職フローは雇用者のストック E を減らし，失業者のストック U に沈殿していくであろう。他の離職フローには，景気の動向とそれほど関係ない定年退職や結婚・出産などによるリタイア r，自発的に退職して他の企業に転職するといった任意退職（voluntary quit）q などがある[26]。

このように，企業部門における雇用者のストック E は，入職（accessions）のフロー（$h+c$）によって増加し，離職（separetions）のフロー（$f+l+g+r+q$）によって減少する。反対に失業者のストック U は，企業への入職フロー（$h+c$）によって減少し，企業からの離職フロー（$f+l+g+q$）と非労働力からのフロー（$e-w$）によって増加する。また欠員のストック V は，入職フロー（$h+c$）によって減少し，新規欠員フロー v によって増加する。いうまでもなく，任意の時点における企業全体としての最適雇用量 E^* は，すでに在籍する雇用者 E に労働市場にストックとして存在する欠員 V を加えたものにほかならない[27]。

ストック＝フローの相互関係 以上の説明を要約すると，t 期における労働力の供給と労働力に対する需要は次のように表される。

労働供給　　$L_t = E_t + U_t$ 　　　　　　　　(8.15)

労働需要　　$E^*_t = E_t + V_t$ 　　　　　　　　(8.16)

上式より，労働市場の需給均衡 $E^*_t = L_t$ が成立したとしても

$V_t = U_t > 0$ 　　　　　　　　　　　　　　　(8.17)

となる。このように，現実の労働市場には相殺されないところの失業 U_t と欠員 V_t が同時に並存することになる。もし経済が定常状態（stationary state）にあるならば，最適雇用量 E^* と利用可能な労働者 L は期間をとおして一定となるであろう[28]。また（$t-1$）期から t 期における労働市場のストックとフローの変化をみると，次のようになる。

労働力人口　　$L_t - L_{t-1} = e - (w+r)$ 　　　(8.18)

失業者	$U_t - U_{t-1} = (f+l+g+q) - (h+c) + (e-w)$	(8.19)
欠員	$V_t - V_{t-1} = v - (h+c)$	(8.20)
雇用者	$E_t - E_{t-1} = (h+c) - (f+l+g+r+q)$	(8.21)

また労働力の需要・供給とも定常状態にあるとすると（$L_t - L_{t-1} = 0$，$E^*_t - E^*_{t-1} = 0$），(8.15) と (8.16) より，次のようになる。

$$(E_t - E_{t-1}) + (U_t - U_{t-1}) = 0 \tag{8.22}$$
$$(E_t - E_{t-1}) + (V_t - V_{t-1}) = 0 \tag{8.23}$$

ここで (8.22) に (8.19) と (8.21) を，(8.23) に (8.20) と (8.21) を代入すると，次のように整理される。

$$r = e - w \tag{8.24}$$
$$v = f + l + g + r + q \tag{8.25}$$

これら定常状態のもとで，失業と欠員がともに一定の均衡条件にあるならば（$U_t - U_{t-1} = 0$，$V_t - V_{t-1} = 0$），(8.19) と (8.20) から，上式は次のように表示される[29]。

$$h + c = v = f + l + g + q + e - w \tag{8.26}$$

(8.26) の意味は，失業のストック U からのアウトフロー ($h+c+w$) はそれへのインフロー ($f+l+g+q+e$) に等しく，同様に欠員のストック V からのアウトフロー ($h+c$) とそれへのインフロー v は等しくなる，これである。

いま，生産物に対する需要が大幅に増加したと仮定しよう。生産物需要の増加によって企業の望む最適雇用量 E^* が企業に在籍する雇用者 E を上回る結果，新規求人のフロー v が新たに発生するであろう。このような状況のもとでは，求職者が雇用される確率は上昇するので，新規採用 h や再採用 c も増えるであろう。フロー ($h+c$) の増加は雇用ストック E の増加をつうじて欠員ストック V の水位を押し下げると同時に，失業ストック U の水位をも引き下げるであろう。このような求人・求職の調整過程はまた，一部の雇用者によりよい職場を求めての任意退職 q を促すであろう。フロー q の増加は失業プールの水位を高まるとともに，雇用ストック E を減少させるため，新たに求人フロー v が発生するであろう。これはまた U と V のストックの増加を

つうじて，ふたたび求人と求職のマッチングの確率を高め，新規採用のフロー h が増加するであろう。このように，各ストックはインフローとアウトフローを媒介にして相互に依存した関係にある。各ストックはインフローまたはアウトフローの調整をとおして均衡水準へと収束するネガティブ・フィードバックによって，労働市場の均衡が達成され，最終的には新たな雇用水準 E に到達するであろう。

8.3.2 失業・欠員曲線（UV 曲線）[30]

失業と欠員の並存 現実の労働市場には需給の均衡・不均衡に関係なく，失業 U と欠員 V はつねに存在している。本節では，失業と欠員がなぜ同時に並存するのかを別の角度から説明する。いま，労働力の属性が同質的で，かつ摩擦のない（frictionless）競争的な労働市場を想定しよう。図 5-8（第 5 章参照）において，縦軸に賃金率 w，横軸に労働量 L をとると，労働需要曲線 DD と労働供給曲線 SS が交差する均衡点 F で，均衡雇用量 F^* が決まる。いうまでもなく，均衡点 F においては，労働の超過需要も超過供給も存在しない。賃金率が均衡賃金率 w^* 以上の w_2 であれば，現実に実現される雇用量 w_2c は労働需要に，また w^* 以下の w_1 であれば，雇用量 w_1a は労働供給に制約され，それぞれに等しくなる。前者では労働の超過供給の大きさ cd が失業者数 U に，後者では超過需要の大きさ ab が欠員数 V にほかならない。超過供給の増加とともに，失業者数 U が増加し，逆に超過需要の増加とともに，欠員数 V が増加する。需給の均衡点においてのみ，失業者も欠員もゼロとなる[31]。この結果，縦軸に失業者数 U，欠員数 V をとる図 8-13 に示すように，それぞれの超過需要または超過供給の水準に対応する失業・欠員曲線（UV 曲線 unemployment-vacancy curve）は，原点 O で需給が一致する均衡点をもち，両軸に一致するところの曲線 aa として示される。

次に，労働力の需給を調整する場に情報の不完全性にもとづく摩擦の存在を仮定しよう。第 5 章の図 5-8 において，現実に実現される雇用量は，摩擦が存在するため，均衡賃金率 w^* においても需給の均衡点 F に対応する大きさには一致しない。賃金率が均衡賃金率 w^* を上回っている（または下回ってい

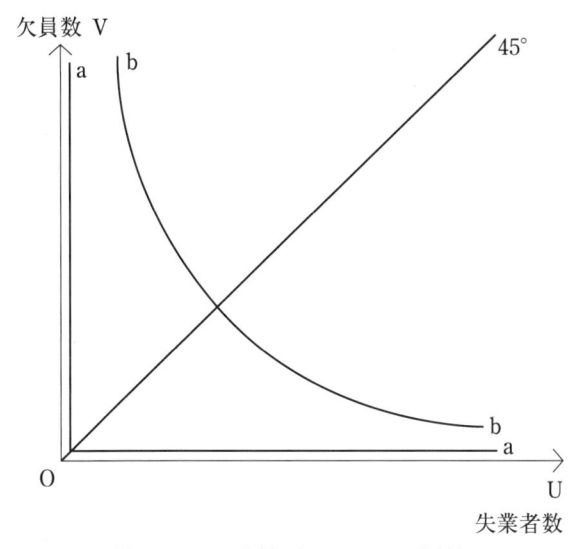

図8-13 UV曲線（ベバリッジ曲線）

る）領域においては，実際の雇用量は労働需要曲線 DD（または労働供給曲線 SS）上に位置することなく，その左側で与えられるであろう。労働の超過供給が存在するにもかかわらず，摩擦的な要因のために失業者に充足されないところの欠員が存在し，逆に労働の超過需要があるにもかかわらず，仕事を見い出しえない失業者がつねに存在する。労働の超過需要または超過供給の増減にともなって推移する実際の雇用量の軌跡を画いたのが図5-8の曲線 EE' である。ハンセン（B. Hansen）［1974］はこの曲線 EE' を雇用曲線（employment curve）となづけた。賃金率が w_2 あれば，実際の雇用量は w_2c ではなく w_2g，労働の超過供給は cd であるが，失業は cd ではなく gd の大きさに等しく，欠員も摩擦のためにゼロでなく gc 存在する。反対に賃金率が w_1 にあれば，実際の雇用量は w_1a ではなく w_1e，労働の超過需要は ad となるが，欠員は ed に等しく，失業も ea 存在する。均衡賃金率 w^* において労働の需給は一致し，超過供給も超過需要も解消されるものの，失業，欠員は相殺されず，ともに fF だけ存在する。以上から，それぞれの需要水準に対応する UV 曲線――ベバリッジ曲線（Beveridge curve）は，図8-13に図示するように直角

双曲線 bb として与えられる。

職探し過程と失業のタイプ 労働市場の需給調整は，求人・求職を調整するところの確率的な過程であって，失業者が欠員 V を見い出し，就職しうる平均的な就職確率を $Pu(0 \leq Pu \leq 1)$ とすると，就職確率 Pu は欠員 V に比例するであろう。

$$Pu = \alpha V \tag{8.27}$$

ただし，α は労働市場の効率性を表す係数である。ところで，ある期間内に雇用される失業者は新規採用 h か，あるいは再採用 c のいずれかである。したがって，入職フロー $(h+c)$ は失業のストック U に就職確率 Pu を乗じた積に等しくなるであろう[32]。

$$h + c = PuU \tag{8.28}$$

(8.27) と (8.28) より，次の (8.29) が成立する[33]。

$$UV = (h+c)/\alpha \tag{8.29}$$

入職フロー $(h+c)$ は景気循環の局面をとおして増減するけれども，失業のストック U や欠員のストック V に比較して相対的に安定したフローとみなし，また労働市場の効率性係数 α も一定すると，(8.29) の右辺は一定となる。

$$UV = (h+c)/\alpha = k \tag{8.30}$$

ここで，k は正の定数である。

縦軸に失業者 U，横軸に欠員 V をとる図8-14において (8.30) を図示すると，UV 曲線は直角双曲線 $X_0 X_0$，$X_1 X_1$，$X_2 X_2$ として示されるであろう。労働の需給が均衡して，超過需要がゼロとなる点は，45度線上の失業者 U と欠員 V とが等しくなる点（たとえば点 A）で与えられる。また，点 A は失業者 U と欠員 V が等しいという意味で，完全雇用均衡とよぶことができる。

均衡点 A に対応する失業 OU_0 は，市場の情報不完全性や需給のミスマッチに起因する摩擦的・構造的失業にほかならない。(8.30) の定数 k が小さいほど，労働市場の需給機能はより効率的になるとかミスマッチの縮小により，UV 曲線は原点に接近する[34]。点 A における失業 OU_0 は完全雇用と両立する失業であるから，完全雇用失業とよばれる。これに対応する失業率は完全雇用

図8-14 UV曲線と失業の類型

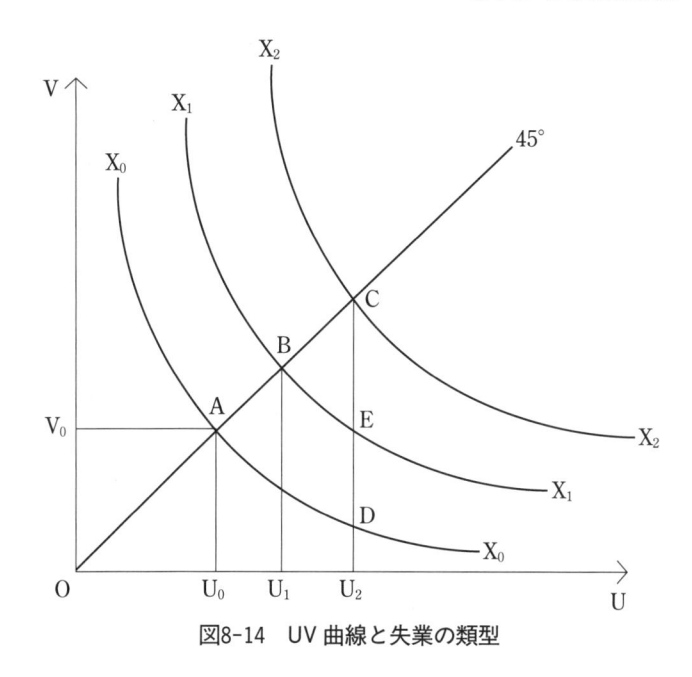

失業率といわれ，欠員率と一致していることから，均衡失業率ともよばれる。UV曲線 X_0X_0 上の失業者の増加は景気後退にもとづく需要不足失業の増加をいい，曲線 X_0X_0 自体のシフトによる失業の増加は労働市場の不完全性やミスマッチの変化にもとづく失業の増加を表している。いま，失業水準の高さが曲線 X_0X_0 上の点 A から点 D に移動したと仮定しよう。この失業は，同一の曲線 X_0X_0 上を移動する失業の増加 U_0U_2 であるから，有効需要の不足に起因する需要不足失業である。また，失業水準が点 A から点 B に上昇すれば，U_0U_1 の失業増加は摩擦的・構造的失業といえる。さらに点 E にある経済において，全体としての失業は OU_2 であるが，この失業は U_1U_2 の需要不足失業と OU_1 の摩擦的・構造的失業に分類されるであろう。

8.3.3 均衡失業率とUV曲線[35]

フロー・アプローチ UV曲線は構造的・摩擦的失業率を導出するさいの有力なツールといわれ，わが国における多くの実証研究もUV曲線を用いた手

法によって推計を行っている。労働省「労働白書」［1999］，厚生労働省「労働経済白書」［2003］，また経済企画庁「経済白書」［1990］，内閣府「経済財政白書」［2003］などは，UV曲線と45度線との交点を均衡失業率とし，これを構造的・摩擦的失業率の代理指標とするものである[36]。しかし，この手法にはいくつかの問題点が指摘されている[37]。第1は，45度線との交点は労働市場の不完全性を測定するものであるが，構造的・摩擦的失業率の理論的な根拠が明確ではない。第2は，失業率を調査する労働力調査は市場全体を対象としているが，欠員率を把握する職業安定業務統計は市場全体の求人を対象としていない，という整合性の問題がある。第3に，UV曲線の多くの推計には曲線のシフトを説明する変数が含まれていないため，曲線のシフトを特定化することができない。このように，UV曲線による推計にはいくつかの問題点がある。構造的・摩擦的失業率の導出についてはまずUV曲線の理論的背景を明らかにしなければならない。

　労働の需給が均衡しているにもかかわらず，現実には一方で失業が発生し，他方で欠員が存在するといった状況が観察される。失業と欠員の並存状態を説明する道具として登場したのがUV曲線であった。1990年代にはいって，経済学はUV曲線の理論的背景を追求した。その1つの成果がフロー・アプローチである。労働市場に摩擦が存在すると，労働の需給は即時には調整されないため，失業と欠員が並存する。このような状況のもとで構造的・摩擦的失業の発生構造を解明するという難問題に挑戦したのが，ダイアモンド（P. Diamond）［1982a］［1982b］，モーテンセン（D. T. Mortensen）［1982］，ピサリデス（C. A. Pissarides）［2000］（モーテンセン＝ピサリデス［1994］）であった。彼らは80〜90年代にかけて均衡失業理論（equilibrium unemployment theory）を打ち立てた。フロー・アプローチは，ある一定期間における労働者の失業プールへの流入と失業プールからの流出という需給の動学的均衡に着目して，均衡失業率を決定しUV曲線を導出するものである。このアプローチにおいて重要な役割を演じるのがサーチ理論である。これを労働市場に応用したのが，労使それぞれが求職・求人を求めてサーチするマッチング過程を描写したジョブサーチ理論である。ジョブサーチ理論は，市場情報の不完全性を仮定

し[38)]，失業者の求職行動といったミクロ的基礎をもとに分析するものの，企業の行動に関しては利潤最大化行動を前提にした求人行動を組み込んでいなかった。均衡失業理論は，ジョブサーチ理論に失業者の求職行動と企業の求人行動を組み入れ，マッチング関数を組み合わせることで，UV曲線の理論的根拠を与えたのである。

均衡失業理論の展開[39)] 労働市場は，求職する失業者とジョブを提供する企業からなり，求職する失業者と未充足の求人がマッチすることによって，ジョブが生まれる。求職者は求職活動によって，企業は求人活動によって，両者は求職−求人のジョブ・マッチングを行うであろう。そこで，求職−求人がジョブ・マッチングする確率をマッチング関数（matching function）で表現すると，次のようになる。

$$M = M(U, V) \quad \partial M/\partial U > 0 \quad \partial M/\partial V > 0 \quad (8.31)$$

マッチング関数とは，求人−求職のマッチング過程を表したもので，フローとしての新規採用数 M は求職者数 U と欠員数 V で説明される。マッチング関数は U と V の増加関数であり，一次同次の仮定と $\theta = V/U$ を用いると，

$$M(U, V) = M(U, \theta U) = M(1, \theta)U = m(\theta) \quad (8.31)'$$

と書き直すことができる。θ は労働市場の逼迫度（tightness）である[40)]。

求職−求人のマッチングとは，賃金を交渉しながら失業者と企業がジョブに同意することである。そこで，欠員のあるジョブが充足される確率（雇用創出率）は

$$\frac{M(U, V)}{V} = \frac{M(1, \theta)U}{V} = \frac{m(\theta)}{V} = q(\theta) \quad (8.32)$$

と表すことができる。欠員が充足される確率変数 $q(\theta)$ は θ の減少関数である。一方，失業者が失業から脱出できる確率は

$$\frac{M(U, V)}{U} = \frac{M(1, \theta)U}{U} = \frac{V}{U}\frac{m(\theta)}{V} = \theta q(\theta) \quad (8.33)$$

となる。失業から脱出できる確率変数 $\theta q(\theta)$ は θ の増加関数である[41)]。

UV曲線の導出 労働力を L，雇用を喪失する確率（雇用喪失率）を δ とすると，失業者数の変化率 $\dot{U}$ は

$$\dot{U} = \delta(L-U) - \theta q(\theta) U \tag{8.34}$$

両辺を労働力 L で割ると，失業率（$u = U/L$）の変化率 $\dot{u}$ は次のようになる。

$$\dot{u} = \delta(1-u) - \theta q(\theta) u \tag{8.35}$$

失業のフロー $\dot{u}$ は，雇用喪失率 δ と失業者が失業から脱出できる確率 $\theta q(\theta)$ にそれぞれ就業率（$1-u$）と失業率 u のウエイトをかけたものの差で表すことができる。

失業率が定常状態にあるのは失業プールからの雇用創出と失業プールへの雇用喪失が一致する点である。したがって，均衡失業率は $\dot{u} = 0$ より次のようになる。

$$u = \frac{\delta}{\delta + \theta q(\theta)} \tag{8.36}$$

これを (u, v) 平面図に示すと，右下がりの曲線が画かれる。この曲線はサーチ理論にもとづく UV 曲線にほかならない。マッチング関数の性質より，UV 曲線は原点に対して凸である[42]。δ は所与であるから，θ がわかれば，均衡失業率を求めことができる。

企業と労働者の行動 それでは，定常状態における労働需給の均衡はどのように決まるであろうか。企業の行動は求職者を雇用してジョブを充足するか，それともよりよい求職者を求めて欠員のままにするかの選択である。いま，生産物の価値は y，賃金率は w，欠員を充足しなかった場合の費用は生産物の価値に比例し yc とする。労働者の雇用によってえられる期待利潤を Πe，充足されなかったときの期待利潤を Πv とすると，Πe と Πv は，次のように示される。

$$r\Pi e = y - w + \delta(\Pi v - \Pi e) \tag{8.37}$$
$$r\Pi v = -yc + q(\theta)(\Pi e - \Pi v) \tag{8.38}$$

均衡では欠員からの利潤はゼロである（Πv=0）。(8.38) は次のようになる。

$$\Pi e = \frac{yc}{q(\theta)} \tag{8.39}$$

また (8.37) から，次式をえる。

$$\Pi e = \frac{y-w}{r+\delta} \tag{8.39}'$$

よって，(8.39) と (8.39)′ から，次式をえる。

$$\frac{yc}{q(\theta)} = \frac{y-w}{r+\delta} \tag{8.40}$$

この (8.40) は雇用創出曲線といわれ，賃金 w と労働市場の逼迫度 θ の負の関係を示し[43]，ワルラス型労働市場における労働需要曲線に相当する。

次に，労働者の行動を説明する。労働者が雇用されている場合の期待効用を Ve，失業からの期待効用を Vu，また失業中に受け取る失業給付を z とすると，雇用からえられる期待効用 Ve，失業からの期待効用 Vu は次のように示される。

$$rVe = w + \delta(Vu - Ve) \tag{8.41}$$
$$rVu = z + \theta q(\theta)(Ve - Vu) \tag{8.42}$$

均衡失業率の決定 ところで，ジョブサーチによる均衡失業率の決定を完結するには，労使双方による賃金決定のメカニズムが必要となる。ピサリデスは，賃金決定をナッシュ交渉ゲームを解くことによって求めている。ジョブ創出のマッチングによって，労使に余剰が発生する。全体の余剰 S は，次のように労働者が受ける余剰（Ve−Vu）と企業が受ける余剰（Πe−Πv）に配分される。

$$S = (Ve - Vu) + (\Pi e - \Pi v) \tag{8.43}$$

いま，労働者の交渉力を β，企業の交渉力を $(1-\beta)$ とすると，求めるべき賃金 w のナッシュ交渉解は $(Ve-Vu)^{\beta}(\Pi e-\Pi v)^{(1-\beta)}$ を最大化することである。

$$w = \arg\max(Ve-Vu)^{\beta}(Ve-Vu)^{(1-\beta)} \tag{8.44}$$

w に関する最大化問題を解けば，1 階の条件は

$$(Ve-Vu) = \beta S \qquad (\Pi e-\Pi v) = (1-\beta)S \tag{8.45}$$

(8.45) はそれぞれ交渉によって受け取る労働者と企業の取り分を示している[44]。ここで，$\Pi v=0$ を用いると，均衡における賃金は次のようになる[45]。

$$w = rVu + \beta(y - rVu) \tag{8.46}$$

また，(8.42) と (8.43) から次の式をえる[46]。

$$rVu = z + \frac{\beta}{1-\beta} yc\theta \qquad (8.47)$$

さらに，(8.47) を (8.46) に代入すると，

$$w = (1-\beta)z + \beta y(1+c\theta) \qquad (8.48)$$

となる。(8.48) は賃金方程式といわれ[47]，ワルラス型労働市場における労働供給曲線に相当する。

以上のように，均衡失業理論モデルは (8.36)，(8.40)，(8.48) で与えられる。図8-15に示すように，労働市場の需給関係は，賃金wと市場逼迫度θの関係に置き換えられ，(8.40) の雇用創出曲線と (8.48) の賃金方程式から，均衡値 (w^*, θ^*) が決定される[48]。図8-16から，均衡値θ^*を与えるuとvの組み合わせは，原点からの直線である雇用創出条件に相当し，(8.36) で示されるUV曲線との交点で均衡失業率u^*が決定される。このように，均衡失業理論モデルにおける均衡失業率u^*は，UV曲線が45度線と交わる点を必ずしも意味しないのである。

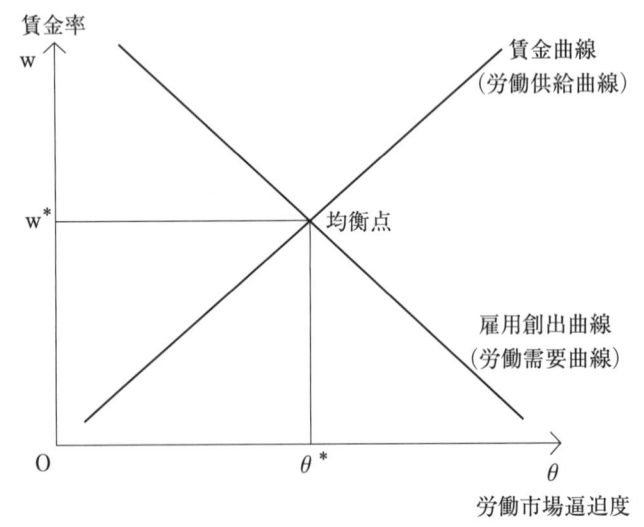

図8-15 均衡における賃金率と労働市場逼迫度

図8-16　UV曲線と均衡失業率

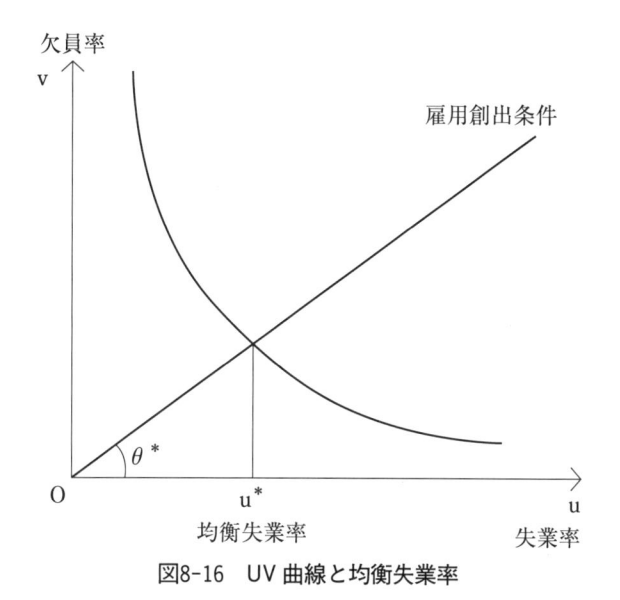

8.3.4　失業統計と失業の推移

完全失業者の定義　わが国においては，失業者（統計上，完全失業者という）は総務省統計局の『国勢調査』と『労働力調査』によって把握されている。『国勢調査』は，1920（大正9）年以来，5年ごとに調査される全数調査（悉皆調査）であるのに対して，『労働力調査』は，標本調査（sample survey）の1つとして46（昭和21）年9月に開始，約1年間の試行期間をへて，47年7月から本格的に調査を実施した。その後，50年4月から統計法による指定統計調査として，2009年4月から統計法による基幹統計調査として，毎月の就業や不就業の状況を明らかにすることを目的に調査・実施されている。調査結果の長期系列については，53年以降公表されている[49]。

同調査によると，「完全失業者」とは，次の3つの条件を満たす者をいう。「①仕事がなくて調査期間（月末の1週間）中に少しも仕事をしなかった（就業者ではない）。②仕事があればすぐに就くことができる。③調査期間中に，仕事を探す活動や事業をはじめる準備をしていた（過去の求職活動の結果を待っている場合を含む）。」と定義し[50]，労働力人口に占める完全失業者の割合を

完全失業率とよんでいる。

また同調査は，仕事を探しはじめた求職理由によって，完全失業者を次の4つに分類している。(a) 非自発的な離職による者（定年または雇用契約の満了，勤め先や事業の都合（人員整理，倒産等）による離職失業者），(b) 自発的な離職による者（自分または家族の都合による離職失業者），(c) 学卒未就職者（学校を卒業して仕事に就くために，新たに仕事を探しはじめた者），(d) その他の者（新たに収入が必要，その他の理由で仕事に就くために，新たに仕事を探しはじめた者）である。このように，離職失業者は4つに分類されるが，①定年または雇用契約の満了，②勤め先や事業の都合，③自己都合，④学卒未就職，⑤収入が必要，⑥その他，に細分して公表されている。

完全失業率の推移 図8-17によると，1950年代半ば以降，完全失業率は2％をやや上回る状態にあったが，60年代にはいって徐々に低下をつづけ，完全失業者も70万人を下回って推移した。64年には調査開始以来，最低の54万人，

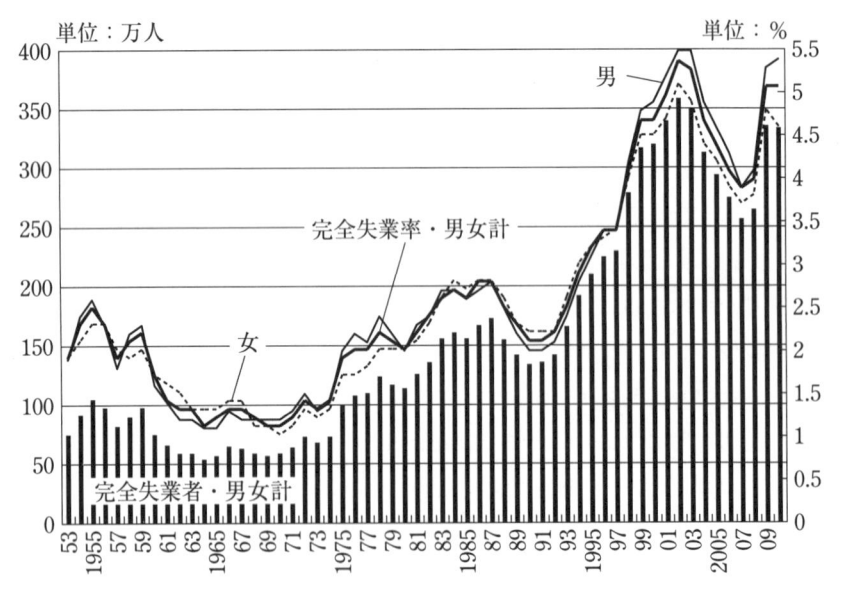

（資料）総務省統計局「労働力調査年報」
（注）1972年までは沖縄県を含まない。

図8-17　完全失業者数・完全失業率の推移

完全失業率も1.1％を記録した。69年，70年も1.1％と，64年に並んで過去最低の水準にとどまった。

　73年以降の第1次・第2次石油危機の時期においても，完全失業率は1.5〜2％と相当低い水準にあった。わが国の失業率は欧米諸国に比較して，なぜ低いのかが大きな問題となった。問題となったのは失業統計の信頼性であった。石油危機を乗りこえた80年代前半，経済は安定成長をつづけたが，完全失業者は100万人台を突破し80年の114万人から85年には156万人に増加，完全失業率も2％から2.6％に上昇した。石油危機後，産業の構造転換や企業の減量経営にともなって，完全失業率は全体として押し上げられた。需要不足失業の増加に加えてミスマッチ失業も増加の兆しをみせるなど，高失業時代が到来するのではないかと危惧された。プラザ合意後の87年の円高不況期には完全失業率は2.8％まで上昇し，完全失業者も173万人を記録した。その後，わが国はバブル経済（86年12月〜91年2月）を迎え，91年3月にはバブル経済は崩壊するが，雇用情勢は直ちに悪化することなく，完全失業率の動きは景気の動きに遅行し，90〜92年は2.1〜2.2％にとどまった。90年代の日本経済は「失われた10年」といわれ，長期にわたって景気の低迷に遭遇した。93年には2.5％であった完全失業率も95年3.2％，98年4.1％と上昇をたどり，完全失業者も増加をつづけ，95年には210万人と200万人をこえた。2002年には統計調査を開始して以来，過去最悪の5.4％，完全失業者も359万人を記録した。「失われた10年」のなかで不良債権の処理や構造改革が進み，その後，いざなぎ景気をこえる息の長い景気を迎え，完全失業者も減少傾向をつづけ，06年には275万まで落ち込んだ。08年9月に勃発したリーマン・ショックは，欧米を中心に金融危機を引き起こし，世界同時不況へと発展し，わが国経済は急速に悪化した。雇用情勢も厳しく，09年には完全失業者は336万人にへと大幅に増え，完全失業率も5.1％に上昇した。

　次に，図8-18によって完全失業者の推移を求職理由別に観察すると，自発的な離職にもとづく完全失業者が最も多く全体の3分の1から4割以上を占めていたが，02年には定年や勤め先の都合といった非自発的な離職による完全失業者が上回った。05年，06年にはふたたび自発的な離職の割合が増えたが，10

単位：万人

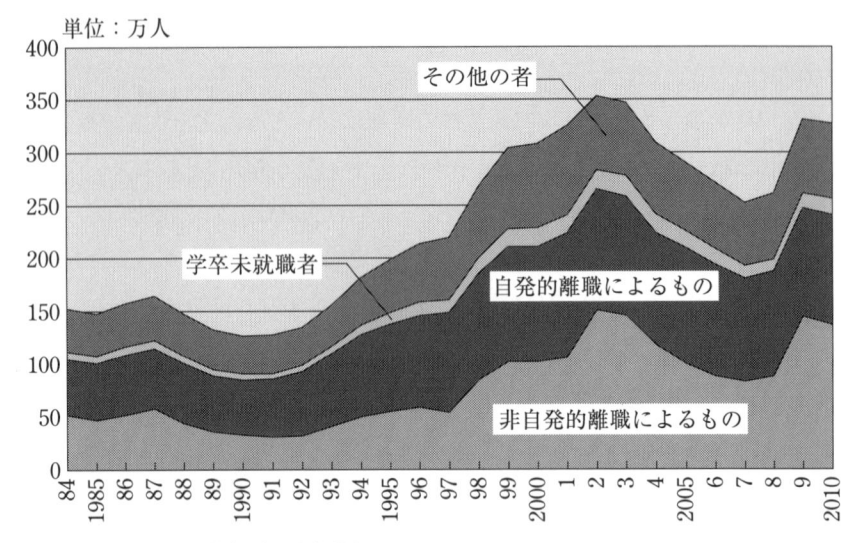

(資料) 総務省統計局『労働力調査年報』
(注) 不詳・分類不詳があるため，求職理由別の合計は総数と一致しない。

図8-18　求職理由別完全失業者数とその構成比

年には3割に落ち込んでいる。一方，非自発的な離職による割合はバブル期には25％前後にすぎなかったが，その後，長引く不況とともに増加をつづけた。09年には世界同時不況の影響を受け，非自発的な離職の割合も4割をこえ43.2％に達した。いわゆる需要不足による失業者が増えたのである。これに学校を卒業したのに職がない学卒未就職者——この未就職者は非自発的で需要不足失業といえる——を加えると，その割合は5割近くに達するであろう。

　失業統計の比較　わが国失業率にみる特徴の1つは，欧米諸国にくらべて低く，しかも景気の変動にも比較的安定した動きを示しているという点である。わが国の失業率がなぜ低いかを説明する1つの根拠は，国によって失業者の定義が異なっているとの主張であった。『労働力調査年報』は，主要国（日本，韓国，アメリカ，カナダ，イギリス，ドイツ，フランス，イタリア）の失業比較を行っているが，国によってその算出に用いる労働力人口や失業者の把握の仕方が異なっている。ILOの定義によると，失業者とは，「仕事をもたず」，「現に就業が可能で」，「仕事を探していた」という3要件を満した者としてい

る。日本，韓国，アメリカ，カナダでは，毎月，ILO 基準にもとづく『労働力調査』を実施し，これから捕捉される失業者と労働力人口をもとに失業率を算出している。いわゆる標本調査方式（または労働力調査方式）によって失業率を測定している。イギリス，ドイツ，フランスでは，かつて職業安定所や雇用事務所等への毎月の登録者数また雇用保険の請求者から失業者のデータを把握し，また労働力人口については，年1回または四半期ごとの労働力調査やセンサスデータ等の資料によって推計し失業率を算出していた。しかし，近年，これらの国々も職業紹介方式から標本調査方式に移行し，失業者の定義もILO 基準に準拠して，調査を行っている[51]。

　日米の失業統計を比較して，その相違をみると[52]，①アメリカではレイオフ中の者は求職活動の要件に関係なく失業者とするが，わが国の一時帰休（または一時休業）は雇用関係が継続しているので，失業者には含まれない。②ILO 基準では，失業者の要件のうち求職活動期間についてはとくに定めていない。アメリカでは過去1か月（4週間）以内に求職活動を行った者を失業者としているのに対して，わが国では調査期間中（過去1週間）に求職活動を行った者としている。しかし，月末の1週間において求職活動を行わず，過去1か月（4週間）以内に求職活動を行った者はわが国では失業者に含めないものの，アメリカの定義では失業者に含まれる。③わが国の失業には過去1か月以内に求職活動を行った者も，その結果を待っているかぎり失業者に含まれるが，アメリカの定義によると，これらの人々は失業者に含まれない。④ILO基準では，就業内定者は求職活動を行っている場合だけでなく，求職活動を行っていない場合でも失業者としている。わが国では就業内定者が求職活動を行っている場合のみを失業者としており，求職活動を行っていない場合には非労働力人口に含まれる。アメリカでは，日本と同様に，求職活動を行っていない就職内定者は失業者に含めていない。

　2009年平均（公表値）のわが国の完全失業者数をアメリカの定義に合わせて，求職活動を行った期間を1か月（4週間）とし，過去の求職活動の結果を待っている者を除いて試算すると，調整された失業者数は，完全失業者数（原数値）336万人から試算値の294万人へと42万人減少する。

調整された失業者数
　　　＝原数値－過去の求職活動の結果を待っている者
　　　　　　＋調査期間を除く調査中の求職者で仕事にすぐにつける者
　　＝336万人（原数値）－67万人＋25万人
　　＝294万人

となる。なお，OECD（経済協力開発機構）は，各国の失業率をILO基準にできるだけ近づけるような調整を行った失業率（HUR）を30か国について算出し，月別，四半期別，年別に公表している[53]。

8.3.5　労働力のフローデータによる分析

フロー・アプローチ　現在，大幅に上昇する完全失業率の構造を解明することは，重要かつ喫緊の課題となっている。失業構造に関する研究の多くは，失業者数や労働力といったストック変数の動きを分析の対象とする「ストック・アプローチ」によるものであった。しかし，「ストックデータ」(stock data)——任意の時点における集計データを用いて分析する手法（たとえば，UV分析やミスマッチ指標による分析など）による失業構造の分析には，限界が存在していた。というのは，失業率は景気後退期には上昇するが，これは雇用者が失業プールにおちいる確率が上昇したためか，あるいは失業者が就業する確率が低下したためかは，ストック・アプローチだけでは明らかにすることはできない。UV分析は失業の原因を需要不足かミスマッチといった要因別に分解することができても，失業の発生頻度や失業期間の長さなどを把握できない。ストック・アプローチでは，景気変動のもとで刻々と変化する失業の構造や現状を分析することは困難となっている。失業情勢の変化を分析するためにはストックとしての就業者や失業者の変化だけでなく，就業状態や失業状態へのフローがどのように流出入しているかをみる必要がある。「ストック・アプローチ」に代わって有益な分析手法として登場してきたのが，各ストック間を流出入するフローを用いて分析する手法——「フロー・アプローチ」である。

　従来，失業分析に用いられてきたデータはストックデータが中心であったが，1970年代以降，フロー・アプローチの関心は高まっていった。とくに景気

後退期に失業率が上昇し，景気が回復しても低下しないといった問題に対して，ストックデータだけでは解明できず，「フローデータ」(flow data)——ある時点から他の時点への就業，失業，そして非労働力との間を移動する流量データをいう——による分析が重要となってきた。しかし，フローデータが活用されなかった最大の理由は，総務省統計局「労働力調査」において，労働力フローデータが公表されなかったからである[54]。

労働力のフロー構造　はじめに，図8-19によって労働力のストックとフローを説明する[55]。いま，前月をt−1，今月をtとし，また15歳以上人口は就業・不就業状態によって，就業者E，失業者U，非労働力Nに3区分される。このとき，前月における就業者E_{t-1}は，今月も引きつづき就業者として働いていたか（EE），この1か月間失業していたか（EU），あるいは非労働力として労働市場から流出したか（EN）のいずれかに分かれるであろう[56]。同様に，前月における失業者U_{t-1}は，この1か月に就業者となったか（UE），今月も継続して失業しているか（UU），あるいは非労働力となったか（UN）のいずれかに，さらに前月における非労働力人口N_{t-1}は，労働市場に参入して

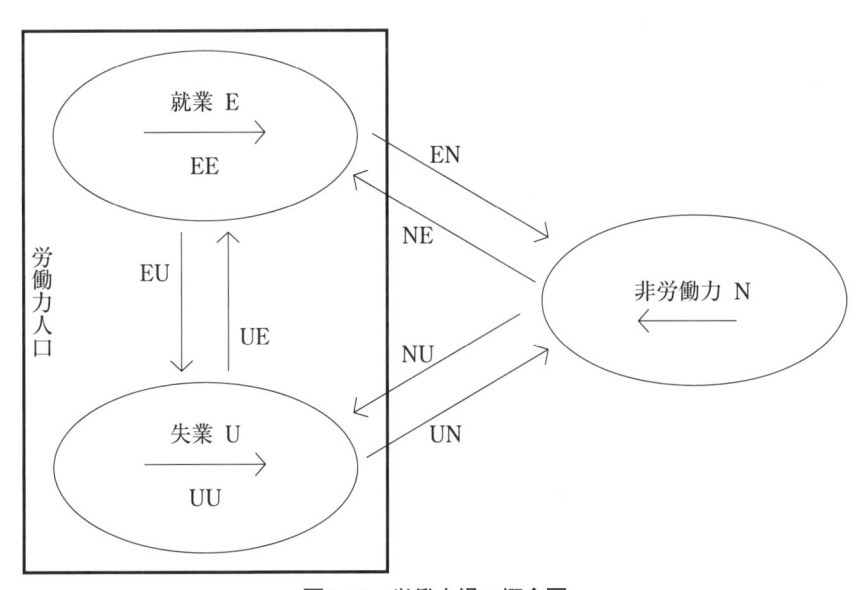

図8-19　労働市場の概念図

表8-1 労働力のフロー構造

		今月 (t) の状態				前月の就業者総数
		就業 E_t	失業 U_t	非労働力 N_t	総数	
前月 (t−1) の状態	就業 E_{t-1}	EE	EU	EN	$\sum E_i$	E_{t-1}
	失業 U_{t-1}	UE	UU	UN	$\sum U_i$	U_{t-1}
	非労働力 N_{t-1}	NE	NU	NN	$\sum N_i$	N_{t-1}
	総数	$\sum E_j$	$\sum U_j$	$\sum N_j$		
今月の就業者総数		E_t	U_t	N_t		

1. 第5行と第5列は全標本にもとづくストックデータ（たとえば，第5行の E_t は今月の就業者総数，第5列の E_{t-1} は前月の就業者総数）である。
2. 表側の列は今月の就業・不就業状態を，表頭の行は前月の就業・不就業状態を表している。
3. 第1～3列は今月の就業 (E)，失業 (U) および非労働力 (N) を表し，第1～3行は前月の就業 (E)，失業 (U) および非労働力 (N) を表している。
4. E，U，N の3つの状態を考えると，9つのフロー（3行3列のマトリックス）が存在する。
5. この9つのフローがフロー分析で扱われるもので，それらの行和と列和がそれぞれ前月のストックと今月のストックを表している。前者は第4列に，後者は第4行に計算される。

就業したか（NE），参入したものの就業できず失業していたか（NU），今月も引きつづき非労働力であるか（NN）のいずれかであろう。

これら前月から今月における労働力状態のフロー構造を行列の形で表示したのが**表8-1**である。アルファベット2文字の組み合わせは，労働力状態の変化にかかるフロー量，対角線上の EE，UU，NN はストック量を表している。ここで，時点 t−1 における就業者 E_{t-1}，失業者 U_{t-1}，非労働力 N_{t-1} に対する当該フロー量の割合（たとえば，$ee=EE/E_{t-1}$，$uu=UU/U_{t-1}$，$ue=UE/U_{t-1}$ など）を推移確率，すなわち，ある状態にいた人びとのうち，どれだけの人が他の状態に移動したかの割合をいう。また行列の各行をみると，$(EE+EU+EN)=\sum E_i$，$(UE+UU+UN)=\sum U_i$，$(NE+NU+NN)=\sum N_i$ となる。さらに各列をみると，$(EE+UE+NE)=\sum E_j$，$(EU+UU+NU)=$

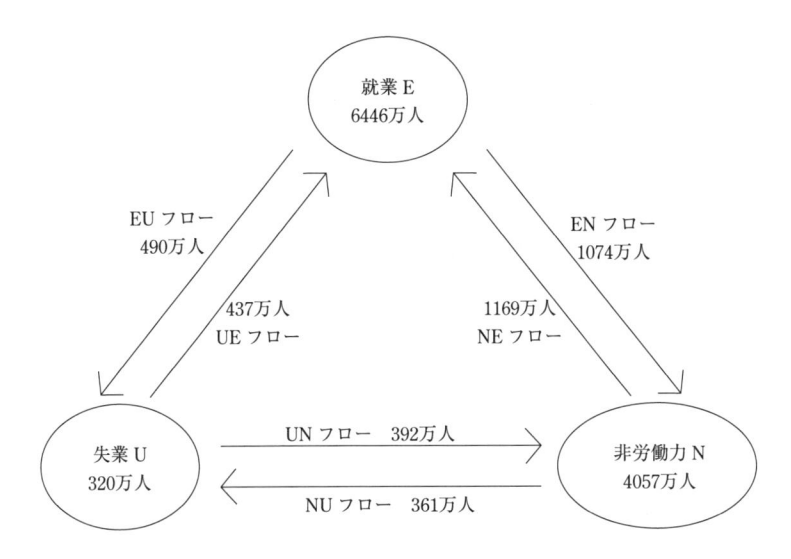

```
                     ┌─────────┐
                     │  就業 E  │
                     │ 6446万人 │
                     └─────────┘
              EUフロー  ↗  ↖  ENフロー
              490万人          1074万人
                  437万人      1169万人
                  UEフロー     NEフロー
        ┌─────────┐              ┌──────────┐
        │  失業 U  │  UNフロー 392万人 →  │ 非労働力 N │
        │ 320万人  │  ← NUフロー 361万人  │ 4057万人  │
        └─────────┘              └──────────┘
```

(資料) 太田聰一・照山博司［2003］から引用。論文［2003］の第5章データ付録：労働力フローの調整系列から各フローを計算。なお，推計に用いた労働力フローの調整された月次系列は，内閣府経済社会総合研究所『経済分析』のホームページで公表されている。

(注) 1) 太田・照山が「労働力調査」より試算。各労働力状態のストック数は年平均値であり，労働力状態間のフロー数は月次の調整フロー数を1年間累計したものである。
　　2) 各ストックの年平均値は総務省統計局「労働力調査年報」を参照。

図8-20　労働力のフロー構造（男女計　2000年）

$\sum U_j$, $(EN+UN+NN) = \sum N_j$ となる[57]。

　図8-20は，2000年における労働力のフロー構造（男女計）を表したものである[58]。失業者数は年平均320万人（ストックU），この1年間に490万人の就業者は失業した一方で（EUフロー），437年万人は失業プールから就業した（UEフロー）。また361万人の非労働力が労働市場に参入したのであるが（NUフロー），雇用機会を見い出すことができず失業した。一方，392万人の失業者は非労働力化したのである（UNフロー）。さらに就業者数は年平均6,446万人で（ストックE），この1年間に1,074万人の就業者が非労働力化し（ENフロー），反対に1,169万人が非労働力のプールから労働市場に参入し就業者となったのである（NEフロー）[59]。

そこで次に，これらフロー量の相互関係を明らかにしよう。いま，就業者のストックが前月から今月にかけての変化の状態を表すと，

$$E_t - E_{t-1} = (EE + UE + NE) - (EE + EU + EN) \tag{8.49}$$

同様に，失業者のストックの変化は次のようになる。

$$U_t - U_{t-1} = (EU + UU + NU) - (UE + UU + UN) \tag{8.50}$$

労働市場が就業および失業に変化のない定常状態にあると仮定するならば，就業，失業の各ストックは不変となるから（$E_t - E_{t-1} = 0$，$U_t - U_{t-1} = 0$），(8.49)，(8.50)は，

$$UE + NE = EU + EN \tag{8.51}$$

$$EU + NU = UE + UN \tag{8.52}$$

(8.51)の左辺は失業および非労働力から就業への流入フロー量，右辺は就業から失業および非労働力への流出フロー量を表している。定常状態においては，流入フロー量と流出フロー量は等しくなる。(8.52)も同様に左辺と右辺のフロー量は等しくなるであろう。

失業頻度と失業継続期間 フロー分析法による「失業期間」とは，「労働力調査」が同一の者に対して2か月連続で調査していることを活用して，前月と今月との労働力状態の変化から，失業が発生してから終了するまでの期間を確率的に求めたものである。具体的には，フローデータからフロー確率行列を作成するとともに，定常状態を想定し，そこから「失業発生率または失業頻度（1か月に発生する失業発生件数の労働力人口に対する割合）」，「失業継続期間（失業が発生してから終了するまでの期間の期待値）」を確率的に求めるという方法である[60]。

『平成14年版 労働経済白書』(159頁を参照)によると，(平均的な)失業期間という場合，一人あたりの失業期間をとるか，一失業あたりの失業期間をとるかによって，期間の長さは異なるであろう。たとえば，ある者が期間中に複数回失業する場合，一失業あたりの失業期間が短くても，一人あたりの失業期間は長くなるはずである。失業期間の取り方は，大きく分けると，①失業者にその失業期間を直接聞くことで求める「直接計測法による失業期間」，②失業者が失業状態から脱する確率から求める「フロー分析法による失業期間」の2

つの方法がある。②の失業期間とは，失業者が失業状態から脱する確率の逆数にほかならない[61]。また直接計測法による失業期間は，ある時点での失業者のその時点での失業期間であり，その後も失業が継続する可能性があるから，この失業期間は「中途失業期間」である。これに対して，フロー分析法による失業期間は，そのままで「全失業期間」となる。そこで，図8-21により，フロー分析法による一失業あたりの失業継続期間（全失業期間）をみると，1970年の3.21か月であった男女計の失業期間は，73年には2.47か月に短くなったものの，70年代半ば以降，3.5か月前後で推移し，90年代になって長期化していった。失業期間は2001年には最も長い4.32か月となっている[62]。男女別にみても長期化の傾向にあり，01年には男性5.55か月，女性3.11か月となっている。一方，直接計測法により中途失業期間をみると，中位数はおおむね増加傾向を示しており，01年8月には5.3か月となっている。

先と同様に，労働市場が定常状態にあると仮定し，就業および非労働力から

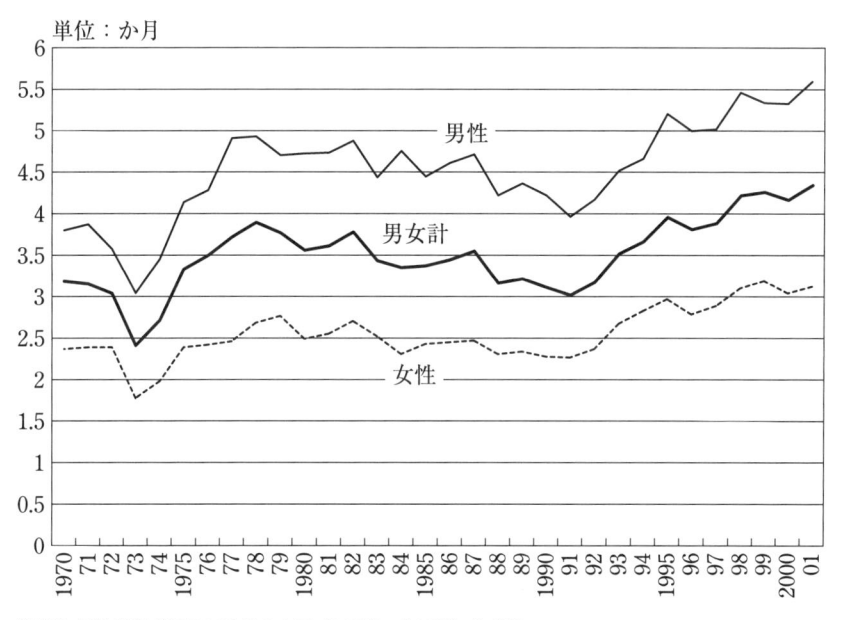

（資料）厚生労働省編[2002]第6-6図（160頁　参60頁）を参照。

図8-21　失業継続期間

失業への流入フローを F (＝EU＋NU)，失業継続期間を D とすると，失業のストック U は

$$U = FD \tag{8.53}$$

と示される。ここで L (＝E＋U) を労働力人口，失業率を u＝U/L，就業および非労働力から失業への流入フロー率（失業発生率，失業頻度）を f＝F/L＝(EU＋NU)/(E＋U)とすると，(8.53)の失業率は次のように変形される。

$$u = fD \tag{8.54}$$

失業率は2つの要因——失業プールへの流入フロー率 f と平均的な失業継続期間 D に分解される。流入フロー率 f と失業期間 D が測定されるならば，任意の時点における失業率 u の高さが，流入フロー率は低いけれども失業期間が長いのか，あるいは失業期間は短いけれども流入フロー率が高いのかを識別することができるであろう[63]。

さらに，失業への流入フロー F をみると，就業から失業への流入フロー F_1 (＝EU)と非労働力から失業への流入フロー F_2 (＝NU)に分けることができる。したがって，就業からの流入フロー率 f_1 (＝F_1/L＝EU/L)と非労働力からの流入フロー率を f_2 (＝F_2/L＝NU/L)から，(8.54)の失業への流入フロー率 f は

$$u = (f_1 + f_2)D \tag{8.55}$$

と表示される。

(8.53)に示すように，定常状態の失業率 u は，失業プールへの流入フロー率（失業発生率または発生頻度）f と失業継続期間 D に分解することができる。厚生労働省編『労働経済白書』によると[64]，完全失業率は男女とも長期的には上昇している。そこで，フローデータによって，これを失業頻度と失業継続期間に分解し，それぞれの動きをみると，男女とも，景気循環による変動をともないつつも，失業頻度は長期的には上昇しており，失業継続期間もまた長くなっていることが観察される。2003年から04年にかけての完全失業率の低下について要因分解すると，失業者から就業者になる人びとが増加したことによる要因が36.5％，就業者から失業者になる確率が低下したことによる要因が

26.9％，失業者から非労働力化する人びとが増加したことによる要因が21.2％となっており，就業者の増加やリストラが一服したことの影響により，完全失業率が改善したことがわかる[65]。

フローデータの修正　総務省「労働力調査」では，標本である調査世帯のうち，その半数が2か月つづけて調査され，各月ごとに調査世帯が2分の1ずつ交代する調査方法をとっている[66]。フローデータは，こうした調査方法を利用して，すでに2か月目の調査を終えた2分の1の調査世帯を対象に，前月から今月にかけての労働力状態の変化を集計したものである。いいかえれば，連続調査される調査世帯の標本を用いることで，前月に就業，失業，非労働力のいずれかの状態であった労働者が，今月どの状態に移っているかを観察することが可能となる。集計対象は調査世帯の2分の1となっている。また調査対象世帯であっても，2か月の間に転居や転入，同一世帯でも世帯人員の変動（前月14歳で今月15歳になった者，今月死亡した者）があることなど，フローデータの数値とストックデータの数値とは必ずしも一致しない。

「労働力調査」が集計する原系列のフローデータは，世帯人員の変動があるほかに，統計誤差が大きくバイアスをもつため，ストックデータと必ずしも整合的ではない[67]。統計誤差が大きくなる主な原因の1つは，「労働力調査」のフローデータがストックデータの約半分のサンプルで集計されているという点にある。同調査は，全国の調査区から調査対象住戸を標本抽出し，毎月，その半数の標本を入れ替えている。フローデータは，2か月連続して調査された住戸の回答をもとに毎月集計されるため，標本数はストックデータの2分の1となる。少数の標本から集計される結果，フローデータの統計誤差はストックデータのそれよりも大きくなるであろう。そこで，労働省（現厚生労働省）がこうした問題を極力解消すべく，統計から直接えられる原系列のフローデータをストックデータと整合的になるように修正を行っている。

『労働白書』，『労働経済白書』では，従来から労働省編『昭和61年版労働白書』［1986］と同じ修正方法により，ストックデータの動きに合うように就業者，失業者，非労働力のフローデータを修正した修正フローデータにより分析を行っている。桜健一［2006］は，「労働力調査」に掲載された1985年4月の

男子の集計結果を引用し、『白書』[1986] の修正方法を解説している。そこで次に、『労働白書』で取り上げられた具体例を引用して解説しよう。**表 8-2** は修正前と修正後のフローデータを表示したものである。各フローの行和は前月のフローの合計を表し、それぞれは第 4 列の合計欄に表示されている。同様に、各フローの列和は今月のフローの合計を表し、それぞれは第 4 行の合計欄に示されている。たとえば、修正前のフローデータ（各フローの上段の数値）の各行和をみると、前月の就業者 E_{t-1} は EE+EU+EN＝3,357+17+31＝3,407万人（就業不詳 2 人を含む）、前月の失業者 U_{t-1} は UE+UU+UN＝17+71+8＝96万人、前月の非労働力 N_{t-1} は NE+NU+NN＝47+5+892＝944万人である。また今月の就業者 E_t は EE+UE+NE＝3,357+17+47＝3,427万人（就業不詳 6 人を含む）、今月の失業者 U_t は EU+UU+NU＝17+71+5＝93万人、今月の非労働力 N_t は EN+UN+NN＝31+8+892＝933万人（就業不詳 2 人を含む）である。理論的には各フローの行和は前月の調査総数（ストックデータ）に、各フローの列和は今月の調査総数（ストックデータ）に一致するはずである。しかし、数値からわかるようにそれらは一致しない。前月の就業者3,407万人は調査の公表数値3,465万人よりも58万人も少ない。この差の約 9 割は、前月と今月で一致しなかった標本——前月にいなかった者（転入）、前月14歳で今月15歳になった者（参入）、ならびに前月いて今月いなかった者（転出、死亡）によって構成され、残り 1 割は就業状態が不詳であった者である。このように、フローデータとストックデータとの整合性の問題があり、フローデータを修正する必要がある。そこで、労働省の修正方法によって修正したのが**表 8-2** の下段の数値である。

　フローデータを用いた研究　フローデータを用いた最初の本格的な研究を行ったのは水野朝夫 [1982] [1983] [1992] であった。フローデータを利用した研究ではないけれども、失業分析には労働力フローデータによる分析の重要性を指摘した初期の研究として、島田晴雄他、篠塚英子、樋口美雄、八代尚弘などがいる。労働省編 [1983] 『昭和58年版労働白書』もフローデータによる失業分析を行い、水野の研究と合わせて興味ある事実を明らかにした。これら研究につづいて、小野旭 [1989] もフローデータによって失業行動を分析した

表8-2 修正前と修正後のフローデータ

(1985年4月　男子)　　　　　　　　　　　　　　　　　　　　　　　　　　　　(単位：万人)

		今月 (t) の状態				前月の調査総数ストックデータ (1985年3月)
		就業 E_t	失業 U_t	非労働力 N_t	合計	
前月 (t−1) の状態	就業 E_{t-1}	3357 / 3426	17 / 17	31 / 20	3407 / 3462	3465
	失業 U_{t-1}	17 / 32	71 / 69	8 / 5	96 / 106	106
	非労働力 N_{t-1}	47 / 61	5 / 7	892 / 915	944 / 982	984
	合計	3427 / 3519	93 / 93	933 / 940		
今月の調査総数ストックデータ (1985年4月)		3519	93	950		

(資料) 労働省編 [1986]『昭和61年版労働白書』の参考資料「労働力調査フローデータの修正」で示された1985年4月の男子の集計結果である。

(注) 1) 今月と前月の調査総数は総理府「労働力調査」の公表数値 (ストックデータ) である。
2) 表8-2の各要素EE, ………, NNは「労働力調査」のフローデータによる労働力のフロー表である。各要素のスラッシュの上段は修正前のフロー量、下段は修正後のフロー量である。
3) 表側の列は今月の就業状態を、表頭の行は前月の就業状態を表している。
4) 表8-2の第1〜3行は前月の就業 (E)、失業 (U)、非労働力 (N) それぞれについて表し、また第1〜3列は今月の就業 (E)、失業 (U)、非労働力 (N) を表している。
5) 各フローの行和はそれぞれ前月のストックを表し、各フローの列和は今月のストックを表している。前者は第4列に、後者は第4行に合計が表示されている。
①前月の就業者 E_{t-1} は EE+EU+EN=3357+17+31=3407万人 (就業不詳2を含む)
②前月の失業者 U_{t-1} は UE+UU+UN=17+71+8=96万人
③前月の非労働力 N_{t-1} は NE+NU+NN=47+5+892=944万人
④今月の就業者 E_t は EE+UE+NE=3357+17+47=3427万人 (就業不詳6を含む)
⑤今月の失業者 U_t は EU+UU+NU=17+71+5=93万人
⑥今月の非労働力 N_t は EN+UN+NN=31+8+892=933万人 (就業不詳2を含む)
6) 理論的にはフローデータの行和は前月の調査総数 (ストックデータ) に一致するはずである。列和は今月の調査総数 (ストックデータ) に一致するはずである。
7) 表8-2の数値からわかるように一致しない。ここに、フローデータとストックデータとの整合性の問題があり、フローデータを修正する必要がある。
　たとえば、前月の就業者をみると、合計3407万人であるが、ストックデータでは3465万人で、ストックデータが58万人多い。また今月の就業者の合計は3427万人で、ストックデータが3519万人で92万人多い。

が，統計誤差が大きく，バイアスをもつ精度上の問題を重視し，フロー・アプローチによる分析を批判した。

しかし，1つはフローデータそのものの整備やデータの精度上の問題などが起因していること，2つは失業分析にUV分析を中心としたストック・アプローチも成果を上げていること，のために，フローデータを用いた研究は国内外とも比較的少なかった。アメリカにおいてはブランチャード（O. J. Blanchard）＝ダイヤモンド（P. Diamond）［1990］の研究がある。ブランチャード＝ダイヤモンドは，米国の *Current Population Survey*（*CPS*）のフローデータ（性別・年齢別データ）を用いて，景気循環ショックが労働力フローの動きにどのように影響しているかを観察した。ブレイクリー（H. Bleakley）・フェリス（A. F. Ferris）＝フューラー（J. C. Fuhrer）［1999］は，フローデータを利用した推計がストックの失業率を用いた推計よりも，フィリップス曲線の説明力を高めたことを明らかにした。

フローデータによる失業分析は，UV分析に対する反省とフローデータの整備・利用可能にともなってふたたび注目を受けるになった。労働省編［1983］『昭和58年版労働白書』において失業行動のフロー分析が行われるまでは，『労働白書』にはフローデータもフロー分析も行われなかった。その後，労働省編［1986］『昭和61年版労働白書』と同編［1987］『昭和62年版労働白書』でフロー分析が行われ，とくに労働省編［1987］では「参考資料」として「労働力調査」のフローデータの修正を詳しく解説した。労働省編［1995］『平成7年版労働白書』，さらに厚生労働省編［2003］『平成15年版労働白書』でも，修正されたフローデータによって失業構造の実態を分析している。

フローデータによる分析結果　研究者レベルでは，就業状態のフロー分析に関する研究は数少ない。1980年代以前を対象とした水野朝夫，80年～2000年の長期を対象とした黒田祥子［2002］，太田聰一・照山博司［2003］，2000年以降の景気後退期を含めて分析する桜健一［2006］，永瀬伸子［2011］などがあるにすぎない。

水野は，第一次石油危機を境に上昇した完全失業率がその後も高い水準を持続している理由をフローデータを用いて最初に分析を行った。その後，黒田，

太田・照山は，1980年代からバブル崩壊以後の2000年までの長期における失業率の趨勢的な上昇を，労働力のフローデータによって分析した。黒田は，1985〜2000年のフローデータを用いて，失業の発生頻度（失業する確率）や期間（失業状態を持続する確率）を中心に，失業率変動の要因を分析した。その分析結果によると，バブル崩壊後の完全失業率の上昇には，①就業から失業への流入確率が上昇したこと，②失業からの就業確率が大幅に低下したこと，③失業から非労働力化する傾向が弱まったこと，などが明らかにされた。さらに，④非労働力から就業への確率が低下したことが観察された。そして，失業者の累積とともに，非労働力から失業への流入という経路も，完全失業率を押し上げたと示唆した。

桜は，労働省の修正方法を用いて「修正フローデータ」を作成し，失業率が低下しはじめた2000年以降の時期を含め，1977年1月〜2005年12月の年齢計・男女別月次系列データを用いて，失業行動の分析を行った。①失業率の変動には，失業者が就業する確率よりも，就業者が失業におちいる確率の変動が大きい寄与している。一方で，②労働力率の変動については，負の景気循環ショックに対しては，失業プールから非労働力プールへのフローと，非労働力プールから失業プールへのフローのいずれもが増加する。また失業と非労働力のプール間のフローの変動は，男性よりも女性で強く観察される。

［注］
1) 先進主要国にみる失業者の定義・調査の方法については，総務省統計局『労働力調査年報』（平成21年版）123〜129頁を参照。
2) A. Rees [1973] p. 113を参照。
3) 潜在失業という用語は美濃口時次郎によってはじめて用いられた。美濃口時次郎［1934］「日本現下の失業率の測定」上田貞次郎編『日本人口問題研究』第2編（協調会）340頁を参照。
4) 水野朝夫もまた，著書［1992］のなかでレーダーの摩擦的失業の理論を説明している。
5) M. W. Reder [1969] pp. 3〜5を参照。
6) 効用水準の確率分布は各時点においてすべての労働者にとって同一であり，また限界生産物の確率分布も各時点においてすべての雇用主にとって同一であ

　　　　M. W. Reder［1969］p. 5を参照。
 7)　M. W. Reder［1969］p. 11を参照。
 8)　現実の失業期間が予想失業期間を上回る場合のみ，労働の超過供給が発生し需要不足の失業が存在する。同様に，現実の欠員期間が予想欠員期間をこえる場合のみ，労働の超過需要が発生する。M. W. Reder［1969］p. 9を参照。
 9)　荒井論文は隠蔽失業の理論とわが国の隠蔽失業の推計に関する数少ない論文である。荒井勝彦［1978］を参照。
10)　雇用量をL，生産量をX，また生産量1単位を産出するのに必要な最少限の雇用量の比率を示す生産係数δを一定とすると，生産関数$X=F(L)$は$X=\delta L$と線型で表示される。他方，総需要Dは$D=pX$（pは物価水準）であるから，$D=p\delta L$となる。
11)　経済発展論における偽装失業の研究の文献は古いが，鳥居泰彦［1979］が詳しい。とくに第III部第6章から第9章を参照，また安場保吉［1980］第3章を参照。
12)　ルイスは最低生存費を「伝統的賃金（traditional wage）」とよんだ。
13)　鳥居泰彦［1979］151～155頁を参照。
14)　フェイ＝ラニスの過剰労働経済発展は，農工2部門経済の工業化メカニズムを展開したもので，このような農工2部門経済の経済発展論をデュアリズムという。
　　　　鳥居泰彦［1976］第7章・第8章，安場保吉［1980］第4章，吉村二郎［1987］2頁を参照。
15)　過剰労働力とは，労働の限界生産力がゼロである余剰労働力と，賃金水準を下回るプラスの労働の限界生産力である労働力を併せた大きさである。また労働力がON_3からON_2へと減少すると，これにともなって労働の平均生産力が増加する。この平均生産力と制度的賃金との差を，フェイ＝ラニスは平均農業余剰（average agricultural surplus）とよんでいる。J. C. H. Fei.＝G. Ranis［1961］を参照。
16)　以下の説明は，熊谷尚夫［1983］239～240頁，小泉進・建元正弘［1972］101～122頁，小野旭・南亮進編［1972］157～159頁，足立英之・太田誠他［1979］245～294頁，小野旭［1994］99～112頁，樋口美雄［1996］265～285頁など数多くの文献に負っている。
17)　J. R. Hicks［1939］訳書187頁を参照。
18)　足立英之・太田誠他［1979］第6章，小泉進・建元正弘［1972］第3章・第4章，樋口美雄［1996］第10章を参照。
19)　労働需要関数（8.13）は，『一般理論』のなかで承認した古典派の第1公準にしたがって導出されたものである。これと違った導出の方法は，マークアップ

の価格づけ（mark-up pricing）による方法である。
20) ケインズは，「賃金は労働の限界生産物に等しい」という古典派の第1公準を肯定した。しかし，「賃金の効用はその雇用量の限界不効用に等しい」という第2公準については否定した。前者は企業の利潤極大から導出される労働需要の決定に対応し，後者は個人の効用極大化から導出される労働供給の決定に対応している。ケインズは，第2公準を批判し，労働供給量が実質賃金率ではなく貨幣賃金率に依存すると主張した。足立英之・太田誠他［1979］300～304頁，J. M. Keynes［1936］pp. 5～6（訳書6～8頁）を参照。
21) マークアップによる価格形成を用いても，右上がりの総供給曲線 SS を導出することができる。
22) 以下の説明については，足立英之・太田誠他［1979］269～272頁を参照。
23) ピグー効果は，パティンキン（D. Patinkin）［1946］によって「実質残高効果」（real balance effect）として説明され，さらに資産選択理論においては「資産効果」（assets effect）として受け継がれた。ピグー効果を考慮すれば，(8.11) の消費関数①は次のようになる。
$$C=C(Y, M/p)$$
消費 C は，実質所得 Y の増加関数（$\partial C/\partial Y>0$）であると同時に，実質貨幣残高 M/p の増加関数（$\partial C/\partial(M/p)>0$）となる。D. Patinkin［1946］，足立英之・太田誠他［1979］272～274頁を参照。
24) 小泉進・建元正弘［1972］109頁を参照。
25) 労働市場構造に関する模型は，C. C. Holt＝M. H. David［1966］，C. C. Holt［1970］，荒井勝彦［1973］［1974a］，佐野陽子［1981］に負っている。
26) 離職フローのうち，リタイア r は実際のところ失業者 U のプールを経由することなく，非労働力人口 N に向かって直接退出するであろう。また，自発的な任意退職 q については，退職することなく在職しながら求職活動して他の企業に転職していく場合が多いが，ここでは，まず失業のプールに一旦はいって，職探しして再就職していくと仮定する。
27) 個々の企業では，最適な雇用量 E^* は不況期には在籍する雇用者 E を下回り，新規求人 v は起こらないだろう。しかし，不況が深刻でも業績拡大の企業もあり，経済全体とすれば，新規求人があることから，欠員ストック V はつねにプラスになるであろう。
28) 労働市場が定常状態にあるから，$n=(b-d)=0$ となる。よって15歳以上人口 P は一定となるであろう。
29) (8.19) と $U_t-U_{t-1}=0$ より $(f+l+g+q)+(e-w)=(h+c)$ を，また (8.20) と $V_t-V_{t-1}=0$ より $v=(h+c)$ をえる。この2式から (8.26) が成立する。
30) 「失業」の概念は各国の雇用・失業統計の整備にともなって国際比較も可能と

なり，現在，ILOの国際基準に合わせて，わが国もこの基準に準拠して失業者を定義している。整備が遅れているのが「欠員」の測定・統計である。公式の欠員統計がなく，各国とも十分に信頼しうる統計の整備が課題となっている。1960年代半ばに，全米経済研究所（*NBER National Bureau of Economic Reasearch*）は各国の欠員の測定をめぐる国際コンファレンスを開催し，その成果は *The Mesurement and Interpretation of Job Vacancies* としてまとめられた。70年代にはいりフィリップス曲線の計測や曲線のシフトを説明するツールとして UV 分析が活用され，この分野の研究は大いに前進した。今日においても，欠員の統計はまだまだ整備されていないが，UV 分析は労働市場の機能の有効性を分析し，また市場の構造変化を探る有力なツールとしての地位を高めた。なお，77年に経済企画庁総合計画局から『雇用失業指標の開発に関する基礎調査研究――各国の欠員統計分析と理論』が刊行された。2000年4月には笹島芳雄・三谷直紀・阿部正浩・大塚崇史『総合的な労働力需給に関する調査研究』労働政策研究・研修機構（資料シリーズ No. 66）が発表され，各国の欠員統計に関する実情を踏まえ，わが国の欠員統計導入の必要性を研究した。

31) UV 分析の研究は，ダウ（J. C. R. Dow）＝ディックス-ミロー（L. A. Dicks-Mireaux）[1958] の初期の研究をはじめ，1960年代半ばから70年代にかけて，ホルト＝デイヴィット [1966]，メイヤーズ（J. G. Myers）[1969]，ハンセン（B. Hansen）[1970]，グジャラート（D. Gujarati）[1972]，ブラウン（A. J. Brown）[1976]，ティラー（T. Taylor）[1972]，エヴァンス（G. J. Evans）[1975] などが研究成果を発表していった。

32) 失業者一人あたりの平均失業期間を Tu とすると，Tu は就職確率 Pu とは反比例の関係 $Tu=1/Pu$ にあるから，(8.28) は $U=(h+c)Tu$ となる。

33) (8.30) は欠員からも説明できる。欠員 V が失業者を見い出しうる平均的な採用確率を Pv（$0 \leq Pv \leq 1$）とすると，採用確率 Pv は失業者 U に比例する。

$$Pv = \alpha U \qquad (8.27)'$$

また，欠員 V が採用確率 Pv を乗じた積は入職フロー $(h+c)$ に等しくなるから，

$$h+c = PvV \qquad (8.28)'$$

(8.27)' と (8.28)' より (8.29) と同じ式をえる。

34) 以上説明したように，UV 曲線を導出する方法の1つは，労働市場の不完全性を前提とするもので，労働市場アプローチといわれている。ダウ＝ディックス-ミロー [1958] をはじめ，ホルト＝デイヴィット [1966]，メイヤーズ [1969]，ハンセン [1970] などで，これらを整理したブラウン [1976] などがこの立場に属している。もう1つは産出アプローチとよばれる方法である。アームストロング（H. Armstrong）＝ティラー [1981] は，ケインズ理論に立って UV 関係を導出している。

H. Armstrong=J. Tayor［1981］，水野朝夫［1992］56～58頁を参照。
35) 以下の説明は労働政策研究・研修機構［2004］と山上俊彦［2011］に負っている。
36) 「労働経済白書」「経済財政白書」によると，2003年の構造的・摩擦的失業率は4％程度，需要不足失業率は1％程度と推計されている。UV分析による推計は，白書以外に水野朝夫［1992］，樋口美雄［2001］，大竹文雄・太田聰一［2002］，玄田有史・近藤絢子［2003］などでも行われた。「労働経済白書」では，雇用失業率Uを欠員率VのみでUV曲線を推計する（U, Vとも四半期季節調整値，推定式は対数変換 $\ln U = \alpha + \beta \ln V$）。労働政策研究・研修機構［2004］8頁，13～15頁，山上俊彦［2011］129頁を参照。
37) 労働政策研究・研修機構［2004］を参照。
38) ハンセン［1970］は，UV曲線をワルラス型労働市場に不均衡的要因を導入することで説明した。この考えはその後の構造的・摩擦的失業の理論的基礎を与え，均衡失業理論の発展につながるものとなった。山上俊彦［2011］を参照。
39) 山上俊彦［2011］130～135頁を参照。
40) 労働市場の逼迫度はまた求人倍率ともよばれる。
41) $q(\theta)$ は θ の減少関数である（$\partial q(\theta)/\partial \theta = q'(\theta) < 0$）。また $\theta q(\theta)$ は θ の増加関数である（$\partial \theta q(\theta)/\partial \theta = q(\theta) + \theta q'(\theta) > 0$）。欠員がマッチングするまでの平均持続期間，また失業者がマッチングするまでの平均持続期間はそれぞれ $1/q(\theta)$, $1/\theta q(\theta)$ で表現することができる。
42) マッチング関数の性質より，UV曲線が原点に対して凸である。これを証明する。(8.35) の失業フロー $\dot{u}(\theta)$ は定常状態において $\dot{u}=0$ であるから，$\delta(1-u) - \theta q(\theta)u = 0$ となる。これを u, v で微分する。ただし，δ は一定である。

$$\delta du + \theta q(\theta) du + q(\theta) u d\theta + \theta u q'(\theta) d\theta = 0 \quad (1)$$

次に，$\theta = v/u$ を微分する。

$$d\theta = d\left(\frac{v}{u}\right) = \frac{udv - vdu}{u^2} \quad (2)$$

(2) を (1) に代入して整理すると，

$$\delta du + \theta q(\theta) du + q(\theta) u \left(\frac{udv - vdu}{u^2}\right)$$
$$+ \theta u q'(\theta) \left(\frac{udv - vdu}{u^2}\right) = 0$$
$$\frac{dv}{du} = -\frac{\delta - \theta^2 q'(\theta)}{q(\theta) + \theta q'(\theta)} < 0 \quad (3)$$

ただし，$(\delta - \theta^2 q'(\theta)) > 0$, $(q(\theta) + \theta q'(\theta)) > 0$ である。
43) (8.40) を変形すると，$yc(r+\delta) = (y-w)q(\theta)$ となる。wを θ で偏微分すると，次のようになる。$0 = -q(\theta)\partial w + (y-w)q'(\theta)\partial \theta$

$$\frac{\partial w}{\partial \theta} = \frac{(y-w)q'(\theta)}{q(\theta)} < 0$$

より，(8.40) は逼迫度 θ の減少関数，すなわち雇用創出曲線は右下がりとなる。

44) ナッシュ交渉のもとでは，労働者の余剰 (V_e-V_u) は総余剰 S の β 倍となるように，賃金が決定される。$(V_e-V_u) = \beta(V_e + \Pi_e - V_u - \Pi_v)$ である。

45) (8.45) は $(V_e-V_u) = \beta(V_e + \Pi_e - V_u)$ となる。これは $\Pi_v = 0$ より，次のように変形される。

$$\beta\Pi_e = (1-\beta)(V_e - V_u) \tag{A}$$

ところで，(8.37) の $r\Pi_e = y - w + \delta(\Pi_v - \Pi_e)$ は，$\Pi_v = 0$ より，$r\Pi_e = y - w - \delta\Pi_e$ となる。これから (8.39)′ をえる。

$$\Pi_e = \frac{y-w}{r+\delta} \tag{8.39′}$$

また (8.41) の $rV_e = w + \delta(V_u - V_e)$ から $(r+\delta)V_e = w + \delta V_u$ となる。

$$V_e = \frac{w + \delta V_u}{r+\delta} \tag{8.41′}$$

(8.39)′ と (8.41)′ を (A) に代入し整理すると，次のようになる。

$$\beta\left(\frac{y-w}{r+\delta}\right) = (1-\beta)\left(\frac{w+\delta V_u}{r+\delta}\right) - (1-\beta)V_u$$

上式をさらに整理すると，$w = \beta y + rV_u - \beta rV_u$ となり，(8.46) をえる。

46) $\Pi_v = 0$ と (8.45) より，

$$\frac{V_e - V_u}{\Pi_e} = \frac{\beta}{1-\beta} \tag{8.45′}$$

(8.42) に (8.45)′ を代入する。

$$rV_u = z + \theta q(\theta)(V_e - V_u) = z + \theta q(\theta)\frac{\beta}{1-\beta}\Pi_e$$

上式に (8.39) を代入すると，次のようになる。

$$rV_u = z + \theta q(\theta)\frac{\beta}{1-\beta}\frac{yc}{q(\theta)}$$

となり，これを整理すると，(8.47) をえる。

さらに，(8.47) を (8.46) に代入して整理すると，(8.48) の賃金方程式をえる。

47) (8.48) は逼迫度 θ の増加関数 ($\partial w/\partial \theta = \beta yc > 0$) である。

48) (8.40) と (8.48) から均衡値 w^* と θ^* が決定される。

$$\frac{yc}{q(\theta)} = \frac{y-w}{r+\delta} \tag{8.40}$$

(8.40) を変形すると，$yc(r+\delta) = (y-w)q(\theta)$ (8.40)′

(8.40)′ に (8.48) の $w = (1-\beta)z + \beta y(1+c\theta)$ を代入する。

$$yc(r+\delta) = yq(\theta) - q(\theta)[(1-\beta)z + \beta y(1+c\theta)]$$

$$(r+\delta+\beta\theta q(\theta))yc = (1-\beta)(y-z)q(\theta)$$

上式から，逼迫度 θ の均衡値 θ^* を求めることができる。$\theta=\theta^*$ を (8.40) または (8.48) に代入すると，賃金の均衡値 w^* が決定される。

以上のように，賃金方程式 (8.48) から，w と θ の関係がえられ，均衡失業率 u^* は決定される。雇用創出条件 (8.40) と賃金方程式 (8.48) より，θ^* と w^* が一意に決まる。さらに，θ^* のもとで雇用創出条件とUV曲線の関係から，定常状態での (u, v) が定まる。ここで，θ^* は失業率 u とは独立の関係にある。この交点で達成される失業率は均衡失業率にほかならない。

49) 調査対象となるのは，『国勢調査』の約90万調査区から約2900調査区を選定し，その調査区内から選定された約4万世帯およびその世帯員である。就業状態については世帯員のうち，約10万人の15歳以上の者について調査している。『労働力調査』は，毎月末日（12月は26日）現在で行い，就業状態については，毎月の末日に終わる1週間（12月は20〜26日）の状態で調査している。なお，『労働力調査』は1982年には地域別に数値を表章するために標本を拡大し，2002年には『労働力調査特別調査』を『労働力調査』に統合する改正を行った。

50) 総務省［2009］『労働力調査年報』を参照。なお，同調査によると，「従業者」とは「調査期間中に賃金，給料，諸手当，内職収入などの収入をともなう仕事を1時間以上した者」をいい，家族従業者は無給であっても仕事をした者として分類している。

51) ILOは第13回労働統計家会議（1982年）で，「経済活動人口，就業，失業，不完全就業の統計に関する決議」を採択した。なお，ILOによる失業者の定義および主要国の失業統計については，総務省［2009］『労働力調査年報』125頁を参照。

52) 失業統計の日米比較については総務省［2009］『労働力調査年報』124頁を参照。

53) 総務省［2009］『労働力調査年報』126〜127頁を参照。

54) 粗フローデータは1951年11月から54年11月まで公表されていた。その後も，総理府統計局で集計されたものの，公表はされなかった。水野朝夫［1982］5頁を参照。

55) 水野朝夫［1982］5〜6頁，同［1992］147〜148頁を参照。

56) 図8-20は太田聰一・照山博司［2003］から引用。なお，同論文の第5章データ付録に，「労働力調査」をもとに調整・推計された各々の労働力フローの月次系列が掲載されている。各労働力状態のストック数は年平均値，フロー数は月次の調整フロー数を1年間累計したものである。

57) 平均的な失業期間という場合，一人あたりの失業期間か，一失業あたりの失業期間かで長さが異なる。ある者が期間中に複数回失業する場合，一失業あたりの失業期間が短くても，一人あたりの失業期間は長くなる。厚生労働省編

[2002]『平成14年版労働経済白書』159～163頁を参照。
58) 厚生労働省編［2002］『平成14年版労働経済白書』の「付注6－1 フロー分析法による失業期間について」253～255頁を参照。
59) 厚生労働省編［2002］『平成14年版労働経済白書』159～163頁を参照。
60) 水野朝夫［1982］8頁を参照。
61) 厚生労働省編［2003］［2004］［2005］『各年版労働経済白書』は，1970年代から失業頻度と失業継続期間の数値を掲載している。
62) 厚生労働省編［2005］『平成17年版労働経済白書』18～19頁を参照。
63) 労働力調査の調査方法については総理府統計局［1984］『労働調査の解説』，今井英彦［1986］を参照。
64) 黒田祥子は，①標本のバイアス，②回答の変動性，③標本交代グループのバイアスの3点をあげてフローデータの抱える問題を整理している。今井英彦［1986］，黒田祥子［2002］，桜健一［2006］を参照。
65) 労働省の修正方法の詳細な解説は労働省編［1986］『昭和61年版労働白書』，桜健一［2006］41頁を参照。
66) わが国のフローデータにみられるバイアスについては，小野旭［1983］2～13頁，同［1989］238頁，黒田祥子［2002］4頁，桜健一［2006］40頁を参照。
67) フローデータによる失業率変動に関する国内外の研究を展望したものとして，黒田祥子［2002］，桜健一［2006］，永瀬伸子［2011］を参照。

第9章　労働移動と資源配分

　人口・労働力の地域間移動をはじめ，民族移動・移住・難民などの研究は，経済学のみならず，人口学，社会学，歴史学などで取り上げられている。実際，民族や人口はいかなる理由で地域や国境をこえて移動するのか，また労働力はいかなる理由で産業間や地域間を移動するのかといった移動の発生要因や，いかなるメカニズムのもとで移動するのかといった移動仮説など，人口・労働力に関する研究領域はきわめて多岐にわたっている。本章は，人口・労働力の移動を対象に，経済学の立場から分析する。はじめに，新古典派理論の系としての賃金格差説（または所得格差説）を取り上げ，その移動メカニズムを考察する。ところで，アメリカにおける労働市場調査の研究は，現実の労働市場を観察すると，労働移動を引き起こすのは賃金格差の拡大よりもむしろ就業機会の拡大であることを明らかにした。こうした考えにたって提唱された仮説が就業機会説である。開発経済学で精力的に研究された二重構造的成長モデルもまた，発展途上国における農村－都市間の労働移動を説明する理論として有名である。さらに賃金格差説と就業格差説の移動メカニズムを動学的な移動過程として数式化し，併せて移動の総合仮説をプッシュ＝プル・メカニズムの移動過程として定式化する。

　最後に，戦後わが国における地域間人口移動の動向を，地方圏・九州圏と3大都市圏とのトライアングルとしてとらえ，この数十年間に，九州圏から3大都市圏への人口移動は急速に縮小しており，ネイション・ワイドな労働市場の移動機能は大幅に低下していることを明らかにし，また就業者の産業間移動の長期的変化を鳥瞰する。

9-1 労働力資源の最適配分

9.1.1 労働移動の理論展望

賃金格差説 労働移動の理論は，一般に労働者がいかなる理由で移動を行うのかといった労働移動の発生要因や，どのようなメカニズムのもとで労働移動が行われるのかといった移動モデル（移動仮説）を中心に展開されてきた。ひとくちに移動モデルといってもこれまで各種のモデルが提示されており，経済学をはじめ，人口学や社会学などの分野からもアプローチされている[1]。

ここで，労働移動の経済学的アプローチについて素描する。労働移動を説明する代表的仮説の1つである賃金格差説（wage-differential hypothesis または所得格差説）の源流は，古くはスミス[1776]までさかのぼる。労働者を各種用途に配分する移動誘因たる純経済的利益が，競争的な労働市場で各種職業間に均等化する傾向――「純利益均等化の原理（principle of equal net advantages）」は，その後，理論的装飾を簡素化して，マーシャル，ヒックスなど新古典派の人びとによって継承されていった。ヒックス[1963]は，純利益が各職業間に均等化するこの傾向を「アダム・スミスの時代このかた経済学の自明の理」（訳3頁）と述べている。ボールディング（K. E. Boulding）[1950]もまた，職業間移動を市場経済を支配する「均等利益の原理」によって説明する。その結果，労働移動の新古典派理論は独立した理論体系として構築されることなく，価格理論の枠内で断片的に展開されてきたのである。

こうした系譜をもつ賃金格差説によると，労働移動は，賃金格差によって生起し，格差が解消するまで労働移動が行われると説明する。競争的な労働市場のもとで雇用量と賃金率が相互に依存して変動する点を強調して，「労働移動の競争仮説（competitive hypothesis）」ともいわれる。また賃金格差が労働供給側に作用する役割，いいかえれば低賃金部門の労働者を押し出す機能を重視して，「労働移動のプッシュ仮説（push hypothesis）」ともよばれている。舘稔[1960]は人口移動の経済的ポテンシャル理論を提唱し，戦後わが国の地域間人口移動の変動を所得格差説の立場から検証したことは周知のところであ

る[2]。

就業機会説 ところで，現実の労働市場を観察すると，賃金格差の拡大は必ずしも労働移動を増加させるといえない。1930年代から40年代にかけて行われたアメリカの労働市場研究によると，研究結果の多くは労働移動を左右する主要な要因が賃金格差や所得格差の存在よりも，むしろ就業機会の多寡であると結論している。こうした考えにたつ移動仮説は就業機会説（job opporunity hypothesis）として提唱されてきた。就業機会説は，労働需要の増加や就業機会の多寡こそが，労働者を移動させる主要な要因と考える仮説である。制度派労働経済学に立つレイノルズ（L. G. Reynolds）［1951］は，不完全雇用の状態を想定し，地域労働市場にある個別企業に対する可変的な労働供給曲線のもとで，就業機会の状態や雇入れ基準の変化が地域間移動を左右する主たる要因であると説明する。第4章で考察したように，カーやロス，ダンロップなど制度派の流れをくむ人びともまた，実証研究の多くの成果をもとに，新古典派労働市場論に代わって，新たな視点から構造的労働市場論を構築するにいたったのである。

就業機会説はまた，19世紀末以降のアメリカにおける農工間移動を説明するシュルツ（T. W. Schultz）［1945］によってもほぼ同じ時期に提起された。この立場にたつロビンソン［1947］も，地域経済の投資乗数によって，比較静学の視点から労働移動のメカニズムを展開している[3]。ある地域Aで投資の独立的増加が起こると，乗数効果を通して，地域Aの生産・雇用が増加する結果，労働移動の誘因は変化する。つまり，地域Bにくらべて就業機会は拡大するであろう。したがって，地域Aの就業機会の拡大が地域Bから労働力を吸引するであろう。こうした労働移動の連鎖的な過程は，投資の乗数効果が消滅するまでつづくであろう。

またルイス［1954］やフェイ＝レニス［1961］［1964］の無制限労働供給（unlimited supplies of labor），大川一司［1959］［1962］の偽装均衡（disguised equilibrium）などにみられる二重構造的成長モデルは，経済発展のメカニズムを解明するという点に第一義的な狙いがあったが，労働力の農工間移動を説明する理論としても有力な理論であると位置づけられてきた[4]。このモデルの

基本的含意は，農業部門の低賃金雇用のもとで工業部門の就業機会の拡大こそが，賃金水準を高めることなく農業部門から労働力を牽引するという点にあり，就業機会説に属したモデルといえる。トダロ（M. P. Todaro）[1969] はまた，発展途上国においては失業が都市に大量に存在しているにもかかわらず，農村からの移動がみられる点に着目して，都市の就業確率の大小が農工間移動を調節する仮説を提示し，ルイスやフェイ＝レニスのモデルを発展させた。

このように，就業機会説は，就業機会の拡大が労働者を牽引する点をとらえて，「労働移動のプル仮説（pull hypothesis）」とか，就業機会が景気循環の局面によって増減することから，「景気変動感応説」ともいわれる[5]。

9.1.2 労働移動の賃金格差説とそのメカニズム

労働力の移動過程 次に，サムエルソン[1952]が提示した「空間的価格均衡（spatial price equilbrium）」の概念を手掛かりに，賃金格差説の立場から労働移動メカニズムを説明しよう[6]。**図9-1**において，縦軸に賃金率，横軸に第1地域（以下では地域Ⅰとよぶ）の労働者数を原点Oから右の方向に，第

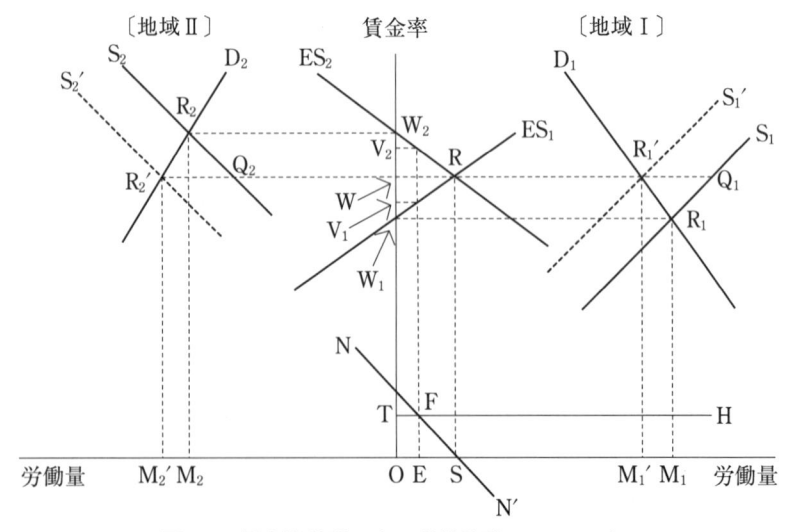

図9-1　賃金格差説による労働移動のメカニズム

2地域(以下では地域IIとよぶ)の労働者数を左の方向にはかっている。いま,地域Iにおける労働需要曲線を D_1,労働供給曲線を S_1,地域IIのそれぞれを D_2, S_2 とすると,地域IIにおける労働需要・供給の各曲線は地域Iの各々に対して背中合わせに画かれている[7]。両地域は互いに孤立して「非競争集団」にあり,それぞれの地域がともに完全競争的な状態にあるならば,地域Iは点 R_1,地域IIは点 R_2 で,労働の需給均衡が実現するであろう[8]。このとき,地域Iの均衡点 R_1 に対応した賃金水準は $W_1O(=R_1M_1)$,労働力の大きさは $OM_1(=W_1R_1)$,また地域IIにおいては点 R_2 に対応してそれぞれ W_2O $(=R_2M_2)$, $OM_2(=W_2R_2)$ であるとしよう。地域IIの賃金率 W_2O は地域Iのそれ W_1O よりも高いので, W_2W_1 の賃金格差が存在するであろう。なお,地域Iにおいて,点 R_1 に対応する点 W_1 を起点に,右上がりの曲線 ES_1 が描かれているが,これは地域Iにおける労働の超過供給曲線にほかならない。同様に,地域IIの超過供給曲線は,点 R_2 に対応する点 W_2 を起点に,右下がりの曲線 ES_2 として画かれている。

両地域における労働需給はともに均衡——経済全体が均衡していないという意味で,この均衡は偽装均衡といわれる——しているけれども,そこには W_2W_1 の賃金格差が存在している。いま,孤立状態がとけ,労働移動を阻害する障壁がなくなると[9],賃金水準の低い地域Iで働いている労働者は,地域IIの高い賃金水準をめざして,地域Iから地域IIに向けて移動するであろう。その結果,地域Iからの労働力の流入によって,地域IIにおいては労働の超過供給が発生し,それが賃金水準を押し下げ,逆に労働力の流出をみる地域Iにおいては,供給の減少によって生じる超過需要が賃金水準を上方にプッシュするであろう。こうした移動過程は,移動コストがなければ,地域それぞれの労働供給曲線を漸次シフトさせながら,賃金格差が消滅するまでつづくであろう。

それでは,地域全体としての需給均衡はどこで実現するのであろうか。それは労働の超過供給曲線 ES_1 と ES_2 の交点 R で実現するであろう。両地域に共通する全体としての賃金水準は OW,労働移動の規模は $WR(=OS)$ となる。そこでは地域Iから流出する労働者数は R'_1Q_1 で,ちょうど地域IIに流入する労働者数 R'_2Q_2 に等しく,それはまた WR に等しくなるであろう。賃金格

差が消滅して労働移動が停止するといった行きついた状態においては，地域Ⅰにおける労働供給曲線は S_1 から S'_1 へと左上方にシフトし，点 R'_1 で新しい均衡が実現する。同様に，地域Ⅱの労働供給曲線もまた S_2 から S'_2 へと左下方にシフトして，点 R'_2 で新しい均衡が成立する。いうまでもなく，それぞれの労働の超過供給曲線はそれにしたがって上下にシフトし，労働移動が行きついた状態での最終的な労働の超過供給曲線は賃金格差が消滅する点 W で交差するであろう。

移動コストの存在 いま，地域Ⅰから地域Ⅱへと移動するのになんらかの費用を要すると仮定しよう。こうした移動コストの存在を仮定すると，これは労働移動にどのような影響を与えるであろうか。単位あたりの移動コストを TO とすると，この高さは地域Ⅰの横軸に平行な直線 TH で示されるであろう。また，右下がりの曲線 NN' は労働の超過供給曲線 ES_1 と ES_2 との垂直差を表したもので，サムエルソンはこれを「純超過供給曲線 (net excess supply curve)」とよんでいる[10]。ここで，賃金格差 W_2W_1 が移動コスト TO を上回るかぎり，労働者は地域Ⅰから地域Ⅱに向けて移動を開始し，賃金格差がちょうど移動コストに等しくなるところで，労働移動は停止するであろう。これに対応する労働移動の大きさは OE である。地域全体としての均衡は，純超過供給曲線 NN' と移動コスト線 TH との交点 F で実現される。この結果，地域Ⅰにおける賃金水準は OV_1，地域Ⅱのそれは OV_2 となり，この差 V_2V_1 は移動コスト TO に等しくなる。このように，地域それぞれの労働需給がたとえ均衡したとしても，移動コストに等しい大きさの賃金格差は依然として存在するであろう。この賃金格差はもはや移動を喚起することはないという意味で，均衡化賃金格差 (equalizing wage differentials) とよばれる。他の事情にして等しいかぎり，移動コストが大きいほど，均衡化格差も大きく，それだけ労働移動の規模は小さくなるであろう[11]。

労働力の最適配分 図9-1の移動過程を簡略して説明したのが図9-2である。縦軸は賃金率，横軸 O_1O_2 は地域全体の労働量を表し一定とする。原点 O_1 から右の方向に地域Ⅰの労働者数を，原点 O_2 から左の方向に地域Ⅱのそれをはかると，地域Ⅰの労働需要曲線は右下がりの直線 D_1，また地域Ⅱの労

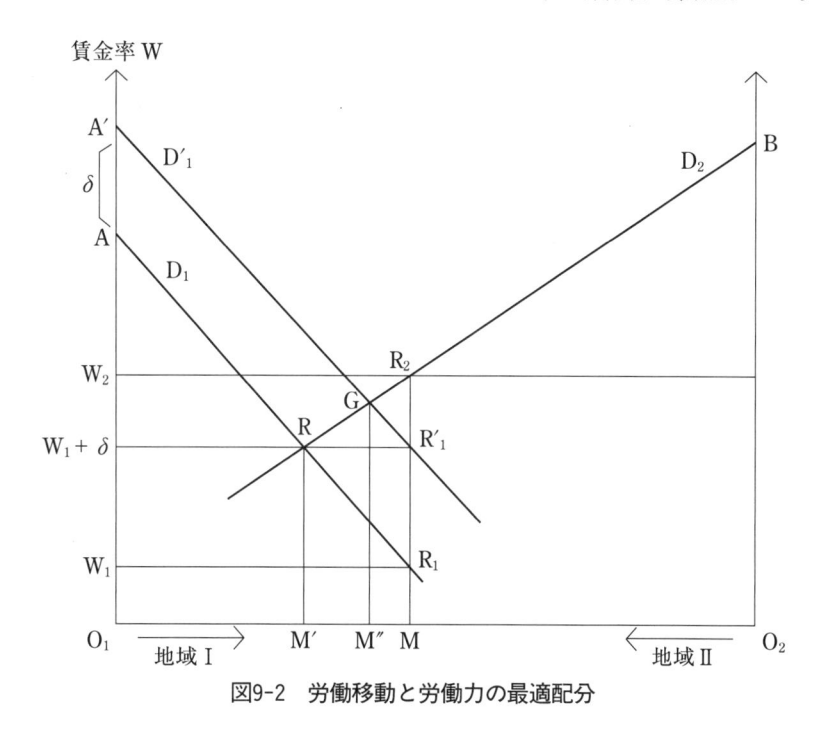

図9-2　労働移動と労働力の最適配分

働需要曲線は右上がりの直線 D_2 として示されるであろう。いま，移動前における各地域の賃金率を W_1O_1，W_2O_2，また労働者数を O_1M，O_2M とすると（$O_1M + O_2M = O_1O_2$），地域Ｉに対応する点 R_1 と地域Ⅱの点 R_2 は，前述したように偽装均衡の点にほかならない。労働市場が完全競争の状態にあるならば，$W_2W_1(=R_2R_1)$ の賃金格差が消滅する点 R まで，地域Ｉから地域Ⅱへの労働移動 MM' が行われ，地域Ｉに O_1M' と，地域Ⅱにおいては O_2M' と決定されるであろう。

ここで，$AA'(=R_1R_1')$ の移動コスト δ を仮定すると，地域Ｉの労働需要曲線は D_1 から D_1' へと移動コスト δ の大きさだけ上方に平行シフトする。この結果，δ を考慮した賃金格差 R_2R_1' のもとで，格差が消滅する均衡点 G まで，MM'' の労働者が地域Ｉから地域Ⅱへと移動するであろう。説明するまでもなく，**図9-2** における各々の労働需要曲線 D_1 と D_2 は，各地域で活動する産業（たとえば工業と農業）における労働の限界価値生産力曲線にほかならない。

また各地域において，労働の限界価値生産物が賃金率に等しいとするならば，移動前における労働の限界生産力格差 R_2R_1（移動コスト δ がゼロのケース）は地域間賃金格差の大きさにほかならない[12]。したがって，労働移動が行きついた点 R で各部門の限界生産力が均等化するように O_1O_2 の労働力が最適に配分されるであろう。

労働移動によって，経済全体としての所得不平等が消滅するだけでなく，生産水準も極大化するであろう。いま，移動前における各地域の労働力が点 M にあるとすると，労働の限界価値生産力曲線下の面積は各地域の生産額を表しているから，地域Ⅰの生産額は矩形 AR_1MO_1，地域Ⅱのそれは矩形 BR_2MO_2 となる。両者の面積を合計した大きさは経済全体の生産額にほかならない。労働移動が行きついた状態は点 M' で与えられ，これに対応した経済全体の生産額は地域Ⅰの生産額＝矩形 $ARM'O_1$ と地域Ⅱの生産額＝矩形 $BRM'O_2$ との合計となるであろう。この生産額は，移動前の点 M に対応した生産額よりも $\triangle R_2RR_1$ の部分だけ大きい。以上のように，地域間の労働移動が労働の限界生産力の均等化をもたらし，この均等化が経済全体における生産水準の極大化を実現するのである。

9.1.3 賃金格差説による労働移動の動学的調整

図9-1の説明から理解されるように，賃金格差説にもとづく労働力の移動過程は，マーシャル的な数量調整過程ときわめて類似している。いま，部門Ⅰの賃金率 W_1 を労働市場の需要価格，部門Ⅱの賃金率 W_2 を市場の供給価格とすると，部門間の賃金格差は超過需要価格に対応し，超過需要価格が正の場合，したがって賃金格差 (W_1-W_2) が存在する場合には，部門Ⅱから部門Ⅰへの労働移動が生じるであろう。そこで，部門Ⅰの労働供給量の変化が賃金格差に比例すると仮定して，労働移動を表す関数を定式化すると，

$$L_{1t+1}-L_{1t}=m[W_{1t+1}-(W_{2t}+\delta)] \qquad (9.1)$$

となるであろう。t は時間，δ は移動コスト，m は調整速度であって，これを労働移動性向という。(9.1) は賃金格差による労働移動量の決定において中心的な役割を演じる関数で，労働移動関数とよぶことにする。ここで，部門Ⅱか

ら部門Ⅰへの労働移動，したがって部門Ⅰの労働供給量の変化は，一期遅れの（移動コストを斟酌した）賃金格差の増加関数として定式化されている．t期から (t+1) 期の移動過程において，t期における部門Ⅱの賃金率 W_{2t} にある労働者は，(t+1) 期に部門Ⅰの賃金率 W_{1t+1} をめざして移動するといった行動仮説が仮定されている．

次に，部門iの労働需要量 D_{it} (i=1, 2) は当該部門のt期の賃金率 W_{it} の減少関数と仮定しよう．したがって，労働需要関数は次のように定式化される．

$$D_{it} = -a_i W_{it} + c_i \qquad (9.2)$$

ただし，$a_i > 0$，$c_i > 0$ とする．また各部門の労働需給の均衡は

$$D_{it} = L_{it} \qquad (9.3)$$

とし，最後に，部門Ⅰと部門Ⅱを合わせた部門全体の労働供給量Eは一定とすると，

$$L_{1t} + L_{2t} = E \qquad (9.4)$$

労働移動過程の体系は完結するであろう．(9.1)〜(9.4) より，部門Ⅰの労働供給 L_{1t} に関する定数係数の一階線型定差方程式は次のようにえられる．

$$a_2(a_1+m)L_{1t+1} - a_1(a_2-m)L_{1t}$$
$$= m[a_2 c_1 - a_1(c_2-E) - a_1 a_2 \delta] \qquad (9.5)$$

ただし，$(c_2-E)<0$ より $[a_2 c_1 - a_1(c_2-E)]>0$ である．また $a_2 > m > 0$ であるならば，(9.5) の同次部分の特性根 λ は $1 > \lambda = a_1(a_2-m)/a_2(a_1+m) > 0$ であり，(9.5) の一般解 L_{1t} は均衡解 $\overline{L}_{1t}$ に収束するであろう．したがって，部門Ⅰの均衡労働量 $\overline{L}_{1t}$ は (9.5) より，

$$\overline{L}_{1t} = \frac{a_2 c_1 - a_1(c_2-E)}{a_1+a_2} - \frac{a_1 a_2 \delta}{a_1+a_2} \qquad (9.6)$$

同様にして，部門Ⅱの均衡雇用量 $\overline{L}_{2t}$ を求めると，次のようになる．

$$\overline{L}_{2t} = \frac{a_1 c_2 - a_2(c_1-E)}{a_1+a_2} + \frac{a_1 a_2 \delta}{a_1+a_2} \qquad (9.7)$$

となる．いうまでもなく，労働移動が生起した後も，経済全体の労働力は $\overline{L}_{1t} + \overline{L}_{2t} = E$ となる．しかし，移動にコスト δ がかかるため，部門Ⅰの均衡雇用量 $\overline{L}_{1t}$ はそれがない場合にくらべて $a_1 a_2 \delta/(a_1+a_2)$ だけ少なく，逆に部

門IIの均衡雇用量 $\overline{L}_{2t}$ はそれだけ多くなるであろう。

次に，部門Iの賃金率 W_{1t} に関する定差方程式を求めると，

$$a_2(a_1+m)W_{1t+1} - a_1(a_2-m)W_{1t} = m[(c-E) + a_2\delta] \quad (9.8)$$

ただし，$c=(c_1+c_2)$ である。(9.8) より部門Iの均衡賃金率 $\overline{W}_{1t}$ は次のようになる。

$$\overline{W}_{1t} = \frac{(c-E)+a_2\delta}{a_1+a_2} \quad (9.9)$$

同様にして，部門IIの均衡賃金率 $\overline{W}_{2t}$ は次のようになる。

$$\overline{W}_{2t} = \frac{(c-E)-a_1\delta}{a_1+a_2} \quad (9.10)$$

かくして，移動過程が終了した後でも，賃金格差 $(\overline{W}_{1t} - \overline{W}_{2t})$ は解消せず，(9.9) と (9.10) より移動コスト δ に等しい大きさの格差が依然として存在する。移動コストがなければ，各部門の均衡賃金率は $\overline{W}_{1t} = \overline{W}_{2t} = (c-E)/(a_1+a_2)$ に一致するであろう。

9-2　無制限労働供給と就業機会

9.2.1　無制限労働供給モデル

ルイス [1954] は，最低生存費部門 (subsistence sector　農業部門) から資本主義的部門 (capitalist sector　工業部門) への労働移動を説明する「無制限労働供給の古典派モデル」を構築した。ルイスは，農村部門における低賃金で無限に弾力的な労働供給のもとで，工業部門の就業機会の拡大がこの部門の賃金率を高めることなく（工業部門の利潤は資本蓄積され，同部門に再投資されることによって，労働需要曲線関数は間断なく上方にシフトしていくであろう），農業から労働力を誘引する主たる要因であるとして経済発展のプロセスを明らかにした。

この移動メカニズムを説明したのが図9-3である[13]。縦軸に賃金率と労働の限界価値生産物を，横軸 O_1O_2 は両部門の労働力全体を表し，ひとまず一定と仮定する。原点 O_1 から左方向に農業部門の労働力を，原点 O_2 から右方向に

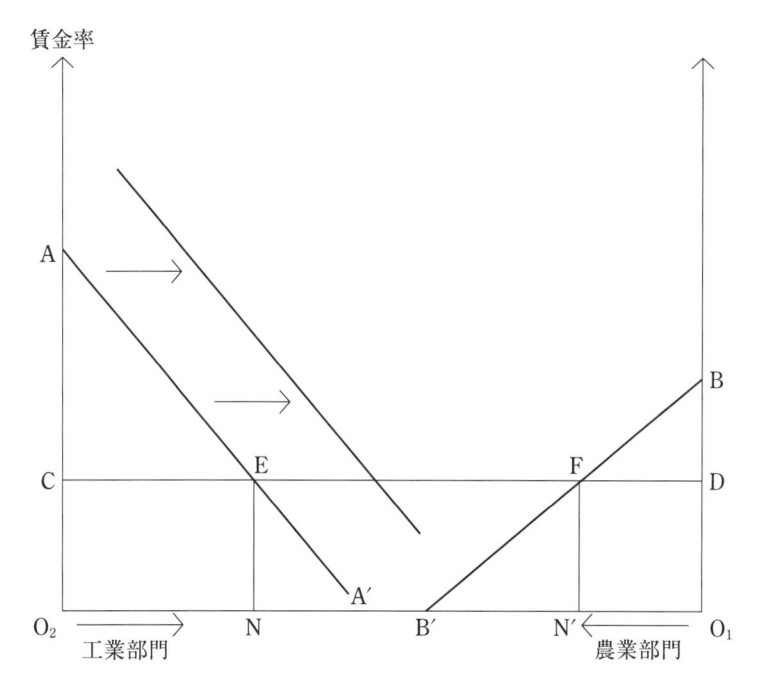

(出所) 安場保吉 [1980] の第4・13図 (122頁) より引用。

図9-3 無制限労働供給モデル

　工業部門の労働力をはかるとする。曲線 AA' は工業部門における労働の限界価値生産物曲線を，また曲線 BB' は農業部門のそれを表している。横軸に平行な直線 CD は，農業部門の最低生存費 (minimum subsistence) を表し，労働の限界価値生産物の高さと無関係に決定され，同部門における人びとの生活を保障するものと仮定する[14]。こうした状況のもとで農工間労働移動 (rural-urban migration) を論じたのがルイスの無制限労働供給モデルである。

　いま，移動コストを無視すると，最低生存費 $DO_1(=CO_2)$ は工業部門にとっての労働供給価格の高さを表し，農業から工業へ移動する労働力の供給は曲線 CFB に沿って動くであろう。かくして，工業部門は，労働の限界価値生産物曲線 AA' のもとで同部門への労働供給曲線 CFB が曲線 AA' と交差する均衡点 E（この点で，最低生存費 $DO_1(=CO_2)$ に等しい賃金水準は工業部門における労働の限界価値生産物と一致する）まで，農業部門から労働者を雇用し

つづけることができる。工業部門に雇用される労働者は $O_2N(=CE)$ となり、残りの $NO_1(=ED)$ はすべて農業部門に吸収されるのであるが、このうち EF $(=NN')$ の農業労働者は労働力の最適配分に対応する労働者 $N'O_1(=FD)$ にくらべて過剰になっている。いいかえれば、EF の労働者は、労働の限界価値生産物を上回る賃金を受け取る過剰労働力または偽装失業者である。EF の過剰労働力を解消するためには、工業の生産力が拡大しなければならない。工業における資本蓄積が進むと、労働の限界価値生産物曲線（したがって労働需要曲線）AA' は右上方にシフトするであろう。工業の労働需要が増大しても点 F に達するまでは、賃金水準 $DO_1(=CO_2)$ を引き上げることなく、農業から労働力を雇用しつづけることができ、点 F において農業の過剰労働力は解消する。経済全体の労働力は工業部門に O_2N'、農業部門に $N'O_1$ と最適に配分されるであろう[15]。さらに、工業部門の労働需要曲線が点 F をこえて右上方にシフトすると、労働力過剰から労働力不足の段階にはいり、農業部門の賃金は曲線 BB' に沿って上昇するであろう[16]。点 F は過剰労働力が解消されるか否かの境界点で、経済発展の過程においてルイス的な意味での「転換点 (turning point)」とよぶことができる。

9.2.2 労働移動の就業機会説

無制限労働供給モデルの含意は、工業部門における就業機会の拡大が賃金水準を高めることなく、農業から労働力を継起的に誘引するという点にあり、この仮説は就業機会説の系譜に立っている。次に、就業機会説による移動メカニズムを説明するが、これを図示したのが図9-4である。図9-4は、農業の賃金率が労働移動にともなって上昇するケースを画いたものである[17]。横軸の O_2O_1 は経済全体の労働力を表し、工業の労働需要曲線を D_2、農業のそれを D_1 とする。その意味で、以下で説明するモデルは制限労働供給モデルである。また工業部門の労働供給曲線は、W_2O_2 の賃金率に対して点 P の雇用水準までは無限に弾力的で、この点で垂直となる、いわゆる逆 L 字型の労働供給曲線と仮定されている。他方、農業部門の労働供給曲線は点 O_1 から左方にはかられ、工業の賃金率より低い賃金率 $W_1O_2(=S_1O_1)$ に対して、点 N まで完全に

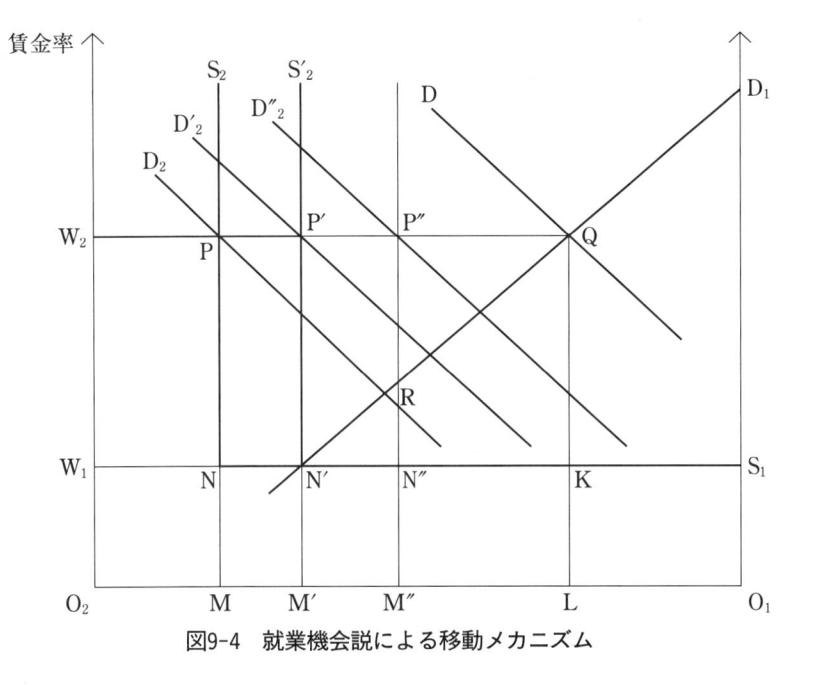

図9-4 就業機会説による移動メカニズム

弾力的な労働供給曲線であり，点 N で垂直となると仮定する。これはL字型の曲線として画かれている。いま，移動前における工業部門の労働需給は，労働需要曲線 D_2 と労働供給曲線 W_2PS_2 との交点 P において均衡し，農業部門は労働供給曲線 S_1NS_2 と労働需要曲線 D_1 との交点 N' で均衡しているが，部門全体は均衡していないので偽装均衡の状態にある。また農業の賃金率 W_1O_2 は社会的にミニマムな賃金水準であって，これは工業部門に対する労働供給価格を意味している。

いま，工業の労働需要が D_2 から D_2' へと増加すると，賃金率 W_2O_2 が上昇することなく，工業は雇用機会の増加 PP' に等しい NN' の労働者を農業から雇用するであろう。工業の労働供給曲線は S_2PW_2 から $S_2'P'W_2$ へ右方にシフトし，同時に農業の労働供給曲線も S_1NS_2 から $S_1N'S_2'$ へ右方にシフトするであろう。さらに，工業の労働需要が D_2' から D_2'' へと増加すると，雇用機会の増加 $P'P''$ によって，工業は $M'M''$ の労働力を農業から牽引するであろう。この結果，農業においては $M'M''$ の労働供給の減少によって，賃金率は NM

($=N'M'$) から RM'' に上昇するであろう。このように,工業部門の労働需要曲線が右上方にシフトし,賃金率を W_2O_2 を高めることなく,均衡点は P から P',そして P'' へと移行しつづけるかぎり,農業の労働供給曲線もそれにともなって右方向にシフトしながら(労働需要曲線 D_1 のもとで),しかも農業の賃金率が上昇するものの,移動過程は賃金格差 $W_1W_2(=PN)$ が解消する均衡点 Q まで進行するであろう。

9.2.3 就業機会説による労働移動の動学的調整

次に,図 9-3 の説明をもとに就業機会説の労働移動メカニズムを定式化すると,次のようになるであろう[18]。

$$D_{1t}=b_1t+c_1 \tag{9.11}$$

$$L_{1t+1}-L_{1t}=k(D_{1t+1}-L_{1t}) \tag{9.12}$$

$$L_{1t}+L_{2t}=E+ft \tag{9.13}$$

b_1, c_1, k, E, f は正の定数,$1>k>0$,$f \geqq b_1$ と仮定する。(9.11) は部門 I の労働需要関数 D_{1t} で,これは需要の増加を表すシフト・パラメーター b_1 によって時間 t とともに上方にシフトする。(9.12) は就業機会による労働移動メカニズムを含む部門 I の労働供給関数で,労働移動を表す行動式でもある。調整速度 k は就業機会にもとづく労働移動性向である。なお,部門 II から部門 I への労働移動は労働の超過需要を相殺するように生起すると仮定されているが,超過需要は労働供給 L_{1t} が労働需要 D_{1t+1} に一期遅れの形となっている。部門 I に正の超過需要が存在するかぎり,部門 II から部門 I への労働移動はつづくであろう。(9.13) は部門全体の労働量を表し,労働量 E のほかに部門 II に時間 t とともに一定の労働量 f が流入すると想定されている。部門 I の労働量は (9.11) と (9.12) から決定され,部門 II の労働量は (9.13) から部門 I の残余として定まるであろう。その意味で,このモデルは,部門 II が過剰就業にあるというか低位雇用の状態にあると想定して構成されている。

(9.11) を (9.12) に代入して整理すると,次の式をえる。

$$L_{1t+1}-(1-k)L_{1t}=kb_1t+k(b_1+c_1) \tag{9.14}$$

$1>k>0$ であるかぎり,特性根 λ は $1>\lambda=(1-k)>0$ で,(9.14) の一般解

は均衡解 $\overline{L}_{1t}$ に収束するであろう。したがって，部門Ⅰの均衡労働量 $\overline{L}_{1t}$ は，

$$\overline{L}_{1t} = b_1 t + \left(b_1 + c_1 - \frac{b_1}{k}\right) \tag{9.15}$$

となる。(9.13) と (9.15) から，部門Ⅱの均衡労働量 $\overline{L}_{2t}$ は

$$\overline{L}_{2t} = (f - b_1) t + (E - c_1) + b_1 \left(\frac{1-k}{k}\right) \tag{9.16}$$

となる。かくして，部門Ⅱから部門Ⅰに流入する労働移動量は，(9.15) と (9.16) から次のようになるであろう。

$$\overline{L}_{1t+1} - \overline{L}_{1t} = b_1, \qquad \overline{L}_{2t+1} - \overline{L}_{2t} = f - b_1 \tag{9.17}$$

部門Ⅱから部門Ⅰへの労働移動は部門Ⅰの労働需要の増加 b_1 に等しい，これが (9.17) が意味する点である。部門Ⅱの労働力は，毎期毎期，定数 f だけ増加しつづけるのであるが，同時に，需要増加 b_1 に等しい労働力が継起的に部門Ⅱから部門Ⅰに移動する結果，部門Ⅱの労働力は $(f - b_1)$ だけ減少しつづけるであろう。

9-3 労働移動の総合仮説

9.3.1 2つの仮説と総合仮説

仮説の含意　以上考察したように，賃金格差説は農工間の労働移動を賃金格差によって説明する仮説であるのに対して，就業機会説は工業の労働需要増加が農業からの労働移動を誘引すると説明する仮説である。賃金格差説は，賃金率の伸縮性と労働力の流動性を前提とする競争的市場のもとで移動メカニズムを説明する。賃金変動と雇用変動が相互依存的に作用し，十分な時間経過の後に全体としての労働需給が均衡するように，労働力が最適に再配分されるであろう。これは，賃金率をパラメーターとする労働市場の需給調節機能を違った形で表現したものにほかならない。このように，賃金格差説は，まさに新古典派理論に立脚した理論仮説なのである。

これに対して，就業格差説は，労働力を押し出す農業部門が無制限労働供給の状態にあると仮定して，工業部門が賃金率を高めることなく，就業機会の増

加に等しい労働力を農業部門から雇用しつづけると主張する点で，賃金格差説の理論モデルとは対極している。賃金率それ自体の変動が工業部門の雇用機会を創出し，労働移動を誘発すると説明する賃金格差説に対して，就業機会説においては賃金格差の存在が不均衡の状態を表す指標にすぎず，賃金率は与件として解釈され，労働需要曲線の変化をとおして就業機会の増加が労働移動を継起的に引き起こすという形で展開される。

このように，賃金格差説と就業機会説とは異なった視点にたって構築された仮説なのである。しかし，両者は対立的な仮説と解すべきではなく，むしろ補完的な関係にあるとみるべきであろう。というのは，任意の賃金格差に対応して労働移動が潜在的に存在しても，就業機会の増加がないならば，現実には労働移動は生起しないであろう。同様に，就業機会が豊富にあっても，労働移動を引き起こすほど賃金格差が大きくなければ，移動は実現しないであろう。このことから，賃金格差の存在は移動の必要条件，就業機会の存在または増加は十分条件なのである。労働移動の理論として存在するのは2つの仮説ではなく，両者を融合した仮説ではないだろうか。このような視点から最初に農工間移動の総合化を試みたのは梅村又次［1961］であった。

総合仮説 総合仮説の枠組みとは，工業部門における労働需要の増大を移動のプル要因として，また賃金格差の存在をプッシュ要因として注目し，これによって労働移動のメカニズムを相互依存的に説明しようとする仮説である[19]。移動過程の舞台装置は，労働力を牽引する工業の労働需要関数と，賃金格差と移動可能な労働力をむすぶ労働移動関数からなっている。賃金格差説にしたがうと，移動可能な労働力の大きさは賃金格差の増加関数として表される。図9-5において，縦軸に工業の賃金率と賃金格差をとり，横軸に原点 O から工業の労働量をはかるとともに，点 M から所与の賃金格差に対応する労働移動量をとれば，労働移動関数は右上がりの曲線 ST，$S'T'$ として画かれる。なお，SM は移動コストである。たとえば，曲線 ST のもとで移動コストを考慮した賃金格差 PS に対して労働移動量は $MM'(=SS')$ として与えられるであろう。

図9-5は，工業の労働需要関数と農業からの労働移動を表す労働移動関数を組み合わせたもので，総合仮説による移動のメカニズムを図式化したものに

図9-5 労働移動の総合仮説

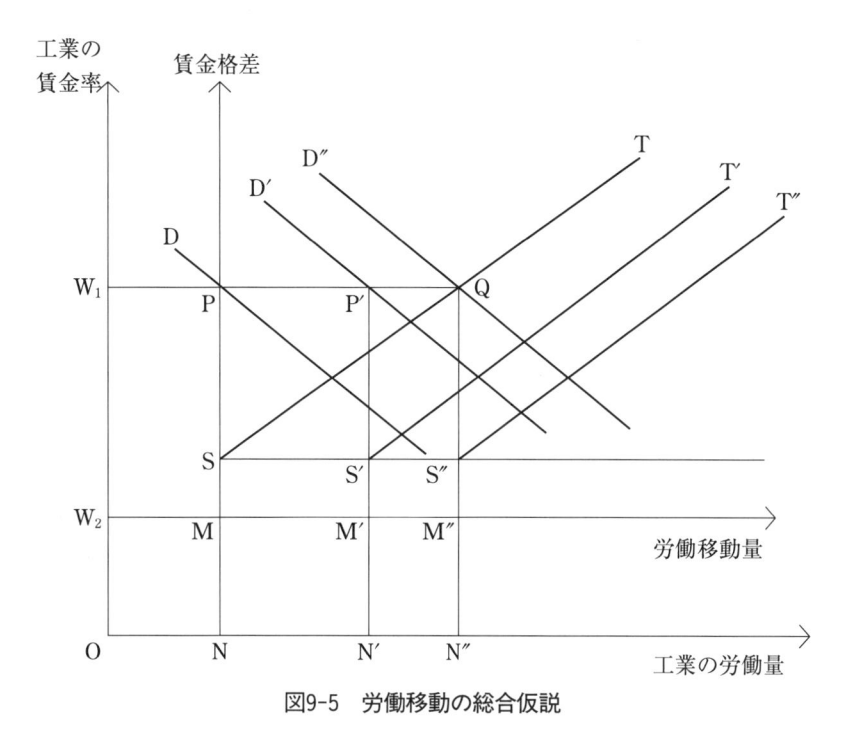

ほかならない。工業の賃金率は W_1O, 農業のそれは W_2O, したがって賃金格差は $W_1W_2(=PM)$, 移動コスト SM を考慮すると, 格差は PS となる。いま, 工業の労働需要関数を D とすると, 工業の均衡点は点 P, それに対応する労働力の大きさは ON となる。ところで, 労働移動関数 ST のもとで, 賃金格差 PS に対応する潜在的な労働移動量は $PQ(=MM'')$ となるが, 工業の労働需要が増加しないかぎり, 農業から工業への移動は現実には生起しないであろう[20]。ここで, 工業の労働需要曲線が D から D' へ右方にシフトし, 賃金 W_1O が変わらなければ, 労働需要は PP' だけ増加する。就業機会の拡大を期待していた農業の労働力はただちに工業部門へと移動するであろう。PP' に対応する MM' の労働移動が生起し, 工業の労働力は ON から ON' へと増加するであろう。工業の労働需要曲線が D' にとどまるかぎり, もはや労働移動は起こらないが, 労働需要が増加しつづけ点 Q に達するまでは, 工業の賃金率 W_1O を所与として, 需要増加に等しい労働移動が継起的につづくものの,

移動の大きさは次第に減少していくであろう。しかし，労働需要が点 Q に到達すれば，それ以後の労働移動は工業の賃金を高めることなしにはもはや生起しないであろう。

総合仮説は，プッシュ要因とプル要因によって農工間移動を説明するものの，移動の決定因として工業の就業機会を重視し，その背後には工業化の過程と農業部門の低位雇用を前提している点に特徴がある。その意味で，この仮説はルイス的なモデルと同じ理論構造である。そのうえ，この仮説は，移動過程において労働需要関数が労働移動関数にくらべて，時間の経過とともに比較的迅速にシフトすると暗黙に仮定している。しかし，西川俊作［1966］が地域間移動の測定結果をもとに指摘したように，労働移動関数の位置は安定的でなく，その変動速度も必ずしも小さくないのである[21]。

9.3.2 総合仮説による労働移動の動学的調整

次に，図9-5をもとに総合仮説の動学モデルを定式化すると，次のようになる。

$$D_{1t} = -a_1 W_{1t} + b_1 t + c_1 \tag{9.18}$$

$$L_{1t+1} - L_{1t} = m[W_{1t+1} - (\overline{W}_2 + \delta)] \tag{9.19}$$

$$D_{1t} = L_{1t} \tag{9.20}$$

a_1, b_1, c_1 は正の定数である。m は労働移動性向，δ は移動コストである。(9.18) は部門 I の労働需要関数 D_{1t} を表し，賃金率 W_{1t} の減少関数である。この式はシフト・パラメーター b_1 によって時間 t とともに，労働需要は増加すると仮定されている。また労働移動関数 (9.19) は，部門 I の労働量の変化 ($L_{1t+1} - L_{1t}$) が移動コスト δ を斟酌した賃金格差 $[W_{1t+1} - (\overline{W}_2 + \delta)]$ の増加関数であると仮定する。(9.20) は部門 I の需給均衡を表している。ただし，部門 II の賃金率 W_{2t} は $W_{2t} = \overline{W}_2$ で一定である。

(9.18) ～ (9.20) から，部門 I の賃金率 W_{1t} に関する定差方程式は次のようになる。

$$(a_1 + m) W_{1t+1} - a_1 W_{1t} = b_1 + m (\overline{W}_2 + \delta) \tag{9.21}$$

a_1 と m は正の定数，特性根 λ は $1 > \lambda = a_1 / (a_1 + m) > 0$ である。かくして，

(9.21) の一般解は均衡解 $\overline{W}_{1t}$ に収束するであろう。均衡解 $\overline{W}_{1t}$ は次のようになる。

$$\overline{W}_{1t} = \frac{b_1}{m} + (\overline{W}_2 + \delta) \tag{9.22}$$

賃金格差 $(W_{1t} - \overline{W}_2)$ を V_t で表すと，均衡賃金格差 $\overline{V}_t$ は (9.22) より

$$\overline{V}_t = (\overline{W}_{1t} - \overline{W}_2) = \frac{b_1}{m} + \delta \tag{9.23}$$

部門Ⅰの賃金率 $\overline{W}_{1t}$ は部門Ⅱの賃金率 $\overline{W}_2$ よりも，移動障壁の高さ $[(b_1/m) + \delta]$ だけ高い。もし労働需要の増加がなければ，賃金格差は移動コストに等しくなるであろう。

また (9.18) と (9.20) から，部門Ⅰの労働力 L_{1t} に関する定差方程式は，

$$(a_1 + m)L_{1t+1} - a_1 L_{1t} = m[b_1 t + b_1 + c_1 - a_1 \overline{W}_2 - a_1 \delta] \tag{9.24}$$

となる。したがって，(9.24) の雇用変動は均衡解 $\overline{L}_{1t}$ に収束するであろう。そこで，均衡解 $\overline{L}_{1t}$ を求めると，

$$\overline{L}_{1t} = b_1 t + \left[-\frac{a_1 b_1}{m} + (c_1 - a_1 \overline{W}_2 - a_1 \delta) \right] \tag{9.25}$$

となる。よって，(9.25) より労働移動量は

$$\overline{L}_{1t+1} - \overline{L}_{1t} = b_1 \tag{9.26}$$

となる。労働移動量は移動性向 m や移動コスト δ に関係なく，部門Ⅰの需要増加 b_1 に等しい。これは就業機会説の移動モデルからえられた結果 (9.17) と同じである。各部門の賃金率は一定となるから，移動過程を通じて賃金格差は変化することはない。

9-4 人口・労働移動の実態

9.4.1 人口移動のOD表

人口移動の概念 人びとの行う常住地の変更や（常住地を変えない）所在地点の変更，すなわちトリップ (trip) によって生じる人口の場所的な移動を人口の移動 (migration) という[22]。人によって，人口移動という言葉の意味するところは異なっている。一般に，社会学者は人口の社会移動 (social mobility) の意味で使用する場合が多い[23]。人口学者は，人口移動といえば主として人口の地域移動 (spatial mobility) をいう。ここでは，3大都市圏と九州との人口移動を対象に，地域間の人口移動を考察することにしよう。

　人口移動は，さまざまな観点から分類することができる。一般に，地域間の人びとの動きを人口の地域間移動というが，これには「常住地の変更をともなう移動」と「常住地の変更をともなわない移動」とに大別される。前者の狭い意味での人口移動 (migration) とは，住所を変えるだけでなく，新しい住所がこれまでに住んでいた市区町村とは異なる市区町村であるような人びとの動きを人口移動という。つまり人口移動とは「常住地の変更をともなう，行政地域の境界をこえる人びとの動き」として定義される[24]。狭い意味では前者の人口移動をいうが，後者に含まれる移動は，常住地と職場または学校との間を人びとが往復する「通勤通学移動 (commuting)」である。この移動は振子移動 (commuter's movement) ともいわれ，通勤移動が行われる範囲を「通勤圏」ととらえることができる。

　人口移動の類型　人口移動はまた，さまざまな観点——移動の単位，移動の動機，移動の発生する地域など——からも分類することができる。ここでは，移動の発生する地域によって分類すると，常住地の変更をともなう移動においても，出発地と到着地が2つの国にまたがっているのか，両者が1つの国内にあるかによって，国際人口移動と国内人口移動に大別されるであろう[25]。国際人口移動 (international migration) は国境をこえた人口移動であるのに対して，国内人口移動 (internal migration) は国内における人口移動である。同じ国内移動でも行政区画を1つの単位として行われる移動を「都道府県間移動」という[26]。また出発地が農村，到着地が都市としてとらえれば，両者の間で行われる移動は「都市－農村間移動 (urban-rural migration)」とよばれる。この移動は産業構造の観点からみれば，農業から工業（あるいは第1次産業から第2次産業）への「産業間移動」ともいわれる。次に，移動の行われる時間間隔によって分類すると，常住地の永続的な変更といった「移住 (immigration)」のような移動と，一時的な移動 (temporary move) に区別されるであろう。一時的な移動は，常住地を変えずに日常的または年期性をもって行われ

るさまざまな移動をいい，季節移動（たとえば出稼ぎなど）や通勤通学などがある。

最後に，移動の動機によって分類すると，人びとが常住地を変更する移動には，必ずなんらかの動機が1つ，またはいくつかの動機が重なっているはずである[27]。たとえば，学校を卒業した者が都会で就職する就職移動や転勤による転勤移動，県外の大学などに進学するために住居を変える進学移動などの動機ははっきりした一つの動機である。しかし，都会での生活をあきらめて郷里で働くという転職移動には，しばしば古里の両親を世話するとか，田畑を守るといった動機がその背後にあるかもしれない。都会で働くために農業を捨て離村する夫に随伴して，妻子ともども郷里を離れる移動は，随伴移動といわれる。

人口移動のOD表　人口移動の分析には詳細なデータが必要である。そのデータとは人口の転出・転入の動きを表した転出地・転入地別構造に関するデータである。これは転出地・転入地別人口移動 (in-migration and out-migration by origin or destination) の表または人口移動のOD表 (origin-destination table) によって示される[28]。**表9-1**に表示されているように，人口移動のOD表は，第i行 (i=1, 2, ……, n) を第i転出地，第j列 (j=1, 2, ……, n) を第j転入地とし，第i行第j列の欄に一定期間内に第i地域（第i転出地）から第j地域（第j転入地）へ移動した人口を記入した表である。第i地域から第j地域へ移動した人口を M_{ij} とすると，**表9-1**のように行列の形で表示することができる。ここで，R_i および R_j は第i地域および第j地域を表し，$M_{1t} = \sum M_{1j}$，$M_{2t} = \sum M_{2j}$，以下同様に，$M_{it} = \sum M_{ij}$ となる。また $M_{t1} = \sum M_{i1}$，$M_{t2} = \sum M_{i2}$，以下同様に，$M_{tj} = \sum M_{ij}$ となる。これらの合計は一定期間内に第i地域を転出地として移動した人びとの総数，また第j地域を転入地として移動した人びとの総数である。いうまでもなく，$M_{tt} = \sum M_{it} = \sum M_{tj}$ である。

人口移動のOD表は，毎年，総務省統計局から『住民基本台帳人口移動報告年報』において都道府県を単位とするCD表として発表されている。『住民基本台帳人口移動報告』は，住民基本台帳法の規定にもとづき，総務省統計局が市区町村における毎月の転入者について報告を受け，これを取りまとめたもの

表9-1　人口移動のOD表

転出＼転入	R₁	R₂	—	Rⱼ	—	Rₙ	合計
R₁	M₁₁	M₁₂	—	M₁ⱼ	—	M₁ₙ	M₁ₜ
R₂	M₂₁	M₂₂	—	M₂ⱼ	—	M₂ₙ	M₂ₜ
Rᵢ	Mᵢ₁	Mᵢ₂	—	Mᵢⱼ	—	Mᵢₙ	Mᵢₜ
Rₙ	Mₙ₁	Mₙ₂	—	Mₙⱼ	—	Mₙₙ	Mₙₜ
合計	Mₜ₁	Mₜ₂	—	Mₜⱼ	—	Mₜₙ	Mₜₜ

(注) 表9-1のOD表は，第i行（i=1, 2, -, n）を第i転出地，第j列（j=1, 2, -, n）を第j転入地とし，第i行第j列の欄（第i行と第j列との交わった欄）のなかに，一定期間に第i地域（第i転出地）から第j地域（第j転入地）へ移動した人口を表記したものである。
　第i地域から第j地域へ移動した人口をM_{ij}とすると，表9-1のようになる。なお，R_iおよびR_jは第i地域および第j地域を表している。そして$M_{1t}=\Sigma M_{1j}$，$M_{2t}=\Sigma M_{2j}$，以下同様に，$M_{it}=\Sigma M_{ij}$となる。また$M_{t1}=\Sigma M_{i1}$，$M_{t2}=\Sigma M_{i2}$，以下同様に，$M_{tj}=\Sigma M_{ij}$となる。これらの合計は一定期間内に第i地域を転出地として移動した人びととの総数，および第j地域を転入地として移動した人びととの総数である。言うまでもなく，$M_{tt}=\Sigma M_{it}=\Sigma M_{tj}$である。

で，これによって人口の移動状況を明らかにすることができる[29]。1967年11月9日までは住民基本台帳法の前身である住民登録法が施行されていた。本報告のはじまった54年1月1日から67年11月9日までは，住民登録法にもとづいて転入者の把握が行われ，報告書は『住民登録人口移動報告年報』と称していた。なお，『人口移動報告年報』で記録される移動者数（転出入者数）とは，市区町村の境界をこえて住所を移した者の数をいい，同一市区町村内で住所の変更をした者および日本の国籍を有しない者は含まない。そして，各都道府県または大都市の境界をこえて他の区域へ住所を移した者の数を転出者数といい，これは，転入者の従前の住所地によって統計局で算出した者の数をいう。これに対して，転入者数とは，市区町村または都道府県の区域内に，他の市区町村または都道府県から転入し住所を定めた者の数をいう。本章では，この『人口移動報告年報』を利用して地域間の人口移動を中心に考察する。

9.4.2 人口の不均等化と地域間人口移動

人口不均等化の進展　国勢調査によると，1975年1億1,194万人であったわが国人口は，2005年には1億2,777万と，この30年間に1,583万人も増加したが，10年は1億2,806万人とわずか2.9万人の増加すぎず，早晩，わが国は人口減少時代に突入することは間違いない。と同時に，人口の地域分布も戦後50数年間に大きく変貌した。周知のように，人口分布の不均等化の主要な原因は，工業化と都市化の進展にあるが，高度成長時代にはいった1950年代半ば以降，地方圏から大都市圏に向けて，人口移動は大規模かつ地滑り的に起こり，大都市圏の人口集中は急速に進み，過密と過疎の歪みはわが国全土に覆い尽くしていった。70年代になると，地方圏から大都市圏への転入超過は急速に減少していくが，後期になると，逆に転出超過がつづき，人口不均等化の速度は鈍った。しかし，80年代以降，ふたたび人口の「東京一極集中」が大きな社会問題となったのである。

　次に，人口の不均等化がどのように進展していったのかを総務省『国勢調査報告』によって観察しよう。**表9-2**に示すように，50年代前期は北陸東山を除くすべての地域で人口の増加をみたが，50年代後期以降になると，様相は一変した。北陸東山のほかに東北，北関東，東近畿，中国，四国，九州で人口は減少に転じ，3大都市圏（南関東，東海，西近畿）への人口集中は進んだ。60年代になると，大都市圏への人口集中は一段と進み，その増加は565.7万人と最大を記録した一方，九州は東北や四国と並んで，人口の大幅な転出超過となった。60年代の10年間，九州の人口減少は最大の76.9万人（＝48.2＋28.7）を記録した。同時に，3大都市圏に隣接する北関東，東近畿は都市圏のスプロール化にともなって人口の増加に転じた。しかし，安定成長に移行した70年代半ばになると，人口減少をつづけた東北，北陸，東山，四国，九州においても，大都市圏と並んで人口増加に転じた[30]。80年代になると，人口移動の流れはふたたび大都市圏に向かい，東京一極集中が大きな議論をよんだ。90年代の地方圏における人口増加は落ち込み，とくに北海道，中国，四国では減少に転じた。2000年にはいると，地方圏すべては人口減少となった。この半世紀，人口分布の不均等化，とくに3大都市圏の人口は集中的に進み，今後，地方圏の人口は

表9-2 人口の地域分布の変化

(単位:1000人)

地域	1950〜55年	1955〜60年	1960〜65年	1965〜70年	1970〜75年	1975〜80年	1980〜85年	1985〜90年	1990〜95年	1995〜00年	2000〜05年	2005〜10年
	人口増加(=自然増加+社会増加)											
北海道	478	266	133	12	154	238	103	−36	49	−9	−55	−121
東北	313	−9	−218	−76	202	339	158	8	96	−17	−183	−299
北関東	34	−86	44	199	414	402	314	234	197	72	1	−30
南関東	2,374	2,440	3,153	3097	2,928	1,657	1,575	1,524	780	842	1,061	1,140
北陸東山	−8	−76	−88	−20	251	250	180	56	102	15	−88	−160
東海	621	594	840	852	948	589	490	415	327	228	243	90
東近畿	30	−11	80	156	273	241	172	124	126	57	−18	−24
西近畿	1,175	1,230	1,664	1,469	1,157	450	387	209	87	171	55	34
中国	195	−47	−72	126	369	220	162	−3	29	−42	−57	−112
四国	25	−124	−146	−71	136	123	64	−32	−12	−29	−68	−109
九州	727	48	−482	−287	442	612	384	63	179	67	−49	−118
大都市圏	4,170	4,264	5,657	5,418	5,033	2,696	2,452	2,148	1,194	1,241	1,362	1264
地方圏	1,791	−39	−749	39	2,241	2,425	1,537	415	766	114	−519	−973
九州	727	48	−482	−287	442	612	384	63	179	67	−49	−118
全国	5,962	4,225	4,908	5,456	7,274	5,121	3,989	2,562	1,959	1,356	842	289

(資料) 総務省統計局『国勢調査報告』,総務省統計局『人口統計資料集 2008』『人口統計資料集 2012』
(注) 1) 地域区分は次の通り。北海道(北海道),東北(青森,岩手,宮城,秋田,山形,福島),北関東(茨城,栃木,群馬),南関東(埼玉,千葉,東京,神奈川),北陸東山(新潟,富山,石川,福井,山梨,長野),東海(岐阜,静岡,愛知,三重),東近畿(滋賀,奈良,和歌山),西近畿(京都,大阪,兵庫),中国(鳥取,島根,岡山,広島,山口),四国(徳島,香川,愛媛,高知),九州(福岡,佐賀,長崎,熊本,大分,宮崎,鹿児島,沖縄)
2) 大都市圏とは南関東,東海,西近畿の計である。これ以外の地域計を地方圏とする。

社会減に自然減も加わりますます減少していくであろう。

3 大都市圏・地方圏と九州圏との人口移動 前記したように,わが国経済の高度成長にともなって,地方圏から3大都市圏への人口転出は地滑り的に増加していった。こうした地滑り的な人口転出の大部分は,地方の農山漁村や小さな地方都市の青壮年やその家族が大都市圏の企業・工場や商店の仕事を求めて離家離村していった,また中学・高校・大学を卒業した新規学卒者が県外とくに大都市圏の企業や工場に就職していった,さらに会社員や公務員などが人事異動によって転勤していったなどの結果にほかならない。

表9-3に示すように,地方圏からの転出者数(したがって,3大都市圏への転入者数)は55年の86.3万人から64年には145.4万人まで増加した後,65年に

表9-3 地方圏・九州圏と3大都市圏との転出入

(単位：人)

年次	地方圏から3大都市圏へ 地方圏からの転出者数	3大都市圏から地方圏へ 地方圏への転入者数	3大都市圏の転入超過数	九州圏から3大都市圏へ 九州圏からの転出者数	3大都市圏から九州圏へ 九州圏への転入者数	九州圏における3大都市圏への転出超過数
1955	863,084	518,637	344,447	114,848	59,486	−55,362
1960	1,166,311	577,999	588,312	236,034	68,925	−167,109
1961	1,284,495	633,380	P 651,115	287,755	82,200	−205,555
1964	1,454,341	874,439	579,902	322,571	129,523	−193,048
1965	1,430,526	944,461	486,065	289,023	153,653	−135,370
1970	P 1,583,586	1,173,636	409,950	332,760	175,515	−157,245
1973	1,418,281	P 1,282,395	135,886	256,632	202,376	−54,256
1975	1,198,968	1,177,830	21,138	195,102	197,871	2,769
1976	1,128,269	1,138,436	−10,167	176,493	188,312	11,819
1980	1,055,695	1,041,457	14,238	152,871	151,468	−1,403
1985	1,054,625	943,982	110,643	149,752	119,005	−30,747
1990	1,048,682	976,053	72,629	148,897	118,013	−30,884
1995	925,630	966,729	−41,099	108,848	117,215	8,367
2000	911,864	857,662	54,202	105,484	97,614	−7,870
2005	888,998	774,320	114,678	105,219	83,863	−21,356
2010	787,751	711,614	76,137	93,322	80,234	−13,088

(資料) 総務省『住民基本台帳人口移動報告年報』
(注) 1) 3大都市圏とは、埼玉県、千葉県、東京都、神奈川県、岐阜県、愛知県、三重県、京都府、大阪府、兵庫県、奈良県の1都2府8県の11都府県をいい、それ以外の道県を地方圏という。
2) 九州圏とは沖縄県をのぞく九州7県の計をいう。
3) Pは最大の数値を表す。

は不況により143.1万人に減少したが，67年からふたたび増加に転じ，70年には158.4万人と過去最高を記録した。その後，地方圏からの転出は基調的には減少の一途をたどっており，2005年は高度成長がはじまる1950年代半ばとほぼ同じ88.9万人まで，さらに2010年は78.8万人に減少した。反対流としての地方圏への転入者数（したがって，3大都市圏からの転出者数）についても，高度成長とともに増加の一途をたどり，1955年の51.9万人から73年には128.2万人とピークに達した。その後，減少をつづけ，2005年には77.4万人，10年には71.2万人とほぼ半減した。こうした転出入の動きにともなって，1950年代後半以降，3大都市圏への転入超過も大幅に増加し，61年には65.1万人と過去最大の転入超過を記録した。70年頃まで毎年50万人近い人びとが3大都市圏への転

入超過，いいかえれば地方圏の人口は大幅な転出超過をつづけたのである。15年間を累計すると，その数は実に650万人から700万人に達するであろう。このように，高度成長期に地方から大都市に向け未曾有の人口移動が起こった。石油危機後，地方圏からの転出超過は大幅な減少に転じ，76年には1万167人の転入超過を記録した。3大都市圏において戦時から戦後の大規模な疎開をのぞいて歴史上はじめて人口の社会減をみた。バブル経済が崩壊した後の93年から95年の3年間，3大都市圏は転出超過に転じたが，70年代半ば以降，地方圏から3大都市圏への流れは急速に弱まっていった。

九州圏（沖縄県をのぞく九州7県）から3大都市圏への転出者数も，高度成長にともなって増加をつづけ70年には33万2,760人と最大を記録したが，2005年には10万5,219人，10年には9万3,322人と3分の1強まで落ち込んでいる。これに対して，3大都市圏から九州圏への転入者数は1950年代半ばから増加をつづけ，73年に20万2,376人と最大となり，これを境に一貫して減少をたどっている。この結果，九州圏は，60年から70年の高度成長期には3大都市圏に向けて毎年15万人をこえる大幅な転出超過をつづけた[31]。しかし，75年には九州圏の転入者数は転出者数を上回り，戦後復興期を除いてはじめて2,769人の転入超過を記録した。その後，ふたたび転出者数が転入者数を上回って推移し，1995年にはバブル経済の崩壊を受け8,367人の転入超過となったが，「失われた10年」から景気の回復にいたる2000年代には，転出超過はふたたび増加となっている。

最後に，図9-6をもとに九州圏から3大都市圏への転出超過が最も多かった1961年と45年後の2005年のそれを比較することにしよう。1961年をみると，九州圏から3大都市圏や九州圏以外の地方圏からの転出者総数は52万6,902人，反対に九州圏への転入者総数は30万2,337人，九州圏全体で22万4,565人の転出超過であった。52万6,902人にもおよぶ転出者のうち，九州圏から3大都市圏への転出者は28万7,755人で転出者全体の55％を占め，他の地方圏への転出者は23万9,147人と3大都市圏への転出者が5万人ほども多い。これと反対に，他の地方圏からの転入者は22万137人で転入者全体の4分の3を占め，3大都市圏からの転入者は8万2,200人にすぎない。九州圏からの転出超過全体は22

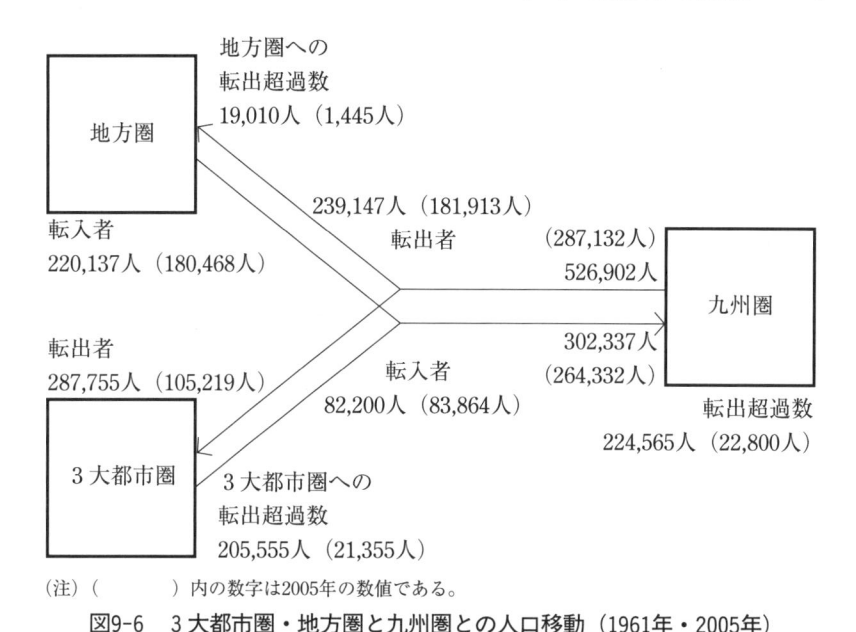

第9章 労働移動と資源配分　443

```
                地方圏への
                転出超過数
  ┌─────┐  19,010人（1,445人）
  │ 地方圏 │
  └─────┘╲
   転入者      ╲  239,147人（181,913人）
 220,137人（180,468人）╲ 転出者           （287,132人）
                        ╲                526,902人   ┌─────┐
                         ╳─────────────────────────→│ 九州圏 │
                        ╱                302,337人   └─────┘
   転出者              ╱  転入者         （264,332人）
 287,755人（105,219人）╱  82,200人（83,864人）       転出超過数
  ┌─────┐╱                              224,565人（22,800人）
  │3大都市圏│
  └─────┘  3大都市圏への
           転出超過数
           205,555人（21,355人）
```

（注）（　）内の数字は2005年の数値である。

図9-6　3大都市圏・地方圏と九州圏との人口移動（1961年・2005年）

万4,565人で，このうち3大都市圏への転出超過は実に91.5％にあたる20万5,555人を数えているが，転出超過の大部分は，大都市の雇用需要を求めて地方の農山漁村や地方都市からの離家離村，新規学卒者の県外就職，会社員や公務員などの転勤とその家族といえるであろう。これに対して，他の地方圏からの転出超過はおよそ1万9,010人となっている。

　2005年になると，移動規模は一変した。九州圏からの転出者総数は28万7,132人，九州圏への転入者総数は26万4,332人で，2万2,800人の転出超過であるが，転出者総数はほぼ半減した。とくに3大都市圏に流出する転出者は10万5,219人で，1961年の28万7,755人にくらべ3分の1近くまで落ち込み，他の地方圏への転出者も6万人も減少して18万1,913人となった。2005年の転入者数は1961年より約4万人ほど減少したが，その減少幅は転出者数にくらべて少ない。3大都市圏から九州圏への転入者は8万3,864人と，この40年間ほとんど変化していないことから，この移動のほとんどは，転勤者とその家族，県外就職者や県外進学者のUターンなどであろう。

プッシュ＝プル・メカニズムの機能低下　以上観察したように，九州圏全体の転出超過は1961年の22万4,565人から2005年には2万2,800人へと10分の1に縮小した。現在においても地域間の人口移動は依然として大きな流れとなっているが，この40数年間に，九州圏から3大都市圏への転出者，そして転出超過とも急速に縮小し，ネイション・ワイド（nation-wide）な労働市場の移動機能は大幅に低下していった。

　高度成長期にみられた九州圏など地方圏から3大都市圏への地滑り的な人口移動は，地方各地の農山漁村から大都市工業地域への古典的・伝統的な移動パターンである。図9-7から明らかなように，地域間所得格差の動きをみると，格差の変動係数は地方圏から3大都市圏への転入超過数ときわめてパラレルに推移している。この動きから判断できるように，移動の主役が仕事を求める学卒者や農山漁村の若者，壮年者であることから，この人口移動は農工間移動ともよばれ，地理的には全国的な広がりをもつネイション・ワイドな労働市場のなかで，大都市圏との所得格差が地方圏の人口を押し出すプッシュ要因とし

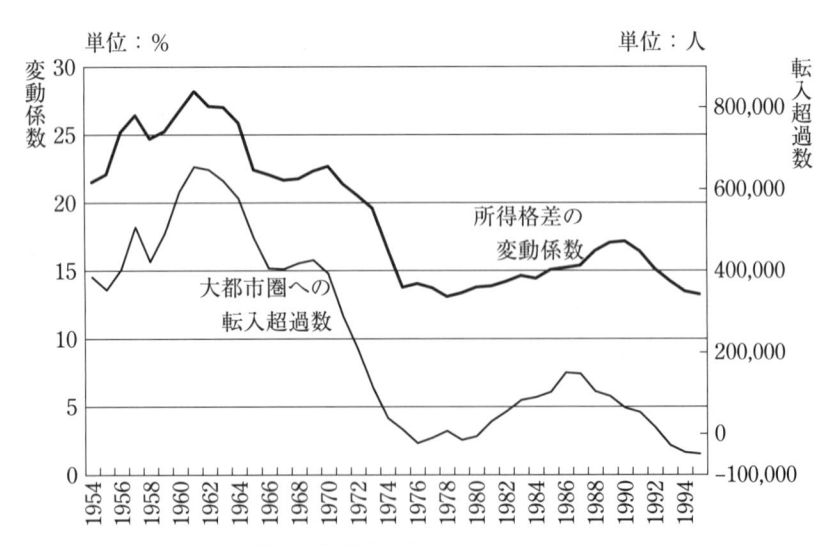

（資料）総務省『住民基本台帳人口移動報告年報』
　　　　内閣府『県民経済計算年報』

図9-7　所得格差の変動係数と転入超過数の推移

て，他方，大都市圏の多様な職種からなる豊富な雇用需要や大都市の高い利便性が地方圏から人口を牽引するプル要因として，すなわちプッシュ＝プル・メカニズム (push-pull mechanism) が作用するところの人口移動にほかならない。一言でいえば，この人口移動は所得格差説と就業機会説が一体となって作用するところの移動といえるであろう。このように，ネイション・ワイドな労働市場において，東京・大阪など3大都市圏と東北・北陸や九州など地方圏との全国規模レベルで労働力の需給調整が行われるのである。

　高度成長期にみられた九州圏をはじめ地方圏からの人口流出は，新卒者の県外就職，農業から都市労働者としての転職，離家離村（一家における妻子などの随伴移動を含む）や出稼ぎ，県外大学への進学・卒業後都会への就職などのさまざまな形態をとりながら，3大都市圏に対する労働力の供給源として重要な役割を果たしてきた。とくに九州圏から3大都市圏への人口移動はきわめてドラスチックに行われ，1955年から70年までの15年間に，その規模は200万人にものぼる記録的な転出超過を数えている[32]。しかし，80年代半ば以後，地方圏と3大都市圏を結ぶ全国規模のネイション・ワイドの労働市場の機能は，転入・転出の人口移動が減少するにつれて縮小し，供給源としての地方圏の役割も低下していった。以上説明したように，ネイション・ワイドな労働市場の比重は長期的には低下している。50年代半ばから70年代までの高度成長期には，プッシュ機能とプル機能はともに強力に作用したが，70年代半ば以降，プッシュ・プル機能ともに低下している。それでは，プッシュ・プル機能を低下させた要因とはなんだろうか。①地方人口の減少（とくに若年層の減少），②大都市圏に対する憧れや魅力の低下など，いわゆる移動性向の低下，③地域間の所得格差の縮小，④誘致企業（IC・自動車等）の増加による地方の雇用機会の増加，などの要因が考えられる。

9.4.3　変容した産業間移動

　前項では，戦後60年におよぶ地域間の人口移動を考察したが，次に，1960年代以降における就業者の産業間移動の変化を鳥瞰することにしよう。地方圏から大都市圏への地域間人口移動の主役は，同時に農林業の第1次産業から，建

設業，製造業の第2次産業や卸小売業，運輸業，サービス業など第3次産業へと産業間を転職移動する就業者，また第2次・第3次産業に新規に就職する学卒者などである。図9-8と表9-4をみると，62年から2002年における産業間移動の長期的な変化を読み取ることができる。

第1に，第1次産業を中心とした産業間・産業内の就業移動はこの40年間に大幅に減少し，その規模は3分の1まで縮小した。第2次産業を中心とした移動は120万人前後であるのに，第3次産業を中心とした移動は110万人強から270万人へと2.4倍にも増加し，いまや第3次産業が就業移動の主流なのである。石油危機以降，就業者の産業構成比は第2次産業中心から第3次産業中心へと変化しており，その移行過程で，第3次産業への労働移動が活発となっている。注目すべきは産業内移動が産業間移動を凌駕しており，1997年は約160万人，2002年は200万人近くを数えている。第2に，図9-8が教えるように，高度成長期の1960年代は，第1次産業から第2次・第3次産業への流出が第2次・第3次産業から第1次産業への流入を上回り，いわゆるペティ＝クラーク

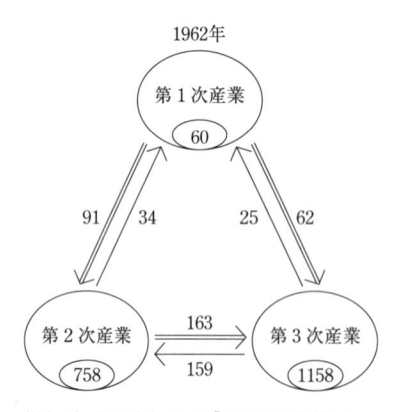

(注) 1) 総理府統計局『日本の就業構造——昭和43年就業構造基本調査結果の概要』の図30-2より引用（123頁）。
    2) 単位は千人。
    3) 小楕円形内の数字は同一産業内の就業移動者である。

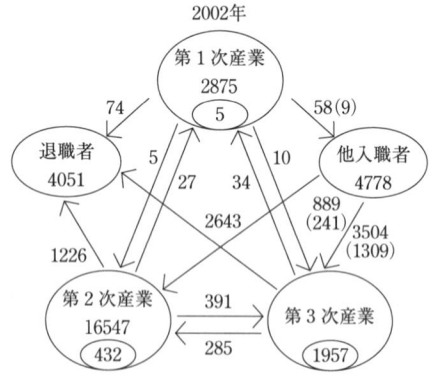

(注) 1) 厚生労働省『平成16年版労働白書』の付2-(3)-17表（281頁）より図を作成。
    2) 単位は千人。
    3) 大楕円形内の数字は当該産業における継続就業者である。
    4) 小楕円形内の数字は同一産業内の就業移動者である。
    5) （ ）内の数字は学卒の入職者である。

図9-8　産業間労働移動の構造（1962年・2002年）

表9-4　産業間移動と産業内移動

(単位：千人)

	年　次	産業間移動者	産業内移動者	合計
第1次産業を中心とした移動	1962	212	60	272
	65	160	38	198
	97	76	5	81
	2002	76	5	81
第2次産業を中心とした移動	1962	447	758	1,205
	65	402	680	1,082
	97	798	421	1,219
	2002	708	432	1,140
第3次産業を中心とした移動	1962	409	712	1,121
	65	388	772	1,160
	97	804	1,573	2,377
	2002	720	1,957	2,677

(資料)　総務省統計局「就業構造基本調査」より作成。
(注)　産業間移動者とは各産業（第1次・第2次・第3次産業）を移動した者（流出者と流入者の合計），産業内移動者とは各産業内で移動した者である。

の法則が教える移動パターンであった。1970年代以降，このパターンは崩れ，第1次産業への流入が第1次産業からの流出を上回っている。流入が多いの理由はなんだろうか。若者や壮年者の農林漁業への転職よりも第2次・第3次産業で働いていた兼業農家の中高年就業者が定年とともに農業に従事することになったからであろう。

　2002年における就業移動に焦点を合わせ，少し詳しく観察すると，産業間における労働力の再配分は，**表9-5**にみるように，産業間や産業内の転職だけでなく，家計や失業プールから各産業への流入，逆に各産業からの流出などによっても行われている。新規学卒者や無業者（非労働力や失業者など）から各種産業への入職者は478万人と相当に大きな流れであり，このうち3分の1にあたる160万人が新規学卒者である。労働力の再配分については，新規学卒者の果たす役割は大きい。新規学卒者の製造業への入職は長期的には減少をたどると考えられるが，サービス業など成長産業への入職は今後も増加するであろう。しかし今後，全体としては少子化により減少傾向にあり，これは新規学卒

表9-5　産業間移動の構造（2002年）

(単位：千人)

		前職産業（転職者）					他の入職者		入職者計	継続就業者	純流入
		第1次産業	第2次産業	第3次産業	分類不能	前職産業計		うち学卒			
現職産業	第1次産業	5	27	34	1	68	58	9	126	2,875	31
	第2次産業	5	432	285	18	744	889	241	1,633	16,547	－453
	第3次産業	10	391	1,957	54	2,416	3,504	1,309	5,920	36,439	973
	分類不能	0	6	24	34	63	328	34	391	552	176
	有職者計	25	859	2,303	107	3,293	4,778	1,592	8,071	56,414	727
	退職者	74	1,226	2,643	109	4,051					
	離職者計	99	2,085	4,946	216	7,344					

（資料）総務省統計局「就業構造基本調査」，厚生労働省『平成16年版労働白書』281頁を参照。
（注）1）調査時と調査の1年前の就業状況を比較したものである。
　　 2）「退職者」とは前歴があり，現在無業の者（現在失業し仕事を探している者を含む）である。また「他の入職者」は無業（調査の1年前に失業中であった者を含む）から現職についた者である。したがって，他の入職者や退職者のなかにも転職者が含まれているが，その数は不明である。

者の産業間への配分機能を低下させるであろう。転職者については，前述したように，産業内移動が産業間移動を凌駕しているが，これは，転職する場合，労働者は技能や経験を生かそうとするため，前に従事していた産業と同じ産業に移動する傾向があるからであろう。また転職に要する職探しの時間や転職による賃金変動が一般に少ないなど，産業間にくらべて産業内の転職のほうが比較的容易に行われるであろう。さらに産業内の転職は一方向への移動であるが，産業間移動は双方向になっているから，移動の規模は小さくなるであろう[33]。

　ところで，入職者全体の7割強は第3次産業に入職している。反対に各産業からの退職者は405万人で，このうち3分の2にあたる264万人は第3次産業か

ら退職している。退職者の数は入職者の数をやや下回っているが，それでも1年の間に家計・失業プールと各産業部門の間で合わせて約900万人（＝478＋405）もの入退出が繰り広げられている。ところで，入職者総数807万人のうち，新規学卒者や無業者など家計や失業プールからの入職者は478万人で全体の6割を占め，他産業からの入職者は4割の329万人を150万人も上回っている。同様に，離職者総数734万人のうち，各産業から失業や定年などの退職者は405万人，55％で，他産業への転職者は329万人，全体の45％を10ポイント上回っている。ここで興味ある事実は，入職者総数にしても離職者総数にしても，産業間や産業内を移動する転職者の数よりも，家計や失業プールから流入する入職者の数が，逆に各産業から流出する退職者の数が相当に多いということである。

[注]
1) 労働移動の理論的研究は，一般に移動の発生要因や移動メカニズムを説明する労働移動のモデルと，人びとがどのような移動経路や移動手段を選択するかの選択モデルに大別され，主に交通論や都市計画論の立場から研究されてきた。
2) 荒井勝彦［1989］も，高度成長期を中心に人口移動の経済的ポテンシャルを所得格差説の立場から検証した。
3) J. Robinson［1947］pp. 39～42（訳書56～60頁）を参照。
4) 二重構造的成長モデルの説明は，安場保吉［1980］が詳しく有益な示唆に富んでいる。また安場と同様に，鳥居泰彦［1979］も2部門経済発展理論を展望し，過剰労働経済の工業化において農工間労働移動を考察している。
5) 水野朝夫によれば，農工間移動に関する研究として，大河内仮説（出稼ぎ論），並木仮説（コンスタンシー論），小野・南仮説（景気変動感応説）が代表的である。水野朝夫「第12章 労働の産業間移動」小野旭・南亮進編［1973］を参照。
6) 「空間的価格均衡」については，坂下昇［1980］の説明が手短でわかりやすい。
7) 地域Ⅰの労働需要曲線 D_1 は，厳密にいえば，地域Ⅰで生産する企業個々の労働需要曲線を集計したものである。地域Ⅰの労働供給曲線 S_1 もまた，地域Ⅰで働く個々の労働者が企業に提供する労働供給曲線を集計したものである。地域Ⅱの D_2，S_2 も同様にして導出される。
8) 各地域の労働需給はそれぞれ均衡しているけれども，地域全体としては均衡

状態にはなく，いわゆる偽装均衡 (disguised equilibrium) の状態にある．大川一司 [1962] 187～196頁を参照．
9) 労働者が住み慣れた土地への愛着や未知の土地に住むことの不安などがあるが，地域IIのより高い賃金の魅力がこうした心理的な抵抗を圧倒すると仮定する．
10) P. A. Samuelson [1952] p. 287を参照．
11) 両地域で成立する均衡は移動コストの大きさによって異なるであろう．移動コストがなければ，点 R で与えられる単一の賃金均衡が成立する．移動コストが存在しても，それが賃金格差を下回っているかぎり ($TO < W_2 W_1$)，点 F の賃金均衡が実現し，逆に賃金格差を上回っているならば ($TO > W_2 W_1$)，労働移動が起こらないから，点 R_1 と点 R_2 といった孤立均衡が成立するであろう．坂下昇 [1980] 600頁を参照．
12) 各部門の労働市場は完全競争の状態にあると仮定されている．
13) 工業部門は利潤極大化原理が支配しているが，農業部門では利潤極大化原理が働かず，人びとは共同体である村社会のなかで最低生存水準で生活を送るのである．安場保吉 [1980] 121～128頁を参照．
14) ルイスは最低生存費を「伝統的賃金 (traditional wage)」とよんだ．また両部門で利潤極大化原理が働くならば，両部門における労働の限界価値生産物 EN，したがって賃金水準は等しくなるであろう．これはマルサス的世界である．A. W. Lewis [1954]，安場保吉 [1980] を参照．
15) 図9-3は労働力 $O_1 O_2$ が「ひとまず」一定と仮定して図示したが，農業部門の労働供給は無制限と想定されているから，労働力が毎期毎期増えて，原点 O_1 は右方にスライドしていくと考えるべきであろう．
16) 点 F をこえると，農業部門も利潤極大化原理が作用しはじめる．
17) 図9-4はマーコミックの労働移動モデルを修正して作図したものある．B. J. McCormick [1969] を参照．
18) この定式化は，ストイコフ (V. Stoikov) が示した求人 (job vacancy) モデルにおいては微分方程式で表示されている．これを変形して定差方程式体系で定式化したものである．V. Stoikov [1966] p. 532を参照．
19) 西川俊作 [1966] 227頁を参照．
20) 梅村又次は，MM'' の労働移動量を賃金格差 PS に対応する農業部門の潜在的失業者とよんでいる．梅村又次 [1962] 204頁を参照．
21) 西川俊作 [1966] 229～234頁，238頁を参照．
22) 以下，鈴木啓祐 [1985] 第4章97頁～101頁を参照．
23) 人口移動という現象は2つの地域（出発地と到着地）を移動する現象であるから，空間的移動とよぶこともある．日本人口学会編 [2002] 594頁を参照．
24) 日本人口学会編 [2002]『人口大事典』(培風館) 593頁, 国際人口学会編

[1994]『人口学用語辞典』(厚生統計協会) 89頁を参照。
25) 鈴木啓祐［1985］第4章98頁を参照。
26) 日本人口学会編［2002］同書593頁を参照。
27) 日本人口学会編［2002］同書594頁を参照。
28) 鈴木啓祐［1985］第4章106頁〜108頁を参照。
29) この報告の法的根拠および関連する規定は，次のとおりである。住民基本台帳法の第22条（転入届）「転入（新たに市町村の区域内に住所を定めることをいい，出生による場合を除く。以下，略）をした者は，転入した日から14日以内に，次に掲げる事項（以下，略）を市町村長に届け出なければならない。」その事項とは，氏名，住所，転入した年月日，従前の住所，世帯主の氏名および世帯主との続柄などである。
30) 3大都市圏は1975〜80年において人口の社会減，地方圏で社会増を経験した。90〜95年のバブル崩壊後も人口の逆流が起こった。
31) 1961年には1年間に実に20万5,555人の転出超過を記録した。
32) 5年ごとに観察した表9-3の数字をもとに，15年間の転出超過を推計すると，1955年の55,362（人）×5（年間）+60年の167,109×5+65年の135,370×5+70年の157,245×1=1,946,450人となり，その規模はほぼ200万人にのぼるであろう。
33) 厚生労働省［2002］『平成14年版　労働経済白書』222〜227頁を参照。

第10章　所得分配と所得分布の不平等度

　人間社会における基本的な経済問題の1つは，作り出された生産物をその生産に関わった人びとにいかに分配するかである。この章においては，個人または家計にさまざまな形で分配される国民所得の分け方を中心に理論的・統計的に考察する。はじめに，資本主義社会における分配機構を所得の機能的分配と人的分配の観点から概説する。リカード以来，経済学の主要な課題を分配の問題に求めたことは周知のところである。そこで，リカードからはじまる巨視的所得分配の理論を学説史的に鳥瞰する。リカードの古典派分配理論，限界生産力理論に基礎をおく新古典派分配理論，Widow's Cruse的利潤論に立脚するケインズ派分配理論，カルドアの分配理論を批判するパシネッティ理論を展望する。巨視的分配の研究において，興味ある問題の1つは，実際，わが国の労働分配率が長期的にどのように変動しているかである。労働分配率を推計する方法にはさまざまな方法があるが，本章では，これらの方法を用いて，戦後50数年間の労働分配率の推移を観察する。

　所得分配のもう1つの課題は，個々人や家計が実際に受け取る所得の大きさが階層間でどのように分布しているか，また所得格差は拡大しているのか，それとも縮小しているのか，いわゆる所得分布の不平等度に関する問題である。不平等度を測るさまざまな測度を取り上げて説明し，あわせて統計調査を用いて，不平等度の実態を明らかにする。

10-1　所得の機能的分配と人的分配

10.1.1　資本主義社会の分配機構

所得の人的分配　人間社会がいかなる経済体制を選択するにしても，その社

会が日常的に解決しなければならない基本的な問題は，1つにはいかなる財・サービスをいかなる方法でどれだけ生産するのか，2つには生産された成果を人々の間にいかに公正に分配するのか，という問題である。これを一言でいえば，効率的な資源配分の達成と公正な分配の実現という2つに集約される。ここで，所得の分配（income distribution）とは，経済活動の成果として生み出された生産物の付加価値の合計，いわゆる国民所得を経済社会を構成する個人または家計にさまざまな形で分配することをいう。所得の分配は所得の機能的分配（functional distribution）と人的分配（personal distribution）の2つに大別される。

私有財産制度に基礎をおく資本主義的市場経済においては，所得の分配は，個人または家計が所有する人的・物的資産（能力・才能，預貯金・株・家屋・土地など）の種類と大きさ，したがって各種の生産要素の供給量と各生産要素の単位あたりの報酬率の高さに依存して決まるであろう。これが所得の人的分配である。重要な帰結の一つは，資本主義社会においては各種の人的・物的資産の所有量に応じて支払われる報酬の大きさが，これら資産の所有者にそのまま帰属する私的所得として分配されるところにある。その結果，個々に所有される各種の人的・物的資産の所有量の違いによって，所得分配の不平等，そして富の不平等が発生するのであって，ここに人的分配の問題が存在している。

個人がいかなる種類の人的・物的資産をどれだけ所有しているかは，不断の努力や勤勉な働き，親からの相続や贈与，ときには偶然の幸運（不毛の土地に道路建設が計画され値上がったとか，宝くじに当たったとか）などに依存している。資産の所有は，不断の努力や勤勉な働きによって増やすことができるにしても，それに最も力があずかっているのが遺産相続ではないだろうか。いずれにしても資産所有の大きさはこれらの結果として形成されたもので，人的分配は過去の歴史の所産に依存しているといえるだろう[1]。

所得の機能的分配　所得分配にとって決定的に重要な問題は，努力や勤勉によって人的・物的資産を増やすことができたとしても，所得分配の決定にあたって，資産の所有に著しい不平等が存在し，これが結果として所得分配の不平等をもたらすのだという点である。このように，個人の所有する人的・物的資

産の種類と大きさを,所得分配を決定する第1の要因とするならば,第2の要因は,これら資産所有にもとづいて,各市場に提供される人的・物的資産からの生産要素サービスの価値である。この価値は生産要素の単位あたりの報酬率であって,これら報酬率の高さは各生産要素が提供される市場で決定される。

個人は,生産過程にさまざまな生産要素サービスを提供し,その対価としてそれぞれの要素価格(賃金・利子・地代など)を受け取るのであるが,ここで生産要素の果たす機能に応じて,要素価格がどのように決定されるかが問題となる。こうした価格形成を所得の人的分配と区別して所得の機能的分配とよんでいる。一般に,生産要素は労働・資本・土地などに区別され,これらの生産要素サービスに支払われる報酬率は,それぞれの要素用役市場における需要と供給の均衡をつうじて,賃金・利子・地代として決定される。生産要素の価格形成は,生産物のそれと同じようにミクロ経済学における価格理論の一部にほかならず,その意味で機能的分配の問題は価格分析の応用といえるであろう。

以上説明したように,人的分配と機能的分配は決して独立ではなく相互に依存している。資本主義社会の分配機構のもとでは,さまざまな人的・物的資産がどのように分配されるのか,いわゆる富の分配を媒介にして,両者は密接に結びついているのである。

10.1.2 巨視的分配理論の展望

巨視的分配の理論 所得の機能的分配は,生産要素の価格形成という問題のほかに,国民所得の労働と資本への分配,すなわち要素所得の労働者と資本家への分配の問題を含んでいる。要素所得としての分配の問題は,「所得の相対的分け前 (relative share of income)」といわれる巨視的(またはマクロ的)所得分配の問題にほかならない。国民所得のうち,労働所得または賃金所得に支払われる所得の割合を労働分配率,資本所得または利潤所得に支払われる所得の割合を資本分配率という。いま,国民所得を Y,賃金所得を W とすると,労働分配率は W／Y で,利潤所得を P とすると,資本分配率は P／Y で表される。

周知のように,リカード (D. Ricardo) [1817] は経済学の主要な課題を分

配の問題に求めたが，所得分配を研究する場合，それは人的分配や機能的分配をはじめ，ミクロ的またマクロ的分析，さらに短期的また長期的分析などいろいろ視点から分析されなければならない。とくに巨視的分配の分析については，労働分配率が経済発展につれて長期的にどのように変動してきたのか，またその変動をどのような要因によって説明するのか。労働分配率は長期にわたってかなり安定的に推移しているといわれてきた。しかし，次節で戦後50数年間にわたる労働分配率をいくつかの指標で観察するが，どれ1つの指標をとってみても安定的に推移しているどころか，相当の範囲で増減しながら推移していることがわかる。

巨視的分配理論の基本問題は，資本主義経済における巨視的分配を規定するところの諸要因を明らかにするとともに，これら諸要因が経済成長や経済発展とどのように関わっているを究明する点にある[2]。こうしたなかで発表されたカルドア（N. Kaldor）論文［1955-56］はまさに問題解明の第一歩であった。そこで，まず代表的な巨視的分配理論を概観することにしよう。

リカードの古典派分配理論　リカードは，『経済学と課税の原理』［1817］の序言で「大地（アース）の生産物――すなわち，労働，機械，および資本の結合充用によって，地表から得られるすべての物は，社会の三階級，すなわち，土地の所有者，その耕作に必要な資本つまり資本の所有者，およびその勤労によって土地が耕作される労働者のあいだに分割される。しかし，社会の異なった段階においては，地代，利潤，および賃銀という名称のもとに，これらの階級のおのおのに割り当てられるべき，大地の全生産物の割合は，本質的に異なるであろう。………この分配を左右する法則を決定することが，経済学における主要な問題である。」と述べている[3]。この有名な文節が，その後，分配理論の出発点となったことは周知のところである。

古典派の最も代表的な分配理論はリカードが展開した分配理論である。カルドアによると，リカードの分配理論は，「限界原理（marginal principle）」と「剰余原理（surplus principle）」という2つの原理にもとづいて説明されている[4]。限界原理は地代の分け前を説明するために，剰余原理は残余の生産物価値，すなわち利潤と賃金への分け前を説明するために適用される。いま，図10

図10-1 リカードの分配理論

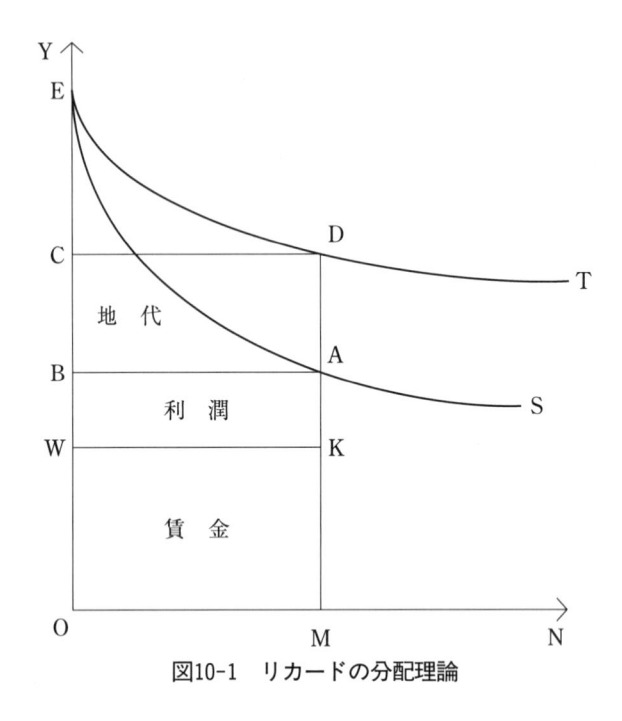

-1において，縦軸Yは穀物の生産量，横軸Nは農業に雇用される労働量をはかると，曲線ESは労働の限界生産力曲線，曲線ETは労働の平均生産力曲線を表している。収穫逓減の法則が仮定されているから，農業労働量の増加にともなって，農業生産における労働の限界生産力は逓減し，労働の平均生産力もまた右下がりになるであろう。労働量が与えられると，穀物の生産量は一義的に決定される。すなわち労働量がOMのとき，穀物の生産量は矩形OCDMによって表される。リカードの差額地代論（theory of differential rent）によると，地代は最劣等な限界地に投下された労働の生産物と平均地における労働の生産物の差，いいかえれば労働量がOMに与えられると，労働の限界生産力AMと平均生産力DMの差DA（＝CB）に依存して定まるという。このように，リカードの地代は限界原理によって決定される。

ところで，リカードの古典派分配理論においては土地の量は一定で，資本と労働の投入量は可変的であるが，資本と労働の結合比率は一定と仮定されてい

る[5]｡したがって，労働の投入量が増加するとき，資本の投入量もまた同じ割合で増加するから，労働の限界生産物は労働と資本の各投入量に対する報酬である賃金と利潤の合計に等しくなるであろう。そして，労働の限界生産物は賃金と利潤に分配されなければならない。そこで登場したのが古典派の賃金理論である。古典派の賃金論によると，労働の需給関係によって決定される市場価格と区別される「自然価格 (natural price)」があると主張する[6]。リカードによれば，賃金水準は長期的には生存水準 (subsistence level) としての自然価格におちつく傾向がある。賃金水準が自然価格をこえて上昇すれば，人口が増加し，反対に賃金水準がそれ以下に低下すれば，人口が減少するから，賃金水準はふたたび生存水準まで上昇するであろう，と説明する。

賃金水準は労働の限界生産力とはまったく独立して決定される。賃金水準をWO(=KM)とすれば，労働の限界生産物のうち残るBW(=AK)は利潤となる。労働の投入量が決まると，それに対応する労働の限界生産物と生存水準としての自然価格との差に相当する余剰が資本家の手もとに残るであろう。これが利潤にほかならない。資本家が資本の蓄積を図っていくためには，利潤の存在が保証されなければならないが，経済成長の過程における地代，利潤，そして賃金の総生産物（＝穀物の生産量）に対する相対的分け前はどのように推移するのだろうか。資本の蓄積とともに労働の投入量が増加すると，労働の限界生産物は逓減するから，地代は増大していくけれども，利潤は次第に減少していき，経済社会は究極的には利潤ゼロの定常状態におちいるであろう。これがリカードの分配理論の帰結である。

新古典派分配理論　新古典派分配理論は，限界生産力理論を基礎においている。周知のように，1870年代の「限界革命 (marginal revolution)」において，近代経済学は限界効用理論という新しい理論を樹立したが，90年代にはいると，限界生産力理論が登場した。限界生産力理論を最初に数学的に定式化したのはウィクスティード (P. H. Wicksteed) であった。地代，賃金，利潤をそれぞれ異なった決定原理によって分配形態を説明した古典派と違って，ウィクスティードは1894年にこれらに同じ限界生産力原理を適用した。一次同次の生産関数と完全競争を仮定すると，限界生産力原理によって決定された生産要

素個々の分け前の総計は，これら生産要素によって生産された生産量の大きさに等しくなることを証明した[7]。一次同次の生産関数を前提すれば，オイラーの定理 (Euler's theorem) によって，これが直接導出されることは，経済学の教科書が教えるとおりである。

オイラーの定理によれば，Yを生産量，Kを資本投入量，Lを労働投入量とし，生産関数 Y＝F (K, L) が一次同次関数であると，K，Lを λ 倍すれば，Yも λ 倍となる。

$$\lambda Y = F(\lambda K, \lambda L) \tag{10.1}$$

一次同次関数より，

$$Y = \frac{\partial F}{\partial K}K + \frac{\partial F}{\partial L}L \tag{10.2}$$

が成立する。ここでrを利子率，wを賃金率とし，完全競争を仮定すると，各生産要素の限界生産力はその報酬率（$\partial F/\partial K=r$, $\partial F/\partial L=w$）に等しくなる，(10.2) は

$$Y = rK + wL \tag{10.3}$$

と書き換えられる[8]。

かくして，限界生産力理論にもとづく巨視的分配理論は次のように説明される。一次同次の生産関数と完全競争のもとでは，各生産要素の相対的分け前は，その平均生産力に対する限界生産力の比率によって示される。労働分配率は

$$\frac{wL}{Y} = \frac{\partial F}{\partial L}\frac{L}{Y} = \frac{\partial F}{\partial L} \Big/ \frac{Y}{L} \tag{10.4}$$

また資本分配率は

$$\frac{rK}{Y} = \frac{\partial F}{\partial K}\frac{K}{Y} = \frac{\partial F}{\partial K} \Big/ \frac{Y}{K} \tag{10.5}$$

と示される。新古典派によると，ある生産要素の分配率はその要素の平均生産力と限界生産力の比率として説明される。分配率決定の要因を明示するケインズ派分配理論と違い，決定要因を積極的に明示しないところに新古典派分配理論の特徴がある。

限界生産力理論は，ミクロ経済理論においては，企業における生産要素用役

の価格決定理論として説明されるが，スティグラー[1957]が述べているように，巨視的な分配理論に適用されるのには少し時間がかかった。歴史を遡っていえば，新古典派の限界生産力理論を分配理論に適用したのはウィクスティード[1894]やクラーク(J. B. Clark)[1899]であった[9]。その後，ヒックスは，『賃金の理論』[1963]の本文および付属論文のなかで，限界生産力理論の立場から巨視的分配の問題を理論的に考察した。その1つが「代替の弾力性(elasticity of substitution)」と所得分配との関係である。資本と労働との代替の弾力性 σ とは，要素価格の変化率に対する要素比の変化率をいい，次のように定義される。

$$\sigma = \frac{d(K/L)/(K/L)}{d(r/w)/(r/w)} \tag{10.6}$$

図10-2 において，横軸に資本・労働比率 K/L，縦軸に要素価格の比 r/w をとると，曲線 SS′ は要素価格の相対的変化にともなう要素間の代替の程度を表

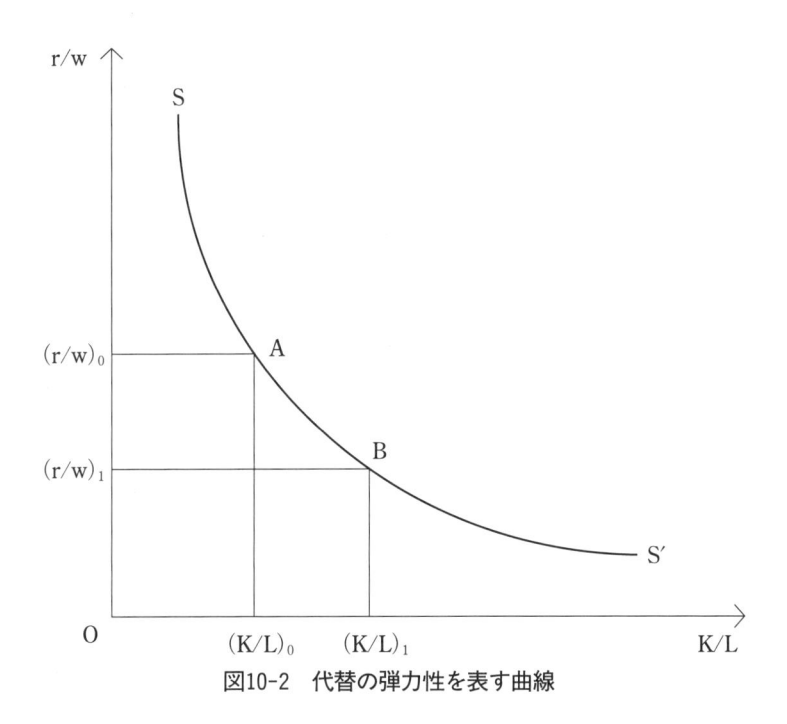

図10-2　代替の弾力性を表す曲線

した曲線で，代替の弾力性 σ とはこの曲線 SS' の弾力性にほかならない[10]。曲線 SS' 上の点 A に対応する矩形の面積（= $(r/w)_0 \times (K/L)_0$）は，労働所得に対する資本所得の比率 $(rK/wL)_0$ で，資本と労働の分配関係を表している。

ところで，資本と労働の要素比 (K/L) が $(K/L)_0$ から $(K/L)_1$ に上昇（曲線 SS' 上の点 A から点 B へと移動）したとき，資本と労働の分配関係 (rK/wL) はいずれの方向に変化するであろうか。もし代替の弾力性が $\sigma>1$ であるならば，労働の分け前に対する資本の分け前 (rK/wL) は増加するであろう。逆に，$\sigma<1$ ならば，労働の分け前に対する資本の相対的分け前は減少し，$\sigma=1$ ならば，要素比が変化しても，資本と労働の分配関係は変化しないであろう[11]。

以上みたように，新古典派分配理論においては，ある生産要素の分配率は，その平均生産力に対する限界生産力の比率として規定される。その背後には完全競争を前提としており，完全競争が成立している場合のみ，この分配的規定が成立するのである。

Widow's Cruse 的利潤論 カルドア [1955-56] を代表に，ロビンソン（J. V. Robinson）[1956]，ボールディング（K. E. Boulding）[1950] の分配理論は，ケインズ派分配理論の系譜に属している。ケインズ派分配理論の基本的特徴は，ケインズ [1930] ＝カレツキー（M. Kalecki）[1935] 流の「無尽蔵の瓶（寡婦の壺，Widow's Cruse）」的利潤論に立脚し，所得分配の決定因子を国民所得に対する投資の比率に求めた点にある[12]。Widow's Cruse 的利潤論によれば，消費または投資への支出がいずれであっても，資本家がこれを支出すればするほど，資本家が受け取る利潤は減ずることなく無限に増加しつづけるのである[13]。

Widow's Cruse の考えをはじめて紹介したのはケインズの「貨幣論」[1930] であったが，5 年後，カレツキー [1935] はケインズとはまったく別に Widow's Cruse 的利潤論を展開した。本項では，まずロビンソンの分配理論を用いて Widow's Cruse 的利潤論を説明する。ロビンソンは，二部門モデルによってこれを説明する[14]。Y_i は第 i 部門（i=1, 2）の生産量，W_i は第 i 部

門の賃金総額，P_i は第 i 部門の利潤総額とし，各記号の添字 1 は資本財部門，添字 2 は消費財部門を表すとする。消費財部門において，生産量 Y_2 は賃金総額 W_2 と利潤総額 P_2 に分配される。

$$Y_2 = W_2 + P_2 \tag{10.7}$$

ここで，各部門の賃金総額 W_i は全額消費され，また各部門の利潤総額 P_i は全額貯蓄されると仮定する。したがって，消費財部門の生産量 Y_2 は各部門で働く労働者の賃金総額 W_i の合計，よって消費総額の合計に等しく，次のようになる。

$$Y_2 = W_1 + W_2 \tag{10.8}$$

また消費財部門と同様に，資本財部門の生産量 Y_1 は賃金 W_1 と利潤 P_1 に分配される。

$$Y_1 = W_1 + P_1 \tag{10.9}$$

かくして，(10.7) と (10.8) から，

$$W_1 = P_2 \tag{10.10}$$

をえる。この (10.10) を (10.9) に代入すると，

$$Y_1 = P_1 + P_2 \tag{10.11}$$

資本財部門の生産量 Y_1 は，社会全体としてみれば投資額 I に等しくなるから，(10.11) は

$$I = P_1 + P_2 = P \tag{10.12}$$

(10.12) に示すように，社会全体の利潤総額 $P = P_1 + P_2$ は投資額 I に等しくなる[15]。これがケインズ＝カレツキー流の Widow's Cruse 的利潤論である。ロビンソンの分配理論においては，利潤分配率 P/Y は生産量に対する投資の比率 I/Y に等しく，したがって，投資への資本家の支出が増加すれば，利潤分配率も高くなるのである。

カルドアのケインズ派分配理論　カルドアは，完全雇用を仮定して分配モデルを定式化する。この仮定から，実質国民所得 Y は与えられ，国民所得は労働者が受け取る賃金所得 W と資本家が受け取る利潤所得 P に分けられる。賃金からの貯蓄を S_w，利潤からの貯蓄を S_p，貯蓄総額を S とすると，次のような所得恒等式が成立する。

$$\left.\begin{array}{l}Y \equiv W+P \\ I \equiv S \\ S \equiv S_w+S_p\end{array}\right\} \quad (10.13)$$

ここで，投資は所与であり，貯蓄関数は次のようになる。

$$\left.\begin{array}{l}S_w = s_w W \\ S_p = s_p P\end{array}\right\} \quad (10.14)$$

s_w, s_p は賃金，利潤からの限界貯蓄性向である。ここで重要な仮定は，労働者の限界貯蓄性向 s_w が資本家の s_p にくらべて小さい点である。(10.13) と (10.14) より，

$$\begin{aligned}I &= s_w W + s_p P \\ &= (s_p - s_w)P + s_w Y\end{aligned} \quad (10.15)$$

それゆえに，国民所得に占める利潤の分け前，すなわち利潤分配率 P/Y は

$$\frac{P}{Y} = \left(\frac{1}{s_p - s_w}\right)\frac{I}{Y} - \left(\frac{s_w}{s_p - s_w}\right) \quad (10.16)$$

となる。貯蓄性向 s_w, s_p が与えられるならば，完全雇用のもとで投資比率 I/Y の上昇は利潤分配率 P/Y を高めるであろう。利潤分配率は投資比率に依存して定まる[16]。これがカルドア理論の帰結にほかならない。

図10-3において，縦軸に貯蓄率 S/Y と投資率 I/Y，横軸に利潤分配率 P/Y をとると，貯蓄率 $S/Y (=(s_p-s_w)P/Y+s_w)$ は s_w の切片をもつ右上がりの直線 $s_w EA$ で示される。国民所得 Y も投資 I も所与であるから，投資率 I/Y は一定で横軸 CC' に水平となる。両直線が交わる均衡点 E に対応して，利潤分配率 $(P/Y)^*$ が定まる。投資率 I/Y が直線 DD' に上昇すると，貯蓄率 S/Y と交わる均衡点は点 E' に移動し，利潤分配率は $(P/Y)^*$ から $(P/Y)^{**}$ に上昇するであろう。また s_w を一定として，資本家の貯蓄性向 s_p が低下すると，(s_p-s_w) が小さくなるから，貯蓄率 S/Y の直線 $s_w E''B$ は，s_w を起点に時計の針と同じ方向に回転する結果，投資率 I/Y との交点は点 E から点 E'' へと移動し，利潤分配率は $(P/Y)^*$ から $(P/Y)^{**}$ に上昇するであろう。投資から独立した2つの貯蓄性向 s_w, s_p のもとで，投資が変化すると，それに等しい大きさの貯蓄が誘発されるように，分配関係も変化する。貯

図10-3 カルドアの分配理論

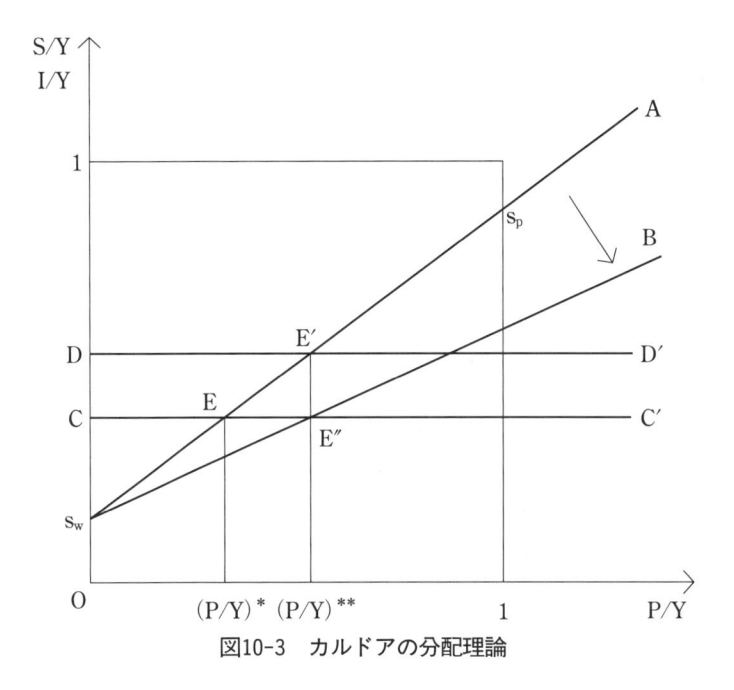

蓄性向の差 ($s_p - s_w$) が小さいほど、投資率 I/Y のわずかな変化が利潤分配率 P/Y の大きな変化を引き起こすのである[17]。

(10.16) の利潤分配率の両辺を資本量 K で除すると、資本利潤率 (rate of capital profit) P/K は

$$\frac{P}{K} = \left(\frac{1}{s_p - s_w}\right)\frac{I}{K} - \left(\frac{s_w}{s_p - s_w}\right)\frac{Y}{K} \tag{10.17}$$

となる。いま、$s_w = 0$(労働者の賃金は全額消費)という限界的なケースを考えると、利潤 P は投資 I と資本家の消費性向 s_p に依存して決定される。(10.16)、(10.17) から

$$\frac{P}{Y} = \frac{1}{s_p}\frac{I}{Y} \qquad \frac{P}{K} = \frac{1}{s_p}\frac{I}{K} \tag{10.18}$$

$$P = \frac{1}{s_p}I \tag{10.19}$$

(10.19) の意味は、賃金の全額消費、利潤の全額貯蓄 ($s_p = 1$) という仮定のもとでは、利潤 P は投資 I の大きさに等しくなる (P=I)、これである。こ

れがケインズ＝カレツキー流の Widow's Cruse 的利潤論からの帰結にほかならない。

長期均衡において，資本蓄積率 I／K は自然成長率 n（＝労働力の増加率）に等しいから（△K／K＝I／K＝n），(10.18) の資本利潤率は次のようになる。

$$\frac{P}{K} = \frac{n}{s_p} \qquad (10.20)$$

以上，説明を終えるにあたって，パシネッティ（L. L. Pasinetti）[1962] の次の文章を述べておく。カルドア理論の決定的かつ重大な仮定は，投資率 I／Y が独立変数である点である。しかし，「最近ケンブリッジにおいて彫琢された多くのマクロ動学的モデルに共通している利潤と分配の理論は，経済成長に関するハロッド＝ドーマー・モデルからの発展として現われた。よく知られているように，すべてこれらのモデルは長期均衡（long-run equilibrium）の理論である。それらは完全雇用の体系を考えており，そこでは経済成長の可能性が人口増加と技術進歩によって外部的に与えられている。それゆえに時間を通じて完全雇用を維持するために必要な投資量もまた外部的に与えられる。」のである[18]。

10.1.3　長期均衡とパシネッティ定理

カルドア理論への批判とモデルの再定式化　パシネッティ [1962] は，カルドア理論の論理的誤謬を指摘し，その誤謬を修正して新しい結論をえた[19]。カルドアは賃金からの貯蓄と利潤からの貯蓄を区別したが，労働者は貯蓄するにもかかわらず資本を所有せず，利潤を獲得しないという暗黙の仮定をおいていた。パシネッティは，この仮定を批判し，労働者もまた資本を有し，これから利潤を受け取ると仮定して，カルドアの分配理論を修正する。さらに経済成長のハロッド＝ドーマー・モデル（Harrod=Domar model）の長期均衡において，労働者の貯蓄性向 s_w は利潤率（P／K）や利潤分配率（P／Y）になんらの影響も与えないと，カルドアとは異なる結論に達した[20]。この定理はパシネッティ定理（Pasinetti theorem）とよばれている。

パシネッティもまたカルドア・モデル (10.13) の体系からはじまる。しかし，カルドアと違って，労働者は賃金と利潤を稼得し，その利潤から貯蓄する，資本家は利潤のみを受け取る，と仮定する。資本家が受け取る利潤 P_p のほかに，労働者も利潤 P_w を受け取ると仮定することから，利潤総額 P は $P=P_w+P_p$ となる。したがって，労働者の貯蓄 S_w，資本家の貯蓄 S_p は次のように表される。

$$\left.\begin{array}{l} P = P_w + P_p \\ S_w = s_w(W + P_w) \\ S_p = s_p P_p \end{array}\right\} \quad (10.21)$$

P_p, P_w 以外の記号は前節と同じである。以上から，資本家の利潤分配率 P_p/Y と資本利潤率 P_p/K を求めると，貯蓄・投資の均衡条件 I=S より，

$$\begin{aligned} I &= s_w(W+P_w) + s_p P_p \\ &= s_w Y + (s_p - s_w) P_p \end{aligned} \quad (10.22)$$

(10.22) を国民所得 Y で除すると，資本家の利潤分配率 P_p/Y と資本利潤率 P_p/K をえる。

$$\left.\begin{array}{l} \dfrac{P_p}{Y} = \left(\dfrac{1}{s_p - s_w}\right)\dfrac{I}{Y} - \left(\dfrac{s_w}{s_p - s_w}\right) \\ \dfrac{P_p}{K} = \left(\dfrac{1}{s_p - s_w}\right)\dfrac{I}{K} - \left(\dfrac{s_w}{s_p - s_w}\right)\dfrac{Y}{K} \end{array}\right\} \quad (10.23)$$

(10.23) はカルドア・モデルの (10.16) (10.17) に類似しているが，カルドア・モデルで決定されるのが経済全体の利潤分配率 P/Y であるのに，パシネッティ・モデルで決定されるのは (10.23) の第1式——資本家の利潤分配率 P_p/Y である。同様に，カルドア・モデルで決定されるのが経済全体の資本利潤率 P/K であるのに，パシネッティ・モデルで決定されるのは (10.23) の第2式——資本家の資本利潤率 P_p/K なのである。

長期的均衡とパシネッティ定理 そこで次に，経済全体の利潤分配率 P/Y を求める。これを求めるには，資本家の利潤分配率 P_p/Y に労働者の利潤分配率 P_w/Y を加えなければならない。同様に，経済全体の資本利潤率 P/K を求めるには，資本家の利潤率 P_p/K に労働者の利潤率 P_w/K を付け加えな

ければならない。

ところで，長期動態的均衡においては，経済変量すべての増加率は，自然成長率n（nは労働力の増加率）に等しくなるから[21]，

$$\frac{S_w}{K_w}=\frac{S_p}{K_p}=\frac{S}{K}=n \tag{10.24}$$

ただし，K_wは労働者が所有する資本量，K_pは資本家が所有する資本量である。ここで，rを労働者が資本家に貸し付ける利子率とし，均衡条件$I=S$を用いると，労働者の利潤率$P_w/K=rK_w/K$は（10.24）より，

$$\frac{P_w}{K}=\frac{rK_w}{K}=\frac{rS_w}{S}=\frac{rs_w(Y-P_p)}{I} \tag{10.25}$$

をえる。また労働者の利潤率は次のようになる[22]。

$$\frac{P_w}{K}=\frac{rs_w(Y-P_p)}{I}=r\left[\left(\frac{s_w s_p}{s_p-s_w}\right)\frac{Y}{I}-\left(\frac{s_w}{s_p-s_w}\right)\right] \tag{10.26}$$

以上において，経済全体の利潤率P/Kは，（10.23）の第2式のP_p/Kに（10.26）のP_w/Kを加えたものであるから，

$$\frac{P}{K}=\frac{P_p}{K}+\frac{P_w}{K}=\left[\left(\frac{1}{s_p-s_w}\right)\frac{I}{K}-\left(\frac{s_w}{s_p-s_w}\right)\frac{Y}{K}\right]$$
$$+r\left[\left(\frac{s_w s_p}{s_p-s_w}\right)\frac{Y}{I}-\left(\frac{s_w}{s_p-s_w}\right)\right] \tag{10.27}$$

となる。同様に，経済全体の利潤分配率P/Yを求めるためには，まず労働者の利潤分配率P_w/Yを求めることが必要である[23]。

$$\frac{P_w}{Y}=r\left[\left(\frac{s_w s_p}{s_p-s_w}\right)\frac{K}{I}-\left(\frac{s_w}{s_p-s_w}\right)\frac{K}{Y}\right] \tag{10.28}$$

したがって，資本家と労働者の利潤を合わせた経済全体の利潤分配率P/Yは，（10.23）の第1式P_p/Yと（10.28）のP_w/Yを合わせると，次のようになる。

$$\frac{P}{Y}=\frac{P_p}{Y}+\frac{P_w}{Y}=\left[\left(\frac{1}{s_p-s_w}\right)\frac{I}{Y}-\left(\frac{s_w}{s_p-s_w}\right)\right]$$
$$+r\left[\left(\frac{s_w s_p}{s_p-s_w}\right)\frac{K}{I}-\left(\frac{s_w}{s_p-s_w}\right)\frac{K}{Y}\right] \tag{10.29}$$

労働者も資本家と同様に利子率rで利潤を受け取るとすると，$r=P/K$をえる[24]。いま，（10.27）に$r=P/K$を代入すると，経済全体の利潤率P/Kは，

$$\frac{P}{K}\frac{s_p(I-s_w Y)}{(s_p-s_w)I}=\frac{(I-s_w Y)}{(s_p-s_w)K} \qquad (10.30)$$

となる[25]。(10.30)において，$(s_p-s_w)\neq 0$，$(I-s_w Y)\neq 0$であるならば，

$$\frac{P}{K}\frac{s_p}{I}=\frac{1}{K} \qquad (10.31)$$

となる。(10.31)は(10.19)の$P=(1/s_p)I$に集約され，$s_p=1$（資本家の全額貯蓄）とすると，$P=I$となり，Widow's Cruse的利潤論が成立する。

ところで，長期均衡において資本蓄積率I/Kは自然成長率nに等しいから，(10.31)より資本利潤率P/K，利潤分配率P/Yは，次のように整理される[26]。

$$\frac{P}{K}=\frac{1}{s_p}\left(\frac{I}{K}\right)=\frac{n}{s_p} \qquad (10.32)$$

$$\frac{P}{Y}=\frac{1}{s_p}\left(\frac{I}{Y}\right)=\frac{n}{s_p}\left(\frac{K}{Y}\right) \qquad (10.33)$$

かくして，労働者と資本家を統合した経済全体の利潤率P/Kは，自然成長率nと資本家の貯蓄性向s_pによって，また利潤分配率P/Yはnとs_pとともに，国民所得に対する資本量の比率，すなわち資本比率K/Yによって決定される[27]。カルドアの分配理論は，労働者の限界貯蓄性向$s_w=0$という特殊な仮定をおくことによって，(10.32)と(10.33)の結論をえたのとは対照的に，パシネッティは，労働者の限界貯蓄性向s_wが正であるにもかかわらず，利潤分配率P/Yと利潤率P/Kの決定にまったく影響しないのである。利潤分配率P/Yは資本家の限界貯蓄性向s_pと投資率I/Yのみによって，また利潤率P/Kは資本家の限界貯蓄性向s_pと自然成長率nのみによって決定されるという，パシネッティ定理を導いたのである。

カルドア理論の仮定を批判したパシネッティは，長期的均衡における賃金と利潤の所得分配，そして利潤率を分析し，カルドアの帰結とは異なるパシネッティ定理を導出した。パシネッティ論文の発表後，数年をへて，ミード（J. E. Meade）[1963]，ミード＝ハーン（P. H. Hahn）[1965]，サミュエルソン＝モディリアーニ（F. Modigliani）[1966]などは，新古典派生産関数を前提にパシネッティ定理に対する双対定理を導いた[28]。本稿は，古典派，新古典派，ケ

インズ派など巨視的分配理論の学説史を展開するのが目的ではないので，ここでページを閉じることにする。

10.1.4 所得分配の総合理論

　所得分配の総合理論は，ケインズの「一般理論」にその萌芽をみることができる。ケインズは，分配理論そのものを提示していないけれども，一般理論は限界生産力説と貯蓄・投資の均等関係によって，国民所得（産出量）の決定と同時に所得分配を決定する理論を内包している。その意味で，ケインズ派分配理論は一般理論が意図した分配理論そのものではない。その意図に沿って分配理論を構想するならば，限界生産力説にたつ新古典派分配理論と乗数理論を基礎に貯蓄・投資の均等関係を軸とするケインズ派分配理論を総合化することであろう。分配理論の総合化は，2つの方向から試みられている。その1つは，新古典派理論とケインズ派理論の融合である。もう1つは，所得分配の独占度理論とケインズ派理論の総合化である。

　本節では前者の立場にたって所得分配の総合理論を定式化すると，次のようになる[29]。

$$
\left.\begin{array}{ll}
\text{生産関数} & X=F(L, K) \\
\text{利潤極大化の条件式} & w=pF_L \\
\text{所得の分配関係式} & pX=wL+P \\
\text{貯蓄・投資の均等式} & pI=s_w wL+s_p P
\end{array}\right\} \quad (10.34)
$$

Xは生産量，Lは雇用量，Kは資本ストック，wは貨幣賃金率，pは物価水準である。また$F_L=\partial X/\partial L$で労働の限界生産力である。なお，資本ストックKは短期的に一定，投資Iと貨幣賃金率wは外生的に所与である。(10.34)の上2式より，新古典派理論による労働分配率は

$$\frac{wL}{pX}=\frac{L}{X}\frac{\partial X}{\partial L}=\frac{LF_L}{F(L, K)}=E_L \quad (10.35)$$

となる。労働分配率は労働の生産弾力性E_Lに等しいが，生産量，雇用量とともに変化する。また (10.34) の下2式より，ケインズ派理論による労働分配率は，次のようになる。

$$\frac{wL}{pX} = \frac{s_p}{(s_p - s_w)} - \frac{1}{(s_p - s_w)} \frac{I}{X} \qquad (10.36)$$

(10.35) と (10.36) はともに雇用量の関数で，均衡雇用量 L^* は次のように決定される。

$$L^* = \frac{(s_p X - I)}{(s_p - s_w) F_L} \qquad (10.37)$$

(10.37) の均衡雇用量 L^* を (10.35) または (10.36) に代入すると，需給均衡における労働分配率 $(wL/pX)^*$ が以下のように決定される。

$$\left(\frac{wL}{pX}\right)^* = \frac{(s_p X - I)}{(s_p - s_w) X} \qquad (10.38)$$

このモデルが示すように，総需要と総供給の相互依存関係をつうじて，社会全体の生産量と所得分配が同時決定されるのである。

　この体系は，L_f を完全雇用とすると，（均衡雇用量であるが）不完全雇用均衡 $L^* < L_f$ が成立する可能性を示唆している。しかし，新古典派理論やケインズ派理論は，ともに完全雇用を前提に所得分配を決定するから，不完全雇用均衡の存在は認められない。新古典派理論は，所与の貨幣賃金率 w に代わって，完全雇用の条件 $L = L_f$ を仮定する。投資が完全雇用に対応する貯蓄に調整されるメカニズムにより，投資 I は内生変数となる。したがって，体系は (10.34) の4つの式に $L = L_f$ を加えると，5つの式になるのに対して，内生変数は X, L, I, P, w, p の6つである。一般物価水準 p が外生的に与えられると，(10.35) から，分配率は貯蓄性向から独立的に労働の生産弾力性 E_L によって決定される。このように，新古典派理論は生産関数に分配率の規定要因を求めるのである。

　これに対して，カルドア・モデルが代表するケインズ派理論は，(10.34) の利潤極大化条件 $w = pF_L$ をのぞいた体系に完全雇用の条件 $L = L_f$ を前提とする。この場合，投資比率は雇用量の関数ではなく，外生的に所与となる。ケインズ派理論は乗数理論に分配率の決定要因を求めるが，限界生産力理論にもとづく生産関数の技術的条件はまったく舞台から姿を消すことになる。その意味で，完全雇用の条件 $L = L_f$ を前提とする2つの分配理論は，所得分配の特殊理論であって一般理論ではない。

総合化の第2は，独占度理論とケインズ派理論の融合である。この方向に沿った総合化の試みは，企業の価格形成の違いによって2つに分かれるであろう。1つは，利潤極大化原理を仮定する立場である。もう1つは，マークアップ的な価格形成，いわゆるフルコスト原理を適用する立場である。

10-2 労働分配率の推移

10.2.1 雇用者所得を用いた労働分配率の計測

所得の機能的分配に関する問題は，1つには生産要素の価格形成という問題であり，もう1つは国民所得の生産要素間への分配，いいかえれば「所得の相対的分け前」といわれる巨視的分配の問題である。国民所得のうち，労働に支払われる所得の割合を労働分配率とよんでいる。いま，国民所得をY，労働所得または賃金所得をWとすると，労働分配率はW／Yで表される。

ところで，労働分配率の計測にはしばしば雇用者所得比率（＝雇用者所得／国民所得）が用いられる。W_1を雇用者所得（＝雇用者報酬）とすると，雇用者所得比率W_1／Yを労働分配率とする方法である。これを図10-4の①によってみると，1950年代半ばの50％強の水準から徐々に高まり，70年には54.0％，70年代半ばに60％台に上昇し，83年には69.3％，その後67％前後の水準で推移したが，90年半ば以降，70％を上回り72～74％で推移している。労働分配率の変動には産業構造の変化が反映しているといわれる。経済発展の初期の段階では賃金・俸給を受ける雇用者は少なく，逆に個人業主所得を受ける自営業主や家族従業者の割合は高い[30]。その結果，経済発展の初期には国民所得に占める雇用者所得の割合W_1／Yは低くなるであろう。産業構造の高度化にともなって，就業者総数に占める雇用者の割合は上昇しつづけ，これとは反対に，自営業主と家族従業者の割合は一貫して低下していった。このように，就業構造の高度化とともに，雇用者所得比率でみた労働分配率は上昇しつづけた。雇用者所得比率の上昇とは対照的に，個人業主所得の比率（＝個人業主所得／国民所得）は，この55年間に大幅に低下し，55年の39.8％から2008年には10.2％へと4分の1に低下した。このような理由から，雇用者所得比率を労働分配率とし

単位：％

図10-4　労働分配率の推移

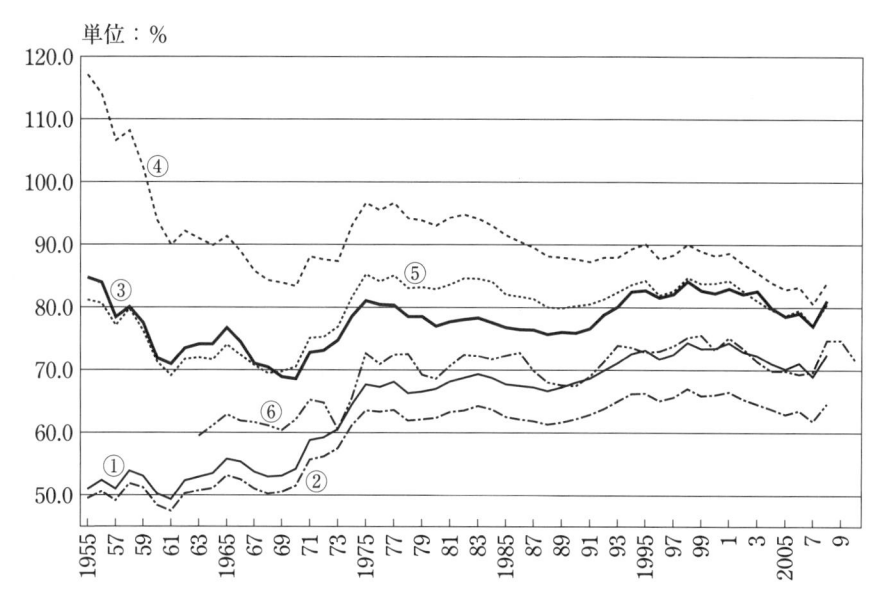

（資料）付表１を参照。これをもとに図10-4を作成。
（注）各番号の労働分配金は次のとおりである。①雇用者所得比率，②雇主負担調整後の雇用者所得比率，③業主所得調整後の労働分配率，④雇用者比率調整後の労働分配率，⑤業主比率調整後の労働分配率，⑥法人企業統計による労働分配率。

て利用するには，産業構造の変化を考慮しなければならないので，必ずしも適切な指標とはいえない。

　雇用者所得 W_1 のなかには雇主の社会負担 S が含まれている[31]。これを雇用者所得から控除した所得 $(W_1-S)=A$ を労働所得として，国民所得 Y で除した社会負担調整後の雇用者所得比率 $(W_1-S)/Y=AW_1/Y$ を労働分配率とみなすと，図10-4の②に示すように，雇用者所得比率 W_1/Y の動きとやや異なり，1970年代半ば以降，65％前後では安定的に推移している。70年頃までは雇主の社会負担比率 S/Y は２％前後と低かったため，W_1/Y と $(W_1-S)/Y=AW_1/Y$ との差はわずか２ポイント程度にすぎなかったが，90年代前期の３％から徐々に上昇，80年代は６％から７％，そして2000年以降，７％台後半に高まっている。雇主の社会負担比率 S/Y の上昇が就業者総数に占める雇用者比率の上昇を相殺した結果，雇主の社会負担 S を考慮した雇用者所

得比率②は，70年代半ば以降，比較的安定して推移している。

10.2.2 個人業主所得の帰属と労働分配率の推計

個人業主所得の帰属問題 個人業主所得の比率が趨勢的に低下していったといえども，資本と労働の生産要素を二分化する分配関係それだけで労働分配率を計測することは，真実の姿を見失ってしまうことになる。個人業主所得は，賃金にも利潤にも分類できない所得部分を含み，しばしば混合所得といわれている。真の労働分配率を計測するためには，この混合所得をなんらかの方法で賃金所得と利潤所得に分割しなければならない。問題は個人業主所得をいかに賃金と利潤に帰属配分するかである，個人業主所得の帰属配分に関してはさまざまな方法が工夫されている[32]。

第1の推計方法は，個人業主部門に従事する自営業主と家族従業者の報酬が雇用者一人あたりの所得に等しいと仮定して，個人業主所得から労働所得を推計し，残余を資本所得とする方法である。雇用者所得をW_1，雇用者数をLe，就業者総数をEとすると，一人あたりの雇用者所得はW_1/Le，また自営業主と家族従業者の合計は$(E-Le)$に等しい。したがって，労働所得Wは，$W=W_1+(W_1/Le)(E-Le)$となる。これを国民所得Yで除したものを労働分配率と考える方法である。この比率はまた，雇用者所得比率W_1/Yを雇用者比率Le/Eで除した値 $(=(W_1/Y)/(Le/E)=(W_1/Y)(E/Le))$ に等しくなる[33]。しかし，自営業主と家族就業者の割合が高いと，労働分配率が100%をこえるという非現実的な高さになる可能性があるので，この方法は労働分配率を推計する方法としては必ずしも適切ではない。

第1の推計方法では，家族従業者もまた雇用者と同じ賃金を受け取っていると想定したが，実際，大部分の家族従業者は賃金をえることなく，自営業主のもとでunpaid family workerとして働いている場合が多い。この点を考慮して，自営業主のみが一人あたりの雇用者所得を受け取ると仮定し，労働分配率を計測するのが第2の推計方法である。いま，自営業主をLpとすると，労働所得Wは，$W=W_1+(W_1/Le)Lp=W_1(Le+Lp)/Le=W_1[1+(Lp/Le)]$となる[34]。これを国民所得$Y$で除した比率が家族従業者を除いて調整された

労働分配率にほかならない。

第3の推計方法は，個人業主部門と法人企業部門の資本利潤率が等しいと仮定する方法である。この方法は，個人業主所得を直接推計することなく労働分配率を求める方法で，個人業主所得から資本所得を推計し，残余を労働所得とする方法である。しかし，個人業主部門の資本量を求めるのがむずかしいことから，この方法はほとんど利用されていない。

第4の推計方法は，個人業主部門の労働分配率が経済全体のそれに等しいと仮定する方法である。W を労働所得，W_1 を雇用者所得，W_2 を個人業主部門における労働所得，Y を国民所得，Y_1 を個人業主所得以外の所得（＝雇用者所得＋財産所得＋個人企業以外の企業所得），Y_2 を個人業主部門の所得とすると，$Y=Y_1+Y_2$ となる。経済全体としての労働分配率は $W/Y=(W_1/Y_1)(Y_1/Y)+(W_2/Y_2)(Y_2/Y)$ に分解される。$W/Y=W_2/Y_2$ という仮定より，上記の関係式は $W/Y=W_1/(Y-Y_2)=W_1/Y_1$ と整理される。これはまた $W_1/Y_1=W_2/Y_2$ と仮定しても同様に導出することができる。経済全体としての労働分配率は，個人業主所得を差し引いた国民所得に対する雇用者所得の比率となる。この方法は，個人業主所得の帰属配分という厄介な問題を回避しうるという利点をもっている。

就業構造の変化から独立した労働分配率を推計する第5の推計方法は，自営業主や家族従業者の労働貢献度を市場賃金率 w で評価するという方法である。E を就業者総数，Le を雇用者数とすると，$(E-Le)$ は自営業主と家族従業者の合計となる。自営業主と家族従業者の労働投入による生産への貢献度を市場の賃金率 w で評価すれば，その労働所得は $w(E-Le)$ となる。全体としての労働所得は，雇用者所得 $W_1=wLe$ に自営業主と家族従業者の労働貢献度による労働所得 $w(E-Le)$ を加えた，$wLe+w(E-Le)=wE$ となり，それゆえに，労働分配率は wE/Y となる。これを変形すると，$wE/Y=(wLe/Y)(E/Le)=(W_1/Y)(E/Le)$ と書き直すことができる。このように，帰属計算をへた労働分配率は，雇用者所得比率 W_1/Y に雇用者比率の逆数 E/Le を乗じたものに等しくなる。しかし，この方法は，労働分配率を推計する適切な方法とはいえないと批判された第1の方法とまったく同じなのである[35]。

以上みたように，労働分配率の計測として，まず雇用者所得比率 W_1/Y と社会負担調整後の雇用者所得比率 $(W_1-S)/Y=AW_1/Y$ を取り上げた。また個人業主所得の取い扱いによって労働分配率の推計方法も異なり，5つの推計方法があることを説明した[36]。さらに法人企業統計調査を用いて推計する方法も利用されている[37]。法人企業統計（金融業，保険業をのぞく全産業）の人件費 W_2 を労働所得 W と考え，これを付加価値 V で除すると，労働分配率 W/Y は W_2/V として求められる。人件費 W_2 は，役員給与，役員賞与，従業員給与，従業員賞与，そして福利厚生費から構成され，また付加価値 V とは，人件費のほかに営業純益，支払利息等，租税公課，動産・不動産賃借料を合計したもので，いわゆる賃金と利潤からなっている。

労働分配率の推移 次に，個人業主部門と法人企業部門の資本利潤率が等しいとする第3の方法をのぞき，上記した3つの推計方法（第1と第5の推計方法が同じなので，残り4つの推計方法は3つに還元される）と付加価値を用いる方法によって，1955年から2008年の54年間における労働分配率の推移を観察することにしよう（付表1を参照）。個人業主部門の労働分配率が経済全体のそれに等しい（$W/Y=W_2/Y_2$）と仮定する第4の推計方法——個人業主所得 Y_2 をのぞいた所得 $(Y-Y_2)=Y_1$ に占める雇用者所得 W_1 の割合を労働分配率 $W/Y=W_1/(Y-Y_2)=W_1/Y_1$ として，その推移をみると，**図10-4** の③に示すように，55年の84.7％から低下，61年には70.7％に落ち込み，65年には76.7％に上昇した後，70年には68.3％と低下するなど，労働分配率は比較的大きく上下しながら推移していることがわかる。70年代半ば以降，労働分配率は76〜81％の水準でほぼ安定的に推移し，90年代半ば以降はやや上昇し，80〜83％の小幅な動きとなっている。

これに対して，第1または第5の推計方法によって，労働分配率 $W/Y(=wE/Y)=(W_1/Y)(E/Le)$ の動きをみると，④に示すように，50年代後半における労働分配率は100％をこえる異常な高さを示している。その理由は，就業者総数に占める雇用者の割合が低く，就業構造がまだ高度化していない結果であると[38]。高度化にともなって，労働分配率は90％台から70年には83.2％に低下した。しかし，雇用者所得比率 W_1/Y の趨勢的な上昇と雇用者比率の

逆数 E／Le のやや大きな下落が，調整された労働力率の動きを相殺し合う以上に，労働分配率の低下を速め，70年代半ば以降，95％台から2000年後半には80～84％に落ち込んでいる。

　家族従業者の労働貢献度をゼロとみなし，また自営業主が平均雇用者所得を受け取ると仮定し，労働分配率を推計する第2の推計方法 W／Y＝(W₁／Y)[1+(Lp／Le)] によって観察すると，その動きは，⑤にみるように，個人業主所得 Y₂ をのぞいた所得（Y－Y₂）に占める雇用者所得 W₁ の割合でみた分配率とほぼ同じように推移していることがわかる。1955年の81.1％から60年には71.3％に低下し，60年代はほぼ70％程度で推移した。70年代になると，労働分配率は上昇をつづけ，75年には85.1％に高まり，その後，80％台前半で変動し，80年半ば以降，労働力率は低下しておおむね80％近くで上下しながら推移したが，2000年前後には85％近くに上昇した。近年，ふたたび80％近傍で比較的安定した動きを示している。最後に，法人企業統計調査によって労働分配率 W₂／V をみると，図10-4の⑥に示すように，1960年代半ば以降，60％台から上昇傾向をたどり，75年代後期から70％台で推移したものの，70％をやや下回ったバブル経済をのぞき，80年代中期以降，72～75％の範囲で比較的安定した動きを示している。

　以上をまとめると，次のようになる。雇用者所得比率①の趨勢的上昇は，就業者全体に占める雇用者比率の持続的な上昇が最も寄与している。雇用者所得比率②が70年代半ば以降，65％前後で安定的に推移しているのは，社会負担比率の上昇が就業者総数に占める雇用者比率の上昇を相殺した結果であろう。個人業主所得の帰属によって労働所得を調整して労働分配率を計測すると，③，④，⑤のいずれも①，②，そして⑥にくらべ高い数値を示している。⑥による労働分配率については，人件費や営業利益が好不況の影響を直接受けることから小刻みな動きを示している。

10-3 所得分布の不平等度

10.3.1 所得分布の不平等度に関する測度

3つのタイプの測度 所得分配が問題とされるもう一つは,個人や家計における所得分布の不平等 (inequality of income distribution) である。所得分布の不平等は一般に所得の階層別分布によって把握されるが,所得分布の不平等を計測する尺度にはさまざまな測度がある。不平等を計測する測度は3つのタイプに大別される。第1は,所得分布の状態を図形によって不平等度の度合いを比較するローレンツ曲線 (Lorenz curve) である。第2は,所得分布を特定化せず不平等度を測定するもので,ジニ係数 (Gini's coefficient),タイル尺度 (Theil measure),アトキンソン尺度 (Atkinson measure) などある。第3は,経験法則から所得分布を特定化して不平等の大きさをはかるもので,パレートの法則 (Pareto's law),ジブラの法則 (Gibrat's law),ジニの法則 (Gini's law) などがある[39]。

この分類と違い,セン (A. Sen) [1997] は,不平等度を計測する測度に関する方法を2つに分けている[40]。1つは,「なんらかの客観的な意味において,不平等の程度を表現しようとする測度からなる」(訳書4頁) もので,これらの測度はおおむね所得の相対的な変動幅に関する統計的な測度である。他の1つは,「社会的厚生に関わるなんらかの規範的な観念に即して不平等を計測するもの」(同4頁) である。前者の測度は客観的アプローチといい,それによる測度は実証的な測度といわれ,後者の測度は規範的アプローチといい,その測度は規範的な測度といわれる。いずれのアプローチが優れているかを答えることは容易ではない。しかし,センによれば,客観的アプローチは不平等の程度の大小を「観察」することができる——倫理的な観点から,これを「評価」する区別ができるという意味で,測度としては優れている。社会的厚生の概念にまったく依存しない実証的な測度には,範囲 (レンジ),分散,変動係数,ジニ係数などがある。これに対して,規範的アプローチにおける不平等は客観的な観念ではないから,測定の問題と倫理的な評価の問題とは切り離せないと

いう[41]。

所得分布の測度　センは，『不平等の経済学』[1997]でさまざまな測度を紹介し，その問題点も指摘している[42]。現実の所得水準は，最も低い水準から最も高い水準にわたって分布している。この分布を統計学で「散らばり（ばらつき　variability)」といい，その散らばりの程度を測定する測度に範囲（レンジ），平均偏差，標準偏差などがある。

（1）範囲（レンジ　range)　範囲（レンジ）は不平等度の程度を示す最も単純な測度である。いま，n人の個人からなる社会において，y_iを個人$i(i=1, 2, ………, n)$の所得水準，μを平均所得水準$((\sum y_i / n) = \mu)$，またy_iのうち最も高い所得水準をy_i^{max}，最も低い所得水準をy_i^{min}とすると，範囲Rは次のように定義される。

$$R = y_i^{max} - y_i^{min}$$

これは所得水準の散らばりそのものを絶対数で測定する方法で，各個人の所得水準が上昇して，最高と最低の開差そのものが大きくなれば，この散らばりもまた大きくなる。したがって，所得水準の散らばりそのものをはかる指標よりも，これを所得水準の平均値と関連づけて相対的に測定するほうがより望ましい指標であろう。相対的な散らばりの程度をはかる測度を相対分散度（relative measure of dispersion）といい，平均値に対する比率として表示される。そこで範囲を平均所得水準で相対化した測度，すなわち相対範囲（relative range）を定義すると，次のようになる。

$$RE = \frac{R}{\mu}$$

相対範囲REは，範囲Rと平均所得水準μとの比率として示される。各個人の所得が完全に平等に分布しているならば（R=0），相対範囲はRE=0となる。逆に，1人の個人がすべての所得を受け取る完全不平等であるならば$(R=n\mu)$，RE=nとなる。

（2）平均偏差（mean deviation)　平均偏差とは，平均所得水準μと個人iの所得水準y_iとの偏差の絶対値$|\mu - y_i|$の総和を社会を構成する個人の数nで算術平均したものをいう。平均偏差をMDとすると，

$$MD = \frac{1}{n}\sum_{i=1}^{n}|\mu - y_i|$$

となる。相対範囲と同様に，平均偏差 MD を平均所得水準 μ で相対化した比率は相対平均偏差 (relative mean deviation) RMD といわれ，次のように定義される。

$$RMD = \frac{MD}{\mu}$$

所得分布が完全平等であるならば (MD＝0)，相対平均偏差は RMD＝0 となる。逆に完全不平等であれば (MD＝2(n−1)μ／n)，RMD＝2(n−1)／n となる。

（3）標準偏差と変動係数　偏差の2乗の総和 $\sum(y_i - \mu)^2$ を個人の数 n で除した値を分散 (variance) といい，これを開平した平方根を標準偏差 (standard deviation) という。分散を VAR，標準偏差を SD とすると，

$$SD = \sqrt{VAR} \qquad ただし，VAR = \frac{1}{n}\sum_{i=1}^{n}(y_i - \mu)^2$$

標準偏差は所得分布の散らばりの程度を表す測度として理論的に最も重要な測度である。しかし，各個人の所得水準が上昇すると，標準偏差もまた大きくなる。そこで，これを相対的な散らばりの程度をはかる相対分散度によって表したものが変動係数 (coefficient of variation) である。

$$CV = \frac{SD}{\mu}$$

所得分布が完全平等であるならば，標準偏差は SD＝0，変動係数も CV＝0 となる。逆に完全不平等である場合には，SD＝$\mu\sqrt{n-1}$，したがって CV＝$\sqrt{n-1}$ となる。

（4）対数標準偏差　低い所得水準における所得移転に対して，より大きな重要度を与えようとすれば，所得水準の数値を適切な方法で転換する必要がある。その1つの方法が対数変換である。分散 VAR を対数変換したものを対数分散 (variance of logarithms) VL という。これは次のように示される。

$$VL = \frac{1}{n}\sum_{i=1}^{n}(\log y_i - \log \mu)^2$$

これを対数標準偏差 (standard deviation of logarithms) SDL に直すと,

$$SDL = \sqrt{VL}$$

となる。対数変換を行うことによって,数値の開差が小さくなるため,そうでない場合にくらべて,不平等の度合いはそれだけ緩和される。いま,所得分布が完全平等であるならば,対数分散は $VL=0$,対数標準偏差は $SDL=0$ となる。逆に所得分布が完全に不平等であるならば,$VL=(n-1)(\log\mu)^2$,$SDL=\sqrt{n-1}(\log\mu)$ となる。

(5) タイル尺度 (Theil measure)　タイル (H. Theil) [1967] は,情報理論のエントロピー (entropy) の概念を用いた不平等の尺度を考案した。いま,x をある事象が生起する確率とすると,x の確率で生じる事象が与える情報価値 $h(x)$ は x の減少関数と考えられる。というのは,ある事象が発生しにくいものであれば,それが現実に起きたときの情報価値は高くなるであろう。そこで,タイルは,$h(x)$ の情報価値を次のように確率 x の逆数の対数として表示した。

$$h(x) = \log\left(\frac{1}{x}\right)$$

いま,事象が 1, 2, ……, n があり,それぞれの確率 $x_1, x_2, ……, x_n$ が $x_i \geq 0$ で,かつ $\sum x_i = 1$ とする。このときのエントロピー $H(x)$ とは,各事象の情報価値を確率 x_i によって加重した和として定義され,期待情報価値ともいわれる。

$$H(x) = \sum_{i=1}^{n} x_i h(x_i) = \sum_{i=1}^{n} x_i \log\left(\frac{1}{x_i}\right)$$

n 個の各確率 x_i が $1/n$ に近づくほど,エントロピーは増加する。タイルは,x_i を個人 i に帰属する所得の割合と解釈すれば,$H(x)$ は所得分布に関する不平等の測度とみなすことができると考えた。

各確率 x_i が $1/n$ に等しいという完全平等のとき,$H(x)$ はその最大値 $\log n$ をとる。所得分布が不平等化するにつれて,$H(x)$ の値は小さくなるであろう。完全不平等のとき,$H(x)$ は最小値 0 となる。所得分布のエントロピー $H(x)$ とその最大値 $\log n$ との差は不平等度を表す 1 つの指標であって,この差

がタイル尺度 T にほかならない。

$$T = \log n - H(x)$$
$$= \sum x_i \log n\, x_i$$

所得分布が完全平等であるならば，$H(x) = \log n$ の最大値をとり，$T = 0$ となる。反対に，完全不平等の場合には，$H(x) = 0$ の最小値をとり，$T = \log n$ となる。

ここで，$x_i = y_i / n\mu$ とすると，上式は次のように変換される。

$$T = \frac{1}{n} \sum_{i=1}^{n} \left(\frac{y_i}{\mu}\right) \log\left(\frac{y_i}{\mu}\right)$$

(6) アトキンソン尺度 (Atkinson measure)　以上説明してきた不平等の測度は，社会的厚生の概念にまったく依存しない実証的な測度であった。次に，実証的な測度から社会的厚生を考慮した規範的な測度の1つであるアトキンソン尺度を説明する[43]。アトキンソン (A. B. Atkinson) [1970] は，社会的厚生関数 (social welfare function) と直接関係する不平等の尺度を提案した。そして，所得の関数 $U(y_i)$ ($i=1, 2, \ldots, n$) の総和で表した社会的厚生関数 W を次のように定式化した。

$$W(y) = \frac{1}{n} \sum_{i=1}^{n} U(y_i) \qquad U' > 0, \quad U'' < 0 \text{[44]}$$

このもとで，アトキンソンは「均等分配等価所得 (equally distributed equivalent income)」y_e とよぶ概念を次のように定義する。

$$U(y_e) = \frac{1}{n} \sum_{i=1}^{n} U(y_i)$$

この均等分配等価所得 y_e とは，社会を構成する n 人の個人全員がこの均等分配等価所得 y_e を享受したならば，実際の所得分配によってもたらされる集計的な社会的厚生とちょうど一致する集計値をもたらすような一人あたりの所得水準として定義される[45]。したがって，n 人全員が実際に享受する社会的厚生の和は，全員が均等分配等価所得 y_e を分配されたとすればえられる社会的厚生の和と等しくなる。関数 $U(y_i)$ は凹関数と仮定されているから，y_e は平均所得 μ よりも大きくなることはない。また所得分布がより平等になるにつ

れて，y_e に μ に近づくことになる[46]。

アトキンソンは，不平等の測度として次のように定式化した。

$$A_G = 1 - \frac{y_e}{\mu}$$

これがアトキンソン尺度である。所得が均等に分布しているならば，均等分配等価所得 $y_e = \mu$ より，アトキンソン尺度は $A_G = 0$ となる。A_G は任意の所得分布に対して，$1 \geq A_G \geq 0$ の間にある。ところで，アトキンソン尺度 A_G を実証分析に用いることができるように，関数 $U(y_i)$ を次のように特定化した。

$$U(y_i) = a + b \frac{y_i^{1-\varepsilon}}{1-\varepsilon} \qquad (\varepsilon \neq 1,\ \varepsilon > 0)$$

$$= \log y_i \qquad (\varepsilon = 1)$$

こうした特定化によって，アトキンソン尺度 A_G を次のように定式化した。

$$A_G = 1 - \left[\frac{1}{n}\sum_{i=1}^{n} U\left(\frac{y_i}{\mu}\right)^{1-\varepsilon}\right]^{(1/1-\varepsilon)} \qquad (\varepsilon \neq 1,\ \varepsilon > 0)$$

$$= 1 - \exp\left[\frac{1}{n}\sum_{i=1}^{n} \log\left(\frac{y_i}{\mu}\right)\right] \qquad (\varepsilon = 1)$$

10.3.2　ローレンツ曲線とジニ係数

次に，所得分布の状態を図形によって不平等の度合いを比較するローレンツ曲線と，この曲線と一対となって広範かつ頻繁に利用されているジニ係数を説明する[47]。**図10-5** において，横軸に最も低い所得層から所得の大きさの順に並べて，所得を受け取る個人の累積百分率をはかり，縦軸に個人が受け取る所得を最低の所得層から累計した所得額の累積百分率をはかると，両者の対応するこれらの点をつらねた曲線がローレンツ曲線にほかならない。この曲線はローレンツ（M. O. Lorenz）によって考案された曲線で，もしすべての個人が同じ所得を獲得しているならば——所得分布が完全に平等であるならば，ローレンツ曲線は対角線 OB に一致する。これを均等分布線（equal line）という。現実には所得分布の不平等が存在し，個人の累積百分率が所得の累積百分率を上回っていることから，ローレンツ曲線は弓形の弧を画く曲線として示される。不平等の度合いが大きくなれば，このローレンツ曲線はますます均等分布

図10-5　ローレンツ曲線

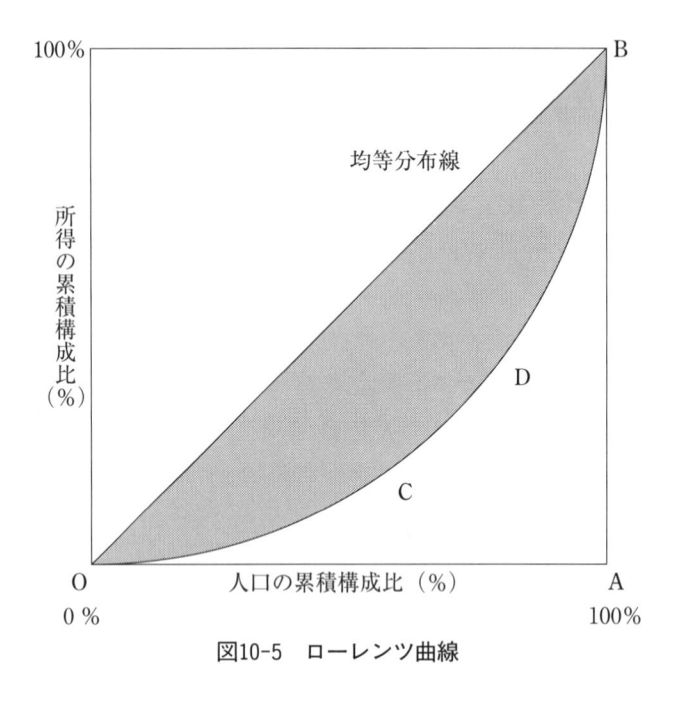

線から離れていく。ローレンツ曲線は対角線の下側に位置し，所得の低い個人のグループから所得のより高い個人のグループに移るにつれて，曲線の傾きは逓増的に上昇しつづける。2つのローレンツ曲線において，一方の曲線が他方の曲線の内部に位置している場合には，外側の曲線のほうがより不平等であると判定される。

ところで，不平等の測度として最も広範かつ頻繁に利用される測度とはジニ係数である。ジニ係数を理解する1つの方法はローレンツ曲線を利用する方法である。完全な平等を示す均等分布線OBとローレンツ曲線とが囲む面積——影をつけた弓形の面積が，対角線の下の三角形△OBAの面積に占める割合を，ジニ係数Gという。ジニ係数の大きさは $0 \leq G \leq 1$ の値をとり，この値が小さいほど，所得分布の不平等度はそれだけ小さくなる。n人で構成される社会において，各人の所得水準が y_i で表されるとき，所得分布 (y_1, y_2, ………, y_n) が $y_1 \geq y_2 \geq \cdots\cdots \geq y_n$ を満たすものとする。このとき，ジニ係数Gは

$$G=\frac{1}{2n^2\mu}\sum_{i=1}^{n}\sum_{j=1}^{n}|y_i-y_j|=1-\frac{1}{n^2\mu}\sum_{i=1}^{n}\sum_{j=1}^{n}\mathrm{Min}(y_i, y_j)$$

$$=1+\frac{1}{n}-\frac{2}{n^2\mu}(y_1+2y_2+\cdots\cdots+ny_n)$$

と定義され,相対平均格差 (relative mean difference) のちょうど半分に一致する[48]。相対平均格差とは,所得水準についてすべての組み合わせを考え,所得格差の絶対値 $\sum\sum|y_i-y_j|$ を人員比率で加重平均し平均所得 μ で除したものと定義される概念である。この相対平均格差の半分がジニ係数にほかならない。所得分布が完全平等ならば $G=0$ で最小値,逆に完全不平等ならば $G=(n-1)/n$ と最大値となる。最後に,ローレンツ曲線とジニ係数との関係をみると,均等分布線とローレンツ曲線に囲まれた部分の面積を S とすると,面積 S はジニ係数 G の半分の大きさに等しくなる[49]。

10.3.3 所得分布を特定化した不平等の測度

最後に,経験法則から所得分布を特定化して不平等の大きさを測定する測度について考察する。これにはパレート法則,ジブラ法則,ジニ法則などがある[50]。

(1) パレート法則 所得分布についての経験法則をはじめて発見したのはパレートであった。y_i を個人 i の所得水準の大きさ,$N(y_i)$ を y_i 以上の所得水準をもつ累積人数とすると,パレート (V. F. D. Pareto) は次のような関係式を示した。

$$N(y_i)=\frac{A}{y_i^{-\alpha}} \qquad (A,\ \alpha \text{は正の定数})$$

上式を対数変換すると,

$$\log N(y_i)=\log A-\alpha \log y_i$$

いま,横軸に所得の対数 $\log y_i$,縦軸に所得水準をもつ累積人数の対数 $\log N(y_i)$ をとれば,上式は負の傾き α をもつ直線で示される。この直線はパレート線とよばれ,傾き α をパレート常数 (Pareto's constant) またはパレート指数 (Pareto's index) という。これをパレート法則という。パレートは,所得の人員数に注目して,パレート常数 α が大きくなるほど,所得分布は不

平等が大なると考えたが，その後，α が大きいほど，所得分布はより平等であると解釈されている。パレート法則にしたがう所得分布がパレート分布 (Pareto's distribution) である。

（2）ジニ法則　所得分布について低所得層ではパレート法則があてはまらないという欠点を克服するために，ジニ (C. Gini) は次のような関係式を示した。y_i を個人 i の所得水準の大きさ，$N(y_i)$ を y_i 以上の所得水準をもつ累積人数，さらにこれらの人々を累計した累積所得額を $S(y_i)$ とすると，ジニ法則は

$$N(y_i) = \frac{1}{C} S(y_i)^\delta \qquad (C, \delta \text{ は正の定数})$$

と定義される。上式を対数変換すると，

$$\log N(y_i) = \delta \log S(y_i) - \log C$$

で示される。横軸に所得の対数 $\log S(y_i)$，縦軸に所得水準をもつ累積人数の対数 $\log N(y_i)$ をとれば，上式は直線で表され，その傾き δ はジニ指数 (Gini's index) とよばれる。この値が大きいほど，所得が高所得の階層に集中しており，所得分布の不平等度が大きいのである。なお，ジニ指数 δ とパレート常数 α との間に，次の関係が成立する。

$$\delta = \frac{\alpha}{\alpha - 1}$$

一般に，パレート法則が成立するならば，ジニ法則も成立するのである。

（3）ジブラ法則　ジニ法則においてもまた，低所得層ではあてはまらないというパレート法則の欠点は解決されなかった。これを解決するために，ジブラ (R. Gibrat) は，所得分布について次のような経験法則を示した。所得分布は，対数変換によって正規分布になる場合が少なくない。この点に注目して対数正規分布 (lognormal distribution またジブラ分布 (Gibrat distribution)) で，所得分布が近似できると主張した。これをジブラ法則という。横軸に所得を，縦軸に所得人員数をとって，所得の度数分布を画くとき，一般に，比較的低い所得階層に集中し，高所得階層になるにしたがって大幅に減少する分布——左に歪んだ非対称分布を示すのであるが，いま，この横軸を対数目盛に変

換すると，分布は正規分布に近づくであろう。yを所得水準の大きさ，xを所得人員数とすると，所得分布は

$$x=\frac{1}{\sigma\sqrt{2\pi}}\exp\left[-\frac{1}{2}\left(\frac{\log y-g}{\sigma}\right)^2\right]$$

で表すことができる。σは度数分布の標準偏差，gは幾何平均，xは百分率で示されている。上式において，$(1/\sigma\sqrt{2\pi})\exp$ は常数である。そこで，

$$-Z^2=-\frac{1}{2}\left(\frac{\log y-g}{\sigma}\right)^2$$

とおけば，これを整理すると，

$$Z=\frac{\log y-g}{\sqrt{2}\sigma}$$

となる。ここで

$$a=\frac{1}{\sqrt{2}\sigma} \qquad b=\frac{-g}{\sqrt{2}\sigma}$$

とおけば，$Z=a\log y+b$ となる。これがジブラ線の方程式である。直線の傾きaは所得分布の不均等度の測度を示し，aが小さいほど，不均等度は大きい。上式より，標準偏差であるσが大きいほど，曲線の散布度は大きくなる。したがって，σが小さいならば，傾きaは大きくなり，所得分布はより均等化するであろう。

10.3.4　ジニ係数の変化と所得格差の拡大・縮小

所得調査からみたジニ係数の動き　次に，ジニ係数を用いて1960年代以降の所得格差の動向を分析する。図10-6には4つの所得統計によって求めたジニ係数を掲載しているが（付表2を参照），とくに厚生労働省「所得再分配調査」と総務省「全国消費実態調査」において，当初所得や年間収入のジニ係数は，80年代以降，上昇する傾向にあることがわかる[51]。「所得再分配調査」でみた当初所得のジニ係数は，81年の0.349をボトムに，その後，調査ごとに大きくなり，2008年には0.532まで上昇している。これに対して，再分配所得のジニ係数は1960年代から80年代後半までは0.33前後と安定的に推移し，90年代後半以降，0.38程度とわずかに上昇しているにすぎない。これは税・社会保障の再

単位：%

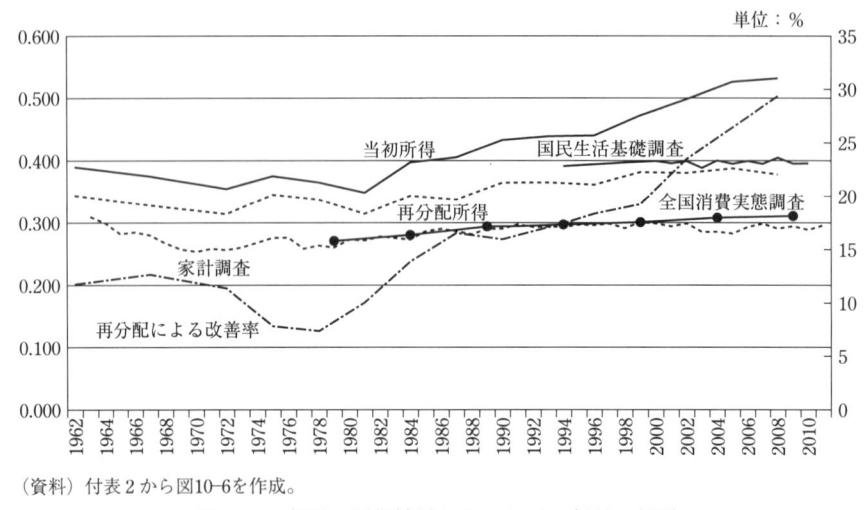

(資料) 付表2から図10-6を作成。

図10-6　各種の所得統計からみたジニ係数の推移

分配効果が働いた結果であると考えてよい。再分配による改善度は，近年，調査ごとに大きくなっており，2008年は29.3％と過去最高となっている。また「全国消費実態調査」においても，ジニ係数は1979年の0.271から99年には0.301，さらに2009年には0.311へと穏やかながら上昇傾向にあることがわかる。

厚生労働省「国民生活基礎調査」によると，ジニ係数は1993年以降のデータで，期間は短いけれども，おおむね0.39と安定的に推移している。これに対して，総務省「家計調査」はデータの接続に留意する必要があるが[52]，これによってジニ係数を観察すると，他の所得統計にくらべ最も低いものの，「家計調査」によっても80年代以降，穏やかに上昇していることがわかる。このように，いずれの統計においてもジニ係数は，テンポに違いがあるものの，上昇する傾向にあると判断してもよいであろう。

しかし，計測されるジニ係数は所得統計によって，ばらつきが観察される。たとえば，2005年のジニ係数は，「所得再分配調査」の当初所得によると0.526，「国民生活基礎調査」の年間所得によれば0.3948，「家計調査」の年間収入では0.283，そして04年の「全国消費実態調査」の年間収入によれば0.308

となり，調査によって大きな差がある。「所得再分配調査」のジニ係数は他の所得統計にくらべて高いのだろうか。大石亜希子・伊藤由樹子［1999］は，所得統計の問題点を最初に指摘した。大石・伊藤によると，ジニ係数の差をもたらす要因の第1は，対象世帯の違いである。所得階級別の世帯数分布や世帯主の年齢階級別の分布の違いもまたジニ係数に大きな影響を与えている。第2の要因は，なにを「所得」の範囲に含めるかである。同じ世帯を対象としていても，他の所得統計にくらべて，「所得再分配調査」のジニ係数が高いのは，当初所得に公的年金が含まれていないからである。梅溪健児［2000］は，大石・伊藤論文を引継ぎ，4つの所得調査の特徴と問題点を①所得の定義と②調査対象世帯の範囲に絞り，きわめて詳細に検討した。表10-1はこれを整理したものである。このように，所得統計によって「所得」の概念・範囲や対象世帯などに違いがあるため，所得統計によってばらつきがある。計測されたジニ係数を評価するにあたっては，所得調査ごとの特性の違いを十分考慮する必要がある。

所得格差は拡大したのか　ところで，日本の所得格差は，戦後の高度成長期を平等化し，1980年代までは平等化の方向で推移してきた。ところが，80年代以降，日本の所得格差は拡大基調に転じている，といわれている。その契機となったのが，橘木俊詔の『日本の経済格差』［1998］であった。橘木は，「所得再分調査」のジニ係数に注目し，日本の平等神話は終焉したと主張した。所得格差が拡大しつつあるとの主張を受け，日本でも90年代末期から2000年にかけて，活発な論争が展開されたのである。

太田清と橘木の両氏は，翌1999年に『論争　東洋経済』（7月号）で論争を行った。橘木の平等神話の終焉に対して，太田は「国民生活基礎調査」を用い，ジニ係数の上昇は主に高齢化，すなわち長期的な年齢構成の変化を受けたみせかけ上のものであり，不平等化は進んでいないと結論した。これが論点の第1である。研究のすべては網羅できないものの，論争の前段として大竹文雄，橘木俊詔・八木匡などの研究がある。後段になって，大石亜希子・伊藤由樹子［1999］，大竹文雄［2000］，梅溪健児［2000］，勇上和史［2003］の研究が加わった。大竹［2000］は，ジニ係数の上昇の主な要因は，不平等の度合の高

表10-1 主な所得調査の特徴

調査名		所得再分配調査 (厚生労働省)		国民生活基礎調査 (厚生労働省)		家計調査 (総務省)		全国消費実態調査 (総務省)	
調査開始年 と調査頻度		1962年度以降 3年ごと		1986年以降 毎年(3年ごとに 大規模調査)		1946年の消費者 価格調査から発展 毎年		1959年以降 5年ごと	
調査対象世帯 (調査対象 世帯数)		全国の世帯 (2008年調査の 世帯数) 9,144世帯		全国の世帯 (2011年調査の 世帯数) 57,232世帯1)		全国の世帯2) (2010年調査の 世帯数) 9,421世帯うち 単身世帯745世帯		全国の世帯 (2009年調査の 世帯数) 56,806世帯うち 単身世帯4,402世帯	
所得の概念		当初 所得	再分配 所得	年間 所得	可処分 所得	年間 収入	可処分 所得	年間 収入	可処分 所得
算入	雇用者 所得等3)	○	○	○	○	○	○	○	○
	社会保障 給付4)	×	○	○	○	○	○	○	○
	保険金等5)	○	○	○	○	○	○	○	○
	仕送り金	○	○	○	○	○	○	○	○
	現物給付	×	○6)	×	×	×	×	×	×
控除	税金7)	×	○	×	○	×	○	×	○
	社会保険料	×	○	×	○	×	○	×	○

(資料) 梅渓健児[2000]表1(25頁), 勇上和史[2003]図表1-2(6頁)を参考に作成.
(注) 1) 2010年は大規模調査で, 調査対象世帯数は289,363世帯である.
   2) 『家計調査』は1999年より農家世帯を, また2002年より単身世帯を含めた全世帯調査となり拡大された. また, 『家計調査』『全国消費実態調査』は2人以上の世帯と単身世帯を調査対象世帯とした.
   3) 「雇用者所得等」には雇用者所得以外に事業所得, 農業所得, 財産所得, 家内労働所得などを含む.
   4) 「社会保障給付」は公的年金給付, 他の社会保障給付をいう.
   5) 「保険金等」には企業年金保険金, 生命保険金, 損害保険金を含む.
   6) 『所得再分配調査』では, 1999年以前の現物給付は医療のみ, 2002年以降は医療, 介護, 保育である.
   7) 「税金」は所得税, 住民税, 固定資産税などをいう.

い高齢者の割合が高まったこと, また世帯規模の縮小により所得が低い世帯が増加したこと, などを指摘し, 橘木の主張に反論した. 勇上もまた, 『JIL労働政策レポート Vol.3』[2003]において, この問題を取り上げ, 1980年代以降の課税前世帯所得の格差拡大は, 人口の高齢化と世帯人員の変化によるものと判断されるとし, 「世帯ベースでみた所得格差は, 最近20年間で確かに拡大

したようにみえる。しかしそれは，世帯構成の変化や人口の高齢化など，政策的に制御が難しいみせかけの要因（傍点は筆者による）によって生じている。真の所得格差は一定あるいはやや拡大したに過ぎず，日本の所得分配がにわかに不平等化したとはいえない。」（1頁）と述べている。

　論点の第2は，国際比較でみた日本の不平等度の位置である。橘木［1998］は，「所得再分配調査」における当初所得のジニ係数がアメリカより高く，国際的にみても不平等であると指摘した。一方，西崎文平他［1998］は，先進国における所得分配の国際比較で有名なのは，ルクセンブルク所得調査（Luxembourg Income Study　略称　LIS）である。日本はこの研究プロジェクトに参加していないが，西崎他は，LISと同様な手法によって総務省「全国消費実態調査」の個票を集計したデータをもとに，独自に推計し国際比較可能な形で分析した。それによると，日本の等価可処分所得は北欧諸国を中心とする数か国より不平等であるが，先進7か国のなかでは比較的平等な位置にあり，少なくともアメリカのように所得格差が深刻であることはないと結論した[53]。大石・伊藤［1999］は「日本の所得分配は小幅の悪化にとどまっており，アメリカとの比較でも依然として平等的である。」（40頁）と主張した。勇上もまた，日本は先進国のなかで不平等な国であるかの問題に対し，「OECD諸国における日本の所得格差の大きさは，80年代，90年代ともほぼ中位に位置しており，国際的にみて不平等だと断定する論拠はない。」（1〜2頁）と述べている。

［注］
1) 熊谷尚夫［1964］第24章とくに310頁，伊東正則・山崎良也編［1987］第5章を参照。
2) 巨視的分配理論の学説史的展望を含め，巨視的分配の理論的・実証的考察を行ったわが国の研究として，この半世紀に大野吉輝［1965］，児玉元平［1968］，横井弘美［1970］，木村憲二［1970］，渡辺弘［1979］，掛江正造［1988］，森田成美［1990］，服部茂幸［1996］など数多くの研究成果が発表された。
3) D. Ricardo［1817］p. 5（訳書5頁）を参照。
4) N. Kaldor［1955-56］p. 84（訳書3頁）を参照。
5) N. Kaldor［1955-56］p. 84（訳書4〜5頁），大野吉輝［1965］55頁を参照。
6) リカードは，自然価格を「労働者が衣食し，かつその種族を増減なく永遠さ

せるのに平均して必要な価格」と説明している。D. Ricardo［1817］p. 93（訳書85頁），大野吉輝［1965］56頁を参照。

7) ウィクスティードは，本文での内容が実際のところオイラーの定理であることを述べなかったが，フラックス（A. W. Flux）は同じ1894年にウィクスティードの書物の書評のなかで，彼がこれを最初にオイラーの定理から直接導びいたことを明らかにした。G. J. Stigler［1957］訳書324頁，大野吉輝［1965］75頁を参照。

8) オイラーの定理はまた，完全分配定理（exhaustion theorem）ともよばれている。

9) 新古典派における分配の限界生産力理論については，クラーク，ウィクスティードのほかに，多くの経済学者が支持している。その1人にファーグソン（C. E. Ferguson）［1969］がいる。訳書第IV部第13章361〜365頁を参照。ファーグソンは，図形を使って生産物の完全分配定理を説明している。コブ＝ダグラス［1928］も限界生産力理論を巨視的な分配理論に適用した。大野吉輝［1965］79〜81頁を参照。

10) 大野吉輝［1965］83頁を参照。

11) J. R. Hicks［1963］pp. 114〜120, pp. 373〜375（訳書第6章101〜107頁，第3編コメンタリー「代替の弾力性に関する覚書」333〜334頁）を参照。

12) 「もし企業者たちが彼らの利潤の一部を消費に支出することを選ぶならば，その結果は，このような支出に向けられた利潤の額にちょうど等しい額だけ，……利潤を増加させることになる。…………このように，利潤は企業者たちの資本増加の源泉であるが，それはそのどれほど多くが放恣な生活のために当てられようとも，空になることのない寡婦の壺である。」J. M. Keynes［1930 (1971)］p. 125（訳書142頁）を参照。なお，寡婦の壺（無尽蔵の瓶 Widow's Crouse）は旧約聖書，列王紀，上17章・12節に登場する。

　ケインズ＝カレツキー流の「無尽蔵の瓶」的利潤論といっても，カレツキーの利潤論は，ケインズのそれとは別に1935年に展開されていた。大野吉輝［1965］90〜92頁，N. Kaldor［1955-56］p. 94（訳書32頁），M. Kalecki［1935］を参照。

13) 逆に，資本家が消費支出を節減しようとするならば，その瓶は決して満たされることはないだろう。これを「デネイドの壺（Danaid jar）」または「ダナイデスの壺（Danaides jar）」という。「………企業者が損失を蒙り，その損失を消費への支出を節約することによって取り戻そうとするときには，その瓶はデネイドの瓶（篩で作った瓶）となり，それは決して充たされることはない。」大野吉輝［1965］90〜91頁，J. M. Keynes［1930 (1971)］p. 125（訳書142頁）を参照。

　ダナイデスの壺はギリシャ神話，アルゴス王ダナオスの娘たちが自分たちの

夫を殺したために，黄泉の国（ハデス）で，そのなかに永遠に水を汲み込む刑に処せられた底のない瓶をいう。
14) J. Robinson [1956] pp. 75～76（訳書82～83頁），大野吉輝 [1965] 93～94頁。
15) (10.12) はまた次のようにして導出される。国民所得 Y は各部門の労働者が稼得する賃金所得 W と，各部門の資本家が受け取る利潤所得 P に分配される。
$$Y=W+P \qquad (10.7)'$$
また，国民所得 Y は労働者と資本家の消費 C_w，C_P と投資 I に支出されるから，
$$Y=C_w+C_P+I \qquad (10.8)'$$
ここで，労働者の稼得する賃金所得 W は全額消費されると仮定すると，
$$W=C_w \qquad (10.9)'$$
また (10.7)′ と (10.8)′ より
$$W+P=C_w+C_P+I \qquad (10.10)'$$
(10.10)′ に (10.9)′ を代入すると，
$$P=C_P+I \qquad (10.11)'$$
さらに，資本家は受け取る利潤 P を全額貯蓄し，資本家の消費 $C_P=0$ とすると，
$$P=I \qquad (10.12)'$$
ここでも (10.12) と同じ結果をえる。
16) N. Kaldor [1955-56] p. 29（訳書20頁）を参照。
17) この巨視的分配モデルは，利潤からの限界貯蓄性向 s_P が賃金からの s_w を上回っている場合 ($s_P>s_w$) のみ作用する。この条件がモデルの安定条件にほかならない。
18) L. L. Pasinetti [1962] pp. 267～268（訳書37頁）を参照。
19) L. L. Pasinetti [1962] p. 270（訳書40頁）を参照。
20) 渡辺弘 [1979] 第4章119～150頁を参照。
21) 渡辺弘 [1979] 123頁を参照。
22) (10.25) において，次のように変形される。
$$\frac{P_w}{K}=\frac{rs_w(Y-P_p)}{I}=rs_w\left(\frac{Y}{I}-\frac{Y}{I}\frac{P_p}{Y}\right)$$
上式に (10.23) の資本家の利潤分配率 P_p/Y を代入すると，(10.26) をえる。
$$\begin{aligned}\frac{P_w}{K}&=rs_w\left[\frac{Y}{I}-\frac{Y}{I}\left(\frac{1}{s_P-s_w}\right)\frac{I}{Y}+\frac{Y}{I}\left(\frac{s_w}{s_P-s_w}\right)\right]\\ &=rs_w\left[\left(1+\left(\frac{s_w}{s_P-s_w}\right)\right)\frac{Y}{I}-\left(\frac{1}{s_P-s_w}\right)\right]\\ &=r\left[\left(\frac{s_ws_P}{s_P-s_w}\right)\frac{Y}{I}-\left(\frac{s_w}{s_P-s_w}\right)\right]\end{aligned}$$
23) (10.26) を用いると，P_w/Y は次のようになる。

$$\frac{P_w}{Y} = \frac{K}{Y}\left(\frac{P_w}{K}\right) = \frac{K}{Y}\left\{r\left[\left(\frac{s_w s_p}{s_p - s_w}\right)\frac{Y}{I} - \left(\frac{s_w}{s_p - s_w}\right)\right]\right\}$$
$$= r\left[\left(\frac{s_w s_p}{s_p - s_w}\right)\frac{K}{I} - \left(\frac{s_w}{s_p - s_w}\right)\frac{K}{Y}\right]$$

24) 労働者が所有する資本 K_w にかかる利子率を r として利潤 P_w を受け取るように，資本家も所有する資本 K_p に r の利子率を適用して利潤 P_p を受け取るとすると，

$$P_w = rK_w, \quad P_p = rK_p \text{ より，} P = P_w + P_p = rK_w + rK_p = rK \text{ となる．}$$

25) (10.27) に r＝P／K を代入し

$$\frac{P}{K} = \left[\left(\frac{1}{s_p - s_w}\right)\frac{I}{K} - \left(\frac{s_w}{s_p - s_w}\right)\frac{Y}{K}\right]$$
$$+ \frac{P}{K}\left[\left(\frac{s_w s_p}{s_p - s_w}\right)\frac{Y}{I} - \left(\frac{s_w}{s_p - s_w}\right)\right]$$
$$\frac{P}{K}\left[1 + \left(\frac{s_w}{s_p - s_w}\right) - \left(\frac{s_w s_p}{s_p - s_w}\right)\frac{Y}{I}\right] = \left(\frac{1}{s_p - s_w}\right)\frac{I}{K} - \left(\frac{s_w}{s_p - s_w}\right)\frac{Y}{K}$$
$$\frac{P}{K}\left[\left(\frac{s_p}{s_p - s_w}\right) - \left(\frac{s_w s_p}{s_p - s_w}\right)\frac{Y}{I}\right] = \left(\frac{1}{s_p - s_w}\right)\frac{I}{K} - \left(\frac{s_w}{s_p - s_w}\right)\frac{Y}{K}$$

上式を整理すると，(10.30) をえる

26) r＝P／K であるから，(10.29) は次のよう変形される．

$$\frac{P}{Y} = \left[\left(\frac{1}{s_p - s_w}\right)\frac{I}{Y} - \left(\frac{s_w}{s_p - s_w}\right)\right]$$
$$+ \frac{P}{K}\left[\left(\frac{s_w s_p}{s_p - s_w}\right)\frac{K}{I} - \left(\frac{s_w}{s_p - s_w}\right)\frac{K}{Y}\right]$$
$$\frac{P}{Y} = \left[\left(\frac{1}{s_p - s_w}\right)\frac{I}{Y} - \left(\frac{s_w}{s_p - s_w}\right)\right]$$
$$+ \frac{P}{I}\left(\frac{s_w s_p}{s_p - s_w}\right) - \frac{P}{Y}\left(\frac{s_w}{s_p - s_w}\right)$$
$$\frac{P}{Y}\left[1 + \left(\frac{s_w}{s_p - s_w}\right)\right] = \left(\frac{1}{s_p - s_w}\right)\frac{I}{Y} - \left(\frac{s_w}{s_p - s_w}\right) + \frac{P}{I}\left(\frac{s_w s_p}{s_p - s_w}\right)$$

$(s_p - s_w) \neq 0$ であるならば，上式は次のようになる．

$$s_p \frac{P}{Y} = \frac{I}{Y} - s_w + s_w s_p \frac{P}{I} = \frac{I}{Y} - s_w + s_w s_p \frac{P}{K}\frac{K}{I}$$

上式の P／K に (10.32) を代入して整理すると，

$$s_p \frac{P}{Y} = \frac{I}{Y} - s_w + s_w s_p \frac{1}{s_p}\left(\frac{I}{K}\right)\frac{K}{I} = \frac{I}{Y} - s_w + s_w$$

かくして，(10.33) をえる．

27) L. L. Pasinetti [1962] p. 272を参照．
28) 渡辺弘 [1979] 132〜140頁を参照．
29) この立場に属する所得分配理論の総合化は，セン (A. K. Sen) [1963]，フィンドリー (R. Findley) [1960]，ファーグソン (C. E. Ferguson) [1964] らに

30) 国民所得（要素費用表示）は，雇用者所得（＝雇用者報酬（compensation of employees），財産所得（property incomes），企業所得（entrepreneurial incomes）の合計をいう。個人業主所得とは，企業所得のうち個人企業（private unincorporated enterprises）の所得をいう。
31) 内閣府『国民経済計算年報』によると，「社会負担（social contribution）」とは，「社会給付が行われることに備えて社会保険制度に対して現実または帰属の支払」と定義されている。さらに社会負担は現実社会負担と帰属者社会負担に区分される。
32) 荒井勝彦［1974b］226～227頁，小野旭［1994］222頁を参照。
33) 労働所得 W が W＝W_1＋(W_1／Le)(E－Le) であるから，労働分配率は，W／Y＝(W_1／Y)＋［(W_1／Le)(E－Le)］／Y となる。これを変形すると，W／Y＝(W_1／Y)［1＋(E－Le)／Le］＝(W_1／Y)(E／Le) となる。
34) 労働所得 W は，W＝W_1＋(W_1／Le)Lp で，これを変形すると，W＝W_1＋(W_1／Le)Lp＝W_1(Le＋Lp)／Le＝W_1［1＋(Lp／Le)］となる。
35) 労働省編『平成2年版 労働白書』［1990］(150～158頁)によると，1965年以降の労働分配率を5つの方法で計算している。その1つに雇用者一人あたりの雇用者所得を就業者一人あたりの国民所得で除した数値（(W_1／Le)／(Y／E)）を労働分配率とする方法である。しかし，(W_1／Le)／(Y／E)＝(W_1／Y)(E／Le) と変形されるから，この方法は第1または第3の方法に還元される。
36) 労働分配率を推計する方法として，個人業主部門と法人企業部門の資本利潤率が等しいと仮定し，個人業主所得から資本所得を推計し，残余を労働所得とする方法がある。個人業主部門の資本量を求めるのが非常に困難であるため，この方法はほとんど利用されていない。また部門間や規模間の利潤率を等しいと仮定することは，資本市場が高度に競争的であると暗黙に仮定していることにほかならない。たとえ資本量が推計できたとしても，比較的大きな利潤格差が部門間や規模間に存在する，わが国のような市場構造のもとで，この方法を適用することは問題であろう。
37) 法人企業統計調査は，営利法人等の企業活動の実態を把握するため，標本調査として実施されている統計法にもとづく調査である。なお，2008年度調査から「金融業，保険業」を調査対象に含めて調査されている。
38) 小野旭はこの方法によって労働分配率を計算しているが，雇用者比率の高さによっては100％をこえる可能性があるから，これを利用するのは問題である。小野旭［1994］218～223頁を参照。
39) 木村和範［2008］第1章を参照。
40) A. Sen［1997］訳書［2000］4～5頁を参照。
41) A. Sen［1997］以下の説明は訳書［2000］5頁に負っている。

42) A. Sen [1997] 訳書 [2000] 第2章31～49頁を参照。
43) U (yi) は凹関数であると仮定されている。なお，アトキンソン尺度については高山憲之 [1980] を参照。
44) このほかにドールトン尺度 (Dalton measure) がある。ドールトンは，いかなる不平等の尺度も社会的厚生に関わりをもたなければ意味がないと主張し，規範的な測度を提案した。功利主義的な考え方にたって，厳密な凹をもつ効用関数——所得の限界効用が低減する効用関数で，かつn人全員が同一の効用関数をもち，さらに効用水準がすべて正であると仮定して，実際の（集計的な）社会的厚生と最大化された社会的厚生との比率を不平等の尺度Dとした。

$$D = \frac{\sum U(yi)}{nU(\mu)}$$

A. Sen [1997] 訳書46頁を参照。
45) A. Sen [1997] 訳書47頁を参照。
46) A. Sen [1997] 訳書47頁を参照。
47) 木村和範の著書 [2008] はローレンツ曲線，ジニ係数の研究について理論的・文献的に非常に詳しい。木村和範 [2008] 第4～6章を参照。
48) A. Sen [1997] 訳書38～39頁を参照。
49) これの証明については A. Sen [1997] 訳書38頁を参照。
50) パレート法則，ジニ法則，ジブラ法則に関しては，高山憲之 [1980]，木村和範 [2008] を参照。なお，パレート法則とジニ法則についての詳しい説明は木村和範 [2008] 第2章と第4章を参照。
51) 「全国消費基礎調査」では，ジニ係数はシンプソンの近似式を用いて計算している。

$$ジニ係数 = \frac{2}{15}\{7 - (y_2 + y_4 + y_6 + y_8) - 2(y_1 + y_3 + y_5 + y_7 + y_9)\}$$

ただし，y_i：年間収入十分位階級の第i・十分位階級までに含まれる世帯の累積年間収入の第十・十分位階級までの累積年間収入に対する比。
52) 労働政策研究・研修機構では，「家計調査」から世帯の年間収入十分位階級別年間収入を用いて，以下の式によってジニ係数を近似的に計算している。

$$ジニ係数 = 1 - \sum r_i(q_i + q_{i-1})/10,000$$

ただし，q_i：第i・十分位階級までの所得額累積百分率（$q_0 = 0$），r_i：第i・十分位階級に属する世帯の百分率。
53) 西崎文平他 [1998] 23頁および52頁を参照。

付表1　各種の推計方法からみた労働分配率の推移

(単位：％)

年次	雇用者所得比率	雇主負担調整後の雇用者所得比率	業主所得調整後の労働分配率	雇用者比率調整後の労働分配率	業主比率調整後の労働分配率	法人企業統計による労働分配率	年次	雇用者所得比率	雇主負担調整後の雇用者所得比率	業主所得調整後の労働分配率	雇用者比率調整後の労働分配率	業主比率調整後の労働分配率	法人企業統計による労働分配率
	W_1/Y	AW_1/Y	W_1/Y_1	$W_1/Y \cdot E/Le$	$W_1/Y \cdot (1+Lp/Le)$	W_2/V		W_1/Y	AW_1/Y	W_1/Y_1	$W_1/Y \cdot E/Le$	$W_1/Y \cdot (1+Lp/Le)$	W_2/V
	①	②	③	④	⑤	⑥		①	②	③	④	⑤	⑥
1955	51.0	49.4	84.7	117.3	81.1	—	84	68.9	63.8	77.5	93.0	84.1	71.6
56	52.4	50.7	83.9	114.2	80.7	—	1985	67.8	62.6	76.8	91.5	82.0	72.1
57	51.0	49.2	78.4	106.6	77.0	—	86	67.5	62.1	76.4	90.5	81.7	72.8
58	53.9	52.0	80.0	108.3	79.8	—	87	67.3	61.8	76.4	89.5	81.4	70.1
59	53.1	51.3	77.7	102.3	76.5	—	88	66.7	61.2	75.6	88.0	80.0	68.1
1960	50.2	48.4	71.7	93.9	71.3	—	89	67.1	61.5	75.9	87.9	79.8	67.6
61	49.3	47.5	70.7	89.7	69.0	—	1990	67.9	62.0	75.8	87.6	80.1	67.3
62	52.3	50.3	73.5	92.0	71.7	—	91	68.6	62.7	76.3	87.1	80.3	68.7
63	52.9	50.7	74.1	91.0	71.9	59.4	92	69.7	63.6	78.6	87.8	80.9	71.0
64	53.4	51.0	74.1	89.7	71.6	61.0	93	70.9	64.7	79.7	87.9	82.2	73.8
1965	55.7	53.2	76.7	91.3	74.1	62.9	94	72.4	66.1	82.3	89.1	83.3	73.7
66	55.3	52.6	74.5	89.0	72.4	61.8	1995	73.1	66.3	82.7	89.9	84.1	72.9
67	53.7	51.1	70.9	85.9	70.9	61.5	96	71.8	65.0	81.5	87.6	81.9	72.9
68	53.0	50.3	70.4	84.3	69.4	61.1	97	72.3	65.4	82.0	88.2	82.4	73.7
69	53.1	50.5	68.9	83.9	69.6	60.2	98	74.3	67.0	84.2	89.9	84.7	75.2
1970	54.0	51.2	68.3	83.2	70.2	61.9	99	73.4	65.9	82.6	88.8	83.7	75.5
71	58.6	55.6	72.7	87.9	75.0	65.1	2000	73.4	65.9	82.1	88.1	83.7	73.2
72	59.1	56.0	73.0	87.5	75.1	64.8	1	74.4	66.5	82.9	88.5	84.1	75.1
73	60.2	57.2	74.5	87.3	76.5	60.5	2	73.2	65.4	82.1	87.1	82.7	73.6
74	64.3	60.9	78.2	92.6	81.1	64.9	3	72.5	64.6	82.6	85.6	81.2	71.6
1975	67.5	63.5	80.9	96.5	85.1	72.7	4	71.2	63.8	79.8	84.0	79.7	69.8
76	67.2	63.2	80.4	95.4	84.0	70.8	2005	70.2	62.9	78.6	82.8	78.6	70.0
77	68.0	63.7	80.3	96.6	85.0	72.4	6	71.1	63.6	79.1	83.2	79.6	69.2
78	66.3	61.9	78.5	94.1	82.9	72.4	7	69.2	61.8	76.9	80.3	76.8	69.4
79	66.5	62.1	78.5	93.8	83.1	69.2	8	72.4	64.5	80.7	84.0	80.4	74.7
1980	66.8	62.2	76.9	92.9	82.8	68.4	9	—	—	—	—	—	74.7
81	68.2	63.3	77.6	94.1	83.4	70.4	2010	—	—	—	—	—	71.7
82	68.6	63.5	77.9	94.7	84.4	72.3	11						
83	69.3	64.2	78.2	94.2	84.5	72.7	12						

(資料) 内閣府経済社会総合研究所編『長期遡及主要系列　国民経済計算報告——平成2年基準（昭和30年～平成10年）』平成13年（2001年）84〜89頁，内閣府経済社会総合研究所国民経済計算編『国民経済計算年報　平成22年版』平成22年6月（2010年）142〜143頁，財務省『法人企業統計調査』，厚生労働省編『平成23年度　労働経済白書（労働経済の分析）』302頁。

(注) 1) 国民所得（要素費用表示）は at current prices で評価。
2) 国民所得（要素費用表示）＝雇用者所得＋財産所得（非企業部門）＋企業所得（配当受払後）
3) 雇主負担とは，雇主の社会負担をいい，雇主が社会保険制度を管理する基金に対して支払う社会負担である。
4) 雇用者所得比率＝雇用者所得÷国民所得×100％。
5) 個人業主所得とは，企業所得のうち個人企業の所得をいう。
6) Y＝国民所得, Y_1＝個人業主所得以外の所得, Y_2＝個人業主所得, $Y=Y_1+Y_2$ である。
7) 法人企業統計調査（金融業，保険業を除く全産業）による労働分配率＝人件費（W_2）÷付加価値（V）×100％。
8) 付加価値＝人件費＋営業純益＋支払利息等＋租税公課＋動産・不動産賃借料。
9) 人件費＝役員給与＋役員賞与＋従業員給与＋従業員賞与＋福利厚生費。

付表2　各種の所得統計からみたジニ係数の推移

年次	所得再分配調査（厚生労働省)1) 当初所得 十分位	再分配所得 十分位	再分配による改善度 (%)4)	国民生活基礎調査（厚生労働省)1) 年間所得 十分位	家計調査（総務省)2) 年間収入 十分位	全国消費実態調査（総務省)3) 年間収入 十分位
1962	0.390	0.344	11.8	0.376		
1963				0.361	0.310	
1964				0.353	0.299	
1965				0.344	0.282	
1966				───	0.284	
1967	0.375	0.328	12.6	0.352	0.280	
1968				0.349	0.267	
1969				0.354	0.257	
1970				0.355	0.253	
1971				0.352	0.259	
1972	0.354	0.314	11.4	0.357	0.256	
1973				0.350	0.260	
1974				0.344	0.269	
1975	0.375	0.346	7.8	0.353	0.276	
1976				0.360	0.276	
1977				0.342	0.258	
1978	0.365	0.338	7.4	0.354	0.264	
1979				0.336	0.260	0.271
1980				0.337	0.273	
1981	0.349	0.314	10.0	0.352	0.272	
1982				0.351	0.277	
1983				0.351	0.275	
1984	0.398	0.343	13.8	0.350	0.272	0.280
1985				0.359	0.285	
1986				0.356	0.291	
1987	0.405	0.338	16.5	0.359	0.286	
1988				0.375	0.281	
1989					0.290	0.293
1990	0.433	0.364	15.9		0.291	
1991					0.296	
1992					0.292	
1993	0.439	0.365	17.0		0.292	
1994				0.3918	0.293	0.297
1995					0.296	
1996	0.441	0.361	18.3		0.296	
1997				0.3954	0.297	
1998					0.291	
1999	0.472	0.381	19.2		0.301	0.301
2000				0.3997	0.298	
2001				0.3965	0.294	
2002	0.498	0.381	23.5	0.3986	0.298	
2003				0.3882	0.285	
2004				0.3999	0.285	0.308
2005	0.526	0.387	26.4	0.3948	0.283	
2006				0.3981	0.293	

2007				0.3949	0.299	
2008	0.532	0.378	29.3	0.4041	0.290	
2009				0.3950	0.294	0.311
2010				0.3958	0.289	
2011					0.296	

(資料) 1) 各所得調査のジニ係数は勇上和史［2003］図表1-3（8頁）より引用。
    2) 1990年以降の「家計調査」のジニ係数は労働政策研究・研修機構『ユースフル労働統計2012　労働統計加工指標集』（2012年3月）表18-1（223頁）より引用。
    3) 1980〜89年の「家計調査」のジニ係数は大石・伊藤［1999］41頁の表より引用。
(注) 1) 「所得再分配調査」「国民生活基礎調査」のジニ係数は全世帯についての数値である。
    2) 「家計調査」のジニ係数については，1963〜79年は大竹文雄［1994］の五分位データによる数値，80〜99年は農林漁家世帯・単身者世帯をのぞく2人以上の世帯の数値，2000〜11年は農林漁家世帯・単身者世帯を含む全世帯の数値である。
    3) 「全国消費実態調査」のジニ係数は2人以上の世帯の数値である。
    4) 再分配による改善度＝再分配所得のジニ係数－当初所得のジニ係数／当初所得のジニ係数×100％。

第11章　差別と労働市場

　周知のように，アメリカにおいては黒人差別に対する歴史は古く，黒人や少数派（マイノリティ）の人びとは雇用の場における経済的な差別だけでなく，生活の場や教育の場での待遇・処遇についても厳しい差別を受けてきた。1950年代半ば以降，公民権運動の拡大を求めて激しい人種暴動や非暴力の運動が起こり，64年にそれ以前の公民権法（Civil Rights Act）を集大成した，新しい公民権法の成立にともなって，黒人の地位は大幅に向上したが，依然としてさまざまな雇用上の差別が存在している[1]。ひるがえって，わが国の最も顕著な差別といえば，男女差別または性差別といわれる問題である[2]。男女差別は欧米諸国でも観察されるが，わが国では性差別撤廃の法的整備として85年に男女雇用機会均等法が成立した。

　しかし，施行後もなお，雇用の分野において女性が男性と対等な取扱いを受けていない事例が多々観察されたことから，97年に均等法を改正した。雇用の全ステージに差別禁止規定を設け，ポジティブ・アクションとセクシュアル・ハラスメントを取り入れ，一部をのぞいて99年4月から施行された。政府は，男女雇用機会均等のさらなる推進を図るため，2006年6月にふたたび均等法を改正した。この改正は，性別による差別禁止の範囲の拡大，妊娠・出産等を理由とする不利益取扱いの禁止等を内容とするもので，07年4月から施行された。改正の詳しい説明は本章第3節にゆずるとして，第1節では労働市場における市場差別を中心に考察することにしよう。

11-1　差別の種類

11.1.1　差別の概念

　労働市場には個々の労働者の間で採用，賃金，昇進・昇格，職場訓練などの待遇面でさまざまな格差や差別がみられる。一般に，「格差 (differential)」とは，労働者個人の能力，知識や技能，さらに努力などから生起するところの生産性の「差」，すなわち合理的に説明される「差」をいう。これに対して，「差別 (discrimination)」とは，生産性の差という合理的な理由以外の理由——たとえば，嗜好・偏見，先入観，嫉妬や無知などにもとづき，労働者に対して意図的に作り出された「差」をいう[3]。たとえば，人種，性，宗教など労働者の生産性と無関係な個人的属性に対して，個人またはその個人が属するグループを不平等かつ不当に取り扱うときに，「差別」が起こるのである。

　歴史をさかのぼると，差別の問題を経済学の視点から最初に取り上げた経済学者は，ミル (J. S. Mill) [1848] であった。ミルは，『経済学原理』の第2巻第14章において，「女性の賃金はなぜ男性のそれより低いのか」という問題に対し，男女の能率が等しいにもかかわらず，賃金率が等しくないと説明できる唯一の理由は，「偏見」であると述べている[4]。その後，新古典派の経済理論を男女の賃金差別に関する問題に応用したのは，エッジワースであった。エッジワースは，1922年エコノミック・ジャーナル誌に「同一労働に対する男女の同一賃金」という表題の論文を発表した。

　差別の経済分析においてパイオニア的な役割を果たし，学界に大きく貢献したのはベッカー[1957]であった。ベッカーの研究は54年のブラウン事件の判決，55年のバスボイコット運動など公民権運動の初期に先立つ研究であったこともあり，出版後，差別に関する論文はほとんど発表されなかった。しかし，その後，論文の数も次第に増え，いまや差別の経済分析は経済学の最も先進的な研究領域の一つとなっている。

11.1.2 市場差別と非市場差別

就業に関する差別はさまざまな角度から分類される。その1つは，労働者が労働市場に参入する前に受ける非市場差別（premarket discrimination）と，市場に参入してから受ける市場差別（market discrimination）に大別される[5]。労働者が市場に参入する前に受ける非市場差別とは，就職する前に必要な能力や技能を向上するために行われる教育や訓練に対する均等な機会をこばむような差別をいう。この差別は，女性や黒人が実際に受けている質の高くない教育・訓練や不十分な医療サービスなどさまざまな形で観察されている。こうした教育・訓練や医療サービスに対する差別は，いわゆる人的資本に対する差別であり，文化や社会慣習，制度などの違いをも反映した差別ともいえる。

労働者が労働市場に参入してから受ける市場差別とは，均等な能力や資質をもつ労働者が仕事の遂行と無関係にあるさまざまな属性（人種・性・宗教・思想信条など）にもとづき，不平等な賃金支払いや昇進，仕事の割当を受けるときに生じる差別である。市場差別を引き起こす主な原因に偏見（prejudice），市場支配力（market power）や不完全情報（imperfect information）などがある[6]。偏見や先入観とは，ある個人やあるグループの人びとを嫌うという主観的な感情を意味し，外見，話しぶり，見慣れない習慣などが原因となっている。ある個人やあるグループの人びとに対する雇用上の偏見は，雇い主による偏見（employer prejudice），同僚である従業員による偏見（employee prejudice），顧客による偏見（customer prejudice）のいずれかに由来している。雇い主が個人的な偏見のゆえに黒人や女性を嫌うならば，利潤を犠牲にしてまでも黒人や女性の採用をこばむであろう。雇い主はまた従業員による偏見のために他の従業員を差別するかもしれない。白人が黒人と一緒に働くのをこばむような場合，黒人を採用とする雇い主に，労使関係において重大な問題を引き起こすかもしれない。顧客による偏見の場合も同様で，雇い主が顧客サービスのために黒人や女性の採用がかえって不利益となるなら，黒人や女性の従業員の採用を避けるであろう。このタイプの差別はサービス産業で頻繁に観察される差別である。

市場差別の第2は，需要独占的な企業または労働組合のいずれかが労働市場

の市場支配力を行使することによって起こる差別である。市場支配力の存在によって，人種，性や民族などさまざまな属性をもつ労働者を差別するような賃金率を設定することができる。こうした差別の動機といえば，それは偏見ではなく金銭的利益（pecuniary gain）なのである。第3に，不完全情報にもとづく差別は統計的差別ともいわれる。雇い主は黒人個々について情報を十分にもっていないために，平均的な黒人の労働生産性は平均的な白人のそれよりも低いと認識しているとしよう。このような認識が，たとえある黒人の生産性が白人のそれよりも高いとしても，黒人すべてに対する雇い主の差別を生むのである。

11.1.3　その他の差別

　差別を引き起こす原因によって区分すると，嗜好による差別（taste discrimination）と統計的差別（statistical discrimination）に分類される。嗜好による差別とは，雇い主があるグループの労働者を好むが，他のグループの労働者を嫌い，同じ職場で雇いたくないため，これら労働者との間に物理的または社会的に一定の距離をおきたいと考えるときに起こる差別をいう。たとえば白人の雇い主の多くが白人の労働者を好み，黒人を嫌うという嗜好があるならば，黒人がたとえ白人と同じ能力をもっていても，黒人は白人よりも低い賃金率や悪い待遇のもとで働かざるをえない。これに対して，統計的差別とは，情報の不完全によって生起するところの差別である。労働者の能力や資質に関して，雇い主が不完全な情報しかもっていないとき，雇い主は，労働者個人の正確な資質的属性ではなく，労働者の属する集団，たとえば人種，性，出身階層などの統計的な属性を用いて採用，賃金，昇進など決めるであろう。このように，能力や資質が同一である労働者に対して，その労働者が属する集団によって異なる取扱いを受けるのを統計的差別という。

　また差別をその内容によって分類すると，賃金差別（wage discrimination）と職業差別（occupational discrimination）に分類することができる。同じ職業に従事している2つのグループの労働者が，生産性以外の理由で異なる賃金を受けるとき，その異なった取扱いは賃金差別といわれる。雇い主が同

じ職業に白人と黒人を雇いながら，黒人に低い賃金を支払うとき，こうした差別が起こる。賃金差別は，人種や性による嗜好差別から生まれたもので，ミルやエッジワースが取り上げた差別もこのタイプである。ベッカーの分析もまた，賃金差別に焦点をおいたものであった。わが国において取り上げられる賃金差別の1つは男女間賃金格差で，そこには生産性といった合理的な理由にもとづく格差のほかに，合理的に説明できない性差別をも含んでいることは周知のところである。アメリカでは，こうした性差別にもとづく賃金差別はいまや違法であるが，1964年の公民権法の制定までは明確には禁止されていなかった。これに対して，賃金差別以上により重大な差別は職業差別である。黒人や女性は，さまざまな理由によって労働条件のよい魅力的な職業に従事することから排除され，それゆえにこれらの人々は賃金の低い，あまり魅力的でない職業に詰め込まれるのである。

11-2 差別の経済理論

11.2.1 差別嗜好の理論

労働者が生産性に関係なく，個人的な属性の違いによって不平等な取扱いを受けるとき，差別が生じる。労働市場には賃金差別をはじめ，教育訓練や人事管理などさまざまなところで，差別が存在している。そこで次に，差別の発生や存在を説明するいくつかの経済理論を取り上げて説明することにしよう。スミス（S. W. Smith）[1994] は，差別の経済理論を2つのグループに分類する[7]。1つは，ベッカーに由来する新古典派アプローチ——新古典派嗜好モデル（neo-classical taste model）である。この差別理論は，雇い主や労働者，消費者それぞれにおいて差別的な嗜好で表される偏見という概念にもとづいている。もう1つは，分断労働市場アプローチ（segmented labor market approach）といわれる理論である。この理論の淵源は，ミルが提示した非競争集団（non-competing group）の理論までさかのぼる。分断労働市場アプローチは，労働市場が性別や人種によって分断された部門からなり，部門間において労働者の流動性がほとんどないと主張する。このアプローチに属する仮説

に，混雑仮説（詰め込み仮説 job crowding hypothesis）や二重労働市場仮説（dual labor market hypothesis），インサイダー・アウトサイダー理論（insider-outsider theory）などがある。

　はじめに女性に対する賃金差別を事例に，新古典派の立場から差別嗜好の理論（thory of taste discrimination）を説明する[8]。この理論はまた差別の偏見理論（prejudice theory）ともよばれている。これはベッカーが『差別の経済学』[1957]のなかで展開した理論の1つである。いま，女性労働者の生産性が男性のそれと同じであるにもかかわらず，雇い主は女性に差別嗜好をもっていると想定する。雇い主は，利潤の増大だけでなく，性別への嗜好という形で効用水準それ自体の上昇にも関心をもっており，多少高い賃金を払ってでも男性を雇用したいと考えている。このように，差別嗜好をもつ雇い主は女性との間に一定の距離をおきたいと考え，その結果，女性の雇用については心理的コストを負担する分だけ補償を求めるのである。いいかえれば，女性を賃金 W_f で雇用する雇い主は，実際，貨幣コストの補償を考慮して $W_f(1+d)$ であるかのように行動するであろう。

　ベッカーは，この d を雇い主の女性に対する差別係数（discrimination co-efficient）といい，雇い主が女性を雇うことによって感じる不快感の程度を表している。この不快感の大きさ——心理的コストを金銭的タームで表したのが $W_f d$ にほかならない[9]。ここで W_m を男性の賃金率とするとき，$W_m = W_f(1+d)$ あるいは $W_f / W_m = 1/(1+d)$ が成立するならば，差別嗜好をもつ雇い主においても，女性を雇用するか，それとも男性を雇用するかは無差別となる。いま，差別係数 d が $d=0.25$，女性の賃金率 W_f が時間あたり800円とするならば，男性の賃金率 W_m は1000円となり，男女の賃金比率 W_f / W_m は0.8となる。$1/(1+d)=0.8$ に等しいから，賃金格差がこれに対応しているかぎり，雇い主は男性または女性のいずれを雇用しても無差別となる。もし男女の賃金比率 W_f / W_m が0.8を上回るならば，雇い主は女性ではなく男性のみを採用し，逆に W_f / W_m が0.8を下回るならば，男性に対する選好があるにもかかわらず，雇い主は女性だけを採用する[10]。差別嗜好が強ければ，差別係数 d は大きくなり，男性と女性との賃金格差はますます拡大する。たとえば $d=1$ で

図11-1 差別嗜好の理論

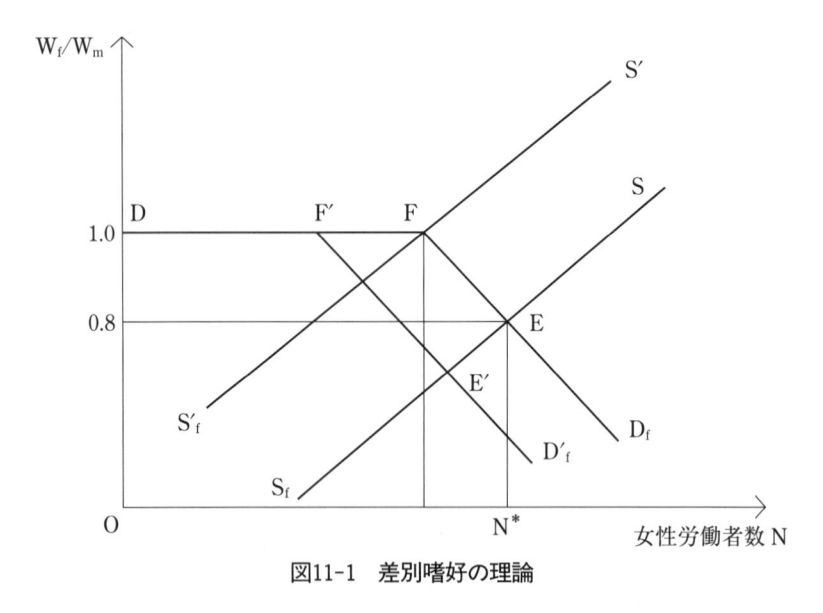

あれば，賃金比率 W_f/W_m は0.5で，女性の賃金 W_f を800円とすると，男性の賃金率 W_m は1,600円となる。差別嗜好がなければ $d=0$ であるから，賃金格差はなく男女は同じ確率で採用されるであろう。

図11-1は賃金差別を受ける女性の労働需要と労働供給を図示したものである。横軸に女性労働者 N，縦軸に男性に対する女性の賃金比率 W_f/W_m をはかるとする[11]。$W_f/W_m=1.0$（つまり $d=0$）に等しいならば，差別嗜好はなく，男性と女性は完全に代替的である。逆に d が無限大になると（$d=\infty$），雇い主は女性の賃金がたとえゼロのように非常に低くても，女性を雇用しないのである。需要曲線 DD_f は点 F で屈折する女性労働に対する屈折需要曲線を表し，賃金比率 W_f/W_m の関数である。需要曲線 DD_f の各点は，さまざまな賃金率に対応して雇用される女性労働者の数を示している。これは，差別係数 d が最も低い雇い主から最も高い雇い主へと順々に並べて画いた需要表にほかならない。賃金比率 W_f/W_m が1.0である水平部分の DF は，差別嗜好をもたない雇い主（$d=0$）の女性労働に対する需要を表している。点 F より右側において需要曲線が右下りになっているのは，差別嗜好をもち女性の雇用を嫌う雇い主（$d>0$）が存在するからである。点 F をこえて右に下がっていくに

つれて，差別係数 d は大きくなる。いいかえれば，賃金比率が1.0を下回って低下するにつれて，男性に代わって女性を雇う雇い主が増えるから，女性労働に対する需要曲線 FD_f は右下がりになる。これに対して，女性労働の供給曲線 SS_f は賃金比率 W_f/W_m の増加関数として与えられている。賃金格差が縮小すればするほど，女性の賃金率が上昇するので，女性労働者の供給が増え，供給曲線は右上がりとなる。点 E は労働の需給が等しくなる均衡点で，これに対応して，賃金比率 W_f/W_m は0.8に，女性労働者は ON^* に決まるであろう。

賃金差別の大きさは，2つの要因に依存している。1つは，女性労働者の数である。労働の需要曲線が DD_f のもとで，女性の労働供給が $S'S'_f$ から SS_f に増加すると，賃金比率 W_f/W_m は1.0から0.8に低下し，男女間の賃金格差は拡大する。労働の供給曲線が $S'S'_f$ に位置すれば，女性のすべてが差別嗜好をもたない雇い主のもとで雇用され（点 F），賃金は男女間で等しくなるであろう。労働供給が SS_f に増加すると，差別嗜好をもつ雇い主が女性を雇用しはじめるために，女性の相対賃金は0.8に低下しなければならない（点 E）。もう1つは，雇い主個々による偏見の程度である。偏見による差別がないならば，需要曲線 DD_f は賃金比率1.0で完全に弾力的となり，賃金は男女で等しくなる。差別嗜好をもつ雇い主が増えれば，需要曲線 DD_f が左方へシフトする（たとえば，点 F' で屈折する DD'_f にシフトする）から，他の事情に等しいかぎり，賃金比率 W_f/W_m は低下する。ベッカー・モデルの含意の1つは，雇い主による偏見が男女の労働力を完全に分離するという点にある。というのは，労働の供給曲線が SS_f であると，均衡点 E より左側にいる雇い主は，女性労働者のみを雇用するであろう。逆に点 E より右側にいる雇い主は男性の労働者のみを雇用し，女性をまったく雇用しないであろう。その後，新古典派アプローチの立場からクルーガー（A. Krueger）［1963］やアロー［1974］によって，ベッカー・モデルの精緻化が行われた。

11.2.2 需要独占的差別理論

市場差別を引き起こす原因の1つに，労働市場における市場支配力の存在が

ある。これは需要独占的な企業における市場支配力の存在によって起こる差別である。いま，労働市場において1つの企業のみが存在し，労働力の唯一の需要者であって，他に企業が存在しないならば，当該の企業は右上がりの供給曲線に直面することになる。このもとでは，企業は，賃金率に関して価格受容者（price taker）ではなく価格設定者（price maker）として行動するであろう。このような市場は需要独占的（monopsonistic）な市場とよばれる。需要独占的な市場においては，労働者は雇用機会を提供する他の企業と出会うことがないため，需要独占にある企業は競争的水準より低い賃金率を労働者に支払うことができる。需要独占の立場から男女の賃金差別を説明する考えは，『不完全競争の経済学』[1933]を著したロビンソンによってはじめて提示された。またマッデン（J. F. Madden）[1973]をはじめカードウェル（L. Cardwell）＝ローゼンツワイク（M. Rosenzweig）[1980]によっても説明された[12]。需要独占的差別理論（theory of monopsonistic discrimination）もまた，新古典派アプローチのグループに属するであろう。

　図11-2は，需要独占的差別のケースを図示したものである。労働市場で需要独占者として行動する企業は，男性（同図の第1象限），女性（同図の第2

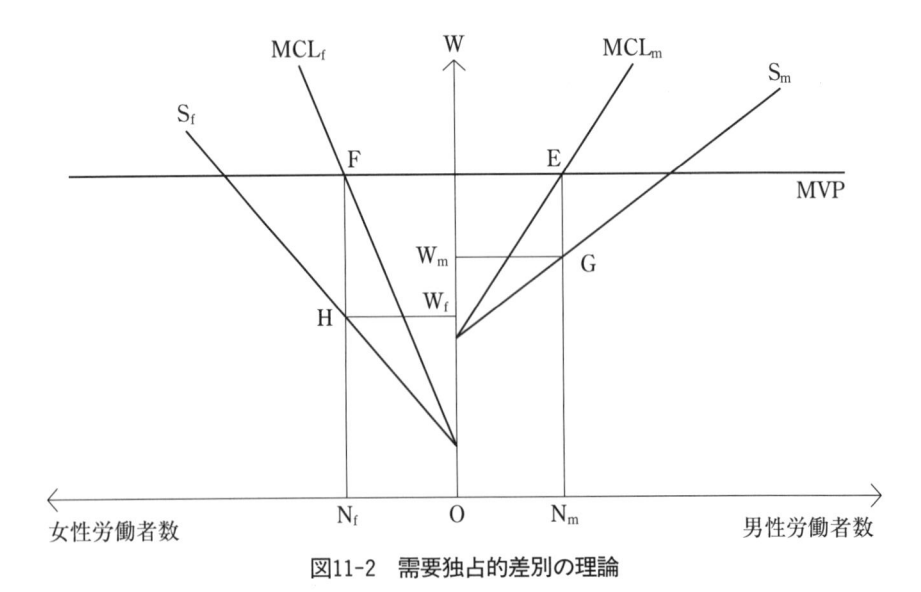

図11-2　需要独占的差別の理論

象限）のいずれも雇用することができ，また男女とも同じ生産能力を有すると仮定する。したがって，労働の追加的雇用によってえられる総収入の増加である労働の限界価値生産物 MVP はともに等しいと仮定しよう。いま，労働の限界価値生産物 MVP は男女とも同じで，かつ水平の直線で与えられているとする。これに対して，需要独占者が直面する男女それぞれの労働供給曲線は曲線 S_m と S_f として画かれる。このように，企業が右上がりの労働供給曲線 S_m，または（第2象限に）右下がりの曲線 S_f に直面することが需要独占の市場的特徴なのである。各々の供給曲線に対応して，労働の限界費用曲線 (marginal cost curve of labor) MCL_m と MCL_f が画かれている[13]。また女性の労働供給曲線 S_f の傾きは男性の曲線 S_m のそれよりも険しい――労働供給の賃金弾力性が小さいと想定しよう。このことは，女性の労働供給曲線が男性の曲線よりもより非弾力的であることを意味している。

　このもとで，需要独占者である企業はいかに利潤を極大化するであろうか。利潤極大化の行動をとる需要独占者は，労働の限界価値生産物 MVP が労働の限界費用 MCL を上回るかぎり，あるいは MVP と MCL とが等しくなるまで，各々のグループから労働者を雇用する。それゆえに，女性については曲線 MVP と曲線 MCL_f とが交わる点 F で，均衡点が与えられ，利潤を極大化する最適雇用量は ON_f に決まるであろう。需要独占者はこれだけの労働力を雇用するために，労働供給曲線 S_f 上の点 H に対応する賃金率 W_f を支払う。同様に，男性の最適雇用量も均衡点 E に対応する ON_m に決定され，賃金率は労働供給曲線 S_m 上の点 G に対応する W_m に定まるであろう。

　需要独占者は，ON_m の男性を雇用するのに W_m の賃金率を支払い，また ON_f の女性を雇用するのに W_f の賃金率を支払う。かくして，男女がともに同じ生産性を有しているにもかかわらず，$W_m > W_f$ の賃金格差が生じるゆえに，需要独占者は女性に低い賃金を支払うことで差別する，いわゆる賃金差別を行使するであろう。こうした需要独占的差別が起こるためには，2つの条件が満足されなければならない。1つは，企業の直面する労働供給曲線が労働者の属性（性別，人種）によって分離されていなければならない。もう1つは，分離された労働供給曲線の弾力性が異なり，差別を受ける労働者の供給曲線がそう

でない労働者のそれよりも非弾力的でなければならない。しかし，需要独占的差別が男女の賃金格差を説明する主な原因であるとの考えに疑問がある。というのは，差別が女性を女性の仕事といわれる職種に詰め込むためには，労働供給曲線は非弾力的になるどころか，相当に弾力的でなければならないからである[14]。

11.2.3 混雑仮説（詰め込み仮説）

分断労働市場アプローチは，新古典派理論に代わる差別理論のアプローチで，競争的労働市場の概念とは対立するアプローチであると主張する。このアプローチに属する仮説として，雇用の第1次部門と第2次部門を区別する二重労働市場仮説，性差別に関して優位にある男性の職種と劣位にある女性によって占められる職種を分離する混雑仮説，さらに就業者と失業者，または組合員と非組合員によって労働市場を分離するインサイダー・アウトサイダー理論などがある[15]。

いろいろな職種を観察すると，男性がもっぱら従事する職種と女性がもっぱら従事する職種に大きく分かれるであろう。その結果，女性は男性が従事する職種から閉め出され，かぎられた職種に「詰め込まれる (be crowded into)」という状態がみられる。このように，女性はある職種に従事することから排除されるのである。こうした差別を職業差別という。それゆえに女性の賃金は職業差別がない場合にくらべて低くなる。スミス［1994］によると，混雑仮説はフォーセット（F. Fawcett）［1918］やエッジワース［1922］の分析にみられ，新古典派以前（pre-neoclassical）の差別理論にルーツをもっている[16]。

バーグマン（B. R. Bergmann）［1971］［1974］は，混雑仮説（詰め込み仮説）を第9章で取り上げた労働移動メカニズムと同じ図式を用いて説明している。いま，図11-3において，労働市場には2つの職種（職種Mと職種F）があると仮定しよう。男女の生産性が同じであるにもかかわらず，女性は伝統的に男性の職種Mから閉め出され，Fの職種に詰め込まれている。差別がない場合，男女ともいずれの職種に従事しても無差別であるから，両職種の賃金率は，職種Mでは労働需要曲線D_mと供給曲線S_mの交点，職種Fでは需

図11-3　混雑仮説

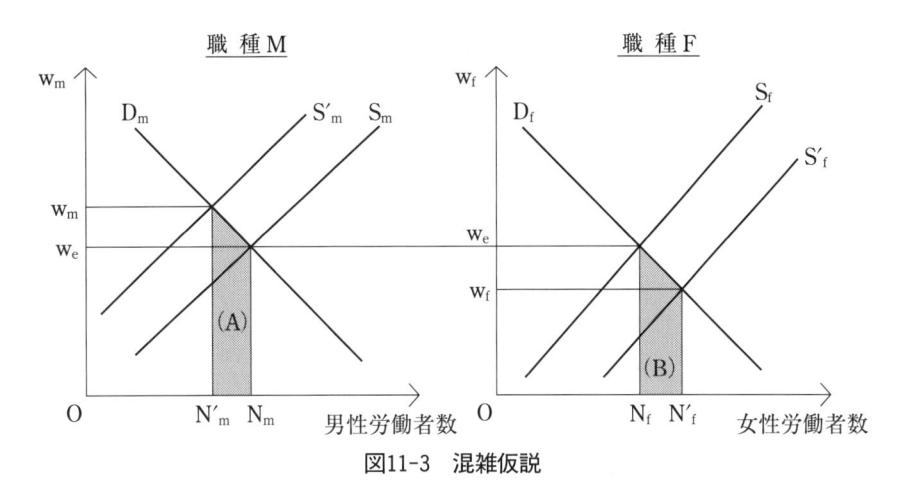

要・供給曲線 D_f と S_f の交点で決まり，均衡賃金率 w_e に等しくなるであろう。しかし，M 職種市場において女性への差別が存在すると，職種 M から女性を閉め出し，利用できる労働供給を男性のみに制限する結果，労働供給は減少し（S_m から S'_m にシフト），賃金率は w_e から w_m に上昇する。逆に女性を職種 F に詰め込むことによって，女性の労働供給は S_f から S'_f へと増加し，賃金率は w_e から w_f に押し下げられる結果，女性の賃金率 w_f は男性の w_m よりも低くなるであろう。

女性の低い賃金率は労働の限界生産力以下に支払われた結果ではない。むしろ職種 F への詰め込みが差別がない場合に支払われる賃金率よりも低い労働の限界生産力を女性に強いた結果にほかならない。男性と女性の限界生産力の乖離が賃金格差を引き起こしたのである。このような状況のもとでは，新古典派嗜好モデルで定義されたような賃金差別は起こらない。混雑仮説は，流動的な労働市場の仮定に代わって，流動性の低い二重労働市場論の前提に立って展開されているのである[17]。

分離されていた職種に差別がなくなれば，たとえ職種間に賃金格差が存在していても労働移動を制約するものがないかぎり，女性は高い賃金率に引っ張られて職種 M に移動し，その結果，賃金率は同じ水準 w_e に落ち着くであろう。格差が消滅するように，賃金率の高い職種 M に従事する男性の労働供給は

S'_m から S_m へと $N'_m N_m$ だけ増加し，逆に賃金率の低い職種 F の女性の労働供給は S'_f から S_f へと $N'_m N_m$ に等しい $N'_f N_f$ だけ減少する。差別の解消は女性に利益を与えるだけでなく，社会全体の生産量増大という利益をもたらすのである。差別がなくなり男女の雇用機会が均等すれば，職種 F では斜線部分（B）にあたる生産量は減少するが，職種 M では斜線部分（A）で表される生産量は増加する。したがって，減少する生産量（斜線Bの面積）よりも増加する生産量（斜線Aの面積）のほうが大きいから，社会全体の生産量は必ず増加するであろう。

11.2.4 二重労働市場論

二重労働市場論はまた，労働市場分断論 (labor market segmentation) ともよばれている。労働市場の二重構造論によると，女性が労働市場に参加する形態は男性のそれとは大きく異なっている。女性の低い賃金や劣悪な労働条件の原因は労働市場への関わり方と密接に関係しており，関わり方の違いが労働市場の分断化を引き起こす主な要因となっている。このように，差別の発生を労働市場の分断性に求めるのが二重労働市場論である[18]。二重労働市場の概念はドーリンジャー＝ピオレ［1971］によって提起され，その後，ライチ (M. Reich) ＝ゴードン (D. M. Gordon) ＝エドワード (R. C. Edwards) ［1973］などによって考察され，さらにレッドクリフト (N. Redclift) ＝シンクレア (M. T. Sinclair) ［1991］，カイン (G. G. Cain) ［1976］，トーブマン (P. Taubman) ＝バハター (M. L. Wachter) ［1986］などによって研究は進められた。

この考えによれば，労働市場は，第1次労働市場 (primary labor market) と第2次労働市場 (secondary labor market) に分けられる。第1次労働市場に存在する職種に従事するのは，主に男性のフルタイム労働者で，そこでは賃金が高く労働条件も良好である。これらの職種では高度な技能が要求されているものの，職場訓練への人的投資は多く，そのうえ昇進の機会にも恵まれ雇用も安定している。また労働者の経済的利益は，労働組合の存在によってより改善できる状況にある。これに対して，第2次労働市場において労働者が従事する職種といえば，技能をほとんど必要としないか，あるいは第1次労働

市場の職種と同じ技能を必要としたとしても，第1次労働市場のような恵まれた条件が欠けており，賃金は低く昇進の機会も乏しく，雇用も安定していない。労働者の仕事への意識は低く，また労働組合も組織化されておらず，労働者相互の連帯性もみられないといった特徴をもっている。第2次労働市場においては，非正規労働者などパートタイム労働の比率が高く，また女性が圧倒的に多い。第1次市場が閉鎖的であるため，第2次市場から第1次市場への労働移動は大幅に制限され，このことが女性を第2次市場に閉じ込め，女性は差別された仕事に従事せざるをえないのである[19]。

第1次市場と第2次市場の賃金格差は，職業や仕事の内容，技能の相違に起因しているのではなく，ジェンダーにもとづく差別された結果である。労働市場の分断化は男女の利益に一線を引き，男女が労働市場で異なった取扱いを受けることを明らかにした。労働市場の二重構造論は男女の賃金差別を説明するうえできわめて説得的で，また内部–外部労働市場論とも符合して，日本的雇用慣行を説明する有力な理論でもある。しかし，この理論は差別の現象を説明するものの，差別がなぜ発生したのか，差別発生の原因を明らかにできないといった弱点をもっている。

11.2.5 統計的差別理論

市場差別は，雇い主の偏見によるものではなく，企業が雇用する労働者をスクリーニング（選抜）する段階で，その能力に関して不完全な情報しか有していないときにも起こるであろう。企業は労働者を採用するとき，彼（または彼女）の生産能力について十分な情報を有していないことから，労働者を生産能力の異なるグループに分けるうえで，彼（または彼女）のもっている各種の属性を利用することになる。その属性とは，学歴や過去の勤務経験といった個人的属性をはじめ，個人の属する人種，性，年齢，卒業した大学，国籍などの集団的属性である。企業がこのような集団的属性という統計的情報を利用して，生産能力が同じであるにもかかわらず，労働者に採用，賃金の支払い，訓練，転勤・昇進など，男女に異なった取扱いを行うことを統計的差別という[20]。この統計的差別理論 (theory of statistical discrimination) は，アロー［1974］

やフェルプス（E. S. Phelps）［1972］，アイグナー（D. J. Aigner）＝カイン（G. G. Cain）［1977］によって提唱された仮説である。この仮説は，女性に偏見をもたない雇い主に対しても，女性を雇用するさいに等しくかかるコスト，つまり情報収集のコストの存在を前提として展開される。

いま，労働者を新規に雇用しようと考えている企業が利用できる属性とは，学歴（大卒・高卒）と性差（男性・女性）の2つだけと仮定しよう。学歴が労働生産性の高さを表す完全な指標であるならば，企業は大卒者のみを採用し，しかも同じ生産性をもつ労働者は男女を問わず同一の賃金を受けるであろう。しかし，学歴が完全な指標ではないならば，企業はスクリーニングのやり方を変えることになる。このケースでは観察できるほかの属性とは性差である。ここで女性の労働生産性は平均して男性のそれよりも低いと仮定しよう。横軸に労働者の生産性をはかり，縦軸に各生産性に対応する労働者の度数を示した図11-4において，2つの曲線は生産性に対応する労働者の度数分布を表した度数曲線で，男女それぞれについて図示したものである。いま，グループ全体として観察すると，女性の労働生産性の平均水準 Q_f は男性の平均水準 Q_m より低く，女性の度数分布は男性のそれより左側に位置しているとする[21]。

性差が労働生産性に対応しているならば，女性の平均生産性が男性のそれに

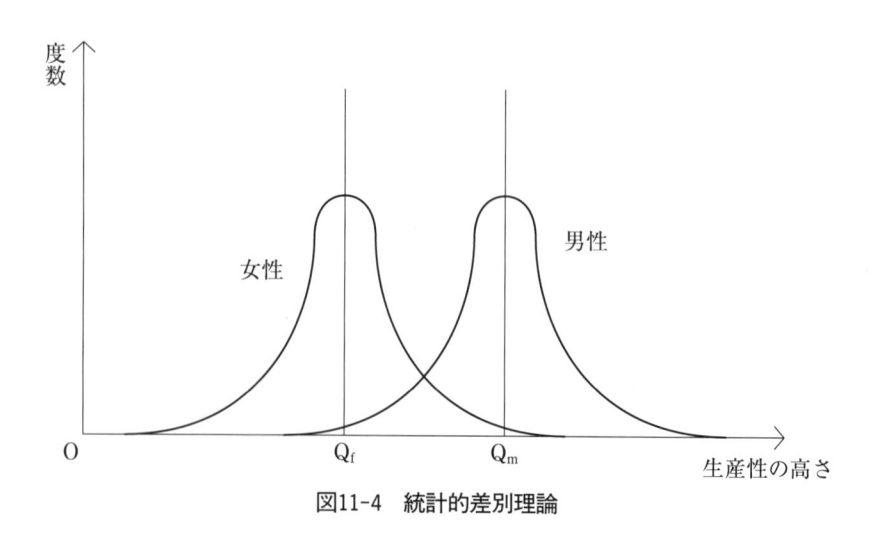

図11-4 統計的差別理論

くらべて低いため，企業は同じ学歴であっても男性を採用する。このように，男性と同じ生産能力を有した女性でも，企業が十分な情報をもっていないため，女性一人ひとりはたとえ能力の優れた女性であっても，女性グループ全体の平均能力をもつ個人として，いわゆる平均的な女性としてみなされるであろう。この結果，生産能力が同じでも，待遇や処遇について企業から差別的取扱いを受けることになる。こうした差別を統計的差別という。

　たとえ男女の労働生産性が同じであっても，女性の属するグループの平均的な特徴，つまり統計的情報が統計的差別を生むのである。こうした差別が発生するのには，2つの条件が満足されなければならない。1つは，学歴や入学試験といったような労働者個々の生産性を表す指標が，差別される女性グループについては信頼できる指標ではないという認識である。第2に，企業が労働者を採用するさいに危険回避的な行動をとるということである。このことは，同じ生産能力をもつ2人の求職者がいる場合，企業が労働生産性の高さを十分に把握できず，これについての不確実性が最も小さい労働者を選択することを意味している。企業は労働者の採用に際して大きなリスクを負いたくないから，男性と同じ能力をもっていても，生産性の不確実性が大きな女性の採用を避けるであろう。女性を採用しないことで，企業が女性の生産性が不確実性の点で大きいという考えをもちつづけることから，こうした悪しき慣習が一層の悪循環を生むのである。統計的差別は男女の雇用差別という現象を巧みに説明している。しかし，この理論は女性の属するグループの平均的特徴によって，女性個々の資質を判断するという点で「人間一人ひとりをみない」理論といわざるをえない。そのため，有能な女性を差別するだけでなく，こうした女性を労働市場から完全に駆逐してしまうのは，人的資本の立場からみても大きな損失である。

11-3　男女差別と男女雇用機会均等法

11.3.1　欧米諸国の男女同一賃金原則と性差別禁止法制

EU法における男女同一賃金原則　多くの人びとは，人種・国籍，宗教・信

条, 年齢, 障害, 性別などの事由で, 就職・雇用, 教育, 婚姻, 妊娠・出産などさまざまな形で差別され, 現在も不当な取扱いを受けている。差別は, 人間の長い歴史のなかで闘われてきた問題である。たしかに, 国際連合は1965年に「人権差別撤廃条約」, 79年に「女子差別撤廃条約」を制定し, 差別なき社会の実現に向けて努力をつづけているが, 差別の壁は厚く, 課題はまだまだ山積している。

EU (欧州連合) 法は, EU運営条約157条1項において「各加盟国は, 同一労働もしくは同一価値労働に対する男女同一報酬の原則が適用されるように確保しなければならない。」と規定している[22]。その経緯をたずねると, 57年のEEC (欧州経済共同体) 設立当時の条約 (いわゆる, ローマ条約) 119条において, 各加盟国は, 同一労働に対して男女同一賃金原則への適用を確保する旨の男女同一労働同一賃金 (equal pay for equal work) 原則を定めていたが, 同一価値労働が含まれるか否かは明らかではなかった。その後, 男女同一賃金原則の加盟国への国内法化を目的とした75年男女同一賃金原則指令において, 「条約119条に定められた男女の同一賃金の原則とは, 同一労働もしくは同一価値労働に関し, 報酬のあらゆる側面及び条件について性別にもとづくあらゆる差別を撤廃することを意味する。」(1条1項) とされ, 新たに男女同一価値労働同一賃金 (equal pay for work of equal value) 原則が定められた[23]。それから40年, 97年のアムステルダム条約により, 119条は141条へと変更され, 条約自体にも「同一価値労働」が成文化された。さらに2009年12月のリスボン条約により, EC条約141条はEU運営条約157条に引きつながれ, 現在にいたっている[24]。男女同一賃金原則は, 当初, 男女同一労働同一賃金原則として, 市場競争の歪みを防ぐという共同体の立場から設けられたものの, その後, 男女間の職務分離を背景に, 性別を理由とする雇用差別禁止法制としての男女同一価値労働同一賃金原則に展開されることになった。02年3月現在, すべてのEU加盟国に男女同一賃金原則指令にもとづく同一価値労働同一賃金原則を導入した男女平等賃金法制が整備されたのである[25]。

EUは, 119条の男女同一賃金原則を根拠に, 1970年代後半から80年代前半にかけて, 男女同一賃金原則指令, 男女均等待遇指令, 自営業男女均等待遇指

令，公的社会保障における男女均等待遇指令，職域社会保障における男女均等待遇指令などの指令を次々と制定していった[26]。その後，しばらく停滞したものの，90年代後半にはいって，労働分野における均等や差別禁止への取組みが強まった。その契機となったのが99年の「障害者のための機会均等に関する決議」の採択であった。その後，欧州委員会は99年11月に一般雇用均等指令案と人種・民族等均等指令案の2つの指令案を提案した。翌2000年6月に理事会は人種・民族等待遇指令を採択，また同年11月に一般雇用均等指令を採択した。2つのEU指令（EU Directives）の採択により，EUの雇用均等政策は大きく前進することになった。一般雇用均等指令は，男女差別だけでなく人種，民族，宗教，信条，障害，年齢，性的志向といった理由による雇用差別を禁止している。同指令は，昇進，職業訓練，雇用条件など雇用や職業の選択に際しての均等な取扱いの原則を加盟国において実現することを目的とし，均等待遇原則（principle of equal treatment）に関する最低条件を定める義務をEU加盟国に課したのである。

このように，EUの男女均等の展開をみると，1975年に男女同一賃金原則指令が，76年に男女均等待遇指令が採択され，その後，2000年には人種・民族均等指令と一般雇用均等指令が採択されたが，02年9月には男女均等待遇指令が全面的に改正された。これら指令は，一部の指令をのぞき06年7月に一本化され，男女均等待遇統合指令として統合された。この統合指令は，性別，人種，出身民族，宗教または信条，障害，年齢および性的指向を理由とする雇用差別は禁止されることになった[27]。男女同一賃金原則においては，明文上，間接差別の禁止を定めていないが，パート労働者を企業年金から排除した1986年ビルカ（Bilka）事件を契機に，間接差別禁止法理が確立された。

イギリス　イギリスには性差別をあつかう法律として1970年同一賃金法（Equal Pay Act 1970）と75年性差別禁止法（Sex Discrimination Act 1975）がある。2つの法律は性差別を撤廃するために相互補完的に機能しており[28]，同一賃金法は，賃金その他の雇用契約上の条件に係る事項を対象とし男女平等を保障するものであるが，同法の対象とされない事項は性差別禁止法がそれを対象としている[29]。イギリスでは，同一価値労働同一賃金原則は70年同一賃金

法の83年改正によって，すべての労働者に適用されるようになった[30]。同一賃金法は，制定後も，数度にわたって改正され，複雑な条文形式になっている。同法は，どういう場合に賃金差別が違法とされるかについて3つの状況——①類似労働（like work），②同等同価値労働（equivalent work），③同一価値労働（equal value work）に従事していると規定している[31]。これに対して，75年性差別禁止法は，雇用機会，昇進，配転，訓練などにおいて性差別を禁止する法律であるが，女性が差別的待遇を受けたと判断した場合には，機会均等委員会（EOC Equal Opportunities Commission）へ救済申し立てを行うことができる旨を明記している。

イギリスは，72年にEC加盟に際してEC加盟に関する法律を制定し，EC（現EU）法規を国内法規に優位するものとした。EU法では，EU運営条約157条で男女同一価値労働同一賃金原則を定めたが，2006年男女均等待遇統合指令4条（1975年男女同一賃金原則指令）においても，同原則は規定されている。同条約は加盟国内において直接的効力を有し，また同指令には国内法化が必要となった。そこで既存の各種差別禁止立法を単一の法律に統合して内容の拡充を図るため，2010年平等法（Equality Act 2010）を制定した[32]。年齢，障害，性転換，婚姻・同性婚，妊娠・出産，人種，宗教・信条，性，性的指向の9つの保護事由による差別を禁止し，雇用分野においては募集，採用，雇用条件，昇進，異動，職業訓練，福利厚生，解雇等について差別禁止を規定した。同法は，分野が複雑で多岐にわたっていた差別禁止立法を単一の法律に一本化することにより，差別撤廃の促進を目的とする法律である。1970年同一賃金法にもとづき，男女間における同一価値労働の場合の賃金差別を禁止してきたが，2010年平等法において，1970年同一賃金法に該当する規定は第5編第3章に規定され，2010年法の制定により1970年同一賃金法は廃止されることになった。同一価値労働同一賃金原則は同法の廃止により2010年平等法に再規定されたところである[33]。

フランスとドイツ　フランスは，革命以来，フランス第5共和国憲法第1条において共和国原理の支柱として，「……すべての民に対して法律の前の平等を保障する。」と明記し，各種の差別問題に積極的に取り組んできた。しかし，

憲法の普遍的な平等原則のもと，男女平等という問題は積極的に意識されなかったが[34]，近年，2つの法律を制定した。1つは2008年差別禁止法，2つは04年差別防止機構設置法である[35]。前者は，差別防止に関する5つのEU指令を国内法化したもの，後者は，HALDE（差別との闘い，平等を促進する高等機構）とよばれる差別防止機構を創設する法律である[36]。

フランスには差別を包括的に禁止する法律はなく，差別禁止法制はEU指令に促される形で必要に応じて，その都度，差別禁止に関する個別法をパッチワークのように制定してきた。差別禁止法の制定以前に制定された個別法には，1972年男女同一賃金法，83年男女職業平等法，2001年男女職業平等法がある。1972年男女同一賃金法は，51年のILO100号条約とローマ条約119条に定められた男女同一価値労働同一賃金原則を国内法化したものである。また83年男女職業平等法はEUの男女均等待遇に関する76年の理事会指令を国内法化したもので，72年男女同一賃金法に代わって民間・公共部門を対象に制定されたが，その実効性は弱いとの批判があった。このような状況に対して，産業レベル・企業レベルでの団体交渉において，男女職業平等を推進するために法改正を行った。これが2001年男女職業平等法である。また06年男女給与平等法は産業レベル・企業レベルでの団体交渉において，男女間の給与平等を推進することを定めた法律である。05年，シラク（J. Chirac）大統領は男女間の給与格差を5年以内に解消すると明言し，これを受け05年3月に男女給与平等法の法案を国民議会に提出した。同法案は06年2月に同議会で採決され，3月に公布された。これが06年男女給与平等法である。

ドイツもまた，フランスと同様に包括的に差別を禁止する法律はなく，差別禁止法制はEU指令に促される形で必要に応じて，その都度，整備されてきた。個別法という形で制定してきたため，差別の理由ごとに制定された個別立法は整合性なく林立し，パッチワークのようになっていた[37]。性別や障害を理由とする差別については，一応の法整備が行われているが，これと対照的に民族的出身，人種，宗教・世界観，年齢，性的指向を理由とする差別については，ほとんど規定されていなかった。このような状況を打破するために，EU指令の国内法化という外圧を契機に，平等待遇に関するEUの4つの指令を実

施するための法律が審議され、06年8月に施行された。これがドイツではじめての包括的な差別禁止法としての一般平等待遇法である[38]。同法の目的は、人種、民族的出身、性別、宗教・世界観、障害、年齢、性的アイデンティティの7つの事由を理由とする不利益待遇を防止し、また排除することである（第1条）[39]。同法は、直接不利益待遇、間接不利益待遇、ハラスメント、セクシュアル・ハラスメント、不利益待遇の指示の定義規定（第3条）をおき、さらに、現に存する不利益を防止し、または補償するための積極的是正措置（ポジティブ・アクション）を定めている（第5条）。

アメリカ 最後に、アメリカの取組みを概観する[40]。19世紀から20世紀半ばにかけて、女性の社会的地位は低く、女性を社会的・政治的に差別する立法や女性の雇用機会を制限する立法（たとえば1875年の女性の選挙権否認、1908年の労働時間制限、24年の夜間労働禁止など）も憲法に違反しない――男女平等の原則に反しないとの判断を示してきた。19世紀末から20世紀初頭には女性の権利を求める世界的規模のフェミニズム運動が起り、60年代以降、運動はふたたび高まりをみせ、女性労働の大幅な増大により、男女差別の問題が鋭く意識されるようになった。仕事は男性、家庭は女性という性別役割の仕組みを批判する動きが登場し、アメリカ社会を激変させた。その結果、男女差別の是正に向けての取組みが行われ、63年に男女同一賃金法（Equal Pay Act）、64年に公民権法第7編（Title VII of the Civil Rights Act of 1964）が制定された。

アメリカにおいて性差別禁止が最初に成文化されたのは、64年に制定された公民権法第7編で、雇用上の「人種、皮膚の色、宗教、性または出身国」を理由とする差別待遇を違法と規定し、雇用における性差別を禁止した。同法は、72年に大幅に改正され、差別是正の法的手段が強化された。当初、この法律は64年公民権法とよばれたが、その後、雇用機会均等法（Equal Employment Opportunity Act of 1972）とよばれるようになった。公民権法の制定、同法の改正により、女性の職場進出は進み、女性の地位は改善されたものの、職場における男女の平等は依然として課題を抱えていた。男女間の賃金格差は徐々に縮小し、女性管理職もまた増加してきたが、未だ多くが中間管理職にとどまり、見えない「ガラスの天井」（Glass Ceiling）があるといわれた[41]。女性の

上級管理職への登用を促進させるために，91年に公民権法第2編——ガラスの天井法を制定した[42]。

70年代半ば以降，アメリカでは男女同一賃金法や公民権法を受けて，男女平等賃金原則への運動は，コンパラブル・ワース（comparable worth）やペイ・エクイティ（pay equity）の呼称のもとで公務部門を中心に推し進められた[43]。コンパラブル・ワースやペイ・エクイティは，同一価値労働同一賃金原則と相互に互換できる用語として使用されているが[44]，同時に同等価値（comparable value）労働を同一価値（equal value）労働を拡張する概念としてとらえ，同等価値労働同一賃金（pay equity for work of comparable value）原則ともいわれている。ペイ・エクイティの実現をめざすコンパラブル・ワース運動は州・郡などの公務部門を中心に展開されたが，83年から92年末までにコンパラブル・ワースによって女性職の賃金を上昇させた20州を対象とする調査研究は，ペイ・エクイティ・プログラムが成功裡に実施され，賃金格差を是正させたと評価した[45]。

11.3.2　雇用機会均等法と改正後の状況

均等法の成立と改正の経緯　女性の職場進出が著しいなかで，1975年の「国際婦人年」，79年に国連で採択された「女子差別撤廃条約」を契機に，職場における男女の機会均等と待遇の平等の実現を求める動きが高まった。その後，紆余曲折をへながらも，「男女雇用機会均等法」が「女子差別撤廃条約」の批准（85年6月批准）に向けた国内法の整備として，「勤労婦人福祉法」（72年施行）を全面改正して85年6月に成立，86年4月1日に施行された（以下，1986年法という）。この法律は，募集・採用から配置・昇進，教育訓練，福利厚生，そして定年・退職・解雇まで雇用の全ステージを男女平等にするように定めた法律である。しかし，均等法は，募集・採用から定年・退職までのステージについて「女性であることを理由に」差別的取扱いをしないよう事業主に求めているが，募集・採用，配置・昇進については「均等な取扱いをするように努めなければならない」という努力義務規定である。教育訓練，福利厚生，定年・退職・解雇については「差別的取扱いをしてはならない」という禁止規定とな

っているが，これに違反しても罰則の規定はない。このように，施行された均等法は男女の平等をめざすという意味では，事業主に有利な法律であった。施行後，バブル経済の崩壊にともなう雇用情勢の悪化を反映して，学生とくに女子学生の就職については「超氷河期」とよばれるほどの厳しい就職難がつづいた。これに加えて，この厳しい雇用情勢のなかで募集・採用における性差別を禁じた均等法の趣旨に反するケースが数多く起こり，厚生労働省（旧労働省）は94年に男女別採用枠の設定を禁ずる指針の一部改正を行い，この措置を均等法に盛り込んだ。

均等法は施行10年を迎えた。この間，女性雇用者の大幅な増加，勤続年数の伸長や職域の拡大がみられ，企業の取組みも大きく変化した。また育児休業制度や介護休業制度の法制化にともない，仕事と家庭の両立を支援する働き方の環境も着実に整備されていった。しかし，企業の雇用管理，女性の就業実態，また女性自身の就業意識などの点で問題が少なくなく，女性が男性にくらべて均等な取扱いを受けていない事例が依然として数多く見受けられるなど，均等法が経済社会のなかで十分に機能してきたとはいえなかった。こうした状況のもと，婦人少年問題審議会婦人部会は95年10月から同法の見直しの審議を開始した。96年12月には，同審議会は最終報告を厚生労働大臣（旧労働大臣）に建議した。厚生労働省は，この建議の趣旨を踏まえ，97年1月に関係審議会（婦人少年問題審議会，中央労働基準審議会，中央職業安定審議会，中央職業能力開発審議会）に，すべての雇用ステージについて女性に対する差別を禁止し，また企業名の公表制度の創設，調停制度の改善を行うなど男女機会均等法を強化するとともに，女性労働者に対する時間外・休日労働，深夜業の規制の解消，母性保護に関する措置の充実等を盛り込んだ「雇用の分野における男女の均等な機会及び待遇の確保等のための労働省関係法律の整備に関する法律案」を諮問した。同法律案は，2月7日の閣議決定をへて同日140回通常国会に提出され，衆参議院の審議をへて97年6月に可決成立した[46]。同法は一部をのぞき99年4月1日から施行されたが（以下，1999年法という）[47] 母性保護に関する改正規定については，1年早く98年4月1日から施行されることになった。

2007年改正均等法の成立　急速な少子高齢化の進行により，人口減少時代の

到来に直面している現在，労働者が性差別を受けることなく，かつ働く女性が母性を尊重されつつ，その能力が十分に発揮できるよう雇用環境を整備することが一段と重要となっている。このような状況のなか，男女雇用機会均等法のさらなる推進のために，厚生労働省では2002年11月から男女雇用機会均等政策研究会を開催し，法改正に向けて検討を開始することになった[48]。研究会は，男女双方に対する差別の禁止，間接差別の禁止，妊娠・出産等を理由とする不利益取扱いの禁止，セクシュアル・ハラスメントの効果的推進の4点について検討を行い，04年6月に報告書をとりまとめた。この報告を受け，同年9月，労働政策審議会雇用均等分科会において，男女雇用機会均等のさらなる推進を図るため検討を開始した。計20回におよぶ議論を行い，05年12月には，間接差別については労使それぞれの意見を付し，分科会報告を労働政策審議会に報告，そして労働政策審議会から厚生労働大臣に建議として提出された。この建議を受け，厚生労働省では法律案の内容をかため，06年3月に「雇用の分野における男女の均等な機会及び待遇の確保等に関する法律及び労働基準法の一部を改正する法律案」として第164通常国会に提出された。06年6月16日，「男女雇用機会均等法および労働基準法の改正」は成立し，07年4月1日から施行されることになった。

　ところで，1986年の均等法施行以来，差別禁止の一方性・片面性が問題視されていた。しかし，99年の改正で女性に対する優遇が原則禁止されたものの，男女双方に対する差別禁止にはいたらなかった。今回の改正（以下，2007年法という）では性別にかかわりなく男女双方に対する差別禁止が明文化された。

　女性の地位向上に関わる法制の整備　国際連合は，1948年の「世界人権宣言」や66年の「国際人権規約」につづいて，性別による差別の禁止を定めた「婦人に対する差別撤廃宣言」を67年に採択し，男女平等を実現するための努力を誓った。国連においては75年を「国際婦人年」とし，同年開催された国際婦人年世界会議において，世界的な規模でかつ本格的に女性問題を取組むため，「世界行動計画」を採択した。さらに79年に「女子差別撤廃条約」を採択，85年に「婦人の地位向上のためのナイロビ将来戦略の宣言」を採択，95年に北京の第4回世界女性会議で2000年までの女性のエンパワーメントの行動指針で

ある「行動綱領」を採択した。国内においても1977年の「国内行動計画」の策定，85年の「女子差別撤廃条約」の批准を契機に，性差別への禁止や女性のエンパワーメントの向上に関わる法律や制度が徐々に整備されていった。「女子差別撤廃条約」を批准するためには条約の基準に達していない国内法の改正が必要となり，84年の「国籍法」の改正，85年の「男女雇用機会均等法」の成立をへて，85年に同条約を批准した。同条約の批准にともなう家庭科の扱いについては論議をよんだが，最終的には同条約への抵触の疑義を回避するため，93年に中学校で，94年に高校で家庭科の男女必修化が実施された。

　表11-1に掲げるように，85年「女子差別撤廃条約」の批准，「男女雇用機会均等法」の施行を契機に，80年代後半になると，女性労働や均等関係をめぐる法律の整備が相次いだ。政府は，女性の地位向上に向けた施策を一段と強力に推進するため，87年に男女共同参加型社会の形成をめざすことを総合目標とした「新国内行動計画」を策定，2年後，「婦人の現状と施策」を発表した。91年5月には「育児休業法」が成立，翌年4月から施行，また93年6月に「パートタイム労働法」が成立，同年12月から施行された。これにつづいて95年6月には「育児休業法」が改正され「育児・介護休業法」が成立したが，施行は2年後の99年4月となった。97年は2つの法律が制定・施行された。1つは，前年に策定された「男女共同参画2000年プラン」を受けて「男女共同参画審議会設置法」が施行され，男女共同参画の動きを推進することになった。また97年6月に「改正男女雇用機会均等法」が成立，2年後の99年4月に施行された。均等法の改正にともない，女性の時間外・休日労働，深夜業の規制解消，多胎妊娠における産前休業期間の延長など，98年9月に「改正労働基準法」が成立，翌年4月に施行された。

　99年もまた，女性の地位向上に関する法制が相次いだ。4月には「改正男女雇用機会均等法」「改正労働基準法」「育児・介護休業法」が施行，6月には「改正労働者派遣法」「男女共同参画社会基本法」が施行され，これを受けて翌2000年に「男女共同参画基本計画」が策定された。また99年12月には少子化対策推進基本方針にもとづく重点施策の具体的実施計画として新エンゼルプランが策定された。政府は，少子化の流れを変えるため，仕事と子育ての両立支援

表11-1　女性の地位向上に関する労働法制・政策の歩み

区　分	労働関係法・その他	区　分	労働関係法・その他
1975年	第27回国連総会（1972年）で国際婦人年を決定（1976～85年　国連婦人の10年）	1999年　4月 　　　　4月 　　　　4月 　　　　6月	改正男女雇用機会均等法施行 改正労働基準法施行 育児・介護休業法施行 改正労働者派遣法成立（原則自由化）
1977年	国内行動計画策定		
1978年	総理府「国内行動計画第1回報告書——婦人の施策と現状」を公表	6月 　　　　7月 　　　　12月	男女共同参画社会基本法施行 ILO181号条約（民間職業紹介） 少子化対策基本方針（新エンゼルプラン）策定
1979年	女子差別撤廃条約		
1985年	「国連婦人の10年」ナイロビ世界会議		
		2000年　12月	男女共同参画基本計画策定女性2000年会議開催（ニューヨーク）
1985年　5月 　　　　6月 　　　　7月	男女雇用機会均等法成立 女子差別撤廃条約批准 労働者派遣法成立	2001年　7月 　　　　10月 　　　　11月	個別労働関係紛争解決促進法成立 個別労働関係紛争解決促進法施行 改正育児・介護休業法成立
1986年　4月 　　　　7月	男女雇用機会均等法施行（均等法元年） 労働者派遣法施行	2002年　4月 　　　　9月	改正育児・介護休業法施行 少子化対策プラスワン
1987年　5月	「西暦2000年に向けての新国内行動計画」策定	2003年　7月 　　　　7月 　　　　8月	次世代育成支援対策推進法成立 少子化社会対策基本法成立・施行 パートタイム労働指針の改正
1988年　4月	改正労働基準法施行（変形労働、法定週46時間労働）	2004年　5月 　　　　12月	労働審判法成立 改正育児・介護休業法施行
1989年　4月	婦人の現状と施策を発表	2005年　4月 　　　　4月 　　　　12月	改正育児・介護休業法施行 次世代育成支援対策推進法施行 男女共同参画基本計画（第2次）策定
1990年			
1991年　5月	育児休業法成立		
1992年　4月	育児休業法施行	2006年　6月	改正男女雇用機会均等法成立
1993年　6月 　　　　6月 　　　　12月	改正労働基準法成立（週40時間労働・裁量労働） パートタイム労働法成立 パートタイム労働法施行	2007年　4月 　　　　6月	改正男女雇用機会均等法施行 改正パートタイム労働法成立
1994年　4月 　　　　4月	改正労働基準法施行 雇用保険法改正（育児休業給付）	2008年　4月 　　　　12月	改正パートタイム労働法施行 次世代育成支援対策推進法改正
		2009年　4月 　　　　7月	次世代育成支援対策推進法施行 改正育児・介護休業法成立
1995年　6月 　　　　6月	育児・介護休業法成立 ILO156号条約批准（家族的責任条約）1)		
		2010年　6月 　　　　12月	改正育児・介護休業法全面施行 男女共同参画基本計画（第3次）策定
1996年　12月 　　　　12月	労働者派遣法改正（対象業務拡大） 男女共同参画2000年プラン策定		
1997年　4月 　　　　6月	男女共同参画審議会設置法施行 改正男女雇用機会均等法成立	2011年	
1998年　9月	改正労働基準法成立（女性の休日・時間外・深夜業の規制の廃止）	2012年　8月 　　　　10月	労働契約法成立 労働者派遣法改正

（資料）大沢真知子・鈴木春子「男女雇用機会均等法施行後17年間で女性労働はどう変化したのか」『エソール』100号（2003年8月）14～15頁を参照。

（注）1) 1981年6月に国際労働機関（ILO）の第67回会期で採択された条約。

といった取組みに加え，男性を含めた働き方を見直すなどを総合的に取り組んでいくため，03年7月に「次世代育成支援対策推進法」を制定した。この法律は，次代の社会を担う子どもが健やかに生まれ，かつ育成される社会の形成に資することを目的としたものである。同年7月には「少子化社会対策基本法」が成立した。このように，女性の地位向上に関する労働法制は，1986年の均等法元年以降，20年にわたって整備されてきたが，2000年代半ばに立法化はほぼ一段落した。その後は，現行法を改正することによって，女性の地位向上，さらに仕事と子育ての両立支援を取り巻く環境の整備に努めることになった。

11.3.3　1999年法の主な改正点

努力義務規定から禁止規定への変更　男女雇用機会均等法は，女性労働者が性別だけを理由に差別されることなく，その能力を十分に発揮できる雇用環境をつくることを目的に制定されている。1999年法によって，いくつかの新たな規定が盛り込まれた。表11-2に掲げるように，改正の第1は，これまで事業主の努力義務であった募集・採用（第5条），配置・昇進および一部禁止であった教育訓練（第6条）もまた，女性に対する差別は禁止した。同法は，募集・採用，配置・昇進および教育訓練，一定の福利厚生（第7条），定年・退職・解雇（第8条）にいたる，すべての雇用ステージにおいて，女性に対する差別を禁止した[49]。一方，「女性のみ」または「女性優遇」の措置については原則禁止し（第9条），雇用において男女が均等の立場で能力を発揮できるように改正した。

ポジティブ・アクションの導入　第2は，「ポジティブ・アクション」を行う事業主に対する国の援助である（第20条）。ポジティブ・アクションとは，男女間に生じている事実上の性差の解消をめざして，女性の能力発揮を促進するため，個々の企業が進める自主的かつ積極的な取組みをいう。職場においては，固定的な男女の役割分担意識が強く，営業職に女性がほとんど配置されていないとか，課長以上の管理職が男性で占められているとか，現実には男女間に事実上の性差が生じ，女性が男性よりも能力を発揮しにくい場合が少なくない。このような性差は，均等法上の女性に対する差別禁止規定を遵守するだけ

表11-2　男女雇用機会均等法の改正ポイント

事項		改正前（1986年施行）	改正後（1999年施行）
差別の禁止	募集・採用	努力義務	禁止
	配置・昇進	努力義務	禁止
	教育訓練	一部禁止	禁止
	福利厚生	一部禁止	一部禁止
	定年・退職・解雇	禁止	禁止
女性のみ・女性優遇		適法	原則として禁止
調停		双方の同意が条件	一方申請を可とする
制裁		規定なし	企業名の公表
ポジティブ・アクション		規定なし	事業主の講ずる措置
セクシュアル・ハラスメント		規定なし	事業主の配慮義務
母性健康管理		努力義務	義務化

（資料）労働省女性局編［1997］『改正男女雇用機会均等法の解説』25頁から引用。
（注）改正後の母性健康管理は1998年4月から施行。

では解消できないのが実情である。そこで，ポジティブ・アクションの促進が不可欠となったのである[50]。

セクシュアル・ハラスメントの明文化　第3は，「職場におけるセクシュアル・ハラスメントの防止」で，事業主に雇用管理上の配慮義務を加えた点である（第21条）。セクシュアル・ハラスメントには，2つのタイプがある。1つは対価型セクシュアル・ハラスメントで，職場で行われる性的な言動に対する女性労働者の対応により，その女性労働者が解雇，配置転換等の労働条件上の不利益を受けることをいう。2つは環境型セクシュアル・ハラスメントで，性的な言動により女性労働者の就業環境が害されることをいう。厚生労働省が示す指針において，事業主の雇用管理上の必要な配慮として，①セクシュアル・ハラスメントを防止するための方針を明確にすること，これを周知・啓発すること，②相談・苦情への対応のための窓口を明確にすること，③セクシュアル・ハラスメントが生じた場合，事後の迅速かつ適切に対応すること，が示された[51]。

公表制度の創設　第4は，企業名の公表制度の創設である（第26条）。同法は，女性に対する差別を禁止しただけでなく，これに従わなかったとき，公表できるよう企業名の公表制度を創設した。雇用管理の各ステージについて女性に対する差別を禁止するとともに，その実効性を確保するための措置を強化する必要があることから，同法は，企業名の公表制度という社会的制裁措置を新たに設け，違反の速やかな是正を求めることになった。

11.3.4　2007年法の改正のポイント

性別による差別禁止の範囲の拡大　改正された1999年法は，雇用の全ステージの禁止規定への変更，ポジティブ・アクションの導入，セクシュアル・ハラスメントの明文化などを規定し，86年法にくらべて男女の機会均等の精神を着実に根付かせることになった。2007年法はさらに機会均等の実現に向けた大きな飛躍となった。次に，07年法の主な改正点をみると[52]，表11-3 (1) に掲げるように，第1点は，「性別による差別禁止の範囲の拡大」である。そのなかで「男女双方に対する差別の禁止」「禁止される差別の追加，明確化」「間接差別の禁止」が盛り込まれた。「男女双方に対する差別の禁止」はこれまでは女性に対する差別の禁止のみが規定されていたが，これを男女双方に拡大するもので，「性別を理由とする差別の禁止」（第5条），いわゆる男女に対する直接差別の禁止をいい，男性も均等法にもとづく個別紛争の解決援助が利用できるようになった。「禁止される差別の追加，明確化」（第6条）については，これまでの募集・採用，配置・昇進・教育訓練，福利厚生，定年・解雇に加えて，降格，職種の変更，パートなど雇用形態の変更，退職の勧奨，雇止めなど労働契約の更新についても，労働者の性別を理由とした差別的取扱いが禁止されることになった。

間接差別の禁止　今回の改正で最大の論点となったのは，間接差別の取扱いであった。間接差別の概念がはじめて登場したのは，アメリカにおける1971年のグリッグス（Griggs）事件連邦最高裁判決であった[53]。この判決を契機に，64年公民権法第7編の解釈として差別的効果（disparate impact）の法理が確立した。この差別的効果法理については，裁判例の蓄積をへて91年には第7編

表11-3 (1)　男女雇用機会均等法の改正ポイント

事項	改正前（1999年施行）	改正後（2007年施行）
性別を理由とする差別の禁止	女性に対する差別的取扱いの禁止	男女双方に対する差別的取扱いの禁止
	募集・採用，配置・昇進・教育訓練，福利厚生，定年・解雇について禁止	募集・採用，配置（業務の配分及び権限の付与を含む）・昇進・降格・教育訓練，福利厚生，職種の変更・雇用形態の変更，退職の勧奨・定年・解雇・労働契約の更新
	女性に対するポジティブ・アクションは法違反とはならない	
間接差別の禁止	規定なし	厚生労働省令で定める措置については合理的な理由がない限り禁止
妊娠・出産・産休取得等を理由とする不利益取扱いの禁止等	婚姻・妊娠・出産を退職理由とする定めを禁止	
	婚姻を理由とする解雇を禁止	
	妊娠・出産・産休取得を理由とする解雇を禁止	妊娠・出産・母性健康管理措置・母性保護措置・妊娠又は出産に起因する能率低下等を理由とする解雇その他不利益取扱いを禁止
		妊娠中・産後1年以内の解雇は事業主の反証がない限り無効
セクシュアル・ハラスメントの防止	女性労働者を対象とする事業主の雇用管理上の配慮義務	男女労働者を対象とする事業主の雇用管理上の措置義務
	規定なし	調停などの紛争解決援助の対象にセクシュアル・ハラスメントを追加
	規定なし	是正指導に応じない場合の企業名公表制度の対象にセクシュアル・ハラスメントを追加

に規定が追加された。この法理の概念は，ヨーロッパにわたり間接差別（indirect discrimination）とよばれることになった。EUにおいては，均等待遇に関する76年男女均等待遇指令や各国国内法において，間接差別の規定が設けられ，判例も集積されていった[54]。改正法の第7条は，「事業主は，………性別以外の事由を要件とする措置のうち，………合理的な理由がある場合でなければ，これを講じてはならない。」と規定している。この第7条は，いわゆる「間接差別の禁止」について定めたものである。募集・採用や昇進にあたっての要件が外見上は性中立的であるが，一方の性に相当程度の不利益を与え，かつその要件に業務遂行上の必要など合理性がないもので，厚生労働省令で定める一定の要件については禁止されることになった[55]。

妊娠等を理由とする不利益取扱いの禁止 第2点は，「婚姻・妊娠・出産等を理由とする不利益取扱いの禁止」（第9条）であり，これまでの婚姻・妊娠・出産産後休業の取得を理由とする解雇の禁止に加え，省令で定める理由による解雇その他不利益な取扱いも禁止される。省令で定められた内容は，労働基準法の母性保護措置や均等法の母性健康管理措置（妊娠中の時差通勤等　第12条）を受けたことなどを理由とする解雇や，不利益取扱いとして退職勧奨，雇止め，パートへの変更等があげられる。また妊娠中・産後1年以内の解雇は，妊娠・出産・産前産後休業の取得その他の省令で定める理由による解雇ではないことを事業主が証明しないかぎり無効とされることになった。

改正の第3点は，「セクシュアル・ハラスメントの防止」（第11条）である。男性に対するセクシュアル・ハラスメントも対象とするとともに，事業主に雇用管理上必要な措置を講ずることが義務づけられた。さらにセクシュアル・ハラスメント対策では，是正指導に応じない場合の企業名公表や調停など紛争解決援助の対象に追加することになった。その他の改正点として，**表11-3（2）**に示すように，「母性健康管理」措置の追加，「ポジティブ・アクション」の取組状況の外部への開示，さらに「実効性の確保」の調停・過料に関する規定を設けた点である。

表11-3 (2)　男女雇用機会均等法の改正ポイント

事項	改正前（1999年施行）	改正後（2007年施行）
母性健康管理	事業主の措置義務（妊娠中及び出産後の女性労働者が保険指導又は健康診査を受けるための必要な時間の確保，当該指導又は診査に基づく指導事項を守ることができるようにするための措置の実施）	
	規定なし	苦情の自主的解決，調停などの紛争解決援助の対象に母性健康管理措置を追加
	規定なし	是正指導に応じない場合の企業名公表制度の対象に母性健康管理措置を追加
ポジティブ・アクションに対する国の援助	①労働者の配置等の状況の分析 ②分析に基づく計画の作成 ③計画で定める措置の実施 ④実施体制の整備を行う事業主に対する相談その他の援助	①労働者の配置等の状況の分析 ②分析に基づく計画の作成 ③計画で定める措置の実施 ④実施体制の整備 ⑤取組状況の外部への開示を行う事業主に対する相談その他の援助
実効性の確保　調停　時効の中断	規定なし	調停が打ち切られた場合，訴えを提起したときは，時効を調停の申請時に遡って中断
訴訟手続きの中止	規定なし	当事者が調停による解決が適当としたときは，受訴裁判所は訴訟手続きを中止できる
報告の徴収並びに助言，指導及び勧告	厚生労働大臣又は都道府県労働局長による報告徴収，助言・指導・勧告	
過料	規定なし	報告徴収の規定に違反した場合，20万円以下の過料

11.3.5 個別紛争解決の援助

2007年法の最大の改正ポイントは，間接差別を含む幅広い性差別の禁止と妊娠等を理由とする不利益な取扱いの禁止であった。ところで，均等法は，制定以来，紛争が生じたときの措置を講じている。募集・採用，配置・昇進・教育訓練，福利厚生，定年・退職・解雇における差別的な取扱いについて，労働者と事業主の間に苦情または紛争が生じた場合，当事者の一方または双方の申し出があれば，均等法は苦情または紛争の早期解決を図るための措置を規定している。図11-5は，紛争解決の援助を均等法の改正ごとにどのように変化してきたかをまとめたものである。

1986年法において，企業による苦情の自主的解決（第13条）を定め，事業主は，苦情の申し出を受けたとき，企業内の苦情処理機関などを活用し自主的な解決に努めなければならないと規定していた。紛争の解決に関する援助として，婦人少年室長（現雇用均等室長）による助言・指導または勧告（第14条）と，機会均等調停委員会による調停（第15条）を規定していたが，委員会による調停はまったく行われなかった。99年法の施行当初もまた，苦情の自主的解決（第11条）と紛争の解決に関する援助（第12条）を規定していた。具体的に

1986年法	1999年法	1999年法の改正	2007年法
第13条 苦情の自主的解決	第11条 苦情の自主的解決	第11条 苦情の自主的解決	第15条 苦情の自主的解決
		第12条 紛争の解決の促進に関する特例	第16条 紛争の解決の促進に関する特例
第14条 紛争の解決の援助 婦人少年室による助言，指導または勧告	第12条 紛争の解決の援助 女性少年室による助言，指導または勧告	第13条 紛争の解決の援助 第1項 労働局長による助言，指導または勧告	第17条 紛争の解決の援助 第1項 労働局長による助言，指導または勧告
第15条 調停の委任 機会均等調停委員会による調停	第13条 調停の委任 機会均等調停委員会による調停	第14条 調停の委任 紛争調整委員会による調停	第18条 調停の委任 紛争調整委員会による調停

図11-5　紛争解決の援助の仕組み

は女性少年室長（97年10月に婦人少年室長から名称変更）による援助（第12条）と，機会均等調停委員会による調停（第13条）であった。第12条において，女性少年室長は，雇用の全ステージに関する事項について，女性労働者と事業主との間の紛争に関し，当該紛争の当事者双方または一方から，その解決につき援助が求められた場合，当事者に対して必要な助言，指導または勧告できると規定していた。しかし，99年12月の一部改正により，助言等ができるのは女性少年室長から労働局長に代わった[56]。

ところで，86年法の第15条においては，婦人少年室長は，女性労働者と事業主との間の紛争に関し，当該紛争の当事者の双方または一方から調停の申請があった場合，他の当事者が調停を行うことを同意したときにかぎり，機会均等調停委員会が調停できると規定していた。しかし，他の当事者の同意が必要であるという調停のための用件が，女性労働者に対する調停申請を思いとどまらせる主な原因の1つであった。そこで，個別紛争の迅速な解決を図る手段として，99年法では第13条に調停の委任を設け，紛争の当事者の一方からの申請により調停できるとした。個別労働関係紛争解決促進法が2001年10月に施行されたことから，改正均等法は02年7月に一部改正された。これにともない，紛争解決の援助は第12条から第13条に代わり，第12条は紛争の解決の促進に関する特例を規定した条文となった。そして第14条は，第13条における機会均等調停委員会の調停に代わって，個別労働関係紛争解決促進法第6条第1項の紛争調整委員会に調停を行わせるものと規定された。07年法においても，紛争解決の仕組みは条文を変えて継承されたのである。そこで次に，この制度的仕組みを07年法のなかで説明する。

07年法においても，苦情の自主的解決（第15条）を定め，事業主は，苦情の申し出を受けたとき，企業内の苦情処理機関などを活用し自主的な解決に努めなければならないと規定した。99年法にも紛争の解決の促進に関する特例を規定していたが，2007年法においても，第16条にこの規定を定めている[57]。さらに紛争の解決に関する援助として，労働局長による助言・指導および勧告（第17条）と機会均等調停会議による調停（第18条）の2つの方法を規定している。第17条のいう紛争解決の援助とは，労働者と事業主との間の紛争を迅速か

つ円満に解決するため，労働局長が紛争の当事者双方の意見を十分に聴取し，問題解決に必要な助言・指導および勧告を行うことにより，早期に紛争の解決を図る制度である。ところで，調停の委任を定めた第18条は，労働局長が，紛争の当事者双方または一方から調停の申請があった場合，紛争解決のために必要があると認めるときは，個別労働関係紛争解決促進法の定める「紛争調整委員会」に調停を行わせるものと規定している。第19条には，第18条にもとづく調停は3人の調停委員で行うと規定し，調停委員は委員会の委員から指名されるのである。そして2001年9月の均等法施行規則の第3条において，紛争調整委員会の会長は，調停委員のうちから紛争についての調停を行うための会議（この会議を機会均等調停会議という）を主任となって主宰する調停委員（この委員を主任調停委員という）を指名すると規定している。このように，第18条のいう機会均等調停会議による調停とは，調停委員が，当事者である労働者と事業主双方から事情を伺い，紛争解決の方法として調停案を作成し，当事者双方に調停案の受諾を勧告することにより紛争の解決を図る制度なのである[58]。

11.3.6 均等法の施行状況

相談件数の推移 男女雇用機会均等法が施行されて以来，女性の労働者が男女差別を受けることなく，その能力を十分に発揮できる雇用環境が整備されたのであろうか。そこで次に，厚生労働省発表の「男女雇用機会均等法の施行状況」の資料をもとに，女性労働者を取り巻く雇用環境の状況をみてみよう。均等法に係る相談件数を**表11-4**によってみると，1986年法の施行以後，93年までは1万件前後で推移し，その後，2万件から3万7,000件へと激増した。その内訳は，施行当初，定年・退職・解雇の相談が3分の1から4割を占めていたけれども，90年にはいって，募集・採用の件数が5割も増えた。また99年法の改正1年目は3万7,000件の相談があったが，その後は大幅に減少し2万件を下回った。改正後，女性労働者には相談しやすい環境になったこともあり，女性からの相談は7割以上と大幅に増えた。改正によって努力規定から禁止規定となった第5条や第6条に係わる相談件数は大幅に減少した。これに代わっ

表11-4　男女雇用機会均等法の施行状況

(単位：%)

年度	第5条関係 募集・採用	第6条関係 配置・昇進・教育訓練	第7条関係 福利厚生	第8条関係 定年・退職・解雇	第20条関係 ポジティブ・アクション	第21条関係 セクシュアルハラスメント	第22・23条関係 母性健康管理	その他	計	件数	女性労働者等	割合	事業主	是正指導	個別紛争解決の援助
1986	17.0	9.7	4.1	32.8				36.4	100.0	9,458				2,146	42
87	13.7	15.8	5.9	33.5				31.1	100.0	7,225				3,526	66
88	14.1	14.1	6.6	34.3				30.0	100.0	9,130				3,281	52
89	24.0	7.8	2.2	44.3				21.7	100.0	10,970				3,006	24
1990	29.5	9.9	2.1	40.4				18.2	100.0	10,912				2,353	42
91	30.0	14.4	2.6	34.9				18.0	100.0	9,458				2,303	53
92	20.1	29.0	3.9	18.9				28.1	100.0	10,348				2,023	31
93	28.9	14.9	4.5	17.3				34.4	100.0	9,451				2,355	31
94	48.1	12.1	3.3	11.3				25.2	100.0	19,740		53.3		3,488	53
1995	55.8	8.8	2.6	8.1				24.7	100.0	18,553		36.6		3,248	38
96	56.1	9.0	2.0	9.4				23.5	100.0	19,883		50.3		3,334	54
97	47.5	12.1	3.9	7.8				28.7	100.0	22,885	12,192	62.5	10,693	3,811	30
98	37.2	12.9	4.7	7.1				38.0	100.0	37,346	13,678	73.4	23,668	3,438	53
99	27.4	6.9	3.1	4.3	2.9	25.3	10.0	20.2	100.0	37,305	18,767	71.7	18,538	7,176	73
2000	17.6	4.9	1.0	5.2	1.8	36.7	18.0	14.9	100.0	23,483	14,668	72.4	8,815	6,030	98
1	12.2	3.6	1.0	6.3	2.3	39.3	18.8	16.5	100.0	19,408				6,429	107
2	10.9	2.7	0.5	6.4	2.2	42.3	18.1	17.1	100.0	18,182				5,448	122
3	10.5	3.0	0.6	7.3	2.4	40.5	18.3	17.5	100.0	18,266	13,230	72.4	5,036	5,624	157
4	9.6	2.7	0.6	7.2	2.4	39.1	23.1	15.3	100.0	19,668	13,767	70.0	5,901	5,122	149
2005	8.9	3.8	0.6	7.6	1.9	40.0	23.2	15.0	100.0	19,724	13,927	70.6	5,797	5,042	141
6	7.5	3.0	0.5	7.8	1.7	41.6	18.8	19.1	100.0	26,684	15,845	59.4	10,839	5,393	166

(資料) 1) 1986～93年度は柳沢房子 [2006] より引用。
2) 1994～2003年度は男女雇用機会均等月間における厚生労働省発表の資料より作成。
3) 2004～06年度は厚生労働省発表の男女雇用機会均等法の施行状況より作成。

(注) 1) 1998年度以前は99年改正の均等法の条文に読み替えて計上している。
2) 「その他」には賃金，労働時間，深夜業の男女均等取扱い等に関する相談が含まれている。
3) 女子労働者等は女子労働者のほかに「その他」を含んでいる。
4) 雇用均等室における制度是正指導は改正均等法では第25条にもとづく助言等をいい，旧均等法では第33条にもとづく助言等である。
5) 雇用均等室における個別紛争解決の援助は改正均等法では第14条にもとづく援助をいい，旧均等法では第14条にもとづく援助である。
6) 2001年の改正均等法の一部改正にともない，第12条が「紛争の解決の促進に関する特例」と規定され，従来の「紛争の解決の援助」は第13条に移行した。

て，最も多くなったのはセクシュアル・ハラスメントの相談件数で4割前後の割合を占め，ついで母性健康管理がほぼ2割となっている。バブル経済の崩壊にともなって，契約満了や解雇など人員整理が増え，そのため定年・退職・解雇の相談は年々増え8％近くに上昇している。

表11-5は，2007年改正以後の相談件数である。改正以前とは直接比較できないけれども，件数はふたたび増加し，施行1年目は約3万件を数え，10年は2万3,000件強となっている。雇用の全ステージに係わる第5条，第6条関係は1割未満と激減したが，これと反対にセクシュアル・ハラスメントの相談が最も多く半数を占めている。ついで妊娠等を理由とした不利益取扱いや母性健康管理がそれぞれ15％程度を数えている。最大の改正ポイントであった間接差別に関しては，当初は期待されたのか500件近くを数えていたが，その後，件数は大幅に減少している。女性を含め労働者からの相談が多く，全体の半数をややこえている。

表11-5 男女雇用機会均等法の施行状況（2007年改正以後）

年度	第5条関係 募集・採用	第6条関係 配置・昇進・降格・教育訓練等	第7条関係 間接差別	第9条関係 婚姻・妊娠・出産等を理由とした不利益取扱い	第11条関係 セクシュアル・ハラスメント	第12・13条関係 母性健康管理	第14条関係 ポジティブ・アクション	その他	計	労働者	事業主	その他
2007	1,591	1,074	462	3,600	15,799	3,708	338	2,538	29,110	12,972	9,910	6,228
8	1,392	759	100	3,710	13,529	3,600	239	2,149	25,478	13,747	6,660	5,071
9	1,287	567	73	3,654	11,898	3,312	273	2,237	23,301	13,016	5,611	4,674
10	1,244	561	82	3,587	11,749	3,477	300	2,496	23,496	12,563	6,125	4,808
2007	5.5	3.7	1.6	12.4	54.3	12.7	1.2	8.7	100.0	44.6	34.0	21.4
8	5.5	3.0	0.4	14.6	53.1	14.1	0.9	8.4	100.0	54.0	26.1	19.9
9	5.5	2.4	0.3	15.7	51.1	14.2	1.2	9.6	100.0	55.9	24.1	20.1
10	5.3	2.4	0.3	15.3	50.0	14.8	1.3	10.6	100.0	53.5	26.1	20.5

（資料）厚生労働省発表の「男女雇用機会均等法の施行状況」より作成。
（注）労働者は女性労働者と男性労働者を合計した数である。

表11-6　雇用均等室における紛争解決の援助

年度	2007	2008	2009	2010	2007	2008	2009	2010	2007	2008	2009	2010
	紛争解決の援助											
	都道府県労働局長による紛争解決の援助（均等法第17条）				機会均等調停会議による調停（均等法第18条）				都道府県労働局雇用均等室における指導			
	申立受理件数				調停申請受理件数				是正指導件数			
第5条関係	5	15	7	4	—	—	—	—	257	222	208	255
第6条関係	17	25	27	20	5	2	3	4	207	177	116	114
第7条関係	0	0	0	0	0	0	0	0	5	1	0	3
第9条関係	210	257	264	238	4	13	10	20	28	32	19	29
第11条関係	300	364	282	302	53	54	58	51	9,854	9,238	8,796	7,207
第12条・13条関係	14	15	19	15	0	0	0	0	4,675	3,971	4,124	3,652
その他									43	37	37	40
合　計	546	676	599	579	62	69	71	75	15,069	13,578	13,300	11,300

（資料）厚生労働省発表の「男女雇用機会均等法の施行状況」より作成。
（注）第5条関係は募集・採用，第6条関係は配置・昇進・降格・教育訓練等，第7条関係は間接差別，第9条関係は婚姻・妊娠・出産等を理由とした不利益取扱い，第11条関係はセクシュアル・ハラスメント，第12条・第13条関係は母性健康管理である。

紛争解決の援助　労働者または事業主からの均等取扱いに係る個別紛争に関し，労働局長による紛争解決の援助（第17条）の申立受理件数を，2007年法の施行以後についてみると，**表11-6**に掲げるように，この4年間，件数は増減しているものの，550～670件を数え，申立者のほとんどは女性労働者である。セクシュアル・ハラスメント（第11条）と婚姻・妊娠・出産等を理由とした不利益取扱い（第9条）に関する事案が全体の9割以上を占めている。年度中に援助を終了した事案のうち，各年度とも7割をこえる事案については，労働局長が助言・指導・勧告を行った結果，解決にいたった。

次に，機会均等調停会議による調停（第18条）をみると，この4年間，調停申請受理件数は増加傾向をたどっており，10年度には75件を数えている。女性労働者からの申請が大部分を占めている。そのなかでもセクシュアル・ハラスメント（第11条）に関する事案が最も多く全体の7割から8割を占め，次いで婚姻・妊娠・出産等を理由とした不利益取扱い（第9条）の事案が多く，10年度は20件，25％強となっている。なお10年度に調停が行われた79件（前年度に

開始したものを含む）のうち，40件で調停案の受諾勧告を行い，そのうち34件が調停案を双方受諾し解決にいたっている。発表資料を精査すると，年度によって件数が異なっているが，調停案の受諾勧告を行った事案のほとんどについて，双方が調停案を受諾し解決にいたったことがわかる。

最後に，労働局雇用均等室は，毎年，企業における雇用管理の改善を目的として，事業所を対象に雇用管理の実態把握を行い，均等法上の問題がある場合，その是正指導を図っている。是正指導件数は，07年度の1万5,069件から10年度には1万1,300件へと大幅に減少している。均等法違反のあった事業所が減少したことが，事業所に対する是正指導の減少につながったのであろう。指導事項としてはセクシュアル・ハラスメントに関するものが最も多く，全体の6割強を占めている。ついで母性健康管理がつづき，約3割となっている。10年度をみると，4,530事業所を対象に行われた雇用管理の実態把握のうち，なんらかの均等法違反があった事業所は3,995事業所，全体の88.2％にのぼっている。これらの事業所に対して，1万1,300件の是正指導が実施された。実施した是正指導（前年度から引きつづいて指導を行った事案を含め）のうち9割超が年度内に是正された。

[注]
1) 1954年のブラウン事件の判決，55年のバスボイコット運動をへて，57年公民権法が制定された。その後も64年に，より強化された公民権法が制定された。
2) わが国の女性労働に関する研究は1960年代にはいってから進み，現在では数多くの研究成果が蓄積されている。たとえば，佐野陽子編［1972］，広田寿子［1979］，嶋津千利世［1978］，桑原靖夫［1978］［1980］，古郡鞆子［1980］［1997］，篠塚英子［1982］，ホーン・川島瑤子［1985］，竹中恵美子編［1991］，竹中恵美子［1989］，八代尚宏［1980］［1983］，高橋久子編［1989］，大沢真知子［1993］などがある。
3) 男女間の賃金格差が生産性の違いによる「合理な」理由にもとづくといっても，その背後に労働市場に参加する前に行われる教育投資に格差があれば，それは女子教育に対する偏見による差別にほかならない。八代尚宏［1980］56〜57頁参照。
4) J. S. Mill［1848］訳書338〜340頁を参照。
5) B. E. Kaufman［1989］pp. 397〜398参照。

6) B. E. Kaufman [1989] pp. 398～410, D. Bellante＝M. Jackson [1979] pp. 198～201参照。
7) S. W. Smith [1994] p. 96を参照。
8) 差別の経済理論に関する文献は数多いが，以下の説明は主に B. E. Kaufman [1989]，D. Bellante＝M. Jackson [1979]，古郡鞆子 [1980] [1997]，桑原靖夫 [1978] [1980] などに負っている。
9) 雇い主が女性の雇用を嫌えば，差別係数は $d>0$ となり，逆に女性を好み男性を嫌えば $d<0$ となる。
10) 差別係数 d は次のように解釈できる。差別係数 d とは女性よりも男性を雇用したいとする雇い主の選好度の強さを表し，雇い主が女性の雇用を避けるために，男性に賃金を進んで支払おうとする最高額をはかる係数である。
11) 男性労働者の数と賃金率は所与と仮定されている。女性の賃金率 W_f が900円，男性の W_m が1,000円とすると，賃金比率 $W_f／W_m$ は0.9となり，雇い主は男性のみを雇用し，逆に女性の W_f が700円であれば，賃金比率は0.7となり，女性のみを雇用する。
12) B. E. Kaufman [1989] pp. 404～407参照。
13) 右上がりまたは（第2象限に）右下がりの労働供給曲線が与えられると，企業が労働者を追加的に雇用するために支払わなければならない費用支出の増加，すなわち労働の限界費用は賃金率に等しくなく，それを上回ることであろう。
14) B. E. Kaufman [1989] pp. 405～407を参照。
15) S. W. Smith [1994] p. 102を参照。
16) S. W. Smith [1994] p. 102を参照。
17) 八代尚宏 [1980] 71頁参照。
18) N. Redclift＝M. T. Sinclair [1991] 第1～2章を参照。
19) 二重構造論はまた，第1次労働市場を構成する男性に支配されている労働組合の役割を重視し，とくに女性を第2次労働市場に釘付けにすることがいかに男性組合員の経済的利益に役立つかを説明する。この理論によると，組合行動はむしろ労働市場における女性の地位向上に障害となっている。N. Redclift＝M. T. Sinclair [1991] 第1章を参照。
20) 統計的差別の説明については，B. E. Kaufman [1989] pp. 407～411, D. J. Aigner＝G. G. Cain [1977] pp. 175～187, K. Arrow [1973b], E. S. Phelps [1972] を参照。
21) 男性にくらべて女性の資質が劣っている訳ではないが，女性の労働生産性が平均して男性よりも低いといわれるのは，どのような理由によるものだろうか。1つは，労働市場に参加する前に受ける差別的な教育，つまり男性中心の教育といった非市場的差別である。2つは，勤務状況を過少に評価する企業の偏見や先入観である。つまり差別的な人事管理である。第3は，結婚や出産・育児

のためにしばしば中断される職業生活上のキャリアである。そのため，女性に対する企業の人的投資は男性にくらべて少なくなる。
22) EU法は条約・規則・指令・判例法の加盟国法に対して優位にあり，条約は加盟国内において直接的効力を有しており，また指令は国内法化が必要となるのである。ところで，リスボン条約は，アムステルダム条約およびニース条約によるEU改革をさらに前進するべく，欧州連合条約（EU条約）および欧州共同体設立条約の改定をめざして，2007年12月に加盟国によって署名された条約である。リスボン条約の第2条は欧州共同体設立条約を改定する内容になっており，第1項で同条約の名称をEU運営条約に変更した。柴山恵美子・中曽根佐織編［2004］，黒岩容子［2010］，浅倉むつ子［1991］［2010］を参照。
23) 同一労働同一賃金原則とは，同一の職種・職務に従事する労働者に対して同一の賃金を支払うという原則である。これに対して，同一価値労働同一賃金原則とは，職種・職務が異なる労働であっても，労働の価値が同一・同等であれば，同一の賃金を支払うという原則である。
24) 浅倉むつ子［2010］222〜223頁を参照。
25) 同一価値労働同一賃金原則の淵源は，歴史的には1919年のヴェルサイユ条約（「同一価値の労働に対しては男女同額の報酬を受くべき原則」）に求められる。この原則はILO（国際労働機関）に継承され，51年にILO100号条約（「同一価値の労働についての男女労働者に対する同一報酬に関する条約」）として採択された。ILO100号条約の採択が同一価値労働同一賃金原則の展開を促進させる契機となったのは，75年のEC男女同一賃金原則指令，そして79年に国際連合で採択された女子差別撤廃条約であった。同条約は，第3編第11条1項d号で締結国に「同一価値の労働についての同一報酬（手当を含む）及び同一待遇についての権利並びに労働の質の評価に関する取扱いの平等についての権利」の確保に努めることを求めた。これにより，締結国が同一価値労働同一賃金をめざすことが明確になった。ILOや国際連合，EUレベルにおいて，男女同一賃金原則は，紆余曲折をへながらも同一労働同一賃金原則から同一価値労働同一賃金原則へと発展していった。柴山恵美子・中曽根佐織編［2004］147頁，森ますみ［2005］161〜169頁，中島通子・山田省三・中下裕子［1994］38頁を参照。
26) 濱口桂一郎［2009］を参照。
27) 統合指令は性別にもとづく直接差別または間接差別が存在しないことを求めている。また同指令は，性別ハラスメントとセクシュアル・ハラスメントにもとづく不利益待遇も差別とみなされると規定している。
28) 浅倉むつ子［2010］220〜221頁を参照。
29) 性差別禁止法は，同一賃金法と重複しないように雇用契約で定めのない事項，たとえば採用，職業訓練，昇進，配転，解雇その他について，性別を理由に不利益を受けないことを規定している。

30) 森ますみ［2005］191頁を参照。
31) 宮崎由佳［2010］199〜200頁を参照。
32) 宮崎由佳［2011］199〜200頁を参照。
33) 宮崎由佳［2011］199〜200頁を参照。
34) 2008年差別禁止法は，正式には「差別との闘いの領域における共同体法の適用にかかる諸条項に関する2008年5月27日の法律2008-496号」といい，04年差別防止機構設置法は，「差別との闘い，平等を促進する高等機構創設に関する2004年12月30日の法律2004-1486号」という。鈴木尊弘［2008］［2009］を参照。
35) 2008年のフランス差別禁止法は，EUの5つの指令（人種差別禁止指令，雇用枠組指令，ジェンダー指令，物品・サービス分野での性差別禁止指令，労働分野での性差別禁止指令）を国内法化し差別禁止を強化したものである。鈴木尊弘［2009］を参照。
36) フランスの男女平等に対する政策展開については，糠塚康江の論文［2011］が詳しい。また森ますみ［2005］167頁を参照。
37) 齋藤純子［2006］94頁を参照。
38) 2006年8月に施行された一般平等待遇法は，正式には「2006年8月14日の平等待遇原則の実現のための欧州指令を実施するための法律」という。
齋藤純子［2006］91頁を参照。
39) この法律では，「差別（Diskriminierung）」を使わず「不利益待遇（Benachteiligung）」という用語を使っている。法案の提案理由書では，「差別」は社会的に非難される違法な不平等待遇を意味し，一定の価値判断を含んだ言葉であるから，不利益をもたらす異なる待遇のすべてが差別的な性格をもつとはかぎらない。そのため，「不利益待遇」という用語を使用したと説明している。齋藤純子［2006］97頁を参照。
40) M. A. Player［1993］訳書を参照。
41) 女性は中間管理職までは昇進するが，上級管理職や役員まで昇進するのはまれである。みえないが硬い天井が存在し，女性の昇進を妨げている。これを「ガラスの天井」という。また女性の就く管理職は企業の中枢部門の責任者になることが少なく，さらなる昇進につながらないことが多い。そこにはみえないが強固な「ガラスの壁」が存在しているといわれている。
42) 森ますみ［2005］221頁を参照。
43) 以下の説明は森ますみ［2005］第7章（171〜206頁）を参照。コンパラブル・ワースとは，同一企業において同等な価値をもつ女性職と男性職に同一賃金を支払うことをいう。
44) カナダ・オンタリオ州は，1987年にオンタリオ州ペイ・エクイティ法を制定した。今日でも，最も先進的な男女同一価値労働同一賃金立法として高く評価

されている。森ますみ［2005］161頁，172頁を参照。
45) アメリカにおいては性別と人種にもとづく賃金格差是正のための同等価値労働同一賃金（equal pay for work of comparable value）原則を規定した"Fair Pay Act of 1994"の法案は通過しなかったものの，1994年7月に法案として下院議会に提出されたことなどの取組みを紹介している。最初の提出からすでに10年近くが経過した2003年4月9日に，同法案は"Fair Pay Act of 2003"として下院，そして上院議会に提出された。森ますみ［2005］第8章を参照。
46) 第140回通常国会に提出された「労働省関係法律の整備に関する法律案」では，男女雇用機会均等法のほかに労働基準法，育児・介護休業法，労働省設置法も同時に改正されることになった。労働基準法の改正については，女性の職域拡大を図り，男女の均等的な取扱いを一層促進する観点から，女性労働者に対する時間外・休日労働，深夜業の規制を解消し，母性保護の充実の一環として，多胎妊娠の場合の産前休業期間を10週間から14週間に延長した。また育児・介護休業法の改正については，育児や家族の介護を行う一定範囲の男女に深夜業の制限の権利を創設した。
47) 1986年法は詳しくは「雇用の分野における男女の均等な機会及び待遇の確保等女子労働者の福祉の増進に関する法律」であり，99年法では名称を「雇用の分野における男女の均等な機会及び待遇の確保等に関する法律」に変更し，「女子労働者の福祉の増進」の文言は削除された。というのは，旧均等法は働く女性が弱い立場にあるとの考えに立っていたが，改正均等法は女性が男性と対等の立場で能力を発揮しながら働くとの考えに立って法制化された。
48) 柳沢房子［2006］6～7頁，21世紀職業財団［2007］25～90頁を参照。
49) 1999年法でいう「女性に対する差別」とは，女性を不利に取り扱うことはもとより，女性のみを対象とすることや女性を優遇することも含まれている。
50) 厚生労働省では，1996年4月から「女性労働者の能力発揮促進に関する研究会」において，ポジティブ・アクションを促進していくための方策を検討した。その結果を「女性労働者の能力発揮促進のための企業の自主的取組のガイドライン」にまとめ，また「現状の分析と問題点の発見のためのワークシート」を発表した。女性労働者の雇用状況や活動状況を客観的に把握し，男性労働者にくらべアンバランスがある場合には，その原因を分析し問題点を発見することがポジティブ・アクション促進の第一歩であって，現状把握の方法として「ワークシート」がある。
51) 厚生労働省が示す指針とは，1998年3月に発表された「事業主が職場における性的な言動に起因する問題に関して雇用管理上配慮すべき事項についての指針」である。
52) 21世紀職業財団［2007］を参照。
53) グリッグス事件（連邦最高裁　1971年）とは，使用者が発電所従業員の採用

における資格要件として，高卒以上の学歴と一般的知能・理解力テストの合格を求めた事案について，連邦最高裁はいずれの要件も認められないと指摘し，公民権法第7編違反を認めたものである。

54) EUでは「間接差別」という言葉は1976年の「男女均等待遇指令」にあったが，どのような取扱いが間接差別であるか明らかにされなった。97年の「性にもとづく差別事件における挙証責任に関する指令」で間接差別の定義が設けられた。柳沢房子［2006］8頁を参照。

55) 男女雇用機会均等政策研究会の報告によると，間接差別とは，「外見上は性中立的な規定，基準，慣行等が，他の構成員と比較して，一方の性の構成員に相当程度の不利益を与え，しかもその基準等が職務と関連性がない等合理性・正当性が認められないもの」と定義されている。21世紀職業財団［2007］25頁，柳沢房子［2006］8頁を参照。

　研究会報告では，間接差別と考えられる例として7項目を例示した。①募集・採用にあたって身長・体重・体力要件を課すこと，②総合職の募集・採用にあたって全国転勤を要件とすること，③募集・採用にあたって学歴・学部を要件とすること，④昇進にあたって転居をともなう転勤経験を要件とすること，⑤福利厚生の運用や家族手当等の支給にあたって世帯主を要件とすること，⑥処遇の決定にあたって正社員をパートタイム労働者より，あるいは総合職を一般職より有利に扱うこと，⑦福利厚生の適用や家族手当等の支給にあたってパートタイム労働者を除外すること，の場合である。分科会では，この7つの例示を間接差別の判断基準と主張する労働者側と，間接差別の法制化に疑問を呈する使用者側との意見は平行線をたどった。そのため，建議のとりまとめに際しては，3項目に限定することになった。それが省令で定められた一定の要件である。それは，①募集・採用にあたり一定の身長・体重・体力を要件とすること（身長・体重・体力要件），②総合職の募集・採用にあたり全国転勤を要件とすること（全国転勤要件），③昇進にあたり転勤経験を要件とすること（転勤経験要件）の3つである。

56) 中央省庁等改革関係法施行法の施行（2001年1月）による省庁再編に先立ち，2000年4月，当時の労働省の地方出先機関であった都道府県労働基準局は，都道府県女性少年室および都道府県職業安定課が統合され，都道府県労働局として発足した。

57) 紛争の解決の促進に関する特例とは，個別労働関係紛争解決促進法の第4条，第5条および第12条から第19条までの規定は適用しないで，2007年法の第17条（紛争の解決の援助）から第27条（調停の手続に関する事項）までに定めるところによるとした。したがって，労働者と事業主との間の紛争については，個別労働関係紛争解決促進法にもとづく労働局長の助言，指導の対象とはならない。

58) 第19条には調停は3人の調停委員が行うと規定されている。また施行規則第

4 条は，主任調停委員が機会均等調停会議を招集し，同会議は公開しない旨を規定している。

第12章 労働市場と労働法制

　社会科学の一分野としての経済学は，社会学をはじめ，法律学や政治学，さらに人文科学や自然科学などさまざまな学問の影響を受けて発展してきた。労働経済学もまた，さまざまな学問との関わりをもちながら進化している。労働経済学は，労働者を対象に研究する学問であることから，とくに社会科学や人文科学との関わりは強く，そのなかでも法律学との関係は深く，多くの労働問題はさまざまな労働法制を抜きにしては語れない。たとえば，景気が悪化して不況になると，数多くの労働者は失職し，生活不安におちいり，本人だけなく一家が路頭に迷うことになるであろう。失業という事故が起きたときに，失業者の生活を保障するという目的で設けられているのが雇用保険制度であって，この制度の法的根拠となっているのが雇用保険法なのである。

　そこで，本章は，法定労働時間や時間外労働の規制をはじめ，最低賃金制と雇用に与える影響，雇用保険法と労働保険特別会計，雇用対策法と雇用における年齢差別の禁止，労働者派遣法と派遣労働の問題などを取り上げ，これら諸問題と関わる各種の労働法制が，労働経済学の観点から，その意義と問題点を考察する。

12-1　労働基準法と労働時間

12.1.1　時間外労働の経済学

　労働時間の短縮　わが国の年間総実労働時間は高度成長期の1960年代から着実に短縮していったが，73年の第一次石油危機後は2,000～2,100時間でほぼ横ばいで推移し，労働時間の短縮はあまり進まなかった。しかし，石油危機以降，欧米諸国との時間格差が大きな問題となった。これを受け，政府は，労働

時間の短縮を主要な政策課題の1つとして位置づけたのである。

労働時間短縮の経緯と政府が取り組んだ諸施策については、第1章で詳しく述べたので割愛するが、最近の動きをみると、年間総実労働時間は2,000時間を下回り、2009年1,768時間、10年1,798時間、所定内労働時間も04年から1,600時間台で推移し、労働時間は短縮している。問題の1つである所定外労働時間の動きは、年間130〜180時間で増減しているが、詳しく観察すると、1992年半ばから94年の第一次平成不況、98年末から2000年の第二次平成不況、01年の第三次平成不況、08年秋のリーマン・ショックによる同時世界不況の時期には130時間台に減少したものの、景気回復期には150時間をこえ、時間外労働は好不況に応じて変動している。所定外労働を1か月あたりに換算すると、月間10〜13時間と短く、数字をみるかぎり所定外労働には問題はないようにみえる。本当にそうなのだろうか。そこで時間外労働を取り上げ、08年に長時間残業を抑制する目的で改正された労働基準法に焦点を合わせ考察することにしよう。

時間外労働の決定　労働者が所定労働時間をこえて時間外労働 (overtime) を行うとき、割増賃金 (overtime premium pay) がいかほどであれば、労働者は所定労働時間をこえて時間外労働を行うであろうか、これを所得－余暇の選好図式を用いて考察することにしよう。図12-1において、O'Hを所定労働時間、直線ABを市場機会を表す予算制約の賃金線（賃金線ABの傾きは所定労働時間に対する賃金率を表す）、O'Aを資産所得とする。いま、労働者は、余暇と所得の選好状態を表す無差別曲線I_0がちょうど賃金線ABと接する均衡点Eに位置し、O'Hの所定労働時間で働いているとしよう。ここで、企業は労働者に所定労働時間をこえて時間外労働させるには、所定内労働の賃金率（この賃金率は賃金線ABの傾きで示される）よりも高い割増賃金率を提示しなければ、労働者は時間外労働を行わないであろう。もしより高い割増賃金率が点Eから発する時間外労働の賃金線ECの傾きで示されるならば、労働者は、無差別曲線I_1が時間外労働の賃金線ECに接する点E'で、効用極大の均衡を実現する。この均衡点E'は、時間外労働する前の均衡点Eの無差別曲線I_0より高い曲線I_1に位置するであろう。したがって、この割増賃

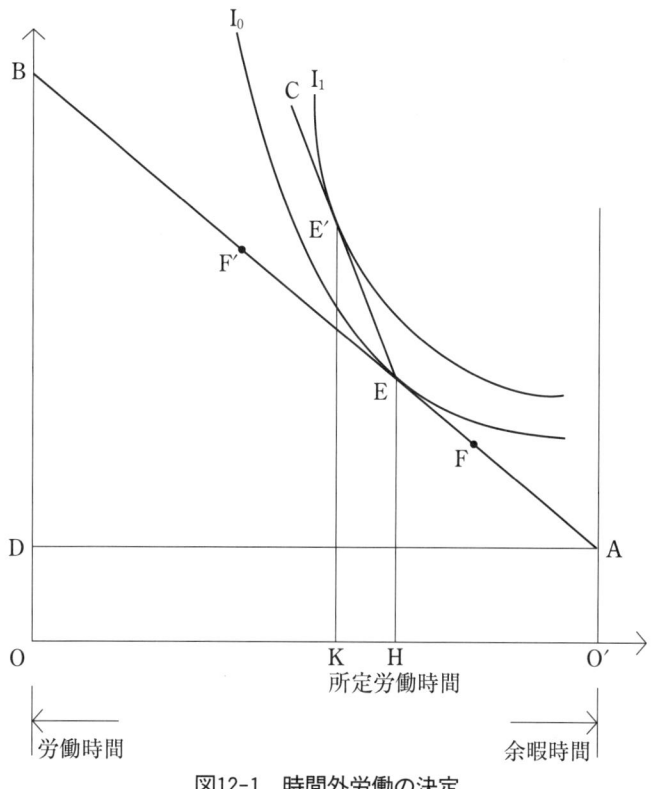

図12-1　時間外労働の決定

金率のもとで行われる時間外労働は HK の時間となるであろう。

　上記のケースは，所定労働時間の点 E において効用極大を実現している労働者を説明したものである。図12-1において，所定内労働の賃金線 AB と無差別曲線が接する均衡点（たとえば点 F）が，点 E よりも右側に位置する余暇選好者，また均衡点（たとえば点 F'）が点 E よりも左側に位置する所得選好者についても，同様に説明することができる[1]。所定内労働時間の長さや所定内労働における賃金率の高さ，割増賃金率の高さ，資産所得の大きさなどが等しければ——他の事情にして等しければ，所得選好者の時間外労働は，一般に余暇選好者の場合にくらべて長くなるであろう。というのは，余暇と所得の選好状態を表す無差別曲線の形状に違いがあるからである。時間外労働が長く

なるのは所得選好者の行動的特徴といえるであろう。

12.1.2　労働基準法の改正

時間外労働と法改正の趣旨　労働基準法において，時間外労働とは，法定労働時間（法第32条　1週40時間，1日8時間）をこえて働くことをいい[2]，法定労働時間をこえて時間外労働・休日労働を行わせるためには，労働者と使用者との間で時間外・休日労働協定（いわゆる36協定）を書面で締結し，これを労働基準監督署に届け出る必要がある（法第36条）[3]。労働者が時間外労働を行った場合，通常の労働時間または労働日の賃金の2割5分以上5割以下の範囲内で，それぞれ政令で定める率以上の率で計算した割増賃金を支払わなければならない（法第37条第1項）。また使用者が労働者を深夜労働（午後10時から翌日の午前5時までの間）させた場合，通常の労働時間における賃金の2割5分以上の率で計算した割増賃金を支払わなければならない（法第37条第3項）と，法改正以前には規定していた。

2008年の総務省「労働力調査」によると，週60時間以上働く男性労働者の割合は10.0％，とくに30歳代の子育て世代の男性では20.0％と，長時間にわたって働く労働者が増えている。こうした働き方に対して，労働者が健康を保持しながら労働以外の生活時間を確保して働くことができる労働環境の整備が重要な課題となっている。とりわけ深刻な問題の一つは長時間労働により脳・心臓疾患やうつ病などの精神疾患等を発症し，最悪の場合には死にいたる過労死や過労自殺である。問題は，近年，その数が増加している点である[4]。**表12-1**(1)・(2)によって労災補償状況をみると，脳・心臓疾患等や精神障害等の請求件数は大幅に増加しており，それにともなって認定件数も増えている。11年度は脳・心臓疾患等は請求件数898件，認定件数（支給決定件数）310件，このうち過労死とよばれる死亡は請求件数302件，認定件数121件を数えている。精神障害等については請求件数1,272件，認定件数325件，このうち自殺（未遂を含む）にいたった死亡等は請求件数202件，認定件数66件となっている。

また働き盛りの30代・40代は仕事に長時間拘束され，仕事以外の家事・子育ての家庭生活や地域奉仕活動にあてる十分な時間が確保できないという状況に

表12-1 (1) 「過労死」等事案の労災補償状況

(単位：件)

年　度		脳・心臓疾患		うち死亡（過労死）	
		請求件数	支給決定件数	請求件数	支給決定件数
1998	H10	466	90	——	49
1999	11	493	81	——	48
2000	12	617	85	——	45
2001	13	690	143	——	58
2002	14	819	317	355	160
2003	15	742	314	319	158
2004	16	816	294	335	150
2005	17	869	330	336	157
2006	18	938	355	315	147
2007	19	931	392	318	142
2008	20	889	377	304	158
2009	21	767	293	237	106
2010	22	802	285	270	113
2011	23	898	310	302	121

(資料) 厚生労働省「脳・心臓疾患および精神障害等の労災補償状況」
(注) 1) 同表は，労働基準法施行規則別表第1の2第9号の「業務に起因することの明らかな疾病」に係る脳血管疾患および虚血性心疾患（「過労死」等事案）について集計したものである。
    2) 支給決定件数は当該年度に請求されたものに限るものではない。なお，支給決定件数は決定件数のうち「業務上」として認定した件数である。

ある。このため，労働者の健康を確保するとともに，仕事と生活の調和，いわゆるワークライフバランス（WLB　work life balance）を実現するという観点から長時間労働を抑制し，労働時間に関するルールの枠組みを見直すことを目的とした「改正労働基準法」は08年12月に臨時国会で成立し，10年4月1日に施行された[5]。主な改正点は，①時間外労働の限度に関する基準の見直し（限度時間をこえる時間外労働の抑制），②法定割増賃金率の引上げ（月60時間をこえる残業に対する割増率の引上げ，代替休暇），③年次有給休暇の時間単位付与，である。ここでは，①と②を中心に説明することにしよう。

基準の見直しと法定割増賃金率の引上げ　労働基準法に定める法定労働時間

表12-1（2）　精神障害等の労災補償状況

(単位：件)

年　度		精神障害等		うち自殺（未遂を含む）	
		請求件数	支給決定件数	請求件数	支給決定件数
1983～97	S58～H9	134	11	79	6
1998	H10	42	4	29	3
1999	11	155	14	93	11
2000	12	212	36	100	19
2001	13	265	70	92	31
2002	14	341	100	112	43
2003	15	447	108	122	40
2004	16	524	130	121	45
2005	17	656	127	147	42
2006	18	819	205	176	66
2007	19	952	268	164	81
2008	20	927	269	148	66
2009	21	1,136	234	157	63
2010	22	1,181	308	171	65
2011	23	1,272	325	202	66

（資料）厚生労働省「脳・心臓疾患および精神障害等の労災補償状況」
（注）1）同表は，労働基準法施行規則別表第1の2第9号の「業務に起因することの明らかな疾病」に係る精神障害等について集計したものである。
　　　2）支給決定件数は当該年度に請求されたものに限るものではない。なお，支給決定件数は決定件数のうち「業務上」として認定した件数である。

をこえて，法定時間外労働を行わせるためには，労使で時間外労働協定（36協定）を締結する必要がある。36協定は，①1日，②1日をこえ3か月以内の期間，③1年間のそれぞれについて協定しなければならない。②と③については「時間外労働の限度に関する基準」（平成10年労働省告示第154号）に一定の限度時間が定められている。法改正によって，基準の見直しが行われ，臨時的に限度時間をこえて時間外労働を行わざるをえない特別の事情が生じた場合にかぎり，「特別条項付き36協定」を結ぶことにより限度時間をこえる時間を延長時間とすることができるとした。時間外労働は，本来，臨時的でかつ必要最小限にとどめるものであるが，限度時間をこえる時間外労働は，そのなかでもとくに例外的なものとして労使の取組みによって抑制されるべきである。なお，

労使で特別条項付き36協定を結ぶ場合，新たに次の点に留意することになった。①限度時間をこえて働かせる一定の期間（1日をこえ3か月以内の期間，1年間）ごとに，割増賃金率を定めること，②この割増賃金率は法定割増賃金率（2割5分以上）をこえる率とするように努めること，③そもそも延長することができる時間数を短くするように努めること，である。

割増賃金の支払は，一般に，時間外労働に対する労働者への補償を行うとともに，企業への経済的負担によって時間外労働を抑制する狙いをもっている。また少子高齢化が進行し労働力人口が減少している現在，労働者が健康を保持しながら労働以外の生活時間を確保して働くことができるよう労働環境の整備が重要な課題となっている。このため，法改正によって，とくに長い時間外労働を強力に抑制することを目的に，第1に，1か月に60時間をこえる時間外労働に対して（労働基準法第37条第1項ただし書），そのこえた時間の労働に法定割増賃金率を現行の2割5分以上から5割以上に引き上げることになった。また深夜の時間帯（22時から翌朝5時まで）に月60時間をこえる時間外労働を行わせた場合，割増賃金率は深夜割増時間率2割5分以上に時間外割増時間率5割以上を加算した7割5分以上となる。なお，1か月60時間の時間外労働の算定には法定休日（たとえば日曜日）に行った労働は含まれないが，法定休日以外の休日（たとえば土曜日）に行った時間外労働は含まれる[6]。

第2に，1か月に60時間をこえる時間外労働については，そのこえた時間の労働について法定割増賃金率を引き上げることになった。しかし，労働者の健康を確保する観点から，とくに長い時間外労働をさせた労働者に休息の機会を与えることを目的に，1か月に60時間をこえて時間外労働を行わせた労働者に，労使協定により，法定割増賃金率の引上げ分の割増賃金の支払いに代えて有給休暇を与えることができるとした。いわゆる代替休暇の措置である[7]。第3に，中小企業については，やむをえず長時間にわたる時間外労働を行わせた場合，その経済的負担も大きくなるため，当分の間，法定割増賃金率の引上げの適用を猶予する，またこれにともなう代替休暇も適用されないこととなった。政府は，改正法の施行後3年を経過した後，中小企業への猶予措置について検討し，その結果にもとづいて必要な措置を講ずることになった[8]。

法改正の問題点 労働基準法を改正した最大の狙いは長時間労働を抑えることにあった。これに応える施策の一つが労働時間の短縮や時間外労働の削減であった。しかし、法改正の恩恵に預かる労働者はどれだけいるのだろうか。労働者を長時間残業させた場合、企業のコスト負担が増えるから、企業は長時間労働を減らし、働く労働者の労働時間は短くなると期待されている。この規定は義務規定なので、多くの企業ではやむをえず賃金規程を変更するであろう。しかし、問題は割増賃金率の引き上げが1か月に60時間をこえる部分しか対象にならない点である。たとえば時給2,000円の労働者が月80時間残業した場合、改正前ならば残業代の最低額は20万円、改正後には21万円になるにすぎず、改正してもわずか1万円しか増加しない[9]。

割増賃金率を引き上げても、この程度の増加ではどこまで時間外労働を抑える効果があるだろうか。抑制効果は非常に疑わしいではないのだろうか。負担増を回避しようとする企業は、かえってサービス残業を労働者に強いる可能性もあり、行政の監督強化を求める措置が一層必要である。また経営体力の弱い中小企業に配慮して、中小企業への適用は見送られた。たとえ中小企業への適用を猶予したとしても、問題を先送りにしただけではないだろうか。というのは、問題は中小企業で働く労働者が労働者全体の7割をこえるのに、中小の労働者たちには新しい割増賃金率は適用されない。改正法の施行後3年を経過した後、中小企業への猶予措置を検討することが約束されているにすぎない。

12.1.3 賃金不払残業額とサービス残業時間の推計

賃金不払残業の存在 バブル経済の崩壊以後、人件費の抑制や成果主義の導入、人員整理など社員減らしのなかで、残された労働者たちが長時間働かざるをえない状態が数多くの企業でみられた。話題に上ったのは、過重な時間外労働が恒常的に行われているという実態であった。しかも多くの時間外労働は割増賃金が支払われない時間外労働（労働基準法違反であるが）で、大きな社会問題となった。労働基準法に違反する時間外労働とは、所定労働時間外に労働時間の一部または全部に対して、割増賃金が支払われない労働、いいかえれば労働基準法が定める時間外労働手当が支払われない時間外労働をいい、賃金不

払残業とかサービス残業といわれる。サービス残業はまた，長時間労働を結果として招くだけでなく，前述したように，それが原因となって脳・心臓疾患やうつ病などの精神疾患，さらに過労死や過労自殺という心身上の重大な問題を起こしている。

　労働基準法は，1日8時間，1週40時間の法定労働時間をこえて働いた場合（法第32条）や，法定休日に働いた場合（法第35条）に，その時間に応じて割増賃金を支払わなければならない（法第37条）と規定している。しかし，使用者は，労働者と36協定（法第36条）を締結しないで時間外労働を行わせた場合（法第32条違反），あるいは法定の手当を支払わずに時間外労働や休日労働を行わせた場合（法第37条違反），ともに労働基準法の違反なのである。労働基準法にもとづいて，使用者は，労働時間を適正に把握するなど，労働時間を適切に管理する責務を有している。しかし，労働時間の把握に係る自己申告側の不適正な運用にともない，割増賃金の未払いや過重な長時間労働といった問題がしばしば生じており，現実には使用者が労働時間を適切に管理していない状況が数多くみられる。こうした労働基準法違反を是正するために，厚生労働省は，使用者が講ずべき措置について2001年4月に「労働時間の適正な把握のために使用者が講ずべき措置に関する基準」を策定した。①始業・終業時刻の確認および記録，②労働時間の記録に関する書類の保存など，労働基準監督署の指導を強化し，使用者に適正に労働時間を管理する責務があることを改めて明らかにするとともに，労働時間の適正な把握のために使用者が講ずべき措置等を具体的に示した。

　賃金不払残業の是正　実際，賃金不払残業はいろいろな形で行われており，近年，労働基準監督署の立ち入り調査や是正勧告による社内調査で賃金不払残業が発覚した件数は大幅に増えている。現実には時間外労働の実態を必ずしも適正に把握されておらず，このことが過重な長時間労働を助長し，また実際に行った時間外労働に応じた割増賃金が支払われないなど，こうした実態が賃金不払残業の温床になっている。厚生労働省は，03年5月には「賃金不払残業の解消を図るために講ずべき措置等に関する指針」を策定した。賃金不払残業が行われることのない企業にしていくには，使用者が労働時間の適正な把握に努

めるにとどまらず，職場風土の改革をはじめ労働時間管理システムの整備や責任体制の明確化などを通じて，労働時間管理の適正化を図る必要がある。このため労使が一体的に取り組むことが重要であるとして，労使が取り組むべき役割や事項を示したのがこの指針である。さらに，厚生労働省は同時に「賃金不払残業総合対策要綱」を策定し，賃金不払残業の解消を図るために，労使一体となった取組みが必要であるとした。

　厚生労働省は，賃金不払残業の是正に向け重点的に監督指導を実施するとともに，「賃金不払残業に係る是正支払の状況」の調査をはじめた。同調査は，全国の労働基準監督署が1年間に割増賃金が不払いになっているとして，（定期監督や申告にもとづく監督等による）労働基準法違反で是正指導した事案のうち，1企業あたり100万円以上の割増賃金が支払われた事案の状況を取りまとめたものである。過去10年間の是正結果の状況をまとめた**表12-2**によると，賃金不払残業が社会問題となった後も，是正企業や対象労働者数は増加をつづけたが，ここ2年ほど減少している。是正支払の合計額もまた03年度239億円と急増し07年度には集計を開始して以来，最多の272億円となった。08年度以降，監督指導の効果が現れ200億円を下回り，10年度は123億円となっている。また，支払われた割増賃金の1企業あたりの平均額は10年度889万円と03年度の2,016万円の3分の1に減少した。割増賃金を1,000万円以上支払ったのは200企業で全体の14.4％，その合計額は89億円で71.9％であるが，是正支払の合計額は大幅に減少している。調査をみるかぎり，是正額の大きな賃金不払残業は減少しているが，それは氷山の一角で，依然として中小企業を含め多くの企業でサービス残業が日常的に行われている。

　サービス残業時間（不払残業時間）の推計　近年のわが国労働時間は，全体として減少傾向にあるなかで二極化しつつある。週35時間未満の者が増加している一方で，週60時間以上の者も増加している。これは正社員が減少し，非正社員とくにパートタイム労働者の大幅な増加と関係している。しかし同時に，もう1つの問題は，総務省「労働力調査」によると，働き盛りの年齢層の正社員において，週60時間以上の長時間働く労働者が増加している点である。そこで，労働政策研究・研修機構（JILPT）では，03年度から長時間労働・不払

表12-2 賃金不払残業に係る是正支払の状況

年度	100万円以上の割増賃金の是正支払状況					1000万円以上の割増賃金の是正支払状況				
	企業数	対象労働者数（人）	是正支払額（万円）	是正支払額（万円） 1企業平均額	是正支払額（万円） 1労働者平均額	企業数	対象労働者数（人）	是正支払額（万円）	是正支払額（万円） 1企業平均額	是正支払額（万円） 1労働者平均額
2001	613	71,322	813,818	1,328	11	119	43,911	597,597	5,022	14
2002	403	63,873	723,899	1,796	11	89	47,022	619,757	6,964	13
2003	1,184	194,653	2,387,466	2,016	12	236	147,660	2,102,737	8,910	14
2004	1,437	169,111	2,261,314	1,574	13	298	108,752	1,886,060	6,329	17
2005	1,524	167,958	2,329,500	1,529	14	293	106,790	1,961,494	6,695	18
2006	1,679	182,561	2,271,485	1,353	12	317	120,123	1,815,200	5,726	15
2007	1,728	179,543	2,724,261	1,577	15	275	103,836	2,124,016	7,724	20
2008	1,553	180,730	1,961,351	1,263	11	240	126,172	1,584,914	6,604	13
2009	1,221	111,889	1,160,298	950	10	162	55,361	851,174	5,254	15
2010	1,386	115,231	1,232,358	889	11	200	57,885	885,305	4,427	15
過去10年間	10年間の累計 12,728	1,436,871	17,865,750	10年間の平均額 1,404	12	10年間の累計 2,229	917,512	14,428,254	10年間の平均額 6,473	16

（資料）厚生労働省労働基準局「賃金不払残業に係る是正支払の状況」
（注）1）同調査は，全国の労働基準監督署が1年間に，残業に対する割増賃金が不払になっているとして労働基準法違反で是正指導した事案のうち，1企業あたり100万円以上の割増賃金が支払われた事案の状況を取りまとめたものである。
2）2001年度は01年4月〜02年9月の期間，02年度は02年10月〜03年度3月までの期間をいい，それ以外の年度は当該年度の4月から翌年の3月までの期間である。

労働時間に関する調査研究を開始した。政府統計から「不払労働時間」を推計した結果によると，過去30年間において不払労働時間が増加傾向にあることを明らかにした[10]。

　サービス残業は賃金不払残業ともいわれるが，その範囲は賃金不払残業よりももっと広い言葉である。サービス残業は，割増賃金が支払われない所定外労働——残業（居残り），早朝出勤，休日出勤のほかに，風呂敷残業（持ち帰り残業）や中間管理職のただ働き残業も含むからである。ここでは両者を区別せず，賃金不払残業をサービス残業として使用する。それでは実際，サービス残業はどれだけ行われているのだろうか。これを直接調査した統計はないから，これを推計せざるをえない。一般に用いられる推計方法とは，総務省「労働力

調査（以下，労調）」と厚生労働省「毎月勤労統計調査（以下，毎勤）」を用いて推計する方法である[11]。それは，労働者本人の申告にもとづき，労働者個人を対象とする「労調」の労働時間数から，事業所の賃金台帳にもとづき，事業主が申告する「毎勤」の労働時間数を差し引くことによって，「サービス残業時間」を推計する方法である。

実際，サービス残業時間を推計した研究は少なく，小野旭［1991］，徳永芳郎［1994］，小倉一哉・坂口尚文［2004］，水野谷武志［2004］，小倉一哉・藤本隆史［2005］，森岡孝二［2008］などがあるにすぎない。研究の先駆けとなったのは小野であった。小野は，「労調」と「毎勤」との労働時間の差がどれくらいあるかを1990年6月分の調査を用いて推計し，「労調」に対する「毎勤」の倍率を約1.1倍と見積もり，「毎勤」から計算された年間労働時間にこの1.1倍をかけた数値が実際に働いた労働時間とした。森岡は，一般労働者の年間実労働時間について，「労調」と「毎勤」から推計し，93年の不払労働時間が年間441時間であることを明らかにした。水野谷も，同様の方法で93年データを用いて不払残業時間を推計し，先進諸国の不払残業時間と比較した。水野谷［2004］はまた，2002年の年間不払残業時間を産業別に推計した。第1に，産業によって不払残業時間の差が大きいこと，男女とも「卸売・小売業」と「金融・保険業」が長く，「製造業」「電気・ガス・水道・熱供給業」などで短い。第2に，男性の不払残業時間は女性にくらべて長いこと，などを確認した。水野谷は，「……1990年代から2000年代前半までの不払残業時間における先行研究から，……その不払残業時間の規模は，……，男性雇用者1人平均で年間200～600時間，……，女性雇用者1人平均で年間100から300時間，……であろうか。しかしこれはあくまでも雇用者1人平均の値であり，雇用者の中には全く不払残業労働をしていない者も3～4割程度存在する……。したがって，不払残業時間をしている労働者だけで平均をとれば不払残業時間はもっと長くなる。」と指摘している[12]。

小倉・坂口［2004］は，小野と同じ手法を用い，より長期データによって不払労働時間を推計した[13]。これをまとめると，①1970年以降，全体的に「労調」と「毎勤」との労働時間格差は拡大する傾向にある。その拡大傾向は女性

表12-3　年間不払残業時間の推計

年次		労働力調査 年間労働時間		毎月勤労統計調査 年間総実労働時間		不払残業時間の推計値	
		男性 E	女性 F	男性 G	女性 H	男性 E−G	女性 F−H
1997	H 9	2,430	1,908	2,016	1,693	414	215
1998	10	2,425	1,893	1,997	1,670	428	223
1999	11	2,435	1,882	1,980	1,631	455	251
2000	12	2,482	1,898	1,998	1,637	484	261
2001	13	2,446	1,862	1,984	1,620	462	242
2002	14	2,446	1,851	1,980	1,598	466	253
2003	15	2,440	1,846	1,985	1,596	455	250
2004	16	2,451	1,851	1,986	1,582	465	269
2005	17	2,435	1,835	1,974	1,571	461	264
2006	18	2,430	1,846	1,984	1,574	446	272
2007	19	2,393	1,815	1,986	1,566	407	249
2008	20	2,373	1,799	1,967	1,554	406	245
2009	21	2,336	1,789	1,902	1,514	434	275
2010	22	2,352	1,789	1,937	1,523	415	266

(資料) 総務省「労働力調査」, 厚生労働省「毎月勤労統計調査」
(注)「労働力調査 (労調)」による年間労働時間は, 非農林業雇用者の週間就業時間を52.143 (365／7) 倍して計算した。「毎月勤労統計調査 (毎勤)」による年間総実労働時間 (＝所定内＋所定外) は, 事業所規模 5 人以上, 調査産業計の常用労働者 1 人平均月間総実労働時間数を12 (12か月) 倍した。

よりも男性に顕著である。②男性の時間格差は企業規模・産業全体でみると, 近年では月間30時間ないしそれ以上である。③産業別にみると,「製造業」にくらべて「卸売・小売業」「金融・保険業」での時間格差は大きく, とくに男性の時間格差は近年では50時間前後となっている, と明らかにした。小倉・藤本［2005］はまた, 2004年度に全国3,000人を対象としたアンケート調査を実施し, そのマイクロ・データを利用して, 長時間労働や不払労働時間の実態について調査するとともに, 長時間労働が労働者の健康に及ぼす影響, また不払労働時間に影響する要因を分析している。調査結果を要約すると, ①男性では年齢や勤続年数が長いほど, 不払労働時間は短い。働き盛りの壮年層や若年層

のほうが高年層よりも不払労働時間は長い。②業種では「卸売・小売業」と「公務」で不払労働時間が長く，反対に「電気・ガス・水道・熱供給業」では短い。③職種をみると，男性では「営業・販売」で不払労働時間が長く，「製造・生産関連」で短い，などの結果をえた。

表12-3は，先行研究と同様に，「労調」と「毎勤」を用いて推計した年間の不払残業時間（産業計）である。これによると，1997年以降，推計された不払残業時間は増減しているものの，男性は年間400時間から480時間で，女性は220時間から270時間で推移している。女性にはパート労働が多く，残業そのものが少ないなど，男性の不払残業時間は女性の倍近い時間となっている。

12-2 最低賃金法と労働市場

12.2.1 最低賃金の経済学

最低賃金制度の意義 1990年代以降，最低賃金の雇用量に与える影響に関する実証的究がアメリカで次々と発表され，いくつかの成果をえた。その1つは，最低賃金が引き上げられても，短期的には雇用量は必ずしも減少しないという結果であった。こうした結果を説明する理論として注目されたのが労働需要独占の理論であった。

労働市場の需給について，競争メカニズムが働かず市場均衡が成立しない場合がある。その1つが最低賃金制（minimum wage legislation）である。最低賃金制とは，国が法的強制力をもって賃金の最低額を定め，それ以上の賃金を労働者に支払わなければならないという制度である。テレビや紳士服，刺身やにぎり寿司など，これら財に対する需要が少なく売れ残るならば，人びとはどのようにして需給を調整するだろうか。テレビや紳士服などは翌日に持ち越され，ふたたび店頭に陳列されるであろう。刺身やにぎり寿司などは翌日に持ち越すことはできないので，値引きしてでも，その日のうちに販売しようとするであろう。生身の労働者が市場に提供する労働サービス（たとえば，一日8時間の労働サービスを市場に提供する）という財も，刺身やにぎり寿司などの財同様に，売れないからといって翌日に持ち越すことはできないし，また売り

惜しみもできないであろう。マーシャルはこのような労働サービスの特殊な性質を「減失的 (perishable)」といった[14]。労働者は，労働サービスが完売されないのであれば，労働が減失的であるため，これを窮迫販売してでも販売せざるをえないであろう。窮迫販売するといっても，生活を維持できないほど賃金を切り下げて売ることもできないであろう。生存していくためには最低限の賃金が必要なのである。最低賃金 (minimum wage) の意義はここにある。

完全競争モデル　ミクロ経済学の教科書に，最低賃金の存在は市場の需給調整をはばむ価格規制の典型例として取り上げられている。図12-2の競争的な労働市場に，多数の企業が生産していると仮定しよう。労働需要曲線DD'と労働供給曲線SS'が交わる均衡点Eで，均衡賃金がWe，均衡雇用量がNeに決定される。ここで，最低賃金が均衡賃金Weより高い水準Wmに設定されたとしよう。均衡賃金より高い最低賃金の設定は，2つのルートをとおして雇用量に影響を与える。1つは，最低賃金によって賃金コストが上昇した労働者を，相対的に安価となった資本財に代替するもので，その効果は労働と資本の

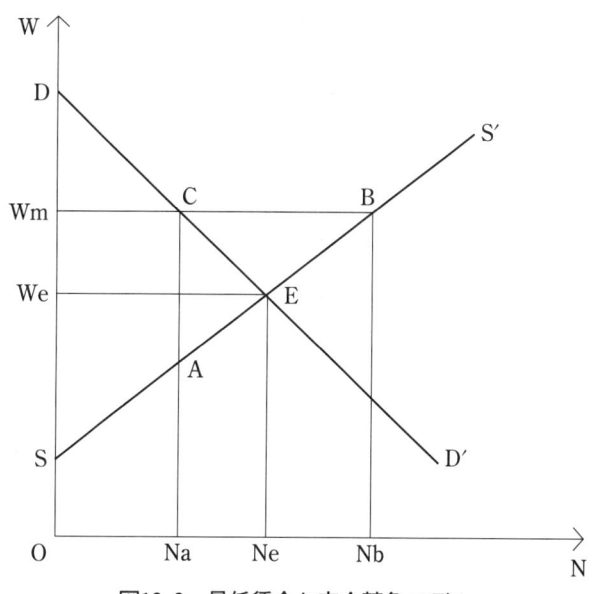

図12-2　最低賃金と完全競争モデル

代替効果とよばれる。もう1つは，生産量の減少による雇用量の減少をいい，規模効果といわれる。最低賃金の設定によって2つの効果が発生し，労働需要は点Eから点Cまで減少する。この結果，労働の超過供給はCBとなり，その大きさの失業が発生する。このように，最低賃金が設定されると，雇用量は競争的な均衡雇用量NeにくらべてNaNeだけ減少する。雇用量がどれだけ減少するかは，最低賃金の引き上げ幅とともに，労働需要′曲線DD′と労働供給曲線SS′の賃金弾力性にも依存している。

次に，最低賃金の労働市場に与える影響を，社会的厚生を用いて説明することにしよう[15]。図12-2において，完全競争市場における社会的厚生は生産者余剰△DEWeと（消費者余剰に対応する）労働者余剰△WeESを合計した△DESである。最低賃金がWmに設定されると，社会的厚生は，最低賃金がない場合にくらべて△CEAだけ減少する。というのは，雇用量がONeからONaへと減少するから，生産者余剰は△DEWeから△DCWmに減少する。他方，労働者余剰は□WmCASとなるから，これら2つの余剰を合わせた社会的厚生は最低賃金がない場合にくらべて△CEAだけ減少する。

需要独占モデル　完全競争を前提とした最低賃金の経済効果をみると，均衡賃金以上の水準に最低賃金が設定されると，雇用量は必ず減少する。しかし，労働市場が企業が一社しか操業していない需要独占にあるならば，最低賃金が設定され，それが上昇したとしても，雇用量は必ずしも減少することはないであろう。図12-3において，右下がりのDD′曲線は労働需要曲線で，限界価値生産物曲線MVPといわれる[16]。これに対して，需要独占のもとでは，企業が直面する労働供給曲線は曲線SS′のように右上がりとなる。企業が右上がりの供給曲線に直面するのが需要独占の特徴にほかならない[17]。このため，企業が雇用の追加的な増加に支払わなければならない支出の増加は賃金費用W(N)ではなく，それを上回る労働の限界賃金費用[W(N)+W′(N)N]になるであろう[18]。これは右上がりの限界賃金費用曲線MCLで示される。したがって，需要独占企業が利潤を最大化する雇用量は，限界賃金費用曲線MCLと限界価値生産物曲線MVPの交点Cに対応するNaであり，賃金率は労働の供給曲線SS′上の点Aに対応するWeの水準に定まるであろう。

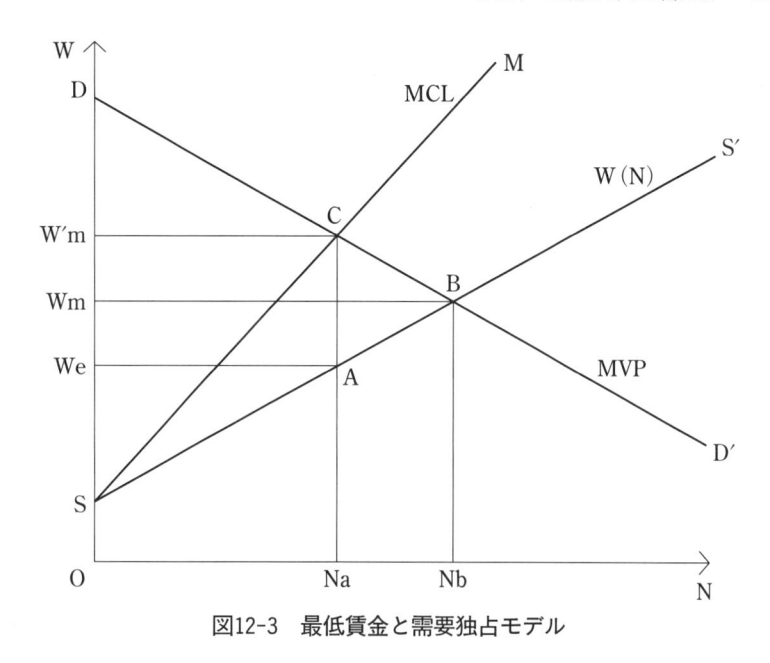

図12-3　最低賃金と需要独占モデル

　いま，需要独占のもとで最低賃金が設定されると，雇用量にどのような影響を与えるであろうか。We よりも高い最低賃金 Wm が設定されると，雇用量は供給曲線 SS′ 上の点 B に対応する Nb となり，需要独占下の雇用量 Na よりも増加する[19]。最低賃金がさらに引き上げられたとしても，曲線 MVP と曲線 MCL の交点 C に対応する W′m までの範囲内で最低賃金が設定されると，雇用量は需要曲線 DD′ 上に沿って定まり，Nb にくらべて減少するが，Na 以上の雇用が維持されるであろう。最低賃金の存在が意味あるというのは，ロビンソン［1933］が説明した需要独占のケースなのである。

　最低賃金の経済理論を完全競争モデルと需要独占モデルによって説明したが，このほかに，最低賃金が適応される部門と適用されない部門の2つに労働市場が分断した二部門モデル，需要独占モデルをもとに開発された動学モデル，労働者の技能や技術による異質性を考慮した労働の異質性モデルなどがある[20]。

最低賃金と両立する成長経済　ところで，有効需要が拡大する成長経済のも

図12-4 最低賃金と成長経済

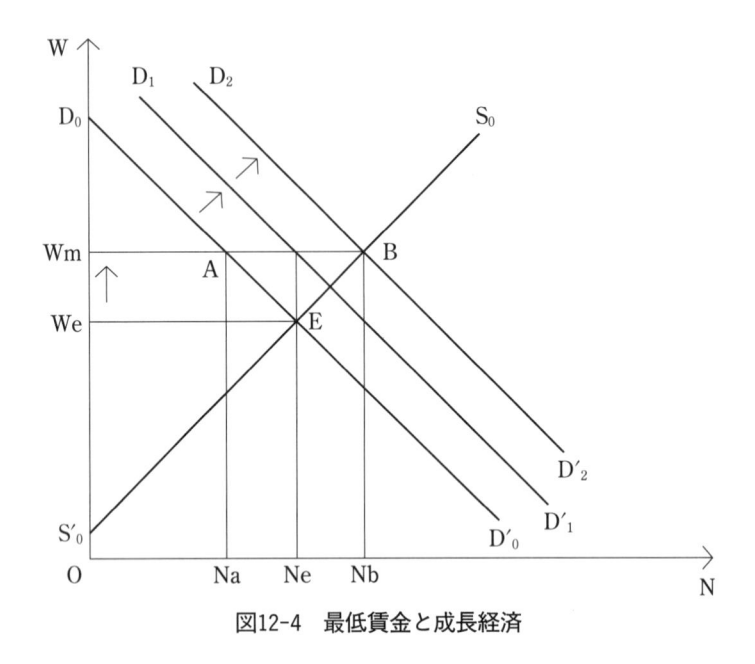

とでは，最低賃金の存在は必ずしも失業を発生させるわけではない。図12-4において，有効需要の増加によって労働需要曲線が $D_0D'_0$ から $D_1D'_1$，さらに $D_2D'_2$ へと右上方にシフトするならば，労働供給曲線 $S_0S'_0$ が変位しないかぎり，雇用量は増加し失業量は減少をつづけ，新しい均衡点Bで労働の超過供給は解消するであろう。この説明からも理解できるように，均衡賃金 We を上回る最低賃金 Wm の設定は，静学的な労働市場においては失業を引き起こすけれども，有効需要が拡大する動態経済のもとでは失業を発生させることはない。

図12-5のように，労働供給曲線が右下がりの場合でも，成長経済にあれば，失業を引き起こすことはないのである。賃金水準が均衡賃金 We を下回るところにあるならば（Wm の最低賃金でABの超過供給），ワルラス的不安定のために，賃金はとめどなく下落していくであろう。こうした労働サービスの窮迫販売を防止するのがまさに最低賃金 Wm の存在であった。この状態で最低賃金が Wm から W'm に引き上げられると，労働者の一部は職を失い，雇用

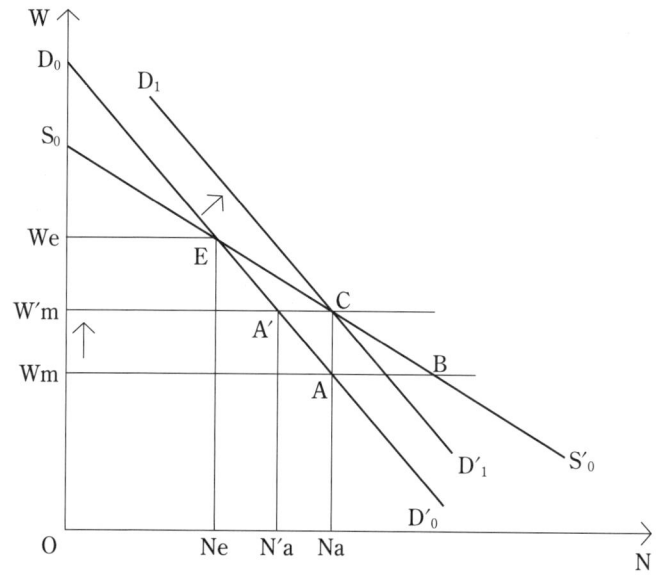

図12-5 最低賃金と右下がりの労働供給曲線

量はNaからN'aに減少するであろう。しかし，成長する経済のもとで労働需要曲線が$D_0D'_0$から$D_1D'_1$へと右上方にシフトし，点Cで労働供給曲線$S_0$$S'_0$と交わるならば，雇用の減少に直面することはないであろう（雇用量は点Cに対応するNa）。このように，労働供給曲線が右上がりであっても，あるいはまた右下がりであっても，最低賃金の設定や引き上げは市場均衡を妨げ，雇用量を減少させ失業を発生させるのであるが，有効需要が増大をつづける成長経済であれば，こうした不均衡の状態は早晩是正され，新しい均衡点（たとえば，点Bや点C）に達するであろう。最低賃金の存在が市場に与える影響は，経済が動態的に拡大しているか否かに依存している。

12.2.2 最低賃金の雇用・賃金に与える影響

アメリカの研究結果 ミクロ経済学の伝統的な解釈では，最低賃金の上昇は雇用量の減少をもたらすといわれてきた。ところで，1980年代初頭までに発表された25編の論文の実証結果をまとめ整理したのは，ブラウン（C. Brown）・

ギルロイ（C. Gilroy）＝コーヘン（A. Kohen）[1982][1983]であった[21]。この2つの論文は最低賃金の需要弾力性はおおむね−0.1～−0.3と推定された。これをもとに，最低賃金が10％上昇した場合，若年雇用の約1～3％の幅で減少させるとの結論を下したのである。この結論は80年代をとおして実証研究に大きな影響力を与えたが，その後，学問的関心が薄れたのかどうかわからないが，最低賃金に関する論文は大幅に減少した。80年代までは集計データを用いた時系列分析中心の分析方法を用い，最低賃金の需要弾力性を求める研究が主流であった。90年代になると，各州における最低賃金の段階的な引き上げを契機に，最低賃金の研究はふたたび脚光を浴びるようになった。分析方法も，州の最低賃金データに注目した，パネル・データやプール化されたクロスセクション・データを使用する方法に変化していった。

　アメリカでは，最低賃金の引き上げを契機に，ふたたび最低賃金の雇用に与える影響についての関心が高まった。その発端となったのがカード（D. Card）[1992a][1992b]，カッツ（L. Katz）＝クルーガー（A. Krueger）[1992]の論文であった。その実証結果は，最低賃金の上昇が雇用量にほとんど影響を与えないか，わずかに増やすというものであった。この新たな流れのなかで注目されたのは，カッツ＝クルーガー[1992]の分析——テキサス州のファースト・フード・チェーンにおける最低賃金の雇用に与える変化，この分析をさらに精緻化したカード＝クルーガー[1994]の論文であった。この論文は，ファースト・フード・チェーンの雇用変化について，ニュージャージー州とそれに隣接するペンシルヴァニア州を比較分析したもので興味ある結果をえた。最低賃金を引き上げたニュージャージー州の雇用は増加したが，その一方，これを据え置いたペンシルヴァニア州の雇用は減少したというものであった。この結果に対して，多くに論議を呼び起こした。同じパネル・データを用いても，ニューマーク（D. Neumark）＝ワッシャー（W. Wascher）[1992]は，最低賃金10％の上昇が若年層の雇用量を1～2％ほど減少させるとの結果をもとに，最低賃金が雇用に与える効果が喪失的であると結論した。これら実証研究においては，推計の方法，データの質やその取扱いなど多くの問題点があり，最低賃金の雇用に与える効果については，必ずしも結論の一致をみてい

るわけではない。

雇用効果の実証研究とは異なり,最低賃金の引き上げが賃金決定や賃金分布に与える効果を分析した研究も紹介する必要があるが,ここでは省略する[22]。

日本の研究動向 わが国でも2000年代にはいって最低賃金の実証研究が進み,研究成果は徐々に蓄積されていった。研究の1つは,最低賃金の賃金下支え効果に関するものである[23]。永瀬伸子[1997]は,女性パートタイム労働者の賃金が地域別最低賃金と密接な関係にあることを確認し,最低賃金制はパートタイム労働者の賃金に有効な下支え機能を果たしているとの結論をえた。しかし,小原美紀[2000]や阿部由紀子[2001]は,下支え機能が有効に機能しているのはかぎられた県であると実証した。同時に,堀春彦＝坂口尚文[2005]は,最低賃金がパートタイム労働者の賃金決定の有効な制約であるか否かについて地域差が大きいと指摘したが,カンバヤシ(R. Kambayashi)・カワグチ(D. Kawaguchi)＝ヤマダ(K. Yamada)[2009]は,1989年から2003年のデータを用いて低賃金地域における女性労働者の賃金が最低賃金によって下支えされたとの結論をえた[24]。

最も関心のある問題は,最低賃金の雇用への影響である[25]。その代表的な研究は橘木俊詔・浦川邦夫[2006]である。橘木・浦川は,カイツ指標と20代女性の雇用者比率との関係を最小二乗法で回帰分析し,カイツ指標が20代女性の雇用者比率に必ずしも影響を与えていないことを明らかにした。その後,有賀健[2007]は,新規高卒者の求人倍率や県外への就職比率を最低賃金との関係を都道府県データを用いて分析,最低賃金が求人数を減らし,県外就職比率を高めることを明らかにした。都道府県レベルのパネル・データを用いて,カンバヤシ・カワグチ＝ヤマダ[2009]は,カイツ指標が学歴を考慮した4つの年齢グループの雇用者比率に与える影響を分析した。男性では有意な結果をえなかったが,31～59歳女性の雇用者比率を下げるという雇用喪失効果が確認された。このように,わが国の実証研究は数少ないが,問題は2002年以前のデータを用いて分析している点で,梅澤眞一・古俣誠司＝川上淳之[2011]は,最低賃金の影響が過少評価される可能性があると指摘している[26]。そこで,彼らは,橘木・浦川[2006]の行った分析手法を用いて,最低賃金の上昇率が高い

07年について，最低賃金の雇用を与える影響を推定した。

12.2.3　最低賃金法の成立と沿革

業者間協定方式から審議会方式へ　最低賃金制は，労働時間・深夜業の規制や女子・年少者の保護などと並んで，労働保護法制の立場から賃金の低廉な労働者の保護，とくに苦汗労働の防止を第一義的な目的として発達した制度である[27]。ILOは，1928年に採択した「最低賃金決定制度の創設に関する条約（第26号）」に，低賃金労働者の保護を明らかにしている。ニュージーランドでは1894年に「産業調停仲裁法」による世界で最初に最低賃金制度が採用され，その後，オーストラリアのビクトリア州で96年に「工場商店法」が制定され，このなかに最低賃金制の規定が定められた。イギリスにおいては1909年に制定された「賃金委員会法」に最低賃金制を設けた。フランスでは15年に最低賃金を決定しえるとした家内労働法が制定され，アメリカでは12年にマサチューセッツ州に，ついで17年にカナダのアルバータ州に最低賃金制が設けられた[28]。このように，最低賃金制は19世紀末から急速に欧米先進諸国に普及していった。

わが国における最低賃金制の沿革をみると[29]，47年4月に労働基準法が制定され，第28条から第31条に最低賃金に関する規定が設けられた。これがわが国最初の最低賃金制であった。しかし，戦後の経済混乱のために具体的な措置はとられなかった。実際，最低賃金制が一つの労働法制として具体化するのは，59年4月に制定された最低賃金法（以下，1959年最賃法という）になってからである。50年に中央賃金審議会，55年に労働問題懇談会を設置した政府は，審議会や懇談会の審議をへて，58年2月，国会に最低賃金法案を提出した。翌59年4月，同法案は成立し，同年5月に59年最賃法が施行された。しかし，決定された最低賃金のほとんどが「業者間協定にもとづく最低賃金方式」，いわゆる業者間協定方式とよばれるものであった[30]。

その後，59年に設置された中央最低賃金審議会は，最低賃金制のあり方について審議を重ね，63年に「最低賃金制の今後のすすめ方について」を答申した。政府は，この答申の趣旨を踏まえ，また経済社会情勢の変化を背景に，最

低賃金制の基本的な検討を諮問した。労使の激しい論議の末，政府は，審議会の答申にもとづき，「最低賃金法の一部を改正する法律案」を67年5月に国会に提出した。同法案は審議未了となったが，68年1月，ふたたび国会に提出，審議の末，最低賃金法の一部に関する法律案は68年6月に公布，9月1日から施行された（以下，1968年最賃法という）。最も大きな改正点は，一定の経過措置を設けて業者間協定方式を廃止し，決定方式として最低賃金審議会の調査審議にもとづく最低賃金と労働協約にもとづく地域的最低賃金の2つの方式——審議会方式（第16条方式）と労働協約方式（第11条方式）と定めた点である[31]。最低賃金制は，業者間協定方式から審議会方式を中心とする新しい最低賃金制に移行することになった。これは最低賃金制の画期的な転換であった。

地域別最低賃金の普及と新産業別最低賃金の設定[32]　最低賃金には地域別最低賃金と産業別最低賃金の2つがある。当初，審議会方式で決定されたのは産業別最低賃金であった。しかし，労働省（現厚生労働省）は，中央最低賃金審議会の70年答申「今後における最低賃金制度のあり方について」にもとづき，翌71年に「最低賃金の年次推進計画」を策定した。推進計画は，すべての労働者に最低賃金の適用をおよぼすとともに，これまでほとんど取り上げられなかった地域別最低賃金を設定するという内容であった。地域別最低賃金は72年5月に第1号として岐阜県で発効されたが，各都道府県の労働者すべてに包括的に適用される地域別最低賃金の設定は，72年度から73年度にかけて急速に進み，76年には47都道府県すべてに地域別最低賃金が設定された。地域別最低賃金は産業別最低賃金よりも低いが，賃金の最低限を保障するセーフティネット（安全網）として，その地域すべての労働者に適用されることになった。

　77年，中央最低賃金審議会は労働大臣（現厚生労働大臣）に「今後の最低賃金制のあり方について」答申を行った。これにより，全国一律最低賃金制をめぐる問題に一応の決着をつけ，地域別最低賃金は78年度から「目安制度」を設けることになった。全国的に整合性がある改正決定が行われるよう47都道府県を4つのランク（A，B，C，D）に分け，中央最低賃金審議会が各々のランクごとに最低賃金の引上げの目安額を定め，地方最低賃金審議会はこれを目安に引上げ額を改正することになった。地方最低賃金審議会への目安額答申の伝

達，この答申を参考に賃金実態調査，参考人の意見聴取，実地視察等の調査を踏まえて，地域別最低賃金の改正審議が行われるのである。こうした改正パターンが定着するにいたり，わが国の地域別最低賃金制度は目安制度を基軸として発展していった。

ところで，77年答申「今後の最低賃金制のあり方について」が指摘する問題点の１つは，産業別最低賃金制度の役割や機能に関するものであった。産業別最低賃金は，都道府県における特定の産業で就業する基幹的労働者について適用される最低賃金である。すべての労働者に地域別最低賃金の適用がおよぶにいたって，産業別最低賃金についてはより実効性のある最低賃金の設定が求められた。中央最低賃金審議会は，77年答申を踏まえ，78年から産業別最低賃金の機能と役割分担に関して検討を開始することになった。中央最低賃金審議会は，審議を重ね「新しい産業別最低賃金の運用方針について」の82年答申を行った。両答申において，新しい産業別最低賃金の設定についての考え方が提示され，これを受けて審議会は検討をつづけ，86年答申「現行産業別最低賃金の廃止及び新産業別最低賃金への転換等について」をまとめた。この答申を踏まえ，旧産業別最低賃金の新産業別最低賃金への転換が89年度に行われ，新産業別最低賃金の第１号として「静岡県パルプ・紙・加工紙製造業最低賃金」が88年２月に発効，その後，転換は急速に進んだ[33]。新産業別最低賃金は，関係労使のイニシアティブにより，地域別最低賃金を上回る高い最低賃金の決定を基本としてきたが，96年にはいって，中央最低賃金審議会は産業別最低賃金制度のあり方についてふたたび検討を開始することになった。

改正最低賃金法の施行　最低賃金制度は，68年改正の最低賃金法により，その骨格が形成され，運用・制度の両面において着実に改善が重ねられてきたが，21世紀を迎えサービス経済化など産業構造の変化，非正規労働者の増加といった雇用形態の多様化，働き方の多様化，低賃金労働者の増大，規制緩和・市場原理の促進など，制度を取り巻く状況は大きく変化した。こうした環境が変化するなかで，最低賃金制度が一層的確に機能していくよう制度の機能を検証し，あるべき姿を明らかにすることが必要となった[34]。そこで，厚生労働省は，2004年９月に「最低賃金制度のあり方に関する研究会」を設置し，制度の

検討を行うになった。10回におよぶ会議をへて報告書を取りまとめた（05年3月第10回会議）。同省は，これを受け05年4月に労働政策審議会に今後の最低賃金制度のあり方について調査審議を諮問した。労使双方の意見の隔たりは大きく，その後も検討と修正を加え19回におよぶ審議をつづけ，同審議会は06年12月に厚生労働大臣に「今後の最低賃金制度の在り方について」を答申した。政府は，同審議会の答申にもとづいて，翌07年3月に「最低賃金法の一部を改正する法律案」を第166回通常国会に提出したが，審議未了となり継続審議となった。同法案は，第168回国会に一部修正のうえ07年12月成立をみ，同月に公布，08年7月1日に施行されることになった。

　以上みたように，最低賃金法の一部を改正した。改正の意義を改めてみると，地域別最低賃金をすべての労働者の賃金の最低額を保障する安全網として位置づけるとともに，産業別最低賃金については，関係労使のイニシアティブにより設定するという観点から制度のあり方を見直し，地域別最低賃金の補完的役割を果たすものと位置づけたのである。主な改正点は，第1に，地域別最低賃金は「地域における労働者の生計費及び賃金並びに通常の事業の賃金支払能力を考慮して定めなければならない。」（第9条第2項）と規定したうえで，「労働者が健康で文化的な最低限度の生活を営むことができるよう，生活保護に係る施策との整合性に配慮するものとする。」（同第3項）となった。最低賃金が生活保護の水準より低い場合には最低生活費の観点から問題であるとともに，就労に対するインセンティブの低下，モラルハザード（moral hazard 道徳的危険）の観点からも問題である。このため，生計費を考慮する場合の1つとして生活保護があることを明確にした。第2に，派遣労働者については，改正前には派遣元の事業場に適用される最低賃金を適用していたが，改正後，その派遣先の事業場が所在する地域（産業）の最低賃金を適用される（第13条，第18条）こととなった。第3に，精神または身体の障害により著しく労働能力の低い者等に関する最低賃金の「適用除外」の措置が廃止され，これに代わって「減額特例」（第7条）が設けられた。

　最低賃金の決定の仕組み　審議会方式による最低賃金の決定または改定は，都道府県労働局におかれている地方最低賃金審議会の調査審議をへたうえで行

われる。地域別最低賃金の改正の流れをみると，労働局長の改正諮問を受け，地方最低賃金審議会（通称：地賃）は，毎年，中央最低賃金審議会（通称：中賃）から47都道府県を4ランク（A，B，C，Dランク）に分けて示される改定額の目安（時間額の引き上げ額）を参考に調査審議を行うのである[35]。調査審議の手順を述べると，最低賃金審議会は，労働局長の改正諮問を受けた後，地域別最低賃金専門部会を設置し，事業場実地視察の実施，参考人意見陳述の実施，基礎調査・賃金改定状況調査の説明・検討等をへて，金額審議を数回にわたって行い，専門部会による調査審議の結果を審議会に報告，労働局長に答申するのである。その後，異議の申出があれば，これを審議し，この審議を踏まえて，答申要旨が公示，最低賃金の効力発生となる。

最後に，表12-4 によって地域別最低賃金の推移を観察しよう。この10年間

表12-4　地域別最低賃金の推移

(単位：円，指数)

年度		全国加重平均額		最低賃金が最も高い東京都の時間額	最低賃金が最も低い県の時間額	最も低い県の数
		時間額	引上げ率			
2001	H13	663 (100.0)	—	708 (106.8)	604 (91.1)	9県
2002	14	663 (100.0)	0.00	708 (106.8)	604 (91.1)	1県
2003	15	664 (100.0)	0.15	708 (106.6)	605 (91.1)	7県
2004	16	665 (100.0)	0.15	710 (106.8)	606 (91.1)	8県
2005	17	668 (100.0)	0.45	714 (106.9)	608 (91.0)	8県
2006	18	673 (100.0)	0.75	719 (106.8)	610 (90.6)	4県
2007	19	687 (100.0)	2.08	739 (107.7)	618 (90.0)	2県
2008	20	703 (100.0)	2.33	766 (109.0)	627 (89.2)	3県
2009	21	713 (100.0)	1.42	791 (110.9)	629 (88.2)	4県
2010	22	730 (100.0)	2.38	821 (112.5)	642 (87.9)	7県
2011	23	737 (100.0)	0.96	837 (113.4)	645 (87.5)	3県
2012	24	749 (100.0)	1.63	850 (113.5)	652 (87.0)	2県

(資料) 労働調査会出版局編『平成23年度版　最低賃金決定要覧』，労働調査会出版局編『平成24年度版　最低賃金決定要覧』．
(注) 1) 2001年度までは日額・時間額併用方式，02年度から時間単独方式に移行した。表記の最低賃金の額は時間額である。
2) 08年度の最高額は東京都と神奈川県の2都県である。
3) (　) 内の数値は全国加重平均額を100.0としたときの指数。

ほど，全国加重平均でみた最低賃金は2000年代前半にはほとんど上昇しなかったが，後半になって2～3％の上昇がつづき，11年度は時間額737円，12年度は749円となっている。これは，1つには08年の法改正によって，生活保護との整合性への配慮が働き，最低賃金が生活保護基準を下回る都道府県が大幅な引き上げを行った。それでもまだ逆転現象が解消していない都道府県がある。2つには，生活保護基準を下回っていない県においても，雇用戦略対話の合意を受け，引き上げに努力したことなどがあげられる。また全国加重平均を100とすると，最低賃金が最も高い東京都の時間額と最も低い県（たとえば沖縄県）との格差は，この10年間，徐々に拡大してきており，最高と最低の開きが15.7ポイントであった01年度にくらべ，11年度は25.9ポイント，12年度は26.5ポイントに拡大している。

12-3 雇用保険法と労働市場

12.3.1 雇用保険の経済学

雇用保険制度 社会保障の1つである社会保険は，国民が生活するうえでの疾病，老齢，失業，労働災害，介護などの事故に備えて，保険に事前に強制的に加入することによって，事故が起こったときに生活を保障する相互扶助の仕組みである。わが国の社会保険は，医療保険をはじめ，年金保険，雇用保険，労災保険，介護保険（2000年4月より施行）の6種類で構成されている。本節では，その一つである雇用保険について考察する。

雇用保険制度とは，雇用保険法を根拠とし，労働者が失業した場合，また労働者に雇用の継続が困難となる事由が生じた場合，さらに労働者が自ら職業に関する教育訓練を受けた場合に，労働者個人に「失業等給付」の必要な給付を行い，失業中の生活の安定と再就職の促進を図ることを目的としている。あわせて高齢社会への移行，景気変動や急速な技術革新等に対応して，質量両面にわたって完全雇用を実現するため，失業の予防，雇用機会の増大，職業能力の開発・向上を図る事業主に対し，各種の給付金を支給する等の「雇用保険二事業」——雇用安定事業，能力開発事業を行っている。労働者を一人でも雇用す

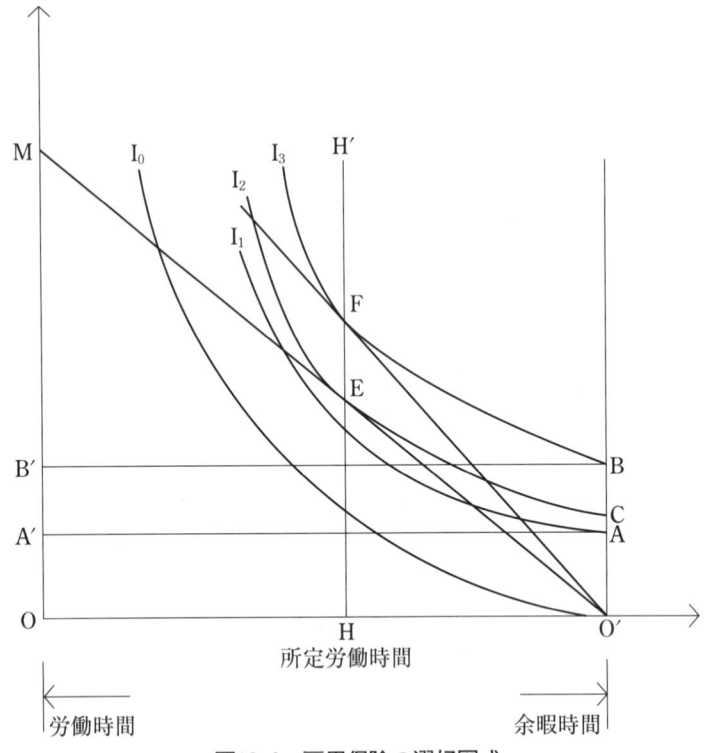

図12-6 雇用保険の選好図式

る事業は、業種や事業規模の大小を問わず、原則としてすべて雇用保険の適用事業となり、事業主と被保険者（労働者）の両者が雇用保険料を負担する[36]。

雇用保険の経済分析 次に、所得－余暇の選好図式を用いて、雇用保険の経済学的意味を明らかにする。図12-6において、O'Hは所定労働時間、直線O'Mは雇用機会を表す予算制約の賃金線（市場機会線）とすると、いま、労働者は所定労働時間O'Hの点Eで就業しているとする。点Eは、労働者の無差別曲線I_2と賃金線O'Mとが接する均衡点である。ここで、点Eで働いている労働者の企業が倒産し失業したとすると、失業した労働者は無就業の状態となり収入も皆無となるから、無差別曲線I_0が横軸と接する点O'に位置するであろう。無収入となった失業者に雇用保険制度が適用され、O'Aの失業給付が給付されるならば、無就業の状態にあるけれども、点O'より高い点Aに位置

するであろう。いいかえれば，失業しても（以前の収入 EH よりも少ないが）O'A の失業給付によって，この失業者はそうでない場合（曲線 I_0 上の点 O'）にくらべて，より高い効用水準の曲線 I_1 上（曲線 I_2 よりも低いが）の点 A に位置するであろう。雇用保険制度における失業給付の意義がここに存在する。

　失業給付が O'C の給付額であるならば，無就業の点 C をとおる無差別曲線 I_2 は，失業する以前の就業点 E をとおることから，点 C の効用水準は点 E のそれと同一となる。ところで，失業給付が O'C 以上の O'B が給付されるならば，たとえ失業前の収入 EH を下回るとしても，点 B をとおる無差別曲線 I_3 は，点 E をとおる曲線 I_2 より上方に位置することから，失業者にとっては，失業中であるにもかかわらず，点 B は点 E（そして当然，点 A）よりベターオフ（better off）となるであろう。このように，失業給付が高くなれば，失業者の就業意欲を減退させ，職探しを遅らせるかもしれない。たとえ職探しを行うとしても，以前支給されていた賃金率（それは賃金線 O'M の傾き）よりも，いっそう高い賃金率（たとえば賃金線 O'F の傾きで示される賃金率）が提示されなければならない。給付される失業給付が高くなればなるほど，失業者は再就職への緊急度はそれだけ低下し職探しが緩慢になるだけでなく，たとえ就職口が見つかったとしても選り好みされるなど，再就職するまでの期間はそれだけ長くなるであろう。

12.3.2　雇用保険法の概要

雇用保険法の成立と特別会計の改革　1947年，失業者の生活の安定を目的として「失業保険法」が制定，失業保険制度が創設されたが，74年に廃止された。これに代わって，同じ年に新たに「雇用保険法」が制定され，雇用保険制度が発足した。雇用保険制度とは，雇用保険法を根拠とし，「労働者が失業した場合及び労働者について雇用の継続が困難となる事由が生じた場合に必要な給付を行うほか，労働者が自ら職業に関する教育訓練を受けた場合に必要な給付を行うことにより，労働者の生活及び雇用の安定を図るとともに，求職活動を容易にする等その就職を促進し，あわせて労働者の職業の安定に資するため，失業の予防，雇用状態の是正及び向上その他労働者の福祉の増進を図るこ

と」(法第1条)を目的としている。

　特別会計改革のなかでも非常に注目されるのが労働保険特別会計である[37]。労働保険特別会計は，失業保険法にもとづき，47年に設置された失業保険特別会計と労働者災害補償保険特別会計（以下，労災保険特別会計という）を72年に統合して設けられた特別会計である[38]。両保険は労災や失業という保険事故に対する給付を行うために設置された制度であった。雇用保険法の制定にともない，労働保険特別会計の「失業勘定」は「雇用勘定」となり，事業主負担の保険料を財源に，いわゆる雇用安定事業，能力開発事業，そして雇用福祉事業の「雇用保険三事業」を行うこととなった。ところで，90年代にはいって労働保険特別会計の改革のきっかけになった一つは，勤労者福祉施設や労災病院・リハビリテーション関係施設など施設整備に対する批判であった。とくに雇用保険三事業における勤労者福祉施設等の施設整備への批判が強く，勤労者福祉施設は2005年度末までにすべて譲渡または廃止されることになった。特別会計改革の基本方針を定めた法律とは，06年6月に施行された行革推進法であって[39]，同法第23条は労働保険特別会計に係る見直しについて規定している。そのなかで，労働保険特別会計において経理される事業は，労災保険法の規定による保険給付に係る事業および雇用保険法に規定による失業等給付に係る事業にかぎるとした。この2つの事業を基本とし，労災保険法の規定に係る労働福祉事業および雇用保険法の規定による雇用安定事業，能力開発事業および雇用福祉事業，いわゆる雇用保険三事業については，廃止を含めた見直しを行うこととなった。さらに雇用保険法第66条の規定による国庫負担（失業等給付に係るものにかぎる）のあり方については廃止を含めて検討することになった。行革推進法の第23条に示された見直しに沿って，雇用保険法を改正し，同法は07年4月23日から施行された。その主な内容の1つは，雇用保険三事業のうち雇用福祉事業を廃止し，二事業とする[40]。また労災保険の労働福祉事業のうち，労働条件確保事業を廃止し事業名を社会復帰促進等事業に変更するというものであった。2つは，失業等給付のうち高年齢雇用継続給付に係る国庫負担を廃止し，当分の間，国庫負担を本来の負担額25%の55%である13.75%に引き下げるというものであった[41]。

雇用保険の改正と適用緩和　雇用保険制度は，労働者個人が失業等に直面した場合に「失業等給付」を行うだけでなく，高齢化社会への移行，景気変動や急速な技術革新等に対応して質量の両面にわたる完全雇用を実現するため，失業の予防，雇用機会の増大，労働者の職業能力の開発・向上を図る事業主に対し，各種給付金を支給する等の雇用保険二事業を行っている。失業した労働者は，雇用保険に加入し雇用保険料を支払い，保険料納付期間を満たした場合にかぎり必要な給付を受けるが，この雇用保険料は，労働者と事業主双方が原則折半して負担している。なお，失業等給付においては，双方が負担する雇用保険料が充当され，このうち求職者給付については国庫負担金も使用されている[42]。雇用保険法は，保険料率や失業等給付など数回にわたって改正されてきたが，行革推進法による見直しを踏まえた雇用保険法の改正以後も，今日まで3度ほど改正された。09年3月27日，雇用保険法の改正が成立した。同改正法の施行によって，雇用保険を受給できる保険料納付期間は過去1年から過去6か月に短縮され，また非正規労働者の加入要件は1年以上の雇用見込みから6か月以上に緩和された。

　さらに厳しい雇用失業情勢を踏まえ，非正規労働者に対するセーフティネット機能の強化，雇用保険の財政基盤の強化等を図る目的で，雇用保険法は10年に改正，同年4月1日から施行された。主な改正点は，雇用保険の適用範囲を拡大した点である。①非正規労働者に対する適用範囲の拡大を図ることになった。具体的には雇用保険の適用基準である「6か月以上雇用見込み」を「31日以上雇用見込み」に緩和した。②事業主が被保険者資格取得の届出を行わなかったため雇用保険に未加入とされた者に対して，現行の遡及適用期間である2年をこえて遡及適用する措置が盛り込まれた。つづけて11年5月に求職者支援法と改正雇用保険法が成立，同年8月1日から施行された。主な改正とは，失業給付の算定基礎となる賃金日数の下限額引き上げである。

12.3.3　失業等給付と雇用保険制度

　図12-7は，失業等給付および雇用保険二事業の概要を図示したものである。失業等給付については，雇用保険法の第3章に定める求職者給付，就職促進給

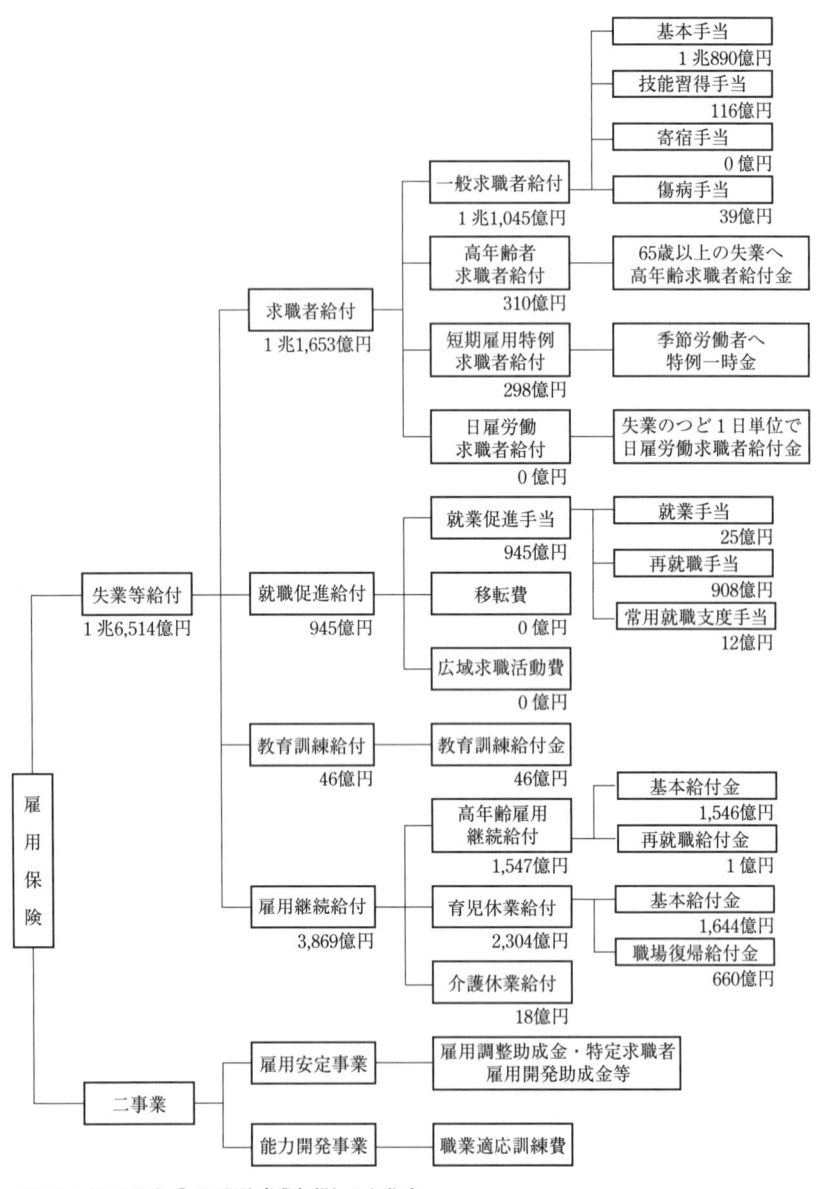

```
雇用保険
├─ 失業等給付
│   1兆6,514億円
│   ├─ 求職者給付
│   │   1兆1,653億円
│   │   ├─ 一般求職者給付
│   │   │   1兆1,045億円
│   │   │   ├─ 基本手当           1兆890億円
│   │   │   ├─ 技能習得手当       116億円
│   │   │   ├─ 寄宿手当            0億円
│   │   │   └─ 傷病手当            39億円
│   │   ├─ 高年齢者求職者給付
│   │   │   310億円
│   │   │   └─ 65歳以上の失業へ 高年齢求職者給付金
│   │   ├─ 短期雇用特例求職者給付
│   │   │   298億円
│   │   │   └─ 季節労働者へ 特例一時金
│   │   └─ 日雇労働求職者給付
│   │       0億円
│   │       └─ 失業のつど1日単位で 日雇労働求職者給付金
│   ├─ 就職促進給付
│   │   945億円
│   │   ├─ 就業促進手当
│   │   │   945億円
│   │   │   ├─ 就業手当            25億円
│   │   │   ├─ 再就職手当         908億円
│   │   │   └─ 常用就職支度手当  12億円
│   │   ├─ 移転費                    0億円
│   │   └─ 広域求職活動費        0億円
│   ├─ 教育訓練給付
│   │   46億円
│   │   └─ 教育訓練給付金         46億円
│   └─ 雇用継続給付
│       3,869億円
│       ├─ 高年齢雇用継続給付
│       │   1,547億円
│       │   ├─ 基本給付金         1,546億円
│       │   └─ 再就職給付金       1億円
│       ├─ 育児休業給付
│       │   2,304億円
│       │   ├─ 基本給付金         1,644億円
│       │   └─ 職場復帰給付金    660億円
│       └─ 介護休業給付           18億円
└─ 二事業
    ├─ 雇用安定事業
    │   └─ 雇用調整助成金・特定求職者雇用開発助成金等
    └─ 能力開発事業
        └─ 職業適応訓練費
```

(資料) 厚生労働省『雇用保険事業年報』より作成。
(注) 単位は億円である。0億円とあるのは支給状況が1億円未満であるため，0億円とした。

図12-7　失業等給付と二事業の種類および支給状況（2010年度）

付，教育訓練給付，雇用継続給付を総称したものである。求職者給付とは，失業した者の失業中の生活を安定させるとともに，求職活動を容易にすることを目的に支給される給付をいい，就職促進給付とは，失業者の再就職を援助・促進するために支給される給付をいう。また教育訓練給付とは，職業に関する教育や訓練を受けた者に対し，雇用の安定と就職の支援を行うために支給される給付，雇用継続給付とは，雇用継続に努める事業主を支援するために支給される給付をいう。求職者給付のうち，その中心は失業給付とよばれる一般求職者給付の基本手当である。一般被保険者（65歳未満の常用労働者）が失業し，法第13条の受給要件を満たしているときに支給される。基本手当とは平たくいえば，雇用保険の被保険者だったものが，定年や倒産，自己都合等により離職し失業中の生活を心配することなく，新しい仕事を探し再就職するのを支援するために支給される手当である。基本手当の所定給付日数は年齢や被保険者期間（雇用されていた期間），また離職の理由などによって異なり，90日から360日の間で決定される。雇用保険で受給できる1日あたりの金額を基本手当日額といい，この日額は，原則として離職の日以前2年間における最後の6か月の被保険者期間に毎月きまって支払われた賃金の総額を180で除してえた額＝賃金日額（法第17条）のおよそ50～80％とされ，年齢区分毎にその上限額が定められている。

　失業保険特別会計と労災保険特別会計を統合して1972年に設けられた労働保険特別会計は，労災や失業という保険事故に対する給付を行うために設置された制度であり，さらに失業保険制度は74年の雇用保険法の制定にともない雇用保険制度に改組された。労働保険特別会計で経理される事業の基本は，労災保険法の保険給付に係る事業と雇用保険法の失業等給付に係る事業であるが，設置の初期から批判の対象となった保険事業以外の付帯事業が行われてきた。そこで，**表12-5**によって，批判が高まりはじめた2001年度以降の労働保険特別会計（当初予算）の推移をみると，施設整備・各種事業への無駄遣い批判，労働保険料の徴収状況，失業等給付への国庫負担などの影響を受け，4兆6,361億円から減少し，08年度は3兆3,174億円と最低となったが，10年度は5兆3,078億円へ増加し，12年度はふたたび3兆8,887億円と減少している。とくに

表12-5 労働保険特別会計

(単位：億円)

年度		予算額	増減額
2001	H13	46,361	——
2002	14	46,217	△144
2003	15	44,329	△1,888
2004	16	42,518	△1,811
2005	17	41,295	△1,223
2006	18	39,992	△1,302
2007	19	35,254	△4,738
2008	20	33,174	△2,080
2009	21	34,438	1,264
2010	22	53,078	18,640
2011	23	42,569	△10,509
2012	24	38,887	△3,682

(資料) 厚生労働省予算
(注) 1) 労働保険特別会計は「徴収勘定」を除いたものである。
    2) 当初予算で，このとおり成立したものでないことに注意。

10年度，11年度はリーマン・ショックによる厳しい雇用情勢を反映して大幅な増加となった。図12-7は，10年度における失業等給付1兆6,514億円の支給状況を示したものである。その7割にあたる1兆1,653億円は求職者給付に支給され，93％強の1兆890億円が基本手当として支給されている。このほかに就職促進給付に945億円，教育訓練給付に46億円と支給されているが，給付額は全体の6％とわずかにすぎない。近年，育児休業や高年齢者雇用に対する給付は増えており，その結果，雇用継続給付は3,869億円と全体の4分の1となっている。

12-4　雇用対策法と年齢制限の禁止

12.4.1　欧米諸国における年齢差別禁止[43]

アメリカにおいては，雇用問題における年齢制限の差別禁止（age discrimination, agism）は，人種差別問題に端を発している。その先駆けとなったの

が公民権法であった。公民権法は，黒人などに対する人種差別を撤廃するために，1950年代から60年代にかけて制定された一連の法律を総称したもので，とくに64年に制定された「公民権法第7編」は人種，肌の色，宗教，性別または出身国を理由とする差別を禁止した。その3年後の67年に成立，68年に施行されたのが「雇用における年齢差別禁止法（The Age Discrimination in Employment Act of 1967　ADEA）」である。同法により，採用，賃金，解雇，昇進，労働条件など雇用のあらゆる場面で年齢差別を禁止した。ADEA は20名以上の労働者を雇用する使用者に適用され，40歳以上の中高年齢労働者を対象とする雇用保護の連邦法である[44]。この法律を受け，雇用機会均等委員会（The U. S. Equal Employment Opportunity Commission　EEOC）は，ADEAを含む各種の雇用差別禁止を運用するために厳しく監視することになった。雇用機会均等委員会の監視は厳しいが，法の網を抜けようとする企業も少なくないのもまた現実である。法律が制定されてから40年がたった現在においても，年間1万6,000件をこえる同法違反の訴えがあるといわれている。

　70年代以降，アメリカの年齢差別禁止法の成立は大きな潮流とはならず，ヨーロッパには直ちには浸透しなかった。それから30年の長い歳月が必要であった。EU は，97年10月のアムステルダム条約の調印を受け[45]，99年5月，ローマ条約（欧州共同体を設立する条約）の第13条（99年5月1日発効）は，「………，理事会は，委員会の提案に基づき，欧州議会との協議の上，全会一致で，性，人種若しくは出身民族，宗教若しくは信条，心身の障碍，年齢，又は性的嗜好に基づく差別と闘うために適当な行動をとることができる。」と規定した[46]。この条項の新設によって，性別以外の差別ははじめて登場したのであるが，差別禁止立法への道を切り開いたという意味で，この条項はきわめて重要な条項であった。こうした流れのなかで，99年11月，欧州委員会は一般雇用均等指令案を提案した。その後，同指令案には数々の修正が加えられたが，2000年11月に「一般雇用均等指令（雇用及び職業における均等待遇の一般的枠組みを設定する指令）」は正式に採択され，02年12月に発効された[47]。同指令は，4つの事由（宗教または信条，障碍，年齢，性的嗜好）による雇用差別を禁止するもので，EU 加盟国は，03年12月までに均等な取扱いを保障するよう

指令に沿った国内法の整備を行うことになり，各国は年齢差別禁止法を制定・施行することになった。一番早かった1998年のアイルランドをはじめ，ついで2001年のフランス，03年から04年にかけてベルギー，イタリア，オランダがつづき，また05年にはデンマーク，06年にはイギリスとドイツで年齢差別禁止が施行された。

　アメリカ・EUの雇用における伝統的な差別禁止は，人種や性別による差別的取扱いを受けないという人権保障を目的とするもので，適用範囲は広範である。しかし，伝統的な雇用差別法制と異なって，年齢差別法制は諸外国ではさまざまなアプローチが取られてきた。櫻庭涼子［2008］によると，ADEAは，制定当時から人権保障と中高年齢者の雇用促進という性格をもっていたが，適用対象が40歳以上の中高年齢者であることから，人権保障よりも雇用促進という目的が強かったと指摘している。EUにおいては，指令採択前のEU加盟国では年齢を用いた雇用管理の法規制は限定的であったが，指令採択後は雇用のあらゆる年齢差別を原則として包括的に禁止した。その意味で，中高年齢者の雇用促進よりも人権保障という目的が前面に出ている。

12.4.2　日本における高年齢者雇用への取組み状況

　わが国における高年齢者雇用をめぐる問題は，人口の中高年齢化とともに1960年代半ばに表面化し，雇用率制度や60歳定年への引き上げなどを中心に議論されてきた。90年代までの高年齢者雇用をめぐる法制の変遷をみると[48]，66年7月に「雇用対策法」を制定し，中高年齢者の雇用率を定め，事業主は必要な措置を講じなければならない旨を規定した。71年9月には高年齢者雇用の基本法といわれる「中高年齢者等の雇用の促進に関する特別措置法（中高年齢者雇用促進特別措置法）」を制定した。従来，職業安定法に設けられていた中高年齢者に関する規定は，特別措置法に引き継がれることになった。70年代半ば以降，高年齢者雇用をめぐる潮流は一段と大きくなった。76年5月，特別措置法は改正され，55歳以上を対象とする高年齢者雇用率制度——高年齢者の雇用割合を一律6％以上とする努力義務を定めた。その後，中高年齢者雇用促進特別措置法の一部を改正する法律が提出され，86年4月に法案は成立，10月1日

から施行された。法律も「高年齢者等の雇用の安定等に関する法律（高年齢者雇用安定法）」として生まれ変わった。同法の施行によって，60歳定年が努力義務となった[49]。

60年定年が一般化してきた状況を鑑み，政府は，90年に高年齢者雇用安定法を改正，定年に達した労働者が継続雇用を希望した場合には，65歳まで雇用するように努めなければならないと規定した。また94年6月に同法を改正，60歳定年の義務化，65歳継続雇用の促進を定め，98年4月から施行した。さらに2000年4月に高年齢者雇用安定法の一部を改正する法律が成立し，同年10月から施行された。第4条の2で「……65歳未満の定年の定めをしている事業主は，当該定年の引上げ，継続雇用制度の導入又は改善その他の当該高年齢者の65歳までの安定した雇用の確保を図るために必要な措置（高年齢者雇用確保措置）を講ずるように努めなければならない。」と規定し，政府は65歳への定年延長により積極的に取り組むことになった。こうした状況のなかで，年金改革によって年金支給開始年齢が65歳まで段階的に引き上げられ，年金支給までの間を埋めるため，60歳定年後の高年齢者が継続して就業できるよう環境整備が必要であるとのことから，04年6月に高年齢者雇用安定法を改正，06年4月から施行した。（65歳未満の）定年を定める事業主は，雇用する高年齢者の65歳までの雇用を確保するため，段階的に65歳までの雇用確保措置──①定年年齢の引き上げ，②継続雇用制度の導入，③定年の定めの廃止──を講じることが義務づけられ（同法第9条），事業主は65歳までの雇用確保や再就職促進等を図ることになった。

ところで，高齢者雇用対策において，定年による雇用の終了と年金支給の接続が以前から重大な課題となっていた。01年から厚生年金の定額部分の支給開始年齢が60歳から65歳に段階的に引き上げられたのにつづき，13年から報酬比例部分の支給開始年齢についても引き上げが始まるため，13年以降は60歳で定年退職した人が継続雇用されなれば，年金支給開始年齢まで賃金も年金もないという空白の期間が生じる。これを「2013年問題」という。04年には高年齢者雇用安定法を改正して，65歳までの雇用確保措置を講じることを企業に義務づけた。しかし，継続雇用制度の導入にあたって，労使協定により基準を定めた

場合は、希望者全員を対象とせず、該当者のみを継続雇用することが認められている。そこで、政府はこの仕組みを廃止し、希望者全員が継続雇用制度の対象となるように高年齢者雇用安定法の一部を改正する案を12年3月に国会に提出した。同改正案は同年8月に成立、13年5月1日から施行されることになった。

12.4.3　年齢制限の是正と雇用対策法[50]

雇用対策法は、わが国が完全雇用の達成をめざして積極的雇用政策を展開することを明らかにした最初の労働立法である。同法は、1966年7月に施行されて以来、すべての労働者がその有する能力を十分に発揮することができるよう雇用政策を展開していくうえでの基本法制として重要な役割を果たしてきた。わが国において就職における年齢制限といえば、1つには結婚・出産後の女性が正社員として再就職を希望しても、2つには定年退職後の高年齢者が正社員として再就職を希望しても、これを阻んできたのが年齢制限の壁であった。しかし、年齢制限は、新規学卒中心の採用、終身雇用・年功的処遇といった年齢にもとづく雇用慣行と密接にむすびつき、募集・採用時に広く利用されてきた。

中高年齢者の再就職を促進するために、雇用対策法は2001年4月に改正され、「事業主の募集・採用における年齢制限緩和」に向けた努力義務が規定された（法第7条）。その具体的な内容は、「年齢指針」（労働者の募集及び採用について年齢にかかわりなく均等な機会を与えることについて事業主が適切に対処するための指針（01年9月12日））に規定され、事業主はこの指針に沿って適切に対処するになった（法第12条）。これらの規定や年齢指針は01年10月1日から施行された[51]。それでは、この規定によって、企業が提示する年齢制限のある求人は大幅に減少したのであろうか。公共職業安定所で受理する求人のうち年齢制限のある求人の割合は01年9月には95.3％であったが、07年4月には49.2％まで低下している[52]。

高年齢者雇用をめぐる取組みも研究会を設置して対応したように、雇用における年齢差別禁止をめぐっても、厚生労働省は1990年代末から2000年代初めにかけて各種の研究会を立ち上げ、この問題を検討してきた[53]。01年4月に設置

された「年齢にかかわりなく働ける社会に関する有識者会議」は，03年1月に報告書をまとめ，高年齢者の厳しい再就職状況，公的年金の支給開始年齢の引き上げを受け，定年年齢の引き上げ，継続雇用制度など高年齢者雇用確保措置について強化する必要がある，と報告した。03年4月には「今後の高齢者雇用対策に関する研究会」を立ち上げ，同年7月に報告書「今後の高齢者雇用対策について──雇用と年金との接続を目指して」を発表した。報告は，年金支給開始年齢となる65歳までは，年齢が理由となって働くことが阻害されることのないシステムを整備していくことが急務であると，年金と雇用の接続の強化を明記した。また再就職促進策として，継続雇用制度の導入，募集・採用時の年齢制限の是正を指摘する一方で，年齢差別禁止への立法化は，定年制の有する雇用保障機能が損なわれるとして現段階では妥当でないとした。

　こうした取組みが行われるなか，2000年代半ばになって，募集・採用時の年齢制限の義務化に向けた議論は急速に高まった[54]。04年6月に改正された高年齢者雇用安定法では，事業主がやむをえない理由により65歳未満の年齢制限を行う場合には，事業主は求職者や職業紹介事業者等に対して，その理由を書面や電子媒体により提示することが義務づけられた（同法18条の2第1項）。その後，高齢者の就業機会の拡大をめざして，07年6月に雇用対策法が改正され，同年10月1日から施行された。「事業主の募集・採用における年齢制限緩和」という努力義務は，10月1日以降，「募集・採用時における年齢制限」は原則として禁止された（改正法第10条）。そして年齢制限義務化に加え，年齢制限が例外的に認められる事由を10項目から6項目に削減した。

　以上考察したように，雇用における年齢差別禁止に向けた取組みは，人権保障の観点よりも，主に出産後の女性活用や高年齢者の雇用促進という観点から行われてきた。とくにわが国労働市場の特徴である，年齢に結びついた雇用慣行を前提に，募集・採用という雇用ステージから具体的な取組みを行った。しかし，雇用における年齢差別禁止の是非に関する見解は2つに分かれている[55]。1つは，わが国の雇用慣行を踏まえれば，年齢差別を厳しく広範に禁止することは労働市場の混乱を招くとの見解である。もう1つは，募集・採用時の年齢制限や定年制は高年齢者の雇用を阻むものであり，年齢差別の禁止を包

括的に検討すべきという見解である。「募集・採用時の年齢制限」は禁止され，年齢制限が例外的に認められる事由も10項目から6項目に減ったものの，依然として幅広い例外が認められ，義務化してもその効果は小さいものにとどまっている。例外が多いといった「義務化」の背景には，年齢にもとづく雇用慣行が浸透しているためである。年齢差別を厳しく広範に禁止した場合，労働市場に大きな混乱を招くことになるからであろう。そうかといって，募集・採用時の年齢制限禁止だけでは，女性や高年齢者の再就職促進といった目的は必ずしも効果的には達成されない。そのためには，年齢と強く結びついた雇用慣行・労働市場システムを変えていかなればならない。

12-5 労働者派遣法と派遣労働

12.5.1 労働者派遣法の成立と沿革

労働者派遣法の成立 近年，労働力の需給両面において，著しい変化が生じている[56]。労働需要面をみると，技術革新の進展にともなうMEやOA機器の広汎かつ急速な普及，あるいはサービス経済化の進展にともなう調査やデータ処理など対事業所サービスの増加といった背景のもと，専門的な知識・技術・経験を有する者の業務が，また一般の従業員とは異なった雇用形態の業務が増えている。さらに企業が自社の従業員に行わせるよりも外部に委託したほうが効率的に処理できる業務が増加している。一方，労働供給面においても，労働力の高齢化・高学歴化，女子の職場進出といった労働供給の構造が変化するとともに，労働者の就業ニーズも多様化してきている。こうした需給両面にわたる変化のなかで，1975年頃から自己の雇用する労働者を他企業に派遣し，就業させる形態の事業（いわゆる人材派遣業）が急速に増加し，またそこで働く労働者も大幅に増えていった。

こうした雇用形態の事業においては，2つの点で大きな問題があった。1つは，労働者が派遣先の企業で就業するという形態であるから，職業安定法第44条で禁止している労働者供給事業に該当するおそれがあるのではないかという問題である[57]。もう1つは，労働者保護の観点からの問題である。いわゆる人

材派遣業はこれまで請負事業の形態で行われてきたが，派遣先において仕事する労働者の就業条件が必ずしも明らかにされていなかった。また派遣先の指揮命令を受けて就業した場合，労働者保護法規の適用について法施行以前においては，派遣元の請負事業主のみが使用者としての責任を負う立場にあったが，これだけでは適切に対応できないという問題である。

　このような流れのなか，現代の労働者はさまざまな雇用形態をとりながら仕事に従事している。「多様な働き方」は，労働力の需給両面から急速な勢いで進行している。多様な働き方の一つに派遣労働者がある。こうした働き方については，85年6月に「労働者派遣事業の適正な運営の確保及び派遣労働者の就業条件の整備等に関する法律（労働者派遣法）」が成立し，同年7月5日に公布され，翌86年7月1日から施行された。同法は，労働者派遣事業を新たな労働力需給調整システムとして位置づけるとともに，派遣労働者の保護と雇用の安定を図ることを目的として法制化された。認知された労働者派遣事業とは，派遣元である事業主が自ら雇用する労働者を自らのためにではなく，派遣先である他の事業主に派遣して，派遣先から指揮命令を受け派遣先のために労働させる事業をいい，後述する職業紹介事業とはまったく異なった雇用形態の事業なのである。

　労働者派遣法の改正　その後，労働者のニーズの多様化もあって非正規労働者，とくに派遣労働者は大幅かつ急速に増大していった。こうした増大を受け，経済情勢の変化への対応，労働者の多様な選択肢の確保等の観点から，「臨時的・一時的」な労働力の適正・迅速な需給調整のために，労働者派遣事業を行えるように拡大するとともに，労働者の保護措置を拡充することを目的に，99年6月に「改正労働者派遣法」が制定され，同年12月より施行された。同時に99年に「派遣元事業主が講ずべき措置に関する指針」と「派遣先が講ずべき措置に関する指針」を定めた。

　労働者派遣事業には，労働者派遣法の規定により厚生労働大臣の許可を受けて行う一般労働者派遣事業（法第5条）と，厚生労働大臣の届出受理により行う特定労働者派遣事業（法第16条）がある。一般労働者派遣事業とは，常用雇用労働者の労働者派遣以外に，主として派遣労働を希望する労働者を事前に登

表12-6 労働者派遣された派遣労働者数

(単位:人)

年度	一般労働者派遣事業 常用雇用労働者数 ①	一般労働者派遣事業 常用雇用以外の労働者数 ②	一般労働者派遣事業 登録者数 ③	特定労働者派遣事業 常用雇用労働者数 ④	合計 派遣労働者数 ①+③+④	合計 常用換算派遣労働者数 ①+②+④
1993	68,416	97,630	436,336	69,934	574,686	235,980
1994	69,996	99,421	437,000	68,883	575,879	238,300
1995	73,087	112,240	469,339	69,630	612,056	254,957
1996	82,886	146,703	572,421	68,941	724,248	298,530
1997	93,957	179,774	695,045	66,328	855,330	340,059
1998	72,885	161,275	749,635	72,754	895,274	306,914
1999	112,856	218,787	892,234	62,859	1,067,949	394,502
2000	137,392	264,220	1,113,521	135,451	1,386,364	537,063
2001	157,450	313,535	1,449,352	141,111	1,747,913	612,096
2002	187,813	354,824	1,791,060	150,781	2,129,654	693,418
2003	236,519	368,234	1,986,974	138,887	2,362,380	743,640
2004	274,813	469,034	1,844,844	146,387	2,266,044	890,234
2005	455,782	626,200	1,933,982	156,850	2,546,614	1,238,832
2006	645,767	651,687	2,343,967	220,734	3,210,468	1,518,188
2007	741,644	727,512	2,795,999	274,710	3,812,353	1,743,866
2008	844,789	806,317	2,811,987	332,230	3,989,006	1,983,336
2009	659,970	614,738	2,060,756	298,795	3,019,521	1,573,503
2010	649,786	536,375	1,771,550	293,111	2,714,447	1,479,272

(資料)厚生労働省「労働者派遣事業報告集計結果」
(注)派遣労働者数=一般労働者派遣事業の「常用雇用労働者数」+「登録者数」+特定労働者派遣事業の「常用雇用労働者数」。

録し,登録者のなかから労働者派遣を行う事業である。これに対して,特定労働者派遣事業とは,常用雇用労働者のみを労働者派遣する事業である。**表12-6**に示すように,①+③+④を合計した派遣労働者は,90年代60万人から100万人へと増加し,その後も増加をつづけ,リーマン・ショックが起こった2008年秋の直前を含め,07年,08年には400万人に達する大幅な増加となった。しかし,世界同時不況のため,10年は270万人まで落ち込んでいる。①+②+④の常用換算した派遣労働者もまた同様な動きを示している。

労働者派遣法の改正,いわゆる1999年法改正は,雇用の分野における規制緩

和の中心として，政府の経済構造改革と相俟って労働界・経済界から大きな注目を受けた。改正の第1は，対象業務の原則自由化である。派遣対象業務については，法制定当初は一部の専門的な業務等にかぎって可能とされていた。このように，従来，「原則禁止・例外適用」であって，例外適用として26業種が列挙されていた。これを逆に「原則自由・例外禁止」にして禁止業務を列挙することにした[58]。ソフトウエア開発や秘書など専門26業務にかぎって認められていた派遣労働を港湾運送業務，建設業務，警備業務（この3業務は従来からも禁止），医療関連業務，製造業務などをのぞき，原則自由化となった。

第2は，自由化業務について派遣期間を1年に限定する「1年ルール」を設定した。「1年ルール」では，違反した派遣先，派遣元に一定の制裁措置が定められている。「1年ルール」の規制の趣旨は，原則自由化によって派遣が拡大するのをできるだけ抑え，臨時的な業務のみ派遣労働を認める点にある[59]。第3は，労働者の保護措置が強化された点である。具体的には，社会保険・雇用保険の被保険者資格を取得したことの確認を派遣元から派遣先へ通知することが義務づけられたこと，派遣元事業主らによる個人情報についての守秘義務，派遣先事業主にセクハラ管理責任と母性保護・援助責任が課せられたこと，派遣元・派遣先の派遣法違反について，労働者が自ら申告できる制度の創設，事前面接の規制などである。

12.5.2 3つの雇用形態

労働者派遣事業はこれまでなかった新しい雇用形態の事業である。働く人びとの働き方に関係する雇用形態にはさまざまな形態がある。図12-8に示すように，主な雇用形態として職業紹介事業（A），労働者派遣事業（B），請負事業（C）の3つがある。職業安定法第4条によると，求人者と求職者との間で雇用関係が成立するよう斡旋することを職業紹介といい，職業紹介事業（A）とは，①労働サービスを提供する求職者が紹介者（いわゆる公共職業安定所）に求職申込を行い，②これを受けて，紹介者が労働サービスを需要する求人者からの求人申込を紹介・斡旋して，③求職者と求人者との間で労務提供と指揮命令・賃金支払に関して雇用契約を結ぶもので，雇用契約関係と指揮命令関係

図12-8 雇用形態の類型

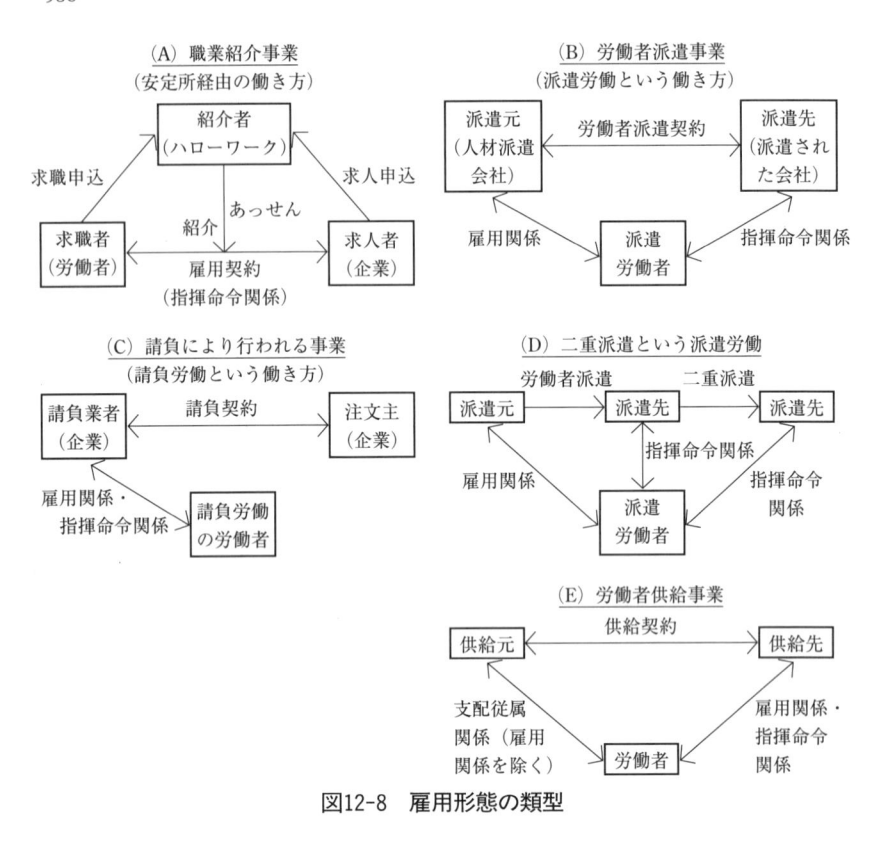

が一致している。

　労働者派遣は，労働者派遣法の第2条第1項によると，次のように定義されている。「自己の雇用する労働者を，当該雇用関係の下に，かつ，他人の指揮命令を受けて，当該他人のために労働に従事させることをいい，当該他人に対し当該労働者を当該他人に雇用させることを約してするものを含まないものとする。」という。同条第3項は，これを労働者派遣事業として規定している。労働者派遣事業（B）の派遣元，派遣先および派遣労働者の関係は，①派遣元と派遣労働者との間には雇用関係があり，②派遣元と派遣先との間に労働者派遣契約が締結され，この契約にもとづき，派遣元が派遣先に労働者を派遣し，③派遣先は派遣元から委託された指揮命令の権限により，派遣労働者を指揮命令するというものである。雇用関係と指揮命令関係が切り離されているところ

に，労働者派遣事業は職業紹介事業とは本質的に異なっている。

業務請負による請負労働（C）とは，派遣労働と違い，労務の提供でなく仕事の完成を目的として行う労働をいい，①請負業者（請負を受注した事業主）は仕事を注文した注文主との間で仕事の完成を目的に請負契約を結び，②請負労働の労働者との間に雇用関係を結んで請負労働させるというものである。請負労働においては，請負労働を行う労働者が注文主から指揮命令を受けることはない。労働者派遣は，労働者を他人の指揮命令を受けて，その他人のために労働を従事させるのであって，この有無により，労働者派遣を事業として行う労働者派遣事業と，業務請負契約により行われる請負事業とは区分されるが，現実には契約先の注文主からの指揮命令を受けて業務に従事している場合が少なくない。請負労働の名を借りて，実質，派遣労働と同じであるにもかかわらず，労働者派遣法の適用を免れるという，いわゆる「偽装請負」が行われている。労働者派遣法の適正な運用を確保するために，労働者派遣事業に該当するか否かは，請負事業との区分に関する基準（86年労働省告示第37号）にもとづき判断されている[60]。

労働者派遣事業と類似したものに，労働者供給を業として行う事業がある。職業安定法第44条は労働者供給事業（E）を禁止している。職業安定法第4条および同法施行規則第4条によると，労働者供給とは，供給契約にもとづいて労働者を他人の指揮命令を受けて労働に従事させることをいい，供給元と労働者との間に雇用契約関係がないものについてはすべて労働者供給に該当する。たとえ供給元と労働者との間に雇用契約関係がある場合であっても，労働者派遣法第2条によると，供給先に労働者を雇用させることを約して行われるものについては，労働者派遣には該当するのではなく労働者供給となる。

12.5.3 規制緩和から規制強化への流れ

2004年法改正　バブル経済の崩壊後，わが国は「失われた10年」という景況感のない閉塞状態がつづいた。完全失業率は1993年の第1次平成不況には2.5％であったが，その後，上昇傾向をつづけ，97年から98年の第2次平成不況においては4.1％に高まり，雇用情勢は悪化の一途をたどった。2001年の第3次

平成不況には5％台に突入し，02年は過去最悪の5.4％，完全失業者も359万人に増加した。このような状況のもと，労働力の流動性を高めて厳しい雇用情勢を改善していくには，労働市場改革・規制緩和が不可欠であると叫ばれた。それに応えたのが労働者派遣事業の運用緩和であった。労働力需給の迅速かつ円滑な調整を図ることができるよう労働者派遣法がふたたび改正され，04年3月1日に施行された。

　主な改正の1つは「派遣受入期間の延長」である。従来，派遣受入期間が1年に制限されていた業務について，所定の手続きをへることにより最長3年まで派遣を受けることが可能となった。同時にソフトウエア開発等の政令で定める業務，いわゆる26業務については，従来，同一の派遣労働者については3年であったが，改正によって期間は制限なしとなった。2つは，派遣労働者への「直接雇用の申込み義務」である。たとえば，①派遣受入期間の制限がある業務（製造業務や45歳以上の派遣労働者のみを従事させる業務など）の場合，制限への抵触日以降も，派遣労働者を使用する場合は，派遣先は，抵触日の前日までに派遣労働者に対して雇用契約の申込みをしなければならない。また②派遣受入期間の制限がない業務（いわゆる26業務）の場合，同一の業務に同一の派遣労働者を3年をこえて受け入れ，さらにその業務に新たに労働者を雇入れようとするときは，派遣先は，その派遣労働者に対して雇用契約の申込みをしなければならない。第3は「派遣対象業務の拡大」である。物の製造業務については，従来，派遣労働は禁止されていたが，改正によって派遣が可能となった。ただし，07年2月末までは派遣受入期間は1年を限度として，同年3月以降は最長3年まで派遣受入は可能となった。また病院等における医業等の医療関連業務について，紹介予定派遣の場合は派遣が可能となった[61]。

　後退した2012年法改正　派遣労働者の雇用環境が大きくクローズアップされたのは，08年秋のリーマン・ショックがきっかけだった。世界同時不況にともなって「派遣切り」が相次いで起こり，大きな社会問題となった。リーマン・ショック後，いかに激しい派遣切りなど雇止めが製造業を中心に1年にもわたって実施されたか，**表12-7**から読み取ることができる。派遣労働者の雇用・生活問題は焦眉の課題となった。こうした派遣労働者の雇用を確保し生活の安

表12-7 就業形態別の雇止め等の集計
(2008年11月から2009年5月)

(単位；人，%)

月次	合計	派遣	契約	請負	その他	製造業 合計	派遣	契約	請負	その他
11月	30,067 100.0									
12月	85,012 100.0	57,300 67.4	15,737 18.5	7,938 9.3	4,037 4.7	81,240 100.0	56,543 69.6	15,329 18.9	6,930 8.5	2,438 3.0
1月	124,802 100.0	85,743 68.7	23,247 18.6	10,456 8.4	5,356 4.3	120,708 100.0	84,936 70.4	22,875 19.0	9,446 7.8	3,451 2.9
2月	157,806 100.0	107,375 68.0	28,877 18.3	12,988 8.2	8,566 5.4	152,284 100.0	106,289 69.8	28,113 18.5	11,947 7.8	5,935 3.9
3月	192,061 100.0	125,339 65.3	39,195 20.4	15,556 8.1	11,971 6.2	183,488 100.0	122,637 66.8	36,953 20.1	13,710 7.5	10,188 5.6
4月	207,381 100.0	132,458 63.9	44,250 21.3	16,189 7.8	14,484 7.0	192,791 100.0	128,732 66.8	40,377 20.9	14,691 7.6	8,991 4.7
5月	216,408 100.0	135,065 62.4	47,100 21.8	16,795 7.8	17,448 8.1	199,684 100.0	131,877 66.0	42,393 21.2	15,206 7.6	10,208 5.1

(資料) 厚生労働省「非正規労働者の雇止め等の状況について」(各月報告)
(注) 1) 3月報告分より, 対象期間を2009年3月までを同年6月末までに拡大している。
2) 各就業形態には「期間満了」,「中途解除」および「不明」を含む。
3) 「契約」には期間工等を含む。

定を図るため，派遣労働に対する規制強化に迫られた政府は，労働者派遣法改正の検討を開始した。政権が交代したことを契機に，民主党政府は10年4月に労働者派遣法の改正案を提出した。労働政策審議会の答申を受け，当初，登録型派遣の原則禁止や製造業への派遣原則禁止という厳しい内容であったが，自民党・公明党の反対で，審議は難渋をきわめ，改正法案はなかなか成立しなかった。12年3月28日，参議院本会議で改正法案の一部を修正して可決成立，4月6日に公布された。改正法の主要部分については，公布の日から起算して6か月以内に，また「労働契約申込みみなし制度」等については，改正法の施行日から3年を経過した日から施行されることになった。

改正法の概要を説明する前に，当初示された労働政策審議会の答申の主な骨子をみると，①登録型派遣の原則禁止，②製造業への派遣原則禁止，③日雇い

派遣の原則禁止，④均等待遇に関する規定の設置，⑤マージン率などの情報公開，⑥違法派遣における直接雇用の促進などであった。今回成立した改正法は，法律の名称を「労働者派遣事業の適正な運営の確保及び派遣労働者の就業条件の整備等に関する法律」から「労働者派遣事業の適正な運営の確保及び派遣労働者の保護等に関する法律」に変更し，「派遣労働者の保護」を明記した。しかし，政府の改正案は野党との妥協によって換骨奪胎にされ，骨抜き改正となった。改正の主要な点をみると，第1に，問題が多いとされていた登録型派遣や製造業への派遣の禁止規定については削除され，禁止されないことになった。第2に，雇用が不安定な派遣形態で批判が多かった日雇い派遣については，当初，短期派遣として原則禁止された日雇い派遣の雇用期間は「2か月以内」であったが，「30日以内」に短縮されたにすぎない。また原則禁止の例外に「雇用機会の確保がとくに困難な場合等」が追加された。第3に，「労働契約申込みみなし制度」の創設である。違法派遣があった場合，派遣先が直接雇用を申し込んだとみなす規定――「労働契約申込みみなし制度」は施行から3年後まで先送りにし，当面は現状のままになった[62]。

第4に，派遣先の事業所が支払う派遣料金のうち，派遣元がえる分の情報開示が義務化された。派遣の手数料割合，いわゆるマージン率の開示によって派遣労働者の賃金体系の透明性が高まることになった。これは一歩前進である。第5に，有期雇用派遣労働者等の希望に応じ，期間の定めのない雇用機会の提供，有期雇用派遣労働者等を紹介予定派遣の対象とするなどの措置を講じるように努めなければならないことになった。第6に，均衡を考慮した待遇の確保についての規定である。派遣元事業主は，派遣労働者の従事する業務と同種の業務に従事する派遣先の労働者の賃金水準との均衡を考慮し，同種の業務に従事する一般の労働者の賃金水準または派遣労働者の職務内容，職務の成果，意欲，能力・経験等を勘案し，その賃金を決定するように配慮しなければならないとされた。さらに第7は，関係派遣先への労働者派遣の制限，いわゆる8割規制である。派遣元事業主は，グループ企業など省令で定める「関係派遣先」に労働者派遣をするときは，関係派遣先への派遣割合が8割以下になるようにしなければならないとされた。

以上説明したように，派遣労働に対する規制強化を謳いながら，成立した改正法は大きく後退したため，数々の問題は解決されることなく，そのまま残されることになった。一体，なんのために改正されたのだろうか。このままでは派遣労働が抱えるマグマはますます巨大化して爆発するのではないだろうか。このように考えると，必ずや再改正の日がやってくるに違いないであろう。

[注]
1) 余暇選好者，所得選好者とはどのような行動様式をもった労働者かについての説明は，第1章1-5の1.5.3を参照せよ。
2) 時間外労働とは法的には就業規則で定められた所定労働時間をこえて働くことをいう。
3) 36協定を締結しても，実際，時間外労働をさせるには，協定のほかに就業規則等に所定労働時間をこえて労働させるという記載がなければならない。
4) くも膜下出血などの「脳血管疾患」や心筋梗塞などの「心臓疾患」は過重な仕事が原因で発症する場合があり，こうした原因による死亡は過労死ともよばれている。厚生労働省では，過労死や仕事のストレスによる精神障害の状況について，2002年度から労災請求件数や「業務上疾病」と認定し労災保険給付を支給するとした支給決定件数など「脳血管疾患及び虚血性心疾患等の労災補償状況」を公表している。
5) 2010年4月に改正労働基準法が施行されたが，労働時間等設定改善法にもとづく「労働時間等見直しガイドライン」も同時に改正・施行された。ガイドラインの改正とは，労使で年休の取得状況を確認したうえで，年休取得率の数値目標を設けることが努力義務として課せられた。労働調査会出版局編［2009］2〜3頁を参照。
6) 労働基準法の改正以前には，企業は時間外労働に対して2割5分以上の率で計算した割増賃金を支払わなければならない，と規定していた。深夜の時間帯に時間外労働を行わせた場合，割増賃金率はさらに2割5分以上の深夜割増時間率となる。したがって，割増賃金は合わせれば5割以上となる。また企業は1週間に1日または4週間に4回の休日を与えなければならない。これを「法定休日」という。法定休日に労働させた場合は35％以上の率で計算した割増賃金率を支払わなければならない。
7) 割増賃金の支払に代えて代替休暇を付与する場合，労使で協定を結ぶ必要がある。この労使協定は，企業に代替休暇の制度を設けるもので，個々の労働者に代替休暇の取得を，義務づけるものではない。また代替休暇は労働基準法第37条第3項に規定されており，年次有給休暇とは異なるものである（第39条に

よる有給休暇をのぞく）。
 8) 労働基準法第39条は，労働者の心身の疲労を回復させ，労働力の維持培養を図るという制度本来の趣旨を踏まえつつ，仕事と生活の調和を図り，ゆとりのある生活の実現にも資するという観点から，毎年一定日数の年次有給休暇の付与を規定している。そのうえで，改正法は日単位による年次有給休暇の取得のほかに，年次有給休暇の時間単位付与を導入した。具体的には，労使協定により年次有給休暇について5日の範囲内で時間を単位として与えることができるとした（時間単位年休）。
 9) 改正前の残業手当は，日給2,000円×残業時間80時間×割増率1.25＝20万円となるが，改正後は日給2,000円×残業時間60時間×割増率1.25＝15万円，これに日給2,000円×残業時間20時間×割増率1.50＝6万円を加えると，残業手当は21万円となる。時給2,000円の労働者が1か月に80時間残業した場合，改正前なら残業手当は20万円，改正後では21万円になるにすぎず，改正しても1万円しか増加しない。
10) 「週60時間以上」の長時間労働は，法定労働時間の週40時間を20時間以上も超過しており，1か月に換算すると，法定労働時間を80時間以上超過していることになる。月間80時間以上という超過労働は過労死認定の基準に相当する数字であり，また法定労働時間をこえた80時間のなかには，不払労働時間が相当に含まれている。

　賃金不払残業とはサービス残業のことであるが，労働政策研究・研修機構（JILPT）ではこれを「不払労働時間」として使用している。本報告書において「不払労働時間」とは，「時間外労働手当の支給対象となる労働者の業務で，残業，早出，休日出勤，自宅での作業などとして行われた労働時間のうち，時間外労働手当が支給されなかったすべての労働時間」と定義されている。小倉・藤本の同報告書16頁を参照。なお，厚生労働省では「是正支払の状況調査」で「賃金不払残業」といい，また水野谷［2004］は「不払残業時間」とよんでいる。

　　小倉一哉・藤本隆史［2005］16～29頁，小倉一哉・坂口尚文［2004］を参照。
11) 年間の「サービス残業時間」は具体的には次のように推計される。「毎勤」は，企業規模30人以上の調査産業計における月間総労働時間（＝所定内労働時間＋所定外労働時間）を使用する。この月間総労働時間を12倍して年間総労働時間に換算する。これに対して，「労調」は雇用者の週間総実労働時間に1年52週を乗じて年間総労働時間を計算する。「労調」の年間総労働時間数から「毎勤」の年間総労働時間数を差し引いた数値が求める「サービス残業時間」である。なお，「労調」は労働者個人が回答するためサービス残業や副業の労働を含んでいるが，「毎勤」は事業所が回答するため，サービス残業は含まれていない。したがって，「労調」は「毎勤」よりも長く計上されるはずである。この違

12) 水野谷武志 [2004] 10頁を参照。
13) 小倉一哉・坂口尚文 [2004] 30〜31頁を参照。
14) マーシャルは，労働が他の用役や商品と違って5つの特殊性 (peculiarties) をもっていると『経済学原理』[1890] の第6編第4・5章で論じている。それは，①労働者はその労働力を売るが，自分自身を売り渡すわけではない。②労働力の販売者は自分でそれを仕事場までとどけなくてはならない。③労働力は保存がきかない。④労働力の販売者は交渉力が弱い。⑤特化した能力をもった労働の追加供給をするのにたいへん長い時間がかかる，の5つである。A. Marshall [1890] pp. 559〜560 (訳書第4分冊77〜103頁) を参照。
15) 第5章で説明したように，労働市場においても社会的厚生を考えることができる。
16) 企業は生産物市場においては完全競争のもとで生産しているとする。したがって，収入の増加は労働の限界生産物の価値 (＝労働の限界生産物×生産物価格) に等しい。これを図示したのが限界価値生産物曲線 MVP である。企業が供給独占にあるならば，雇用1単位の増加によってえられる収入の増加は限界生産物の価値ではなく，限界収入生産物 (＝限界生産物×限界収入) に等しくなる。熊谷尚夫 [1983] 126頁を参照。
17) 熊谷尚夫 [1983] 125頁を参照。
18) 労働供給曲線 SS′ は通常 $N＝N(W)$ と示されるが，ここでは逆関数 $W＝W(N)$ として定式化され，限界労働費用 MCL は $W(N)N$ を N で微分するとえられる。
19) 点 B は完全競争下の労働市場に対応する均衡点でもある。
20) 堀春彦＝坂口尚文 [2005]，石井久子 [2008]，梅澤眞一・古俣誠司＝川上淳之 [2011] を参照。
21) アメリカの最近の実証研究については，堀春彦＝坂口尚文 [2005]，石井久子 [2008]，梅澤眞一・古俣誠司＝川上淳之 [2011] を参照して要約した。この3つの論文はアメリカの先行研究を展望するのには非常に優れている。
22) 堀春彦＝坂口尚文 [2005] 37-40頁，石井久子 [2008] 63-64頁を参照。
23) 最低賃金の下支え効果とは，最低賃金額の近傍に賃金が多数分布しており，最低賃金がまさに低賃金労働者の賃金を下から支えているような状況をいう。
24) カンバヤシ・ヤマグチ＝ヤマダ [2009]，阿部由紀子 [2010] を参照。
25) 梅澤眞一・古俣誠司＝川上淳之 [2011] 第3章，とくに106-109頁を参考に要約した。
26) 梅澤眞一・古俣誠司＝川上淳之 [2011] 108-109頁を参照。
27) 労働調査会出版局編 [2009] 125頁を参照。
28) 小粥義明 [1987] 1-2頁を参照。

29) 労働調査会出版局編［2009］以下の説明は第3編の141頁以降を参照。
30) 業者間協定方式とは，賃金の最低額に関する業者間協定（使用者またはその団体における協定）が締結されている場合，その協定の当事者全部の合意による申請があったとき，労働大臣または都道府県労働基準局長が最低賃金審議会に諮問，その意見を尊重し，これを最低賃金として決定する方式である。労働調査会出版局編［2009］189頁を参照。
31) 審議会方式とは，厚生労働大臣または都道府県労働局長が，一定の地域等について賃金の低廉な労働者の労働条件の改善を図るため必要があると認めるとき，最低賃金審議会の調査審議を求め（諮問），その意見（答申）を尊重して最低賃金を決定する方式である。これに対して，労働協約方式とは，一定の地域における同種の労使の大部分に賃金の最低額に関する労働協約が適用されている場合，締結の当事者である労働組合または使用者の全部の合意による申請があったときに，厚生労働大臣または都道府県労働局長が最低賃金審議会に諮問，その答申を尊重して，当該協約にもとづき，アウトサイダーをも含めた同種の労働者およびその使用者の全部に適用する最低賃金として決定するもので，これによって公正な競争を確保するとともに，当事者以外の未組織労働者の労働条件をも改善しようとするものである。労働調査会編［2003］7頁を参照。
32) 以下の説明は労働調査会出版局編［2009］246～266頁を参照。
33) 旧産業別最低賃金の新産業別最低賃金への転換についての説明は，労働調査会出版局編［2009］252～266頁を参照。
34) 労働調査会出版局編［2009］267頁を参照。
35) たとえば，熊本県は最も低いDランク，その目安額をみると，2003年度の目安はゼロ円，02年度，04年度は現行水準の維持を基本として目安は示されなかった。05年度，06年度の引上げ額の目安は2年連続2円，07年度は6～7円，08年度は7円であった。09年度は，07年度のデータにもとづく生活保護基準を下回る労働局以外の局（全国で35局）では，現行水準の維持を基本として目安は示されなかった。なお，熊本県の最低賃金は一人世帯の生活保護基準を上回っている。10年度は，最低賃金の引上げに関する雇用戦略対話の合意を踏まえ，08年度のデータにもとづく生活保護基準を下回る労働局以外の局（35局）では，10円の引上げ額の目安が示された。11年度は東日本大震災の影響など厳しい経済状態から，目安は1円にとどまり，12年度は4円であった。
36) 農林水産業の一部の事業においては，常時5人未満の労働者を雇用する個人事業主が行う事業については暫定的に任意適用となっている。
37) 松井祐次郎［2010］を参照。
38) 特別会計を統合することで，両保険の保険料は労働保険料として一本化された。徴収された労働保険料は「徴収勘定」を設け収納され，労災保険にかかる部分は「労災勘定」に，失業保険にかかる部分は「失業勘定」に繰り入れられ

た。両勘定はこれを主財源に保険給付業務を行うこととなった。
39) 行革推進法は「簡素で効率的な政府を実現するための行政改革に関する法律」という。
40) 松井祐次郎［2010］5頁を参照。
41) 雇用保険法第3条に雇用保険二事業として雇用安定事業と能力開発事業の雇用保険二事業を定めている。1977年の法改正により，雇用改善事業に代わって雇用安定事業が規定された。当初，雇用福祉事業が規定されていたが，2007年4月の法改正により廃止された。雇用福祉事業として勤労者福祉施設や雇用促進住宅が整備されていたが，法改正にともない，すべての施設を地方公共団体や民間に譲渡等することになった。
42) 二事業には事業主が負担する雇用保険料のみが用いられ，労働者の負担する雇用保険料は用いられない。
43) 以下の説明は大嶋寧子［2007a］［2007b］，山崎隆志［2004］，濱口桂一郎［2000］［2006］［2008］に負っている。
44) 同法は，40歳以上65歳未満の者を年齢を理由にした差別を禁止していたが，1978年の改正により，その年齢上限が70歳に引き上げられ，さらに86年の改正により対象年齢の上限が撤廃された。濱口桂一郎［2008］，山崎隆志［2004］6頁を参照。
45) アムステルダム条約は1997年にアムステルダムで採択されたEUの基本条約である。97年6月のアムステルダム欧州理事会で，EUの基本条約であるローマ条約とマーストリヒト条約の改正が合意された。この改正条約がアムステルダム条約で，97年10月2日に調印，99年5月1日に発効された。
46) 山崎隆志［2004］7頁を参照。
47) 加盟国は遅くとも2003年12月2日までに同指令の内容にしたがって国内法を整備しなければならない。実施は03年12月3日からである。ただし，年齢，障碍にもとづく差別については06年12月2日までの猶予が認められた。したがって，最終的な施行期限は06年12月3日となる。山崎隆志［2004］8頁を参照。
48) 山崎隆志［2004］3～4頁を参照。
49) 同法の第4条は，「事業主はその雇用する労働者の定年の定めをする場合には，当該定年が60歳を下回らないように努めるものとする。」と規定した。
50) 大嶋寧子［2007b］，山崎隆志［2004］を参照。
51) 雇用対策法第7条（事業主の年齢制限緩和の努力義務）は，「事業主は，労働者がその有する能力を有効に発揮するために必要であると認められるときは，労働者の募集・採用について，その年齢にかかわりなく均等な機会を与えるように努めなければならない。」また同法第12条（年齢指針）は，「厚生労働大臣は，第7条に定める事項に関し，事業主が適切に対処するために必要な指針（年齢指針）を定め，これを公表するものとする。」と規定している。山崎隆志

［2004］3～4頁を参照。
52) 年齢制限のある求人の割合は，公共職業安定所で受理する求人のうち年齢不問求人の割合を引いたものである。山崎隆志［2004］4頁，大嶋寧子［2007c］5頁を参照。
53) 山崎隆志は，論文［2004］で各種研究会での取組み状況を要約している。厚生労働省以外にも研究会を立ち上げている。2001年に旧経済企画庁は「雇用における年齢差別禁止に関する研究会」を設置，年齢差別禁止を検討すべきとの提言を行った。山崎隆志［2004］4～6頁，大嶋寧子［2007c］3頁を参照。
54) 山崎隆志［2004］6頁，大嶋寧子［2007b］28頁を参照。
55) 大嶋寧子［2007c］2～3頁を参照。
56) 労働省職業安定局編［1998］21～23頁を参照。
57) 土建，荷役，鉱山等の業種に多くみられた労務供給事業では，戦前，強制労働や中間搾取等が頻繁に行われていた。職業安定法はこうした問題の発生を防止するため，労働者供給事業そのものを禁止した。
58) 適用対象業務は改正によって原則自由化された。派遣対象業務については，従来，「原則としてすべての労働者派遣事業は認められないが，ある一定の許可された業務のみ認める」ポジティブ・リスト方式（原則禁止・例外適用）で，例外適用として財務処理，ファイリング，ソフトウェア開発，機械設計，事務用機器操作など専門26業種が列挙されていた。改正後，これを逆に「原則としてすべての業務で労働者派遣事業を認めるが，ある一定の相応しくない事業のみをリストアップして禁止する」というネガティブ・リスト方式（原則自由・例外禁止）に変更し，禁止業務を列挙することにした。
59) 従来の26業務の派遣期間は1年であったが，行政通達では更新2回で3年まで許され，特定の業務については長期の派遣も認められている。改正によって1年，3年，そして長期の3つのルールが生まれた。
60) 「偽装請負」は「偽装派遣」ともよばれ，人材を派遣して利益をえているにもかかわらず，業務請負などの契約形態で労働者を働かせることをいう。近年，業務請負契約によって仕事をしている労働者が，契約先の事業所から指揮命令を受けて業務に従事し，実質的には派遣労働者と同等であるにもかかわらず，労働者派遣法の適用を免れる，いわゆる「偽装請負」が問題となっている。
「偽装請負」と同様に，「二重派遣（再派遣）」（D）という問題もある。「二重派遣」とは，図12-8に示すように，派遣元から労働者派遣を受けた労働者を，派遣先がさらに第三者の指揮命令のもとに労働に従事させる雇用形態をいうが，派遣先はその派遣労働者を雇用しているのではないから，労働者派遣とはいえず労働者供給事業（人貸し請負）に該当し，職業安定法第44条の禁止規定により禁止されている。
61) 紹介予定派遣とは，労働者派遣のうち，労働者派遣事業と職業紹介事業の双

方の許可を受けまたは届出をした者が，派遣労働者・派遣先の間の雇用関係の成立の斡旋（職業紹介）を行い，または行うことを予定してする派遣をいう。要するに，労働者派遣のうち，派遣先の事業所での直接雇用を前提とした形態である。なお，①港湾運送業務，②建設業務，③警備業務，④病院等における医療関連業務（紹介予定派遣以外の派遣の場合）については，従来どおり労働者派遣事業を行うことができない。

62)　みなし雇用制とよばれる「労働契約申込みみなし制度」とは，違法派遣の場合，派遣先が違法であることを知りながら派遣労働者を受け入れている場合には，派遣先が派遣労働者に対して労働契約を申し込んだとみなす制度である。

参考文献

Abbott, M.,=O. Ashenfelter [1976] "Lbour Supply, Commodity Demand and the Allocation of Time," *Review of Economic Studies*, Vol. 43.

Aigner, D. J.,=G. G. Cain [1977] "Statistical Theories of Discrimination in Labor Markets," *Industrial and Labor Relations Review*, Vol. 30, No. 2.

Akerlof, G. A., [1970] "The Market for Lemons : Quality Uncertainty and the Market Mechanism," *Quarterly Journal of Economics*, Vol. 84, No. 3.

Akerlof, G. A., [1976] "The Economics of Caste of the Rat Race and Other Woeful Tales," *Quarterly Journal of Economics*, Vol. 90, No. 4.

Akerlof, G. A., [1982] "Labor Contract as Partical Gift Exchange," *Quarterly Journal of Economics*, Vol. 97.

Akerlof, G. A.,=J. L. Yellen [1986] *Efficiency Wage Models of the Labor Market*. Cambridge University Press.

Armstrong, H.,=J. Tayor [1981] "The Measurement of Different Types of Unemployment," in *The Economics of Unemployment in Britain*, ed. by J. Creedy, London : Butterworths.

Arrow, K. J., [1973a] "Higher Education as a Filter," *Journal of Public Economics*, Vol. 10.

Arrow, K. J., [1973b] "The Theory of Discrimination," in O. Ashenfelter and A. Rees (eds.) Discrimination in Labor Markets. Princeton, N. J. Princeton. University Press.

Arrow, K. J., [1974] "Models of Job Discrimination," in A. H. Pascal (ed.) *Racial Discrimination in Economic Life*, Lexington, Mass. D. C. Heath.

Ashenfelter, O.,=A. Rees [1973] *Discrimination in Labor Markets*. Princeton University Press.

Ashenfelter, O.,=J. J. Heckman [1974] "The Estimation of Income and Substitution Effects in a Model of Family Labor Supply," *Econometrica*, Vol. 42.

Ashworth, J. S.,=D. T. Ulph [1981] "Household Models," in C. Brown (ed.) *Taxation and Labour Supply*, London : Allen and Unwin.

Atkinson, A. B., [1970] "On the Measurement of Inequality," *Journal of Economic Theory*, Vol. 2.

Atkinson, A. B., Rainwater, L.,=T. M. Smeeding [1995] *Income Distribution in OECD Countries*. Social Policy Studies No. 18, OECD.

Azariadis, C., [1975] "Implicit Contracts and Underemployment Equilibria,"

Jouranal of Political Economy, Vol. 83.
Baily, M. N., [1974] "Wages and Employment under Uncertain Demand," *Review of Economic Studies*, Vol. 41.
Becker, G. S., [1957] *The Economics of Discrimination*. rev. ed., 1971. University of Chicago Press.
Becker, G, S., [1962] "Investment in Human Capital: A Theoretical Analysis," *Journal of Political Economy*, Vol. 70, Supplement.
Becker, G, S., [1964] *Human Capital: A Theoretical and Empirical Analysis with Special Reference to Education*. (佐野陽子訳 [1976] 『人的資本』東洋経済新報社)
Bellante, D.,=M. Jackson [1979] *Labor Economics: Choice in Labor Markets*. 2nd. ed., McGraw-Hill Book Company.
Bergmann, B. R., [1971] "The Effect on White Incomes of Discrimination in Employment," *Journal of Political Economy*, Vol. 79.
Bergmann, B. R., [1974] "Occupational Segregation, Wages and Profits when Employers discriminate by Race and Sex," *Eastern Economic Journal*, Vol. 1.
Bishop, R. L., [1963] "Game-Theoretic Analyses of Bargaining," *Quarterly Journal of Economics*, Vol. 77.
Blanchard, O. J.,=I. H. Summers [1987] "Hysteresis in Unemployment," *European Economic Review*, Vol. 31.
Blanchard, O. J.,=I. H. Summers [1988] "Beyond the Natural Rate Hypothesis," *American Economic Review*, Vol. 78.
Blanchard, O. J.,=P. Diamond [1989] "The Beveridge Curve," *Brooking Papers on Economic Activity*, Vol. 3.
Blanchard, O. J.,=P. Diamond [1990] "The Cyclical Behavior of the Gross Flows of U. S. Workers," *Brookings Papers on Economic Activity*, Vol. 4.
Bleakley, H., Ferris, A. F.,=J. C. Fuhrer [1999] "New Data on Worker Flows during Business Cycles," *New England Economic Review*, Federal Reserve Bank of Boston.
Bloom, G. F.,=H. R. Northrup [1977] *Economic of Labor Relations*, 8th ed., Homewood, Ill.: R. D. Irwin.
Boulding, K. E., [1950] *A Reconstruction of Economics*. N. Y.: Wiley.
Bowen, W. G.,=T. A. Finegan [1969] *The Economics of Labor Force Participation*. *Princeton*, N. J.: Princeton University Press.
Brentano, L., [1871] *Die Arbeitergilden der Gegenwart*. Erster Band, Zur Geschiche der Englischen Gewerkvereine, Leipzig, Verlag von Duncker & Humblot. (島

崎晴哉・西岡幸泰訳 [1985] [2001] 『現代労働組合論（上）イギリス労働組合史・（下）イギリス労働組合批判』日本労働協会)

Bronfenbrenner, M., [1939] "The Economics of Collective Bargaining," *Quarterly Journal of Economics*, Vol. 53.

Brown, A. J., [1976] "UV Analysis," in *The Concept and Measurement of Involuntary Unemployment*, ed. by G. D. N. Worswicks, London : George Allen and Unwin Ltd.

Brown, C., [1985] "An Institutional Model of Wive's Work Decision," *Industrial Relations*, Vol. 24, No. 2 (Spring).

Brown, C., Gilroy, C.,=A. Kohen [1982] "The Effect of Minimum Wage on Employment and Unemployment," *Journal of Economic Literature*, Vol. 20 (2).

Brown, C., Gilroy, C.,=A. Kohen [1983] "Time-Series Evidence the Effect of the Minimum Wage on Youth Employment and Unemployment," *Journal of Human Resources*, Vol. 18.

Brown, C., [1999] "Minimum Wages, Employment, and the Distribution of Income," in O. Ashenfelter and D. Card,eds., *Handbook of Labor Economics*, Vol. 3B. Amsterdam : North-Holland.

Burdett, K., [1978] "The Testing and Sorting Functions of Higher Education," *Jouranl of Public Economics*, No. 10.

Cain, G. G., [1976] "The Challenge of Segmented Labor Market Theories to Orthodox Theory : A Survey," *Journal of Economic Literature*, Vol. 14, No. 4.

Card. D., [1992a] "Using Regional Variation in Wages to measure the Effects of the Federal Minimum Wage," *Industrial Labor Relations Review*, Vol. 46.

Card. D., [1992b] "Do Minimum Wages reduce Employment? A Case Study of California," *Industrial Labor Relations Review*, Vol. 46.

Card. D.,=A. Krueger [1994] "Minimum Wage and Employment : A Case Study of the Fast-Food Industry in New Jersey and Pennsylvania," *American Economic Review*, Vol. 84 (5).

Cardwell, L.,=M. Rosenzweig [1980] "Economic Mobility, Monopsonistic Disrimination and Sex Differences in Wages," *Southern Economic Journal*, Vol. 46, No. 4.

Cartter, A. M., [1959] *Theory of Wage and Employment*. Richard D.Irwin, Inc.,

Cartter, A. M.,=F. R. Marshall [1967] *Labor Economics : Wages, Employment, and Trade Unionism*. Richard D. Irwin, Inc.,

Chamberlain, N. W., [1955] *A General Theory of Economic Process*. Harper and

Bros.

Clark, A., [1990] "Efficient Bargains and the McDonald-Solow Conjecture," *Journal of Labour Economics*, Vol. 8.

Clark, J. B., [1899] *The Distribution of Wealth: The Theory of Wages, Interest and Profits*. Macmillan, New York. (田中敏弘・本郷亮訳 [2007]『クラーク 富の分配』日本経済評論社)

Cobb, C. W.,=P. H. Douglas [1928] "A Theory of Production," *American Economic Rview, Proceedings*, Vol. 18.

Diamond, P., [1982a] "Aggregate Demand Management in Search Equilibrium," *Journal of Political Economy*, Vol. 90.

Diamond, P., [1982b] "Wage Determination and Efficiency in Search Equilibrium," *Review of Economic Studies*, Vol. 49.

Dernburg, T. F.,=K. Strand [1966] "Hidden Unemployment 1953〜62: A Quantitative Analysis by Age and Sex," *American Economic Review*, Vol. 56.

Doeringer, P. B., [1967] "Determinants of the Structure of Industrial Type Internal Labor Markets," *Industrial and Labor Relations Review*, Vol. 19. (労働省大臣官房労働統計調査部 [1967]「内部的労働市場の決定要素」『海外労働経済月報』第17巻第8号)

Doeringer, P. B.,=M. J. Piore [1985] *Internal Labor Market and Manpower Analysis: With a New Introduction*. Armonk, New York: M. E. Sharpe, Inc., (1st. ed., 1971) (白木三秀監訳 [2007]『内部労働市場とマンパワー分析』早稲田大学出版部)

Dornbusch, R.,=S. Fischer [1981] *Macroeconomics*. McGraw-Hill, 2nd. ed.,

Douglas. P. H., [1934] *The Theory of Wages*. N. Y. Kelley and Milman Inc., (辻村江太郎・続幸子訳 [2000]『賃金の理論 (上・下)』日本労働研究機構)

Dow, J. C. R.,=L. A. Dicks-Mireaux [1958] "The Excess Demand for Labour: A Study of Condition in Great Britain, 1946〜56," *Oxford Economic Papers*, Vol. 10.

Dunlop, J, T., [1944] *Wage Determination under Trade Union*. New York: The Macmillan. Co., (2nd. ed., 1950) (桜林誠・宇田川璋仁他訳 [1956]『団体交渉下の賃金決定』東洋経済新報社)

Dunlop, J. T., [1957] "The Task of Contemporary Wage Theory," in *New Concepts in Wage Determination*, eds., G. W. Taylor and F. G. Pierson. McGraw-Hill, Inc.,

Dunlop, J. T., [1966] "Job Vacancy Measures and Economic Analysis," in *The Mesurement and Interpretation of Job Vacancies, A Conference Report of the*

National Bureau of Economic Research.

Edgeworth, F. Y., [1922] "Equal Pay for Men and Women for Equal Work," *Economic Journal*, Vol. 32.

Evans, G. J., [1975] "A Note on Trends in Relationship between Unempolyment and Unfilled Vacancies," *Economic Journal*, Vol. 85, No. 337.

Edwards, R. C., Reich, M.,=D. M. Gordon [1975] *Labor Market Segmentation*. D. C. Heath and Company, Lexington, Massachusetts.

Ehrenberg, R. G.,=S. Smith [1982] *Modern Labor Economics, Theory and Public Policy*. Scott, Foresman and Company,Glenview, Illinois. (3rd. ed.)

Faber, H. S., [1978] "Bargaining Theory, Wage Outcomes, and the Occurrance of Strikes," *American Economic Review*, Vol. 68.

Faber, H. S., [1986] "The Analysis of Union Behavior," in O. Ashenfelter and R. Layard, eds., *Handbook of Labor Economics*, Vol. II. North-Holland.

Fallon. P.,=D. Verry [1988] *The Economics of Labour Markets*. Phillp Allen. Oxford and New Jersey.

Fawcett, F., [1918] "Equal Pay for Equal Work," *Economic Journal*, Vol. 28.

Fei, J. C. H.,=G. Ranis [1961] "A Theory of Economic Development," *American Economic Rveiew*, Vol. 51, No. 4.

Fei., J. C. H.,=G. Ranis [1964] *Development of Labor Surplus Economy : Theory and Policy*. Richard D. Irwin, Inc., Illinois.

Fellner, W. J., [1947] "Prices and Wages under Bilateral Monopoly," *Quarterly Journal of Economics*, Vol. 61.

Fellner, W. J., [1949] *Competition among the Few*. New York : Alfred A. Knopf. Inc., (越後和典・矢野恵二・綿谷禎二郎訳 [1971] 『寡占：少数者の競争』好学社)

Ferguson, C. E., [1969] *The Neoclassical Theory of Production and Distribution*. Cambridge University Press. (木村憲二訳 [1971] 『生産と分配の新古典派理論』日本評論社　上下2冊)

Flanders, A., [1952] *Trade Unions*. Hutchinson & Co., Ltd. (rev. ed., 1920) (西岡孝男訳 [1974] 『労働組合論』未来社)

Findley, R., [1960] "Economic Growth and the Distributive Shares," *Review of Economic Studies*, Vol. 27.

Fisher, L. H., [1951] "The Harvest Labor in Califonia," *Quarterly Journal of Economics*, Vol. 65.

Freeman, R, B., [1972] *Labor Economics*. (Foundation of Modern Economics Series, ed by O. Eckstein) (内海洋一・片上明訳 [1974] 『現代経済学叢書　労

働経済学』東洋経済新報社)

Friedman, M., [1968] "The Role of Monetary Policy," *American Economic Review*, Vol. 58.

Friedman, M., [1977] "Inflation and Unemployment," *Journal of Political Economy*, Vol. 85. (保坂直達訳 [1978]『インフレーションと失業』マグロヒル好学社)

Gilbert. F., = R. W. Pfouts [1958] "A Theory of the Responsiveness of Hours of Work to Changes in Wage Rates," *Review of Economics and Statistics*, Vol. 39.

Gintas, H., [1971] "Education Production Relationship: Education, Technology, and the Characteristics of Worker Productivity," *American Economic Review*, No. 61.

Gordon, D. F., [1974] "A Neo-Classical Theory of Keynesian Unemployment," *Economic Inquiry*, Vol. 12, No. 4.

Gordon, R. J., [1982] "Why U. S. Wages and Employment Behavior differ from that in Britan and Japan," *Economic Journal*, Vol. 92, No. 365.

Gossen, H. H., [1854] *Enrwiklung der Gesetz des menschlichen Verkehrs und daraus fließerden Regelen fur mensiches Handeln*. (池田幸弘訳 [2002]『近代経済学古典選集: 第2期: 2 人間交易論』日本経済新聞社)

Gramm, W. L., [1975] "Household Utility Maximization and the Working Wife," *American Economic Review*, Vol. 65.

Gujarati, D., [1972] "The Behaviour of Unemployment and Unfilled Vacancies: Great Britain, 1958-1971," *Economic Journal*, Vol. 82.

Haley, B. F., [1949] "Value and Distribution," in *A Survey of Contemporary Economics*, ed. by H. S. Ellis. The Blakiston Company. (都留重人監訳 [1951]『現代経済学の展望 理論編II』岩波書店)

Hansen, B., [1970] "Excess Demand, Unemployment, Vacancies and Wages," *Quarterly Journal of Economics*, Vol. 84, No. 1.

Harris, J. R., = M. P. Todaro [1970] "Migration, Unemployment and Development: A Two-Sector Analysis," *American Economic Review*, Vol. 60.

Hart, A. R., [2004] *The Economics of Overtime Working*. New York: Cambridge University Press.

Hicks, J, R., [1939] *Value and Capital: An Inquiry into Some Fundmental Principles of Economic Theory*. (安井琢磨・熊谷尚夫訳 [1951]『J. R. ヒックス 価値と資本 (I・II)』岩波書店)

Hicks, J, R., [1939] "Mr. Keynes and the 'Classics'," *Econometrica*, Reprinted in Hicks, *Critical Essays in Monetary Theory*. (Oxford: Clerendan Press, 1967)

(江沢太一・鬼木甫訳［1969］『貨幣理論』東洋経済新報社)

Hicks, J. R., [1963] *The Theory of Wages*. (1st, ed., 1932) Macmillan & Co. Ltd. (内田忠寿訳［1965］『新版 賃金の理論』東洋経済新報社)

Holt., C. C.,＝M. H. David [1966] "The Concept of Job Vacancies in a Dynamic Theory of the Labor Market," in *The Measurement and Interpretation of Job Vacancies*, edited by The NBER.

Holt., C. C., [1970] "Job Search, Phillips' Wage Relation, and Union Inflation : Theory and Evidence," in *Microeconomic Foundation of Employment and Inflation Theory*, edited by E. S. Phelps & Otheres.

Horney, M. J.,＝M. B. McElroy [1978] "A Nash-Bargained Linear Expenditure System," unpublished manuscript, Department of Economics, Duke University, Durham, N. C.

Hunter, L. C., [1970] "Some Problem in the Theory of Labour Supply," *Scottish Journal of Political Economy*, Vol. 17.

Jevons, W. S., [1871] *The Theory of Political Economy*. (小泉信三・寺尾琢磨・永田清訳 寺尾琢磨改訳［1981］『近代経済学古典選集 4 ジェヴォンズ経済学の理論』日本経済新聞社)

Johnson, J., [1972] "A Model of Wage Determination under Bilateral Monopoly," *Economic Journal*, Vol. 82.

Kaldor, N., [1955-56] "Alternative Theories of Distribution," *Review of Economic Studies*, Vol. 23 (2), No. 61. (富田重夫編訳［1982］に所収)

Kalecki, M., [1935] "A Macrodynamic Theory of Business Cycles," *Economica*, Vol. 2.

Kalecki, M., [1939] *The Distribution of the National Income*. (From *Essays in the Theory of Economic Fluctuations*) reprinted in W. Fellner＝B. F. Haley [1950] eds., *Readings in the Theory of Income Distribution*, London,George Allen and Unwin Ltd.

Kambayashi, R., Kawaguch, D.,＝K. Yamada [2009] "The Minimum Wage in a Deflationary Wage : Panel Data on State Minimum Wage Laws," *Industrial Labor Relations Review*, Vol. 46.

Katz, L., [1986] "Efficiency Wage Theories : A Partial Evaluation," *NBER Macroeconomics Annual*, Vol. 1.

Katz. L.,＝A. Krueger [1992] "The Effect of the Minimum Wage on the Fast-Food Industry," *Industrial Relations Review*, Vol. 46 (1).

Kaufman, B. E., [1989] *The Economics of Labor Markets and Labor Relations*. 2nd. ed., Chicago : The Dryden Press. (1st ed., 1987)

Kerr, C., [1950] "Labor Markets: Their Character and Consequences," *American Economic Review*, Vol. 40. (同論文は *New Concepts in Wage Determination*, eds by G. W. Taylor and F. G. Pierson [1957] に所収)

Kerr, C., [1954] "The Balkanization of Labor Markets," in E.. W. Bakke., ed al., *Labor Moblity and Economici Opportunity*. The Technology Press of the Massachusetts. Institute of Technology and John Wiley & Sons. (Cambridge, Mass. : Technology-Press of MIT)

Keynes, J. M., [1930] *A Treatise on Money*. Vol. I. (*The Collected Writings of John Maynard Keynes*. Vol.V [1971] *A Treatise on Money in Two Volumes* 1, *The Pure Theory of Money*. Macmillan St Martin's Press (小泉明・長澤惟恭訳 [1979]『ケインズ全集 第5巻 貨幣論 I 貨幣の純粋理論』東洋経済新報社)

Keynes, J, M., [1936] *The General Theory of Employment, Interest and Money*. Macmillan. (塩野谷祐一訳 [1983]『雇用・利子および貨幣の一般理論』東洋経済新報社、中山伊知郎他編『ケインズ全集 第7巻』塩野谷祐一訳の同名図書を所収)

Killingsworth, M. R., [1983] *Labour Supply*. Cambridge, University Press.

Killingsworth, M. R., [1987] "Heterogeneous Preferences, Compensating Wage Differentials, and Comparable Worth," *Quarterly Journal of Economics*, Vol. 102, No. 4.

Kinoshita, T., [1987] "Working Hours and Hedonic Wages in the Market Equlibrium," *Journal of Political Economy*, Vol. 95.

Kniesner, T. J., [1976] "An Indirect Test of Complementarity in a Family Labor Supply Model," *Econometrica*, Vol. 44.

Kosters, M., [1966] "Income and Substitution Effects in a Family Labor Supply Model," Report No. P-3339, The Rand Corporation, Santa Monica, California.

Krueger, A., [1963] "The Economics of Discrimination," *Journal of Political Economy*, Vol. 71.

Kuska, E. A., [1966] "The Simple Analytics of the Phillips Curve," *Economica*, Vol. 33.

Leontief, W., [1946] "The Pure Theory of the Guaranteed Annual Wage Contract," *Journal of Political Economy*, Vol. 54.

Leuthold, J. H., [1968] "An Empirical Study of Formula Income Transfers and the Work Decision of the Poor," *Journal of Human Resources*, Vol. 3, No. 3.

Lewis, A. W., [1954] "Economic Development with Unlimited Supplies of Labour," *The Manchester School of Economic and Social Studies*, Vol. 22, No. 2.

Lewis, A. W., [1958] "Unlimited Labour: Further Notes," *The Manchester School of Economic and Social Studies*, Vol. 28, No. 1.

Lindbeck, A.,=D. J. Snower [1986] "Wages Setting, Unemployment, and Insiders-Outsiders Relations," *American Economic Review and Proceedings*, Vol. 76, No. 2.

Lindbeck, A.,=D. J. Snower [1987] "Efficiency Wages Versus Insiders and Outsiders," *European Economic Review*, Vol. 31.

Lipsey, R. G., [1960] "The Relation between Unemployment and the Rate of Change of Maney Wage Rate in the United Kingdom, 1862-1952 : A Further Analysis," *Economica*, Vol. 27.

Livernash, E. R., [1957] "The Internal Wage Structure," in *New Concepts in Wage Determination*. eds. by G. W. Taylor and F. G. Pierson.

Long, C. D., [1958] *The Labor Force under Changing Income and Employment*. Princeton, N. J.: Princeton University Press.

Lucas, R. E., [1972] "Expectations and the Neutrality of Money," *Journal of Economic Theory*, Vol. 4.

Lundberg, S., [1988] "Labor Supply of Husbands and Wives," *Review of Economics and Statistics*, Vol. 70.

Madden, J. F., [1973] *The Economics of Sex Discrimination*. Lexington, Mass.: D. C. Heath.

Mankiw, N. G., [1985] "Small Menu Costs and Large Business Cycles : A Macroeconomic Model of Monopoly," *Quarterly Journal of Economics*, Vol. 100.

Manser, M.,=M. Brown [1979] "Bargaining Analysis of Household Decisins," in C. Lloyd, E. Andrews, and C. Gilroy, eds., *Women in the Labor Market*. New York : Columbia University Press.

Manser, M.,=M. Brown [1980] "Marriage and Household Decision-Making : A Bargaining Analysis," *International Economic Review*, Vol. 21.

Marshall, A., [1890] *Principles of Economics*. 9th (first edition 1870) （馬場啓之助訳 [1965-1967]『マーシャル経済学原理　I ～ IV』4分冊　東洋経済新報社）

Marshall, F. R., [1974] "The Economics of Racial Discrimination : A Survey," *Jounal of Economic Literature*, Vol. 123, No. 3.

McCall, J. J., [1970] "Economics of Information and Job Search," *Quarterly Journal of Economics*, Vol. 84.

McCormick, B. J., [1969] *Wages*. Penguin Modern Economics Texts.

McDonald, I. M.,=R. M. Solow [1981] "Wage Bargaining and Employment," *American Economic Review*, Vol. 71 (4).

McElroy, M. B.,=M. J. Horney [1981] "Nash-Bargained Household Decision :

Toward a Generalization of the Theory of Demand," *International Economic Review*, Vol. 20.

Meade, J. E., [1963] "The Rate of Profit in a Growing Ecomony," *Economic Journal*, Vol. 73, No. 292.

Meade, J. E.,=P. H. Hahn [1965] "The Rate of Profit in a Growing Economy," *Economic Journal*, Vol. 75, No. 298.

Mill, J. S., [1848] *Principles of Political Economy*. (末永茂喜訳 [1959-1963]『経済学原理』(1)〜(5) 岩波文庫)

Mincer, J., [1958] "Investment in Human Captial and Personal Distribution of Income," *Journal of Political Economy*, Vol. 66.

Mincer, J., [1962] "On-the-Job Training: Costs, Returns, and Some Implications," *Journal of Political Economy*, Supplement, Vol. 70.

Mincer, J., [1962] "Labor Force Participation of Married Women: A Study of Labor Supply," in National Bureau of Ecnomic Research, *Aspects of Labor Economics*. Princeton, N. J.: Princeton University Press.

Mincer, J., [1974] *Schooling, Experience, Earnings*. Columbia University Press: New York and London.

Mortensen, D. T., [1982] "The Matching Process as a Noncooperative Bargainng Game," in *The Economics of Information and Uncertainty*, edited by J. McCall, University of Chicago Press, Chicago.

Mortensen, D. T.,=C. A. Pissarides [1994] "Job Creation and Job Destruction in the Theory of Unemployment," *Review of Economic Studies*, Vol. 61 (3).

Moses, L. M., [1962] "Income, Leisure, and Wage Pressure," *Economic Journal*, Vol. 72.

Myers, J. G., [1969] *Job Vacancies in the Firm and the Labor Market, The Conference Board. Studies in Business Economics*. No. 109. National Industrial Conference Board.

Nash, J. F., [1950] "The Bargaining Problem," *Econometrica*, Vol. 18.

Nash, J. F., [1953] "Two-Person Cooperative Games," *Economatrica*, Vol 21

Neumark, D.,=W. Wascher [1992] "Employment Effects of Minimum and Sub-minimum Economy: The Japanese Experience, 1994-2003," IZA Discussion Papers, No. 4949.

Nurkse, R., [1953] *Problems of Capital Formation in Underdeveloped Countries*. Basil Blackwell. NewYork. (土屋六郎訳 [1955]『後進国の資本形成』厳松堂)

Olsen, R. J., [1977] *An Econometric Model of Family Labor Supply*. Unpublished Ph. D. dissertation, Department of Economics, University of Chicago.

Osterman, P., [1984] *Internal Labor Markets.* Cambridege, MIT Press.
Oswald, A. J., [1985] "The Economic Theory of Trade Unions: An Introductionary Survey," *Scaninavian Journal of Economics*, Vol. 87.
Oi, W. Y., [1962] "Labor as a Quasi-Fixed Factor," *Journal of Political Economy*, Vol. 70.
Pasinetti, L. L., [1962] "Rate of Profit and Income Distribution in Relative to the Rate of Economic Growth," *Review of Economic Studies*, Vol. 29 (4), No. 81.
Patinkin, D., [1946] "Price Flexibility and Full Employment," *American Economic Review*, Vol. 36.
Pen, J., [1952] "A General Theory of Bargaining," *American Economic Review*, Vol. 42.
Pen, J., [1959] *The Wage Rate under Collective Bargaining.* Harvard Univ. Press.
Perlman, R., [1969] *Labor Theory.* John Wiley & Sons.
Perlman, S., [1928] *A Theory of the Labor Movement.* (松井七郎訳 [1954]『労働運動の理論』法政大学出版局)
Phelps, O. W., [1957] "A Structural Model of the U. S. Labor Market," *Industrial and Labor Relatoions Review*, Vol. 9.
Phelps, O. W., [1967] *Introduction to Labor Economics.* 4th ed., McGraw-Hill. Co.,
Phelps, E. S., [1970] "Money-Wage Dynamic and Labor-Market Equilibrium," edited by E. S. Phelps & Others, *Microeconomic Foundations of Employment and Inflation Theory.* Norton.
Phelps, E. S., [1972] "The Statistical Theory of Racism and Sexism," *American Economic Rview*, Vol. 14, No. 2.
Phillips, A. W., [1958] "The Relation between Unemployment and the Rate of Change of Maney Wage Rates in the United Kingdon, 1861-1957," *Economica. New Series*, Vol. 25.
Pissarides, C. A., [2000] *Equilibrium Unemployment Theory.* 2nd ed., MIT Press, Cambridge.
Player, M. A., [1993] *Federal Employment Discrimination.* West (USA). (井口博訳 [1997]『アメリカ雇用差別禁止法』木鐸社)
Redclift, N.,＝M. T. Sinclair [1991] *Working Women, International Perspectives on Labour and Gender Ideology.* (山本光子訳 [1994]『ジェンダーと女性労働——その国際ケーススタディー』柘植書房)
Reder, M. W., [1969] "The Theory of Frictional Unemployment," *Economica*, Vol. 36.
Rees, A., [1966] "Information Networks in Labor Markets," *American Economic*

Review, Vol. 56.

Rees, A., [1973] *The Economics of Work and Pay*. Harper & Row, 1st. ed., (2nd ed., 1979)

Reich, M., Gordon, D. M.,＝R. C. Edwards [1973] "A Theory of Labor Market Segmentation," *American Economic Rview*, Vol. 63, No. 2.

Reynolds, L. G., [1951] *The Structure of Labor Market*. Greenwood Press, Publishers,Westport, Conenecticut.

Reynolds, L. G.,＝C. H. Taft [1956] *The Evalution of Wage Structure*. Yale University Press.

Ricardo, D., [1817] *On the Principles of Political Economy, and Taxation*. (*The Works and Correspondence of David Ricardo*, edited by Piero Sraffa with the collaboration of M. H. Dobb, Cambridge University Press, 1951-55. Vol. I. 堀経夫訳 [1972]『デイヴィト・リカードウ全集　第 I 巻 (P. スラッファ編・M. H. ドッブ協力 1951年の邦訳『経済学と課税の原理』雄松堂書店)

Riley, J., [1976] "Information, Screening and Humann Capital," *American Economic Review*, Vol. 66, No. 2.

Robbins, L., [1930] "On the Elasticity of Demand for Income in terms of Effort," *Econometrica*, Vol. 10.

Robinson, J. V., [1933] *Economics of Imperfect Competition*. London, Macmillan. (加藤泰男 [1966]『現代経済学名著選集 I　不完全競争の経済学』文雅堂銀行研究社)

Robinson, J. V., [1936] "Disguised Unemployment," *Economic Journal*, Vol. 46.

Robinson, J. V., [1947] *Essays in the Theory of Employment*. Basil Blackwell, Oxford. (篠原三代平・伊藤善市訳 [1955]『雇用理論研究』東洋経済新報社)

Robinson, J. V., [1956] *The Accumulation of Capital*. London. Macmillan. (杉山清訳 [1957]『資本蓄積論』みすず書房)

Rosen, S., [1970] "Unionism and the Occupational Wage Struucture in the United States," *International Economic Review*, Vol. 11.

Rosen, S., [1974] "Hedonic Prices and Implicit Markets, Product Differentiation in Pure Competition," *Journal of Political Economy*, Vol. 82, No. 1.

Rosen, S., [1985] "Implicit Contracts : A Survey," *Journal of Economic Literature*, Vol. 23.

Rosen, S., [1986] "Theory of Equalizing Differences," in *Handbook of Labor Economics*, Vol. I ed. by O. Ashenfelter and R. Layard.

Ross, A. M., [1948] *Trade Union Wage Policy*. University of California Press. (古米淑郎訳 [1963]『労働組合の賃金政策』ミネルヴァ書房)

Salop. S., [1979] "A Model of the Natural Rate of Unemployment," *American Economic Review*, Vol. 69.

Samuelson, P. A., [1952] "Spatial Price Equilibrium and Linear Programming," *American Economic Review*, Vol. 42.

Samuelson, P. A.,=R. M. Solow [1960] "Analytical Aspect of Anti-Inflation Policy," *American Economic Review*, Vol. 50.

Samuelson, P. A.,=F. Modigliani [1966] "The Pasinetti Paradox in Neoclassical and More General Models," *Review of Economic Studies*, Vol. 33 (4), No. 96.

Sargent, T. J.,=N. Wallace [1975] "Rational Expectations, the Optimal Monetary Instrument, and the Optimal Money Supply Rule," *Journal of Political Economy*, Vol. 83.

Schultz, T. W., [1945] *Agriculture in an Unstable Economy*. (吉武昌男訳 [1949] 『不安定経済における農業』群芳園)

Schultz, T. W., [1963] *The Economic Value of Education*. Columbia University Press: New York. (清水義弘・金子元久訳 [1981] 『教育の経済価値』日本経済新聞社)

Scottinger, M., [1977] "Compensating Wage Differentials," *Journal of Economic Theory*, Vol. 9.

Sen, A., [1997] *The Economic Inequality expanded edition with a Subustantial Annexe*. by J. Foster and A. Sen. Oxford: Charendon Press. (鈴木興太郎・須賀晃一訳 [2000] 『不平等の経済学——ジェームス・フォスター、アマルティア・センによる補論「四半世紀後の『不平等の経済学』を含む拡大版——』東洋経済新報社)

Sen, A. K., [1963] "Neo-Classical and Neo-Keynesian Theories of Distribution," *Economic Record*, Vol. 35, No. 85.

Shackle, G. L. S., [1957] "The Nature of the Bargaining Process," in *The Theory of Wage Determination*. ed. by J. T. Dunlop. London: Macmillan & Co.,

Shapiro, C.,=J. E. Stiglitz [1984] "Equilibrium Unemployment as a Worker Discipline Device," *American Economic Review*, Vol. 74.

Smith, S. W., [1994] *Labour Economics*. London and New York, Routledge.

Smith, A., [1776] *An Inquiry into the Nature and Causes of the Wealth of Nations*. (6th eds., 1961) London. (大内兵衛・松川七郎訳 [1959] 『諸国民の富』(5分冊) 岩波文庫)

Solow, R. M., [1979] "Another Possible Sources of Wage Stickness," *Journal of Macroeconomics*, Vol. 1.

Solow, R. M., [1985] "Insiders and Outsiders in Wage Determination," *Scan-

dinavian Journal of Economics, Vol. 87, No. 2.

Spence, M., [1973] "Job Market Signaling," *Quarterly Journal of Economics*, Vol. 87, No. 3.

Spence, M., [1974] *Market Signaling*. Harvard University Press: Cambridege, Massachusetts.

Stigler, G. J., [1957] *Production and Distribution Theory*. New York: Macmillan. (1st ed., 1941) (松浦保訳 [1967]『生産と分配の理論』東洋経済新報社)

Stigler, G. J., [1961] "The Economics of Information," *Journal of Political Economy*, Vol. 69.

Stigler, G. J., [1962] "Information in the Labor Market," *Journal of Political Economy*, Vol. 70.

Stigler, G. J., [1987] *The Theory of Price*. (4th eds.,) Macmillan Publishing Company. (南部鶴彦・辰巳健一訳 [1991]『価格の理論（第4版）』有斐閣)

Stiglitz, J. E., [1975] "The Theory of 'Screening,' Education and the Distribution of Income," *American Economic Review*, Vol. 65, No. 3.

Stoikov, V., [1966] "Some Determinants of the Level of Frictional Unemployment: A Comparative Study," *Intenatinal Labour Review*, Vol. 93, No. 5.

Taubman, P.,=M. L. Wachter [1986] "Segmented Labor Markets," in O. Ashenfelter and R. Layard (eds.,), *Hanbook of Labor Economics*, Vol. 2.

Taylor, J., [1974] *Unemployment and Wage Inflation*.

Taylor, T., [1972] "The Behavior of Unemployment and Unfilled Vacancies Great Britain, 1958-1971, An Alternative View," *Economic Journal*, Vol. 82, No. 328.

Theil, H., [1967] *Economics and Information Theory*. North-Holland, Amesterdam.

Tobin, J., [1968] "Unemployment and Inflation: The Cruel Dilemma," in A. Phillips and O. E. Williamson (eds.,) *Prices: Issues in Theory and Public Policy*, University of Pennsylvania Press.

Todaro, M. P., [1969] "A Model of Labor Migration and Urban Unemployment in Less Developed Countries," *American Economic Review*, Vol. 59.

Trevithick, J. A.,=C. Mulvey [1975] *The Economics of Inflation*. M. Robertson & Co. Ltd., London. (松坂兵三郎・名取昭弘・浦上博逹訳 [1977]『インフレーションの経済学』ダイヤモンド社)

Ulph, A.,=D. T. Ulph [1990] "Union Bargaining: A Survey of Recent Work," in D. Sapsford and Z. Tzannatos (eds.,) *Current Issues in Labour Economics*, London: Macmillan.

Walton, R. E.,=R. B. McKersie [1965] *A Behavioral Theory of Labor Negotiations*,

An Analysis of Social Interaction System. McGraw-Hill.

Webb, S. J.,＝B. P. Webb［1894］*The History of Trade Unionism.* (rev. ed., 1920) （荒畑寒村監訳　飯田鼎・高橋洸訳［1973］『労働組合運動の歴史（上・下）』日本労働協会）

Weiss, A.,［1980］"Job Queues and Layoffs in Labor Markets with Flexible Wages," *Journal of Political Economy*, Vol. 88.

Wilcock, R. C.,［1957］"The Secondary Labor Force and the Measurement of Unemployment," in *The Meaurement and Behavior of Unemployment. NBER*.

Wicksteed, P. H.,［1894］*Co-ordination of the Laws of Distribution.* （川俣雅弘訳［2002］『近代経済学古典選集第 2 期　12　ウイックスティード分配法則の統合』日本経済評論社）

Yellen, J. L.,［1984］"Efficieny Wage Models of Unemployment," *American Economic Review Procceedings*, Vol. 74.

赤岡功［1968］「ロスとダンロップの賃金論（1・2）」京都大学経済学会『経済論叢』第101巻・第 3 号・第 6 号

浅倉むつ子［1991］『男女雇用平等法論――イギリスと日本』ドメス出版

浅倉むつ子［2010］「第 6 章　イギリス・EU 法における男女同一価値労働同一賃金原則」森ます美・浅倉むつ子編『同一価値労働同一賃金原則の実施システム』有斐閣

浅沼萬里［1977］「内部組織の経済学と雇用関係」『経済セミナー』日本評論社　7 月号

足立英之・太田誠・小野旭他［1979］『近代経済学 2　マクロ経済の理論』有斐閣

足立英之［1994］『マクロ動学の理論』有斐閣

阿部由紀子［2001］「地域別最低賃金がパート賃金に与える影響」猪木武徳・大竹文雄『雇用政策の経済分析』東京大学出版会

阿部由紀子［2004］「最低賃金は賃金の有効な下支えか」『日本労働研究雑誌』第525号

阿部由紀子・田中藍子［2007］「正規－パート賃金格差と地域別最低賃金の役割 1990年〜2001年」『日本労働研究雑誌』第568号

阿部由紀子［2010］「最低賃金引き上げのインパクト」『日本労働研究雑誌』第597号

荒井一博［1989］「人的資本」大橋勇雄他『労働経済学』有斐閣

荒井一博［1995］『教育の経済学：大学進学行動の分析』有斐閣

荒井一博［1996］『雇用制度の経済学』中央経済社

荒井一博［1997］『ミクロ経済学』中央経済社

荒井一博［2002］『教育の経済学入門――公共心の教育はなぜ必要か――』勁草書房

荒井勝彦［1972］「労働市場の構造――構造的市場を中心として――」熊本大学法学会『熊本法学』第19号
荒井勝彦［1973］「労働市場の構造と未充足求人・失業」熊本大学法学会『熊本法学』第20号
荒井勝彦［1974a］「労働市場構造の分析」内海洋一編『労働経済の理論』有信堂
荒井勝彦［1974b］「労働分配率の理論的・実証的分析」内海洋一編『労働経済の理論』有信堂
荒井勝彦［1975］「労働移動の理論」熊本大学法学会『熊本法学』第24号
荒井勝彦［1978］「労働力率の変動と隠蔽失業」熊本大学法学会『熊本法学』第27号
荒井勝彦・高田英［1982］『熊本県の賃金――賃金の管理と実態――』熊本県労働基準協会
荒井勝彦［1984］「失業・欠員の関係――理論と実証――」熊本大学法学会『熊本法学』第38号
荒井勝彦［1988］「労働供給理論の学説史的展望」熊本大学法学会『熊本法学』第57号
荒井勝彦［1989］「地域間人口移動とその変動――所得格差説との関連で――」熊本大学法学部創立10周年記念『法学と政治学の諸相』成文堂
荒井勝彦［1992］「労働供給理論研究の発展と変遷」大阪府立大学『経済研究』第37号・第1-2号
荒井勝彦［2000］「戦後わが国における人口移動と所得格差の推移」熊本学園大学産業経営研究所『産業経営研究』第19号
荒井勝彦［2007］『変容する熊本の労働』（熊本学園大学産業経営研究所研究叢書40）梓出版社
荒井勝彦［2010］「人口移動からみた九州労働市場の変容」熊本学園大学付属産業経営研究所編『グローバル化する九州・熊本の産業経済の自立と連携――熊本学園大学付属産業経営研究所設立50周年記念共同研究』日本評論社
有賀健［2007］「第8章　新規高卒者の労働市場」林文夫編『経済停滞の原因と制度』勁草書房
有澤広巳［1959］「日本経済の基礎構造」有澤広巳他編『現代資本主義講座（第7巻）』東洋経済新報社
飯田経夫他［1968］『雇用・賃金と物価の関係』研究報告 No. 20　日本経済研究センター
石井久子［2008］「最低賃金と雇用に関する最近の研究動向」『高崎経済大学論集』第51巻・第2号
石原孝一［1962］『日本技術教育史論』三一書房
石原孝一［1981］『アメリカ労働市場論』八千代出版

市川昭午・菊池城司他［1982］『教育の経済学（教育学大全集4）』第一法規出版
伊藤隆敏［2003］「教育の経済学（上・下）」『経済セミナー』日本評論社 9・10月号
伊東正則・山崎良也編［1987］『基本経済政策』有斐閣ブックス
井上詔三［1967］「企業内労働市場の構造について」『三田学会雑誌』第62巻・第9号
井上詔三［1976］「内部労働市場論の再検討」『日本労働協会雑誌』第210号
井上毅［1969］『人づくり経済学　改訂増補版　人的投資の理論』ぺりかん社
今井賢一・伊丹敬之・小池和男［1982］『内部組織の経済学』東洋経済新報社
今井英彦［1986］「労働力フロー・データの調整」『流通経済大学論集』第21巻・第2号
岩田規久男［1993］『ゼミナール　ミクロ経済学入門』日本経済新聞社
岩村美智恵［1996］「高等教育の私的収益率——教育経済学の展開」『教育社会学研究』第58集
内海洋一［1958］『社会問題の基礎理論——階級と賃銀に関する研究——』大阪大学経済学部社会経済研究室（研究叢書　第12冊）
内海洋一編［1974］『労働経済の理論』有信堂
梅澤眞一・古川誠司・川上淳之［2011］『最低賃金の引上げによる雇用への影響に関する理論と分析』JILPT 資料シリーズ No. 90　労働政策研究・研修機構
梅溪健児［2000］「所得調査の特徴とジニ係数」『日本労働研究雑誌』第480号
梅村又次［1961］『賃金・雇用・農業』大明堂
梅村又次［1971］『労働力の構造と雇用問題』（一橋大学経済研究叢書23）岩波書店
大石亜希子・伊藤由樹子［1999］「所得分配の見方と統計上の問題点」『日本経済研究センター会報』第827号
大川一司［1954］『農業の経済分析』大明堂
大川一司［1958］「過剰就業と傾斜構造」篠原三代平編『経済の進歩と安定——中山伊知郎還暦記念論文集』東洋経済新報社
大川一司編［1959］『過剰就業と日本農業』春秋社
大川一司［1962］『日本経済分析——成長と構造——』春秋社
小尾恵一郎［1969］「家計の労働供給の一般理論について」『三田学会雑誌』第62巻・第8号
小尾恵一郎［1971］「労働供給の理論」西川俊作編『労働市場』日本経済新聞社
大沢真知子［1993］『経済変化と女子労働——日米の比較研究——』日本経済評論社
大嶋寧子［2007a］「英国の年齢差別禁止に向けた取組みと日本への示唆」みずほ総合研究所『みずほリポート』2月号
大嶋寧子［2007b］「欧米諸国における年齢差別禁止と日本への示唆」みずほ総合研究所『みずほリサーチ』6月号
大嶋寧子［2007c］「「募集・採用時の年齢制限禁止」の義務化～法改正に伴う成果と

課題〜」みずほ総合研究所『みずほ政策インサイト』9月号
太田清［2000］「国際比較からみた日本の所得格差」『日本労働研究雑誌』第480号
大竹文雄［1998］『経済学入門シリーズ　労働経済学入門』日本経済新聞社（日経文庫）
大竹文雄［2000］「90年代の所得格差」『日本労働研究雑誌』第480号
大竹文雄［2005］『日本の不平等』日本経済新聞社
大竹文雄・太田聰一［2002］「デフレ下の雇用対策」『日本経済研究』No. 44.
太田聰一・照山博司［2003］「労働力フローデータによる就業および失業の分析」内閣府経済社会総合研究所『経済分析』第168号
大野吉輝［1965］『巨視的分配理論』日本評論社
大橋勇雄［1978］「ジョブ・サーチの経済理論」佐野陽子他編『労働移動の研究』総合労働研究所
大橋勇雄・荒井一博・中馬宏之・西島益幸［1989］『労働経済学』有斐閣
大橋勇雄［1990］『労働市場の理論』東洋経済新報社
大橋勇雄［1993］「第8章　公共財としての労働組合」橘木俊昭・連合総合生活開発研究所編『労働組合の経済学——期待と現実』東洋経済新報社
大橋勇雄編［2009］『労働需要の経済学』ミネルヴァ書房
岡田章［1996］『ゲーム理論』有斐閣
奥口孝二・岸本哲也・酒井泰宏他［1978］『近代経済学Ｉ　ミクロ経済の理論』有斐閣
小倉一哉・藤本隆史［2005］『労働政策研究報告書No. 22　日本の長時間労働・不払い労働時間の実態と実証分析』労働政策研究・研修機構
小倉一哉・坂口尚文［2004］『日本の長時間労働・不払い労働時間に関する考察——「長時間労働の実態とその雇用・生産性に及ぼす影響等に関する研究」の中間的取りまとめとして——』JILPT Discussion Paper Series 04-001
尾高煌之助［1984］『労働市場分析——二重構造の日本的展開』岩波書店
小野旭・南亮進編［1972］『労働経済論』有斐閣
小野旭［1973］『戦後日本の賃金決定』東洋経済新報社
小野旭［1983］「わが国の失業問題に関する最近の分析について」『日本労働協会雑誌』第295号
小野旭［1984］「内部労働市場」高橋泰蔵他『体系経済学辞典（第6版）』東洋経済新報社
小野旭［1989］『日本的雇用慣行と労働市場』東洋経済新報社
小野旭［1991］「統計より200時間多い日本の労働時間」『週刊エコノミスト』12月16日号
小野旭［1994］『スタンダード経済学シリーズ　労働経済学（第2版）』東洋経済新報

社
小原美紀［2000］「最低賃金は誰を支えているのか」三谷直紀編『21世紀への労働市場と雇用システムの構図（2）』雇用・能力開発機構　関西経済研究センター
掛江正造［1988］『巨視的分配の研究』晃洋書房
川口章［2002］「ダグラス＝有澤の法則は有効なのか」『日本労働研究雑誌』第501号
川口弘・篠原三代平・長洲一二・宮沢健一・伊東光晴［1962］『日本経済の基礎構造』春秋社
木下富夫［1990］『労働時間と賃金の経済学』中央経済社
木村和範［2008］『ジニ係数の形成』北海道大学出版会
木村憲二［1970］『所得と分配』日本評論社
熊谷尚夫［1964］『経済政策原理』岩波書店
熊谷尚夫［1983］『経済原論』岩波書店
神代和欣［1966］『アメリカ産業民主制の研究』東京大学出版会
神代和欣［1978］「労働経済学の日本的展開」『季刊労働法別冊第2号　労働経済学』総合労働研究所
倉澤資成［1988］『入門価格理論　第2版』日本評論社
黒岩容子［2010］「EU法における男女同一賃金原則」『早稲田法学会誌』第61巻・第1号
黒田祥子［2002］「わが国失業率の変動について──フロー統計からのアプローチ──」日本銀行金融研究所『金融研究』第21巻・第4号
黒田祥子・山本勲［2006］『デフレ下の賃金変動』東京大学出版会
桑原靖夫［1978］「差別の経済分析」『日本労働協会雑誌』第235号・第236号
桑原靖夫［1980］「性差別経済理論の展望」『季刊現代経済』第38巻
経済企画庁総合計画局編［1968］『物価安定と所得政策』経済企画協会
経済企画庁総合計画局編［1972］『現代インフレと所得政策』経済企画協会
小池和男［1962］『日本の賃金交渉──産業別レベルにおける賃金決定機構──』東京大学出版会
小池和男［1966］『賃金、その理論と現状分析』ダイヤモンド社
小池和男［1977］『職場の労働組合と参加──労資関係の日米比較』東洋経済新報社
小池和男［1982］「内部労働市場」今井賢一・伊丹敬之他『内部組織の経済学』東洋経済新報社
小池和男［1999］『仕事の経済学（第2版）』（第1版1991年）東洋経済新報社
小泉進・建元正弘［1972］『現代経済学4　所得分析』岩波書店
厚生労働省監修［2002］『男女雇用機会均等法　労働基準法（女性関係等）　育児・介護休業法　パートタイム労働法解釈便覧』21世紀職業財団
厚生労働省編［1995］『長寿社会と雇用（改訂版）』近代労働経済研究会

厚生労働省職業能力開発局編［2002］『新訂版　職業能力開発促進法』（労働法コンメンタール 8）労務行政
小粥義明［1987］『最低賃金制の新たな展開』日本労働協会
国立社会保障・人口問題研究所編［2012］『人口の動向　2012』厚生労働統計協会
小塩隆士［2002］『教育の経済分析』日本評論社
小塩隆士［2003］『教育を経済学で考える』日本評論社
小塩隆士・妹尾渉［2003］「日本の教育経済学：実証分析の展開と課題」内閣府経済社会総合研究所　ESRI ディスカッション・ペーパー・シリーズ　No. 69
児玉元平［1968］『巨視的分配の理論』福山大学研究叢書・新評論
齋藤純子［2006］「ドイツにおける EU 平等待遇指令の国内法化と一般平等待遇法の制定」国立国会図書館調査及び立法考査局『外国の立法』第230号
坂下昇［1980］「地域経済学」『経済学大辞典（第Ⅱ巻）』東洋経済新報社
桜健一［2006］「フローデータによるわが国労働市場の分析」日本銀行ワーキング・ペーパーシリーズ　No. 06-J-20
櫻庭涼子［1999］「諸外国における年齢差別への取り組み」『日本労働研究雑誌』第521号
佐々木宏夫［1991］『情報の経済学――不確実性と不完全情報』日本評論社
佐藤浩一［1962］『現代賃金論序説』大阪府立大学研究叢書
佐野陽子・小池和男・石田英夫編［1969］『賃金交渉の行動科学』東洋経済新報社
佐野陽子編［1972］『女子労働の経済学』日本労働協会
佐野陽子・石田英夫・井関利明編［1978］『労働移動の研究』総合労働研究所
佐野陽子［1989］『企業内労働市場』有斐閣選書
佐野陽子・小野旭・水野朝夫・猪木武徳［1981］『労働経済学』総合労働研究所
佐野陽子［1992］「内部労働市場」大阪市立大学経済研究所編『経済学辞典（第3版）』岩波書店
産業訓練白書編集委員会編［1971］『産業訓練百年史』日本産業訓練協会
篠塚英子［1982］『日本の女子労働』東洋経済新報社
篠原三代平［1959］「日本経済の二重構造」篠原三代平編『産業構造』（新訂版1961年）春秋社
篠原三代平［1961］『日本経済の成長と循環（現代経済学叢書）』創文社
篠原三代平・舟橋尚道編［1961］『日本型賃金構造の研究』労働法学研究所
柴山恵美子・中曽根佐織編［2004］『EU の男女均等政策』日本評論社
島田晴雄［1975］「年功制論と国際比較の方法」『日本労働協会雑誌』第194号
島田晴雄［1977］『労働経済学のフロンティア』総合労働研究所
島田晴雄［1986］『モダンエコノミックス 8　労働経済学』岩波書店
島田晴雄・清家篤［1992］『仕事と暮らしの経済学』岩波書店

嶋津千利世［1978］『婦人労働の理論』青木書店
白井泰四郎［1979］『企業別組合　増訂版』（中公新書）中央公論社
白井泰四郎・花見忠・神代和欣［1986］『労働組合読本　第2版』東洋経済新報社
白井泰四郎［1996］『労使関係論』日本労働研究機構
新保生二編［1991］『ゼミナール　マクロ経済学入門』日本経済新聞社
菅谷章［1976］『労使関係論の基本問題』法律文化社
鈴木啓祐［1985］『人口分布の構造分析』大明堂
鈴木尊弘［2008］「フランスにおける男女給与平等法——男女給与格差の是正をめぐるフランスの試み——」国立国会図書館調査及び立法考査局『外国の立法』第236号
鈴木尊弘［2009］「フランスにおける差別禁止法及び差別防止機構法制」国立国会図書館調査及び立法考査局『外国の立法』第242号
隅谷三喜男編［1970・1971］『日本職業訓練発達史（上・下）』日本労働協会
隅谷三喜男［1974］「日本的労使関係論の再検討（上・下）」『日本労働協会雑誌』第185号・第187号
隅谷三喜男［1976］『労働経済の理論』東京大学出版会
隅谷三喜男・古賀比呂志編［1978］『日本職業訓練発達史（戦後編）』日本労働協会
清家篤［2001］「年齢差別禁止の経済分析」『日本労働研究雑誌』第487号
清家篤［2002］『労働経済』東洋経済新報社
高橋久子編［1989］『新時代の女子労働——男女雇用機会均等法の軌跡』学陽書房
高山憲之［1980］「分配」「冨と所得の分布」『経済学大辞典（第2版）』第Ⅰ巻　東洋経済新報社
竹中恵美子［1989］『戦後女子労働史論』有斐閣
竹中恵美子編［1991］『新・女子労働論』有斐閣
橘木俊昭［1993］「第1章　労働組合参加率低下の社会経済的背景」橘木俊昭・連合総合生活開発研究所編『労働組合の経済学——期待と現実』東洋経済新報社
橘木俊詔［1998］『日本の経済格差』岩波新書
橘木俊詔［2000］「日本の所得格差は拡大しているか」『日本労働研究雑誌』第480号
橘木俊詔・浦川邦夫［2006］「第5章"貧困との戦い"における最低賃金の役割」橘木俊詔・浦川邦夫編『日本の貧困研究』東京大学出版会
舘稔・小山美沙子［1960］「わが国国内人口移動のポテンシャル」厚生省人口問題研究所『人口問題研究所年報』
田中敬文［1998］「投資としての教育を考える」『経済セミナー』日本評論社　1月号
玉田桂子［2009］「最低賃金はどのように決まっているのか」『日本労働研究雑誌』第583号
中馬宏之［1995］『新経済学ライブラリ-11　労働経済学』新世社

中馬宏之・樋口美雄［1997］『労働経済学』岩波書店
辻村江太郎・佐々木孝男・中村厚史［1959］『景気変動と就業構造』経済企画庁
都留康他［1993］『調査研究報告書 No. 43 労働組合組織率下の規定要因』日本労働研究機構 研究所シリーズ 第2号
徳永芳郎［1994］「働き過ぎと健康障害」経済企画庁経済研究所『経済分析』第133号
富田重夫編訳［1982］『マクロ分配理論 ケンブリッジ理論と限界生産力説』学文社
鳥居泰彦［1979］『経済学入門叢書10 経済発展論』東洋経済新報社
中島通子・山田省三・中下裕子［1994］『男女同一賃金』有斐閣
長洲一二［1960］『日本経済入門』光文社
永瀬伸子［1997］「パート賃金はなぜ低いか：諸制度の足かせ」『国際化の進展と労働市場──制度・政策への影響』雇用・能力開発機構 財団法人統計研究会
永瀬伸子［2011］「2000年以後の男女の失業構造の分析」『統計と日本経済』第1巻・第1号
中田（黒田）祥子［2002］「我が国失業率の変動について──フロー統計からのアプローチ──」日本銀行金融研究所『金融研究』第20巻・第2号
中谷巌［2000］『入門マクロ経済学（第4版）』日本評論社
西川俊作［1966］『地域間労働移動と労働市場』有斐閣
西川俊作編［1971］『労働市場』日本経済新聞社
西川俊作［1980］『労働市場』日本経済新聞社（経済学入門シリーズ）
西崎文平他［1998］『日本の所得格差──国際比較の視点から──』経済企画庁経済研究所編
西村和雄［1986］『ミクロ経済学入門』岩波書店
西村和雄［1990］『ミクロ経済学』東洋経済新報社
21世紀職業財団［2007］『詳説 男女雇用機会均等法』21世紀職業財団
日本経済新聞社編［1980］『変わる賃金体系』日本経済新聞社
日本評論社編［2003］『経済セミナー』「特集 教育の経済学」日本評論社 10月号
糠塚康江［2011］「フランスにおける職業分野の男女平等政策──2008年7月憲法改正による「パリテ拡大」の意義」『企業と法創造』早稲田大学グローバルCOE《企業法制と法創造》総合研究所 第7巻・第5号（通号27）
野村正實［2003］『日本の労働研究──その負の遺産』ミネルヴァ書房
服部茂幸［1996］『所得分配と経済成長』千倉書房
濱口桂一郎［2000］「EUの一般雇用均等指令案等の概要について」日本ILO協会『世界の労働』2・3月号
濱口桂一郎［2006］「EUにおける年齢差別是正への取り組み」清家篤編『エイジフリー社会』社会経済生産性本部
濱口桂一郎［2008］「雇用対策法改正と年齢差別禁止」『地方公務員月報』3月号

濱口桂一郎［2009］「EU指令に見る男女均等の展開」日本ILO協会『世界の労働』11月号
浜口恵俊・野勢伸一・広永哲夫・菊池克彦［1980］『労働時間短縮のあり方と雇用にもたらす効果』総合研究開発機構
林敏彦［1980］「ヴェブレン効果と最適価格」『大阪大学経済学』第30巻・第2・3合併号
林敏彦［1989］『需要と供給の世界（改訂版）』日本評論社
樋口美雄［1991］『日本経済と就業行動』東洋経済新報社
樋口美雄［1996］『プログレッシブ経済学シリーズ　労働経済学』東洋経済新報社
樋口美雄［2001］『雇用と失業の経済学』日本経済新聞社
兵藤釗［1997］『労働の戦後史（上・下）』東京大学出版会
広田寿子［1979］『現代女子労働の研究』労働教育センター
藤田至孝・石田英夫［1970］『企業と労使関係』（経営学全集11）筑摩書房
藤田若雄［1975］『労働問題入門』ダイヤモンド社
舟橋尚道［1983］『日本的雇用と賃金』法政大学出版会
舟橋尚道［1975］「内部労働市場と年功制論」『日本労働協会雑誌』第192号
古郡鞆子［1980］「男女差別の経済分析」『季刊現代経済』第38巻
古郡鞆子［1997］『非正規労働の経済分析』東洋経済新報社
古郡鞆子［1998］『働くことの経済学』有斐閣ブックス
ホーン・川島瑤子［1985］『女子労働と労働市場構造の分析』日本経済評論社
堀春彦＝坂口尚文［2005］『労働政策研究報告書 No.44　日本における最低賃金の経済分析』労働政策研究・研修機構
松井祐次郎［2010］「労働保険特別会計の改革と雇用保険制度」『調査と情報』第674号
水野朝夫［1981］「第6章　失業」佐野陽子・小野旭他『労働経済学』総合労働研究所
水野朝夫［1982］「フローからみた日本の失業行動」日本経済新聞社『季刊現代経済』冬季号
水野朝夫［1983］「雇用・失業および労働市場の動態」中央大学『経済学論纂』第24巻（1・2）
水野朝夫［1992］『日本の失業行動』中央大学出版部
水野谷武志［2004］「日本における不払残業時間の実証的研究について——先行研究と今後の検討課題——」『北海学園大学経済論集』第52巻・第1号
宮崎由佳［2011］「2010年平等法と男女間同一賃金規制」『季刊労働法』第232号
武藤滋夫［2001］『経済学入門シリーズ　ゲーム理論入門』日本経済新聞社（日経文庫）
森岡孝二［2008］「Ⅶ　労働時間のコンプライアンス実体とサービス残業」関西大学

学術リポジトリ橋本昭一他『ビジネス・エシックスの新展開』第147冊　関西大学経済・政治研究所

森田成美［1990］『成長と分配のケインズ派理論』広島大学経済研究双書

森ます美［2005］『日本の性差別賃金――同一価値労働同一賃金原則の可能性――』有斐閣

森ます美・浅倉むつ子編［2010］『同一価値労働同一賃金原則の実施システム』有斐閣

八代尚宏［1980］『現代日本の病理解明――教育・差別・福祉・医療の経済学』東洋経済新報社

八代尚宏［1983］『女子労働の経済分析』日本経済新聞社

安場保吉［1980］『経済成長論』筑摩書房

柳澤武［2006］『雇用における年齢差別の法理』（名城大学法学会選書）成文堂

柳沢房子［2006］「男女雇用機会均等政策の動向と改革」国立国会図書館『調査と情報』第538号

山上俊彦［2011］「サーチ理論と均衡失業率」『日本福祉大学経済論集』第43号

山崎隆志［2004］「雇用における年齢差別禁止への内外の取組状況」国立国会図書館『調査と情報』第446号

勇上和史［2003］「日本の所得格差をどうみるか」『JIL労働政策レポート』Vol. 3

横井弘美［1970］『所得分配率の理論と実証』日本評論社

横山文野［2002］『戦後日本の女性政策』到草書房

吉村二郎［1987］『過剰労働経済の発展』中央大学出版部

労働省職業安定局編［1998］『新・労働者派遣法の実務　解説』労務行政研究所

労働省女性局編［1997］『改正　男女雇用機会均等法の解説』（財）21世紀職業財団

労働政策研究・研修機構［2004］『労働政策研究報告書No. L-8　構造的・摩擦的失業の増加に関する研究（中間報告）』

労働政策研究・研修機構［2008］『ビジネス・レーバー・トレンド　最低賃金制度』10月号

労働調査会出版局編［2009］『改訂3版　最低賃金法の詳解』労働調査会

労働調査会出版局編［2011］『平成23年度版　最低賃金決定要覧』労働調査会

厚生労働省労働基準局賃金時間課［2003］『平成15年度版　最低賃金決定要覧』労働調査会

渡辺弘［1979］『資本蓄積と所得分配――ネオ・ケインズ派分配理論のミクロ的基礎』有斐閣

人名索引

A

赤岡功　284n-285n
浅倉むつ子　538n
浅沼萬里　171
足立英之（他）　226n, 350n, 410n
阿部由紀子　563, 593n
荒井一博　146n-147n, 191n-192n, 225n, 288n, 349n
荒井勝彦（他）　57n, 60n, 171, 189n-191n, 285n, 287n, 347n-348n, 350n, 410n-411n, 449n, 493n
有澤広巳　41-42, 45, 351n
有賀健　563
Abbott, M.,　50, 60n
Aigner, D. J., （他）　512, 537n
Akerlof, G. A.,　111, 145n, 147n, 183, 187-188, 192n, 314, 348n-350n
Armstrong, H.,　412n
Arrow, K. J.,　100n, 111, 129, 505, 511, 537n
Ashenfelter, O.,　50-51, 60n
Ashworth, J. S.,　51, 61n
Atkinson, A. B., （他）　480-481
Azariadis, C.,　309, 348n

B

Baily, M. N.,　309
Barro. R. J.,　348n
Barth, P. S.,　49
Becker, G. S.,　102, 109-110, 131, 143n, 148n, 168, 336, 499, 502-503
Bergmann, B. R.,　508
Bellante, D., （他）　537n
Bishop, R. L.,　255
Blanchard, O. J.,　324, 348n, 408
Bleakley, H.,　408
Bloom, G. F.,　151, 159, 161
Boulding, K. E.,　418, 460
Bowen, W. G.,　48-49
Brentano, L.,　230-232, 280n-281n
Bronfenbrenner, M.,　252, 259
Brown, A. J.,　412n
Brown, C., （他）　61n, 561
Brown, M.,　54
Burdett, K.,　111, 129

C

Cain, G. G.,　510, 512, 537n
Card. D.,　562
Cardwell, L., （他）　506
Cartter, A. M.,　253, 256, 285n-286n

Chamberlain, N. W., 253
Chenery, H. B. C., 100n
Chirac, J., 519
Clark, J. B., 459, 490n
Cobb, C. W., 41, 63, 490n
Commons, J. R., 232

D

David, M. H., 378, 411n-412n
Dernburg, T. F., 357
Diamond, P., 388, 408
Dicks-Mireaux, L. A., 412n
Doeringer, P. B., 163-168, 170-172, 189n-190n, 510
Dornbusch, R., 221, 227n
Douglas. P. H., 41-42, 45, 48, 59n, 63, 490n
Dow, J. C. R., 412n
Dunlop, J, T., 151, 154-156, 161-162, 167, 189n, 252-253, 259, 284n-285n, 419

E

Edgeworth, F. Y., 252, 265, 499, 502, 508
Edwards, R. C., 510
Ehrenberg, R. G., 351n
Evans, G. J., 412n

F

藤田若雄 282n

藤田至孝 287n
舟橋尚道 171, 191n
古郡鞆子 282n, 288n, 350n, 536n-537n
Faber, H. S., 253
Fawcett, F., 508
Fallon. P., (他) 60n, 253, 285n, 287n
Fei., J. C. H., 357, 365-367, 410n, 419-420
Fellner, W. J., 253, 255, 285n
Ferguson, C. E., 490n, 492n
Ferris, A. F., 408
Findley, R., 492n
Finegan, T. A., 48-49
Fisher, L. H., 159
Fischer, S., 221, 227n
Flanders, A., 231
Flux, A. W., 490n
Foldes, L., 288n
Freeman, R. B., 143n
Friedman, M., 218-219, 221, 229n, 347n
Fuhrer, J. C., 408

G

玄田有史（他） 413n
Gibrat, R., 484
Gilbert. F., 57n
Gini, C., 484
Gintas, H., 110
Gordon, D. F., 309
Gordon, D. M., 510
Gordon, R. J., 101n
Gossen, H. H., 34, 57n
Gramm, W. L., 50
Green, C., 49

Gujarati, D., 412n

H

濱口桂一郎　538n, 595n
浜口恵俊（他）　56n, 101n
服部茂幸　489n
広田寿子　536n
花見忠　59n, 280n-284n, 350n
林敏彦　147n, 187, 192n
樋口美雄　59n, 101n, 191n, 287n, 350n, 406, 410n, 413n
堀春彦（他）　563, 593n
ホーン・川島瑤子　536n
Hahn, P. H., 467
Haley, B. F., 253-254
Hansen, B., 211, 385, 412n-413n
Heckman, J. J., 50-51, 60n
Hicks, J, R., 34, 151, 156-158, 189n, 255, 271, 273, 288n, 307, 327, 348n, 350n, 368, 410n, 418, 459, 490n
Holt., C. C., 210, 226n, 378, 411n-412n
Horney, M. L., 54
Howell, G., 231
Hunter, L. C., 43

I, J

飯田経夫（他）　226n-227n
石井久子　593n
石田英夫（他）　287n
石原孝一　144n, 188n
伊藤隆敏　129, 145n, 147n
伊東正則（他）　489n
井上毅　104, 143n
井上詔三　170-171
今井賢一（他）　172
今井英彦　416n
岩田規久男　192n, 225n
岩村美智恵　121
Jevons, W. S., 34, 57n
Johnson, J., 253

K

掛江正造　489n
片山邦雄　171
川口章　59n
川口弘（他）　57n, 351n
木下富夫　349n, 351n-352n
木村和範　493n-494n
木村憲二　489n
熊谷尚夫　55n, 225n, 228n, 410n, 489n, 593n
神代和欣　280n, 282n-283n, 351n
倉澤資成　192n, 225n
黒岩容子　538n
黒田祥子（他）　408-409, 416n
桑原靖夫　536n-537n
小池和男　131, 143n-148n, 161, 172-173, 189n, 284n-285n
小泉進（他）　410n-411n
小粥義明　593n
小塩隆士（他）　122, 145n-147n
児玉元平　489n
カンバヤシ（他）　563, 593n
Kaldor, N., 452, 455, 460, 461, 464-465, 467, 489n-491n
Katz. L., (他)　313, 562

Kalecki, M., 460-461, 464, 490n
Kaufman, B. E., 54, 61n, 536n-537n
Kerr, C., 150-153, 159, 161-162, 189n-190n, 419
Keynes, J. M., 119, 307, 353, 356, 358, 367-369, 372, 375, 377-378, 411n, 460-461, 464, 468, 490n
Killingsworth, M. R., 49, 52-53, 59n-61n, 347, 351n-352n
Kniesner, T. J., 50
Knight, L. H., 34
Kosters, M., 50, 58n
Krueger, A., 562, 505
Kuska, E. A., 213, 226n

L

Leontief, W., 64, 252
Leuthold, J. H., 51, 60n
Lewis, A. W., 336, 365, 410n, 419-420, 426-428, 434, 450n
Lindbeck, A., 319, 321
Lipsey, R. G., 210, 213, 226n
Livernash, F. B., 189n
Long, C. D., 41, 48, 59n
Lucas, R. E., 224, 348n
Lorenz, M. O., 481

M

松岡駒吉 234
南亮進 410n, 449n
森ます美 538n-540n
武藤滋夫 288n

水野谷武志 554, 592n-593n
松井祐次郎 594n-595n
水野朝夫 406, 408, 409n, 413n, 415n-416n, 449n
宮崎由佳 539n
森岡孝二 554
森田成美 489n
美濃口時次郎 409n
森田勁 285n, 287n-288n
Madden, J. F., 506
Mankiw, N. G., 323-324, 348n
Manser, M., 54
Marshall, A., 34, 102, 104, 108, 143n, 324, 350n, 418, 557, 593n
McCall, J. J., 174, 179, 191n
McCormick, B. J., 450n
McDonald, I. M., 253-254, 259, 261, 287n
McElroy, M. B., 54
McKersie, R. B., 254, 269, 287n
Meade, J. E., 467
Mill, J. S., 499, 502, 536n
Mincer, J., 43, 48, 106, 110, 121-122, 143n, 145n
Minhas, B. S., 100n
Modigliani, F., 467
Morgenstern, O., 275, 310
Mortensen, D. T., 388
Moses, L. M., 46, 59n
Mulvey, C., 226n, 228n
Myers, J. G., 412n

N

中島通子（他） 538n

中谷巌　227n-228n, 349n-350n
長洲一二　351n
西川俊作　101n, 434, 450n
西村和雄　225n
西崎文平（他）489, 494n
野村正實　172-173, 190n-191n
永瀬伸子　408, 416n, 563
Nash, J. F.,　255, 278
Neumark, D.,　562
Northrup, H. R.,　151, 159, 161
Nurkse, R.,　357

O

大石亜希子（他）487, 489, 497
大川一司　336, 351n, 357, 419, 450n
大沢真知子（他）523, 536n
大嶋寧子　595n-596n
太田清（他）487,
太田聰一　401, 409, 415n
大竹文雄　413n, 487, 497
大野吉輝　489n-491n
大橋勇雄（他）146n, 191n, 285n, 349n-350n
岡田章　288n
奥口孝二（他）225n
小原美紀　563
小野旭　148n, 226n-228n, 287n, 348n, 406, 410n, 416n, 449n, 493n, 554,
小尾恵一郎　43, 45, 49
小倉一哉（他）554, 592n-593n
Oi, W. Y.,　131
Olsen, R. J.,　50
Oswald, A. J.,　253

P, Q

Pastinetti, L. L.,　464-465, 467, 491n-492n
Patinkin, D.,　411n
Pareto, V. E. D.,　483
Parker, J. E.,　49
Pen, J.,　254, 288n
Perlman, R.,　46, 59n
Perlman, S.,　232, 281n
Pfouts, R. W.,　57n
Phelps, O. W.,　151, 159, 161, 164, 190n
Phelps, E. S.,　219, 512, 537n
Phillips, A. W.,　207-210, 212, 215
Pigou, A. C.,　34, 143n, 307, 377
Piore, M. J.,　163-168, 170-172, 189n-190n, 510
Pissarides, C. A.,　388, 390
Player, M. A.,　539n
Prescott, E. C.,　348n
Psacharopoulos, G.,　121

R

Ranis, G.,　358, 365-367, 410n, 419-420
Reder, M. W.,　358, 362, 409n-410n
Rees, A.,　191n, 357, 409
Redclift, N.,（他）510, 537n
Reich, M.,（他）510
Reynolds, L. G.,　162, 350n, 419
Ricardo, D.,　452, 454-457, 489n-490n
Riley, J.,　111, 129
Robbins, L.,　34, 57n
Robinson, J. V.,　357, 419, 449n, 460-

461, 491n, 506, 559
Romar, D., 348n
Rosen, S., 253, 340, 351n-352n
Ross, A. M., 252, 284n-285n, 419

S

齋藤純子　539n
笹島芳雄（他）　412n
坂下昇　449n-450n
桜健一　405, 408-409, 416n
櫻庭涼子　578
佐々木宏夫　192n
佐藤浩一　252, 285n
佐野陽子　191n, 287n, 350n, 411n, 536n
島田晴雄　143n, 145n, 171, 406
篠塚英子　406, 536n
篠原三代平（他）　55n, 351n
柴山恵美子（他）　538n
嶋津千利世　536n
新保生二　227n
菅谷章　280n, 282n-283n
鈴木啓祐　450n-451n
鈴木尊弘　539n
隅谷三喜男（他）　130, 144n, 148n, 171-173, 190n
白井泰四郎（他）　280n-284n
清家篤　145n
Salop, S., 227n
Samuelson, P. A., 216, 227n, 420, 423, 450n, 467
Sargent, T. J., 224, 348n
Schultz, T. W., 102, 104-105, 109-110, 143n, 145n, 419
Scottinger, M., 351n

Sen, A. K., 476, 477, 492n-494n
Shackle, G. L. S., 254, 288n
Shapiro, C., 314, 350n
Shaw, L. H., 49
Sinclair, M. T., 510, 537n
Smith, A., 102-104, 109, 142n-143n, 327-328, 340, 350n, 418
Smith, R., 351n
Smith, S. W., 60n, 253-254, 285n, 502, 508, 537n
Snower, D. J., 314, 321
Solow, R. M., 100n, 216, 227n, 253-254, 259, 261, 287n, 314, 319, 349n
Spence, M., 102, 110-111, 124, 129, 145n, 147n, 336
Stigler, G. J., 173-174, 191n, 459, 490n
Stiglitz, J. E., 111, 145n, 314, 348n, 350n
Stoikov, V., 450n
Strand, K., 357
Summers, I. H., 324, 348n

T

館稔（他）　418
高田保馬　351n
高梨昌（他）　59n, 280n-281n, 350n
高橋久子（他）　536n
高山憲之　494n
竹中恵美子（他）　536n
橘木俊詔（他）　282n, 487, 488-489, 563
田中敬文　121
都留康（他）　242, 282n
鳥居泰彦　410n, 449n
糖塚康江　539n

辻村江太郎（他） 59n
徳永芳郎 554
中馬宏之 101n, 146n, 349n-351n
Taubman, P., (他) 510
Taft, C. H., 350n
Taylor, J., 362, 412n
Tella, A., 49
Tella, D., 49
Theil, H., 479
Tobin, J., 222
Todaro, M. P., 420
Trevithick, J. A., 226n, 228n

U, V, W

上田貞次郎 409
氏原正治郎 170, 190n
内海洋一 171, 285n, 287n-288n, 336, 351n
内田光穂 226n
梅村又次 56n, 364, 432, 450n
梅澤眞一（他） 563, 593n
梅溪健児 487-488
渡辺弘 489n, 491n-492n
Ulph, D. T., 51, 61n
Veblen. T. B., 187
Verry. D., 60n, 253, 284n, 286n

von Neumann 275, 310
Wallace, N., 224, 348n
Walton, R. E., 254, 269, 287n
Webb, S. J., = Webb, B. P., 162, 229, 231-232, 280n-281n
Weiss, A., 314, 350n
Wilcock, R. C., 56n, 364
Wicksteed, P. H., 457, 459, 490n

X, Y, Z

八代尚宏 406, 536n-537n
安場保吉 410n, 427, 448n-450n
柳沢房子 532, 540n-541n
山上俊彦 413n
山崎隆志 595n-596n
横井弘美 489n
吉村二郎 410n
勇上和史 487-488, 497
Yellen, J. L., 314, 348n-349n
Zeuthen, F., 254

[注] 人名の後の（他）は複数による著書などを表している。原則として，代表者のみを記し，他の者を省略しているため，（他）と表記した。

事項索引

第1章

人口の推移と構造　8-12
　人口減少社会（人口増加から減少へ）
　　9
　自然増加・社会増加　9
　出生率・死亡率　10-12, 52-53
人口転換　12-13
　合計特殊出生率　13, 53
　少子化の進行　12-13
　高齢化の進行　14
　人口の年齢構造　15
労働力率（労働力参加率）　16
　労働力の概念　16
　労働力方式・有業者方式　16-17
　時系列分析・横断面分析　18
　労働力率の長期的変動　18-20
年齢別にみた労働力率　20-27
　第1次労働力・第2次労働力　20
　恒常労働力・縁辺労働力　20-21
　年齢階層別に労働力率
　　逆U字型・M字型　25-27
　戦後の労働時間の推移　27-29
総実労働時間　27-30, 32-33
　所定内・所定外労働時間　27-29, 31-33
　労働時間変動の要因分析　31-33
　変動率・変動寄与率　32-33
労働供給（余暇需要）の決定　33-41

所得−余暇の選好図式　33-34
無差別曲線・予算制約線　33, 35-37, 39
最適労働時間の決定　36-39
　余暇の限界効用・所得の限界効用　38-39
限界代替率（MRS）　38, 56
代替効果・所得効果　34, 40-41
ダグラス＝有澤の法則　41-43, 45
妻の就業諾否のメカニズム　42-45
　指定労働時間　43, 45, 49
　臨界核所得　45, 49
　余暇選好者・所得選好者　45-47
新古典派の家計労働供給モデル　47-54
　夫に絶対的に従うモデル　49
　家計の効用−家計の予算制約によるモデル　50-51
　交差代替効果　50, 51
　個人の効用−家計の予算制約によるモデル　51-54
　夫と妻の反応曲線　52-53
　間接所得効果　53
　交渉モデル（制度的モデル）　53

第2章

最終需要・派生需要　62
生産関数　62-64
　新古典派生産関数　63

代替可能な生産関数　63
　コブ＝ダグラスの生産関数　63, 68
　CES 生産関数　63, 100
　レオンチェフの生産関数　64
　k 次同次関数　68-69
等量曲線・等産出量曲線　64-66, 75, 78
技術的限界代替率（MRTS）　64-65, 77
労働の限界生産物　66-68
　労働の平均生産物　67-68
要素に関する収穫法則　66-68
　規模に関する収穫法則　66-69
完全競争の仮定　69-70
価格受容者・数量調節者　70
労働の限界価値生産物　73-74
短期の労働需要曲線　70, 79-80
　長期の労働需要曲線　79-80
投入量の最適結合　75-78
総費用　71
　可変費用　71
　固定費用　71
　等費用曲線　76-77
賃金率の変動効果　78-79
　代替効果・拡張効果　78-79
　拡張経路　79
不況下の雇用調整　80-83
　不況と合理化による雇用調整　80-83
　労働投入量の変動と雇用調整　83-88
　雇用過剰感　84
　一時帰休を含む雇用調整モデル　88-93
　先任権制度　88
　レイオフ　88
　雇用者費用　89
ラグランジュ関数　90
産業構造からみた労働需要の変化　93-95

求人・求職からみた労働需給の変動　95-96
雇用形態からみた労働需要の変化　96-97
　非正規労働者の概念　96-97
　増加する非正規労働者　97-99
　非正規労働者増加の背景　99

第3章

教育の経済学（略史を含む）　102, 105, 109-110, 129
人的資本理論　102, 104, 109-110, 129-130
人的資本の概念　103, 105
教育・訓練　102-103, 107
教育・訓練機関　105-107
職業訓練・能力開発の変遷　107-109
シカゴ学派　110
大学・短大への進学率　111-115
教育投資（人的投資）　111, 113-114
教育投資の決定（大学進学の経済分析）　113-115
　教育投資の直接費用　113-115
　教育投資の間接費用（機会費用・放棄所得）　113-115
　教育投資からの期待収益　114-115
　現在価値法による教育投資の決定　115-118
　　費用と収益の現在価値　117
　　純収益の現在価値（純現在価値）　117-118, 120-121
　内部収益率法による教育投資の決定　119-121
　　内部収益率・市場利子率　119-121

ミンサー型賃金関数　121-122
大学教育の収益率　121-122
　　フィルター機能　111
　　スクリーニング機能　111, 122
　　シグナリング理論　102, 110-111, 122-124
　　　シグナル・インデックス　123-124
　　　シグナリング均衡　128-129
情報の非対称性　110-111, 122-124
職場訓練の理論　130-134
　　職場訓練（OJT）・職場外訓練（off-JT）　106, 130-132
　　一般訓練　131-132, 134-137
　　特殊訓練　131-132, 137-138
　　訓練費用・訓練収益　133-139
　　職場訓練と均衡条件　132-134
　　費用と収益の関係　134-137
　　職場訓練と労働異動　139-142

第4章

労働市場構造　149
労働市場の類型　150-161
　　労働市場のバルカン化　150, 162
　　カーの分類（雇用市場・賃金市場）　150-154
　　　完全市場・新古典派市場・自然市場　制度的市場・管理市場
　　ダンロップの分類　151, 154-156
　　　取引所・封鎖的入札価格制・競売価格制・相場価格制・交渉価格制
　　ヒックスの分類　151, 156-158
　　　規則的労働市場・自由労務市場
　　フェルプスらの分類　151, 158-161
　　　構造的市場・非構造的市場

　　　クラフト・ユニオン型労働市場・インダストリアル・ユニオン型労働市場　160-161
内部労働市場　161-173
　　内部労働市場研究の略史　161-163
　　　アメリカ制度学派　161
　　　内部昇進制　162
　　　内部労働市場　149, 163
　　　制度的な取り決め（ルール）　159, 163
　　　非競争集団　163
　　　企業の「内部」と「外部」　163
　　port of entry（雇い入れ口）　162, 164-166
　　job cluster（職務群）　162, 167
　　企業型内部市場　164
　　クラフト型内部市場　164
　　二重労働市場（第一次・第二次市場）　149, 165-166
　　ラディカル派市場　149
　　内部労働市場の構造　166-168
　　　閉鎖型・開放型の内部労働市場　167
　　内部労働市場の形成　168-169
　　　熟練の特殊性・職場訓練（OJT）・職場の慣行
　　わが国の内部市場研究　170-173
　　　隅谷＝船橋論争　171
情報の不完全性　173, 184, 187-188
職探し理論（ジョブ・サーチ理論）　149, 173
職探しのモデル　173-180
　　賃金分布の確率密度関数　175-176
　　留保賃金　174, 176-179
　　直接費用・機会費用　176
　　期待限界収益　177-179

労働市場の情報ネットワーク　180-183
　　フォーマルな情報ネットワーク　180
　　インフォーマルな情報ネットワーク　180
　　外延的サーチ・内包的サーチ　182
レモン市場　150, 183
　　レモンを含んだ労働市場　184-187
後方に屈曲した曲線　186
　　衒示的消費　187
　　ウェブレン効果　187
　　逆選択　188
情報の非対称性　184, 187-188

第5章

需給均衡を分析する2つの接近方法　193-194
　　完全競争市場の概念　193-194
　　一般均衡分析・部分均衡分析　194
　　主体的均衡・市場均衡　195-196
労働市場の需要・供給　195-198
　　労働供給関数　195-198
　　労働供給曲線　195-198, 201, 203-204
　　労働需要関数　195-198
　　労働需要曲線　195-198, 201, 203-204
　　均衡への調整過程　195-198, 203-204
市場均衡の安定・不安定　198-201
　　ワルラス的調整過程　198-200
　　労働の超過需要曲線　200-201
社会的厚生　201-203
　　生産者余剰　201
　　労働者余剰　202
蜘蛛の巣の定理　203-204
レント（rent）と労働供給　205-208
　　機会費用　206-207

フィリップス曲線　193, 207-208, 210, 212-225
フィリップス曲線の理論　207-217
　　動学的な調整過程　207
　　労働の超過需要率・反応関数　208-209
　　失業・欠員（未充足求人）　210-211
　　同質的で摩擦のない労働市場　211
　　雇用曲線　211
　　失業・欠員曲線（ベバリッジ曲線）　212
　　「ループ」するフィリップス曲線　213
　　完全雇用失業　214
　　インフレーション　215-217
　　完全雇用と両立する物価安定　216-217
　　トレード・オフ曲線　216-218
　　所得政策（ガイド・ポスト政策）　218
自然失業率仮説　218-219, 221-223
　　自然失業率　219, 221
　　マネタリスト　218, 225
　　期待（予想）　218, 220
　　　期待（予想）インフレ率　220-224
　　貨幣錯覚　220
　　期待を考慮したフィリップス曲線　221
合理的期待形成仮説　224
　　静学的期待形成　224
　　適合的期待形成　224

第6章

労働組合の概念と起源　229-232
　　イギリス・フェビアン社会主義　229
　　ツンフト（手工業者ギルド）　230

中世のギルド 230-231
戦後の労働組合運動 232-240
　組合組織の勢力拡大 232-234
　組合組織率 232
　ナショナル・センター（全国中央組織） 234-235, 237-241, 250-252
　産別会議の盛衰 234-235
　GHQ の労働政策 234
　総評の左右分裂 236
　春闘の誕生 235-236
　労働4団体の誕生 236-237
　経済4団体 236
　労働戦線統一への道 237
　民間連合の誕生 238-239
　連合の誕生 239-241
組合組織率の低下・要因 241-242
　地域ユニオン 242
労働組合の機能 243-244
　共済的機能 243
　労働の3S化 243
　経済的機能・政治的機能 244
労働組合の組織形態 244-247
　職業別組合 245
　産業別組合・一般組合 245-246
　コミュニティ・ユニオン 246-247
企業別組合 247-252
　企業別組合の成立・特徴 247-250
　企業連 247
　組合の組織構造 250-252
　団体交渉 244
　労働争議 244
　ユニオン・ショップ協定 249
団体交渉モデルの系譜 252-255
　双方独占 252, 259
　契約曲線 252, 259
　ダンロップ＝ロス論争 252

独占組合（「経営権」）モデル 253-254
「効率的交渉」モデル 254, 260
需要変動下の団体交渉
（カーター・モデル） 255-259
　組合の無差別曲線 255-257
　企業の等利潤曲線 257-258
　賃金選好経路 256
マクドナルド＝ソロー・モデル 259-265
　企業の等利潤曲線 259-261
　組合の無差別曲線 261-262
　パレート最適 263-265
　効率的な交渉 263-264
組合独占モデル 253, 265-267
クローズド・ショップ制 266
行動科学的アプローチ 268-271
労働争議モデル 271-274
　抵抗曲線・譲歩曲線 271-273
　組合のとる争議行為 274
囚人のジレンマ 275-280
　ゲーム理論 275
　団体交渉への応用 278-280

第7章

賃金の多面性（4つの機能） 290-293
賃金の概念 293-297
賃金制度 293-298
　賃金体系 293-295
　賃金形態 293, 294-296, 304
　　定額賃金制・出来高賃金制 296-297
　賃金構成 293, 299
　諸手当 297-298, 301-302

退職金　298
　　　福利厚生費　298-299
　　　法定福利費　299
　　　法定外福利費　299
　　現金給与　294
　　きまって支給する給与（定期給与）
　　　295
　　所定内給与　295, 299
　　特別給与　295
　　所定外給与　295, 299
　　基本給　295, 299-300, 303-304
　　　仕事給・属人給・総合給　296, 303
　　労働費用　304-306
賃金の下方硬直性　307-308
　　　貨幣錯覚　307
　　　雇用の継続性　307
　　暗黙の契約理論　308-313
　　効率賃金仮説　308, 314-319
　　　効率賃金曲線　314-315
　　　ごまかしモデル　318
　　　労働異動モデル　318
　　　逆選択モデル　318
　　　ギフト交換モデル　318
　　インサイダー・アウトサイダー仮説
　　　308, 319-323
　　メニュー・コスト理論　308, 323-324
　　ヒシテレシス理論　308, 324
　　ニュー・ケインジアン　290, 307-308
　　　ニュー・クラシカル　308
賃金構造　325-327
　　内部（企業内）賃金構造　325-326
　　外部（企業間）賃金構造　325-326
　　均等化格差　327-328
賃金格差　328-339
　　年齢別賃金格差　328-332
　　賃金と生計費との関係　332-333

　　企業規模間賃金格差　333-334
　　賃金格差の要因・理論　334-339
　　ヘドニック賃金格差　340-347
　　　無差別曲線・等利潤曲線　340-343
　　　労働者と企業とのマッチング　343-
　　　347
　　　ヘドニック賃金曲線　346-347

第8章

わが国の失業情勢　354-355
　標本調査　354
　職業紹介方式・標本調査方式　354
　失業の分類　354-358
　　失業の発生要因　355-356
　　個人の意思か否か　355, 356-357
　　顕在的か潜在的か　355, 357-358
　　　構造的・摩擦的失業率　353, 386-
　　　388
　　　摩擦的失業　355-357
　　　需要不足失業　355-357, 363, 367,
　　　387
　　　自発的失業　355-356
　　　非自発的失業　355-356
　　　顕在失業　355
　　　潜在失業　355, 357
　　　隠蔽失業　355, 357, 363
　　　過剰就業　355, 358
　　　偽装失業　355, 357
完全失業者　357, 393-396
不完全就業　357
　　摩擦的失業の理論　358-562
　　　探索費用・待忍費用　358
　　　失業期間　359
　　　欠員期間　306

求職曲線　361
　　求人曲線　362
隠蔽失業の理論　362-365
付加的労働者仮説・就業意欲喪失労働者仮説　364
偽装失業の理論　365-367
　　無制限労働供給の理論　365
　　過剰労働力　365-366
　　デュアリズム理論　365
　　余剰労働力　366-367
ケインズ体系　367-371
　　完全雇用均衡　368, 386
　　過少雇用均衡　367, 374
　　セイの法則　368
　　有効需要の原理　368
　　IS-LM モデル　369-370
　　総需要曲線（AD 曲線）　367-371
　　総供給曲線（AS 曲線）　371-372
　　ケインズ体系における一般均衡　372-373
　　完全雇用への障害　371-377
　　　　貨幣賃金率の伸縮性　374
　　　　投資の利子弾力性　374-375
　　　　流動性のわな　375-376
　　　　ピグー効果　377-378
労働市場のストック・フローの相互関係　353, 378-384
失業・欠員曲線（UV 曲線・ベバリッジ曲線）　353, 384-385, 387, 389
　　雇用曲線　385
　　均衡失業理論・均衡失業率　387-392
　　雇用創出曲線　391
　　賃金方程式　392
失業統計　393-398
完全失業率の推移　394-396
労働力のフローデータ　353, 398-409

　　ストック・アプローチ　398
　　フロー・アプローチ　353, 398
　　労働力のフロー構造　399-401
　　失業頻度・失業継続期間　402-404
　　フローデータの修正　405
　　フローデータによる研究　406-409

第9章

労働移動の理論展望　418-420
　　賃金格差説（所得格差説）　417-418, 431
　　就業機会説　417, 419, 431
　　賃金格差説の移動メカニズム　420-424
　　労働移動のプッシュ仮説　418
　　労働移動のプル仮説　420
　　空間的価格均衡　420
　　　　労働力の最適配分　422-424
　　労働移動の動学的調整　424-426, 430-431, 434-435
　　　　労働移動関数　424, 432-434
無制限労働供給モデル　419, 426-428
　　偽装均衡　419, 421, 423, 429
　　二重構造的成長的モデル　419
　　最低生存費　426-427
　　就業機会説の移動メカニズム　428-430
労働移動の総合仮説　417, 431-433
　　労働移動性向　424, 430, 434
人口移動（概念・類型）　435-437
人口の地域間移動　436
　　常住地の変更をともなう移動　436
　　常住地の変更をともなわない移動　436

人口移動の OD 表　437-438
　住民基本台帳人口移動報告年報　437-438
地域間人口移動　439-442
　人口不均等化の進展　439
　3大都市圏・地方圏と九州圏との人口移動　440-443
　地方圏から3大都市圏への地滑り的な人口転出　440
　3大都市圏への転入超過　441-442
　九州圏から3大都市圏への転出超過　442-443
プッシュ＝プル・メカニズム　417, 444-445
ネイション・ワイドな労働市場　417, 444-445
産業間移動・産業内移動　445-449

第10章

資本主義社会の分配機構　452-454
機能的分配・人的分配　452-454
巨視的分配理論の展望　454-468
　リカードの古典派分配理論　452, 455-457
　新古典派分配理論　452, 457-460, 468-469
　Widow's Cruse 的利潤論　452, 460-461, 464
　カルドアのケインズ派分配理論　452, 461-464, 468-469
　オイラーの定理　458
　一次同次の生産関数　457-458
　限界生産力理論　452, 457-459
　代替の弾力性　459-460

パシネッティ定理　464-467
ハロッド＝ドーマー・モデル　464
所得分配の総合理論　468-470
労働分配率　452, 454, 458
労働分配率の推移　470-475
　雇用者所得比率　470
　社会負担調整後の雇用者所得比率　471
　個人業主所得の帰属と推計　472-475
所得分布の不平等度　476-484
　3つのタイプの測度　476
　客観的アプローチ・規範的アプローチ　476
　所得分布の測度　477-481
　　範囲　477
　　平均偏差　477
　　標準偏差・変動係数　478
　　対数標準偏差　478
　　タイル尺度　476, 479-480
　　アトキンソン尺度　476, 480-481
　　パレート法則　476, 483
　　ジニ法則　476, 484
　　ジブラ法則　476, 484-485
ローレンツ曲線　476, 481-483
ジニ係数　476, 481-483
　相対平均偏差　483
　ジニ係数の変化　485-487
　所得格差の拡大・縮小　485-489
　各種の所得調査　485-486, 488
　ルクセンブルグ所得調査　489

第11章

公民権法　498, 502, 518-519
差別　499-501

偏見　500, 505
市場差別　500
非市場差別　500
嗜好による差別　501, 502
統計的差別　501
賃金差別　501-502, 516
職業差別　501-502, 508
差別の経済理論　502-513
　新古典派アプローチ　502, 505-506
　分断労働市場アプローチ　502, 508
　　差別嗜好の理論　502-504
　　差別係数　503-505
　　需要独占的差別理論　505-507
　　労働の限界費用曲線　507
　　混雑（詰め込み）仮説　503, 508-509
　　二重労働市場論　503, 510
　　　第1次・第2次労働市場　510-511
　　統計的差別理論　511-513
　　インサイダー・アウトサイダー理論　503, 508
EU法における男女同一賃金原則　513-514
欧米諸国における性差別　513-518
　イギリス　515
　フランス・ドイツ　516-517
　アメリカ　518-519
男女同一賃金法　518-519
男女差別　513-518
男女雇用機会均等法　498, 513, 519-520, 522, 523-531
　ポジティブ・アクション　498, 524-527
　セクシュアル・ハラスメント　498, 525-527

個別紛争解決の援助　530-531, 535-536
均等法の成立　519-520
1986年法の成立　519
1999年法の改正　520, 524-526
2007年法の改正　520-521, 526-529
間接差別の禁止　526-528
不利益取扱いの禁止　527-528
個別紛争解決の援助　530-532
個別労働関係紛争解決促進法　531-532
均等法の施行状況　532-534
同一価値労働　514
男女同一労働同一賃金　514
男女同一価値労働同一賃金　514-515, 516, 519
一般雇用均等指令　515
男女同一賃金原則指令　514-516
男女均等待遇統合司令　515-516
ガラスの天井　518
同等価値労働同一賃金　519
コンパラブル・ワース　519
ペイ・エフイティ　519

第12章

労働時間の短縮　543-544
時間外労働の経済学　543-546
　時間外労働の決定　544-546
　所得−余暇の選好図式　544
労働基準法の改正　546-550
　法改正の趣旨　546-547
　労災補償状況　546-548
　法定割増賃金率の引上げ　547-549
賃金不払残業（サービス残業）の存在と

是正　550-552
賃金不払残業時間の推移（サービス残業時間）　552-556
最低賃金の経済学　556-561
　　完全競争モデル　557-558
　　需要独占モデル　558-559
　　最低賃金と両立する成長経済　559-561
最低賃金制度意義　556-557
最低賃金の研究結果　561-564
　　アメリカ　561-563
　　日本　563-564
最低賃金法の成立と沿革　564-569
　　業者間協定方式・審議会方式　564-565
　　地域別最低賃金　565
　　新産業別最低賃金　565-566
　　改正最低賃金法の施行　566-567
　　最低賃金の決定の仕組み　567-569
雇用保険制度　569, 573-576
雇用保険の経済学　569-571
　　所得-余暇の選好図式　570

雇用保険法　571-573
　　特別会計の改革　571
　　労働保険特別会計　572, 575-576
　　失業等給付　573-576
雇用対策法　576, 580-582
年齢差別禁止　576-577
　　アメリカの年齢差別禁止法（ADEA）　577
　　欧州の年齢差別禁止法　578
高年齢者雇用への取り組み　578-581
高年齢者雇用安定法　579-580
　　年齢制限の是正　580-582
労働者派遣法の成立　582-583
　　労働者派遣事業　583, 586-588
　　派遣法の改正（1999年法改正）　583-585
　　2004年法改正　587-588
　　原則禁止・例外適用から原則自由・例外禁止へ　585
　　2012年法改正　588-591
　　3つの雇用形態　585-587
　　派遣切り・雇止め　588-589

著者紹介

荒井　勝彦（あらい　かつひこ）
1943年　　大阪府に生まれる
1967年　　大阪府立大学経済学部卒業
1969年　　大阪大学大学院経済学研究科修士課程修了
1969-96年　熊本大学法文学部・同法学部に在職
現　在　　熊本学園大学経済学部教授
専　攻　　労働経済学・理論経済学
著　書　　『マクロ経済学』（共著，勁草書房），『ベンチャー支援制度の研究』（共著，文眞堂），『高齢化・国際化と地域開発』（共著，中央経済社），『熊本の賃金』（共著，熊本県労働基準協会），『基本経済政策』（共著，有斐閣），『労働経済の理論』（共著，有信堂），『変容する熊本の労働』（梓出版社）

現代の労働経済学

2013年3月31日　第1刷発行　　　〈検印省略〉

著　者ⓒ　荒　井　勝　彦
発行者　　本　谷　高　哲
制　作　　シナノ書籍印刷
　　　　　東京都豊島区池袋 4-32-8

発行所　　梓　出　版　社
　　　　　千葉県松戸市新松戸 7-65
　　　　　電話・FAX 047(344)8118

乱丁・落丁本はお取り替えいたします。
ISBN 978-4-87262-440-3　C3033